2017

国际统计年鉴

INTERNATIONAL STATISTICAL YEARBOOK

中华人民共和国国家统计局 编
Compiled by National Bureau of Statistics of China

中国统计出版社
China Statistics Press

图书在版编目 (CIP) 数据

国际统计年鉴 . 2017 = International Statistical Yearbook : 汉英对照 / 中华人民共和国国家统计局编 . -- 北京 : 中国统计出版社 , 2018.1
ISBN 978-7-5037-8440-8

Ⅰ . ①国 … Ⅱ . ①中 … Ⅲ . ①统计资料—世界—2017 —年鉴—汉、英 Ⅳ . ① C831-54

中国版本图书馆 CIP 数据核字 (2018) 第 011733 号

国际统计年鉴—2017

作　　者／ 中华人民共和国国家统计局
责任编辑／ 高媛媛　郭　栋
封面设计／ 张　冰　李雪燕
出版发行／ 中国统计出版社
通信地址／ 北京市丰台区西三环南路甲 6 号　邮政编码 ／100073
电　　话／ 邮购（010）63376909　书店（010）68783171
网　　址／ http://www.zgtjcbs.com/
印　　刷／ 河北鑫兆源印刷有限公司
经　　销／ 新华书店
开　　本／ 880 × 1230　毫米　　1/16
字　　数／ 820 千字
印　　张／ 26.75
版　　别／ 2018 年 1 月第 1 版
版　　次／ 2018 年 1 月第 1 次印刷
定　　价／ 498.00 元　　　Price: 498.00 yuan (RMB)

本书附同版本 CD-ROM 一张，光盘内容以书面文字为准。
中国统计版图书，如有印装错误，本社发行部负责调换。

《国际统计年鉴—2017》

编委会和编辑出版人员

International Statistical Yearbook - **2017**

EDITORIAL BOARD AND EDITORIAL STAFF

编者说明

一、《国际统计年鉴-2017》是一部综合性的国际经济社会统计资料年刊，收录了世界200多个国家和地区的统计数据，并对其中40多个主要国家和地区的经济社会发展指标及国际组织发布的主要综合评价指标进行了更为详细的收集。

二、本年鉴包括17个部分：1. 中国在世界的地位；2. 自然资源和环境；3. 国民经济核算；4. 人口；5. 就业人员和劳动报酬；6. 投资环境；7. 能源；8. 财政和金融；9. 价格指数；10. 居民收支和贫困；11. 农业；12. 工业和建筑业；13. 运输和通讯；14. 对外贸易和旅游；15. 国际收支和外债；16. 教育、科技、文化和卫生；17. 经济社会综合评价指标。

三、国外的大部分数据经过联合国等国际组织的调整，口径基本可比。

四、许多国家的最新数据是初步数或预计数。

五、中国数据除国土面积外，均未包括中国台湾地区、香港特别行政区和澳门特别行政区。

六、数据取自有关国际组织的数据库、光盘、年报、月报。每张表前均附有资料来源。

七、个别数据的合计项或相对数，因受进位的影响，不一定等于分项累计数。

八、本年鉴所跨年度内，一些国家的名称和疆域有所改变，除非特别注明，本年鉴中所列国家均为现国家名称及其疆域范围。

九、本年鉴中使用的符号含义如下："…"表示数据不够本表最小单位数；"空格"表示无该项数据或该项统计数据不详；"#"表示其中的主要项；"|"表示因统计口径调整，前后数据不可比。

Editorial Note

I. *International Statistical Yearbook 2017* is an annual comprehensive reference publication on international economic and social statistics. It contains data from as much as 200 countries, regions and territories over the world. More detailed information on the economic and social development of over 40 countries and main comprehensive evaluation indexes of international organizations are also included in the Yearbook.

II. The Yearbook contains the following 17 chapters: China in the World; Geography, Natural Resources and Environmental; National Accounts; Population; Employment and Earnings; Investment Environment; Energy; Government Finance and Banking; Price Index; Household Income and Expenditure and Poverty; Agriculture; Industry and Construction; Transportation and Communication; External Trade and Tourism; Balance of Payments and External Debts; Education, Science and Technology, Culture and Health; Main Comprehensive evaluation indicators.

III. Data for most of the foreign countries or territories have been adjusted by international organizations such as the United Nations, and the scope and coverage is therefore comparable.

IV. The latest data for many countries are preliminary or estimated statistics.

V. All data of China do not cover Taiwan Province, Hong Kong SAR and Macao SAR except data for the surface area.

VI. The data are from the databases, CD-ROMs, yearbooks and monthly publications of international organizations. The sources of data are given at the top of each table in the Yearbook.

VII. Several aggregations or rates may not add up to the sum of the series because of rounding.

VIII. Unless otherwise indicated, the countries included in the Yearbook are the countries under their present names with the present territories, although the names or the boundaries may have changed during the period covered by the Yearbook.

IX. The meanings of the symbols used in the Yearbook are as following,

"..." indicates that the figure is not large enough to be measured with the smallest unit in the table;

"(blank)" indicates that data are not available;

"#" indicates the major items of the total;

"|" indicates that the data to the left are not comparable with those to the right because of the adjustment of scope and coverage.

目　录

CONTENTS

一、中国在世界的地位
China in the World

二、自然资源和环境
Natural Resource and Environment

三、国民经济核算
National Accounts

四、人口
Population

五、就业人员和劳动报酬
Employment and Earnings

六、投资环境
Investment Environment

七、能源
Energy

八、财政和金融
Government Finance and Banking

九、价格指数
Price Indices

十、居民收支和贫困
Household Income and Expenditure and Poverty

十一、农业
Agriculture

十二、工业和建筑业
Industry and Construction

十三、运输和通讯
Transportation and Communication

十四、对外贸易和旅游
External Trade and Tourism

十五、国际收支和外债
Balance of Payments and External Debts

十六、教育、科技、文化和卫生
Education, Science and Technology, Culture and Health

十七、经济社会综合评价指标
Comprehensive Evaluation Indicators

附 录
Appendix

中国在世界的地位

China in the World

1-1 中国主要指标居世界的位次
Ranking of China in the World in Terms of Main Indicators

资料来源：联合国贸发会议数据库、世界贸易组织数据库、世界银行WDI数据库、国际货币基金组织数据库。
Source: UNCTAD Database;WTO Database;World Bank WDI Database;IMF Database.

指　标	Indicator	1978	1980	1990	2000	2010	2015	2016
国土面积	Country Area	4	4	4	4	4	4	4
人　口	Population	1	1	1	1	1	1	1
国内生产总值	Gross Domestic Product	11	12	11	6	2	2	2
人均国民总收入①	GNI per capita ①	175(188)	177(188)	178(200)	141(207)	120(215)	97(217)	93(217)
货物进出口贸易总额	Foreign Trade Total	29	26	16	8	2	1	2
出口额	Exports	31	30	15	7	1	1	1
进口额	Imports	29	22	18	8	2	2	2
外商直接投资	Foreign Direct Investment Inflows	128	55	13	9	2	4	3
对外直接投资	Foreign Direct Investment Outflows	45	63	23	35	5	5	2
外汇储备	Foreign Exchange Reserves	38	36	9	2	1	1	1

注：①括号中所列为参加排序的国家和地区数。
Note:①The number in the parentheses indicates the number of countries or territories the order based on.

1-2 中国主要指标占世界的比重
Major Indicators as Percentage of the World for China

资料来源：联合国贸发会议数据库、世界贸易组织数据库、世界银行WDI数据库、国际货币基金组织数据库、联合国FAO数据库。
Source: UNCTAD Database,WTO Database,World Bank WDI Database,IMF Database,FAO Database.

单位：% (%)

指　标	Indicator	1978	1980	1990	2000	2010	2015	2016
国土面积	Country Area	7.1	7.1	7.1	7.1	7.1	7.1	7.1
人　口	Mid-year Population	22.3	22.1	21.5	20.6	19.3	18.6	18.5
国内生产总值	Gross Domestic Product	1.8	1.7	1.6	3.6	9.3	14.8	14.8
货物进出口贸易总额	Foreign Trade Total	0.8	0.9	1.6	3.6	9.7	11.9	11.5
出口额	Exports	0.8	0.9	1.8	3.9	10.3	13.8	13.2
进口额	Imports	0.8	1.0	1.5	3.3	9.0	10.0	9.8
外商直接投资	Foreign Direct Investment Inflows		0.1	1.7	3.0	8.3	7.6	7.7
对外直接投资	Foreign Direct Investment Outflows			0.3	0.1	5.0	8.0	12.6
外汇储备	Foreign Exchange Reserves				8.6	30.7	30.5	28.1
稻谷产量	Rice Production	36.7	36.2	37.1	31.7	28.0	28.1	28.3
小麦产量	Wheat Production	12.1	12.5	16.6	17.0	17.7	17.7	17.6
玉米产量	Maize Production	14.2	15.8	20.1	17.9	20.9	22.2	21.9
大豆产量	Soybeans Production	10.1	9.8	10.1	9.6	5.7	3.6	3.6

1-3 中国农业主要产品产量居世界的位次
Ranking of China in the World in Terms of Major Agricultural Products

资料来源：联合国FAO数据库。
Source: FAO Database.

项　目	Item	1978	1980	1990	2000	2005	2010	2015	2016
谷物	Cereals	2	1	1	1	1	1	1	1
肉类①	Meat①	3	3	2	1	1	1	1	1
籽棉	Seed Cotton	2	2	1	1	1	1	1	1
大豆	Soybeans	3	3	3	4	4	4	4	5
花生	Groundnuts in Shell	2	2	2	1	1	1	1	1
油菜籽	Rapeseed	2	2	1	1	1	1	2	2
甘蔗	Sugar Cane	7	5	4	3	3	3	3	3
茶叶	Tea	2	2	2	2	1	1	1	1
水果②	Fruit②	11	12	4	1	1	1	1	1

注：①1990年以前为猪、牛、羊肉产量的位次。②不包括瓜类。
Note: ①Data refer to pork,beef and mutton prior to 1990.②Excluding melons.

1-4 中国工业主要产品产量居世界位次
Ranking of China in the World in Terms of Major Industrial Products

资料来源：联合国统计月报数据库、联合国FAO数据库。
Source: UN Monthly Bulletin of Statistics Database,FAO Database.

项　目	Item	1978	1980	1990	2000	2005	2010	2015	2016
粗　钢	Crude Steel	5	5	4	1	1	1	1	1
煤	Coal	3	3	1	1	1	1	1	1
原　油	Crude Petroleum	8	6	5	5	5	4	4	5
发电量	Electricity	7	6	3	2	2	2	1	1
水　泥	Cement	4	4	1	1	1	1	1	1
化　肥	Fertilizer	3	3	3	1	1	1	1	1
棉　布	Woven Cotton Fabrics	1	1	1	2	2	1	1	1

自然资源和环境

Natural Resource and Environment

2-1 国土面积与人口密度
Country Area and Population Density

资料来源：世界银行WDI数据库。
Source: World Bank WDI Database.
单位：万平方公里 (10 000 sq.km)

国家或地区	Country or Area	国土面积(万平方公里) Surface Area(10 000 sq.km)	人口密度(人/平方公里) Population Density(persons/sq.km)		
		2016	2005	2010	2016
世 界	**World**	**13432.5**	**50.2**	**53.4**	**57.4**
中 国	China	960.0	138.9	142.5	146.9
中国澳门	Macao, China	…	17234.3	18079.8	20203.5
孟加拉国	Bangladesh	14.8	1101.9	1168.9	1251.8
文 莱	Brunei Darussalam	0.6	69.3	73.8	80.3
柬 埔 寨	Cambodia	18.1	75.2	81.1	89.3
印 度	India	298.0	384.8	414.0	445.4
印度尼西亚	Indonesia	191.1	125.2	133.9	144.1
伊 朗	Iran	174.5	43.2	45.8	49.3
以 色 列	Israel	2.2	320.3	352.3	395.0
日 本	Japan	37.8	350.5	351.3	348.4
哈萨克斯坦	Kazakhstan	272.5	5.6	6.1	6.6
韩 国	Korea, Rep.	10.0	497.5	509.7	525.7
老 挝	Laos	23.7	24.9	27.1	29.3
马来西亚	Malaysia	33.1	78.1	85.6	94.9
蒙 古	Mongolia	156.4	1.6	1.8	2.0
缅 甸	Myanmar	67.7	74.2	76.8	81.0
巴基斯坦	Pakistan	79.6	199.7	221.3	250.6
菲 律 宾	Philippines	30.0	289.4	314.3	346.5
中国香港	Hong Kong, China	0.1	6488.8	6689.7	6996.9
新 加 坡	Singapore	0.1	6191.2	7231.8	7908.7
斯里兰卡	Sri Lanka	6.6	308.9	320.8	338.1
泰 国	Thailand	51.3	128.1	131.6	134.8
越 南	Viet Nam	33.1	265.7	280.4	299.0
埃 及	Egypt	100.2	77.1	84.5	96.1
尼日利亚	Nigeria	92.4	152.6	174.1	204.2
南 非	South Africa	121.9	39.2	42.0	46.1
加 拿 大	Canada	998.5	3.6	3.7	4.0
墨 西 哥	Mexico	196.4	55.8	60.4	65.6
美 国	United States	983.2	32.3	33.8	35.3
阿 根 廷	Argentina	278.0	14.3	15.1	16.0
巴 西	Brazil	851.6	22.4	23.6	24.8
委内瑞拉	Venezuela	91.2	30.4	32.9	35.8
捷 克	Czech Rep.	7.9	132.2	135.6	136.8
法 国	France	54.9	115.4	118.8	122.2
德 国	Germany	35.7	236.5	234.6	236.9
意 大 利	Italy	30.1	197.1	201.5	206.0
荷 兰	Netherlands	4.2	483.4	492.6	505.2
波 兰	Poland	31.3	124.6	124.2	123.9
俄 罗 斯	Russia	1709.8	8.8	8.7	8.8
西 班 牙	Spain	50.6	87.5	93.2	92.9
土 耳 其	Turkey	78.5	88.2	94.0	103.3
乌 克 兰	Ukraine	60.4	81.3	79.2	77.7
英 国	United Kingdom	24.4	249.7	259.4	271.3
澳大利亚	Australia	774.1	2.7	2.9	3.1
新 西 兰	New Zealand	26.8	15.7	16.5	17.8

2-2 土地利用(2015年)
Land Utilization(2015)

资料来源：世界银行WDI数据库。
Source: World Bank WDI Database.

单位：万公顷 (10 000 hectares)

国家或地区	Country or Area	陆地面积 Land Area	耕地面积 Arable Area ①	多年生作物面积 Permanent Crop Area①	森林面积 Forest Area
世　界	**World**	**1297332**	**141715**	**16528**	**399913**
中　国	China	93882	10570	1602	20832
孟加拉国	Bangladesh	1302	767	83	143
文　莱	Brunei Darussalam	53	1	1	38
柬埔寨	Cambodia	1765	380	15	946
印　度	India	29732	15636	1300	7068
印度尼西亚	Indonesia	18116	2350	2250	9101
伊　朗	Iran	16288	1469	179	1069
以色列	Israel	216	30	10	17
日　本	Japan	3646	422	30	2496
哈萨克斯坦	Kazakhstan	26997	2940	13	331
韩　国	Korea, Rep.	975	148	22	618
老　挝	Laos	2308	153	17	1876
马来西亚	Malaysia	3286	95	660	2220
蒙　古	Mongolia	15536	57		1255
缅　甸	Myanmar	6531	1079	155	2904
巴基斯坦	Pakistan	7709	3044	81	147
菲律宾	Philippines	2982	559	535	804
新加坡	Singapore	7	…	…	2
斯里兰卡	Sri Lanka	627	130	100	207
泰　国	Thailand	5109	1681	450	1640
越　南	Viet Nam	3101	641	382	1477
埃　及	Egypt	9955	267	108	7
尼日利亚	Nigeria	9108	3400	650	699
南　非	South Africa	12131	1250	41	924
加拿大	Canada	90935	4602	464	34707
墨西哥	Mexico	19440	2299	268	6604
美　国	United States	91474	15460	260	31010
阿根廷	Argentina	27367	3920	100	2711
巴　西	Brazil	83581	8002	657	49354
委内瑞拉	Venezuela	8821	270	70	4668
捷　克	Czech Rep.	772	314	8	267
法　国	France	5476	1833	100	1699
德　国	Germany	3489	1187	20	1142
意大利	Italy	2941	673	239	930
荷　兰	Netherlands	337	105	4	38
波　兰	Poland	3062	1093	38	944
俄罗斯联邦	Russian Fed.	163769	12312	160	81493
西班牙	Spain	5002	1228	491	1842
土耳其	Turkey	7696	2071	324	1172
乌克兰	Ukraine	5793	3253	89	966
英　国	United Kingdom	2419	623	4	314
澳大利亚	Australia	76823	4696	35	12475
新西兰	New Zealand	2633	59	7	1015

注：①2014年数据。
Note:①Data refer to 2014.

2-3 淡水资源(2014年)
Freshwater(2014)

资料来源：世界银行WDI数据库。
Source: World Bank WDI Database.

国家或地区	Country or Area	可再生淡水资源(亿立方米) Total Renewable Internal Freshwater Resources (100 milliom cu.m.)	淡水抽取量 Freshwater Withdrawals			
			占水资源总量的比重(%) % of Internal Resources	农业用水 % for Agriculture	工业用水 % for Industry	生活用水 % for Domestic
世　界	**World**	**428007.6**	**9.1**	**70.2**	**18.3**	**11.5**
高收入国家	**High Income**	**100185.8**	**9.7**	**42.5**	**42.0**	**15.5**
中等收入国家	**Middle Income**	**296139.5**	**9.5**	**79.1**	**10.7**	**10.2**
低收入国家	**Low Income**	**28762.2**	**3.2**	**90.2**	**3.1**	**6.7**
中　国	China	28130.0	19.7	64.6	23.2	12.2
孟加拉国	Bangladesh	1050.0	34.2	87.8	2.2	10.0
文　莱	Brunei Darussalam	85.0	1.1	5.8		
柬埔寨	Cambodia	1206.0	1.8	94.0	1.5	4.5
印　度	India	14460.0	52.6	90.4	2.2	7.4
印度尼西亚	Indonesia	20190.0	5.6	81.9	6.5	11.6
伊　朗	Iran	1285.0	72.6	92.2	1.2	6.7
以色列	Israel	7.5	260.5	57.8	5.8	36.4
日　本	Japan	4300.0	18.9	66.8	14.3	18.9
哈萨克斯坦	Kazakhstan	643.5	32.9	66.2	29.6	4.2
韩　国	Korea, Rep.	648.5	45.0	54.7	15.3	23.7
老　挝	Laos	1904.0	1.8	91.4	4.9	3.7
马来西亚	Malaysia	5800.0	1.9	22.4	42.8	34.8
蒙　古	Mongolia	348.0	1.6	43.9	43.2	12.9
缅　甸	Myanmar	10030.0	3.3	89.0	1.0	10.0
巴基斯坦	Pakistan	550.0	333.6	94.0	0.8	5.3
菲律宾	Philippines	4790.0	17.0	82.2	10.1	7.7
斯里兰卡	Sri Lanka	528.0	24.5	87.3	6.4	6.2
泰　国	Thailand	2245.0	25.5	90.4	4.9	4.8
越　南	Viet Nam	3594.0	22.8	94.8	3.8	1.5
埃　及	Egypt	18.0	3794.4	86.4	5.9	7.8
尼日利亚	Nigeria	2210.0	5.9	53.8	15.0	31.3
南　非	South Africa	448.0	27.9	62.7	6.1	31.2
加拿大	Canada	28500.0	1.4	12.2	80.2	14.2
墨西哥	Mexico	4090.0	19.6	76.7	9.1	14.3
美　国	United States	28180.0	17.0	40.2	46.1	13.7
阿根廷	Argentina	2920.0	12.9	73.9	10.6	15.5
巴　西	Brazil	56610.0	1.3	60.0	17.0	23.0
委内瑞拉	Venezuela	8050.0	2.8	73.8	3.5	22.6
捷　克	Czech Rep.	131.5	14.0	2.3	63.1	34.6
法　国	France	2000.0	16.6	9.5	73.9	16.6
德　国	Germany	1070.0	30.9	0.6	84.0	15.4
意大利	Italy	1825.0	29.5	44.1	35.9	16.9
荷　兰	Netherlands	110.0	97.0	1.1	87.4	11.4
波　兰	Poland	536.0	21.4	9.6	72.7	17.7
俄罗斯	Russia	43130.0	1.5	19.9	59.8	20.2
西班牙	Spain	1112.0	30.2	63.5	20.6	16.0
土耳其	Turkey	2270.0	17.7	73.8	10.7	15.5
乌克兰	Ukraine	551.0	27.0	30.0	48.0	22.0
英　国	United Kingdom	1450.0	7.5	9.2	32.4	58.5
澳大利亚	Australia	4920.0	4.0	65.7	12.8	21.6
新西兰	New Zealand	3270.0	1.6	61.7	22.8	15.6

2-4 人均可再生淡水资源
Renewable Internal Freshwater Resources per Capita

资料来源：世界银行WDI数据库。
Source: World Bank WDI Database.
单位：立方米 (cubic meters)

国家或地区	Country or Area	2011	2012	2013	2014
世　界	**World**	**6122.6**	**6068.3**	**6055.2**	**5924.6**
高收入国家	**High Income**	**8195.3**	**8837.4**	**11404.4**	**8731.5**
中等收入国家	**Middle Income**	**5819.3**	**5599.0**	**4769.7**	**5471.4**
低收入国家	**Low Income**	**5125.4**	**4888.9**	**4972.0**	**4629.2**
中　国	China	2092.8	2082.6	2072.4	2061.9
孟加拉国	Bangladesh	686.9	676.3	670.5	660.1
文　莱	Brunei Darussalam	20909.6	20961.2	20345.4	20364.5
柬埔寨	Cambodia	8257.0	8130.9	7968.2	7867.9
印　度	India	1184.1	1144.4	1154.8	1116.4
印度尼西亚	Indonesia	8281.3	8139.9	8080.3	7934.6
伊　朗	Iran	1703.7	1687.3	1659.2	1644.4
以色列	Israel	96.6	94.8	93.1	91.3
日　本	Japan	3364.2	3370.9	3376.8	3382.3
哈萨克斯坦	Kazakhstan	3886.2	3832.3	3777.5	3722.0
韩　国	Korea, Rep.	1302.8	1296.9	1291.3	1286.1
老　挝	Laos	29196.6	29414.3	28125.2	28463.4
马来西亚	Malaysia	20167.6	19984.9	19517.5	19396.7
蒙　古	Mongolia	12635.2	12391.7	12257.5	11959.3
缅　甸	Myanmar	19159.2	19088.8	18832.5	18769.7
巴基斯坦	Pakistan	312.2	310.0	302.0	297.2
菲律宾	Philippines	5039.3	4988.7	4868.2	4831.6
新加坡	Singapore	115.7	112.9	111.1	109.7
斯里兰卡	Sri Lanka	2530.1	2585.2	2577.7	2542.0
泰　国	Thailand	3372.1	3342.6	3350.2	3314.8
越　南	Viet Nam	4091.5	4046.9	4006.3	3961.3
埃　及	Egypt	22.7	21.0	21.9	20.1
尼日利亚	Nigeria	1346.0	1313.6	1272.9	1245.2
南　非	South Africa	885.6	855.7	842.8	828.7
加拿大	Canada	82647.1	82010.9	81061.9	80183.1
墨西哥	Mexico	3426.6	3350.5	3343.4	3261.9
美　国	United States	9044.0	8971.6	8903.7	8836.4
阿根廷	Argentina	6776.5	6936.7	7045.3	6793.9
巴　西	Brazil	27511.6	27969.1	28253.9	27470.2
委内瑞拉	Venezuela	24487.6	26964.3	26475.7	26226.8
捷　克	Czech Rep.	1252.8	1251.1	1250.7	1249.4
法　国	France	3059.4	3046.0	3034.0	3007.7
德　国	Germany	1308.1	1330.4	1326.8	1321.3
意大利	Italy	3005.4	3065.2	3029.9	3002.2
荷　兰	Netherlands	659.0	656.5	654.6	652.2
波　兰	Poland	1391.0	1408.2	1409.0	1410.1
俄罗斯	Russia	30169.3	30118.4	30054.3	29989.0
西班牙	Spain	2408.3	2377.4	2385.2	2392.4
土耳其	Turkey	3107.1	3032.8	3029.4	2928.1
乌克兰	Ukraine	1161.8	1208.5	1167.3	1214.6
英　国	United Kingdom	2310.7	2276.3	2261.9	2244.1
澳大利亚	Australia	22039.2	21647.1	21274.9	20968.2
新西兰	New Zealand	74230.5	74181.6	73613.8	72510.4

2–5 森林资源
Forestation

资料来源：世界银行WDI数据库。
Source: World Bank WDI Database.
单位：% (%)

国家或地区	Country or Area	森林平均消失率① Average Annual Deforestation Rate①		森林覆盖率 Forest Area as Percentage of Land Area	
		1990-2000	2000-2015	2010	2015
世　界	**World**	**0.18**	**0.09**	**31.0**	**30.8**
高收入国家	**High Income**	**-0.08**	**-0.03**	**28.7**	**28.9**
中等收入国家	**Middle Income**	**0.33**	**0.13**	**33.1**	**32.8**
低收入国家	**Low Income**	**0.64**	**0.44**	**28.1**	**27.4**
中　国	China	-1.20	-1.18	21.4	22.2
孟加拉国	Bangladesh	0.18	0.18	11.1	11.0
文　莱	Brunei Darussalam	0.39	0.29	72.1	72.1
柬埔寨	Cambodia	1.14	1.21	57.2	53.6
印　度	India	-0.22	-0.54	23.5	23.8
印度尼西亚	Indonesia	1.75	0.56	52.1	50.2
伊　朗	Iran		-0.98	6.6	6.6
以色列	Israel	-1.49	-0.52	7.1	7.6
日　本	Japan	0.03	-0.02	68.5	68.5
哈萨克斯坦	Kazakhstan	0.17	0.11	1.2	1.2
韩　国	Korea, Rep.	0.13	0.11	64.0	63.4
老　挝	Laos	0.46	-0.90	77.2	81.3
马来西亚	Malaysia	0.36	-0.19	67.3	67.6
蒙　古	Mongolia	0.67	-0.48	8.4	8.1
缅　甸	Myanmar	1.17	1.11	48.6	44.5
巴基斯坦	Pakistan	1.76	2.03	2.2	1.9
菲律宾	Philippines	-0.80	-0.96	22.9	27.0
新加坡	Singapore			23.3	23.1
斯里兰卡	Sri Lanka	1.20	0.37	33.5	33.0
泰　国	Thailand	0.28	0.24	31.8	32.1
越　南	Viet Nam	-2.28	-1.73	45.6	47.6
埃　及	Egypt	-2.98	-1.58	0.1	0.1
尼日利亚	Nigeria	2.68	3.12	9.9	7.7
南　非	South Africa			7.6	7.6
加拿大	Canada		0.01	38.2	38.2
墨西哥	Mexico	0.52	0.18	34.2	34.0
美　国	United States	-0.13	-0.14	33.7	33.9
阿根廷	Argentina	0.88	0.99	10.4	9.9
巴　西	Brazil	0.51	0.35	59.6	59.0
委内瑞拉	Venezuela	0.57	0.33	53.9	52.9
捷　克	Czech Rep.	-0.03	-0.18	34.4	34.5
法　国	France	-0.55	-0.74	30.0	31.0
德　国	Germany	-0.31	-0.04	32.7	32.8
意大利	Italy	-0.98	-0.74	30.7	31.6
荷　兰	Netherlands	-0.43	-0.30	11.1	11.2
波　兰	Poland	-0.20	-0.28	30.5	30.8
俄罗斯	Russia		-0.05	49.8	49.8
西班牙	Spain	-2.09	-0.57	36.5	36.8
土耳其	Turkey	-0.47	-1.00	14.6	15.2
乌克兰	Ukraine	-0.25	-0.10	16.5	16.7
英　国	United Kingdom	-0.68	-0.43	12.6	13.0
澳大利亚	Australia	-0.03	0.21	16.0	16.2
新西兰	New Zealand	-0.69	-0.01	38.6	38.6

注：①负值表示森林面积的增长。
Note: ①The negative represents the forest area increased.

2-6 温室气体排放量
Total Greenhouse Gas Emissions

资料来源：世界银行WDI数据库。
Source: World Bank WDI Database.
单位：百万吨二氧化碳当量 (million metric tons of CO2 equivalent)

国家或地区	Country or Area	2000	2005	2009	2010	2011	2012
世　　界	**World**	**39653.4**	**46199.7**	**47018.8**	**49708.6**	**52049.9**	**52763.4**
中　　国	China	5082.3	7803.5	10617.3	11183.8	12064.3	12454.7
中国香港	Hong Kong, China	45.3	46.4	52.0	55.0	56.9	58.6
中国澳门	Macao, China	1.3	1.4	1.5	1.6	1.6	1.7
孟加拉国	Bangladesh	136.0	151.1	169.9	177.5	180.5	183.3
文　　莱	Brunei Darussalam	9.6	11.0	13.5	14.1	14.5	14.8
柬 埔 寨	Cambodia	42.1	101.3	87.7	126.3	126.8	127.4
印　　度	India	1885.2	2117.5	2594.6	2771.5	2828.8	3002.9
印度尼西亚	Indonesia	622.5	1171.0	1148.3	744.8	763.6	780.6
伊　　朗	Iran	448.1	576.7	522.8	529.8	545.1	551.1
以 色 列	Israel	65.6	71.4	75.0	79.1	81.7	84.0
日　　本	Japan	1406.2	1439.9	1290.2	1350.4	1396.8	1478.9
哈萨克斯坦	Kazakhstan	207.4	291.6	287.8	347.4	350.5	366.5
韩　　国	Korea, Rep.	512.8	561.4	594.5	628.8	650.1	669.0
老　　挝	Laos	24.7	53.4	24.5	38.0	161.5	161.7
马来西亚	Malaysia	171.4	246.7	278.0	263.7	271.8	279.1
蒙　　古	Mongolia	51.8	27.7	50.2	24.9	25.4	25.9
缅　　甸	Myanmar	185.1	223.0	266.0	325.4	526.9	528.4
巴基斯坦	Pakistan	247.3	299.1	343.2	354.5	362.5	369.7
菲 律 宾	Philippines	150.1	146.4	223.8	159.9	163.8	167.3
新 加 坡	Singapore	48.1	47.6	49.8	52.7	54.4	55.9
斯里兰卡	Sri Lanka	23.3	27.2	27.8	29.1	29.8	30.5
泰　　国	Thailand	283.9	364.3	363.8	421.2	431.3	440.4
越　　南	Viet Nam	155.8	232.5	266.1	279.0	285.1	310.7
埃　　及	Egypt	184.5	243.8	266.3	280.3	288.3	295.5
尼日利亚	Nigeria	315.0	374.4	273.2	292.2	296.8	301.0
南　　非	South Africa	420.5	498.3	468.4	456.5	451.5	450.6
加 拿 大	Canada	760.6	849.8	749.9	764.1	1033.5	1027.1
墨 西 哥	Mexico	576.5	641.3	648.9	643.4	652.9	663.4
美　　国	United States	6969.1	7182.8	6604.1	6713.3	6571.7	6343.8
阿 根 廷	Argentina	331.5	358.4	373.4	364.7	372.9	380.3
巴　　西	Brazil	1222.6	2386.4	1212.0	2902.2	2953.0	2989.4
委内瑞拉	Venezuela	251.6	255.2	265.8	268.7	275.7	281.9
捷　　克	Czech Rep.	162.0	147.6	137.9	145.7	144.6	139.0
法　　国	France	559.9	557.1	527.5	532.1	502.7	499.1
德　　国	Germany	1016.3	981.3	950.5	948.0	929.5	951.7
意 大 利	Italy	547.3	564.1	480.7	489.5	482.6	482.6
荷　　兰	Netherlands	220.3	217.1	201.9	212.4	200.1	195.9
波　　兰	Poland	392.6	411.8	405.4	426.5	422.8	414.6
俄 罗 斯	Russia	2771.2	2527.2	2562.9	2603.3	2777.7	2803.4
西 班 牙	Spain	381.0	437.0	372.8	354.6	353.9	348.3
土 耳 其	Turkey	316.5	347.6	404.6	422.7	434.8	445.6
乌 克 兰	Ukraine	470.1	434.7	367.3	393.1	410.1	404.9
英　　国	United Kingdom	673.9	659.1	584.9	609.6	568.1	585.8
澳大利亚	Australia	1081.2	909.3	1105.2	782.1	785.8	761.7
新 西 兰	New Zealand	74.4	82.1	76.1	76.1	75.9	78.1

2-7 空气中不足2.5微米的颗粒物含量
Particulate Matter Content (Diameter Less Than 2.5 Microns) in the Air

资料来源：世界银行WDI数据库。
Source: World Bank WDI Database.
单位：微克/立方米 (micrograms per cubic meter)

国家或地区	Country or Area	2000	2005	2010	2014	2015
世　界	**World**	**38.9**	**41.8**	**41.8**	**43.4**	**44.0**
中　国	China	50.6	56.9	58.2	58.0	58.4
孟加拉国	Bangladesh	63.7	80.2	82.2	87.0	89.4
文　莱	Brunei Darussalam	5.5	7.4	6.4	5.7	5.1
柬埔寨	Cambodia	21.2	28.2	24.8	27.8	29.0
印　度	India	60.1	65.7	64.6	71.6	74.3
印度尼西亚	Indonesia	16.0	17.1	14.5	15.2	15.4
伊　朗	Iran	46.9	37.2	48.1	43.7	43.0
以色列	Israel	16.8	16.7	18.1	19.9	21.1
日　本	Japan	12.2	13.2	12.4	12.9	13.3
哈萨克斯坦	Kazakhstan	14.4	15.0	16.8	19.1	19.7
韩　国	Korea, Rep.	25.3	26.0	25.2	27.5	28.7
老　挝	Laos	23.9	30.2	28.1	31.2	32.6
马来西亚	Malaysia	15.5	19.8	15.3	15.5	15.6
蒙　古	Mongolia	18.6	18.4	20.3	22.9	23.6
缅　甸	Myanmar	43.0	48.0	45.8	52.4	54.4
巴基斯坦	Pakistan	67.5	63.9	61.4	64.3	65.0
菲律宾	Philippines	24.5	28.0	23.5	23.5	23.5
新加坡	Singapore	18.3	26.7	18.3	18.1	18.7
斯里兰卡	Sri Lanka	29.0	30.4	26.9	28.0	27.9
泰　国	Thailand	23.3	24.8	22.5	25.5	26.4
越　南	Viet Nam	26.1	29.3	26.7	28.0	28.3
埃　及	Egypt	69.7	79.6	90.5	99.2	104.7
尼日利亚	Nigeria	72.0	60.0	51.5	41.6	38.0
南　非	South Africa	36.2	35.9	29.7	29.4	29.6
加拿大	Canada	7.7	8.1	7.3	7.2	7.2
墨西哥	Mexico	28.2	26.0	20.2	20.4	20.2
美　国	United States	10.5	10.4	8.6	8.5	8.4
阿根廷	Argentina	15.1	14.9	14.3	13.7	13.4
巴　西	Brazil	15.8	13.8	11.0	11.3	11.4
委内瑞拉	Venezuela	31.3	28.8	22.7	23.7	23.8
捷　克	Czech Rep.	20.6	19.3	20.2	20.6	21.4
法　国	France	12.4	12.3	12.2	12.3	12.4
德　国	Germany	13.8	13.4	13.7	13.9	14.0
意大利	Italy	15.1	14.2	14.6	17.9	19.9
荷　兰	Netherlands	15.4	15.2	15.3	14.8	14.6
波　兰	Poland	25.8	25.1	27.5	24.8	24.3
俄罗斯	Russia	14.6	15	16.6	16.3	16.6
西班牙	Spain	9.9	9.9	9.7	9.8	9.7
土耳其	Turkey	29.6	27.7	32.6	34.7	36.4
乌克兰	Ukraine	17.6	17.5	19.3	18.8	18.9
英　国	United Kingdom	12.7	12.3	12.1	12.4	12.4
澳大利亚	Australia	6.7	6.6	5.9	5.9	5.9
新西兰	New Zealand	6.1	6.1	5.4	5.5	5.5

2-8 国家保护区面积和濒危物种(2016年)
National Protected Areas and Threatened Species(2016)

资料来源：世界银行WDI数据库。
Source: World Bank WDI Database.

单位：% (%)

国家或地区	Country or Area	国家保护区① National Protected ①		濒危物种(种) Threatened Species(number)			
		陆地保护区面积占陆地面积比重 Terrestrial protected areas (% of total land area)	海洋保护区面积占领海面积比重 Marine protected areas (% of territorial waters)	哺乳动物 Mammals	鸟类 Birds	鱼类 Fish	高植株植物 Higher Plants
中　国	China	17.0	2.3	74	89	133	574
中国香港	Hong Kong, China	41.8		3	20	13	9
中国澳门	Macao, China				4	5	
孟加拉国	Bangladesh	4.6	2.5	36	33	27	21
文　莱	Brunei Darussalam	44.1	1.5	33	24	12	104
柬埔寨	Cambodia	26.0	0.5	38	27	47	36
印　度	India	5.4	2.1	92	84	222	388
印度尼西亚	Indonesia	14.7	5.8	188	131	158	427
伊　朗	Iran	7.3	2.2	19	26	43	3
以色列	Israel	19.9	0.3	15	17	45	9
日　本	Japan	19.4	5.1	28	42	77	44
哈萨克斯坦	Kazakhstan	3.3		16	26	14	16
韩　国	Korea, Rep.	7.6	4.3	11	30	25	31
老　挝	Laos	16.7		45	24	55	41
马来西亚	Malaysia	18.4	2.3	73	50	83	721
蒙　古	Mongolia	17.2		11	24	2	
缅　甸	Myanmar	7.2	0.2	48	48	50	61
巴基斯坦	Pakistan	10.8	5.6	25	32	41	12
菲律宾	Philippines	11.0	2.5	39	89	87	239
新加坡	Singapore	5.8	1.5	13	17	27	58
斯里兰卡	Sri Lanka	23.2	1.3	29	16	54	291
泰　国	Thailand	18.8	5.2	56	51	106	150
越　南	Viet Nam	6.5	1.8	55	46	80	204
埃　及	Egypt	11.2	13.2	19	14	51	3
尼日利亚	Nigeria	14.2	0.2	29	21	71	197
南　非	South Africa	8.9	13.4	26	46	107	116
加拿大	Canada	9.4	1.4	14	15	43	10
墨西哥	Mexico	12.9	19.0	96	61	179	402
美　国	United States	13.9	31.7	35	77	249	462
阿根廷	Argentina	6.8	8.9	37	50	39	70
巴　西	Brazil	28.4	20.5	81	165	86	521
委内瑞拉	Venezuela	53.9	16.8	35	44	43	82
捷　克	Czech Rep.	21.1		3	10	2	10
法　国	France	25.3	62.9	9	13	52	35
德　国	Germany	37.4	64.8	5	11	24	17
意大利	Italy	21.5	20.1	8	14	51	71
荷　兰	Netherlands	11.6	57.7	3	8	15	
波　兰	Poland	30.0	52.7	5	11	8	10
俄罗斯	Russia	11.4	11.5	32	54	39	56
西班牙	Spain	28.0	7.5	17	15	78	216
土耳其	Turkey	0.2	0.4	18	20	131	104
乌克兰	Ukraine	4.0	10.7	10	18	24	18
英　国	United Kingdom	28.4	17.2	5	8	47	16
澳大利亚	Australia	14.6	48.5	63	50	118	92
新西兰	New Zealand	32.5	12.5	9	67	34	21

注：①2014年数据。
Note:①Data refer to 2014.

主要统计指标解释

国土面积　是一个国家包括陆地面积和内陆水域在内的总面积，不包括离岸的领海面积。

陆地面积　是一个国家扣除内陆水域面积、国家宣称拥有的大陆架和专属经济区之后的总面积，内陆水域一般包括主要的河流和湖泊。

人口密度　是特定年份每一平方公里国土面积上的人口数量。

耕地面积　是指种植短期作物的土地（种植两季作物的土地面积只计算一次），割草或放牧的短期性草场，供应市场和自用菜园，以及暂时休耕地，不包括因轮垦而抛荒的土地面积。

多年生作物面积　是几年内不需要再重新种植的长期生长作物的土地面积，如可可和咖啡。它包括花卉型的树木和灌木（如玫瑰和茉莉）及苗圃，但不包括归入森林类的树木和多年生草场和牧场。

林业面积　是指天然的或人工种植林木的面积，与林木是否有生产价值无关。

可再生淡水资源　指国内可再生的淡水资源流量，包括国内江河水流量、降水补给的地下水量。

年度淡水抽取量　指水源总抽取量，不计水库的水蒸发量。在淡化水是水资源的重要来源的国家，水资源抽取量还包括来自淡化水厂的水量。抽取量占可再生资源比重可超过百分之百，更多的抽取量来自一次性的含水层或海水淡化厂或此地有较强的水资源再使用能力。工农业的抽取量指用于灌溉、畜牧生产以及工业直接使用的总抽取量(包括热电厂冷却用水抽取量)。民用抽取量包括饮用水、市政用水或供水、公共设施用水、商业机构用水和家庭用水。

森林消失面积　是指林区永久转换作其他用途，包括农业，畜牧，定居点和基础设施。但不包括为重新种植而砍伐的林区或为薪材、酸雨和森林火灾而减少的林区。

国家级保护区　指总面积或部分面积不少于 1000 公顷的全部或部分被保护区域：限制公众进入的科学保护地、国家公园、自然遗址、自然保护区、野生动植物栖息地、受保护的陆地景观及为可持续使用的管理的区域。不包括海洋保护地区、未分类地区、海滨地区和地方或省法律法规保护地。

濒危物种　是国际自然与自然资源保护联合会划分的有灭绝危险的、脆弱的、稀少的、不确定的、脱离危险的或未充分认知的物种。

高等植物　形态上有根、茎、叶分化，又称茎叶体植物（仅指开花植物）。

Explanatory Notes on Main Statistical Indicators

Surface Area is a country total area including land area and inland water bodies, but excluding offshore territorial waters.

Land Area is a country's total area, excluding area under inland water bodies, national claims to continental shelf, and exclusive economic zones. In most cases the definition of inland water bodies includes major rivers and lakes.

Population Density is number of persons in the total population for a given year per square kilometre of total surface area.

Arable Area includes land defined by the FAO as land under temporary crops (double-cropped areas are counted once), temporary meadows for mowing or for pasture, land under market or kitchen gardens, and land temporarily fallow. Land abandoned as a result of shifting cultivation is excluded. Data for "Arable land" are not meant to indicate the amount of land that is potentially cultivable.

Permanent Crop Area is the land cultivated with long-term crops which do not have to be replanted for several years (such as cocoa and coffee); land under trees and shrubs producing flowers, such as roses and jasmine; and nurseries (except those for forest trees, which should be classified under "forest"). Permanent meadows and pastures are excluded from land under permanent crops.

Forest Area is land under natural or planted stands of trees, whether productive or not.

Renewable Internal Freshwater Resources Flows refer to internal renewable resources (internal river flows and groundwater from rainfall) in the country.

Annual Freshwater Withdrawals refer to total water withdrawals, not counting evaporation losses from storage basins. Withdrawals also include water from desalination plants in countries where they are a significant source. Withdrawals can exceed 100 percent of total renewable resources where extraction from nonrenewable aquifers or desalination plants is considerable or where there is significant water reuse. Withdrawals for agriculture and industry are total withdrawals for irrigation and livestock production and for direct industrial use (including withdrawals for cooling thermoelectric plants). Withdrawals for domestic uses include drinking water, municipal use or supply, and use for public services, commercial establishments, and homes.

Deforested Area is the permanent conversion of natural forest area to other uses, including agriculture, ranching, settlements, and infrastructure. Deforested areas do not include areas logged but intended for regeneration or areas degraded by fuel-wood gathering, acid precipitation, or forest fires.

National Protected Areas are totally or partially protected areas of at least 1,000 hectares that are designated as scientific reserves with limited public access, national parks, natural monuments, nature reserves or wildlife sanctuaries, protected landscapes, and areas managed mainly for sustainable use. Marine areas, unclassified areas, and littoral (intertidal) areas are excluded. The data also do not include sites protected under local or provincial law.

Threatened Species are the number of species classified by the IUCN as endangered, vulnerable, rare, indeterminate, out of danger, or insufficiently known.

Higher Plants are native vascular plant species (flowering plants only).

国民经济核算

National Accounts

3-1 国内生产总值(现价美元)
Gross Domestic Product(USD)

资料来源：世界银行WDI数据库。
Source: World Bank WDI Database.

单位：亿美元 (100 million USD)

国家或地区	Country or Area	1990	2000	2005	2010	2015	2016
世　界	**World**	**225798**	**335432**	**473856**	**659062**	**746064**	**756416**
高收入国家	**High Income**	**188965**	**275715**	**375586**	**451878**	**474095**	**484076**
中等收入国家	**Middle Income**	**35840**	**58515**	**96589**	**204315**	**268145**	**268358**
中等偏下收入国家	**Lower Middle Income**	**9140**	**13348**	**21851**	**46599**	**60347**	**62522**
中等偏上收入国家	**Upper Middle Income**	**26680**	**45167**	**74737**	**157722**	**207738**	**205708**
中低收入国家	**Low and Middle Income**	**36585**	**59397**	**97713**	**206621**	**271674**	**271907**
东亚和太平洋	**East Asia and Pacific**	**6630**	**17377**	**31059**	**78750**	**132676**	**135112**
欧洲和中亚	**Europe and Central Asia**	**9604**	**7200**	**17265**	**31563**	**31201**	**29791**
拉丁美洲和加勒比	**Latin America and Caribbean**	**10814**	**20708**	**25797**	**49235**	**50120**	**48513**
中东和北非国家	**Middle East and North Africa**	**5381**	**4517**	**6914**	**13629**	**14455**	
南　亚	**South Asia**	**4021**	**6148**	**10286**	**20419**	**27050**	**28964**
撒哈拉以南非洲	**Sub-Saharan Africa**	**3065**	**3671**	**6850**	**13601**	**15997**	**14966**
低收入国家	**Low Income**	**963**	**1133**	**1599**	**2900**	**4016**	**4055**
最不发达地区	**Least Developed Countries**	**1572**	**2061**	**3222**	**6598**	**9290**	**9403**
重债穷国	**Heavily Indebted Poor Countries**	**1296**	**1551**	**2421**	**4632**	**6354**	**6415**
中　国	China	3609	12113	22860	61006	110647	111991
中国香港	Hong Kong, China	769	1717	1816	2286	3094	3209
中国澳门	Macao, China	32	67	121	281	454	448
阿富汗	Afghanistan			63	159	197	195
阿尔巴尼亚	Albania	21	36	82	119	114	119
阿尔及利亚	Algeria	620	548	1032	1612	1648	1561
安道尔	Andorra	10	14	32	33		
安哥拉	Angola	100	91	282	825	1030	896
安提瓜和巴布达	Antigua and Barbuda	5	8	10	11	14	14
阿根廷	Argentina	1414	2842	1987	4236	5847	5459
亚美尼亚	Armenia	23	19	49	93	105	105
阿鲁巴岛	Aruba		19	23	25		
澳大利亚	Australia	3114	4154	6938	11429	13454	12046
奥地利	Austria	1661	1964	3146	3902	3770	3864
阿塞拜疆	Azerbaijan	89	53	132	529	531	378
巴哈马	Bahamas	32	63	77	79	89	90
巴　林	Bahrain	42	91	160	257	311	319
孟加拉国	Bangladesh	316	534	694	1153	1951	2214
巴巴多斯	Barbados	20	31	39	44	44	46
白俄罗斯	Belarus	217	127	302	572	565	474
比利时	Belgium	2064	2379	3874	4835	4550	4664
伯利兹	Belize	4	8	11	14	17	18
贝　宁	Benin	20	26	48	70	83	86
百慕大	Bermuda	16	35	49	57		
不　丹	Bhutan	3	4	8	16	21	22
玻利维亚	Bolivia	49	84	95	196	330	338
波　黑	Bosnia and Herzegovinian		55	112	172	162	166
博茨瓦纳	Botswana	38	58	99	128	144	153
巴　西	Brazil	4620	6554	8916	22089	18037	17962
文　莱	Brunei Darussalam	35	60	95	137	129	114
保加利亚	Bulgaria	206	131	298	506	502	524
布基纳法索	Burkina Faso	31	26	55	90	111	121
布隆迪	Burundi	11	9	11	20	31	30
柬埔寨	Cambodia		37	63	112	180	200
喀麦隆	Cameroon	112	93	166	236	284	242
加拿大	Canada	5939	7423	11694	16135	15528	15298
佛得角	Cape Verde	3	5	10	17		
中　非	Central African Rep.	14	9	14	20	16	18

3-1 续表 1 continued

单位：亿美元 (100 million USD)

国家或地区	Country or Area	1990	2000	2005	2010	2015	2016
乍　　得	Chad	17	14	66	107	109	96
海峡群岛	Channel Islands		64	88			
智　　利	Chile	331	779	1230	2185	2425	2470
哥伦比亚	Colombia	403	999	1466	2870	2915	2825
科 摩 罗	Comoros	3	2	4	5	6	6
刚果(金)	Congo, Dem. Rep.	93	191	120	205	362	350
刚果(布)	Congo, Rep.	28	32	61	120	86	78
哥斯达黎加	Costa Rica	74	149	200	373	548	574
科特迪瓦	Cote D'Ivoire	108	107	171	249	328	362
克罗地亚	Croatia	248	218	454	597	487	504
古　　巴	Cuba	286	306	426	643	871	
塞浦路斯	Cyprus	56	102	187	256	196	198
捷　　克	Czech Rep.	403	615	1360	2070	1852	1929
丹　　麦	Denmark	1382	1642	2645	3220	3013	3061
吉 布 提	Djibouti	5	6	7	11	17	
多米尼克	Dominica	2	3	4	5	5	5
多米尼加	Dominican Rep.	71	240	340	540	681	716
厄瓜多尔	Ecuador	152	183	415	696	1002	978
埃　　及	Egypt	431	998	897	2189	3327	3363
萨尔瓦多	El Salvador	48	131	171	214	261	268
赤道几内亚	Equatorial Guinea	1	10	82	163	122	102
厄立特里亚	Eritrea		7	11	21		
爱沙尼亚	Estonia	50	57	140	195	225	231
埃塞俄比亚	Ethiopia	122	82	124	299	645	724
法罗群岛	Faeroe Islands		11	17	23		
斐　　济	Fiji	13	17	30	31	44	46
芬　　兰	Finland	1415	1255	2044	2478	2324	2368
法　　国	France	12753	13684	22037	26468	24336	24655
法属波立尼西亚	French Polynesia	32	34				
加　　蓬	Gabon	60	51	95	144	143	142
冈 比 亚	Gambia	3	8	6	10	9	10
格鲁吉亚	Georgia	78	31	64	116	140	143
德　　国	Germany	17650	19500	28614	34171	33636	34668
加　　纳	Ghana	59	50	107	322	375	427
希　　腊	Greece	979	1301	2478	2994	1949	1946
格 陵 兰	Greenland	10	11	17	23	22	
关　　岛	Guam			42	49	57	
危地马拉	Guatemala	77	193	272	413	638	688
几 内 亚	Guinea	27	30	29	47	67	63
几内亚比绍	Guinea-Bissau	2	4	6	8	11	11
圭 亚 那	Guyana	4	7	8	23	32	34
海　　地	Haiti	29	40	43	66	87	80
洪都拉斯	Honduras	30	71	97	158	208	215
匈 牙 利	Hungary	331	472	1126	1303	1217	1243
冰　　岛	Iceland	65	89	167	133	168	200
印　　度	India	3167	4621	8089	16566	21118	22635
印度尼西亚	Indonesia	1061	1650	2859	7551	8613	9323
伊　　朗	Iran	1248	1096	2198	4678	3934	
伊 拉 克	Iraq	1799	259	500	1385	1796	1715
爱 尔 兰	Ireland	494	999	2117	2213	2837	2941
马 恩 岛	Isle of Man		16	30	54		
以 色 列	Israel	525	1324	1428	2338	2994	3187
意 大 利	Italy	11773	11418	18527	21251	18249	18500
牙 买 加	Jamaica	46	89	112	132	143	140
日　　本	Japan	31400	48875	47554	57001	43831	49394

3-1 续表 2 continued

单位：亿美元 (100 million USD)

国家或地区	Country or Area	1990	2000	2005	2010	2015	2016
约　旦	Jordan	42	85	126	264	375	387
哈萨克斯坦	Kazakhstan	269	183	571	1480	1844	1337
肯尼亚	Kenya	86	127	187	400	638	705
基里巴斯	Kiribati		1	1	2	2	2
韩　国	Korea, Rep.	2793	5616	8981	10945	13828	14112
科威特	Kuwait	184	377	808	1154	1140	
吉尔吉斯斯坦	Kyrgyzstan	27	14	25	48	67	66
老　挝	Laos	9	17	27	71	144	159
拉脱维亚	Latvia	74	79	169	238	270	277
黎巴嫩	Lebanon	28	173	213	380	471	475
莱索托	Lesotho	6	9	17	24	23	22
利比里亚	Liberia	4	5	6	13	20	21
利比亚	Libya	289	383	473	748	292	
列支敦士登	Liechtenstein	14	25	37	51		
立陶宛	Lithuania	105	115	261	371	414	427
卢森堡	Luxemburg	132	213	373	532	580	599
马其顿	Macedonia	45	38	63	94	101	109
马达加斯加	Madagascar	31	39	50	87	97	100
马拉维	Malawi	19	17	37	70	64	54
马来西亚	Malaysia	440	938	1435	2550	2963	2964
马尔代夫	Maldives	2	6	11	23	34	36
马　里	Mali	27	30	62	107	127	140
马耳他	Malta	25	43	64	87	103	109
马绍尔群岛	Marshall Islands	1	1	1	2	2	2
毛里塔尼亚	Mauritania	10	13	22	43	48	46
毛里求斯	Mauritius	27	46	63	100	117	122
墨西哥	Mexico	2627	6836	8663	10511	11510	10460
密克罗尼西亚	Micronesia, Fed.	1	2	2	3	3	3
摩尔多瓦	Moldova	36	13	30	58	65	67
摩纳哥	Monaco	25	26	43	54		
蒙　古	Mongolia	26	11	25	72	117	112
黑　山	Montenegro		10	23	41	40	42
摩洛哥	Morocco	302	389	623	932	1006	1014
莫桑比克	Mozambique	25	50	77	102	148	110
缅　甸	Myanmar		89	120	495	626	674
纳米比亚	Namibia	28	39	73	113	115	103
瑙　鲁	Nauru					1	1
尼泊尔	Nepal	36	55	81	160	213	211
荷　兰	Netherlands	3143	4128	6785	8364	7503	7708
新喀里多尼亚	New Caledonia	25	27				
新西兰	New Zealand	455	526	1147	1466	1756	1850
尼加拉瓜	Nicaragua	10	51	63	88	127	132
尼日尔	Niger	25	18	34	57	71	75
尼日利亚	Nigeria	308	464	1122	3691	4811	4051
挪　威	Norway	1198	1713	3087	4285	3866	3706
阿　曼	Oman	117	195	311	586	698	663
巴基斯坦	Pakistan	400	740	1095	1774	2710	2837
帕　劳	Palau	1	1	2	2	3	3
巴拿马	Panama	64	123	164	289	521	552
巴布亚新几内亚	Papua New Guinea	32	35	49	97		
巴拉圭	Paraguay	57	82	87	200	273	274
秘　鲁	Peru	264	517	761	1475	1892	1921
菲律宾	Philippines	443	810	1031	1996	2928	3049
波　兰	Poland	660	1719	3061	4793	4773	4695
葡萄牙	Portugal	787	1184	1973	2383	1991	2046

3—1 续表 3 continued

单位：亿美元 (100 million USD)

国家或地区	Country or Area	1990	2000	2005	2010	2015	2016
波多黎各	Puerto Rico	306	617	839	984		
卡 塔 尔	Qatar	74	178	445	1251	1646	1525
罗马尼亚	Romania	390	374	997	1680	1775	1867
俄 罗 斯	Russia	5168	2597	7640	15249	13659	12832
卢 旺 达	Rwanda	26	17	26	58	83	84
圣基茨和尼维斯	Saint Kitts and Nevis	2	4	5	7	9	9
圣卢西亚	Saint Lucia	5	8	10	12	14	14
圣文森特和格林纳丁斯	Saint Vincent and the Grenadines	2	4	6	7	7	8
萨 摩 亚	Samoa	1	3	5	6	8	8
圣马力诺	San Marino		8	14			
圣多美和普林西比	Sao Tome and Principe		1	1	2	3	4
沙特阿拉伯	Saudi Arabia	1176	1895	3285	5282	6543	6464
塞内加尔	Senegal	57	47	87	129	136	148
塞尔维亚	Serbia		65	263	395	372	377
塞 舌 尔	Seychelles	4	6	9	10	14	14
塞拉利昂	Sierra Leone	6	6	16	26	43	37
新 加 坡	Singapore	362	958	1274	2364	2968	2970
斯洛伐克	Slovakia	127	291	627	895	873	896
斯洛文尼亚	Slovenia	174	203	363	480	428	440
所罗门群岛	Solomon Islands	3	4	4	7	11	12
南　　非	South Africa	1156	1364	2578	3753	3174	2948
西 班 牙	Spain	5351	5954	11573	14316	11930	12321
斯里兰卡	Sri Lanka	80	163	244	567	806	813
苏　　丹	Sudan	124	123	265	656	972	956
苏 里 南	Suriname	4	9	18	44	49	36
斯威士兰	Swaziland	11	17	32	44	41	37
瑞　　典	Sweden	2582	2598	3890	4884	4957	5110
瑞　　士	Switzerland	2574	2717	4075	5812	6708	6598
叙 利 亚	Syrian Arab Republic	123	193	289	591		
塔吉克斯坦	Tajikistan	26	9	23	56	79	70
坦桑尼亚	Tanzania	43	102	169	314	456	474
泰　　国	Thailand	853	1264	1893	3411	3992	4068
东 帝 汶	Timor-Leste		4	5	9	14	
多　　哥	Togo	16	13	21	32	41	44
汤　　加	Tonga	1	2	3	4	4	4
特立尼达和多巴哥	Trinidad And Tobago	51	82	160	222	236	210
突 尼 斯	Tunisia	123	215	323	441	432	421
土 耳 其	Turkey	1507	2730	5014	7719	8594	8577
土库曼斯坦	Turkmenistan	32	29	81	226	358	362
乌 干 达	Uganda	43	62	90	202	279	255
乌 克 兰	Ukraine	815	313	861	1360	910	933
阿 联 酋	United Arab Emirates	507	1043	1806	2899	3579	3487
英　　国	United Kingdom	10932	16354	25081	24297	28611	26189
美　　国	United States	59796	102848	130937	149644	180366	185691
乌 拉 圭	Uruguay	93	228	174	403	533	524
乌兹别克斯坦	Uzbekistan	134	138	143	393	669	672
瓦努阿图	Vanuatu	2	3	4	7	7	8
委内瑞拉	Venezuela	470	1171	1455	3932		
越　　南	Viet Nam	65	336	576	1159	1932	2026
约旦河西岸和加沙	West Bank and Gaza		43	48	89	127	134
也　　门	Yemen	56	96	168	309	377	273
赞 比 亚	Zambia	33	36	83	203	212	196
津巴布韦	Zimbabwe	88	67	58	101	161	163

3-2 人均国内生产总值
GDP per Capita

资料来源：世界银行WDI数据库。
Source: World Bank WDI Database.
单位：美元 (USD)

国家或地区	Country or Area	1990	2000	2005	2010	2015	2016
世　界	**World**	**4273**	**5483**	**7271**	**9509**	**10143**	**10164**
高收入国家	**High Income**	**18947**	**25756**	**33921**	**39310**	**40078**	**40678**
中等收入国家	**Middle Income**	**904**	**1266**	**1963**	**3913**	**4849**	**4798**
中等偏下收入国家	**Lower Middle Income**	**475**	**571**	**859**	**1690**	**2032**	**2075**
中等偏上收入国家	**Upper Middle Income**	**1308**	**1977**	**3146**	**6400**	**8114**	**7974**
中低收入国家	**Low and Middle Income**	**854**	**1178**	**1808**	**3577**	**4405**	**4352**
东亚和太平洋	**East Asia and Pacific**	**414**	**958**	**1640**	**4008**	**6515**	**6586**
欧洲和中亚	**Europe and Central Asia**	**2461**	**1813**	**4344**	**7823**	**7519**	**7137**
拉丁美洲和加勒比	**Latin America and Caribbean**	**2557**	**4142**	**4823**	**8642**	**8303**	**7951**
中东和北非国家	**Middle East and North Africa**	**2118**	**1608**	**2255**	**4061**	**3934**	
南　亚	**South Asia**	**355**	**443**	**680**	**1252**	**1551**	**1640**
撒哈拉以南非洲	**Sub-Saharan Africa**	**603**	**550**	**896**	**1551**	**1591**	**1449**
低收入国家	**Low Income**	**298**	**267**	**327**	**518**	**626**	**615**
最不发达地区	**Least Developed Countries**	**307**	**310**	**427**	**777**	**970**	**959**
重债穷国	**Heavily Indebted Poor Countries**	**364**	**327**	**442**	**735**	**877**	**862**
中　国	China	318	959	1753	4561	8069	8123
中国香港	Hong Kong, China	13486	25757	26650	32550	42351	43681
中国澳门	Macao, China	9365	15703	25059	52375	75574	73187
阿富汗	Afghanistan			250	553	584	562
阿尔巴尼亚	Albania	640	1176	2709	4094	3954	4147
阿尔及利亚	Algeria	2394	1757	3100	4463	4133	3844
安道尔	Andorra	18879	21436	41186	39628		
安哥拉	Angola	824	555	1444	3529	3696	3111
安提瓜和巴布达	Antigua and Barbuda	6889	9875	11372	12127	13567	14353
阿根廷	Argentina	4319	7669	5077	10276	13467	12449
亚美尼亚	Armenia	638	623	1644	3218	3610	3606
澳大利亚	Australia	18249	21691	34017	51874	56554	49928
奥地利	Austria	21629	24517	38242	46657	43665	44177
阿塞拜疆	Azerbaijan	1237	655	1578	5843	5500	3877
巴哈马	Bahamas	12351	21241	23406	21922	22888	23124
巴　林	Bahrain	8529	13636	17959	20722	22689	22354
孟加拉国	Bangladesh	298	406	484	758	1210	1359
巴巴多斯	Barbados	7729	11568	14224	15906	15558	16097
白俄罗斯	Belarus	2125	1276	3126	6030	5949	4989
比利时	Belgium	20711	23207	36967	44380	40357	41096
伯利兹	Belize	2202	3364	3933	4344	4850	4811
贝　宁	Benin	394	374	602	758	784	789
百慕大	Bermuda	26842	56284	75882	88207		
不　丹	Bhutan	558	766	1247	2179	2614	2804
玻利维亚	Bolivia	710	1007	1046	1981	3077	3105
波　黑	Bosnia and Herzegovinian		1462	2968	4612	4574	4709
博茨瓦纳	Botswana	2751	3349	5351	6346	6532	6788
巴　西	Brazil	3093	3739	4770	11224	8757	8650
文　莱	Brunei Darussalam	13604	18008	26102	35268	30968	26939
保加利亚	Bulgaria	2367	1609	3894	6843	6994	7351
布基纳法索	Burkina Faso	352	227	407	575	616	650
布隆迪	Burundi	209	136	151	231	304	286
柬埔寨	Cambodia		301	474	786	1163	1270
喀麦隆	Cameroon	952	608	952	1183	1244	1033
加拿大	Canada	21371	24124	36190	47448	43316	42158
佛得角	Cape Verde	872	1219	2031	3403		
中　非	Central African Rep.	490	244	327	446	348	382
乍　得	Chad	292	166	660	897	777	664
海峡群岛	Channel Islands		43299	57211			

3-2 续表 1 continued

单位：美元 (USD)

国家或地区	Country or Area	1990	2000	2005	2010	2015	2016
智　利	Chile	2501	5101	7615	12860	13653	13793
哥伦比亚	Colombia	1175	2472	3386	6251	6045	5806
科摩罗	Comoros	608	376	622	769	728	775
刚果(金)	Congo, Dem. Rep.	270	406	219	318	475	445
刚果(布)	Congo, Rep.	1147	998	1637	2737	1712	1528
哥斯达黎加	Costa Rica	2391	3808	4697	8199	11406	11825
科特迪瓦	Cote D'Ivoire	880	642	932	1220	1421	1526
克罗地亚	Croatia	5185	4920	10224	13506	11580	12091
古　巴	Cuba	2707	2741	3779	5676	7602	
塞浦路斯	Cyprus	9642	14673	25325	30819	23075	23324
捷　克	Czech Rep.	3902	5995	13318	19764	17557	18267
丹　麦	Denmark	26891	30744	48800	58041	53015	53418
吉布提	Djibouti	766	768	905	1326	1862	
多米尼克	Dominica	2345	4820	5244	6912	7070	7145
多米尼加	Dominican Rep.	985	2802	3681	5451	6469	6722
厄瓜多尔	Ecuador	1491	1451	3022	4657	6205	5969
埃　及	Egypt	751	1428	1168	2603	3548	3515
萨尔瓦多	El Salvador	914	2238	2835	3474	4127	4224
赤道几内亚	Equatorial Guinea	263	1703	10851	17136	10347	8333
厄立特里亚	Eritrea		208	277	482		
爱沙尼亚	Estonia	3193	4070	10338	14639	17075	17575
埃塞俄比亚	Ethiopia	253	124	162	341	646	707
斐　济	Fiji	1835	2076	3659	3652	4922	5153
芬　兰	Finland	28381	24253	38969	46202	42405	43090
法　国	France	21795	22466	34880	40703	36527	36855
法属波立尼西亚	French Polynesia	16036	14531				
加　蓬	Gabon	6251	4117	6741	8754	7389	7179
冈比亚	Gambia	346	636	432	563	475	473
格鲁吉亚	Georgia	1615	692	1530	2965	3765	3854
德　国	Germany	22220	23719	34697	41786	41177	41936
加　纳	Ghana	403	263	498	1313	1361	1514
希　腊	Greece	9600	12043	22552	26918	18008	18104
格陵兰	Greenland	18327	19004	29089	40533	39569	
格林纳达	Grenada	2888	5118	6755	7366	9212	9469
危地马拉	Guatemala	826	1656	2078	2826	3924	4147
几内亚	Guinea	441	340	303	439	554	508
几内亚比绍	Guinea-Bissau	241	298	425	544	597	620
圭亚那	Guyana	534	946	1099	3026	4137	4457
洪都拉斯	Honduras	615	1089	1312	1933	2326	2361
匈牙利	Hungary	3186	4623	11162	13026	12366	12665
冰　岛	Iceland	25592	31813	56250	41676	50734	59977
印　度	India	364	439	707	1346	1613	1709
印度尼西亚	Indonesia	585	780	1261	3114	3336	3570
伊　朗	Iran	2220	1657	3122	6273	4958	
伊拉克	Iraq	10297	1086	1850	4503	4974	4610
爱尔兰	Ireland	14045	26242	50887	48539	60664	61607
马恩岛	Isle of Man		21552	39034	67691		
以色列	Israel	11264	21052	20611	30662	35729	37293
意大利	Italy	20757	20051	31959	35849	30049	30527
牙买加	Jamaica	1894	3361	4082	4683	4966	4868
日　本	Japan	25417	38532	37218	44508	34474	38895
约　旦	Jordan	1168	1658	2203	3679	4096	4088
哈萨克斯坦	Kazakhstan	1648	1229	3771	9071	10510	7510
肯尼亚	Kenya	366	404	520	967	1350	1455
基里巴斯	Kiribati	550	797	1215	1493	1425	1449

3-2 续表 2 continued

单位：美元 (USD)

国家或地区	Country or Area	1990	2000	2005	2010	2015	2016
韩　国	Korea, Rep.	6516	11948	18640	22087	27105	27539
科威特	Kuwait	8777	18389	35490	38498	28975	
吉尔吉斯斯坦	Kyrgyzstan	609	280	477	880	1121	1077
老　挝	Laos	203	325	475	1141	2159	2353
拉脱维亚	Latvia	2796	3353	7559	11326	13667	14118
黎巴嫩	Lebanon	1050	5335	5339	8764	8047	7914
莱索托	Lesotho	372	475	863	1173	1074	998
利比里亚	Liberia	183	183	169	327	452	455
利比亚	Libya	6514	7146	8171	12121	4643	
列支敦士登	Liechtenstein	49448	74625	104994	141165		
立陶宛	Lithuania	2841	3297	7863	11985	14252	14880
卢森堡	Luxemburg	34645	48736	80290	104965	101910	102831
马其顿	Macedonia, FYR	2240	1854	3038	4543	4834	5237
马达加斯加	Madagascar	266	246	275	413	402	401
马拉维	Malawi	199	153	280	459	363	301
马来西亚	Malaysia	2441	4045	5594	9071	9644	9503
马尔代夫	Maldives	987	2183	3489	6331	8396	8602
马　里	Mali	317	269	488	708	730	781
马耳他	Malta	7192	11039	15835	21088	23820	25058
马绍尔群岛	Marshall Islands	1659	2127	2646	3143	3386	3449
毛里塔尼亚	Mauritania	502	478	698	1203	1158	1078
毛里求斯	Mauritius	2506	3861	5116	8000	9252	9628
墨西哥	Mexico	3078	6721	7987	8960	9143	8201
密克罗尼西亚	Micronesia, Fed.	1528	2171	2353	2839	3016	3069
摩尔多瓦	Moldova	972	354	831	1632	1833	1900
摩纳哥	Monaco	84287	82535	126656	144246		
蒙　古	Mongolia	1172	474	999	2650	3944	3687
黑　山	Montenegro		1627	3675	6682	6461	6701
摩洛哥	Morocco	1203	1332	2014	2834	2847	2832
莫桑比克	Mozambique	190	278	369	419	528	382
缅　甸	Myanmar		193	247	988	1195	1275
纳米比亚	Namibia	1982	2058	3573	5192	4738	4141
尼泊尔	Nepal	194	231	317	592	744	730
荷　兰	Netherlands	21019	25921	41577	50338	44293	45295
新喀里多尼亚	New Caledonia	14800	12580				
新西兰	New Zealand	13663	13641	27751	33691	38202	39427
尼加拉瓜	Nicaragua	244	1016	1175	1527	2096	2151
尼日尔	Niger	310	158	250	348	359	363
尼日利亚	Nigeria	323	379	808	2327	2655	2178
挪　威	Norway	28243	38147	66775	87647	74505	70813
阿　曼	Oman	6448	8601	12377	19281	16627	14982
巴基斯坦	Pakistan	372	534	712	1040	1431	1468
帕　劳	Palau	5096	7786	9711	8979	13501	13626
巴拿马	Panama	2604	4060	4917	7937	13134	13680
巴布亚新几内亚	Papua New Guinea	747	632	771	1367		
巴拉圭	Paraguay	1352	1546	1507	3226	4109	4080
秘　鲁	Peru	1210	1997	2755	5023	6030	6046
菲律宾	Philippines	715	1039	1195	2130	2878	2951
波　兰	Poland	1731	4493	8021	12600	12566	12372
葡萄牙	Portugal	7885	11502	18785	22539	19220	19813
波多黎各	Puerto Rico	8653	16192	21959	26436		
卡塔尔	Qatar	15449	29986	51489	70306	66347	59331
罗马尼亚	Romania	1681	1668	4676	8298	8959	9474
俄罗斯	Russia	3485	1772	5324	10675	9329	8748
卢旺达	Rwanda	352	216	287	564	710	703
圣基茨和尼维斯	Saint Kitts and Nevis	5112	9268	11174	13704	16145	16725

3-2 续表 3 continued

单位：美元 (USD)

国家或地区	Country or Area	1990	2000	2005	2010	2015	2016
圣卢西亚	Saint Lucia	3502	4996	5810	7196	8076	7744
圣文森特和格林纳丁斯	Saint Vincent and the Grenadines	2236	3673	5065	6232	6740	7030
萨摩亚	Samoa	772	1541	2571	3454	4149	4028
圣马力诺	San Marino		28226	47039			
圣多美和普林西比	Sao Tome and Principe		550	811	1130	1625	1756
沙特阿拉伯	Saudi Arabia	7205	9127	13740	19260	20733	20029
塞内加尔	Senegal	757	474	774	1002	909	958
塞尔维亚	Serbia		870	3528	5412	5237	5348
塞舌尔	Seychelles	5303	7579	11093	10805	15390	15076
塞拉利昂	Sierra Leone	151	139	288	405	588	496
新加坡	Singapore	11864	23793	29870	46570	53630	52961
斯洛伐克	Slovakia	2396	5403	11669	16601	16090	16496
斯洛文尼亚	Slovenia	8699	10228	18169	23438	20730	21305
所罗门群岛	Solomon Islands	970	1055	881	1272	1922	2006
索马里	Somalia	145				426	434
南非	South Africa	3141	3037	5415	7363	5770	5274
西班牙	Spain	13767	14677	26511	30736	25684	26529
斯里兰卡	Sri Lanka	470	875	1260	2820	3845	3835
苏丹	Sudan	479	361	680	1477	2514	2415
苏里南	Suriname	953	1889	3595	8303	8819	6484
斯威士兰	Swaziland	1294	1638	2874	3690	3137	2775
瑞典	Sweden	30162	29283	43085	52076	50585	51600
瑞士	Switzerland	38332	37813	54798	74277	80990	78813
叙利亚	Syrian Arab Republic	989	1178	1578	2747		
塔吉克斯坦	Tajikistan	498	138	337	738	919	796
坦桑尼亚	Tanzania	172	307	442	702	872	879
泰国	Thailand	1508	2008	2894	5075	5815	5908
东帝汶	Timor-Leste		422	478	850	1162	
多哥	Togo	430	260	372	488	551	579
汤加	Tonga	1194	2063	2595	3548	4094	3689
特立尼达和多巴哥	Trinidad And Tobago	4148	6431	12323	16684	17322	15377
突尼斯	Tunisia	1493	2214	3195	4140	3828	3689
土耳其	Turkey	2794	4317	7384	10672	10980	10788
土库曼斯坦	Turkmenistan	866	643	1705	4439	6433	6389
图瓦卢	Tuvalu	980	1459	2178	3022	2970	3084
乌干达	Uganda	247	258	316	595	694	615
乌克兰	Ukraine	1570	636	1829	2965	2125	2186
阿联酋	United Arab Emirates	27256	33071	39440	35049	39102	37622
英国	United Kingdom	19096	27770	41524	38710	43930	39899
美国	United States	23955	36450	44308	48374	56207	57467
乌拉圭	Uruguay	2990	6872	5221	11938	15525	15221
乌兹别克斯坦	Uzbekistan	651	558	547	1377	2138	2111
瓦努阿图	Vanuatu	1080	1470	1886	2966	2806	2861
委内瑞拉	Venezuela	2368	4784	5433	13545		
越南	Viet Nam	98	433	700	1334	2107	2186
约旦河西岸和加沙	West Bank and Gaza		1476	1455	2339	2866	2943
也门	Yemen	468	539	814	1309	1402	990
赞比亚	Zambia	409	342	691	1463	1314	1178
津巴布韦	Zimbabwe	863	547	445	714	1019	1009

3-3 人均国民总收入
GNI per Capita

资料来源：世界银行WDI数据库。
Source: World Bank WDI Database.

单位：美元 (USD)

国家或地区	Country or Area	1990	2000	2005	2010	2015	2016
世　界	**World**	**4192**	**5441**	**7343**	**9383**	**10582**	**10302**
高收入国家	**High Income**	**18619**	**25619**	**34844**	**39868**	**42046**	**41046**
中等收入国家	**Middle Income**	**834**	**1166**	**1852**	**3624**	**5012**	**4909**
中等偏下收入国家	**Lower Middle Income**	**490**	**554**	**848**	**1531**	**2068**	**2079**
中等偏上收入国家	**Upper Middle Income**	**1146**	**1789**	**2927**	**5966**	**8424**	**8210**
中低收入国家	**Low and Middle Income**	**792**	**1086**	**1705**	**3314**	**4550**	**4451**
东亚和太平洋	**East Asia and Pacific**	**425**	**912**	**1646**	**3780**	**6477**	**6680**
欧洲和中亚	**Europe and Central Asia**	**1535**	**1767**	**3792**	**7492**	**8760**	**7676**
拉丁美洲和加勒比	**Latin America and Caribbean**	**2177**	**3625**	**4365**	**7765**	**8762**	**8010**
中东和北非国家	**Middle East and North Africa**	**1296**	**1581**	**2142**	**3914**		
南　亚	**South Asia**	**383**	**451**	**684**	**1160**	**1541**	**1616**
撒哈拉以南非洲	**Sub-Saharan Africa**	**598**	**504**	**800**	**1282**	**1650**	**1504**
低收入国家	**Low Income**	**293**	**230**	**304**	**501**	**623**	**612**
最不发达地区	**Least Developed Countries**	**317**	**295**	**405**	**739**	**951**	**950**
重债穷国	**Heavily Indebted Poor Countries**	**363**	**298**	**413**	**703**	**862**	**845**
中　国	China	330	930	1760	4340	7940	8260
中国香港	Hong Kong, China	12660	26930	28890	33620	41100	43240
中国澳门	Macao, China	8530	14640	24030	45690	64580	
阿富汗	Afghanistan			250	500	590	580
阿尔巴尼亚	Albania	680	1170	2670	4360	4300	4250
阿尔及利亚	Algeria	2360	1590	2700	4460	4820	4270
安道尔	Andorra	16880	19930	41240	41650		
安哥拉	Angola	550	390	1070	3240	4070	3440
安提瓜和巴布达	Antigua and Barbuda	5740	8620	11240	11760	12800	13400
阿根廷	Argentina	3170	7440	4600	9170	12430	11960
亚美尼亚	Armenia		660	1540	3470	4020	3760
澳大利亚	Australia	17220	21110	30340	46560	60330	54420
奥地利	Austria	20560	26690	38500	49350	47290	45230
阿塞拜疆	Azerbaijan		610	1270	5410	6550	4760
巴哈马	Bahamas	14040	20330	23510	21660	20790	21020
巴　林	Bahrain	7220	10900	16550	18970	22750	
孟加拉国	Bangladesh	310	420	530	780	1190	1330
巴巴多斯	Barbados	7660	11070	13640	15900	14620	14830
白俄罗斯	Belarus		1380	2820	6080	6720	5600
比利时	Belgium	19400	26040	37850	47900	44410	41860
伯利兹	Belize	2230	3150	3680	3910	4500	4410
贝　宁	Benin	360	390	600	790	870	820
不　丹	Bhutan	580	780	1210	1970	2350	2510
玻利维亚	Bolivia	720	990	1030	1810	3000	3070
波　黑	Bosnia and Herzegovinian		1470	3110	4930	5030	4880
博茨瓦纳	Botswana	2540	3000	4790	5570	6640	6610
巴　西	Brazil	2710	3840	3940	9610	10080	8840
文　莱	Brunei Darussalam	12550	14800	23080	33300	38520	
保加利亚	Bulgaria	2260	1660	3800	6910	7480	7470
布基纳法索	Burkina Faso	330	250	410	610	650	640
布隆迪	Burundi	210	130	130	210	280	280
柬埔寨	Cambodia		300	460	750	1070	1140
喀麦隆	Cameroon	920	600	930	1210	1350	1200
加拿大	Canada	20420	22520	34120	44370	47250	43660
佛得角	Cape Verde	870	1330	2050	3340		
中　非	Central African Rep.	460	250	330	470	360	370
乍　得	Chad	270	180	470	910	880	720
海峡群岛	Channel Islands		42430	55320			

3-3 续表 1 continued

单位：美元 (USD)

国家或地区	Country or Area	1990	2000	2005	2010	2015	2016
智 利	Chile	2260	5020	6220	10780	14320	13530
哥伦比亚	Colombia	1220	2320	2920	5540	7140	6320
科 摩 罗	Comoros	560	420	630	790	790	760
刚果(金)	Congo, Dem. Rep.	240	130	210	310	430	420
刚果(布)	Congo, Rep.	920	570	930	2070	2350	1710
哥斯达黎加	Costa Rica	2320	3710	4650	7230	10570	10840
科特迪瓦	Cote D'Ivoire	760	640	930	1200	1490	1520
克罗地亚	Croatia		5290	9870	13750	12750	12110
古 巴	Cuba	2660	2620	3950	5560		
塞浦路斯	Cyprus	9510	14070	24450	31330	25810	23680
捷 克	Czech Rep.		6320	12380	19210	18150	17570
丹 麦	Denmark	24530	32660	49610	61220	60270	56730
吉 布 提	Djibouti		760	1030			
多米尼克	Dominica	2300	3600	5130	6670	6760	6750
多米尼加	Dominican Rep.	870	2630	2910	5230	6240	6390
厄瓜多尔	Ecuador	1370	1540	2900	4410	6030	5820
埃 及	Egypt	750	1420	1210	2330	3360	3460
萨尔瓦多	El Salvador	900	2160	2830	3380	3840	3920
赤道几内亚	Equatorial Guinea	290	880	3850	9890	9190	6550
厄立特里亚	Eritrea		200	280	410		
爱沙尼亚	Estonia	3190	4150	9710	14540	18310	17750
埃塞俄比亚	Ethiopia	260	120	160	380	600	660
斐 济	Fiji	1790	2230	3590	3650	4810	4840
芬 兰	Finland	26000	26420	40100	49330	46630	44730
法 国	France	20660	25150	36000	43790	40530	38950
法属波立尼西亚	French Polynesia	15390	15990				
加 蓬	Gabon	4810	3090	5480	7750	8010	7210
冈 比 亚	Gambia	320	670	400	590	450	440
格鲁吉亚	Georgia		750	1410	3000	4120	3810
德 国	Germany	21340	26210	35880	44790	45780	43660
加 纳	Ghana	400	340	470	1250	1470	1380
希 腊	Greece	8960	13310	22760	27660	20270	18960
格 陵 兰	Greenland	15690	20290	30500			
格林纳达	Grenada	2250	3860	6760	7050	8650	8830
危地马拉	Guatemala	930	1660	2010	2700	3610	3790
几 内 亚	Guinea	430	380	340	400	490	490
几内亚比绍	Guinea-Bissau	210	190	420	570	610	620
圭 亚 那	Guyana	390	880	1050	2930	4120	4250
海 地	Haiti	350	470	400	650	810	780
洪都拉斯	Honduras	690	920	1290	1760	2090	2150
匈 牙 利	Hungary	2880	4660	10450	13100	12970	12570
冰 岛	Iceland	24680	31540	50750	36520	50260	56990
印 度	India	390	450	700	1220	1600	1680
印度尼西亚	Indonesia	610	560	1220	2520	3440	3400
伊 朗	Iran	2560	1760	2890	5990		
爱 尔 兰	Ireland	12560	24200	44550	44880	52170	52560
马 恩 岛	Isle of Man		21920	40840	75860		
以 色 列	Israel	10860	18800	21220	29620	35780	36190
意 大 利	Italy	18610	21820	32390	37690	32870	31590
牙 买 加	Jamaica	1790	3290	3780	4370	4750	4660
日 本	Japan	27560	34980	40560	43440	38780	38000
约 旦	Jordan	1350	1800	2340	3470	3890	3920
哈萨克斯坦	Kazakhstan		1260	2950	7440	11390	8710
肯 尼 亚	Kenya	380	420	520	980	1310	1380
基里巴斯	Kiribati	720	1390	1730	1990	3390	2380
韩 国	Korea, Rep.	6480	10750	17790	21260	27250	27600

3-3 续表 2 continued

单位：美元 (USD)

国家或地区	Country or Area	1990	2000	2005	2010	2015	2016
科 威 特	Kuwait		19050	34400	42060	41680	
吉尔吉斯斯坦	Kyrgyzstan		280	450	850	1180	1100
老 挝	Laos	190	280	460	1000	2000	2150
拉脱维亚	Latvia	2790	3310	7360	12630	14980	14630
黎 巴 嫩	Lebanon	1360	5470	5710	8450	7720	7680
莱 索 托	Lesotho	550	580	1040	1330	1300	1210
利比里亚	Liberia		150	120	250	380	370
利 比 亚	Libya			6870	12440	6030	
列支敦士登	Liechtenstein	45550	78630	92360			
立 陶 宛	Lithuania		3220	7600	12430	15090	14770
卢 森 堡	Luxemburg	28580	42250	74020	78440	71240	76660
马 其 顿	Macedonia		1860	2990	4700	5100	4980
马达加斯加	Madagascar	240	250	290	420	420	400
马 拉 维	Malawi	180	160	290	430	340	320
马来西亚	Malaysia	2370	3420	5280	8240	10440	9850
马尔代夫	Maldives		2140	3570	5380	7010	7430
马 里	Mali	290	280	460	690	760	750
马 耳 他	Malta	7600	10510	15660	20530	24780	24140
马绍尔群岛	Marshall Islands		2850	3570	3790	4550	4450
毛里塔尼亚	Mauritania	490	510	700	1130	1230	1120
毛里求斯	Mauritius	2440	3870	5420	8250	9780	9760
墨 西 哥	Mexico	2750	5750	7810	8940	9830	9040
密克罗尼西亚	Micronesia, Fed.		2210	2550	2870	3560	3680
摩尔多瓦	Moldova		370	890	1820	2230	2120
摩 纳 哥	Monaco	79560	90840	128440			
蒙 古	Mongolia	1430	470	900	2000	3850	3550
黑 山	Montenegro			3660	6890	7260	6970
摩 洛 哥	Morocco	1150	1380	2060	2930	3000	2850
莫桑比克	Mozambique	180	280	350	460	590	480
缅 甸	Myanmar			270	860	1190	
纳米比亚	Namibia	2020	2110	3380	4400	5260	4620
尼 泊 尔	Nepal	210	230	310	540	730	730
荷 兰	Netherlands	20060	28560	42390	53530	48850	46310
新喀里多尼亚	New Caledonia	14760	14020				
新 西 兰	New Zealand	13640	14070	25430	29680	40020	39070
尼加拉瓜	Nicaragua	310	970	1180	1490	1960	2050
尼 日 尔	Niger	300	170	250	350	390	370
尼日利亚	Nigeria	290	270	670	1470	2870	2450
挪 威	Norway	26510	36560	63790	88430	93560	82330
阿 曼	Oman	5710	7160	10620	18170	18080	
巴基斯坦	Pakistan	420	490	730	1080	1430	1510
帕 劳	Palau		5890	9250	8910	12180	12450
巴 拿 马	Panama	2310	3880	4840	7130	11730	12140
巴布亚新几内亚	Papua New Guinea	820	620	670	1230		
巴 拉 圭	Paraguay	1190	1360	1230	2930	4210	4070
秘 鲁	Peru	880	1970	2550	4340	6110	5950
菲 律 宾	Philippines	720	1220	1520	2730	3520	3580
波 兰	Poland		4690	7340	12730	13300	12680
葡 萄 牙	Portugal	7140	12140	18550	22960	20370	19850
波多黎各	Puerto Rico	6150	10310	14750	16640		
卡 塔 尔	Qatar			38280	66360	75660	
罗马尼亚	Romania	1710	1720	3930	8590	9520	9470
俄 罗 斯	Russia		1710	4450	9980	11660	9720
卢 旺 达	Rwanda	350	240	270	560	710	700
圣基茨和尼维斯	Saint Kitts and Nevis	4940	8300	11050	13280	15420	15850
圣卢西亚	Saint Lucia	2730	4410	5460	6740	7650	7670

3-3 续表 3 continued

单位：美元 (USD)

国家或地区	Country or Area	1990	2000	2005	2010	2015	2016
圣文森特和格林纳丁斯	Saint Vincent and the Grenadines	2110	3470	4950	6030	6630	6790
萨摩亚	Samoa	1050	1600	2370	3200	4070	4100
圣多美和普林西比	Sao Tome and Principe			770	1170	1700	1730
沙特阿拉伯	Saudi Arabia	7230	7860	12610	18750	23810	21750
塞内加尔	Senegal	710	510	770	1050	980	950
塞尔维亚	Serbia		1530	3630	5850	5540	5280
塞舌尔	Seychelles	5000	7290	11140	10190	14680	15410
塞拉利昂	Sierra Leone	200	160	280	420	550	490
新加坡	Singapore	11450	23670	28370	44790	52740	51880
斯洛伐克	Slovakia	2060	5520	11320	17240	17570	16810
斯洛文尼亚	Slovenia		11350	18440	24560	22250	21660
所罗门群岛	Solomon Islands	710	1010	890	910	1910	1880
南非	South Africa	3390	3140	5020	6220	6090	5480
西班牙	Spain	12220	15900	25930	32130	28370	27520
斯里兰卡	Sri Lanka	470	880	1220	2430	3750	3780
苏丹	Sudan	530	320	580	1250	2000	2140
苏里南	Suriname	1430	1870	3200	7660	8860	7070
斯威士兰	Swaziland	1230	1520	2870	3070	3130	2830
瑞典	Sweden	27760	31220	45420	53900	57770	54630
瑞士	Switzerland	36900	43490	61550	77360	84540	81240
叙利亚	Syrian Arab Republic	910	970	1510	2610		
塔吉克斯坦	Tajikistan		170	320	910	1240	1110
坦桑尼亚	Tanzania	200	300	400	690	910	900
泰国	Thailand	1490	1990	2790	4580	5690	5640
东帝汶	Timor-Leste			860	2890	2180	
多哥	Togo	400	300	360	450	540	540
汤加	Tonga	1220	2030	2470	3560	4240	4020
特立尼达和多巴哥	Trinidad And Tobago	3710	5420	11210	16460	17640	15680
突尼斯	Tunisia	1430	2310	3170	4130	3930	3690
土耳其	Turkey	2300	4200	6760	10430	12000	11180
土库曼斯坦	Turkmenistan	830	600	1590	4070	7120	6670
图瓦卢	Tuvalu			3620	4400	5620	5090
乌干达	Uganda	320	270	300	560	680	660
乌克兰	Ukraine	1610	700	1540	2990	2650	2310
阿联酋	United Arab Emirates	20720	20630	37570	34530	42910	40480
英国	United Kingdom	17270	27400	42770	41390	43700	42390
美国	United States	24150	36070	46340	48950	56070	56180
乌拉圭	Uruguay	2840	7050	4720	10390	15830	15230
乌兹别克斯坦	Uzbekistan		630	530	1340	2170	2220
瓦努阿图	Vanuatu	1200	1430	1780	2690		
委内瑞拉	Venezuela	2560	4070	4910	11570		
越南	Viet Nam	130	400	680	1270	1990	2050
约旦河西岸和加沙	West Bank and Gaza		1580	1660	2320	3260	3230
也门	Yemen		420	690	1180	1140	1040
赞比亚	Zambia	430	330	550	1320	1560	1300
津巴布韦	Zimbabwe	860	490	430	530	960	940

3-4 按购买力平价法计算的国民经济核算主要指标(2016年)
Main Economic Indicators of National Accounts Based on PPP(2016)

资料来源：世界银行WDI数据库。
Source: World Bank WDI Database.

国家或地区	Country or Area	国内生产总值(现价亿国际元) GDP(100 million international $)	人均国内生产总值(现价国际元) GDP per Capita (current price international $)	国民总收入(现价亿国际元) GNI(100 million international $)	人均国民总收入(现价国际元) GNI per capita (current price iternational $)
世　界	**World**	**1201418**	**16136**	**1198242**	**16095**
高收入国家	**High Income**	**555795**	**46704**	**558900**	**46965**
经合组织高收入国家①	**High Income: OECD①**	**456985**	**42708**	**462845**	**43255**
非经合组织高收入国家①	**High Income: nonOECD①**	**110839**	**33995**	**109216**	**33498**
中等收入国家	**Middle Income**	**636727**	**11371**	**630802**	**11267**
中等偏下收入国家	**Lower Middle Income**	**205164**	**6797**	**204152**	**6764**
中等偏上收入国家	**Upper Middle Income**	**432035**	**16726**	**427054**	**16537**
中低收入国家	**Low and Middle Income**	**647741**	**10339**	**641580**	**10243**
东亚和太平洋	**East Asia and Pacific**	**284185**	**13853**	**282868**	**13789**
欧洲和中亚	**Europe and Central Asia**	**78407**	**18783**	**76428**	**18309**
拉丁美洲和加勒比	**Latin America and Caribbean**	**91036**	**14866**	**89126**	**14574**
中东和北非国家	**Middle East and North Africa**	**44663②**	**12086②**	**43243①**	**11910①**
南　亚	**South Asia**	**107107**	**6064**	**106935**	**6054**
撒哈拉以南非洲	**Sub-Saharan Africa**	**38309**	**3708**	**37087**	**3590**
低收入国家	**Low Income**	**11098**	**1683**	**10854**	**1646**
重债穷国	**Heavily Indebted Poor Countries**	**16727**	**2246**	**16174**	**2172**
最不发达地区	**Least Developed Countries**	**25591**	**2610**	**25159**	**2566**
中　国	China	214171	15535	213661	15500
中国香港	Hong Kong, China	4302	58553	4447	60530
中国澳门	Macao, China	638	104169	592②	98450②
孟加拉国	Bangladesh	5835	3581	6171	3790
文　莱	Brunei Darussalam	328	77441	348②	83250②
柬埔寨	Cambodia	589	3735	553	3510
印　度	India	87029	6572	85942	6490
印度尼西亚	Indonesia	30321	11612	29294	11220
伊　朗	Iran	13528②	17046②	13618①	17370①
以色列	Israel	3239	37901	3197	37400
日　本	Japan	52664	41470	54438	42870
哈萨克斯坦	Kazakhstan	4496	25264	4076	22910
韩　国	Korea, Rep.	18321	35751	18339	35790
老　挝	Laos	418	6186	400	5920
马来西亚	Malaysia	8633	27681	8389	26900
蒙　古	Mongolia	370	12220	342	11290
缅　甸	Myanmar	3053	5773	2658②	5070②
巴基斯坦	Pakistan	10142	5249	10782	5580
菲律宾	Philippines	8065	7806	9708	9400
新加坡	Singapore	4926	87856	4769	85050
斯里兰卡	Sri Lanka	2611	12316	2538	11970
泰　国	Thailand	11649	16916	11068	16070
越　南	Viet Nam	5955	6424	5610	6050
埃　及	Egypt	10652	11132	10634	11110
尼日利亚	Nigeria	10912	5867	10678	5740
南　非	South Africa	7394	13225	7189	12860
加拿大	Canada	15975	44025	15754	43420
墨西哥	Mexico	22781	17862	22629	17740
美　国	United States	185691	57467	187497	58030
阿根廷	Argentina	8741	19934	8540	19480
巴　西	Brazil	31413	15128	30755	14810
委内瑞拉①	Venezuela①	5389	17469	5288	17140
捷　克	Czech Rep.	3666	34711	3455	32710
法　国	France	27739	41466	28352	42380
德　国	Germany	40284	48730	40948	49530
意大利	Italy	23126	38161	23165	38230
荷　兰	Netherlands	8662	50898	8564	50320
波　兰	Poland	10554	27811	10159	26770
俄罗斯	Russia	33974	23163	33057	22540
西班牙	Spain	16864	36310	16877	36340
土耳其	Turkey	19277	24244	19075	23990
乌克兰	Ukraine	3530	8272	3494	8190
英　国	United Kingdom	27967	42609	27634	42100
澳大利亚	Australia	11289	46790	11092	45970
新西兰	New Zealand	1833	39059	1777	37860

注：①2014年数据。②2015年数据。
Note:①Data refer to 2014.②Data refer to 2015.

3-5 国内生产总值增长率
Growth Rate of GDP

资料来源：世界银行WDI数据库。
Source: World Bank WDI Database.

单位：% (%)

国家或地区	Country or Area	1990	2000	2005	2010	2015	2016
世　界	**World**	**3.0**	**4.4**	**3.9**	**4.3**	**2.7**	**2.4**
高收入国家	**High Income**	**3.3**	**4.1**	**2.7**	**2.9**	**2.2**	**1.7**
中等收入国家	**Middle Income**	**2.1**	**5.6**	**7.1**	**7.5**	**3.8**	**3.9**
中等偏下收入国家	**Lower Middle Income**	**3.7**	**4.4**	**6.8**	**7.3**	**5.4**	**5.1**
中等偏上收入国家	**Upper Middle Income**	**1.7**	**6.0**	**7.2**	**7.6**	**3.3**	**3.5**
中低收入国家	**Low and Middle Income**	**2.1**	**5.6**	**7.1**	**7.5**	**3.8**	**3.9**
东亚和太平洋	**East Asia and Pacific**	**5.4**	**7.5**	**9.7**	**9.8**	**6.5**	**6.4**
欧洲和中亚	**Europe and Central Asia**	**-1.4**	**7.9**	**7.1**	**5.1**	**0.6**	**1.4**
拉丁美洲和加勒比	**Latin America and Caribbean**	**0.4**	**3.8**	**4.5**	**6.0**	**-0.3**	**-0.8**
中东和北非国家	**Middle East and North Africa**	**12.9**	**4.2**	**5.0**	**5.5**	**1.4**	
南　亚	**South Asia**	**5.4**	**4.1**	**8.8**	**9.1**	**7.5**	**6.8**
撒哈拉以南非洲	**Sub-Saharan Africa**	**2.4**	**3.6**	**5.6**	**5.4**	**3.0**	**1.2**
低收入国家	**Low Income**	**0.4**	**1.8**	**6.1**	**6.7**	**4.6**	**4.1**
最不发达地区	**Least Developed Countries**	**0.5**	**4.3**	**8.4**	**6.0**	**3.9**	**4.2**
重债穷国	**Heavily Indebted Poor Countries**	**-1.1**	**2.8**	**6.2**	**5.7**	**5.0**	**4.4**
中　国	China	3.9	8.5	11.4	10.6	6.9	6.7
中国香港	Hong Kong, China	3.8	7.7	7.4	6.8	2.4	2.1
中国澳门	Macao, China	8.0	5.8	8.1	25.3	-21.5	-2.1
阿富汗	Afghanistan			11.2	8.4	1.1	2.2
阿尔巴尼亚	Albania	-9.6	6.7	5.7	3.7	2.6	3.5
阿尔及利亚	Algeria	0.8	3.8	5.9	3.6	3.8	3.7
安道尔	Andorra	3.8	1.2	7.8	-5.4		
安哥拉	Angola	-0.3	3.0	18.3	3.4	3.0	
安提瓜和巴布达	Antigua and Barbuda	3.0	6.1	6.3	-7.0	4.1	4.4
阿根廷	Argentina	-2.4	-0.8	8.9	10.1	2.7	-2.3
亚美尼亚	Armenia		5.9	13.9	2.2	3.0	0.2
澳大利亚	Australia	3.5	3.9	3.2	2.0	2.4	2.8
奥地利	Austria	4.4	3.4	2.1	1.9	1.0	1.5
阿塞拜疆	Azerbaijan	-11.7	11.1	26.4	4.9	1.1	-3.1
巴哈马	Bahamas	-1.6	4.2	3.4	1.6	-1.7	0.3
巴　林	Bahrain	4.4	5.3	6.8	4.3	2.9	
孟加拉国	Bangladesh	5.6	5.3	6.5	5.6	6.6	7.1
巴巴多斯	Barbados	-3.3	4.5	4.0	0.3	0.9	1.6
白俄罗斯	Belarus		5.8	9.4	7.8	-3.8	-2.7
比利时	Belgium	3.1	3.6	2.1	2.7	1.5	1.2
伯利兹	Belize	10.6	13.0	2.6	3.3	2.3	-0.8
贝　宁	Benin	9.0	5.9	1.7	2.1	2.1	4.0
百慕大	Bermuda	0.0	9.3	1.7	-2.1		
不　丹	Bhutan	10.9	6.9	7.1	11.7	6.5	6.2
玻利维亚	Bolivia	4.6	2.5	4.4	4.1	4.9	4.3
波　黑	Bosnia and Herzegovinian		5.5	8.8	0.8	3.0	2.0
博茨瓦纳	Botswana	6.8	2.0	4.6	8.6	-1.7	2.9
巴　西	Brazil	-3.1	4.1	3.2	7.5	-3.8	-3.6
文　莱	Brunei Darussalam	1.1	2.9	0.4	2.6	-0.6	-2.5
保加利亚	Bulgaria	-9.1	5.0	7.2	0.1	3.6	3.4
布基纳法索	Burkina Faso	-0.6	1.8	8.7	8.5	4.0	5.9
布隆迪	Burundi	3.5	-0.9	0.9	3.8	-3.9	-0.6
柬埔寨	Cambodia		8.8	13.3	6.0	7.0	6.9
喀麦隆	Cameroon	-6.1	4.2	2.3	3.3	5.8	4.5
加拿大	Canada	0.2	5.2	3.2	3.1	0.9	1.5
佛得角	Cape Verde	0.7	7.3	6.5	5.2		
中　非	Central African Rep.	-2.2	-2.5	0.9	3.1	4.8	4.5
乍　得	Chad	-4.2	-0.9	17.3	13.6	1.8	-7.0
海峡群岛	Channel Islands		5.8	1.4			

3-5 续表 1 continued

单位：% (%)

国家或地区	Country or Area	1990	2000	2005	2010	2015	2016
智　　利	Chile	3.3	5.3	5.7	5.8	2.3	1.6
哥伦比亚	Colombia	6.0	4.4	4.7	4.0	3.1	2.0
科 摩 罗	Comoros	5.1	10.9	2.8	2.2	1.0	2.2
刚果(金)	Congo, Dem. Rep.	-6.6	-6.9	6.1	7.1	6.9	2.2
刚果(布)	Congo, Rep.	1.0	7.6	7.8	8.8	2.7	-1.9
哥斯达黎加	Costa Rica	3.9	3.7	3.9	5.0	4.7	4.3
科特迪瓦	Cote D'Ivoire	-1.1	-2.1	1.7	2.0	9.2	8.8
克罗地亚	Croatia		3.8	4.2	-1.7	1.6	2.9
古　　巴	Cuba	-3.0	5.9	11.2	2.4	4.4	
塞浦路斯	Cyprus	7.4	5.7	3.7	1.3	1.7	2.8
捷　　克	Czech Rep.		4.3	6.4	2.3	4.5	2.4
丹　　麦	Denmark	1.5	3.8	2.3	1.9	1.6	1.3
吉 布 提	Djibouti		0.4	3.2	3.5	6.5	
多米尼克	Dominica	5.3	0.4	-0.1	0.7	-1.8	0.9
多米尼加	Dominican Rep.	-5.5	5.7	9.3	8.3	7.0	6.7
厄瓜多尔	Ecuador	3.7	1.1	5.3	3.5	0.2	-1.5
埃　　及	Egypt	5.7	5.4	4.5	5.2	4.4	4.3
萨尔瓦多	El Salvador	4.8	2.2	3.6	1.4	2.3	2.4
赤道几内亚	Equatorial Guinea	-1.8	18.2	16.8	-8.9	-9.1	-9.7
厄立特里亚	Eritrea		-3.1	2.6	2.2		
爱沙尼亚	Estonia	-7.1	10.6	9.4	2.3	1.4	1.6
埃塞俄比亚	Ethiopia	2.7	6.1	11.8	12.6	10.4	7.6
斐　　济	Fiji	5.8	-1.7	0.7	3.0	5.6	2.0
芬　　兰	Finland	0.7	5.6	2.8	3.0	0.3	1.4
法　　国	France	2.9	3.9	1.6	2.0	1.1	1.2
法属波立尼西亚	French Polynesia	2.2	4.0				
加　　蓬	Gabon	5.2	-1.9	3.9	7.1	3.9	2.3
冈 比 亚	Gambia	3.6	5.5	-0.9	6.5	4.7	1.6
格鲁吉亚	Georgia	-14.8	1.8	9.6	6.3	2.9	2.7
德　　国	Germany	5.3	3.0	0.7	4.1	1.7	1.9
加　　纳	Ghana	3.3	3.7	5.9	7.9	3.9	3.6
希　　腊	Greece		3.9	0.6	-5.5	-0.2	
格 陵 兰	Greenland	-11.7	7.1	2.7	2.7	1.7	
格林纳达	Grenada	4.0	4.9	13.3	-0.5	6.2	1.9
危地马拉	Guatemala	3.1	3.6	3.3	2.9	4.1	3.1
几 内 亚	Guinea	4.3	2.5	3.0	1.9	0.1	5.2
几内亚比绍	Guinea-Bissau	6.1	5.4	4.3	4.4	4.8	5.6
圭 亚 那	Guyana	-3.0	-1.4	-2.0	4.4	3.2	3.3
海　　地	Haiti		0.9	1.8	-5.5	1.2	1.4
洪都拉斯	Honduras	0.1	5.8	6.1	3.7	3.6	3.6
匈 牙 利	Hungary	-3.5	4.2	4.4	0.7	3.2	2.0
冰　　岛	Iceland	1.2	4.7	6.7	-3.6	4.1	7.2
印　　度	India	5.5	3.8	9.3	10.3	8.0	7.1
印度尼西亚	Indonesia	7.2	4.9	5.7	6.2	4.9	5.0
伊　　朗	Iran	13.6	5.9	4.2	6.6	-1.5	
爱 尔 兰	Ireland	8.5	9.9	5.8	2.0	26.3	5.2
马 恩 岛	Isle of Man	4.2	5.3	5.9	9.4		
以 色 列	Israel	6.8	8.9	4.4	5.5	2.5	4.0
意 大 利	Italy	2.0	3.7	1.0	1.7	0.8	0.9
牙 买 加	Jamaica	4.2	0.9	0.9	-1.5	1.0	1.4
日　　本	Japan	5.6	2.8	1.7	4.2	1.2	1.0
约　　旦	Jordan	1.0	4.3	8.2	2.3	2.4	2.0
哈萨克斯坦	Kazakhstan		9.8	9.7	7.3	1.2	1.0
肯 尼 亚	Kenya	4.2	0.6	5.9	8.4	5.7	5.9
基里巴斯	Kiribati	-0.9	6.3	5.0	-1.6	3.5	3.1
韩　　国	Korea, Rep.	9.8	8.9	3.9	6.5	2.8	2.8

3-5 续表 2 continued

单位：% (%)

国家或地区	Country or Area	1990	2000	2005	2010	2015	2016
科威特	Kuwait		4.7	10.1	-2.4	1.9	
吉尔吉斯斯坦	Kyrgyzstan	5.7	5.4	-0.2	-0.5	3.9	3.8
老挝	Laos	6.7	5.8	7.1	8.5	7.3	7.0
拉脱维亚	Latvia	-7.9	5.4	10.7	-3.8	2.7	2.0
黎巴嫩	Lebanon	26.5	1.3	2.7	8.0	1.3	1.8
莱索托	Lesotho	6.1	3.9	3.5	6.5	5.6	2.5
利比里亚	Liberia	-51.0	28.6	5.3	6.1		-1.6
利比亚	Libya		3.7	11.9	5.0	-10.2	
列支敦士登	Liechtenstein	2.3	3.2	4.8			
立陶宛	Lithuania		3.8	7.7	1.6	1.8	2.3
卢森堡	Luxemburg	5.3	8.2	3.2	4.9	4.0	4.2
马其顿	Macedonia		4.6	4.7	3.4	3.8	2.4
马达加斯加	Madagascar	3.1	4.8	4.6	0.3	3.1	4.2
马拉维	Malawi	5.7	1.6	3.3	6.9	2.8	2.5
马来西亚	Malaysia	9.0	8.9	5.3	7.0	5.0	4.2
马尔代夫	Maldives		4.8	-8.1	7.2	2.9	4.1
马里	Mali	-2.5	-0.1	6.5	5.4	6.0	5.4
马耳他	Malta	6.3	6.8	3.8	3.5	7.4	5.0
马绍尔群岛	Marshall Islands	2.7	5.9	2.8	6.4	0.6	2.9
毛里塔尼亚	Mauritania	-1.8	-0.4	9.0	4.8	1.4	2.0
毛里求斯	Mauritius	7.2	9.0	1.2	4.4	3.5	3.7
墨西哥	Mexico	5.1	5.3	3.0	5.1	2.6	2.3
密克罗尼西亚	Micronesia, Fed.	3.7	4.6	2.2	2.5	3.8	1.9
摩尔多瓦	Moldova	-2.4	2.1	7.5	7.1	-0.4	4.1
摩纳哥	Monaco	2.6	3.9	1.9			
蒙古	Mongolia	-3.2	1.2	7.3	6.4	2.4	1.0
黑山	Montenegro		3.1	4.2	2.5	3.4	2.5
摩洛哥	Morocco	3.4	1.9	3.3	3.8	4.5	1.1
莫桑比克	Mozambique	1.0	1.7	8.7	6.7	6.6	3.9
缅甸	Myanmar	2.8	13.8	13.6	9.6	7.3	6.5
纳米比亚	Namibia	2.1	3.5	2.5	6.0	5.3	1.2
尼泊尔	Nepal	4.6	6.2	3.5	4.8	2.7	0.6
荷兰	Netherlands	4.2	4.2	2.2	1.4	2.0	2.1
新喀里多尼亚	New Caledonia	3.6	2.1				
新西兰	New Zealand	0.2	2.9	3.3	1.5	2.4	4.0
尼加拉瓜	Nicaragua	-0.1	4.1	4.3	4.4	4.9	4.7
尼日尔	Niger	-1.3	-1.4	4.5	8.4	3.6	5.0
尼日利亚	Nigeria	12.8	5.3	3.5	7.8	2.7	-1.5
挪威	Norway	1.9	3.2	2.6	0.6	1.6	1.1
阿曼	Oman	-0.1	5.4	2.5	4.8	5.7	
巴基斯坦	Pakistan	4.5	4.3	7.7	1.6	4.7	5.7
帕劳	Palau		-1.3	1.3	3.3	9.4	0.1
巴拿马	Panama	8.1	2.7	7.2	5.8	5.8	4.9
巴布亚新几内亚	Papua New Guinea	-3.0	-2.5	6.4	7.7		
巴拉圭	Paraguay	4.1	-2.3	2.1	13.1	3.0	4.1
秘鲁	Peru	-5.0	2.7	6.3	8.3	3.3	3.9
菲律宾	Philippines	3.0	4.4	4.8	7.6	6.1	6.9
波兰	Poland		4.6	3.5	3.6	3.8	2.7
葡萄牙	Portugal	4.0	3.8	0.8	1.9	1.6	1.4
波多黎各	Puerto Rico	2.5	1.5	0.6	-2.6		
卡塔尔	Qatar			7.5	19.6	3.6	2.2
罗马尼亚	Romania	-5.6	2.4	4.2	-0.8	3.9	4.8
俄罗斯	Russia	-3.0	10.0	6.4	4.5	-2.8	-0.2
卢旺达	Rwanda	-2.4	8.4	9.4	7.3	8.9	5.9
圣基茨和尼维斯	Saint Kitts and Nevis	4.9	10.7	8.8	-2.3	3.8	3.6
圣卢西亚	Saint Lucia	7.8	-0.2	-0.5	-1.7	1.9	0.7

3-5 续表 3 continued

单位：% (%)

国家或地区	Country or Area	1990	2000	2005	2010	2015	2016
圣文森特和格林纳丁斯	Saint Vincent and the Grenadines	4.2	1.6	2.5	-3.4	1.6	3.0
萨 摩 亚	Samoa	-4.4	6.9	4.2	0.5	1.6	6.6
圣马力诺	San Marino	2.1	2.2	2.3			
圣多美和普林西比	Sao Tome and Principe			7.1	6.7	4.0	4.0
沙特阿拉伯	Saudi Arabia	15.2	5.6	5.6	5.0	4.1	1.7
塞内加尔	Senegal	-0.7	3.2	5.6	4.2	6.5	6.7
塞尔维亚	Serbia	-8.0	7.8	5.5	0.6	0.8	2.8
塞 舌 尔	Seychelles	7.0	1.5	9.0	6.0	3.5	4.5
塞拉利昂	Sierra Leone	3.4	6.7	4.3	5.4	-20.5	6.1
新 加 坡	Singapore	10.0	8.9	7.5	15.2	1.9	2.0
斯洛伐克	Slovakia	-2.7	1.2	6.8	5.0	3.8	3.3
斯洛文尼亚	Slovenia		4.2	4.0	1.2	2.3	2.5
所罗门群岛	Solomon Islands		-14.3	5.4	6.9	3.7	3.0
南 非	South Africa	-0.3	4.2	5.3	3.0	1.3	0.3
西 班 牙	Spain	3.8	5.3	3.7	0.0	3.2	3.2
斯里兰卡	Sri Lanka	6.4	6.0	6.2	8.0	4.8	4.4
苏 丹	Sudan	-5.5	6.4	7.5	3.5	4.9	4.7
苏 里 南	Suriname	-0.5	-0.1	4.6	5.2	-2.7	-10.4
斯威士兰	Swaziland	21.0	1.8	6.0	3.8	1.5	-2.2
瑞 典	Sweden	0.8	4.7	2.8	6.0	4.1	3.2
瑞 士	Switzerland	3.7	4.0	3.0	3.0	0.8	1.3
叙 利 亚	Syrian Arab Republic	7.6	2.7	6.2	3.2		
塔吉克斯坦	Tajikistan	-0.6	8.3	6.7	6.5	6.0	6.9
坦桑尼亚	Tanzania	7.1	4.9	8.2	6.4	7.0	7.0
泰 国	Thailand	11.2	4.5	4.2	7.5	2.9	3.2
东 帝 汶	Timor-Leste		17.5	6.2	10.4	4.3	
多 哥	Togo	-0.2	-0.8	1.2	4.0	5.4	4.9
汤 加	Tonga	-2.0	3.4	1.6	3.6	3.7	3.5
特立尼达和多巴哥	Trinidad And Tobago	1.5	6.9	6.2	3.3	-0.6	-5.1
突 尼 斯	Tunisia	8.0	4.7	3.5	3.5	1.2	1.2
土 耳 其	Turkey	9.3	6.6	9.0	8.5	6.1	2.9
土库曼斯坦	Turkmenistan	35.4	5.5	13.0	9.2	6.5	6.2
图 瓦 卢	Tuvalu		-1.0	-3.8	-2.7	2.6	2.7
乌 干 达	Uganda	6.5	3.1	6.3	5.7	5.0	4.7
乌 克 兰	Ukraine	-6.3	5.9	2.7	4.2	-9.8	2.3
阿 联 酋	United Arab Emirates	18.3	10.9	4.9	1.6	3.8	3.0
英 国	United Kingdom	0.7	3.8	3.0	1.9	2.2	1.8
美 国	United States	1.9	4.1	3.4	2.5	2.6	1.6
乌 拉 圭	Uruguay	0.3	-1.9	7.5	7.8	0.4	1.5
乌兹别克斯坦	Uzbekistan	1.6	3.8	7.0	8.5	8.0	7.8
瓦努阿图	Vanuatu	11.7	5.9	5.3	1.6	-0.8	4.0
委内瑞拉	Venezuela	6.5	3.7	10.3	-1.5	-5.7	
越 南	Viet Nam	5.1	6.8	7.6	6.4	6.7	6.2
约旦河西岸和加沙	West Bank and Gaza		-8.6	10.8	8.1	3.4	4.1
也 门	Yemen		6.2	5.6	7.7	-28.1	-9.8
赞 比 亚	Zambia	-0.5	3.9	7.2	10.3	2.9	3.3
津巴布韦	Zimbabwe	7.0	-3.1	-5.7	15.5	1.4	0.7

3-6 人均国内生产总值增长率
Growth Rate of GDP per Capita

资料来源：世界银行WDI数据库。
Source: World Bank WDI Database.
单位：% (%)

国家或地区	Country or Area	1990	2000	2005	2010	2015	2016
世　界	**World**	**1.2**	**3.0**	**2.6**	**3.1**	**1.5**	**1.2**
高收入国家	**High Income**	**2.4**	**3.3**	**2.0**	**2.3**	**1.6**	**1.1**
中等收入国家	**Middle Income**	**0.4**	**4.4**	**5.8**	**6.3**	**2.7**	**2.7**
中等偏下收入国家	**Lower Middle Income**	**1.9**	**2.5**	**5.0**	**5.7**	**3.9**	**3.6**
中等偏上收入国家	**Upper Middle Income**	**0.2**	**5.2**	**6.4**	**6.8**	**2.6**	**2.7**
中低收入国家	**Low and Middle Income**	**0.3**	**4.2**	**5.7**	**6.1**	**2.5**	**2.5**
东亚和太平洋	**East Asia and Pacific**	**4.1**	**6.4**	**8.8**	**9.0**	**5.7**	**5.6**
欧洲和中亚	**Europe and Central Asia**	**-2.1**	**8.0**	**7.0**	**4.6**		**0.8**
拉丁美洲和加勒比	**Latin America and Caribbean**	**-1.3**	**2.7**	**3.2**	**4.7**	**-1.4**	**-1.9**
中东和北非国家	**Middle East and North Africa**	**9.0**	**2.3**	**3.1**	**3.6**	**-0.4**	
南　亚	**South Asia**	**3.1**	**2.2**	**7.0**	**7.5**	**6.1**	**5.5**
撒哈拉以南非洲	**Sub-Saharan Africa**	**-0.4**	**0.9**	**2.8**	**2.6**	**0.3**	**-1.5**
低收入国家	**Low Income**	**-2.3**	**-0.9**	**3.2**	**3.8**	**1.8**	**1.4**
最不发达地区	**Least Developed Countries**	**-2.3**	**1.4**	**5.7**	**3.5**	**1.4**	**1.8**
重债穷国	**Heavily Indebted Poor Countries**	**-3.9**	**0.1**	**3.2**	**2.8**	**2.2**	**1.6**
中　国	China	2.4	7.6	10.7	10.1	6.4	6.1
中国香港	Hong Kong, China	3.5	6.7	6.9	6.0	1.5	1.5
中国澳门	Macao, China	4.6	4.1	5.6	22.6	-23.1	-3.9
阿富汗	Afghanistan			7.0	5.4	-1.8	-0.5
阿尔巴尼亚	Albania	-11.2	7.4	6.3	4.2	2.9	3.6
阿尔及利亚	Algeria	-1.8	2.4	4.5	1.8	1.8	1.8
安道尔	Andorra	-0.1	-0.8	4.3	-5.3		
安哥拉	Angola	-3.1	-0.1	14.1	-0.2	-0.5	-3.3
安提瓜和巴布达	Antigua and Barbuda	2.7	2.9	5.1	-8.1	3.0	3.3
阿根廷	Argentina	-3.8	-1.9	7.7	9.0	1.6	-3.3
亚美尼亚	Armenia		6.5	14.6	2.6	2.6	-0.1
澳大利亚	Australia	2.0	2.6	1.9	0.4	1.0	1.3
奥地利	Austria	3.6	3.1	1.5	1.7	-0.1	0.2
阿塞拜疆	Azerbaijan	-12.6	10.2	25.1	3.6	-0.1	-4.2
巴哈马	Bahamas	-3.3	2.6	1.3	-0.1	-2.8	-0.9
巴　林	Bahrain	1.3	1.2	-0.4	-0.4	0.2	
孟加拉国	Bangladesh	3.1	3.3	5.0	4.4	5.4	6.0
巴巴多斯	Barbados	-3.6	4.2	3.6	-0.1	0.6	1.3
白俄罗斯	Belarus		6.1	10.2	8.0	-4.0	-2.8
比利时	Belgium	2.8	3.4	1.5	1.8	0.9	0.5
伯利兹	Belize	8.2	9.3	0.0	0.9	0.1	-2.9
贝　宁	Benin	5.4	2.7	-1.3	-0.7	-0.7	1.2
百慕大	Bermuda	-0.8	8.4	1.0	-1.3		
不　丹	Bhutan	9.6	3.9	4.5	9.7	5.0	4.8
玻利维亚	Bolivia	2.6	0.6	2.6	2.5	3.3	2.7
波　黑	Bosnia and Herzegovinian		5.3	8.8	1.4	3.9	2.5
博茨瓦纳	Botswana	3.7	0.3	3.1	6.7	-3.5	1.0
巴　西	Brazil	-4.8	2.6	2.0	6.5	-4.6	-4.4
文　莱	Brunei Darussalam	-1.7	0.8	-1.2	1.3	-2.0	-3.8
保加利亚	Bulgaria	-7.5	5.5	8.1	0.7	4.3	4.2
布基纳法索	Burkina Faso	-3.2	-1.0	5.5	5.2	1.0	2.8
布隆迪	Burundi	0.6	-3.0	-2.4	0.5	-6.8	-3.7
柬埔寨	Cambodia		6.4	11.5	4.4	5.3	5.2
喀麦隆	Cameroon	-8.9	1.5	-0.4	0.5	3.0	1.8
加拿大	Canada	-1.3	4.3	2.2	1.9	0.1	0.2
佛得角	Cape Verde	-0.9	5.3	5.2	4.8		
中　非	Central African Rep.	-4.4	-4.4	-0.9	2.0	4.1	3.4
乍　得	Chad	-7.2	-4.5	13.2	9.9	-1.4	-9.9
海峡群岛	Channel Islands		5.1	0.6			

3-6 续表 1 continued

单位：% (%)

国家或地区	Country or Area	1990	2000	2005	2010	2015	2016
智　　利	Chile	2.0	3.2	4.6	4.8	1.4	0.8
哥伦比亚	Colombia	4.0	2.9	3.4	2.8	2.1	1.1
科 摩 罗	Comoros	2.0	8.1	0.4	-0.2	-1.3	-0.1
刚果(金)	Congo, Dem. Rep.	-9.8	-9.4	2.8	3.6	3.4	-1.1
刚果(布)	Congo, Rep.	-1.7	4.9	4.5	5.5	0.1	-4.4
哥斯达黎加	Costa Rica	1.3	-0.2	2.4	3.6	3.6	3.3
科特迪瓦	Cote D'Ivoire	-4.5	-4.3	-0.2	-0.3	6.4	6.1
克罗地亚	Croatia		6.8	4.1	-1.5	2.5	3.7
古　　巴	Cuba	-3.8	5.6	11.0	2.3	4.2	
塞浦路斯	Cyprus	5.1	4.6	2.2	-1.3	2.3	2.7
捷　　克	Czech Rep.		4.6	6.3	2.0	4.3	2.3
丹　　麦	Denmark	1.4	3.4	2.1	1.4	0.9	0.5
吉 布 提	Djibouti		-1.2	1.5	1.8	4.8	
多米尼克	Dominica	5.7	0.7	-0.4	0.4	-2.3	0.4
多米尼加	Dominican Rep.	-7.3	4.0	7.7	6.9	5.8	5.4
厄瓜多尔	Ecuador	1.2	-0.8	3.6	1.8	-1.3	-2.9
埃　　及	Egypt	3.2	3.5	2.6	3.1	2.2	2.2
萨尔瓦多	El Salvador	3.5	1.5	3.1	0.9	1.8	1.9
赤道几内亚	Equatorial Guinea	-4.9	14.3	11.7	-12.9	-12.7	-13.1
厄立特里亚	Eritrea		-6.0	-0.3	0.3		
爱沙尼亚	Estonia	-7.1	9.3	10.0	2.5	1.4	1.5
埃塞俄比亚	Ethiopia	-0.7	3.1	8.8	9.6	7.6	4.9
斐　　济	Fiji	5.2	-2.3	0.3	2.0	4.8	1.2
芬　　兰	Finland	0.2	5.4	2.4	2.5	-0.1	1.1
法　　国	France	2.3	3.2	0.9	1.5	0.6	0.8
法属波立尼西亚	French Polynesia	0.1	2.1				
加　　蓬	Gabon	2.4	-4.2	1.0	3.6	1.0	-0.3
冈 比 亚	Gambia	-0.5	2.4	-4.1	3.2	1.6	-1.4
格鲁吉亚	Georgia	-14.8	2.6	11.0	7.7	3.2	2.7
德　　国	Germany	4.4	2.8	0.8	4.2	0.8	0.7
加　　纳	Ghana	0.5	1.3	3.2	5.2	1.6	1.3
希　　腊	Greece	-1.1	3.5	0.3	-5.6	0.4	0.7
格 陵 兰	Greenland	-12.2	6.9	2.7	1.7	2.0	
格林纳达	Grenada	5.8	1.7	13.0	-0.9	5.8	1.4
危地马拉	Guatemala	0.7	1.1	0.9	0.7	2.0	1.0
几 内 亚	Guinea	-0.4	0.7	1.0	-0.3	-2.3	2.6
几内亚比绍	Guinea-Bissau	3.8	3.2	2.0	1.9	2.2	3.0
圭 亚 那	Guyana	-2.2	-1.7	-1.9	4.3	2.5	2.6
海　　地	Haiti	-2.1	-0.8	0.2	-6.9	-0.1	0.2
洪都拉斯	Honduras	-2.7	3.6	3.6	1.7	1.9	1.9
匈 牙 利	Hungary	-2.5	4.5	4.6	0.9	3.4	2.2
冰　　岛	Iceland	0.4	3.3	5.0	-3.4	3.0	6.1
印　　度	India	3.4	2.0	7.6	8.8	6.8	5.9
印度尼西亚	Indonesia	7.1	3.5	4.3	4.8	3.7	3.8
伊　　朗	Iran	10.7	4.1	3.0	5.3	-2.7	
爱 尔 兰	Ireland	8.4	8.8	3.5	1.5	24.7	3.1
马 恩 岛	Isle of Man	2.6	4.1	4.8	8.4		
以 色 列	Israel	3.6	6.1	2.6	3.6	0.5	2.0
意 大 利	Italy	1.9	3.7	0.5	1.4	0.9	1.1
牙 买 加	Jamaica	3.5	0.3	0.3	-1.9	0.7	1.0
日　　本	Japan	5.2	2.1	1.7	4.2	1.3	1.1
约　　旦	Jordan	-3.5	2.6	4.8	-2.8	-1.5	-1.2
哈萨克斯坦	Kazakhstan		10.1	8.7	5.8	-0.3	-0.4
肯 尼 亚	Kenya	0.7	-1.9	3.1	5.5	3.0	3.2
基里巴斯	Kiribati	-0.1	7.6	2.9	-3.6	1.7	1.3
韩　　国	Korea, Rep.	8.2	7.9	3.7	6.0	2.3	2.4

3-6 续表 2 continued

单位：% (%)

国家或地区	Country or Area	1990	2000	2005	2010	2015	2016
科 威 特	Kuwait		0.6	6.8	-8.2	-2.1	
吉尔吉斯斯坦	Kyrgyzstan	3.7	4.2	-1.3	-1.7	1.8	1.7
老 挝	Laos	3.7	4.1	5.4	6.9	5.9	5.5
拉脱维亚	Latvia	-7.8	6.4	11.9	-1.8	3.6	2.8
黎 巴 嫩	Lebanon	25.3	-1.1	-0.5	4.1	-3.0	-0.9
莱 索 托	Lesotho	3.8	4.2	2.6	5.4	4.2	1.1
利比里亚	Liberia	-50.2	21.9	2.5	2.4	-2.4	-4.0
利 比 亚	Libya		1.9	10.2	4.2	-10.5	
列支敦士登	Liechtenstein	1.0	1.9	4.1			
立 陶 宛	Lithuania		4.6	9.5	3.8	2.7	3.5
卢 森 堡	Luxemburg	4.0	7.0	1.6	3.0	1.6	1.8
马 其 顿	Macedonia		3.9	4.6	3.3	3.8	2.3
马达加斯加	Madagascar	0.1	1.6	1.6	-2.5	0.3	1.4
马 拉 维	Malawi	1.9	-1.2	0.4	3.7	-0.2	-0.4
马来西亚	Malaysia	6.0	6.4	3.3	5.1	3.3	2.7
马尔代夫	Maldives		3.0	-10.7	5.1	0.8	2.0
马 里	Mali	-4.3	-2.9	3.2	2.1	2.9	2.3
马 耳 他	Malta	5.3	6.2	3.1	3.0	6.3	3.8
马绍尔群岛	Marshall Islands	-0.6	5.7	2.8	6.2	0.5	2.8
毛里塔尼亚	Mauritania	-4.4	-3.4	5.9	1.8	-1.5	-0.8
毛里求斯	Mauritius	6.4	8.0	0.6	4.1	3.3	3.6
墨 西 哥	Mexico	3.0	3.7	1.6	3.5	1.3	1.0
密克罗尼西亚	Micronesia, Fed.	1.3	4.9	2.5	2.9	3.4	1.4
摩尔多瓦	Moldova	-2.8	2.3	7.8	7.2	-0.3	4.2
摩 纳 哥	Monaco	2.2	3.0	0.5			
蒙 古	Mongolia	-5.1	0.3	6.0	4.6	0.5	-0.7
黑 山	Montenegro		3.3	4.0	2.3	3.4	2.4
摩 洛 哥	Morocco	1.5	0.7	2.1	2.5	3.0	-0.3
莫桑比克	Mozambique	-0.4	-1.1	5.6	3.6	3.6	0.9
缅 甸	Myanmar	1.3	12.4	12.6	8.9	6.3	5.5
纳米比亚	Namibia	-1.9	1.3	1.4	4.3	2.9	-1.0
尼 泊 尔	Nepal	2.1	4.3	2.1	3.7	1.5	-0.6
荷 兰	Netherlands	3.5	3.5	1.9	0.9	1.5	1.7
新喀里多尼亚	New Caledonia	1.2	0.2				
新 西 兰	New Zealand	-0.8	2.2	2.1	0.4	0.5	1.8
尼加拉瓜	Nicaragua	-2.3	2.5	2.9	3.1	3.7	3.6
尼 日 尔	Niger	-4.3	-5.0	0.7	4.3	-0.3	1.1
尼日利亚	Nigeria	9.9	2.7	0.8	5.0		-4.1
挪 威	Norway	1.6	2.5	1.9	-0.6	0.6	0.2
阿 曼	Oman	-4.0	4.8	-0.2	-0.7	-0.4	
巴基斯坦	Pakistan	1.5	1.9	5.5	-0.5	2.6	3.7
帕 劳	Palau		-2.8	0.7	2.6	8.4	-1.0
巴 拿 马	Panama	5.9	0.7	5.2	3.9	4.0	3.2
巴布亚新几内亚	Papua New Guinea	-5.4	-5.0	3.8	5.2		
巴 拉 圭	Paraguay	1.4	-4.3	0.5	11.6	1.6	2.8
秘 鲁	Peru	-7.0	1.3	5.0	7.0	1.9	2.6
菲 律 宾	Philippines	0.5	2.2	2.8	5.9	4.4	5.3
波 兰	Poland		5.4	3.5	3.9	3.9	2.8
葡 萄 牙	Portugal	4.2	3.1	0.6	1.9	2.0	1.7
波多黎各	Puerto Rico	1.6	1.2	0.7	-2.1		
卡 塔 尔	Qatar			-5.7	6.9	-0.9	-1.3
罗马尼亚	Romania	-5.8	2.5	4.8	-0.2	4.4	5.4
俄 罗 斯	Russia	-3.4	10.5	6.8	4.5	-3.0	-0.4
卢 旺 达	Rwanda	-2.7	2.4	7.3	4.5	6.2	3.4
圣基茨和尼维斯	Saint Kitts and Nevis	5.0	3.6	7.3	-3.3	2.7	2.6
圣卢西亚	Saint Lucia	21.6	3.2	-1.4	-2.6	1.5	0.2

3-6 续表 3 continued

单位：% (%)

国家或地区	Country or Area	1990	2000	2005	2010	2015	2016
圣文森特和格林纳丁斯	Saint Vincent and the Grenadines	3.7	1.6	2.3	-3.4	1.5	2.8
萨摩亚	Samoa	-4.9	6.4	3.5	-0.3	0.9	5.8
圣马力诺	San Marino	0.8	1.0	1.0			
圣多美和普林西比	Sao Tome and Principe			4.6	4.3	1.7	1.7
沙特阿拉伯	Saudi Arabia	4.7	2.1	2.6	2.1	1.5	-0.5
塞内加尔	Senegal	-3.7	0.6	2.9	1.2	3.4	3.6
塞尔维亚	Serbia	-8.1	8.1	5.9	1.0	1.3	3.3
塞舌尔	Seychelles	6.1	0.6	8.5	3.0	1.2	3.1
塞拉利昂	Sierra Leone	2.0	3.7	0.3	2.9	-22.2	3.8
新加坡	Singapore	5.9	7.0	5.0	13.2	0.7	0.7
斯洛伐克	Slovakia	-3.1	1.4	6.7	4.9	3.7	3.2
斯洛文尼亚	Slovenia		3.9	3.8	0.8	2.2	2.4
所罗门群岛	Solomon Islands	-1.0	-16.6	2.8	4.5	1.6	0.9
南非	South Africa	-2.3	1.7	3.9	1.6	-0.3	-1.3
西班牙	Spain	3.6	4.4	2.0	-0.5	3.3	3.2
斯里兰卡	Sri Lanka	4.9	5.3	5.5	7.2	3.9	3.2
苏丹	Sudan	-8.1	3.4	4.6	0.8	2.4	2.2
苏里南	Suriname	-2.5	-1.1	3.5	4.1	-3.6	-11.2
斯威士兰	Swaziland	17.0	0.3	5.0	1.9	-0.4	-4.0
瑞典	Sweden	0.0	4.6	2.4	5.1	3.0	2.1
瑞士	Switzerland	2.6	3.4	2.4	1.9	-0.3	0.2
叙利亚	Syrian Arab Republic	4.5	0.4	3.4	0.8		
塔吉克斯坦	Tajikistan	-3.2	6.7	4.5	4.2	3.7	4.6
坦桑尼亚	Tanzania	3.7	2.3	5.0	3.1	3.7	3.7
泰国	Thailand	9.7	3.3	3.5	7.0	2.6	2.9
东帝汶	Timor-Leste		16.7	3.2	8.7	1.9	
多哥	Togo	-3.0	-3.4	-1.5	1.2	2.7	2.3
汤加	Tonga	-2.3	2.8	0.9	3.1	3.1	2.8
特立尼达和多巴哥	Trinidad And Tobago	0.8	7.3	5.7	2.8	-1.0	-5.5
突尼斯	Tunisia	5.4	3.7	2.6	2.4	0.0	0.0
土耳其	Turkey	7.4	5.2	7.6	7.0	4.4	1.3
土库曼斯坦	Turkmenistan	31.8	4.3	11.8	7.5	4.6	4.4
图瓦卢	Tuvalu		-1.4	-5.1	-3.6	1.8	1.9
乌干达	Uganda	2.9		2.7	2.1	1.6	1.3
乌克兰	Ukraine	-6.6	7.0	3.5	4.6	-9.4	2.7
阿联酋	United Arab Emirates	11.8	4.8	-6.4	-5.8	2.9	1.8
英国	United Kingdom	0.3	3.4	2.3	1.1	1.4	1.0
美国	United States	0.8	2.9	2.4	1.7	1.9	0.9
乌拉圭	Uruguay	-0.4	-2.3	7.4	7.4		1.1
乌兹别克斯坦	Uzbekistan	-0.7	2.4	5.8	5.5	6.1	5.9
瓦努阿图	Vanuatu	8.8	3.8	2.7	-0.7	-3.0	1.8
委内瑞拉	Venezuela	3.9	1.8	8.4	-3.0	-7.0	
越南	Viet Nam	3.1	5.4	6.3	5.3	5.5	5.1
约旦河西岸和加沙	West Bank and Gaza		-12.2	8.0	5.0	0.5	1.2
也门	Yemen		3.3	2.7	4.8	-29.9	-12.0
赞比亚	Zambia	-3.2	1.2	4.4	7.2	-0.2	0.2
津巴布韦	Zimbabwe	3.9	-4.0	-6.9	13.2	-0.9	-1.6

3-7 资本形成率
Capital Formation Rate

资料来源：世界银行WDI数据库。
Source: World Bank WDI Database.

单位：% (%)

国家或地区	Country or Area	1990	2000	2005	2010	2015	2016
世　界	**World**	**25.8**	**24.4**	**24.8**	**24.2**	**24.2**	
高收入国家	**High Income**	**25.0**	**23.9**	**23.0**	**20.7**	**21.4**	
中等收入国家	**Middle Income**	**27.9**	**25.5**	**29.3**	**32.6**	**31.1**	
中等偏下收入国家	**Lower Middle Income**	**25.8**	**22.5**	**27.8**	**30.5**	**26.9**	**27.0**
中等偏上收入国家	**Upper Middle Income**	**28.5**	**26.4**	**29.7**	**33.2**	**32.3**	
中低收入国家	**Low and Middle Income**	**27.7**	**25.4**	**29.1**	**32.5**	**31.0**	
东亚和太平洋	**East Asia and Pacific**	**34.3**	**31.9**	**38.1**	**43.5**	**41.6**	
欧洲和中亚	**Europe and Central Asia**	**28.4**	**20.4**	**23.6**	**24.4**	**24.1**	**24.8**
拉丁美洲和加勒比	**Latin America and Caribbean**	**19.4**	**19.8**	**19.3**	**21.5**	**20.0**	**19.0**
中东和北非国家	**Middle East and North Africa**	**28.5**	**26.6**	**27.4**	**30.3**	**30.8**	
南　亚	**South Asia**	**27.0**	**25.9**	**35.5**	**37.0**	**30.8**	**28.9**
撒哈拉以南非洲	**Sub-Saharan Africa**	**16.0**	**15.4**	**15.5**	**19.8**	**20.8**	**20.2**
低收入国家	**Low Income**	**14.3**	**16.0**	**17.3**	**20.6**	**26.8**	**23.6**
最不发达地区	**Least Developed Countries**	**12.2**	**18.5**	**19.7**	**21.3**	**23.5**	**21.6**
重债穷国	**Heavily Indebted Poor Countries**	**14.0**	**18.2**	**20.4**	**21.0**	**25.9**	**23.6**
中　国	China	34.7	34.4	41.4	47.6	45.4	
中国香港	Hong Kong, China	27.2	27.6	21.1	23.9	21.5	21.8
中国澳门	Macao, China	23.0	10.5	25.7	13.3	25.1	22.0
孟加拉国	Bangladesh	16.5	23.8	25.8	26.2	28.9	29.7
文　莱	Brunei Darussalam	18.7	13.1	11.4	23.7	35.2	34.6
柬埔寨	Cambodia		17.5	18.5	17.4	22.5	22.7
印　度	India	29.0	27.0	38.6	40.7	32.9	30.4
印度尼西亚	Indonesia	36.1	22.2	25.1	32.9	34.2	34.3
伊　朗	Iran	33.0	35.1	36.3	37.1	36.5	
以色列	Israel	25.1	22.6	20.4	18.5	19.9	20.4
日　本	Japan	34.2	27.3	24.7	21.3	23.9	
哈萨克斯坦	Kazakhstan		18.1	31.0	25.4	27.9	28.4
韩　国	Korea, Rep.	39.6	32.9	32.2	32.0	28.9	29.2
老　挝	Laos		13.9	23.1	25.0	28.2	26.4
马来西亚	Malaysia	32.4	26.9	22.4	23.4	25.1	26.1
蒙　古	Mongolia	29.1	29.0	37.5	42.1	27.0	29.5
缅　甸	Myanmar	13.4	12.4				
巴基斯坦	Pakistan	18.9	17.2	19.1	15.8	15.5	15.2
菲律宾	Philippines	24.2	18.4	21.6	20.5	21.2	24.3
新加坡	Singapore	35.6	34.9	21.4	28.2	26.8	25.3
斯里兰卡	Sri Lanka	22.2	28.0	26.8	30.4	28.4	31.5
泰　国	Thailand	41.4	22.3	30.4	25.4	22.2	22.0
越　南	Viet Nam	12.6	27.4	33.8	35.7	27.7	26.6
埃　及	Egypt	28.8	19.6	18.0	19.5	14.3	15.0
尼日利亚	Nigeria	14.4	7.0	5.5	17.3	15.5	
南　非	South Africa	19.4	16.4	18.3	19.5	20.7	19.4
加拿大	Canada	21.4	20.7	22.7	23.5	23.8	22.9
墨西哥	Mexico	23.1	22.5	22.3	22.1	22.9	23.3
美　国	United States	21.5	23.6	23.2	18.4	20.3	
阿根廷	Argentina	14.0	16.2	18.9	17.7	16.9	16.2
巴　西	Brazil	20.2	18.9	17.2	21.8	17.6	15.4
委内瑞拉	Venezuela	10.2	24.2	23.0	22.0		
捷　克	Czech Rep.	24.3	31.5	29.2	27.2	27.4	26.2
法　国	France	24.3	22.4	22.4	21.9	22.2	22.8
德　国	Germany	24.7	23.9	18.8	19.6	19.2	19.1
意大利	Italy	22.3	20.7	21.1	20.5	17.3	17.0
荷　兰	Netherlands	24.4	23.0	20.9	20.4	19.3	19.7
波　兰	Poland	25.6	24.6	19.9	21.3	20.5	19.6
俄罗斯	Russia	30.1	18.7	20.1	22.6	22.4	23.4
西班牙	Spain	26.7	26.6	30.0	23.5	20.1	20.4
土耳其	Turkey	24.5	23.8	27.0	27.0	28.3	28.7
乌克兰	Ukraine	27.5	19.6	22.6	20.9	15.9	21.5
英　国	United Kingdom	23.0	18.8	17.7	16.0	17.2	17.0
澳大利亚	Australia	29.0	26.3	27.4	27.6	26.7	25.5
新西兰	New Zealand	20.5	22.0	25.4	20.1	22.8	

3-8 居民消费率
Household Final Consumption Rate

资料来源：世界银行WDI数据库。
Source: World Bank WDI Database.
单位：%　(%)

国家或地区	Country or Area	1990	2000	2005	2010	2015	2016
中　国	China	48.3	46.2	38.5	35.9	37.1	
中国香港	Hong Kong, China	57.5	58.6	57.5	61.4	66.4	66.2
中国澳门	Macao, China	45.7	46.0	31.9	23.4	26.1	26.6
孟加拉国	Bangladesh	86.6	75.9	74.6	74.4	73.1	69.1
文　莱	Brunei Darussalam	34.8	29.6	27.3	14.7	20.2	30.5
柬埔寨	Cambodia		89.2	86.1	81.7	76.6	76.5
印　度	India	60.9	61.7	53.6	52.7	59.1	59.4
印度尼西亚	Indonesia	54.4	60.7	62.7	56.2	55.6	55.5
伊　朗	Iran	66.7	50.3	44.6	46.1	50.3	
以色列	Israel	55.6	53.4	55.7	56.8	54.7	55.2
日　本	Japan	51.4	54.4	55.6	57.8	56.6	
哈萨克斯坦	Kazakhstan		62.3	49.2	49.5	56.5	55.9
韩　国	Korea, Rep.	49.7	53.6	52.1	50.3	49.1	48.8
老　挝	Laos		93.5	81.2	68.1	72.6	71.4
马来西亚	Malaysia	51.8	43.8	44.2	48.1	54.1	55.0
蒙　古	Mongolia	68.7	69.6	55.2	55.2	58.4	52.0
巴基斯坦	Pakistan	73.8	75.4	76.9	79.7	80.0	80.1
菲律宾	Philippines	71.5	72.2	75.0	71.6	73.8	73.6
新加坡	Singapore	44.8	42.1	38.6	35.5	36.7	37.5
斯里兰卡	Sri Lanka	75.9	72.1	69.0	68.5	70.1	67.6
泰　国	Thailand	56.8	55.8	57.0	53.1	48.9	46.2
越　南	Viet Nam	84.3	69.9	64.1	66.5	65.2	64.4
埃　及	Egypt	72.6	75.9	71.6	74.6	82.4	82.8
尼日利亚	Nigeria	63.0	52.5	75.2	66.1	78.4	
南　非	South Africa	56.7	62.4	62.5	59.0	59.9	60.0
加拿大	Canada	55.7	54.5	54.3	56.9	57.5	58.3
墨西哥	Mexico	69.6	66.8	68.5	67.5	66.6	66.3
美　国	United States	64.0	66.0	67.2	68.2	68.1	
阿根廷	Argentina	77.1	70.7	63.0	64.2	65.5	66.1
巴　西	Brazil	59.3	64.6	60.5	60.2	63.8	64.0
委内瑞拉	Venezuela	62.1	51.7	46.8	55.9		
捷　克	Czech Rep.	51.8	50.9	48.1	49.2	47.0	47.0
法　国	France	55.6	54.4	55.2	56.1	55.4	55.2
德　国	Germany	56.6	57.1	57.7	56.1	53.9	53.6
意大利	Italy	57.8	60.6	59.4	61.0	60.8	60.6
荷　兰	Netherlands	49.0	50.0	48.1	44.7	44.6	44.4
波　兰	Poland	46.8	63.6	62.9	61.6	58.4	58.6
俄罗斯	Russia	48.9	46.2	49.4	50.6	52.1	53.4
西班牙	Spain	61.1	59.7	57.7	57.2	58.1	57.8
土耳其	Turkey	68.7	67.3	64.1	63.1	60.4	59.5
乌克兰	Ukraine	57.1	54.4	57.9	63.0	67.0	65.3
英　国	United Kingdom	60.7	66.5	65.5	65.2	65.0	66.0
澳大利亚	Australia	55.8	58.0	57.8	55.4	56.6	57.8
新西兰	New Zealand	60.2	58.0	58.2	58.1	57.8	

3–9 国内生产总值产业构成
Composition of Gross Domestic Product by Industry

资料来源：世界银行WDI数据库。
Source: World Bank WDI Database.

单位：% (%)

国家或地区	Country or Area	农业增加值占国内生产总值比重 Primary Industry as Percentage of GDP		工业增加值占国内生产总值比重 Secondary Industry as Percentage of GDP		服务业增加值占国内生产总值比重 Tertiary Industry as Percentage of GDP	
		2000	2016	2000	2016	2000	2016
世　界	**World**	**5.2**	**3.8①**	**30.6**	**27.1①**	**64.5**	**69.0①**
高收入国家	**High Income**	**1.9**	**1.4①**	**27.7**	**24.4①**	**70.8**	**74.2①**
中等收入国家	**Middle Income**	**12.5**	**9.2**	**37.4**	**32.9**	**50.0**	**57.8**
中等偏下收入国家	**Lower Middle Income**	**21.7**	**16.6**	**32.1**	**29.6**	**46.2**	**53.2**
中等偏上收入国家	**Upper Middle Income**	**10.1**	**7.0**	**38.9**	**33.9**	**51.1**	**59.2**
中低收入国家	**Low and Middle Income**	**12.8**	**9.5**	**37.2**	**32.8**	**50.0**	**57.6**
东亚和太平洋	**East Asia and Pacific**	**14.7**	**9.3**	**44.5**	**39.0**	**40.8**	**51.4**
欧洲和中亚	**Europe and Central Asia**	**10.1**	**6.2**	**35.5**	**32.2**	**54.5**	**61.7**
拉丁美洲和加勒比	**Latin America and Caribbean**	**5.6**	**5.7**	**31.0**	**26.1**	**63.3**	**68.2**
中东和北非国家	**Middle East and North Africa**	**11.6**	**11.0①**	**39.5**	**30.1①**	**48.8**	**54.8①**
南　亚	**South Asia**	**23.5**	**17.9**	**25.5**	**27.8**	**51.0**	**54.4**
撒哈拉以南非洲	**Sub-Saharan Africa**	**19.9**	**17.9**	**36.0**	**23.7**	**44.2**	**58.3**
低收入国家	**Low Income**	**34.5**	**29.7**	**19.7**	**22.2**	**45.2**	**48.1**
最不发达地区	**Least Developed Countries**	**29.8**	**26.0**	**28.6**	**24.3**	**41.4**	**49.7**
重债穷国	**Heavily Indebted Poor Countries**	**31.9**	**27.8**	**24.3**	**22.3**	**43.9**	**49.9**
中　国	China	14.7	8.6	45.5	39.8	39.8	51.6
中国香港	Hong Kong, China	0.1	0.1①	12.6	7.3①	87.3	92.4①
中国澳门	Macao, China			14.7	10.5①	85.3	89.5①
孟加拉国	Bangladesh	23.8	14.8	23.3	28.8	52.9	56.5
文　莱	Brunei Darussalam	1.0	1.2	63.7	57.3	35.3	41.5
柬埔寨	Cambodia	37.8	26.7	23.0	31.7	39.1	41.6
印　度	India	23.0	17.4	26.0	28.8	51.0	53.8
印度尼西亚	Indonesia	15.6	13.5	45.9	39.3	38.5	43.7
伊　朗	Iran	9.1	10.8①	40.6	24.5①	50.3	55.4①
日　本	Japan	1.5	1.1①	30.0	28.9①	68.5	70.0①
哈萨克斯坦	Kazakhstan	8.7	4.8	40.5	33.5	50.8	61.7
韩　国	Korea, Rep.	4.4	2.2	38.1	38.6	57.5	59.2
老　挝	Laos	45.2	19.5	16.6	32.5	38.2	48.0
马来西亚	Malaysia	8.6	8.6	48.3	35.7	43.1	55.7
蒙　古	Mongolia	30.9	13.3	25.0	35.3	44.1	51.4
缅　甸	Myanmar	57.2	28.2	9.7	29.5	33.1	42.3
巴基斯坦	Pakistan	25.9	25.2	23.3	19.2	50.7	55.6
菲律宾	Philippines	14.0	9.7	34.5	30.8	51.6	59.5
新加坡	Singapore	0.1		34.8	26.2	65.1	73.8
斯里兰卡	Sri Lanka	19.9	8.2	27.3	29.6	52.8	62.2
泰　国	Thailand	8.5	8.3	36.8	35.8	54.7	55.8
越　南	Viet Nam	22.7	18.1	34.2	36.4	43.1	45.5
埃　及	Egypt	16.7	11.9	33.1	32.9	50.1	55.2
尼日利亚	Nigeria	26.0	21.2	52.2	18.5	21.8	60.4
南　非	South Africa	3.3	2.4	31.9	28.9	64.8	68.6
加拿大	Canada	2.3	1.8②	32.5	28.8②	64.5	69.3②
墨西哥	Mexico	3.5	3.8	34.9	32.7	61.6	63.5
美　国	United States	1.2	1.1①	23.2	20.0①	75.7	78.9①
阿根廷	Argentina	5.1	7.6	28.1	26.7	66.9	65.8
巴　西	Brazil	5.5	5.5	26.7	21.2	67.7	73.3
委内瑞拉	Venezuela	4.2	5.6③	49.7	41.8③	46.1	52.6③
捷　克	Czech Rep.	3.4	2.5	37.2	37.7	59.4	59.8
法　国	France	2.3	1.5	23.3	19.4	74.3	79.2
德　国	Germany	1.1	0.6	30.9	30.5	68.0	68.9
意大利	Italy	2.8	2.1	27.1	24.1	70.0	73.8
荷　兰	Netherlands	2.5	1.8	24.7	19.7	72.8	78.5
波　兰	Poland	3.5	2.4	32.6	33.3	64.0	64.2
俄罗斯	Russia	6.4	4.7	37.9	32.4	55.6	62.8
西班牙	Spain	4.1	2.6	30.7	23.4	65.1	74.1
土耳其	Turkey	11.3	6.9	31.3	32.4	57.4	60.7
乌克兰	Ukraine	17.1	13.7	36.3	27.1	46.6	59.2
英　国	United Kingdom	0.9	0.6	25.3	19.2	73.8	80.2
澳大利亚	Australia	3.4	2.6	26.8	24.3	69.8	73.1
新西兰	New Zealand	8.3	6.8③	25.3	21.8③	66.4	71.4③

注：①2015年数据。②2013年数据。③2014年数据。
Note:①Data refer to 2015.②Data refer to 2013.③Data refer to 2014.

3-10 生产法国内生产总值
Gross Domestic Product by Production Approach

资料来源：联合国NAOCD数据库。
Source: UN NAOCD Database.
单位：亿美元 (100 million USD)

国家或地区	Country or Area	2000	2005	2010	2014	2015
中 国	**China**					
按当年价格计算	at Current Prices					
增加值总额	Total Value Added	12113	22860	61007	104823	110077
农业、狩猎业、林业和渔业	Agriculture, Hunting, Forestry, Fishing	1805	2736	5987	9794	10103
采掘、制造、电、煤气和水供应业	Mining, Manufacturing, Utilities	4863	9514	24390	38066	37765
制造业	Manufacturing		7337	19250	29817	29727
建筑业	Construction	669	1269	4026	7305	7474
批发、零售贸易、旅馆和饭店业	Wholesale, Retail Trade, Restaurants and Hotels	1245	2216	6442	11977	12583
运输、仓储和通讯业	Transport, Storage and Communication	744	1302	2774	4639	4877
其他服务业	Other Activities	2788	5822	17387	33042	37274
按2005年价格计算	at Constant Prices of 2005					
增加值总额	Total Value Added	14426	22860	38958	53216	56854
农业、狩猎业、林业和渔业	Agriculture, Hunting, Forestry, Fishing	2256	2736	3411	4028	4185
采掘、制造、电、煤气和水供应业	Mining, Manufacturing, Utilities	5663	9514	16679	23073	24523
制造业	Manufacturing		7337	13730	18885	20101
建筑业	Construction	777	1269	2563	3694	3854
批发、零售贸易、旅馆和饭店业	Wholesale, Retail Trade, Restaurants and Hotels	1385	2216	4414	6426	6882
运输、仓储和通讯业	Transport, Storage and Communication	827	1302	1944	2568	2819
其他服务业	Other Activities	3453	5822	10126	13792	14971
中国香港	**Hong Kong, China**					
按当年价格计算	at Current Prices					
增加值总额	Total Value Added	1647	1772	2236	2842	3000
农业、狩猎业、林业和渔业	Agriculture, Hunting, Forestry, Fishing	1	1	1	2	2
采掘、制造、电、煤气和水供应业	Mining, Manufacturing, Utilities	128	104	84	82	85
制造业	Manufacturing	79	51	39	36	37
建筑业	Construction	80	50	73	124	131
批发、零售贸易、旅馆和饭店业	Wholesale, Retail Trade, Restaurants and Hotels	404	511	605	787	807
运输、仓储和通讯业	Transport, Storage and Communication	180	207	248	278	296
其他服务业	Other Activities	854	899	1226	1570	1680
按2005年价格计算	at Constant Prices of 2005					
增加值总额	Total Value Added	1475	1772	2125	2405	2449
农业、狩猎业、林业和渔业	Agriculture, Hunting, Forestry, Fishing	1	1	1	1	1
采掘、制造、电、煤气和水供应业	Mining, Manufacturing, Utilities	113	104	100	100	100
制造业	Manufacturing	67	51	45	45	45
建筑业	Construction	65	50	52	79	81
批发、零售贸易、旅馆和饭店业	Wholesale, Retail Trade, Restaurants and Hotels	353	511	655	762	753
运输、仓储和通讯业	Transport, Storage and Communication	158	207	239	276	283
其他服务业	Other Activities	771	899	1077	1184	1223

3-10 续表 1 continued

单位：亿美元 (100 million USD)

国家或地区	Country or Area	2000	2005	2010	2014	2015
中国澳门	**Macao, China**					
按当年价格计算	at Current Prices					
增加值总额	Total Value Added	54	89	184	368	300
农业、狩猎业、林业和渔业	Agriculture, Hunting, Forestry, Fishing					
采掘、制造、电、煤气和水供应业	Mining, Manufacturing, Utilities	6	5	4	5	4
制造业	Manufacturing	5	4	2	2	2
建筑业	Construction	1	8	10	23	16
批发、零售贸易、旅馆和饭店业	Wholesale, Retail Trade, Restaurants and Hotels	5	9	26	54	44
运输、仓储和通讯业	Transport, Storage and Communication	4	4	7	11	9
其他服务业	Other Activities	38	63	138	275	227
按2005年价格计算	at Constant Prices of 2005					
增加值总额	Total Value Added	58	89	131	191	169
农业、狩猎业、林业和渔业	Agriculture, Hunting, Forestry, Fishing					
采掘、制造、电、煤气和水供应业	Mining, Manufacturing, Utilities	7	5	2	3	2
制造业	Manufacturing	5	4	1	1	1
建筑业	Construction	1	8	8	13	10
批发、零售贸易、旅馆和饭店业	Wholesale, Retail Trade, Restaurants and Hotels	5	9	18	29	24
运输、仓储和通讯业	Transport, Storage and Communication	4	4	5	8	6
其他服务业	Other Activities	40	63	98	139	127
孟加拉国	**Bangladesh**					
按当年价格计算	at Current Prices					
增加值总额	Total Value Added	439	553	1093	1649	1854
农业、狩猎业、林业和渔业	Agriculture, Hunting, Forestry, Fishing	112	111	195	266	288
采掘、制造、电、煤气和水供应业	Mining, Manufacturing, Utilities	77	105	215	338	383
制造业	Manufacturing	67	91	185	288	327
建筑业	Construction	34	45	71	117	139
批发、零售贸易、旅馆和饭店业	Wholesale, Retail Trade, Restaurants and Hotels	59	82	163	239	266
运输、仓储和通讯业	Transport, Storage and Communication	38	60	116	173	193
其他服务业	Other Activities	119	149	334	516	586
按2005年价格计算	at Constant Prices of 2005					
增加值总额	Total Value Added	427	553	748	960	1022
农业、狩猎业、林业和渔业	Agriculture, Hunting, Forestry, Fishing	98	111	143	165	170
采掘、制造、电、煤气和水供应业	Mining, Manufacturing, Utilities	75	105	157	225	248
制造业	Manufacturing	66	91	137	198	219
建筑业	Construction	30	45	63	86	93
批发、零售贸易、旅馆和饭店业	Wholesale, Retail Trade, Restaurants and Hotels	60	82	114	147	156
运输、仓储和通讯业	Transport, Storage and Communication	42	60	89	118	125
其他服务业	Other Activities	119	149	187	228	240

3-10 续表 2 continued

单位：亿美元 (100 million USD)

国家或地区	Country or Area	2000	2005	2010	2014	2015
文　莱	**Brunei Darussalam**					
按当年价格计算	at Current Prices					
增加值总额	Total Value Added	68	108	140	174	132
农业、狩猎业、林业和渔业	Agriculture, Hunting, Forestry, Fishing	1	1	1	2	1
采掘、制造、电、煤气和水供应业	Mining, Manufacturing, Utilities	43	76	92	113	76
制造业	Manufacturing	13	16	20	28	19
建筑业	Construction	1	2	3	3	3
批发、零售贸易、旅馆和饭店业	Wholesale, Retail Trade, Restaurants and Hotels	3	4	7	9	8
运输、仓储和通讯业	Transport, Storage and Communication	2	3	4	6	5
其他服务业	Other Activities	18	23	34	42	39
按2005年价格计算	at Constant Prices of 2005					
增加值总额	Total Value Added	100	108	105	105	104
农业、狩猎业、林业和渔业	Agriculture, Hunting, Forestry, Fishing	1	1	1	1	1
采掘、制造、电、煤气和水供应业	Mining, Manufacturing, Utilities	73	76	66	60	60
制造业	Manufacturing	15	16	15	14	15
建筑业	Construction	1	2	2	2	2
批发、零售贸易、旅馆和饭店业	Wholesale, Retail Trade, Restaurants and Hotels	3	4	5	6	6
运输、仓储和通讯业	Transport, Storage and Communication	3	3	4	5	4
其他服务业	Other Activities	19	23	28	32	32
柬埔寨	**Cambodia**					
按当年价格计算	at Current Prices					
增加值总额	Total Value Added	35	60	106	157	170
农业、狩猎业、林业和渔业	Agriculture, Hunting, Forestry, Fishing	13	19	38	48	48
采掘、制造、电、煤气和水供应业	Mining, Manufacturing, Utilities	6	12	18	29	32
制造业	Manufacturing	6	11	17	26	29
建筑业	Construction	2	4	7	14	18
批发、零售贸易、旅馆和饭店业	Wholesale, Retail Trade, Restaurants and Hotels	5	9	16	24	26
运输、仓储和通讯业	Transport, Storage and Communication	2	5	9	13	15
其他服务业	Other Activities	6	11	19	29	32
按2005年价格计算	at Constant Prices of 2005					
增加值总额	Total Value Added	38	60	81	107	114
农业、狩猎业、林业和渔业	Agriculture, Hunting, Forestry, Fishing	15	19	25	27	27
采掘、制造、电、煤气和水供应业	Mining, Manufacturing, Utilities	6	12	17	25	28
制造业	Manufacturing	6	11	16	24	26
建筑业	Construction	2	4	4	7	9
批发、零售贸易、旅馆和饭店业	Wholesale, Retail Trade, Restaurants and Hotels	6	9	13	17	18
运输、仓储和通讯业	Transport, Storage and Communication	3	5	6	8	9
其他服务业	Other Activities	6	11	16	21	23

3-10 续表 3 continued

单位：亿美元 (100 million USD)

国家或地区	Country or Area	2000	2005	2010	2014	2015
印　度	**India**					
按当年价格计算	at Current Prices					
增加值总额	Total Value Added	4157.7	7437.5	15314	18798	19141
农业、狩猎业、林业和渔业	Agriculture, Hunting, Forestry, Fishing	1003	1450	2892	3269	3263
采掘、制造、电、煤气和水供应业	Mining, Manufacturing, Utilities	1020	1814	3562	3996	4105
制造业	Manufacturing	760	1352	2677	3024	3109
建筑业	Construction	279	686	1409	1645	1585
批发、零售贸易、旅馆和饭店业	Wholesale, Retail Trade, Restaurants and Hotels	377	778	1656	2216	2252
运输、仓储和通讯业	Transport, Storage and Communication	284	544	997	1291	1305
其他服务业	Other Activities	1195	2166	4799	6381	6633
按2005年价格计算	at Constant Prices of 2005					
增加值总额	Total Value Added	5420	7438	11027	14135	15152
农业、狩猎业、林业和渔业	Agriculture, Hunting, Forestry, Fishing	1270	1450	1753	1942	1966
采掘、制造、电、煤气和水供应业	Mining, Manufacturing, Utilities	1332	1814	2751	3433	3734
制造业	Manufacturing	961	1352	2146	2723	2975
建筑业	Construction	416	686	997	1214	1262
批发、零售贸易、旅馆和饭店业	Wholesale, Retail Trade, Restaurants and Hotels	499	778	1216	1623	1763
运输、仓储和通讯业	Transport, Storage and Communication	295	544	986	1368	1499
其他服务业	Other Activities	1546	2166	3454	4804	5231
印度尼西亚	**Indonesia**					
按当年价格计算	at Current Prices					
增加值总额	Total Value Added	1726	3008	7352	8683	8349
农业、狩猎业、林业和渔业	Agriculture, Hunting, Forestry, Fishing	250	364	1052	1188	1165
采掘、制造、电、煤气和水供应业	Mining, Manufacturing, Utilities	650	1106	2540	2853	2558
制造业	Manufacturing	434	743	1664	1871	1797
建筑业	Construction	86	191	690	878	891
批发、零售贸易、旅馆和饭店业	Wholesale, Retail Trade, Restaurants and Hotels	340	568	1237	1467	1401
运输、仓储和通讯业	Transport, Storage and Communication	93	224	552	705	736
其他服务业	Other Activities	308	556	1282	1592	1597
按2005年价格计算	at Constant Prices of 2005					
增加值总额	Total Value Added	2408	3008	3931	4912	5113
农业、狩猎业、林业和渔业	Agriculture, Hunting, Forestry, Fishing	311	364	437	516	537
采掘、制造、电、煤气和水供应业	Mining, Manufacturing, Utilities	949	1106	1319	1571	1594
制造业	Manufacturing	583	743	900	1103	1150
建筑业	Construction	141	191	276	364	388
批发、零售贸易、旅馆和饭店业	Wholesale, Retail Trade, Restaurants and Hotels	434	568	774	988	1016
运输、仓储和通讯业	Transport, Storage and Communication	133	224	445	631	685
其他服务业	Other Activities	416	556	743	955	1020

3-10 续表 4 continued

单位：亿美元 (100 million USD)

国家或地区	Country or Area	2000	2005	2010	2014	2015
伊　朗	**Iran**					
按当年价格计算	at Current Prices					
增加值总额	Total Value Added	1105	2283	4759	4222	4017
农业、狩猎业、林业和渔业	Agriculture, Hunting, Forestry, Fishing	99	147	317	389	344
采掘、制造、电、煤气和水供应业	Mining, Manufacturing, Utilities	382	917	1564	1229	1208
制造业	Manufacturing	182	301	554	434	455
建筑业	Construction	60	126	352	363	364
批发、零售贸易、旅馆和饭店业	Wholesale, Retail Trade, Restaurants and Hotels	172	297	626	624	585
运输、仓储和通讯业	Transport, Storage and Communication	82	169	444	363	340
其他服务业	Other Activities	309	626	1456	1253	1176
按2005年价格计算	at Constant Prices of 2005					
增加值总额	Total Value Added	1701	2283	2844	2793	2825
农业、狩猎业、林业和渔业	Agriculture, Hunting, Forestry, Fishing	113	147	142	159	157
采掘、制造、电、煤气和水供应业	Mining, Manufacturing, Utilities	727	917	1079	880	883
制造业	Manufacturing	185	301	407	377	393
建筑业	Construction	92	126	166	159	165
批发、零售贸易、旅馆和饭店业	Wholesale, Retail Trade, Restaurants and Hotels	186	297	363	357	352
运输、仓储和通讯业	Transport, Storage and Communication	103	169	323	372	382
其他服务业	Other Activities	488	626	764	837	856
以 色 列	**Israel**					
按当年价格计算	at Current Prices					
增加值总额	Total Value Added	1184	1271	2085	2757	2682
农业、狩猎业、林业和渔业	Agriculture, Hunting, Forestry, Fishing	17	22	35	35	34
采掘、制造、电、煤气和水供应业	Mining, Manufacturing, Utilities	232	233	368	441	414
制造业	Manufacturing	212	206	323	374	358
建筑业	Construction	61	60	108	162	155
批发、零售贸易、旅馆和饭店业	Wholesale, Retail Trade, Restaurants and Hotels	113	128	208	288	294
运输、仓储和通讯业	Transport, Storage and Communication	165	181	287	359	354
其他服务业	Other Activities	597	648	1079	1471	1431
按2005年价格计算	at Constant Prices of 2005					
增加值总额	Total Value Added	1154	1271	1554	1798	1849
农业、狩猎业、林业和渔业	Agriculture, Hunting, Forestry, Fishing	17	22	23	23	21
采掘、制造、电、煤气和水供应业	Mining, Manufacturing, Utilities	230	233	318	321	327
制造业	Manufacturing	206	206	271	275	279
建筑业	Construction	67	60	77	99	101
批发、零售贸易、旅馆和饭店业	Wholesale, Retail Trade, Restaurants and Hotels	108	128	157	170	183
运输、仓储和通讯业	Transport, Storage and Communication	157	181	230	282	289
其他服务业	Other Activities	578	648	758	905	930

3-10 续表 5 continued

单位：亿美元 (100 million USD)

国家或地区	Country or Area	2000	2005	2010	2014	2015
日　本	**Japan**					
按当年价格计算	at Current Prices					
增加值总额	Total Value Added	48695	47243	56544	48080	43515
农业、狩猎业、林业和渔业	Agriculture, Hunting, Forestry, Fishing	774	576	668	564	520
采掘、制造、电、煤气和水供应业	Mining, Manufacturing, Utilities	11644	10552	12476	9970	8919
制造业	Manufacturing	10308	9409	11140	8977	8102
建筑业	Construction	3483	2739	3094	2944	2576
批发、零售贸易、旅馆和饭店业	Wholesale, Retail Trade, Restaurants and Hotels	6614	7060	7792	6829	6236
运输、仓储和通讯业	Transport, Storage and Communication	4680	4780	5839	5085	4574
其他服务业	Other Activities	21499	21536	26676	22689	20691
按2005年价格计算	at Constant Prices of 2005					
增加值总额	Total Value Added	44663	47243	47488	49079	49668
农业、狩猎业、林业和渔业	Agriculture, Hunting, Forestry, Fishing	713	576	579	592	593
采掘、制造、电、煤气和水供应业	Mining, Manufacturing, Utilities	9560	10552	11473	11327	11414
制造业	Manufacturing	8585	9409	10361	10497	10633
建筑业	Construction	3288	2739	2414	2662	2742
批发、零售贸易、旅馆和饭店业	Wholesale, Retail Trade, Restaurants and Hotels	6228	7060	6175	6588	6707
运输、仓储和通讯业	Transport, Storage and Communication	4209	4780	4964	5234	5323
其他服务业	Other Activities	20587	21536	22094	22797	22998
哈萨克斯坦	**Kazakhstan**					
按当年价格计算	at Current Prices					
增加值总额	Total Value Added	172	549	1440	2045	1749
农业、狩猎业、林业和渔业	Agriculture, Hunting, Forestry, Fishing	15	36	67	96	87
采掘、制造、电、煤气和水供应业	Mining, Manufacturing, Utilities	60	170	487	604	459
制造业	Manufacturing	30	69	168	229	190
建筑业	Construction	10	45	114	132	110
批发、零售贸易、旅馆和饭店业	Wholesale, Retail Trade, Restaurants and Hotels	24	73	205	374	334
运输、仓储和通讯业	Transport, Storage and Communication	21	68	171	232	207
其他服务业	Other Activities	44	157	395	609	552
按2005年价格计算	at Constant Prices of 2005					
增加值总额	Total Value Added	331	549	739	920	937
农业、狩猎业、林业和渔业	Agriculture, Hunting, Forestry, Fishing	28	36	39	46	48
采掘、制造、电、煤气和水供应业	Mining, Manufacturing, Utilities	106	170	221	241	238
制造业	Manufacturing	44	69	86	99	99
建筑业	Construction	17	45	74	85	88
批发、零售贸易、旅馆和饭店业	Wholesale, Retail Trade, Restaurants and Hotels	43	73	103	161	162
运输、仓储和通讯业	Transport, Storage and Communication	41	68	98	139	146
其他服务业	Other Activities	94	157	210	260	270

3-10 续表 6 continued

单位：亿美元 (100 million USD)

国家或地区	Country or Area	2000	2005	2010	2014	2015
韩 国	**Korea, Rep.**					
按当年价格计算	at Current Prices					
增加值总额	Total Value Added	5042	8105	9905	12867	12532
农业、狩猎业、林业和渔业	Agriculture, Hunting, Forestry, Fishing	222	255	245	300	289
采掘、制造、电、煤气和水供应业	Mining, Manufacturing, Utilities	1618	2520	3284	4259	4117
制造业	Manufacturing	1461	2292	3043	3880	3696
建筑业	Construction	303	520	507	639	643
批发、零售贸易、旅馆和饭店业	Wholesale, Retail Trade, Restaurants and Hotels	635	890	1128	1479	1444
运输、仓储和通讯业	Transport, Storage and Communication	444	731	778	943	921
其他服务业	Other Activities	1821	3189	3965	5248	5117
按2005年价格计算	at Constant Prices of 2005					
增加值总额	Total Value Added	6442	8105	9992	11266	11533
农业、狩猎业、林业和渔业	Agriculture, Hunting, Forestry, Fishing	245	255	281	292	288
采掘、制造、电、煤气和水供应业	Mining, Manufacturing, Utilities	1842	2520	3411	3964	4029
制造业	Manufacturing	1666	2292	3141	3674	3720
建筑业	Construction	441	520	520	501	516
批发、零售贸易、旅馆和饭店业	Wholesale, Retail Trade, Restaurants and Hotels	818	890	1053	1213	1240
运输、仓储和通讯业	Transport, Storage and Communication	529	731	879	1007	1030
其他服务业	Other Activities	2553	3189	3855	4298	4435
老 挝	**Laos**					
按当年价格计算	at Current Prices					
增加值总额	Total Value Added	16	26	65	114	120
农业、狩猎业、林业和渔业	Agriculture, Hunting, Forestry, Fishing	7	9	19	27	28
采掘、制造、电、煤气和水供应业	Mining, Manufacturing, Utilities	2	5	15	30	31
制造业	Manufacturing	1	2	7	9	10
建筑业	Construction	1	1	4	8	8
批发、零售贸易、旅馆和饭店业	Wholesale, Retail Trade, Restaurants and Hotels	3	5	13	22	24
运输、仓储和通讯业	Transport, Storage and Communication	1	1	3	4	5
其他服务业	Other Activities	2	4	11	22	23
按2005年价格计算	at Constant Prices of 2005					
增加值总额	Total Value Added	19	26	38	52	56
农业、狩猎业、林业和渔业	Agriculture, Hunting, Forestry, Fishing	8	9	11	13	13
采掘、制造、电、煤气和水供应业	Mining, Manufacturing, Utilities	3	5	9	12	14
制造业	Manufacturing	1	2	4	5	5
建筑业	Construction	1	1	2	4	5
批发、零售贸易、旅馆和饭店业	Wholesale, Retail Trade, Restaurants and Hotels	3	5	8	11	12
运输、仓储和通讯业	Transport, Storage and Communication	1	1	2	3	3
其他服务业	Other Activities	3	4	7	10	10

3–10 续表 7 continued

单位：亿美元 (100 million USD)

国家或地区	Country or Area	2000	2005	2010	2014	2015
马来西亚	**Malaysia**					
按当年价格计算	at Current Prices					
增加值总额	Total Value Added	968	1419	2526	3344	2925
农业、狩猎业、林业和渔业	Agriculture, Hunting, Forestry, Fishing	81	119	257	300	250
采掘、制造、电、煤气和水供应业	Mining, Manufacturing, Utilities	416	623	945	1202	1021
制造业	Manufacturing	290	395	598	774	675
建筑业	Construction	37	43	88	149	139
批发、零售贸易、旅馆和饭店业	Wholesale, Retail Trade, Restaurants and Hotels	126	197	418	604	555
运输、仓储和通讯业	Transport, Storage and Communication	66	96	213	286	261
其他服务业	Other Activities	243	341	606	804	700
按2005年价格计算	at Constant Prices of 2005					
增加值总额	Total Value Added	1145	1419	1752	2155	2258
农业、狩猎业、林业和渔业	Agriculture, Hunting, Forestry, Fishing	101	119	135	152	154
采掘、制造、电、煤气和水供应业	Mining, Manufacturing, Utilities	515	623	666	765	801
制造业	Manufacturing	315	395	450	544	570
建筑业	Construction	41	43	57	87	94
批发、零售贸易、旅馆和饭店业	Wholesale, Retail Trade, Restaurants and Hotels	154	197	295	380	406
运输、仓储和通讯业	Transport, Storage and Communication	73	96	130	172	186
其他服务业	Other Activities	258	341	477	613	632
蒙　古	**Mongolia**					
按当年价格计算	at Current Prices					
增加值总额	Total Value Added	12	27	65	111	108
农业、狩猎业、林业和渔业	Agriculture, Hunting, Forestry, Fishing	3	5	8	16	16
采掘、制造、电、煤气和水供应业	Mining, Manufacturing, Utilities	3	8	22	33	32
制造业	Manufacturing	1	2	5	11	10
建筑业	Construction	1	2	2	5	5
批发、零售贸易、旅馆和饭店业	Wholesale, Retail Trade, Restaurants and Hotels	2	3	9	15	15
运输、仓储和通讯业	Transport, Storage and Communication	1	3	7	9	8
其他服务业	Other Activities	2	5	16	32	32
按2005年价格计算	at Constant Prices of 2005					
增加值总额	Total Value Added	20	27	34	53	56
农业、狩猎业、林业和渔业	Agriculture, Hunting, Forestry, Fishing	5	5	5	9	10
采掘、制造、电、煤气和水供应业	Mining, Manufacturing, Utilities	6	8	10	16	17
制造业	Manufacturing	1	2	3	3	4
建筑业	Construction	1	2	1	3	3
批发、零售贸易、旅馆和饭店业	Wholesale, Retail Trade, Restaurants and Hotels	2	3	6	10	10
运输、仓储和通讯业	Transport, Storage and Communication	2	3	6	8	9
其他服务业	Other Activities	4	5	7	9	10

3-10 续表 8 continued

单位：亿美元 (100 million USD)

国家或地区	Country or Area	2000	2005	2010	2014	2015
缅　甸	**Myanmar**					
按当年价格计算	at Current Prices					
增加值总额	Total Value Added	73	119	414	663	626
农业、狩猎业、林业和渔业	Agriculture, Hunting, Forestry, Fishing	42	56	153	185	167
采掘、制造、电、煤气和水供应业	Mining, Manufacturing, Utilities	6	16	91	190	178
制造业	Manufacturing	5	15	82	132	129
建筑业	Construction	1	5	19	38	38
批发、零售贸易、旅馆和饭店业	Wholesale, Retail Trade, Restaurants and Hotels	18	26	83	124	118
运输、仓储和通讯业	Transport, Storage and Communication	4	14	51	88	84
其他服务业	Other Activities	2	3	18	38	40
按2005年价格计算	at Constant Prices of 2005					
增加值总额	Total Value Added	64	119	203	269	289
农业、狩猎业、林业和渔业	Agriculture, Hunting, Forestry, Fishing	35	56	77	83	86
采掘、制造、电、煤气和水供应业	Mining, Manufacturing, Utilities	6	16	40	58	63
制造业	Manufacturing	5	15	38	55	60
建筑业	Construction	1	5	9	15	16
批发、零售贸易、旅馆和饭店业	Wholesale, Retail Trade, Restaurants and Hotels	15	26	43	53	56
运输、仓储和通讯业	Transport, Storage and Communication	5	14	28	50	56
其他服务业	Other Activities	2	3	5	8	9
巴基斯坦	**Pakistan**					
按当年价格计算	at Current Prices					
增加值总额	Total Value Added	717	1097	1669	2360	2508
农业、狩猎业、林业和渔业	Agriculture, Hunting, Forestry, Fishing	210	269	406	592	640
采掘、制造、电、煤气和水供应业	Mining, Manufacturing, Utilities	112	206	309	446	424
制造业	Manufacturing	76	148	228	330	310
建筑业	Construction	17	27	36	49	53
批发、零售贸易、旅馆和饭店业	Wholesale, Retail Trade, Restaurants and Hotels	140	222	332	476	474
运输、仓储和通讯业	Transport, Storage and Communication	84	143	225	258	325
其他服务业	Other Activities	155	230	363	540	592
按2005年价格计算	at Constant Prices of 2005					
增加值总额	Total Value Added	858	1097	1333	1556	1624
农业、狩猎业、林业和渔业	Agriculture, Hunting, Forestry, Fishing	242	269	312	348	358
采掘、制造、电、煤气和水供应业	Mining, Manufacturing, Utilities	137	206	243	277	286
制造业	Manufacturing	92	148	181	207	214
建筑业	Construction	24	27	37	38	41
批发、零售贸易、旅馆和饭店业	Wholesale, Retail Trade, Restaurants and Hotels	161	222	239	267	276
运输、仓储和通讯业	Transport, Storage and Communication	120	143	181	213	222
其他服务业	Other Activities	178	230	327	425	455

3-10 续表 9 continued

单位：亿美元 (100 million USD)

国家或地区	Country or Area	2000	2005	2010	2014	2015
菲律宾	**Philippines**					
按当年价格计算	at Current Prices					
增加值总额	Total Value Added	810	1030	1995	2981	2872
农业、狩猎业、林业和渔业	Agriculture, Hunting, Forestry, Fishing	113	131	246	322	300
采掘、制造、电、煤气和水供应业	Mining, Manufacturing, Utilities	233	300	528	711	705
制造业	Manufacturing	198	248	428	587	587
建筑业	Construction	46	49	122	314	195
批发、零售贸易、旅馆和饭店业	Wholesale, Retail Trade, Restaurants and Hotels	141	185	379	554	530
运输、仓储和通讯业	Transport, Storage and Communication	50	81	130	177	188
其他服务业	Other Activities	227	285	591	903	954
按2005年价格计算	at Constant Prices of 2005					
增加值总额	Total Value Added	822	1030	1314	1654	1714
农业、狩猎业、林业和渔业	Agriculture, Hunting, Forestry, Fishing	109	131	145	157	157
采掘、制造、电、煤气和水供应业	Mining, Manufacturing, Utilities	244	300	359	464	489
制造业	Manufacturing	204	248	295	389	411
建筑业	Construction	50	49	80	101	110
批发、零售贸易、旅馆和饭店业	Wholesale, Retail Trade, Restaurants and Hotels	141	185	245	309	293
运输、仓储和通讯业	Transport, Storage and Communication	49	81	95	120	130
其他服务业	Other Activities	229	285	391	507	540
新加坡	**Singapore**					
按当年价格计算	at Current Prices					
增加值总额	Total Value Added	893	1217	2233	2893	2752
农业、狩猎业、林业和渔业	Agriculture, Hunting, Forestry, Fishing	1	1	1	1	1
采掘、制造、电、煤气和水供应业	Mining, Manufacturing, Utilities	264	358	513	587	585
制造业	Manufacturing	248	338	477	544	545
建筑业	Construction	48	36	104	150	142
批发、零售贸易、旅馆和饭店业	Wholesale, Retail Trade, Restaurants and Hotels	142	233	472	549	489
运输、仓储和通讯业	Transport, Storage and Communication	122	172	268	334	320
其他服务业	Other Activities	317	418	875	1272	1217
按2005年价格计算	at Constant Prices of 2005					
增加值总额	Total Value Added	951	1217	1692	2039	2073
农业、狩猎业、林业和渔业	Agriculture, Hunting, Forestry, Fishing	1	1	1	1	1
采掘、制造、电、煤气和水供应业	Mining, Manufacturing, Utilities	290	358	500	563	536
制造业	Manufacturing	275	338	478	539	511
建筑业	Construction	47	36	75	96	99
批发、零售贸易、旅馆和饭店业	Wholesale, Retail Trade, Restaurants and Hotels	157	233	316	379	400
运输、仓储和通讯业	Transport, Storage and Communication	132	172	208	256	259
其他服务业	Other Activities	329	418	591	731	754

3-10 续表 10 continued

单位：亿美元 (100 million USD)

国家或地区	Country or Area	2000	2005	2010	2014	2015
斯里兰卡	**Sri Lanka**					
按当年价格计算	at Current Prices					
增加值总额	Total Value Added	141	241	509	746	765
农业、狩猎业、林业和渔业	Agriculture, Hunting, Forestry, Fishing	20	22	48	64	66
采掘、制造、电、煤气和水供应业	Mining, Manufacturing, Utilities	34	55	121	169	174
制造业	Manufacturing	29	46	102	141	149
建筑业	Construction	8	13	30	60	61
批发、零售贸易、旅馆和饭店业	Wholesale, Retail Trade, Restaurants and Hotels	23	41	70	100	101
运输、仓储和通讯业	Transport, Storage and Communication	17	28	62	104	102
其他服务业	Other Activities	39	82	178	250	261
按2005年价格计算	at Constant Prices of 2005					
增加值总额	Total Value Added	194	241	312	405	424
农业、狩猎业、林业和渔业	Agriculture, Hunting, Forestry, Fishing	22	22	29	34	36
采掘、制造、电、煤气和水供应业	Mining, Manufacturing, Utilities	47	55	75	88	92
制造业	Manufacturing	41	46	61	68	71
建筑业	Construction	11	13	20	35	34
批发、零售贸易、旅馆和饭店业	Wholesale, Retail Trade, Restaurants and Hotels	34	41	52	68	71
运输、仓储和通讯业	Transport, Storage and Communication	20	28	45	60	63
其他服务业	Other Activities	62	82	95	126	133
泰　国	**Thailand**					
按当年价格计算	at Current Prices					
增加值总额	Total Value Added	1262	1893	3409	4043	3952
农业、狩猎业、林业和渔业	Agriculture, Hunting, Forestry, Fishing	108	174	359	414	361
采掘、制造、电、煤气和水供应业	Mining, Manufacturing, Utilities	428	675	1269	1382	1301
制造业	Manufacturing	361	564	1060	1115	1064
建筑业	Construction	38	56	96	105	111
批发、零售贸易、旅馆和饭店业	Wholesale, Retail Trade, Restaurants and Hotels	266	340	594	729	769
运输、仓储和通讯业	Transport, Storage and Communication	104	145	242	284	287
其他服务业	Other Activities	318	503	850	1131	1124
按2005年价格计算	at Constant Prices of 2005					
增加值总额	Total Value Added	1449	1893	2274	2550	2634
农业、狩猎业、林业和渔业	Agriculture, Hunting, Forestry, Fishing	153	174	189	209	201
采掘、制造、电、煤气和水供应业	Mining, Manufacturing, Utilities	493	675	846	882	893
制造业	Manufacturing	412	564	704	727	734
建筑业	Construction	43	56	63	63	73
批发、零售贸易、旅馆和饭店业	Wholesale, Retail Trade, Restaurants and Hotels	290	340	412	467	499
运输、仓储和通讯业	Transport, Storage and Communication	104	145	184	226	242
其他服务业	Other Activities	368	503	577	697	716

3-10 续表 11 continued

单位：亿美元 (100 million USD)

国家或地区	Country or Area	2000	2005	2010	2014	2015
越　南	**Viet Nam**					
按当年价格计算	at Current Prices					
增加值总额	Total Value Added	302	508	1014	1675	1739
农业、狩猎业、林业和渔业	Agriculture, Hunting, Forestry, Fishing	74	108	213	330	328
采掘、制造、电、煤气和水供应业	Mining, Manufacturing, Utilities	81	152	301	523	537
制造业	Manufacturing	41	78	150	245	265
建筑业	Construction	16	32	71	95	105
批发、零售贸易、旅馆和饭店业	Wholesale, Retail Trade, Restaurants and Hotels	37	61	135	253	268
运输、仓储和通讯业	Transport, Storage and Communication	12	22	44	66	66
其他服务业	Other Activities	83	133	250	408	434
按2005年价格计算	at Constant Prices of 2005					
增加值总额	Total Value Added	368	508	603	762	814
农业、狩猎业、林业和渔业	Agriculture, Hunting, Forestry, Fishing	89	108	125	142	146
采掘、制造、电、煤气和水供应业	Mining, Manufacturing, Utilities	102	152	165	218	239
制造业	Manufacturing	45	78	88	126	139
建筑业	Construction	19	32	46	54	60
批发、零售贸易、旅馆和饭店业	Wholesale, Retail Trade, Restaurants and Hotels	42	61	62	86	92
运输、仓储和通讯业	Transport, Storage and Communication	16	22	33	43	46
其他服务业	Other Activities	101	133	182	228	242
埃　及	**Egypt**					
按当年价格计算	at Current Prices					
增加值总额	Total Value Added	898	898	2047	3077	3197
农业、狩猎业、林业和渔业	Agriculture, Hunting, Forestry, Fishing	124	129	286	341	357
采掘、制造、电、煤气和水供应业	Mining, Manufacturing, Utilities	257	294	674	1066	1008
制造业	Manufacturing	161	155	346	505	530
建筑业	Construction	42	37	94	134	153
批发、零售贸易、旅馆和饭店业	Wholesale, Retail Trade, Restaurants and Hotels	155	127	309	386	413
运输、仓储和通讯业	Transport, Storage and Communication	76	103	196	233	244
其他服务业	Other Activities	244	208	487	916	1022
按2005年价格计算	at Constant Prices of 2005					
增加值总额	Total Value Added	754	898	1201	1302	1343
农业、狩猎业、林业和渔业	Agriculture, Hunting, Forestry, Fishing	107	129	152	171	176
采掘、制造、电、煤气和水供应业	Mining, Manufacturing, Utilities	249	294	401	408	408
制造业	Manufacturing	132	155	208	222	228
建筑业	Construction	34	37	72	85	94
批发、零售贸易、旅馆和饭店业	Wholesale, Retail Trade, Restaurants and Hotels	125	127	182	185	195
运输、仓储和通讯业	Transport, Storage and Communication	74	103	152	179	188
其他服务业	Other Activities	162	208	257	297	310

3-10 续表 12 continued

单位：亿美元 (100 million USD)

国家或地区	Country or Area	2000	2005	2010	2014	2015
尼日利亚	**Nigeria**					
按当年价格计算	at Current Prices					
增加值总额	Total Value Added	696	1799	3634	5616	4892
农业、狩猎业、林业和渔业	Agriculture, Hunting, Forestry, Fishing	149	460	868	1136	1020
采掘、制造、电、煤气和水供应业	Mining, Manufacturing, Utilities	185	379	815	1200	817
制造业	Manufacturing	54	111	238	548	466
建筑业	Construction	23	47	105	201	180
批发、零售贸易、旅馆和饭店业	Wholesale, Retail Trade, Restaurants and Hotels	114	307	615	1042	983
运输、仓储和通讯业	Transport, Storage and Communication	80	214	442	680	631
其他服务业	Other Activities	146	392	788	1356	1260
按2005年价格计算	at Constant Prices of 2005					
增加值总额	Total Value Added	1138	1799	2556	3143	3231
农业、狩猎业、林业和渔业	Agriculture, Hunting, Forestry, Fishing	235	460	631	744	771
采掘、制造、电、煤气和水供应业	Mining, Manufacturing, Utilities	283	379	394	455	440
制造业	Manufacturing	73	111	169	315	310
建筑业	Construction	36	47	86	140	146
批发、零售贸易、旅馆和饭店业	Wholesale, Retail Trade, Restaurants and Hotels	169	307	575	733	769
运输、仓储和通讯业	Transport, Storage and Communication	74	214	516	623	661
其他服务业	Other Activities	289	392	542	697	725
南　非	**South Africa**					
按当年价格计算	at Current Prices					
增加值总额	Total Value Added	1262	2310	3408	3152	2809
农业、狩猎业、林业和渔业	Agriculture, Hunting, Forestry, Fishing	40	62	90	77	67
采掘、制造、电、煤气和水供应业	Mining, Manufacturing, Utilities	356	633	897	807	699
制造业	Manufacturing	235	419	490	427	372
建筑业	Construction	34	67	130	130	114
批发、零售贸易、旅馆和饭店业	Wholesale, Retail Trade, Restaurants and Hotels	190	327	506	468	423
运输、仓储和通讯业	Transport, Storage and Communication	132	251	314	323	289
其他服务业	Other Activities	511	971	1471	1348	1219
按2005年价格计算	at Constant Prices of 2005					
增加值总额	Total Value Added	1915	2310	2684	2949	2986
农业、狩猎业、林业和渔业	Agriculture, Hunting, Forestry, Fishing	57	62	70	81	76
采掘、制造、电、煤气和水供应业	Mining, Manufacturing, Utilities	563	633	647	666	671
制造业	Manufacturing	360	419	455	483	482
建筑业	Construction	46	67	103	114	117
批发、零售贸易、旅馆和饭店业	Wholesale, Retail Trade, Restaurants and Hotels	271	327	385	430	436
运输、仓储和通讯业	Transport, Storage and Communication	185	251	298	334	339
其他服务业	Other Activities	785	971	1193	1343	1367

3-10 续表 13 continued

单位：亿美元 (100 million USD)

国家或地区	Country or Area	2000	2005	2010	2014	2015
加 拿 大	**Canada**					
按当年价格计算	at Current Prices					
增加值总额	Total Value Added	6894	10888	15096	16790	14540
农业、狩猎业、林业和渔业	Agriculture, Hunting, Forestry, Fishing	157	200	215	298	261
采掘、制造、电、煤气和水供应业	Mining, Manufacturing, Utilities	1947	2878	3190	3536	3015
制造业	Manufacturing	1326	1628	1670	1810	1557
建筑业	Construction	342	645	1121	1302	1147
批发、零售贸易、旅馆和饭店业	Wholesale, Retail Trade, Restaurants and Hotels	917	1512	1951	2113	1827
运输、仓储和通讯业	Transport, Storage and Communication	484	781	1306	1375	1172
其他服务业	Other Activities	3046	4872	7314	8167	7118
按2005年价格计算	at Constant Prices of 2005					
增加值总额	Total Value Added	9602	10888	11606	12808	12923
农业、狩猎业、林业和渔业	Agriculture, Hunting, Forestry, Fishing	187	200	197	220	228
采掘、制造、电、煤气和水供应业	Mining, Manufacturing, Utilities	2793	2878	2624	2925	2895
制造业	Manufacturing	1650	1628	1358	1471	1477
建筑业	Construction	504	645	730	848	812
批发、零售贸易、旅馆和饭店业	Wholesale, Retail Trade, Restaurants and Hotels	1240	1512	1676	1867	1902
运输、仓储和通讯业	Transport, Storage and Communication	663	781	844	943	959
其他服务业	Other Activities	4229	4872	5517	5979	6105
墨 西 哥	**Mexico**					
按当年价格计算	at Current Prices					
增加值总额	Total Value Added	6218	8285	10069	12305	10837
农业、狩猎业、林业和渔业	Agriculture, Hunting, Forestry, Fishing	234	264	337	436	391
采掘、制造、电、煤气和水供应业	Mining, Manufacturing, Utilities	1944	2541	3035	3702	3069
制造业	Manufacturing	1267	1431	1741	2173	2032
建筑业	Construction	480	670	824	925	827
批发、零售贸易、旅馆和饭店业	Wholesale, Retail Trade, Restaurants and Hotels	1121	1462	1721	2283	2145
运输、仓储和通讯业	Transport, Storage and Communication	563	720	911	1071	936
其他服务业	Other Activities	1875	2629	3243	3889	3468
按2005年价格计算	at Constant Prices of 2005					
增加值总额	Total Value Added	7497	8285	9120	10219	10480
农业、狩猎业、林业和渔业	Agriculture, Hunting, Forestry, Fishing	249	264	294	321	325
采掘、制造、电、煤气和水供应业	Mining, Manufacturing, Utilities	2421	2541	2571	2847	2865
制造业	Manufacturing	1426	1431	1487	1707	1750
建筑业	Construction	607	670	749	776	795
批发、零售贸易、旅馆和饭店业	Wholesale, Retail Trade, Restaurants and Hotels	1307	1462	1570	1885	1977
运输、仓储和通讯业	Transport, Storage and Communication	575	720	874	1039	1097
其他服务业	Other Activities	2316	2629	3098	3399	3479

3-10 续表 14 continued

单位：亿美元 (100 million USD)

国家或地区	Country or Area	2000	2005	2010	2014	2015
美　国	**United States**					
按当年价格计算	at Current Prices					
增加值总额	Total Value Added	102846	130939	149641	173930	180367
农业、狩猎业、林业和渔业	Agriculture, Hunting, Forestry, Fishing	985	1286	1602	2032	1752
采掘、制造、电、煤气和水供应业	Mining, Manufacturing, Utilities	18722	21662	24748	29084	28275
制造业	Manufacturing	15553	17042	18306	20994	21703
建筑业	Construction	4623	6541	5416	6721	7321
批发、零售贸易、旅馆和饭店业	Wholesale, Retail Trade, Restaurants and Hotels	16074	19672	21335	25382	26742
运输、仓储和通讯业	Transport, Storage and Communication	9546	12146	14027	15971	17025
其他服务业	Other Activities	52896	69632	82513	94740	99252
按2005年价格计算	at Constant Prices of 2005					
增加值总额	Total Value Added	117127	130939	134593	142230	146026
农业、狩猎业、林业和渔业	Agriculture, Hunting, Forestry, Fishing	1070	1286	1418	1446	1481
采掘、制造、电、煤气和水供应业	Mining, Manufacturing, Utilities	20461	21662	22916	24405	24794
制造业	Manufacturing	15379	17042	17440	18063	18340
建筑业	Construction	6508	6541	4669	5034	5281
批发、零售贸易、旅馆和饭店业	Wholesale, Retail Trade, Restaurants and Hotels	16847	19672	18532	20521	21181
运输、仓储和通讯业	Transport, Storage and Communication	9900	12146	13636	14923	15732
其他服务业	Other Activities	62297	69632	73739	76234	77902
阿 根 廷	**Argentina**					
按当年价格计算	at Current Prices					
增加值总额	Total Value Added	2714	1714	3601	4796	5300
农业、狩猎业、林业和渔业	Agriculture, Hunting, Forestry, Fishing	125	159	304	381	318
采掘、制造、电、煤气和水供应业	Mining, Manufacturing, Utilities	587	504	891	1113	1177
制造业	Manufacturing	431	368	675	837	913
建筑业	Construction	115	70	186	263	295
批发、零售贸易、旅馆和饭店业	Wholesale, Retail Trade, Restaurants and Hotels	504	280	611	801	895
运输、仓储和通讯业	Transport, Storage and Communication	192	124	253	313	346
其他服务业	Other Activities	1192	576	1356	1925	2269
按2005年价格计算	at Constant Prices of 2005					
增加值总额	Total Value Added	1562	1714	2146	2237	2290
农业、狩猎业、林业和渔业	Agriculture, Hunting, Forestry, Fishing	129	159	173	170	181
采掘、制造、电、煤气和水供应业	Mining, Manufacturing, Utilities	445	504	607	606	611
制造业	Manufacturing	320	368	460	463	465
建筑业	Construction	61	70	88	92	95
批发、零售贸易、旅馆和饭店业	Wholesale, Retail Trade, Restaurants and Hotels	263	280	376	387	397
运输、仓储和通讯业	Transport, Storage and Communication	101	124	180	198	203
其他服务业	Other Activities	567	576	725	790	809

3-10 续表 15 continued

单位：亿美元 (100 million USD)

国家或地区	Country or Area	2000	2005	2010	2014	2015
巴　西	**Brazil**					
按当年价格计算	at Current Prices					
增加值总额	Total Value Added	5591	7570	18774	20731	15177
农业、狩猎业、林业和渔业	Agriculture, Hunting, Forestry, Fishing	305	415	909	1083	791
采掘、制造、电、煤气和水供应业	Mining, Manufacturing, Utilities	1199	1808	3963	3727	2603
制造业	Manufacturing	904	1314	2810	2420	1731
建筑业	Construction	302	347	1176	1242	847
批发、零售贸易、旅馆和饭店业	Wholesale, Retail Trade, Restaurants and Hotels	632	935	2765	3320	2486
运输、仓储和通讯业	Transport, Storage and Communication	345	609	1525	1721	1271
其他服务业	Other Activities	2807	3455	8436	9638	7177
按2005年价格计算	at Constant Prices of 2005					
增加值总额	Total Value Added	6558	7570	9228	10110	9877
农业、狩猎业、林业和渔业	Agriculture, Hunting, Forestry, Fishing	336	415	487	578	600
采掘、制造、电、煤气和水供应业	Mining, Manufacturing, Utilities	1542	1808	2069	2182	2111
制造业	Manufacturing	1125	1314	1457	1518	1457
建筑业	Construction	345	347	483	568	566
批发、零售贸易、旅馆和饭店业	Wholesale, Retail Trade, Restaurants and Hotels	827	935	1207	1317	1282
运输、仓储和通讯业	Transport, Storage and Communication	517	609	753	848	828
其他服务业	Other Activities	2977	3455	4194	4568	4442
委内瑞拉	**Venezuela**					
按当年价格计算	at Current Prices					
增加值总额	Total Value Added	1122	1358	3739	3412	3262
农业、狩猎业、林业和渔业	Agriculture, Hunting, Forestry, Fishing	46	54	212	183	172
采掘、制造、电、煤气和水供应业	Mining, Manufacturing, Utilities	453	679	1587	1044	1171
制造业	Manufacturing	217	219	509	459	431
建筑业	Construction	90	94	319	309	288
批发、零售贸易、旅馆和饭店业	Wholesale, Retail Trade, Restaurants and Hotels	107	151	580	713	611
运输、仓储和通讯业	Transport, Storage and Communication	78	78	213	185	173
其他服务业	Other Activities	348	302	828	979	848
按2005年价格计算	at Constant Prices of 2005					
增加值总额	Total Value Added	1181	1358	1620	1809	1673
农业、狩猎业、林业和渔业	Agriculture, Hunting, Forestry, Fishing	47	54	59	56	53
采掘、制造、电、煤气和水供应业	Mining, Manufacturing, Utilities	649	679	664	655	624
制造业	Manufacturing	209	219	225	222	213
建筑业	Construction	99	94	152	168	163
批发、零售贸易、旅馆和饭店业	Wholesale, Retail Trade, Restaurants and Hotels	118	151	184	197	192
运输、仓储和通讯业	Transport, Storage and Communication	61	78	133	158	143
其他服务业	Other Activities	238	302	381	479	424

3-10 续表 16 continued

单位：亿美元 (100 million USD)

国家或地区	Country or Area	2000	2005	2010	2014	2015
白俄罗斯	**Belarus**					
按当年价格计算	at Current Prices					
增加值总额	Total Value Added	91	263	499	688	487
农业、狩猎业、林业和渔业	Agriculture, Hunting, Forestry, Fishing	13	26	51	58	37
采掘、制造、电、煤气和水供应业	Mining, Manufacturing, Utilities	31	94	151	197	144
制造业	Manufacturing	25	77	133	169	122
建筑业	Construction	7	20	53	80	45
批发、零售贸易、旅馆和饭店业	Wholesale, Retail Trade, Restaurants and Hotels	12	32	72	106	73
运输、仓储和通讯业	Transport, Storage and Communication	9	24	42	60	42
其他服务业	Other Activities	19	67	131	187	146
按2005年价格计算	at Constant Prices of 2005					
增加值总额	Total Value Added	195	263	378	424	409
农业、狩猎业、林业和渔业	Agriculture, Hunting, Forestry, Fishing	20	26	32	36	34
采掘、制造、电、煤气和水供应业	Mining, Manufacturing, Utilities	60	94	136	149	141
制造业	Manufacturing	44	77	117	130	122
建筑业	Construction	13	20	48	49	44
批发、零售贸易、旅馆和饭店业	Wholesale, Retail Trade, Restaurants and Hotels	18	32	51	68	66
运输、仓储和通讯业	Transport, Storage and Communication	19	24	32	39	37
其他服务业	Other Activities	60	67	83	89	90
捷　　克	**Czech Rep.**					
按当年价格计算	at Current Prices					
增加值总额	Total Value Added	562	1231	1876	1878	1665
农业、狩猎业、林业和渔业	Agriculture, Hunting, Forestry, Fishing	19	30	32	51	42
采掘、制造、电、煤气和水供应业	Mining, Manufacturing, Utilities	173	382	561	608	534
制造业	Manufacturing	146	314	440	503	449
建筑业	Construction	36	82	129	103	95
批发、零售贸易、旅馆和饭店业	Wholesale, Retail Trade, Restaurants and Hotels	82	166	234	230	213
运输、仓储和通讯业	Transport, Storage and Communication	63	139	212	199	178
其他服务业	Other Activities	188	432	708	686	603
按2005年价格计算	at Constant Prices of 2005					
增加值总额	Total Value Added	1056	1231	1373	1431	1488
农业、狩猎业、林业和渔业	Agriculture, Hunting, Forestry, Fishing	25	30	23	25	27
采掘、制造、电、煤气和水供应业	Mining, Manufacturing, Utilities	298	382	469	490	510
制造业	Manufacturing	228	314	428	471	509
建筑业	Construction	71	82	86	81	85
批发、零售贸易、旅馆和饭店业	Wholesale, Retail Trade, Restaurants and Hotels	129	166	187	210	223
运输、仓储和通讯业	Transport, Storage and Communication	122	139	151	148	153
其他服务业	Other Activities	402	432	466	489	502

3-10 续表 17 continued

单位：亿美元 (100 million USD)

国家或地区	Country or Area	2000	2005	2010	2014	2015
法　国	**France**					
按当年价格计算	at Current Prices					
增加值总额	Total Value Added	12282	19800	23853	25442	21625
农业、狩猎业、林业和渔业	Agriculture, Hunting, Forestry, Fishing	288	371	425	440	376
采掘、制造、电、煤气和水供应业	Mining, Manufacturing, Utilities	2264	3173	3229	3505	3040
制造业	Manufacturing	1932	2635	2684	2835	2429
建筑业	Construction	603	1085	1447	1474	1177
批发、零售贸易、旅馆和饭店业	Wholesale, Retail Trade, Restaurants and Hotels	1668	2692	3135	3295	2823
运输、仓储和通讯业	Transport, Storage and Communication	1188	1976	2367	2396	2082
其他服务业	Other Activities	6272	10503	13250	14333	12127
按2005年价格计算	at Constant Prices of 2005					
增加值总额	Total Value Added	18336	19800	20638	21475	21723
农业、狩猎业、林业和渔业	Agriculture, Hunting, Forestry, Fishing	374	371	395	417	398
采掘、制造、电、煤气和水供应业	Mining, Manufacturing, Utilities	2939	3173	3027	3142	3217
制造业	Manufacturing	2445	2635	2581	2670	2740
建筑业	Construction	1007	1085	1049	956	929
批发、零售贸易、旅馆和饭店业	Wholesale, Retail Trade, Restaurants and Hotels	2543	2692	2750	2900	2971
运输、仓储和通讯业	Transport, Storage and Communication	1665	1976	2224	2384	2434
其他服务业	Other Activities	9796	10503	11194	11709	11819
德　国	**Germany**					
按当年价格计算	at Current Prices					
增加值总额	Total Value Added	17590	25893	30749	34910	30274
农业、狩猎业、林业和渔业	Agriculture, Hunting, Forestry, Fishing	186	197	221	271	192
采掘、制造、电、煤气和水供应业	Mining, Manufacturing, Utilities	4538	6613	7952	9090	7846
制造业	Manufacturing	4042	5813	6823	8020	6905
建筑业	Construction	899	999	1322	1568	1384
批发、零售贸易、旅馆和饭店业	Wholesale, Retail Trade, Restaurants and Hotels	2077	3095	3479	3926	3436
运输、仓储和通讯业	Transport, Storage and Communication	1542	2365	2797	3228	2795
其他服务业	Other Activities	8349	12625	14978	16826	14621
按2005年价格计算	at Constant Prices of 2005					
增加值总额	Total Value Added	25142	25893	27436	29164	29625
农业、狩猎业、林业和渔业	Agriculture, Hunting, Forestry, Fishing	210	197	204	165	160
采掘、制造、电、煤气和水供应业	Mining, Manufacturing, Utilities	6289	6613	7031	7725	7849
制造业	Manufacturing	5504	5813	6163	6910	7000
建筑业	Construction	1252	999	1030	1047	1044
批发、零售贸易、旅馆和饭店业	Wholesale, Retail Trade, Restaurants and Hotels	2770	3095	3074	3373	3485
运输、仓储和通讯业	Transport, Storage and Communication	2067	2365	2852	3200	3219
其他服务业	Other Activities	12487	12625	13295	13733	13945

3-10 续表 18 continued

单位：亿美元 (100 million USD)

国家或地区	Country or Area	2000	2005	2010	2014	2015
意 大 利	**Italy**					
按当年价格计算	at Current Prices					
增加值总额	Total Value Added	10229	16709	19115	19323	16359
农业、狩猎业、林业和渔业	Agriculture, Hunting, Forestry, Fishing	291	376	376	417	368
采掘、制造、电、煤气和水供应业	Mining, Manufacturing, Utilities	2283	3336	3584	3588	3072
制造业	Manufacturing	1999	2879	3023	2995	2583
建筑业	Construction	493	980	1076	929	777
批发、零售贸易、旅馆和饭店业	Wholesale, Retail Trade, Restaurants and Hotels	1689	2577	2812	2884	2460
运输、仓储和通讯业	Transport, Storage and Communication	964	1636	1856	1753	1491
其他服务业	Other Activities	4507	7805	9411	9751	8191
按2005年价格计算	at Constant Prices of 2005					
增加值总额	Total Value Added	15974	16709	16458	15943	16026
农业、狩猎业、林业和渔业	Agriculture, Hunting, Forestry, Fishing	395	376	374	368	381
采掘、制造、电、煤气和水供应业	Mining, Manufacturing, Utilities	3328	3336	3108	2982	3023
制造业	Manufacturing	2892	2879	2689	2611	2645
建筑业	Construction	838	980	864	683	675
批发、零售贸易、旅馆和饭店业	Wholesale, Retail Trade, Restaurants and Hotels	2539	2577	2501	2520	2565
运输、仓储和通讯业	Transport, Storage and Communication	1413	1636	1690	1577	1557
其他服务业	Other Activities	7468	7805	7926	7825	7840
荷　　兰	**Netherlands**					
按当年价格计算	at Current Prices					
增加值总额	Total Value Added	3704	6049	7520	7926	6742
农业、狩猎业、林业和渔业	Agriculture, Hunting, Forestry, Fishing	93	121	143	146	122
采掘、制造、电、煤气和水供应业	Mining, Manufacturing, Utilities	714	1117	1260	1264	1039
制造业	Manufacturing	565	852	888	902	789
建筑业	Construction	201	332	404	361	311
批发、零售贸易、旅馆和饭店业	Wholesale, Retail Trade, Restaurants and Hotels	584	910	1106	1219	1059
运输、仓储和通讯业	Transport, Storage and Communication	360	618	726	774	683
其他服务业	Other Activities	1753	2951	3880	4162	3528
按2005年价格计算	at Constant Prices of 2005					
增加值总额	Total Value Added	5675	6049	6521	6719	6834
农业、狩猎业、林业和渔业	Agriculture, Hunting, Forestry, Fishing	118	121	133	135	136
采掘、制造、电、煤气和水供应业	Mining, Manufacturing, Utilities	1048	1117	1129	1125	1109
制造业	Manufacturing	792	852	843	866	876
建筑业	Construction	343	332	323	296	321
批发、零售贸易、旅馆和饭店业	Wholesale, Retail Trade, Restaurants and Hotels	874	910	965	1040	1065
运输、仓储和通讯业	Transport, Storage and Communication	518	618	683	732	753
其他服务业	Other Activities	2766	2951	3288	3394	3451

3-10 续表 19 continued

单位：亿美元 (100 million USD)

国家或地区	Country or Area	2000	2005	2010	2014	2015
波　兰	**Poland**					
按当年价格计算	at Current Prices					
增加值总额	Total Value Added	1507	2665	4217	4834	4232
农业、狩猎业、林业和渔业	Agriculture, Hunting, Forestry, Fishing	53	89	123	143	110
采掘、制造、电、煤气和水供应业	Mining, Manufacturing, Utilities	368	674	1041	1226	1113
制造业	Manufacturing	277	491	746	915	834
建筑业	Construction	125	183	358	379	332
批发、零售贸易、旅馆和饭店业	Wholesale, Retail Trade, Restaurants and Hotels	315	531	862	919	793
运输、仓储和通讯业	Transport, Storage and Communication	135	270	387	491	440
其他服务业	Other Activities	511	918	1446	1677	1445
按2005年价格计算	at Constant Prices of 2005					
增加值总额	Total Value Added	2357	2665	3338	3632	3747
农业、狩猎业、林业和渔业	Agriculture, Hunting, Forestry, Fishing	75	89	103	105	98
采掘、制造、电、煤气和水供应业	Mining, Manufacturing, Utilities	596	674	902	1052	1121
制造业	Manufacturing	380	491	768	926	995
建筑业	Construction	210	183	255	288	299
批发、零售贸易、旅馆和饭店业	Wholesale, Retail Trade, Restaurants and Hotels	469	531	685	697	722
运输、仓储和通讯业	Transport, Storage and Communication	208	270	302	387	394
其他服务业	Other Activities	795	918	1096	1115	1129
俄 罗 斯	**Russia**					
按当年价格计算	at Current Prices					
增加值总额	Total Value Added	2277	6547	13185	17565	11733
农业、狩猎业、林业和渔业	Agriculture, Hunting, Forestry, Fishing	145	325	510	741	550
采掘、制造、电、煤气和水供应业	Mining, Manufacturing, Utilities	753	2143	3723	4355	2863
制造业	Manufacturing	512	1198	1954	2206	1347
建筑业	Construction	150	350	852	1241	867
批发、零售贸易、旅馆和饭店业	Wholesale, Retail Trade, Restaurants and Hotels	546	1336	2774	3211	2102
运输、仓储和通讯业	Transport, Storage and Communication	208	671	1206	1418	943
其他服务业	Other Activities	477	1722	4120	6598	4409
按2005年价格计算	at Constant Prices of 2005					
增加值总额	Total Value Added	5021	6547	7873	8634	8334
农业、狩猎业、林业和渔业	Agriculture, Hunting, Forestry, Fishing	287	325	320	386	397
采掘、制造、电、煤气和水供应业	Mining, Manufacturing, Utilities	1608	2143	2186	2400	2304
制造业	Manufacturing	897	1198	1246	1466	1392
建筑业	Construction	227	350	441	484	475
批发、零售贸易、旅馆和饭店业	Wholesale, Retail Trade, Restaurants and Hotels	877	1336	1853	2030	1949
运输、仓储和通讯业	Transport, Storage and Communication	500	671	783	892	859
其他服务业	Other Activities	1462	1722	2245	2418	2327

3-10 续表 20 continued

单位：亿美元 (100 million USD)

国家或地区	Country or Area	2000	2005	2010	2014	2015
西 班 牙	**Spain**					
按当年价格计算	at Current Prices					
增加值总额	Total Value Added	5390	10399	13115	12528	10830
农业、狩猎业、林业和渔业	Agriculture, Hunting, Forestry, Fishing	223	314	334	313	277
采掘、制造、电、煤气和水供应业	Mining, Manufacturing, Utilities	1115	1956	2251	2202	1953
制造业	Manufacturing	964	1632	1741	1725	1541
建筑业	Construction	545	1202	1159	710	605
批发、零售贸易、旅馆和饭店业	Wholesale, Retail Trade, Restaurants and Hotels	1029	1911	2371	2324	1999
运输、仓储和通讯业	Transport, Storage and Communication	496	916	1152	1120	963
其他服务业	Other Activities	1994	4076	5842	5852	5025
按2005年价格计算	at Constant Prices of 2005					
增加值总额	Total Value Added	8867	10399	11081	10664	10971
农业、狩猎业、林业和渔业	Agriculture, Hunting, Forestry, Fishing	355	314	341	360	349
采掘、制造、电、煤气和水供应业	Mining, Manufacturing, Utilities	1742	1956	1894	1761	1859
制造业	Manufacturing	1488	1632	1490	1434	1535
建筑业	Construction	1042	1202	975	685	686
批发、零售贸易、旅馆和饭店业	Wholesale, Retail Trade, Restaurants and Hotels	1670	1911	1989	1952	2052
运输、仓储和通讯业	Transport, Storage and Communication	797	916	1006	1049	1091
其他服务业	Other Activities	3258	4076	4847	4835	4908
土 耳 其	**Turkey**					
按当年价格计算	at Current Prices					
增加值总额	Total Value Added	2436	4211	6385	7118	6356
农业、狩猎业、林业和渔业	Agriculture, Hunting, Forestry, Fishing	269	452	617	571	547
采掘、制造、电、煤气和水供应业	Mining, Manufacturing, Utilities	611	978	1418	1561	1377
制造业	Manufacturing	529	827	1136	1263	1119
建筑业	Construction	134	214	304	364	303
批发、零售贸易、旅馆和饭店业	Wholesale, Retail Trade, Restaurants and Hotels	400	700	968	1162	1038
运输、仓储和通讯业	Transport, Storage and Communication	326	664	973	1110	1003
其他服务业	Other Activities	697	1204	2105	2349	2087
按2005年价格计算	at Constant Prices of 2005					
增加值总额	Total Value Added	3374	4211	5055	6100	6378
农业、狩猎业、林业和渔业	Agriculture, Hunting, Forestry, Fishing	418	452	472	524	564
采掘、制造、电、煤气和水供应业	Mining, Manufacturing, Utilities	787	978	1183	1419	1470
制造业	Manufacturing	663	827	999	1202	1248
建筑业	Construction	169	214	244	300	306
批发、零售贸易、旅馆和饭店业	Wholesale, Retail Trade, Restaurants and Hotels	574	700	784	938	998
运输、仓储和通讯业	Transport, Storage and Communication	458	664	792	959	1019
其他服务业	Other Activities	964	1204	1591	1982	2047

3-10 续表 21 continued

单位：亿美元 (100 million USD)

国家或地区	Country or Area	2000	2005	2010	2014	2015
乌 克 兰	**Ukraine**					
按当年价格计算	at Current Prices					
增加值总额	Total Value Added	276	789	1250	1163	770
农业、狩猎业、林业和渔业	Agriculture, Hunting, Forestry, Fishing	45	79	105	136	108
采掘、制造、电、煤气和水供应业	Mining, Manufacturing, Utilities	91	235	316	274	182
制造业	Manufacturing	56	165	185	163	109
建筑业	Construction	11	35	46	31	20
批发、零售贸易、旅馆和饭店业	Wholesale, Retail Trade, Restaurants and Hotels	29	114	217	205	137
运输、仓储和通讯业	Transport, Storage and Communication	38	100	152	129	91
其他服务业	Other Activities	62	227	414	389	231
按2005年价格计算	at Constant Prices of 2005					
增加值总额	Total Value Added	524	789	822	820	738
农业、狩猎业、林业和渔业	Agriculture, Hunting, Forestry, Fishing	66	79	87	103	98
采掘、制造、电、煤气和水供应业	Mining, Manufacturing, Utilities	164	235	226	213	185
制造业	Manufacturing	101	165	153	145	125
建筑业	Construction	24	35	19	15	13
批发、零售贸易、旅馆和饭店业	Wholesale, Retail Trade, Restaurants and Hotels	59	114	143	137	115
运输、仓储和通讯业	Transport, Storage and Communication	65	100	120	120	119
其他服务业	Other Activities	150	227	243	254	233
英 国	**United Kingdom**					
按当年价格计算	at Current Prices					
增加值总额	Total Value Added	14651	22579	21858	26727	25455
农业、狩猎业、林业和渔业	Agriculture, Hunting, Forestry, Fishing	127	144	160	181	166
采掘、制造、电、煤气和水供应业	Mining, Manufacturing, Utilities	2843	3476	3149	3793	3381
制造业	Manufacturing	2151	2514	2183	2716	2488
建筑业	Construction	870	1498	1248	1592	1557
批发、零售贸易、旅馆和饭店业	Wholesale, Retail Trade, Restaurants and Hotels	2063	3147	3009	3694	3547
运输、仓储和通讯业	Transport, Storage and Communication	1601	2395	2256	2887	2835
其他服务业	Other Activities	7146	11919	12037	14580	13969
按2005年价格计算	at Constant Prices of 2005					
增加值总额	Total Value Added	19972	22579	22875	24472	25038
农业、狩猎业、林业和渔业	Agriculture, Hunting, Forestry, Fishing	134	144	130	153	155
采掘、制造、电、煤气和水供应业	Mining, Manufacturing, Utilities	3682	3476	3203	3113	3147
制造业	Manufacturing	2577	2514	2381	2443	2435
建筑业	Construction	1292	1498	1415	1475	1535
批发、零售贸易、旅馆和饭店业	Wholesale, Retail Trade, Restaurants and Hotels	2725	3147	3149	3522	3678
运输、仓储和通讯业	Transport, Storage and Communication	1970	2395	2461	2693	2796
其他服务业	Other Activities	10068	11919	12576	13628	13852

3-10 续表 22 continued

单位：亿美元 (100 million USD)

国家或地区	Country or Area	2000	2005	2010	2014	2015
澳大利亚	**Australia**					
按当年价格计算	at Current Prices					
增加值总额	Total Value Added	3735	7011	12069	13552	11502
农业、狩猎业、林业和渔业	Agriculture, Hunting, Forestry, Fishing	143	209	297	339	283
采掘、制造、电、煤气和水供应业	Mining, Manufacturing, Utilities	759	1444	2481	2262	2059
制造业	Manufacturing	451	756	959	925	798
建筑业	Construction	211	513	960	1197	986
批发、零售贸易、旅馆和饭店业	Wholesale, Retail Trade, Restaurants and Hotels	492	887	1422	1599	1347
运输、仓储和通讯业	Transport, Storage and Communication	338	608	979	1075	926
其他服务业	Other Activities	1791	3351	5929	7081	5901
按2005年价格计算	at Constant Prices of 2005					
增加值总额	Total Value Added	5939	7011	8050	8970	9182
农业、狩猎业、林业和渔业	Agriculture, Hunting, Forestry, Fishing	191	209	230	237	245
采掘、制造、电、煤气和水供应业	Mining, Manufacturing, Utilities	1365	1444	1617	1832	1857
制造业	Manufacturing	709	756	762	725	769
建筑业	Construction	323	513	625	728	756
批发、零售贸易、旅馆和饭店业	Wholesale, Retail Trade, Restaurants and Hotels	726	887	973	1079	1105
运输、仓储和通讯业	Transport, Storage and Communication	492	608	717	776	798
其他服务业	Other Activities	2852	3351	3883	4309	4411
新 西 兰	**New Zealand**					
按当年价格计算	at Current Prices					
增加值总额	Total Value Added	507	1064	1351	1821	1589
农业、狩猎业、林业和渔业	Agriculture, Hunting, Forestry, Fishing	42	52	97	119	103
采掘、制造、电、煤气和水供应业	Mining, Manufacturing, Utilities	105	213	235	315	275
制造业	Manufacturing	84	167	159	216	189
建筑业	Construction	23	61	76	103	90
批发、零售贸易、旅馆和饭店业	Wholesale, Retail Trade, Restaurants and Hotels	65	136	162	218	191
运输、仓储和通讯业	Transport, Storage and Communication	46	95	105	144	126
其他服务业	Other Activities	226	506	677	921	805
按2005年价格计算	at Constant Prices of 2005					
增加值总额	Total Value Added	881	1064	1111	1239	1269
农业、狩猎业、林业和渔业	Agriculture, Hunting, Forestry, Fishing	47	52	43	56	57
采掘、制造、电、煤气和水供应业	Mining, Manufacturing, Utilities	191	213	205	213	215
制造业	Manufacturing	143	167	144	151	153
建筑业	Construction	42	61	60	78	81
批发、零售贸易、旅馆和饭店业	Wholesale, Retail Trade, Restaurants and Hotels	113	136	140	160	164
运输、仓储和通讯业	Transport, Storage and Communication	77	95	107	115	118
其他服务业	Other Activities	410	506	561	618	633

3-11　支出法国内生产总值
Gross Domestic Product by Expenditure Approach

资料来源：世界银行WDI数据库。
Source: World Bank WDI Database.

单位：亿美元　　(100 million USD)

国家或地区	Country or Area	2000	2005	2010	2015	2016
中　国	**China**					
按当年价格计算	at current price					
居民消费支出	Household Final Consumption Expenditure	5676	9181	21573	42711	
政府消费支出	General Government Final Consumption Expenditure	2015	3199	7820	15461	
资本形成总额	Gross Capital Formation	4171	9462	29046	50235	
货物和服务出口	Exports of Goods and Services	2572	7889	16025	24313	22000
货物和服务进口	Imports of Goods and Services	2243	6487	13801	20458	19504
国内生产总值	Gross Domestic Product	12113	22860	61006	110647	111991
按2010年价格计算	at constant price of 2010					
居民消费支出	Household Final Consumption Expenditure	8353	13084	21573	32933	35648
政府消费支出	General Government Final Consumption Expenditure	2961	4555	7820	11788	12910
资本形成总额	Gross Capital Formation	7271	14226	29046	42217	44674
货物和服务出口	Exports of Goods and Services	3198	7645	16025		
货物和服务进口	Imports of Goods and Services	2789	6623	13801		
国内生产总值	Gross Domestic Product	22371	35699	61006	89083	95052
中国香港	**Hong Kong, China**					
按当年价格计算	at current price					
居民消费支出	Household Final Consumption Expenditure	1007	1044	1403	2055	2123
政府消费支出	General Government Final Consumption Expenditure	161	168	203	298	320
资本形成总额	Gross Capital Formation	474	382	546	666	698
货物和服务出口	Exports of Goods and Services	2164	3222	4694	6061	6013
货物和服务进口	Imports of Goods and Services	2088	3000	4560	5987	5945
国内生产总值	Gross Domestic Product	1717	1816	2286	3094	3209
按2010年价格计算	at constant price of 2010					
居民消费支出	Household Final Consumption Expenditure	1026	1124	1403	1794	1826
政府消费支出	General Government Final Consumption Expenditure	163	180	203	235	243
资本形成总额	Gross Capital Formation	415	417	546	575	603
货物和服务出口	Exports of Goods and Services	2249	3559	4694	5452	5501
货物和服务进口	Imports of Goods and Services	2294	3389	4560	5395	5458
国内生产总值	Gross Domestic Product	1534	1886	2286	2644	2698
中国澳门	**Macao, China**					
按当年价格计算	at current price					
居民消费支出	Household Final Consumption Expenditure	31	39	66	118	119
政府消费支出	General Government Final Consumption Expenditure	8	12	23	44	46
资本形成总额	Gross Capital Formation	7	31	37	114	99
货物和服务出口	Exports of Goods and Services	60	103	247	353	339
货物和服务进口	Imports of Goods and Services	40	63	92	175	155
国内生产总值	Gross Domestic Product	67	121	281	454	448
按2010年价格计算	at constant price of 2010					
居民消费支出	Household Final Consumption Expenditure	39	49	66	91	90
政府消费支出	General Government Final Consumption Expenditure	12	15	23	30	31
资本形成总额	Gross Capital Formation	12	43	37	81	70
货物和服务出口	Exports of Goods and Services	76	129	247	272	262
货物和服务进口	Imports of Goods and Services	45	73	92	160	143
国内生产总值	Gross Domestic Product	96	165	281	322	315

3-11 续表 1 continued

单位：亿美元 (100 million USD)

国家或地区	Country or Area	2000	2005	2010	2015	2016
孟加拉国	**Bangladesh**					
按当年价格计算	at current price					
居民消费支出	Household Final Consumption Expenditure	400	512	854	1413	1531
政府消费支出	General Government Final Consumption Expenditure	27	36	59	105	130
资本形成总额	Gross Capital Formation	127	179	303	564	657
货物和服务出口	Exports of Goods and Services	66	100	185	338	369
货物和服务进口	Imports of Goods and Services	91	139	251	483	472
国内生产总值	Gross Domestic Product	534	694	1153	1951	2214
按2010年价格计算	at constant price of 2010					
居民消费支出	Household Final Consumption Expenditure	539	668	854	1096	1129
政府消费支出	General Government Final Consumption Expenditure	30	45	59	80	87
资本形成总额	Gross Capital Formation	135	201	303	454	495
货物和服务出口	Exports of Goods and Services	40	121	185	276	282
货物和服务进口	Imports of Goods and Services	64	190	251	379	352
国内生产总值	Gross Domestic Product	670	859	1153	1566	1678
文　莱	**Brunei Darussalam**					
按当年价格计算	at current price					
居民消费支出	Household Final Consumption Expenditure	15	21	20	26	24
政府消费支出	General Government Final Consumption Expenditure	15	18	30	32	30
资本形成总额	Gross Capital Formation	8	11	32	46	39
货物和服务出口	Exports of Goods and Services	40	67	92	68	52
货物和服务进口	Imports of Goods and Services	21	26	38	42	43
国内生产总值	Gross Domestic Product	60	95	137	129	114
按2010年价格计算	at constant price of 2010					
居民消费支出	Household Final Consumption Expenditure	13	18	20	25	24
政府消费支出	General Government Final Consumption Expenditure	20	22	30	33	31
资本形成总额	Gross Capital Formation	18	23	32	47	42
货物和服务出口	Exports of Goods and Services	112	120	92	77	70
货物和服务进口	Imports of Goods and Services	26	30	38	43	44
国内生产总值	Gross Domestic Product	120	133	137	136	133
柬 埔 寨	**Cambodia**					
按当年价格计算	at current price					
居民消费支出	Household Final Consumption Expenditure	32	54	91	139	152
政府消费支出	General Government Final Consumption Expenditure	2	3	7	10	10
资本形成总额	Gross Capital Formation	6	12	20	41	45
货物和服务出口	Exports of Goods and Services	18	40	61	111	123
货物和服务进口	Imports of Goods and Services	23	46	67	119	131
国内生产总值	Gross Domestic Product	37	63	112	180	200
按2010年价格计算	at constant price of 2010					
居民消费支出	Household Final Consumption Expenditure	45	67	91	124	132
政府消费支出	General Government Final Consumption Expenditure	2	3	7	9	10
资本形成总额	Gross Capital Formation	7	12	20	34	37
货物和服务出口	Exports of Goods and Services	17	37	61	113	122
货物和服务进口	Imports of Goods and Services	20	40	67	123	133
国内生产总值	Gross Domestic Product	52	81	112	159	170

3-11 续表 2 continued

单位：亿美元 (100 million USD)

国家或地区	Country or Area	2000	2005	2010	2015	2016
印　度	**India**					
按当年价格计算	at current price					
居民消费支出	Household Final Consumption Expenditure	2940	4643	9140	12243	13308
政府消费支出	General Government Final Consumption Expenditure	565	856	1844	2179	2637
资本形成总额	Gross Capital Formation	1250	3124	6739	6949	6876
货物和服务出口	Exports of Goods and Services	607	1604	3742	4212	4341
货物和服务进口	Imports of Goods and Services	650	1833	4489	4700	4671
国内生产总值	Gross Domestic Product	4621	8089	16566	21118	22635
按2010年价格计算	at constant price of 2010					
居民消费支出	Household Final Consumption Expenditure	4663	6159	9140	12738	13845
政府消费支出	General Government Final Consumption Expenditure	1026	1220	1844	2258	2727
资本形成总额	Gross Capital Formation	2022	3969	6739	8047	8186
货物和服务出口	Exports of Goods and Services	1012	2247	3742	4799	5015
货物和服务进口	Imports of Goods and Services	1135	2415	4489	5025	5141
国内生产总值	Gross Domestic Product	8028	11112	16566	23014	24649
印度尼西亚	**Indonesia**					
按当年价格计算	at current price					
居民消费支出	Household Final Consumption Expenditure	1017	1840	4245	4936	5376
政府消费支出	General Government Final Consumption Expenditure	108	232	680	840	881
资本形成总额	Gross Capital Formation	367	717	2483	2943	3197
货物和服务出口	Exports of Goods and Services	676	974	1835	1822	1779
货物和服务进口	Imports of Goods and Services	503	855	1692	1785	1707
国内生产总值	Gross Domestic Product	1650	2859	7551	8613	9323
按2010年价格计算	at constant price of 2010					
居民消费支出	Household Final Consumption Expenditure	2780	3387	4245	5479	5755
政府消费支出	General Government Final Consumption Expenditure	314	466	680	853	852
资本形成总额	Gross Capital Formation	1389	1918	2483	3327	3500
货物和服务出口	Exports of Goods and Services	972	1355	1835	2205	2167
货物和服务进口	Imports of Goods and Services	861	1302	1692	2046	1999
国内生产总值	Gross Domestic Product	4534	5712	7551	9881	10377
以 色 列	**Israel**					
按当年价格计算	at current price					
居民消费支出	Household Final Consumption Expenditure	706	796	1327	1638	1758
政府消费支出	General Government Final Consumption Expenditure	318	340	527	669	705
资本形成总额	Gross Capital Formation	299	292	432	597	651
货物和服务出口	Exports of Goods and Services	472	582	820	920	950
货物和服务进口	Imports of Goods and Services	471	581	769	830	877
国内生产总值	Gross Domestic Product	1324	1428	2338	2994	3187
按2010年价格计算	at constant price of 2010					
居民消费支出	Household Final Consumption Expenditure	943	1087	1327	1596	1697
政府消费支出	General Government Final Consumption Expenditure	432	460	527	620	643
资本形成总额	Gross Capital Formation	379	355	432	567	555
货物和服务出口	Exports of Goods and Services	574	661	820	886	913
货物和服务进口	Imports of Goods and Services	616	661	769	897	982
国内生产总值	Gross Domestic Product	1700	1890	2338	2775	2887

3-11 续表 3 continued

单位：亿美元 (100 million USD)

国家或地区	Country or Area	2000	2005	2010	2015	2016
日　本	**Japan**					
按当年价格计算	at current price					
居民消费支出	Household Final Consumption Expenditure	26594	26451	32918	24791	
政府消费支出	General Government Final Consumption Expenditure	8236	8615	11110	8702	
资本形成总额	Gross Capital Formation	13346	11769	12140	10479	
货物和服务出口	Exports of Goods and Services	5193	6663	8571	7730	
货物和服务进口	Imports of Goods and Services	4494	5946	7739	7872	
国内生产总值	Gross Domestic Product	48875	47554	57001	43831	49394
按2010年价格计算	at constant price of 2010					
居民消费支出	Household Final Consumption Expenditure	30132	32072	32918	33819	
政府消费支出	General Government Final Consumption Expenditure	9578	10560	11110	11944	
资本形成总额	Gross Capital Formation	15117	14556	12140	14127	
货物和服务出口	Exports of Goods and Services	5459	7360	8571	9692	
货物和服务进口	Imports of Goods and Services	6348	7660	7739	9662	
国内生产总值	Gross Domestic Product	53489	56723	57001	59861	60459
哈萨克斯坦	**Kazakhstan**					
按当年价格计算	at current price					
居民消费支出	Household Final Consumption Expenditure	113	285	672	990	732
政府消费支出	General Government Final Consumption Expenditure	22	64	160	214	163
资本形成总额	Gross Capital Formation	33	177	376	515	380
货物和服务出口	Exports of Goods and Services	104	304	655	526	436
货物和服务进口	Imports of Goods and Services	90	255	443	452	390
国内生产总值	Gross Domestic Product	183	571	1480	1844	1337
按2010年价格计算	at constant price of 2010					
居民消费支出	Household Final Consumption Expenditure	286	450	672	945	
政府消费支出	General Government Final Consumption Expenditure	84	123	160	232	
资本形成总额	Gross Capital Formation	101	254	376	545	
货物和服务出口	Exports of Goods and Services	443	613	655	662	
货物和服务进口	Imports of Goods and Services	335	406	443	587	
国内生产总值	Gross Domestic Product	669	1095	1480	1863	1881
韩　国	**Korea, Rep.**					
按当年价格计算	at current price					
居民消费支出	Household Final Consumption Expenditure	3019	4689	5508	6818	6881
政府消费支出	General Government Final Consumption Expenditure	637	1193	1584	2075	2147
资本形成总额	Gross Capital Formation	1850	2889	3505	3999	4122
货物和服务出口	Exports of Goods and Services	1966	3306	5409	6269	5961
货物和服务进口	Imports of Goods and Services	1850	3087	5060	5306	5002
国内生产总值	Gross Domestic Product	5616	8981	10945	13828	14112
按2010年价格计算	at constant price of 2010					
居民消费支出	Household Final Consumption Expenditure	3945	4728	5508	6120	6271
政府消费支出	General Government Final Consumption Expenditure	952	1211	1584	1834	1913
资本形成总额	Gross Capital Formation	2506	3045	3505	3997	4209
货物和服务出口	Exports of Goods and Services	2168	3548	5409	6952	7102
货物和服务进口	Imports of Goods and Services	2409	3576	5060	6243	6522
国内生产总值	Gross Domestic Product	7100	8947	10945	12688	13047

3-11 续表 4 continued

单位：亿美元 (100 million USD)

国家或地区	Country or Area	2000	2005	2010	2015	2016
老　挝	**Laos**					
按当年价格计算	at current price					
居民消费支出	Household Final Consumption Expenditure	16	22	49	105	114
政府消费支出	General Government Final Consumption Expenditure	1	2	7	17	19
资本形成总额	Gross Capital Formation	2	6	18	41	42
货物和服务出口	Exports of Goods and Services	5	9	26	45	47
货物和服务进口	Imports of Goods and Services	8	13	27	63	62
国内生产总值	Gross Domestic Product	17	27	71	144	159
按2010年价格计算	at constant price of 2010					
居民消费支出	Household Final Consumption Expenditure			49		
政府消费支出	General Government Final Consumption Expenditure			7		
资本形成总额	Gross Capital Formation			18		
货物和服务出口	Exports of Goods and Services			26		
货物和服务进口	Imports of Goods and Services			27		
国内生产总值	Gross Domestic Product	36	48	71	104	111
马来西亚	**Malaysia**					
按当年价格计算	at current price					
居民消费支出	Household Final Consumption Expenditure	410	634	1226	1603	1629
政府消费支出	General Government Final Consumption Expenditure	95	165	321	389	373
资本形成总额	Gross Capital Formation	252	321	596	743	772
货物和服务出口	Exports of Goods and Services	1124	1620	2217	2101	1993
货物和服务进口	Imports of Goods and Services	944	1306	1811	1874	1803
国内生产总值	Gross Domestic Product	938	1435	2550	2963	2964
按2010年价格计算	at constant price of 2010					
居民消费支出	Household Final Consumption Expenditure	643	892	1226	1727	1833
政府消费支出	General Government Final Consumption Expenditure	153	246	321	445	449
资本形成总额	Gross Capital Formation	434	436	596	844	879
货物和服务出口	Exports of Goods and Services	1534	1991	2217	2405	2408
货物和服务进口	Imports of Goods and Services	1153	1530	1811	2122	2130
国内生产总值	Gross Domestic Product	1625	2049	2550	3300	3439
蒙　古	**Mongolia**					
按当年价格计算	at current price					
居民消费支出	Household Final Consumption Expenditure	9	14	40	69	59
政府消费支出	General Government Final Consumption Expenditure	2	3	9	16	16
资本形成总额	Gross Capital Formation	3	9	30	32	33
货物和服务出口	Exports of Goods and Services	6	15	34	54	57
货物和服务进口	Imports of Goods and Services	8	16	41	52	52
国内生产总值	Gross Domestic Product	11	25	72	117	112
按2010年价格计算	at constant price of 2010					
居民消费支出	Household Final Consumption Expenditure		23	40	68	62
政府消费支出	General Government Final Consumption Expenditure		7	9	16	17
资本形成总额	Gross Capital Formation		20	30	30	34
货物和服务出口	Exports of Goods and Services		21	34	75	86
货物和服务进口	Imports of Goods and Services		21	41	72	81
国内生产总值	Gross Domestic Product	38	53	72	117	118

3-11 续表 5 continued

单位：亿美元 (100 million USD)

国家或地区	Country or Area	2000	2005	2010	2015	2016
巴基斯坦	**Pakistan**					
按当年价格计算	at current price					
居民消费支出	Household Final Consumption Expenditure	557	843	1414	2168	2271
政府消费支出	General Government Final Consumption Expenditure	64	86	183	297	336
资本形成总额	Gross Capital Formation	127	209	280	420	431
货物和服务出口	Exports of Goods and Services	99	172	240	287	247
货物和服务进口	Imports of Goods and Services	109	214	343	461	449
国内生产总值	Gross Domestic Product	740	1095	1774	2710	2837
按2010年价格计算	at constant price of 2010					
居民消费支出	Household Final Consumption Expenditure	1001	1262	1414	1728	1849
政府消费支出	General Government Final Consumption Expenditure	94	112	183	237	273
资本形成总额	Gross Capital Formation	209	247	280	320	338
货物和服务出口	Exports of Goods and Services	118	201	240	219	208
货物和服务进口	Imports of Goods and Services	216	325	343	334	375
国内生产总值	Gross Domestic Product	1176	1500	1774	2159	2283
菲律宾	**Philippines**					
按当年价格计算	at current price					
居民消费支出	Household Final Consumption Expenditure	585	773	1428	2159	2243
政府消费支出	General Government Final Consumption Expenditure	93	93	194	320	339
资本形成总额	Gross Capital Formation	149	222	410	621	740
货物和服务出口	Exports of Goods and Services	416	476	695	831	853
货物和服务进口	Imports of Goods and Services	432	533	731	1004	1126
国内生产总值	Gross Domestic Product	810	1031	1996	2928	3049
按2010年价格计算	at constant price of 2010					
居民消费支出	Household Final Consumption Expenditure	936	1195	1428	1906	2039
政府消费支出	General Government Final Consumption Expenditure	139	142	194	267	289
资本形成总额	Gross Capital Formation	228	327	410	637	788
货物和服务出口	Exports of Goods and Services	443	533	695	889	984
货物和服务进口	Imports of Goods and Services	484	607	731	1010	1196
国内生产总值	Gross Domestic Product	1253	1569	1996	2661	2845
新加坡	**Singapore**					
按当年价格计算	at current price					
居民消费支出	Household Final Consumption Expenditure	398	499	840	1093	1084
政府消费支出	General Government Final Consumption Expenditure	103	130	241	316	335
资本形成总额	Gross Capital Formation	334	273	668	795	753
货物和服务出口	Exports of Goods and Services	1813	2883	4722	5282	5112
货物和服务进口	Imports of Goods and Services	1695	2503	4107	4512	4344
国内生产总值	Gross Domestic Product	958	1274	2364	2968	2970
按2010年价格计算	at constant price of 2010					
居民消费支出	Household Final Consumption Expenditure	578	707	840	1004	1010
政府消费支出	General Government Final Consumption Expenditure	151	178	241	280	297
资本形成总额	Gross Capital Formation	464	363	668	766	741
货物和服务出口	Exports of Goods and Services	2169	3441	4722	5759	5852
货物和服务进口	Imports of Goods and Services	2020	2996	4107	4959	4974
国内生产总值	Gross Domestic Product	1345	1707	2364	2892	2949

3-11 续表 6 continued

单位：亿美元 (100 million USD)

国家或地区	Country or Area	2000	2005	2010	2015	2016
斯里兰卡	**Sri Lanka**					
按当年价格计算	at current price					
居民消费支出	Household Final Consumption Expenditure	117	168	388	565	550
政府消费支出	General Government Final Consumption Expenditure	17	32	48	72	70
资本形成总额	Gross Capital Formation	46	65	172	229	256
货物和服务出口	Exports of Goods and Services	64	79	111	169	174
货物和服务进口	Imports of Goods and Services	81	101	152	230	236
国内生产总值	Gross Domestic Product	163	244	567	806	813
按2010年价格计算	at constant price of 2010					
居民消费支出	Household Final Consumption Expenditure	239	296	388	530	533
政府消费支出	General Government Final Consumption Expenditure	28	32	48	58	60
资本形成总额	Gross Capital Formation	90	111	172	259	306
货物和服务出口	Exports of Goods and Services	87	104	111	142	141
货物和服务进口	Imports of Goods and Services	103	129	152	225	243
国内生产总值	Gross Domestic Product	343	416	567	764	797
泰　国	**Thailand**					
按当年价格计算	at current price					
居民消费支出	Household Final Consumption Expenditure	684	1057	1780	2051	2062
政府消费支出	General Government Final Consumption Expenditure	172	258	539	691	695
资本形成总额	Gross Capital Formation	282	576	865	888	895
货物和服务出口	Exports of Goods and Services	820	1295	2268	2758	2804
货物和服务进口	Imports of Goods and Services	714	1315	2073	2296	2205
国内生产总值	Gross Domestic Product	1264	1893	3411	3992	4068
按2010年价格计算	at constant price of 2010					
居民消费支出	Household Final Consumption Expenditure	1178	1592	1780	2012	2074
政府消费支出	General Government Final Consumption Expenditure	307	385	539	646	656
资本形成总额	Gross Capital Formation	494	849	865	935	852
货物和服务出口	Exports of Goods and Services	1235	1763	2268	2698	2753
货物和服务进口	Imports of Goods and Services	1064	1781	2073	2370	2338
国内生产总值	Gross Domestic Product	2177	2838	3411	3937	4064
越　南	**Viet Nam**					
按当年价格计算	at current price					
居民消费支出	Household Final Consumption Expenditure	207	377	772	1313	1389
政府消费支出	General Government Final Consumption Expenditure	20	31	69	122	132
资本形成总额	Gross Capital Formation	92	195	414	535	539
货物和服务出口	Exports of Goods and Services	168	367	835	1735	1897
货物和服务进口	Imports of Goods and Services	179	386	930	1720	1845
国内生产总值	Gross Domestic Product	336	576	1159	1932	2026
按2010年价格计算	at constant price of 2010					
居民消费支出	Household Final Consumption Expenditure	394	549	772	1028	1103
政府消费支出	General Government Final Consumption Expenditure	32	45	69	98	105
资本形成总额	Gross Capital Formation	139	238	414	494	542
货物和服务出口	Exports of Goods and Services	248	570	835	1578	1797
货物和服务进口	Imports of Goods and Services	245	564	930	1651	1904
国内生产总值	Gross Domestic Product	611	854	1159	1545	1641

3-11 续表 7 continued

单位：亿美元 (100 million USD)

国家或地区	Country or Area	2000	2005	2010	2015	2016
埃　及	**Egypt**					
按当年价格计算	at current price					
居民消费支出	Household Final Consumption Expenditure	757	642	1632	2742	2784
政府消费支出	General Government Final Consumption Expenditure	112	114	244	391	384
资本形成总额	Gross Capital Formation	195	161	427	475	506
货物和服务出口	Exports of Goods and Services	162	272	467	439	348
货物和服务进口	Imports of Goods and Services	228	292	582	721	659
国内生产总值	Gross Domestic Product	998	897	2189	3327	3363
按2010年价格计算	at constant price of 2010					
居民消费支出	Household Final Consumption Expenditure	1061	1235	1632	2040	2133
政府消费支出	General Government Final Consumption Expenditure	181	210	244	310	322
资本形成总额	Gross Capital Formation	240	267	427	445	495
货物和服务出口	Exports of Goods and Services	156	293	467	424	362
货物和服务进口	Imports of Goods and Services	246	371	582	705	692
国内生产总值	Gross Domestic Product	1364	1622	2189	2500	2607
南　非	**South Africa**					
按当年价格计算	at current price					
居民消费支出	Household Final Consumption Expenditure	861	1597	2215	1889	1753
政府消费支出	General Government Final Consumption Expenditure	251	502	759	649	604
资本形成总额	Gross Capital Formation	223	472	732	657	572
货物和服务出口	Exports of Goods and Services	370	682	1074	964	894
货物和服务进口	Imports of Goods and Services	331	688	1027	998	890
国内生产总值	Gross Domestic Product	1364	2578	3753	3174	2948
按2010年价格计算	at constant price of 2010					
居民消费支出	Household Final Consumption Expenditure	1507	1866	2215	2522	2543
政府消费支出	General Government Final Consumption Expenditure	484	610	759	846	863
资本形成总额	Gross Capital Formation	395	596	732	890	824
货物和服务出口	Exports of Goods and Services	884	1021	1074	1245	1244
货物和服务进口	Imports of Goods and Services	579	847	1027	1319	1271
国内生产总值	Gross Domestic Product	2670	3222	3753	4184	4196
加拿大	**Canada**					
按当年价格计算	at current price					
居民消费支出	Household Final Consumption Expenditure	4041	6343	9186	8942	8904
政府消费支出	General Government Final Consumption Expenditure	1423	2238	3473	3266	3247
资本形成总额	Gross Capital Formation	1535	2655	3798	3700	3499
货物和服务出口	Exports of Goods and Services	3284	4303	4691	4904	4742
货物和服务进口	Imports of Goods and Services	2867	3849	5000	5275	5104
国内生产总值	Gross Domestic Product	7423	11694	16135	15528	15298
按2010年价格计算	at constant price of 2010					
居民消费支出	Household Final Consumption Expenditure	6756	7920	9186	10281	10506
政府消费支出	General Government Final Consumption Expenditure	2705	3030	3473	3598	3671
资本形成总额	Gross Capital Formation	2706	3544	3798	4126	3945
货物和服务出口	Exports of Goods and Services	4989	5192	4691	5663	5723
货物和服务进口	Imports of Goods and Services	3804	4469	5000	5697	5638
国内生产总值	Gross Domestic Product	13427	15245	16135	17964	18227

3-11 续表 8 continued

单位：亿美元 (100 million USD)

国家或地区	Country or Area	2000	2005	2010	2015	2016
墨 西 哥	**Mexico**					
按当年价格计算	at current price					
居民消费支出	Household Final Consumption Expenditure	4841	5860	7043	7855	7150
政府消费支出	General Government Final Consumption Expenditure	769	926	1225	1434	1276
资本形成总额	Gross Capital Formation	1539	1929	2318	2638	2437
货物和服务出口	Exports of Goods and Services	1796	2302	3140	4044	3991
货物和服务进口	Imports of Goods and Services	1836	2427	3266	4270	4183
国内生产总值	Gross Domestic Product	6836	8663	10511	11510	10460
按2010年价格计算	at constant price of 2010					
居民消费支出	Household Final Consumption Expenditure	5581	6432	7043	8236	8466
政府消费支出	General Government Final Consumption Expenditure	1075	1080	1225	1372	1387
资本形成总额	Gross Capital Formation	1889	2092	2318	2700	2702
货物和服务出口	Exports of Goods and Services	2337	2682	3140	4343	4396
货物和服务进口	Imports of Goods and Services	2185	2700	3266	4396	4445
国内生产总值	Gross Domestic Product	8809	9555	10511	12102	12381
美 国	**United States**					
按当年价格计算	at current price					
居民消费支出	Household Final Consumption Expenditure	67924	87941	102022	122837	
政府消费支出	General Government Final Consumption Expenditure	14442	19800	25222	26049	
资本形成总额	Gross Capital Formation	24240	30407	27526	36700	
货物和服务出口	Exports of Goods and Services	10968	13089	18523	22643	
货物和服务进口	Imports of Goods and Services	14726	20301	23650	27863	
国内生产总值	Gross Domestic Product	102848	130937	149644	180366	185691
按2010年价格计算	at constant price of 2010					
居民消费支出	Household Final Consumption Expenditure	83057	96893	102022	114001	
政府消费支出	General Government Final Consumption Expenditure	20617	23103	25222	23977	
资本形成总额	Gross Capital Formation	28688	32487	27526	34023	
货物和服务出口	Exports of Goods and Services	13121	14408	18523	22110	
货物和服务进口	Imports of Goods and Services	18369	22897	23650	28148	
国内生产总值	Gross Domestic Product	127131	144081	149644	165974	168656
阿 根 廷	**Argentina**					
按当年价格计算	at current price					
居民消费支出	Household Final Consumption Expenditure	1970	1253	2721	3827	3609
政府消费支出	General Government Final Consumption Expenditure	392	241	642	1082	1005
资本形成总额	Gross Capital Formation	460	375	750	988	882
货物和服务出口	Exports of Goods and Services	312	462	802	644	694
货物和服务进口	Imports of Goods and Services	331	344	679	693	732
国内生产总值	Gross Domestic Product	2842	1987	4236	5847	5459
按2010年价格计算	at constant price of 2010					
居民消费支出	Household Final Consumption Expenditure	1936	1988	2721	3088	3045
政府消费支出	General Government Final Consumption Expenditure	461	491	642	801	803
资本形成总额	Gross Capital Formation	469	536	750	787	759
货物和服务出口	Exports of Goods and Services	493	675	802	715	741
货物和服务进口	Imports of Goods and Services	426	408	679	768	809
国内生产总值	Gross Domestic Product	3032	3336	4236	4555	4450

3-11 续表 9 continued

单位：亿美元 (100 million USD)

国家或地区	Country or Area	2000	2005	2010	2015	2016
巴　西	**Brazil**					
按当年价格计算	at current price					
居民消费支出	Household Final Consumption Expenditure	4234	5395	13302	11515	11498
政府消费支出	General Government Final Consumption Expenditure	1230	1684	4201	3557	3625
资本形成总额	Gross Capital Formation	1239	1534	4816	3176	2774
货物和服务出口	Exports of Goods and Services	668	1359	2372	2325	2243
货物和服务进口	Imports of Goods and Services	816	1056	2602	2537	2178
国内生产总值	Gross Domestic Product	6554	8916	22089	18037	17962
按2010年价格计算	at constant price of 2010					
居民消费支出	Household Final Consumption Expenditure	9311	10054	13302	14667	14044
政府消费支出	General Government Final Consumption Expenditure	3113	3570	4201	4446	4421
资本形成总额	Gross Capital Formation	2937	3114	4816	4524	4064
货物和服务出口	Exports of Goods and Services	1292	2093	2372	2681	2732
货物和服务进口	Imports of Goods and Services	1210	1279	2602	2592	2326
国内生产总值	Gross Domestic Product	15387	17748	22089	23319	22481
委内瑞拉	**Venezuela**					
按当年价格计算	at current price					
居民消费支出	Household Final Consumption Expenditure	606	680	2198		
政府消费支出	General Government Final Consumption Expenditure	146	161	441		
资本形成总额	Gross Capital Formation	283	335	864		
货物和服务出口	Exports of Goods and Services	348	577	1122		
货物和服务进口	Imports of Goods and Services	212	298	692	508	
国内生产总值	Gross Domestic Product	1171	1455	3932		
按2010年价格计算	at constant price of 2010					
居民消费支出	Household Final Consumption Expenditure	1277	1608	2198		
政府消费支出	General Government Final Consumption Expenditure	233	325	441		
资本形成总额	Gross Capital Formation	490	591	864		
货物和服务出口	Exports of Goods and Services	1716	1680	1122		
货物和服务进口	Imports of Goods and Services	339	488	692		
国内生产总值	Gross Domestic Product	2890	3278	3932	3980	
捷　克	**Czech Rep.**					
按当年价格计算	at current price					
居民消费支出	Household Final Consumption Expenditure	313	654	1020	870	906
政府消费支出	General Government Final Consumption Expenditure	120	277	424	362	375
资本形成总额	Gross Capital Formation	194	397	563	507	506
货物和服务出口	Exports of Goods and Services	297	847	1370	1536	1550
货物和服务进口	Imports of Goods and Services	308	815	1306	1422	1408
国内生产总值	Gross Domestic Product	615	1360	2070	1852	1929
按2010年价格计算	at constant price of 2010					
居民消费支出	Household Final Consumption Expenditure	771	914	1020	1065	1096
政府消费支出	General Government Final Consumption Expenditure	343	402	424	429	434
资本形成总额	Gross Capital Formation	422	516	563	624	618
货物和服务出口	Exports of Goods and Services	543	1000	1370	1828	1906
货物和服务进口	Imports of Goods and Services	546	984	1306	1705	1760
国内生产总值	Gross Domestic Product	1514	1836	2070	2238	2293

3-11 续表 10 continued

单位：亿美元 (100 million USD)

国家或地区	Country or Area	2000	2005	2010	2015	2016
法　国	**France**					
按当年价格计算	at current price					
居民消费支出	Household Final Consumption Expenditure	7450	12157	14860	13326	13561
政府消费支出	General Government Final Consumption Expenditure	3022	5040	6307	5787	5862
资本形成总额	Gross Capital Formation	3063	4931	5800	5409	5616
货物和服务出口	Exports of Goods and Services	3855	5811	6893	7264	7256
货物和服务进口	Imports of Goods and Services	3707	5902	7391	7597	7680
国内生产总值	Gross Domestic Product	13684	22037	26468	24336	24655
按2010年价格计算	at constant price of 2010					
居民消费支出	Household Final Consumption Expenditure	12456	13838	14860	15310	15605
政府消费支出	General Government Final Consumption Expenditure	5366	5826	6307	6739	6842
资本形成总额	Gross Capital Formation	5425	5895	5800	6287	6450
货物和服务出口	Exports of Goods and Services	5791	6536	6893	8445	8544
货物和服务进口	Imports of Goods and Services	5575	6626	7391	9020	9357
国内生产总值	Gross Domestic Product	23465	25472	26468	27775	28105
德　国	**Germany**					
按当年价格计算	at current price					
居民消费支出	Household Final Consumption Expenditure	11143	16522	19155	18144	18574
政府消费支出	General Government Final Consumption Expenditure	3639	5260	6534	6474	6815
资本形成总额	Gross Capital Formation	4665	5384	6706	6473	6622
货物和服务出口	Exports of Goods and Services	6012	10799	14437	15735	15944
货物和服务进口	Imports of Goods and Services	5959	9351	12661	13190	13303
国内生产总值	Gross Domestic Product	19500	28614	34171	33636	34668
按2010年价格计算	at constant price of 2010					
居民消费支出	Household Final Consumption Expenditure	18274	18663	19155	20398	20802
政府消费支出	General Government Final Consumption Expenditure	5798	5912	6534	7014	7297
资本形成总额	Gross Capital Formation	7179	6127	6706	6984	7073
货物和服务出口	Exports of Goods and Services	8804	11752	14437	17920	18389
货物和服务进口	Imports of Goods and Services	8667	10281	12661	15325	15894
国内生产总值	Gross Domestic Product	31239	32138	34171	36966	37656
意大利	**Italy**					
按当年价格计算	at current price					
居民消费支出	Household Final Consumption Expenditure	6914	11011	12965	11102	11218
政府消费支出	General Government Final Consumption Expenditure	2042	3627	4339	3456	3495
资本形成总额	Gross Capital Formation	2365	3910	4364	3160	3146
货物和服务出口	Exports of Goods and Services	2930	4567	5353	5478	5547
货物和服务进口	Imports of Goods and Services	2833	4588	5771	4947	4907
国内生产总值	Gross Domestic Product	11418	18527	21251	18249	18500
按2010年价格计算	at constant price of 2010					
居民消费支出	Household Final Consumption Expenditure	12350	12820	12965	12368	12536
政府消费支出	General Government Final Consumption Expenditure	3922	4259	4339	4128	4155
资本形成总额	Gross Capital Formation	4288	4687	4364	3607	3605
货物和服务出口	Exports of Goods and Services	4853	5247	5353	6219	6370
货物和服务进口	Imports of Goods and Services	4784	5386	5771	5744	5910
国内生产总值	Gross Domestic Product	20602	21587	21251	20595	20776

3-11 续表 11 continued

单位：亿美元 (100 million USD)

国家或地区	Country or Area	2000	2005	2010	2015	2016
荷　兰	**Netherlands**					
按当年价格计算	at current price					
居民消费支出	Household Final Consumption Expenditure	2064	3264	3742	3348	3424
政府消费支出	General Government Final Consumption Expenditure	844	1514	2215	1901	1930
资本形成总额	Gross Capital Formation	951	1419	1708	1446	1515
货物和服务出口	Exports of Goods and Services	2745	4520	6018	6187	6229
货物和服务进口	Imports of Goods and Services	2475	3931	5319	5379	5390
国内生产总值	Gross Domestic Product	4128	6785	8364	7503	7708
按2010年价格计算	at constant price of 2010					
居民消费支出	Household Final Consumption Expenditure	3568	3729	3742	3742	3807
政府消费支出	General Government Final Consumption Expenditure	1583	1799	2215	2189	2206
资本形成总额	Gross Capital Formation	1677	1655	1708	1746	1829
货物和服务出口	Exports of Goods and Services	4356	5191	6018	7301	7569
货物和服务进口	Imports of Goods and Services	3857	4534	5319	6291	6535
国内生产总值	Gross Domestic Product	7347	7851	8364	8683	8869
波　兰	**Poland**					
按当年价格计算	at current price					
居民消费支出	Household Final Consumption Expenditure	1094	1924	2951	2789	2753
政府消费支出	General Government Final Consumption Expenditure	311	560	916	859	839
资本形成总额	Gross Capital Formation	423	609	1022	977	920
货物和服务出口	Exports of Goods and Services	468	1060	1920	2364	2455
货物和服务进口	Imports of Goods and Services	577	1092	2016	2216	2272
国内生产总值	Gross Domestic Product	1719	3061	4793	4773	4695
按2010年价格计算	at constant price of 2010					
居民消费支出	Household Final Consumption Expenditure	2053	2346	2951	3245	3368
政府消费支出	General Government Final Consumption Expenditure	644	758	916	980	1007
资本形成总额	Gross Capital Formation	704	714	1022	1235	1213
货物和服务出口	Exports of Goods and Services	933	1326	1920	2639	2877
货物和服务进口	Imports of Goods and Services	1096	1343	2016	2536	2763
国内生产总值	Gross Domestic Product	3262	3798	4793	5562	5711
俄 罗 斯	**Russia**					
按当年价格计算	at current price					
居民消费支出	Household Final Consumption Expenditure	1200	3816	7851	7147	6602
政府消费支出	General Government Final Consumption Expenditure	392	1289	2855	2387	2319
资本形成总额	Gross Capital Formation	485	1534	3449	3056	3002
货物和服务出口	Exports of Goods and Services	1144	2690	4455	3916	3299
货物和服务进口	Imports of Goods and Services	624	1643	3224	2814	2637
国内生产总值	Gross Domestic Product	2597	7640	15249	13659	12832
按2010年价格计算	at constant price of 2010					
居民消费支出	Household Final Consumption Expenditure	3480	5550	7851	8639	8250
政府消费支出	General Government Final Consumption Expenditure	2488	2685	2855	2855	2841
资本形成总额	Gross Capital Formation	1796	2867	3449	3331	3382
货物和服务出口	Exports of Goods and Services	2471	3808	4455	4937	5092
货物和服务进口	Imports of Goods and Services	913	2095	3224	3032	2918
国内生产总值	Gross Domestic Product	9516	12813	15249	16316	16280

3-11 续表 12 continued

单位：亿美元 (100 million USD)

国家或地区	Country or Area	2000	2005	2010	2015	2016
西 班 牙	**Spain**					
按当年价格计算	at current price					
居民消费支出	Household Final Consumption Expenditure	3554	6674	8195	6932	7122
政府消费支出	General Government Final Consumption Expenditure	996	2003	2936	2312	2326
资本形成总额	Gross Capital Formation	1583	3474	3371	2393	2514
货物和服务出口	Exports of Goods and Services	1704	2855	3653	3958	4074
货物和服务进口	Imports of Goods and Services	1883	3433	3840	3666	3716
国内生产总值	Gross Domestic Product	5954	11573	14316	11930	12321
按2010年价格计算	at constant price of 2010					
居民消费支出	Household Final Consumption Expenditure	6730	7965	8195	7817	8069
政府消费支出	General Government Final Consumption Expenditure	1851	2353	2936	2776	2798
资本形成总额	Gross Capital Formation	2973	3895	3371	3030	3144
货物和服务出口	Exports of Goods and Services	2889	3331	3653	4521	4719
货物和服务进口	Imports of Goods and Services	2966	3967	3840	3992	4122
国内生产总值	Gross Domestic Product	11495	13581	14316	14149	14606
土 耳 其	**Turkey**					
按当年价格计算	at current price					
居民消费支出	Household Final Consumption Expenditure	1838	3212	4867	5191	5107
政府消费支出	General Government Final Consumption Expenditure	327	617	1156	1193	1265
资本形成总额	Gross Capital Formation	650	1356	2082	2436	2460
货物和服务出口	Exports of Goods and Services	531	1054	1578	2005	1892
货物和服务进口	Imports of Goods and Services	616	1224	1964	2231	2146
国内生产总值	Gross Domestic Product	2730	5014	7719	8594	8577
按2010年价格计算	at constant price of 2010					
居民消费支出	Household Final Consumption Expenditure	3413	4170	4867	6605	6758
政府消费支出	General Government Final Consumption Expenditure	732	861	1156	1447	1552
资本形成总额	Gross Capital Formation	1217	1870	2082	2973	3179
货物和服务出口	Exports of Goods and Services	937	1360	1578	2343	2295
货物和服务进口	Imports of Goods and Services	1092	1679	1964	2500	2596
国内生产总值	Gross Domestic Product	5209	6581	7719	10876	11188
乌 克 兰	**Ukraine**					
按当年价格计算	at current price					
居民消费支出	Household Final Consumption Expenditure	170	477	857	603	602
政府消费支出	General Government Final Consumption Expenditure	65	161	274	172	181
资本形成总额	Gross Capital Formation	61	195	284	145	201
货物和服务出口	Exports of Goods and Services	195	443	640	479	460
货物和服务进口	Imports of Goods and Services	179	436	695	496	518
国内生产总值	Gross Domestic Product	313	861	1360	910	933
按2010年价格计算	at constant price of 2010					
居民消费支出	Household Final Consumption Expenditure	343	613	857	847	862
政府消费支出	General Government Final Consumption Expenditure	222	256	274	273	273
资本形成总额	Gross Capital Formation	272	379	284	197	277
货物和服务出口	Exports of Goods and Services	587	762	640	424	418
货物和服务进口	Imports of Goods and Services	529	683	695	514	557
国内生产总值	Gross Domestic Product	894	1294	1360	1212	1240

3-11 续表 13 continued

单位：亿美元 (100 million USD)

国家或地区	Country or Area	2000	2005	2010	2015	2016
英　国	**United Kingdom**					
按当年价格计算	at current price					
居民消费支出	Household Final Consumption Expenditure	10876	16429	15845	18558	17092
政府消费支出	General Government Final Consumption Expenditure	2713	4888	5229	5543	4967
资本形成总额	Gross Capital Formation	3075	4428	3882	4915	4447
货物和服务出口	Exports of Goods and Services	4083	6206	6865	7905	7356
货物和服务进口	Imports of Goods and Services	4393	6870	7524	8361	7854
国内生产总值	Gross Domestic Product	16354	25081	24297	28611	26189
按2010年价格计算	at constant price of 2010					
居民消费支出	Household Final Consumption Expenditure	13219	15676	15845	17040	17547
政府消费支出	General Government Final Consumption Expenditure	4074	4891	5229	5536	5583
资本形成总额	Gross Capital Formation	3765	4054	3882	5012	4882
货物和服务出口	Exports of Goods and Services	5211	6354	6865	7949	8064
货物和服务进口	Imports of Goods and Services	5562	7176	7524	8729	8943
国内生产总值	Gross Domestic Product	20760	23854	24297	26823	27307
澳大利亚	**Australia**					
按当年价格计算	at current price					
居民消费支出	Household Final Consumption Expenditure	2410	4011	6333	7610	6943
政府消费支出	General Government Final Consumption Expenditure	738	1213	2058	2441	2272
资本形成总额	Gross Capital Formation	1092	1903	3149	3597	3076
货物和服务出口	Exports of Goods and Services	807	1253	2221	2648	2273
货物和服务进口	Imports of Goods and Services	891	1441	2332	2843	2540
国内生产总值	Gross Domestic Product	4154	6938	11429	13454	12046
按2010年价格计算	at constant price of 2010					
居民消费支出	Household Final Consumption Expenditure	4470	5454	6333	7214	7422
政府消费支出	General Government Final Consumption Expenditure	1525	1769	2058	2307	2394
资本形成总额	Gross Capital Formation	1867	2478	3149	3560	3411
货物和服务出口	Exports of Goods and Services	1672	1882	2221	2804	2991
货物和服务进口	Imports of Goods and Services	1156	1670	2332	2838	2829
国内生产总值	Gross Domestic Product	8470	9933	11429	13070	13432
新 西 兰	**New Zealand**					
按当年价格计算	at current price					
居民消费支出	Household Final Consumption Expenditure	305	667	851	1006	
政府消费支出	General Government Final Consumption Expenditure	90	205	287	327	
资本形成总额	Gross Capital Formation	116	292	294	400	
货物和服务出口	Exports of Goods and Services	188	324	444	489	
货物和服务进口	Imports of Goods and Services	172	341	410	477	
国内生产总值	Gross Domestic Product	526	1147	1466	1756	1850
按2010年价格计算	at constant price of 2010					
居民消费支出	Household Final Consumption Expenditure	612	772	851	986	
政府消费支出	General Government Final Consumption Expenditure	201	249	287	314	
资本形成总额	Gross Capital Formation	219	328	294	384	
货物和服务出口	Exports of Goods and Services	338	396	444	514	
货物和服务进口	Imports of Goods and Services	256	385	410	525	
国内生产总值	Gross Domestic Product	1139	1385	1466	1663	1729

3-12 收入法国内生产总值
Gross Domestic Product by Income Approach

资料来源：经合组织OLIS数据库。
Source: OECD OLIS Database.

单位：亿美元 (100 million USD)

国家或地区	Country or Area	2000	2005	2010	2014	2015	2016
以色列	**Israel**						
劳动者报酬	Compensation of Employees	633	650	1055	1361	1317	1405
营业盈余和混合收入	Gross Operating Surplus and Gross Mixed Income	505	565	948	1285	1258	1348
税减产品补贴	Taxes Less Subsidies on Production and Imports	185	209	334	438	416	425
收入法国内生产总值	Gross Domestic Product	1323	1425	2336	3084	2991	3177
日　本	**Japan**						
劳动者报酬	Compensation of Employees	24994	23319	28708	24393	21632	
营业盈余和混合收入	Gross Operating Surplus and Gross Mixed Income	20826	21359	24671	20459	18636	
税减产品补贴	Taxes Less Subsidies on Production and Imports	3163	3147	3706	3562	3419	
统计误差	Statistical Discrepancy	-108	-270	-83	73	144	
收入法国内生产总值	Gross Domestic Product	48875	47554	57001	48487	43831	
韩　国	**Korea, Rep.**						
劳动者报酬	Compensation of Employees	2304	3920	4639	6281	6176	
营业盈余和混合收入	Gross Operating Surplus and Gross Mixed Income	2687	4111	5148	6427	6248	6296
税减产品补贴	Taxes Less Subsidies on Production and Imports	625	950	1158	1405	1404	1472
收入法国内生产总值	Gross Domestic Product	5616	8981	10945	14113	13828	14112
南　非	**South Africa**						
劳动者报酬	Compensation of Employees	644	1114	1686	1597		
营业盈余和混合收入	Gross Operating Surplus and Gross Mixed Income	573	1152	1673	1482		
税减产品补贴	Taxes Less Subsidies on Production and Imports	147	312	394	420		
收入法国内生产总值	Gross Domestic Product	1364	2578	3753	3498		
加拿大	**Canada**						
劳动者报酬	Compensation of Employees	3717	5723	8132	9023	8019	7926
营业盈余和混合收入	Gross Operating Surplus and Gross Mixed Income	2840	4676	6253	7005	5806	5660
税减产品补贴	Taxes Less Subsidies on Production and Imports	873	1299	1737	1893	1695	1708
统计误差	Statistical Discrepancy	-7	-4	13	8	9	3
收入法国内生产总值	Gross Domestic Product	7423	11694	16135	17929	15528	15298
墨西哥	**Mexico**						
劳动者报酬	Compensation of Employees	1926	2468	2896	3519	3122	
营业盈余和混合收入	Gross Operating Surplus and Gross Mixed Income	4203	5767	7107	8668	7607	
税减产品补贴	Taxes Less Subsidies on Production and Imports	367	412	496	765	751	
收入法国内生产总值	Gross Domestic Product	6485	8648	10499	12952	11481	
美　国	**United States**						
劳动者报酬	Compensation of Employees	58631	70979	79695	92670	97200	99922
营业盈余和混合收入	Gross Operating Surplus and Gross Mixed Income	38584	51577	59444	72270	74581	75532
税减产品补贴	Taxes Less Subsidies on Production and Imports	6627	8736	10012	11636	11985	12262
统计误差	Statistical Discrepancy	-995	-355	492	-2299	-2559	-1472
收入法国内生产总值	Gross Domestic Product	102848	130937	149644	174276	181207	186245
捷　克	**Czech Rep.**						
劳动者报酬	Compensation of Employees	237	542	833	836	740	789
营业盈余和混合收入	Gross Operating Surplus and Gross Mixed Income	328	699	1058	1059	952	978
税减产品补贴	Taxes Less Subsidies on Production and Imports	51	122	184	184	176	186
收入法国内生产总值	Gross Domestic Product	616	1363	2075	2078	1868	1953

3-12 续表 1 continued

单位：亿美元 (100 million USD)

国家或地区	Country or Area	2000	2005	2010	2014	2015	2016
法　国	**France**						
劳动者报酬	Compensation of Employees	6924	11232	13777	14948	12642	12828
营业盈余和混合收入	Gross Operating Surplus and Gross Mixed Income	4925	7848	9383	9782	8533	8599
税减产品补贴	Taxes Less Subsidies on Production and Imports	1835	2956	3308	3762	3161	3228
收入法国内生产总值	Gross Domestic Product	13684	22036	26468	28493	24336	24655
德　国	**Germany**						
劳动者报酬	Compensation of Employees	10324	14250	16979	19672	17082	17679
营业盈余和混合收入	Gross Operating Surplus and Gross Mixed Income	7415	11761	13928	15416	13334	13689
税减产品补贴	Taxes Less Subsidies on Production and Imports	1761	2603	3264	3818	3340	3410
收入法国内生产总值	Gross Domestic Product	19500	28613	34171	38906	33756	34778
意 大 利	**Italy**						
劳动者报酬	Compensation of Employees	4220	7080	8507	8481	7240	7408
营业盈余和混合收入	Gross Operating Surplus and Gross Mixed Income	5737	9126	10124	10190	8653	8865
税减产品补贴	Taxes Less Subsidies on Production and Imports	1461	2321	2619	2846	2431	2316
收入法国内生产总值	Gross Domestic Product	11418	18526	21251	21517	18323	18589
荷　兰	**Netherlands**						
劳动者报酬	Compensation of Employees	2080	3293	4112	4351	3661	3759
营业盈余和混合收入	Gross Operating Surplus and Gross Mixed Income	1635	2770	3430	3534	3140	3176
税减产品补贴	Taxes Less Subsidies on Production and Imports	413	722	822	911	779	837
收入法国内生产总值	Gross Domestic Product	4128	6785	8364	8796	7580	7772
波　兰	**Poland**						
劳动者报酬	Compensation of Employees	709	1129	1816	2049	1773	1792
营业盈余和混合收入	Gross Operating Surplus and Gross Mixed Income	801	1546	2384	2782	2448	2370
税减产品补贴	Taxes Less Subsidies on Production and Imports	209	386	592	621	553	551
收入法国内生产总值	Gross Domestic Product	1719	3061	4793	5452	4774	4714
俄 罗 斯	**Russia**						
劳动者报酬	Compensation of Employees	992	3184	7197	9742	6251	6081
营业盈余和混合收入	Gross Operating Surplus and Gross Mixed Income	1600	4037	7195	8028	5886	5346
税减产品补贴	Taxes Less Subsidies on Production and Imports	359	1213	2185	2867	1522	1404
收入法国内生产总值	Gross Domestic Product	2795	8229	16425	20637	13659	12832
西 班 牙	**Spain**						
劳动者报酬	Compensation of Employees	2886	5522	7171	6523	5742	5894
营业盈余和混合收入	Gross Operating Surplus and Gross Mixed Income	2495	4811	5905	5862	4981	5210
税减产品补贴	Taxes Less Subsidies on Production and Imports	573	1239	1240	1384	1254	1268
收入法国内生产总值	Gross Domestic Product	5954	11572	14316	13769	11978	12373
英　国	**United Kingdom**						
劳动者报酬	Compensation of Employees	8140	12550	12654	14847	14211	13067
营业盈余和混合收入	Gross Operating Surplus and Gross Mixed Income	6385	9883	8955	11701	11132	10145
税减产品补贴	Taxes Less Subsidies on Production and Imports	1954	2774	2802	3681	3512	3234
收入法国内生产总值	Gross Domestic Product	16479	25207	24412	30228	28856	26479
澳大利亚	**Australia**						
劳动者报酬	Compensation of Employees	2009	3643	6118	7060	6064	
营业盈余和混合收入	Gross Operating Surplus and Gross Mixed Income	1617	3161	5570	6061	5131	
税减产品补贴	Taxes Less Subsidies on Production and Imports	468	822	1249	1455	1280	
收入法国内生产总值	Gross Domestic Product	4093	7625	12938	14576	12432	
新 西 兰	**New Zealand**						
劳动者报酬	Compensation of Employees	219	491	640	864		
营业盈余和混合收入	Gross Operating Surplus and Gross Mixed Income	261	517	647	880		
税减产品补贴	Taxes Less Subsidies on Production and Imports	65	139	179	263		
收入法国内生产总值	Gross Domestic Product	544	1147	1466	2007		

3-13 三次产业对国内生产总值的贡献率
Share of the Contributions of the Three Strata of Industry to the Increase of GDP

资料来源：世界银行WDI数据库。
Source: World Bank WDI Database.
单位：% (%)

国家或地区	Country or Area	第一产业 Primary Industry		第二产业 Secondary Industry		第三产业 Tertiary Industry	
		2000	2016	2000	2016	2000	2016
中　国	China	4.3	3.9	50.3	42.7	45.5	53.4
中国香港	Hong Kong, China		-0.1		4.8		95.2
孟加拉国	Bangladesh	26.2	6.2	24.0	47.1	49.8	46.7
文　莱	Brunei Darussalam	2.3	1.3	66.5	75.6	31.2	23.1
柬埔寨	Cambodia	-1.7	4.3	64.2	54.2	37.4	41.5
印　度	India	-0.1	11.4	47.0	26.6	53.1	62.1
印度尼西亚	Indonesia	6.6	9.6	57.2	36.0	36.3	54.4
伊　朗	Iran	5.5	8.4①	50.5	59.3①	44.0	32.3①
日　本	Japan	3.1	-10.9②	57.6	21.6②	39.3	89.3②
哈萨克斯坦	Kazakhstan	-3.1	28.9	56.7	23.0	46.5	48.1
韩　国	Korea, Rep.	0.6	-2.4	49.9	48.0	49.5	54.4
老　挝	Laos	38.5	7.3	26.1	61.9	35.5	30.8
马来西亚	Malaysia	20.3	-10.7	50.1	37.1	29.5	73.5
蒙　古	Mongolia	224.0	68.7	-29.2	-49.2	-94.8	80.5
巴基斯坦	Pakistan	38.5	-0.9	6.0	29.8	55.5	71.1
菲律宾	Philippines	10.8	-1.8	50.1	40.5	39.1	61.3
新加坡	Singapore	-0.1		36.1	43.8	63.9	56.2
斯里兰卡	Sri Lanka	9.0	-8.6	31.4	46.3	59.6	62.3
泰　国	Thailand	8.3	1.3	27.7	23.4	64.0	75.4
越　南	Viet Nam	17.4	4.0	50.6	47.2	32.0	48.8
埃　及	Egypt	11.0	15.2	42.5	2.9	46.5	81.9
尼日利亚	Nigeria	11.9	-63.0	68.6	134.2	19.5	28.8
南　非	South Africa	3.7	-53.1	34.9	-96.6	61.4	249.7
加拿大	Canada	-0.7	3.4	47.8	-24.8	52.9	121.4
墨西哥	Mexico	1.1	5.8	34.7	-0.4	64.2	94.6
美　国	United States	1.6	1.3②	21.0	17.1②	77.4	81.6②
阿根廷	Argentina	4.1	20.5	43.9	75.3	52.0	4.2
巴　西	Brazil	4.1	13.6	37.6	28.5	58.3	57.9
委内瑞拉	Venezuela	9.6	-4.9③	50.2	-9.8③	40.2	114.7③
捷　克	Czech Rep.	2.5	7.9	9.3	36.6	88.2	55.5
法　国	France		-17.6	21.9	6.1	78.1	111.5
德　国	Germany	-0.5	0.1	49.8	29.5	50.7	70.4
意大利	Italy	-1.3	-2.1	27.3	36.1	74.0	65.9
荷　兰	Netherlands	0.6	-0.7	23.4	26.8	75.9	73.8
波　兰	Poland	0.2	1.9	31.5	-5.5	68.3	103.6
俄罗斯	Russia	5.0	-54.7	37.2	17.6	57.8	137.1
西班牙	Spain	-0.3	2.9	30.7	17.8	69.5	79.3
土耳其	Turkey	13.5	-11.4	31.4	57.0	55.1	54.3
乌克兰	Ukraine	22.7	29.7	49.0	32.0	28.3	38.3
英　国	United Kingdom	1.7	-1.5	21.0	6.8	77.3	94.7
澳大利亚	Australia	4.1	-4.7	26.9	20.9	69.0	83.9
新西兰	New Zealand	30.0	12.2②	18.7	15.3②	51.4	72.6②

注：①2014年数据。②2015年数据。③2013年数据。
Note:①Data refer to 2014.②Data refer to 2015.③Data refer to 2013.

3-14 资本形成总额、消费支出及净出口对国内生产总值增长的贡献率
Share of the Contributions of Gross Capital Formation,Final Consumption Expenditure and External Balance on Goods and Services to the Increase of GDP

资料来源：世界银行数据库。
Source: World Bank Database.
单位：% (%)

国家或地区	Country or Area	资本形成总额 Gross Capital Formation		消费支出 Final Consumption Expenditure		净出口 External Balance on Goods and Services	
		2000	2016	2000	2016	2000	2016
中　国	China	21.7	54.6①	75.6	46.4①	2.7	-1.0①
中国香港①	Hong Kong, China①		38.6		86.3		-25.0
中国澳门	Macao, China	-809.8	8.0①	-316.1	28.8①	1226.0	63.2①
孟加拉国①	Bangladesh①		28.6		66.1		5.3
文　莱	Brunei Darussalam	6300.7	175.0②	12.3	27.0②	-6213.0	-102.0②
印度尼西亚	Indonesia	67.9	18.7①	20.5	68.2①	11.6	13.1①
伊　朗	Iran	23.9		79.7		-3.6	
日　本①	Japan①		-438.7		-1025.8		1564.5
哈萨克斯坦	Kazakhstan	41.4	45.9②	46.4	80.6②	12.1	-26.5②
韩　国①	Korea, Rep.①		-1.2		47.5		53.7
马来西亚	Malaysia	66.5	26.3①	49.2	92.0①	-15.6	-18.3①
菲律宾①	Philippines①		79.1		68.9		-48.0
新加坡	Singapore	72.5	26.1①	77.0	41.2①	-49.4	32.7①
泰　国	Thailand	32.1	31.4①	79.3	31.3①	-11.4	37.3①
越　南①	Viet Nam①		29.9		68.6		1.5
埃　及②	Egypt②		15.8		115.1		-30.9
尼日利亚①	Nigeria①		-88.7		-867.5		1056.1
南　非	South Africa	10.6	9.4①	58.7	69.3①	30.7	21.3①
加拿大	Canada	31.3	21.7①	53.4	65.9①	15.3	12.3①
墨西哥	Mexico	42.7	-39.5①	96.8	134.4①	-39.5	5.0①
委内瑞拉	Venezuela	49.8		84.1		-33.9	
捷　克	Czech Rep.	77.1	230.9①	18.8	-127.6①	4.2	-3.4①
法　国	France	48.4	7.2①	61.3	79.5①	-9.7	13.3①
德　国①	Germany①		57.7		153.2		-110.9
意大利	Italy	33.6	56.4①	55.8	87.9①	10.6	-44.2①
荷　兰	Netherlands	5.3	258.7①	62.2	157.6①	32.5	-316.3①
波　兰①	Poland①		-228.6		116.7		211.9
俄罗斯	Russia	73.3	-6.9①	31.0	1.8①	-4.3	105.1①
西班牙①	Spain①		50.3		115.5		-65.8
澳大利亚	Australia	25.3	76.2②	61.6	55.9②	13.1	-32.1②
新西兰	New Zealand	-44.4	85.5①	54.2	116.1①	90.2	-101.6①

注：①2013年数据。②2012年数据。
Note:①Data refer to 2013.②Data refer to 2012.

3-15 主要国家对世界国内生产总值增长的贡献率
Share of the Contributions of Main Countries to the Increase of GDP of the World

资料来源：世界银行WDI数据库。
Source: World Bank WDI Database.

单位：亿美元 (100 million USD)

国家或地区	Country or Area	1990	2000	2005	2010	2015	2016
中　　国	China	2.83	8.32	16.99	21.46	28.62	32.43
中国澳门	Macao, China	0.05	0.02	0.06	0.21	-0.44	-0.04
孟加拉国	Bangladesh	0.20	0.16	0.24	0.22	0.48	0.61
文　　莱	Brunei Darussalam	0.01	0.02	0.00	0.01	0.00	-0.02
柬 埔 寨	Cambodia		0.02	0.04	0.02	0.05	0.06
印　　度	India	2.22	1.41	4.39	5.64	8.49	8.89
印度尼西亚	Indonesia	1.90	1.01	1.43	1.62	2.29	2.69
伊　　朗	Iran	2.23	0.74	0.69	1.06	-0.35	-24.83
以 色 列	Israel	0.55	0.66	0.37	0.45	0.34	0.61
日　　本	Japan	22.40	6.87	4.32	8.39	3.59	3.25
哈萨克斯坦	Kazakhstan		0.28	0.45	0.37	0.11	0.10
韩　　国	Korea, Rep.	2.94	2.76	1.57	2.44	1.71	1.95
老　　挝	Laos	0.01	0.01	0.01	0.02	0.03	0.04
马来西亚	Malaysia	0.61	0.63	0.48	0.61	0.78	0.76
蒙　　古	Mongolia	-0.01	0.00	0.02	0.02	0.01	0.01
缅　　甸	Myanmar	0.02	0.09	0.16	0.16	0.24	0.25
巴基斯坦	Pakistan	0.31	0.23	0.50	0.10	0.48	0.67
菲 律 宾	Philippines	0.25	0.25	0.33	0.52	0.76	1.00
中国香港	Hong Kong, China	0.35	0.52	0.60	0.53	0.31	0.29
新 加 坡	Singapore	0.56	0.52	0.55	1.14	0.27	0.31
斯里兰卡	Sri Lanka	0.11	0.09	0.11	0.15	0.18	0.18
泰　　国	Thailand	1.29	0.44	0.53	0.87	0.56	0.69
越　　南	Viet Nam	0.13	0.18	0.28	0.26	0.48	0.52
埃　　及	Egypt	0.44	0.33	0.32	0.39	0.52	0.58
尼日利亚	Nigeria	1.34	0.38	0.40	0.98	0.60	-0.39
南　　非	South Africa	-0.06	0.51	0.75	0.41	0.27	0.06
加 拿 大	Canada	0.14	3.14	2.20	1.77	0.83	1.43
墨 西 哥	Mexico	2.71	2.11	1.31	1.87	1.54	1.51
美　　国	United States	15.47	23.75	21.69	13.52	20.90	14.57
阿 根 廷	Argentina	-0.43	-0.11	1.26	1.43	0.58	-0.57
巴　　西	Brazil	-3.46	2.89	2.56	5.66	-4.55	-4.56
委内瑞拉	Venezuela	1.29	0.49	1.43	-0.22	-1.20	-21.63
捷　　克	Czech Rep.		0.30	0.52	0.17	0.48	0.30
法　　国	France	4.89	4.16	1.87	1.87	1.46	1.79
德　　国	Germany	11.62	4.27	1.05	4.90	3.11	3.75
意 大 利	Italy	3.09	3.50	0.94	1.29	0.80	0.98
荷　　兰	Netherlands	1.93	1.42	0.77	0.42	0.83	1.01
波　　兰	Poland		0.68	0.60	0.61	1.02	0.81
俄 罗 斯	Russia	-3.96	4.11	3.57	2.40	-2.36	-0.20
西 班 牙	Spain	2.88	2.74	2.27	0.01	2.19	2.49
土 耳 其	Turkey	2.81	1.54	2.53	2.21	3.09	1.70
乌 克 兰	Ukraine	-1.26	0.24	0.16	0.20	-0.65	0.15
英　　国	United Kingdom	1.06	3.56	3.20	1.67	2.87	2.63
澳大利亚	Australia	1.89	1.50	1.43	0.82	1.54	1.96
新 西 兰	New Zealand	0.01	0.15	0.21	0.08	0.20	0.36

注：按2010年不变价美元计算。
Note:Calculated at constant 2010 USD.

主要统计指标解释

国内生产总值 指生产活动总成果，等于所有常住单位创造的增加值的总和(包括产出价值中未包括的产品税，不包括各项产品补贴，不包括未计入产值的产品)。等于按购买者价格计算的货物和服务最终使用价值（不包括中间消费)减去进口的货物和服务价值，或等于常住生产单位初次收入分配的总和。计算国内生产总值不扣除折旧折的资产或自然资源的枯竭和退化。

按当年价格计算的国内生产总值 是按报告期价格计算的国内生产总值，即名义国内生产总值。

不变价格国内生产总值 指国内生产总值的物量水平。不变价格国内生产总值估计值等于按基期价格衡量的价值。理论上，价格和数量是价值量的两个组成部分，价格量中的基期价格可用当期价格替代。

按市场价格计算的国内生产总值 是按市场价格计算的所有居民生产者的增加值总和加上税减产品补贴。

支出法国内生产总值 指按购买者价格计算的总支出，包括最终消费支出，总固定资本形成，库存变动，耐用品及以离岸价计算的货物和服务出口，减去货物和服务的进口。

收入法国内生产总值 指雇员报酬加上生产税减补贴，加上混合收入和营业盈余。

生产法国内生产总值 是按基本价格计算的常住居民生产者增加值合计加上各种税减产品补贴。各行业增加值分类依据国际标准产业分类。

人均国内生产总值 指国内生产总值除以年中人口。数据用现价美元表示。

国民总收入 指国内生产总值减去生产税和进口税净额，减去支付给国外的雇员报酬和财产收入，加来自国外的雇员报酬和财产收入（即国内生产总值减去支付给非常住单位的初次收入，加上收到的非常住单位的初次收入）。按市场价格计算国民总收入的另一种方法是各部门所有初次收入的总和（国民总收入即国民生产总值，后者是以往国民核算中使用的概念）。为便于比较，用本币计算的国民总收入通常用官方汇率转换成以美元为单位，尽管官方汇率作为转换比率时被认为大大偏离国际交易实际采用比率。为平抑价格和汇率的波动，世界银行采用了特别的图表集法转换。图表集法用给定年份和其前两年的平均汇率作为转换因子，该转换因子根据该国及几个主要国家的通货膨胀率差异加以调整。到 2000 年为止，这些国家指法国、德国、日本、英国和美国等 5 个国家，2001 年开始，这些国家为欧元区、日本、英国和美国。

人均国民总收入 是用世界银行图表集法转换成美元计量的国民总收入除以年中人口，即原人均国民生产总值。

按购买力平价计算的人均国民总收入 指根据购买力平价计算的人均国民总收入。购买力平价国民总收入是用购买力平价比率转换成国际元计量的国民总收入。国民总收入中一国际元的购买力等于美国一美元购买力。

增加值总额 等于总产出减去中间消耗。用于衡量单个生产者、行业或部门生产活动对国内生产总值的贡献；增加值总额是国民核算账户（SNA）中初次收入形成的来源，因此被（从生产账户）结转到初次收入分配账户中进行反映。

按基本价格计算的增加值总额 等于按基本价格计算的总产出减去按购买者价格计算的中间消耗。基本价格等于生产者出售一个单位的货物和服务得到的收入，减去由此应付的税金，加上应收的补贴。基本价格作为生产或销售的价格单位，不包括生产者开具发票时单列的运输费用。

按要素成本计算的增加值总额 等于按市场价格计算的增加值总额减间接税与产品补贴。

按生产者价格计算的增加值总额 等于按生产者价格计算的总产出减去按购买者价格计算的中间消耗。

三次产业 根据《国际标准产业分类》(ISIC) 第三版划分。

第一产业，即农业，指《国际标准产业分类》第三版中第 1 类至第 5 类，包括林业、狩猎业、渔业、种植业和畜牧业。

第二产业，指《国际标准产业分类》第三版中第 10 类至第 45 类，包括制造业（第 15–37 类）。第二产业包括采掘业，制造业，电力、煤气和水的供应业以及建筑业。

第三产业，即服务业，指《国际标准产业分类》第三版中第 50 类至第 99 类。包括批发零售贸易业（包括旅馆和饭店业）、交通运输业以及政府、金融、专业服务和个人服务，例如教育、卫生、房地产服务；还包括估算的银行服务费、进口税和加工或调整数据时的统计误差。

资本形成总额 是固定资产形成总额、存货变动和贵重物品获得减处置的价值合计。

资本形成率 即投资率，指资本形成总额占国内生产总值的比重。

居民消费率 居民最终消费支出占国内生产总值的比重。居民最终消费支出是居民购买的所有商品和服务的市场价值。包括耐用商品（如汽车、洗衣机和家用计算机）；不包括购买住房支出，但包括自有住房的估算租金；还包括支付给政府的获得许可权的费用。居民消费支出包括服务于居民的非盈利机构的支出。

消费支出 是居民消费支出、政府消费支出之和。它包括资源利用与供给之间的统计误差。

政府消费支出 包括政府购买商品和服务的经常性支出（包括雇员报酬），主要包括国家防卫和安全支出，但是不包括政府军队支出中属于政府资本形成部分。

营业盈余 指核算企业为借入或租赁金融资产或有形非生产性资产而支付利息、租金或类似支出以及企业拥有的金融资产或有形非生产性资产获得的利息、租金或类似收入前，企业生产方面的盈亏（居民拥有的非公司性企业营业盈余称为混合收入）。

Explanatory Notes on Main Statistical Indicators

Gross Domestic Product An aggregate measure of production equal to the sum of the gross values added of all resident institutional units engaged in production (plus any taxes, and minus any subsidies, on products not included in the value of their outputs). The sum of the final uses of goods and services (all uses except intermediate consumption) measured in purchasers' prices, less the value of imports of goods and services, or the sum of primary incomes distributed by resident producer units. It is calculated without making deductions for depreciation of fabricated assets or for depletion and degradation of natural resources.

Gross Domestic Product at Current Price is GDP at prices of the current reporting period. Also known as nominal GDP

Gross Domestic Product at Constant Price refers to the volume level of GDP. Constant price estimates of GDP are obtained by expressing values in terms of a base period. In theory, the price and quantity components of a value are identified and the price in the base period is substituted for that in the current period. Two main methods are adopted in practice.

Expenditure-based GDP is total final expenditure at purchasers' prices (including final consumption expenditure, gross fixed capital formation, changes in inventories, valuables and f.o.b. value of exports of goods and services), less the f.o.b. value of imports of goods and services.

Income-based GDP is compensation of employees, plus taxes less subsidies on production and imports, plus gross mixed income, plus gross operating surplus.

Output-based GDP is the sum of the gross values added of all resident producers at basic prices, plus all taxes less subsidies on products. Describes the generation of gross value added by industrial classification of economic activities according to the International Standard Industrial Classification.

GDP at Market Prices is the sum of the gross values added of all resident producers at market prices, plus taxes less subsidies on imports.

GDP per capita is gross domestic product divided by midyear population. Data are in current U.S. dollars.

Gross National Income is GDP less net taxes on production and imports, less compensation of employees and property income payable to the rest of the world plus the corresponding items receivable from the rest of the world (in other words, GDP less primary incomes payable to non- resident units plus primary incomes receivable from non-resident units). An alternative approach to measuring GNI at market prices is as the aggregate value of the balances of gross primary incomes for all sectors (note that gross national income is identical to gross national product (GNP) as previously used in national accounts generally). GNI, calculated in national currency, is usually converted to U.S. dollars at official exchange rates for comparisons across economies, although an alternative rate is used when the official exchange rate is judged to diverge by an exceptionally large margin from the rate actually applied in international transactions. To smooth fluctuations in prices and exchange rates, a special Atlas method of conversion is used by the World Bank. This applies a conversion factor that averages the exchange rate for a given year and the two preceding years, adjusted for differences in rates of inflation between the country, and through 2000, the G-5 countries (France, Germany, Japan, the United Kingdom, and the United States). From 2001, these countries include the Euro area, Japan, the United Kingdom, and the United States.

GNI per Capita in PPP GNI per capita based on purchasing power parity (PPP). PPP GNI is gross national income (GNI) converted to international dollars using purchasing power parity rates. An international dollar has the same purchasing power over GNI as a U.S. dollar has in the United States.

Gross Value Added is the value of output less the value of intermediate consumption; it is a measure of the contribution to GDP made by an individual producer, industry or sector; gross value added is the source from which the primary incomes of the SNA are generated and is therefore carried forward into the primary distribution of income account.

Gross Value Added at Basic Prices Output valued at basic prices less intermediate consumption valued at purchasers prices. The basic price is the amount receivable by the producer from the purchaser for a unit of a good or service produced as output minus any tax payable, and plus any subsidy receivable, on that unit as a consequence of its production or sale; it excludes any transport charges invoiced separately by the producer.

Gross Value Added at Factor Cost is GVA at market prices less any indirect taxes plus any subsidies.

Gross Value Added at Producer Prices is output valued at producer prices less intermediate consumption valued at purchasers of prices.

Three Strata of Industry The origin is determined by the International Standard Industrial Classification (ISIC), revision 3.

Primary Industry named as agriculture, corresponds to ISIC divisions 1-5 and includes forestry, hunting, and fishing, as well as cultivation of crops and livestock production.

Secondary Industry corresponds to ISIC divisions 10-45 and includes manufacturing (ISIC divisions 15-37). It comprises value added in mining, manufacturing (also reported as a separate subgroup), electricity, gas and water supply, construction.

Tertiary Industry named as services, corresponds to ISIC divisions 50-99. They include value added in wholesale and retail trade (including hotels and restaurants), transport, and government, financial, professional, and personal services such as education, health care, and real estate services. Also included are imputed bank service charges, import duties, and any statistical discrepancies noted by national compilers as well as discrepancies arising from rescaling.

Gross Capital Formation is the total value of the gross fixed capital formation, changes in inventories and acquisitions less disposals of valuables.

Capital Formation Rate namely investment rate, refers to gross capital formation as percentage of gross domestic product.

Household Final Consumption Rate refers to household final consumption expenditure as percentage of gross domestic of product.

Household Final Consumption Expenditure is the market value of all goods and services, including durable products (such as cars, washing machines, and home computers), purchased by households. It excludes purchases of dwellings but includes imputed rent for owner-occupied dwellings. It also includes payments and fees to governments to obtain permits and licenses. Here, household consumption expenditure includes the expenditures of nonprofit institutions serving households, even when reported separately by the country.

Consumption Expenditure is the sum of household final consumption expenditure and general government final consumption expenditure. This estimate includes any statistical discrepancy in the use of resources relative to the supply of resources.

General Government Final Consumption Expenditure includes all government current expenditures for purchases of goods and services (including compensation of employees). It also includes most expenditure on national defense and security, but excludes government military expenditures that are part of government capital formation.

Operating Surplus measures the surplus or deficit accruing from production before taking account of any interest, rent or similar charges payable on financial or tangible non-produced assets borrowed or rented by the enterprise, or any interest, rent or similar receipts receivable on financial or tangible non-produced assets owned by the enterprise (for unincorporated enterprises owned by households, this component is called mixed income).

人　口

Population

4-1　年中人口
Mid-year Population

资料来源：世界银行WDI数据库。
Source: World Bank WDI Database.

国家或地区	Country or Area	年中人口(万人) Mid-year Population(10 000 persons)				增长率(%) Growth Rate(%)
		2000	2005	2010	2016	2016
世　界	**World**	**611807.5**	**651702.1**	**693065.7**	**744213.6**	**1.2**
高收入国家	**High Income**	**107049.6**	**110724.0**	**114951.2**	**119002.9**	**0.6**
中等收入国家	**Middle Income**	**462244.9**	**492134.0**	**522113.8**	**559283.3**	**1.1**
中低收入国家	**Low and Middle Income**	**504314.3**	**540532.9**	**577671.7**	**624792.3**	**1.3**
低收入国家	**Low Income**	**42513.0**	**48844.1**	**56000.7**	**65927.3**	**2.7**
中　国	China	126264.5	130372.0	133770.5	137866.5	0.5
中国香港	Hong Kong, China	666.5	681.3	702.4	734.7	0.6
中国澳门	Macao, China	42.8	48.3	53.7	61.2	1.9
阿富汗	Afghanistan	2009.4	2507.1	2880.3	3465.6	2.7
阿尔巴尼亚	Albania	308.9	301.1	291.3	287.6	-0.2
阿尔及利亚	Algeria	3118.4	3328.8	3611.8	4060.6	1.8
美属萨摩亚	American Samoa	5.8	5.9	5.6	5.6	0.1
安道尔	Andorra	6.5	7.9	8.4	7.7	-0.9
安哥拉	Angola	1644.1	1955.3	2336.9	2881.3	3.4
安提瓜和巴布达	Antigua and Barbuda	8.4	8.9	9.5	10.1	1.0
阿根廷	Argentina	3705.7	3914.5	4122.4	4384.7	1.0
亚美尼亚	Armenia	307.0	298.1	287.7	292.5	0.3
阿鲁巴岛	Aruba	9.1	10.0	10.2	10.5	0.5
澳大利亚	Australia	1915.3	2039.5	2203.2	2412.7	1.4
奥地利	Austria	801.2	822.8	836.3	874.7	1.3
阿塞拜疆	Azerbaijan	804.9	839.2	905.4	976.2	1.2
巴哈马	Bahamas	29.8	32.9	36.1	39.1	1.1
巴　林	Bahrain	66.5	88.9	124.1	142.5	3.8
孟加拉国	Bangladesh	13158.1	14343.1	15214.9	16295.2	1.1
巴巴多斯	Barbados	27.0	27.4	28.0	28.5	0.3
白俄罗斯	Belarus	998.0	966.4	949.1	950.7	0.2
比利时	Belgium	1025.1	1047.9	1089.6	1134.8	0.7
伯利兹	Belize	24.7	28.3	32.2	36.7	2.1
贝　宁	Benin	686.6	798.2	919.9	1087.2	2.8
百慕大	Bermuda	6.2	6.4	6.5	6.5	0.1
不　丹	Bhutan	57.3	65.7	72.8	79.8	1.3
玻利维亚	Bolivia	834.0	912.5	991.8	1088.8	1.5
波　黑	Bosnia and Herzegovinian	376.7	378.2	372.2	351.7	-0.5
博茨瓦纳	Botswana	172.8	185.6	201.5	225.0	1.8
巴　西	Brazil	17528.8	18691.7	19679.6	20765.3	0.8
文　莱	Brunei Darussalam	33.3	36.5	38.9	42.3	1.3
保加利亚	Bulgaria	817.0	765.9	739.6	712.8	-0.7
布基纳法索	Burkina Faso	1160.8	1342.2	1560.5	1864.6	2.9
布隆迪	Burundi	640.1	742.3	876.7	1052.4	3.1
柬埔寨	Cambodia	1215.2	1327.0	1430.9	1576.2	1.6
喀麦隆	Cameroon	1527.4	1742.1	1997.0	2343.9	2.6
加拿大	Canada	3077.0	3231.2	3400.5	3628.6	1.2
佛得角	Cape Verde	44.2	47.9	48.8		
开曼群岛	Cayman Islands	4.2	4.9	5.6	6.1	1.3
中　非	Central African Rep.	375.5	412.8	444.9	459.5	1.1
乍　得	Chad	834.3	1006.7	1188.7	1445.3	3.1
海峡群岛	Channel Islands	14.9	15.4	16.0	16.5	0.5
智　利	Chile	1526.3	1614.7	1699.3	1791.0	0.8
哥伦比亚	Colombia	4040.4	4328.6	4591.8	4865.3	0.9
科摩罗	Comoros	54.2	61.2	69.0	79.6	2.3
刚果(金)	Congo, Dem. Rep.	4707.6	5475.1	6452.3	7873.6	3.3
刚果(布)	Congo, Rep.	322.6	371.8	438.7	512.6	2.6
哥斯达黎加	Costa Rica	392.5	424.8	454.5	485.7	1.0
科特迪瓦	Cote D'Ivoire	1668.7	1833.6	2040.1	2369.6	2.5
克罗地亚	Croatia	442.6	444.2	441.8	417.1	-0.8

4-1 续表 1 continued

国家或地区	Country or Area	年中人口(万人) Mid-year Population(10 000 persons)				增长率(%) Growth Rate(%)
		2000	2005	2010	2016	2016
古　巴	Cuba	1115.1	1128.4	1133.3	1147.6	0.1
塞浦路斯	Cyprus	94.3	102.8	111.3	117.0	0.8
捷　克	Czech Rep.	1025.5	1021.1	1047.4	1056.2	0.1
丹　麦	Denmark	534.0	541.9	554.8	573.1	0.8
吉布提	Djibouti	71.8	78.3	85.1	94.2	1.6
多米尼克	Dominica	7.0	7.1	7.1	7.4	0.5
多米尼加	Dominican Rep.	856.3	923.8	989.8	1064.9	1.1
厄瓜多尔	Ecuador	1262.9	1373.5	1493.5	1638.5	1.5
埃　及	Egypt	6990.6	7677.8	8410.8	9568.9	2.0
萨尔瓦多	El Salvador	586.8	602.9	616.5	634.5	0.5
赤道几内亚	Equatorial Guinea	61.4	75.7	95.1	122.1	3.8
厄立特里亚	Eritrea	339.3	396.9	439.1		
爱沙尼亚	Estonia	139.7	135.5	133.1	131.6	0.1
埃塞俄比亚	Ethiopia	6653.7	7672.7	8770.3	10240.3	2.5
法罗群岛	Faeroe Islands	4.7	4.8	4.9	4.9	0.3
斐　济	Fiji	81.1	82.2	86.0	89.9	0.7
芬　兰	Finland	517.6	524.6	536.3	549.5	0.3
法　国	France	6091.2	6317.9	6502.8	6689.6	0.4
法属波立尼西亚	French Polynesia	23.7	25.5	26.8	28.0	0.9
加　蓬	Gabon	123.1	140.3	164.0	198.0	2.5
冈比亚	Gambia	123.2	144.4	169.2	203.9	3.0
格鲁吉亚	Georgia	441.8	419.0	392.6	371.9	0.1
德　国	Germany	8221.2	8246.9	8177.7	8266.8	1.2
加　纳	Ghana	1893.9	2154.2	2451.2	2820.7	2.2
直布罗陀	Gibraltar	3.1	3.2	3.3	3.4	0.5
希　腊	Greece	1080.6	1098.7	1112.1	1074.7	-0.7
格陵兰	Greenland	5.6	5.7	5.7	5.6	0.1
格林纳达	Grenada	10.2	10.3	10.5	10.7	0.5
关　岛	Guam	15.5	15.8	15.9	16.3	0.7
危地马拉	Guatemala	1165.1	1309.6	1463.0	1658.2	2.0
几内亚	Guinea	880.9	968.0	1079.4	1239.6	2.5
几内亚比绍	Guinea-Bissau	124.3	138.1	155.6	181.6	2.5
圭亚那	Guyana	75.3	75.1	74.7	77.3	0.6
海　地	Haiti	854.9	926.3	1000.0	1084.7	1.3
洪都拉斯	Honduras	652.4	737.3	819.5	911.3	1.7
匈牙利	Hungary	1021.1	1008.7	1000.0	981.8	-0.3
冰　岛	Iceland	28.1	29.7	31.8	33.4	1.0
印　度	India	105305.1	114411.9	123098.1	132417.1	1.1
印度尼西亚	Indonesia	21154.0	22671.3	24252.4	26111.5	1.1
伊　朗	Iran	6613.2	7042.2	7456.8	8027.7	1.1
伊拉克	Iraq	2356.5	2700.8	3076.3	3720.3	3.0
爱尔兰	Ireland	380.5	416.0	456.0	477.3	2.0
马恩岛	Isle of Man	7.3	7.6	8.0	8.4	0.7
以色列	Israel	628.9	693.0	762.4	854.7	2.0
意大利	Italy	5694.2	5796.9	5927.7	6060.1	-0.2
牙买加	Jamaica	265.7	274.5	281.7	288.1	0.3
日　本	Japan	12684.3	12777.3	12807.0	12699.5	-0.1
约　旦	Jordan	510.3	571.4	718.2	945.6	3.2
哈萨克斯坦	Kazakhstan	1488.4	1514.7	1632.2	1779.7	1.4
肯尼亚	Kenya	3145.0	3604.8	4135.0	4846.2	2.6
基里巴斯	Kiribati	8.4	9.2	10.3	11.4	1.8
朝　鲜	Korea, Dem.	2284.0	2381.3	2450.1		
韩　国	Korea, Rep.	4700.8	4818.5	4955.4	5124.6	0.5
科威特	Kuwait	205.1	227.7	299.8	405.3	2.9
吉尔吉斯斯坦	Kyrgyzstan	489.8	516.3	544.8	608.3	2.1

4-1 续表 2 continued

国家或地区	Country or Area	年中人口(万人) Mid-year Population(10 000 persons)				增长率(%) Growth Rate(%)
		2000	2005	2010	2016	2016
老 挝	Laos	532.9	575.4	624.6	675.8	1.4
拉脱维亚	Latvia	236.8	223.9	209.8	196.0	-0.9
黎 巴 嫩	Lebanon	323.5	398.7	433.7	600.7	2.6
莱 索 托	Lesotho	186.9	195.0	204.1	220.4	1.3
利比里亚	Liberia	288.5	326.1	394.8	461.4	2.5
利 比 亚	Libya	535.6	579.3	616.9	629.3	0.9
列支敦士登	Liechtenstein	3.3	3.5	3.6	3.8	0.7
立 陶 宛	Lithuania	350.0	332.3	309.7	287.2	-1.1
卢 森 堡	Luxemburg	43.6	46.5	50.7	58.3	2.3
前南马其顿	Macedonia, FYR	203.5	206.0	207.1	208.1	0.1
马达加斯加	Madagascar	1576.7	1833.7	2115.2	2489.5	2.7
马 拉 维	Malawi	1137.6	1304.0	1516.7	1809.2	2.9
马来西亚	Malaysia	2318.6	2565.9	2811.2	3118.7	1.5
马尔代夫	Maldives	28.6	32.1	36.7	41.7	2.0
马 里	Mali	1096.8	1279.9	1507.5	1799.5	3.0
马 耳 他	Malta	39.0	40.4	41.5	43.7	1.2
马绍尔群岛	Marshall Islands	5.2	5.2	5.2	5.3	0.1
毛里塔尼亚	Mauritania	270.9	313.1	361.0	430.1	2.8
毛里求斯	Mauritius	118.7	122.8	125.0	126.3	0.1
马约特岛	Mayotte	14.9	17.5	20.4		
墨 西 哥	Mexico	10172.0	10847.2	11731.9	12754.0	1.3
密克罗尼西亚	Micronesia, Fed.	10.7	10.6	10.4	10.5	0.5
摩尔多瓦	Moldova	364.0	359.5	356.2	355.2	-0.1
摩 纳 哥	Monaco	3.2	3.4	3.7	3.8	0.5
蒙 古	Mongolia	239.7	252.6	271.3	302.7	1.7
黑 山	Montenegro	60.5	61.4	61.9	62.3	0.1
摩 洛 哥	Morocco	2885.0	3052.1	3241.0	3527.7	1.4
莫桑比克	Mozambique	1806.8	2092.3	2422.1	2882.9	2.9
缅 甸	Myanmar	4609.5	4848.3	5015.6	5288.5	0.9
纳米比亚	Namibia	189.9	203.2	217.3	248.0	2.2
尼 泊 尔	Nepal	2374.1	2564.0	2702.3	2898.3	1.1
荷 兰	Netherlands	1592.6	1632.0	1661.5	1701.8	0.5
荷属安的列斯	Netherlands Antilles	18.1	18.6			
新喀里多尼亚	New Caledonia	21.3	23.1	25.0	27.8	1.8
新 西 兰	New Zealand	385.8	413.4	435.1	469.3	2.1
尼加拉瓜	Nicaragua	502.7	537.9	573.8	615.0	1.1
尼 日 尔	Niger	1135.3	1361.8	1642.6	2067.3	3.8
尼日利亚	Nigeria	12235.2	13893.9	15857.8	18599.0	2.6
北马里亚纳群岛	Northern Mariana Islands	6.9	6.4	5.4	5.5	0.4
挪 威	Norway	449.1	462.3	488.9	523.3	0.9
阿 曼	Oman	226.8	251.1	304.1	442.5	5.2
巴基斯坦	Pakistan	13852.3	15391.0	17056.0	19320.3	2.0
帕 劳	Palau	1.9	2.0	2.0	2.2	1.0
巴 拿 马	Panama	303.0	333.0	364.3	403.4	1.6
巴布亚新几内亚	Papua New Guinea	557.2	631.5	710.8	808.5	2.1
巴 拉 圭	Paraguay	530.3	579.5	621.0	672.5	1.3
秘 鲁	Peru	2591.5	2761.0	2937.4	3177.4	1.3
菲 律 宾	Philippines	7799.2	8627.4	9372.7	10332.0	1.6
波 兰	Poland	3825.9	3816.5	3804.3	3794.8	-0.1
葡 萄 牙	Portugal	1029.0	1050.3	1057.3	1032.5	-0.3
波多黎各	Puerto Rico	381.1	382.1	372.2	341.1	-1.8
卡 塔 尔	Qatar	59.2	86.5	178.0	257.0	3.5
罗马尼亚	Romania	2244.3	2132.0	2024.7	1970.5	-0.6
俄 罗 斯	Russia	14659.7	14351.9	14284.9	14434.2	0.2
卢 旺 达	Rwanda	802.6	899.2	1024.7	1191.8	2.4

4-1 续表 3 continued

国家或地区	Country or Area	年中人口(万人) Mid-year Population (10 000 persons)				增长率(%) Growth Rate(%)
		2000	2005	2010	2016	2016
圣基茨和尼维斯	Saint Kitts and Nevis	4.5	4.9	5.1	5.5	1.0
圣卢西亚	Saint Lucia	15.7	16.4	17.3	17.8	0.5
圣文森特和格林纳丁斯	Saint Vincent and the Grenadines	10.8	10.9	10.9	11.0	0.2
萨 摩 亚	Samoa	17.5	18.0	18.6	19.5	0.7
圣马力诺	San Marino	2.7	2.9	3.1	3.3	0.7
圣多美和普林西比	Sao Tome and Principe	13.9	15.6	17.5	20.0	2.2
沙特阿拉伯	Saudi Arabia	2076.4	2390.6	2742.6	3227.6	2.3
塞内加尔	Senegal	988.4	1125.1	1291.6	1541.2	2.9
塞尔维亚	Serbia	751.6	744.1	729.1	705.7	-0.5
塞 舌 尔	Seychelles	8.1	8.3	9.0	9.5	1.3
塞拉利昂	Sierra Leone	456.4	565.8	645.9	739.6	2.2
新 加 坡	Singapore	402.8	426.6	507.7	560.7	1.3
斯洛伐克	Slovakia	538.9	537.3	539.1	542.9	0.1
斯洛文尼亚	Slovenia	198.9	200.0	204.9	206.5	0.1
所罗门群岛	Solomon Islands	41.3	47.0	52.8	59.9	2.0
索 马 里	Somalia	901.1	1041.0	1205.3	1431.8	2.9
南 非	South Africa	4489.7	4760.7	5097.9	5590.9	1.6
西 班 牙	Spain	4056.8	4365.3	4657.7	4644.4	
斯里兰卡	Sri Lanka	1865.5	1937.3	2011.9	2120.3	1.1
苏 丹	Sudan	2725.1	3091.2	3438.6	3957.9	2.4
苏 里 南	Suriname	47.2	49.9	52.6	55.8	0.9
斯威士兰	Swaziland	106.1	110.6	120.3	134.3	1.8
瑞 典	Sweden	887.2	903.0	937.8	990.3	1.1
瑞 士	Switzerland	718.4	743.7	782.5	837.2	1.1
叙 利 亚	Syrian Arab Republic	1641.1	1829.5	2101.9	1843.0	-1.6
塔吉克斯坦	Tajikistan	621.6	685.4	764.2	873.5	2.2
坦桑尼亚	Tanzania	3417.8	3941.1	4609.9	5557.2	3.1
泰 国	Thailand	6295.8	6542.5	6720.9	6886.4	0.3
东 帝 汶	Timor-Leste	87.2	102.6	111.0	126.9	2.2
多 哥	Togo	497.0	568.3	650.3	760.6	2.5
汤 加	Tonga	9.8	10.1	10.4	10.7	0.7
特立尼达和多巴哥	Trinidad And Tobago	126.8	129.7	132.8	136.5	0.4
突 尼 斯	Tunisia	969.9	1010.2	1064.0	1140.3	1.1
土 耳 其	Turkey	6324.0	6790.3	7232.7	7951.2	1.6
土库曼斯坦	Turkmenistan	451.6	475.5	508.7	566.3	1.7
特克斯和凯科斯群岛	Turks and Caicos Islands	1.9	2.6	3.1	3.5	1.6
图 瓦 卢	Tuvalu	0.9	1.0	1.1	1.1	0.9
乌 干 达	Uganda	2403.9	2854.4	3391.5	4148.8	3.3
乌 克 兰	Ukraine	4917.6	4710.5	4587.1	4500.5	-0.3
阿 联 酋	United Arab Emirates	315.5	458.0	827.1	927.0	1.3
英 国	United Kingdom	5889.3	6040.1	6276.6	6563.7	0.8
美 国	United States	28216.2	29551.7	30934.8	32312.8	0.7
美属维尔京群岛	Virgin Islands(US)	10.9	10.8	10.6	10.3	-0.6
乌 拉 圭	Uruguay	332.1	332.6	337.4	344.4	0.4
乌兹别克斯坦	Uzbekistan	2465.0	2616.7	2856.2	3184.8	1.7
瓦努阿图	Vanuatu	18.5	20.9	23.6	27.0	2.2
委内瑞拉	Venezuela	2448.8	2678.4	2902.8	3156.8	1.3
越 南	Viet Nam	7763.1	8239.2	8693.3	9270.1	1.1
约旦河西岸和加沙	West Bank and Gaza	292.2	332.0	381.1	455.2	2.9
也 门	Yemen	1787.5	2058.3	2360.7	2758.4	2.5
赞 比 亚	Zambia	1053.1	1205.2	1385.0	1659.1	3.0
津巴布韦	Zimbabwe	1222.2	1294.0	1408.6	1615.0	2.3

4-2 女性人口比重
Female Population as Percentage of Total

资料来源：世界银行WDI数据库。
Source: World Bank WDI Database.
单位：% (%)

国家和地区	Country or Area	2000	2005	2010	2014	2015	2016
世　界	**World**	**49.7**	**49.6**	**49.6**	**49.6**	**49.6**	**49.6**
中　国	China	48.6	48.6	48.5	48.5	48.5	48.5
中国香港	Hong Kong, China	50.9	52.0	53.1	53.7	53.8	53.9
中国澳门	Macao, China	52.1	52.5	52.0	52.0	52.0	52.0
孟加拉国	Bangladesh	49.0	49.1	49.4	49.5	49.5	49.6
文　莱	Brunei Darussalam	49.4	49.0	48.4	48.4	48.5	48.5
柬埔寨	Cambodia	51.4	51.5	51.3	51.2	51.2	51.2
印　度	India	48.2	48.2	48.1	48.2	48.2	48.2
印度尼西亚	Indonesia	50.0	49.8	49.6	49.6	49.6	49.6
伊　朗	Iran	49.3	48.9	49.4	49.6	49.7	49.7
以色列	Israel	50.7	50.7	50.6	50.4	50.4	50.4
日　本	Japan	50.9	51.0	51.1	51.1	51.1	51.2
哈萨克斯坦	Kazakhstan	51.9	51.8	51.7	51.6	51.6	51.6
韩　国	Korea, Rep.	49.8	49.8	49.9	49.9	49.9	50.0
老　挝	Laos	50.1	50.4	50.3	50.2	50.2	50.1
马来西亚	Malaysia	49.1	48.8	48.5	48.3	48.3	48.3
蒙　古	Mongolia	50.1	50.2	50.4	50.5	50.5	50.5
缅　甸	Myanmar	51.1	51.2	51.2	51.2	51.2	51.2
巴基斯坦	Pakistan	48.4	48.5	48.6	48.6	48.6	48.6
菲律宾	Philippines	49.6	49.7	49.5	49.6	49.6	49.7
新加坡	Singapore	50.0	50.4	50.7	50.6	50.6	50.6
斯里兰卡	Sri Lanka	50.1	50.7	51.3	51.8	51.8	51.9
泰　国	Thailand	50.6	50.8	51.0	51.1	51.2	51.2
越　南	Viet Nam	50.7	50.8	50.6	50.5	50.5	50.5
埃　及	Egypt	49.7	49.6	49.5	49.5	49.4	49.4
尼日利亚	Nigeria	49.6	49.5	49.4	49.4	49.4	49.3
南　非	South Africa	50.9	50.9	50.9	50.9	50.9	50.9
加拿大	Canada	50.5	50.4	50.4	50.4	50.4	50.4
墨西哥	Mexico	50.3	50.3	50.2	50.2	50.2	50.2
美　国	United States	50.7	50.7	50.6	50.5	50.5	50.5
阿根廷	Argentina	51.1	51.1	51.1	51.1	51.1	51.1
巴　西	Brazil	50.6	50.7	50.7	50.8	50.8	50.8
委内瑞拉	Venezuela	49.8	49.9	50.1	50.2	50.2	50.2
捷　克	Czech Rep.	51.4	51.3	50.9	50.9	50.9	50.9
法　国	France	51.0	50.9	50.9	50.9	50.9	50.8
德　国	Germany	51.3	51.1	51.0	50.8	50.8	50.8
意大利	Italy	51.5	51.3	51.4	51.4	51.3	51.3
荷　兰	Netherlands	50.5	50.4	50.3	50.3	50.3	50.3
波　兰	Poland	51.5	51.6	51.7	51.7	51.7	51.7
俄罗斯	Russia	53.2	53.5	53.6	53.6	53.5	53.5
西班牙	Spain	50.9	50.7	50.6	50.9	50.9	51.0
土耳其	Turkey	50.8	50.8	50.8	50.8	50.8	50.8
乌克兰	Ukraine	53.5	53.6	53.8	53.8	53.8	53.8
英　国	United Kingdom	51.3	51.0	50.9	50.7	50.7	50.7
澳大利亚	Australia	50.1	50.1	50.0	50.1	50.2	50.2
新西兰	New Zealand	50.9	51.0	50.9	50.8	50.8	50.8

4−3 人口年龄构成和抚养比(2016年)
Age Composition and Dependency Ratio of Population(2016)

资料来源：世界银行WDI数据库。
Source: World Bank WDI Database.
单位：%　　(%)

国家和地区	Country or Area	年龄构成 Age Composition			抚养比 Age Dependency Ratio
		0−14岁人口占比 Persons ages 14 and below	15−64岁人口占比 Persons ages 15 to 64	65岁以上人口占比 Persons ages 65 and above	
世　界	**World**	**26.1**	**65.5**	**8.5**	**54.2**
中　国	China	17.7	72.2	10.1	38.6
中国香港	Hong Kong, China	11.2	73.0	15.8	37.0
中国澳门	Macao, China	12.8	78.0	9.2	28.2
孟加拉国	Bangladesh	28.9	66.0	5.1	51.5
文　莱	Brunei Darussalam	23.4	72.3	4.3	38.3
柬 埔 寨	Cambodia	31.4	64.4	4.3	55.4
印　度	India	28.2	66.0	5.8	51.5
印度尼西亚	Indonesia	27.7	67.2	5.2	48.9
伊　朗	Iran	23.7	71.1	5.2	40.6
以 色 列	Israel	27.9	60.6	11.5	65.0
日　本	Japan	12.9	60.5	26.6	65.3
哈萨克斯坦	Kazakhstan	27.4	65.8	6.8	52.1
韩　国	Korea, Rep.	13.7	72.9	13.4	37.2
老　挝	Laos	33.3	62.8	4.0	59.3
马来西亚	Malaysia	24.6	69.3	6.1	44.3
蒙　古	Mongolia	29.3	66.8	4.0	49.8
缅　甸	Myanmar	27.4	67.1	5.5	49.0
巴基斯坦	Pakistan	34.9	60.6	4.5	65.0
菲 律 宾	Philippines	32.0	63.4	4.7	57.9
新 加 坡	Singapore	15.2	72.5	12.3	38.0
斯里兰卡	Sri Lanka	24.3	66.0	9.7	51.5
泰　国	Thailand	17.7	71.4	11.0	40.1
越　南	Viet Nam	23.1	70.0	6.9	42.9
埃　及	Egypt	33.5	61.4	5.1	62.8
尼日利亚	Nigeria	44.1	53.2	2.8	88.1
南　非	South Africa	29.2	65.6	5.2	52.4
加 拿 大	Canada	16.0	67.5	16.6	48.2
墨 西 哥	Mexico	27.1	66.3	6.7	50.9
美　国	United States	19.0	65.9	15.0	51.7
阿 根 廷	Argentina	25.1	63.9	11.1	56.5
巴　西	Brazil	22.1	69.6	8.3	43.6
委内瑞拉	Venezuela	27.9	65.7	6.4	52.3
捷　克	Czech Rep.	15.2	66.3	18.5	51.0
法　国	France	18.2	62.5	19.4	60.1
德　国	Germany	13.1	65.6	21.3	52.3
意 大 利	Italy	13.6	63.7	22.7	57.0
荷　兰	Netherlands	16.6	65.0	18.4	53.8
波　兰	Poland	14.8	69.0	16.2	44.9
俄 罗 斯	Russia	17.3	68.9	13.8	45.1
西 班 牙	Spain	14.8	66.1	19.2	51.4
土 耳 其	Turkey	25.3	66.7	8.0	49.9
乌 克 兰	Ukraine	15.2	68.6	16.2	45.8
英　国	United Kingdom	17.6	64.0	18.4	56.2
澳大利亚	Australia	18.9	65.9	15.3	51.9
新 西 兰	New Zealand	19.8	65.2	15.0	53.4

4-4 人口粗出生率和死亡率
Crude Birth Rate and Crude Death Rate

资料来源：世界银行WDI数据库。
Source: World Bank WDI Database.

单位：‰ (‰)

国家和地区	Country or Area	粗出生率 Crude Birth Rate			粗死亡率 Crude Death Rate		
		2000	2010	2015	2000	2010	2015
世　界	**World**	**21.6**	**19.9**	**19.1**	**8.6**	**8.0**	**7.7**
中　国	China	14.0	11.9	12.1	6.5	7.1	7.1
中国香港	Hong Kong, China	8.1	12.6	8.2	5.1	6.0	6.3
中国澳门	Macao, China	9.1	10.0	11.7	4.9	4.8	4.8
孟加拉国	Bangladesh	27.6	21.3	19.5	7.2	5.7	5.4
文　莱	Brunei Darussalam	21.9	17.5	15.7	2.8	3.0	3.0
柬埔寨	Cambodia	28.1	25.5	23.8	8.5	6.5	6.0
印　度	India	26.5	21.6	19.7	8.9	7.6	7.3
印度尼西亚	Indonesia	21.5	21.0	19.6	6.8	7.2	7.2
伊　朗	Iran	18.8	18.3	17.1	5.3	4.9	4.6
以色列	Israel	21.7	21.8	21.3	6.0	5.2	5.3
日　本	Japan	9.4	8.5	7.9	7.7	9.5	10.2
哈萨克斯坦	Kazakhstan	14.9	22.5	22.7	10.1	9.0	7.5
韩　国	Korea, Rep.	13.3	9.4	8.6	5.2	5.1	5.4
老　挝	Laos	31.9	28.1	26.3	8.4	7.4	6.6
马来西亚	Malaysia	22.5	16.8	16.8	4.4	4.7	5.0
蒙　古	Mongolia	19.3	23.9	23.4	7.7	6.5	6.1
缅　甸	Myanmar	24.3	19.6	17.5	8.8	8.4	8.3
巴基斯坦	Pakistan	32.0	30.2	28.8	8.0	7.8	7.3
菲律宾	Philippines	29.6	24.6	23.3	6.1	6.4	6.8
新加坡	Singapore	13.7	9.3	9.7	3.9	4.4	4.8
斯里兰卡	Sri Lanka	18.5	17.5	15.6	7.0	6.5	6.8
泰　国	Thailand	14.4	11.7	10.5	6.8	7.4	8.0
越　南	Viet Nam	17.5	17.5	16.9	5.4	5.7	5.8
埃　及	Egypt	25.0	27.1	27.3	6.9	6.3	6.1
尼日利亚	Nigeria	43.0	41.1	39.1	17.6	14.0	12.7
南　非	South Africa	24.4	21.5	20.4	11.7	13.6	12.4
加拿大	Canada	10.9	11.1	10.9	7.1	7.1	7.5
墨西哥	Mexico	24.2	20.0	18.5	4.6	4.7	4.8
美　国	United States	14.4	13.0	12.4	8.7	8.0	8.2
阿根廷	Argentina	19.4	18.2	17.4	7.8	7.6	7.6
巴　西	Brazil	20.9	15.6	14.5	6.4	6.0	6.2
委内瑞拉	Venezuela	23.7	20.7	19.3	5.0	5.3	5.6
捷　克	Czech Rep.	8.9	11.2	10.5	10.6	10.2	10.5
法　国	France	13.3	12.9	12.0	8.9	8.5	9.0
德　国	Germany	9.3	8.3	9.0	10.2	10.5	11.3
意大利	Italy	9.5	9.5	8.0	9.8	9.9	10.7
荷　兰	Netherlands	13.0	11.1	10.0	8.8	8.2	8.7
波　兰	Poland	9.9	10.9	9.7	9.6	9.9	10.4
俄罗斯	Russia	8.7	12.5	13.3	15.3	14.2	13.0
西班牙	Spain	9.8	10.4	9.0	9.0	8.2	9.0
土耳其	Turkey	21.6	17.9	16.5	6.4	5.8	5.7
乌克兰	Ukraine	7.8	10.8	10.7	15.3	15.2	14.9
英　国	United Kingdom	11.5	12.9	11.9	10.3	8.9	9.3
澳大利亚	Australia	13.0	13.7	12.7	6.7	6.5	6.6
新西兰	New Zealand	14.7	14.7	13.3	6.9	6.5	6.9

4-5 生殖健康(2015年)
Reproductive Health(2015)

资料来源：世界银行WDI数据库。
Source: World Bank WDI Database.

国家或地区	Country or Area	总和生育率 Total Fertility Rate	少女生育率(‰) Adolescent Fertility Rate (‰)	15-49岁妇女避孕普及率(%) Contraceptive Prevalence (% of women ages 15-49)	产妇死亡率(1/10 0000) Maternal Mortality Ratio (1/10 0000)
世　界	**World**	**2.5**	**44.2**	**63.4①**	**216.0**
中　国	China	1.6	7.3	87.9①	27.0
中国香港	Hong Kong, China	1.2	3.1		
中国澳门	Macao, China	1.3	3.3		
孟加拉国	Bangladesh	2.1	82.6	62.4②	176.0
文　莱	Brunei Darussalam	1.9	20.8		23.0
柬埔寨	Cambodia	2.6	52.2	56.3②	161.0
印　度	India	2.4	23.3		174.0
印度尼西亚	Indonesia	2.4	49.2	62.5③	126.0
伊　朗	Iran	1.7	26.3		25.0
以色列	Israel	3.1	9.3		5.0
日　本	Japan	1.5	4.0		5.0
哈萨克斯坦	Kazakhstan	2.7	27.2		12.0
韩　国	Korea, Rep.	1.2	1.6		11.0
老　挝	Laos	2.9	63.7	49.8①	197.0
马来西亚	Malaysia	1.9	13.7		40.0
蒙　古	Mongolia	2.6	15.0	54.6②	44.0
缅　甸	Myanmar	2.2	16.2		178.0
巴基斯坦	Pakistan	3.6	38.3	35.4③	178.0
菲律宾	Philippines	2.9	62.7	55.1③	114.0
新加坡	Singapore	1.2	3.8		10.0
斯里兰卡	Sri Lanka	2.1	14.2		30.0
泰　国	Thailand	1.5	44.6	79.3①	20.0
越　南	Viet Nam	2.0	39.1	75.7②	54.0
埃　及	Egypt	3.3	51.3	58.5②	33.0
尼日利亚	Nigeria	5.6	109.3	15.1③	814.0
南　非	South Africa	2.3	44.4		138.0
加拿大	Canada	1.6	9.5		7.0
墨西哥	Mexico	2.2	62.2		38.0
美　国	United States	1.8	21.2		14.0
阿根廷	Argentina	2.3	63.8	76.6③	52.0
巴　西	Brazil	1.8	66.7		44.0
委内瑞拉	Venezuela	2.3	79.1		95.0
捷　克	Czech Rep.	1.5	9.7		4.0
法　国	France	2.0	8.8		8.0
德　国	Germany	1.5	6.4		6.0
意大利	Italy	1.4	5.9		4.0
荷　兰	Netherlands	1.7	3.9		7.0
波　兰	Poland	1.3	13.1		3.0
俄罗斯	Russia	1.8	22.7		25.0
西班牙	Spain	1.3	8.3		5.0
土耳其	Turkey	2.1	26.8	73.5③	16.0
乌克兰	Ukraine	1.5	23.4	65.4①	24.0
英　国	United Kingdom	1.8	14.0		9.0
澳大利亚	Australia	1.8	13.8		6.0
新西兰	New Zealand	2.0	23.3		11.0

注：①2012年数据。②2014年数据。③2013年数据。
Note:①Data refer to 2012.②Data refer to 2014.③Data refer to 2013.

4-6 婴儿死亡率和出生时预期寿命
Infant Mortality Rate and Life Expectancy at Birth

资料来源：世界银行WDI数据库。
Source: World Bank WDI Database.

单位：‰ (‰)

国家和地区	Country or Area	婴儿死亡率(‰) Infant Mortality Rate(‰)			出生时预期寿命(岁) Life Expectancy at Birth(years)		
		2000	2010	2015	2000	2010	2015
世　界	**World**	**53.0**	**37.5**	**31.7**	**67.6**	**70.5**	**71.7**
中　国	China	30.2	13.5	9.2	71.7	75.0	76.0
中国香港	Hong Kong, China				80.9	83.0	84.3
中国澳门	Macao, China				77.6	79.7	80.8
孟加拉国	Bangladesh	64.4	39.2	30.7	65.4	70.1	72.0
文　莱	Brunei Darussalam	7.7	7.7	8.6	75.3	77.6	79.0
柬埔寨	Cambodia	81.7	36.7	24.6	58.4	66.4	68.7
印　度	India	66.5	46.3	37.9	62.6	66.5	68.4
印度尼西亚	Indonesia	41.0	27.4	22.8	66.3	68.2	69.1
伊　朗	Iran	28.6	16.4	13.4	70.1	74.0	75.6
以色列	Israel	5.6	3.7	3.2	79.0	81.6	82.1
日　本	Japan	3.3	2.4	2.0	81.1	82.8	83.8
哈萨克斯坦	Kazakhstan	37.5	19.3	12.6	65.5	68.3	72.0
韩　国	Korea, Rep.	5.2	3.5	2.9	75.8	80.6	82.2
老　挝	Laos	83.0	59.0	50.7	58.9	64.3	66.5
马来西亚	Malaysia	8.7	6.8	6.0	72.9	74.2	74.9
蒙　古	Mongolia	49.4	25.0	19.0	62.9	67.6	69.8
缅　甸	Myanmar	58.9	45.8	39.5	62.1	64.9	66.0
巴基斯坦	Pakistan	87.9	73.5	65.8	62.8	65.2	66.4
菲律宾	Philippines	30.1	24.9	22.2	66.7	67.8	68.4
新加坡	Singapore	3.1	2.2	2.1	78.0	81.5	82.6
斯里兰卡	Sri Lanka	14.0	9.4	8.4	71.1	74.3	75.0
泰　国	Thailand	19.1	12.5	10.5	70.6	73.7	74.6
越　南	Viet Nam	27.0	19.8	17.3	73.2	75.0	75.8
埃　及	Egypt	35.9	24.3	20.3	68.6	70.3	71.3
尼日利亚	Nigeria	112.5	81.5	69.4	46.6	51.3	53.1
南　非	South Africa	51.7	38.2	33.6	55.8	54.4	57.4
加拿大	Canada	5.2	4.9	4.3	79.2	81.2	82.1
墨西哥	Mexico	21.6	14.4	11.3	74.3	76.0	76.9
美　国	United States	7.1	6.3	5.6	76.6	78.5	78.7
阿根廷	Argentina	18.0	13.0	11.1	73.8	75.5	76.3
巴　西	Brazil	28.9	14.8	14.6	70.0	73.3	74.7
委内瑞拉	Venezuela	18.2	14.3	12.9	72.4	73.7	74.4
捷　克	Czech Rep.	5.6	3.4	2.8	75.0	77.4	79.5
法　国	France	4.4	3.5	3.5	79.1	81.7	82.7
德　国	Germany	4.4	3.5	3.1	77.9	80.0	81.1
意大利	Italy	4.7	3.4	2.9	79.8	82.0	83.5
荷　兰	Netherlands	5.1	3.7	3.2	78.0	80.7	81.7
波　兰	Poland	8.1	5.0	4.5	73.8	76.3	78.2
俄罗斯	Russia	19.7	10.3	8.2	65.5	68.8	70.9
西班牙	Spain	5.4	3.9	3.5	79.0	81.6	83.4
土耳其	Turkey	33.7	16.4	11.6	70.0	74.1	75.4
乌克兰	Ukraine	15.8	10.1	7.7	67.9	70.3	71.2
英　国	United Kingdom	5.6	4.4	3.5	77.7	80.4	81.6
澳大利亚	Australia	5.1	4.1	3.0	79.2	81.7	82.5
新西兰	New Zealand	6.1	5.1	4.7	78.6	80.7	81.5

4-7 结婚率与离婚率
Marriage Rate and Divorce Rate

资料来源：联合国人口统计数据库。
Source: UN Demographic Statistics Database.
单位：‰ (‰)

国家或地区	Country or Area	结婚率 Marriage Rate			离婚率 Divorce Rate		
		2005	2010	2015	2005	2010	2015
中　国	China	6.3	9.3	9.6①	1.4	2.0	1.8①
中国香港	Hong Kong, China	6.3	7.5	7.8②			
中国澳门	Macao, China	3.6	5.8	6.2	1.2	1.7	1.9
伊　朗	Iran	11.2	12.0	8.6	1.2	1.8	2.1
日　本	Japan	5.6	5.5	5.0	2.0	2.0	1.8
哈萨克斯坦	Kazakhstan	8.1	9.0	9.9③	2.1	2.5	3.0③
韩　国	Korea, Rep.	6.5	6.6	5.9	2.7	2.4	2.1
蒙　古	Mongolia	5.8	3.4	5.9	0.6	1.1	1.3
新加坡	Singapore	5.4	4.8	5.1	1.5	1.4	1.3
埃　及	Egypt	6.8	10.3	10.4②	0.8	1.8	2.0②
墨西哥	Mexico	5.5	4.8	4.7②	0.6	0.7	0.9②
美　国	United States	7.6	6.8		2.9	2.8	
阿根廷	Argentina	3.4	3.0	2.8②			
委内瑞拉	Venezuela	3.2	3.3	2.9			
白俄罗斯	Belarus	7.6	8.1	8.9②	3.2	3.9	3.7②
保加利亚	Bulgaria	4.4	3.3	3.4②	1.9	1.5	1.5②
捷　克	Czech Rep.	5.1	4.5	4.3②	3.1	2.9	2.5②
法　国	France	4.4	3.8	3.5②	2.4	2.0	1.8③
德　国	Germany	4.7	4.7	4.8②	2.4	2.3	2.1②
意大利	Italy	4.3	3.7	3.1②	0.8	0.9	0.9②
荷　兰	Netherlands	4.4	4.5	3.9②	2.0	2.0	2.1②
波　兰	Poland	5.4	6.0	5.0	1.8	1.6	1.8
罗马尼亚	Romania	6.7	5.7	5.9②	1.6	1.6	1.4②
俄罗斯	Russia	7.4	8.5	8.5③	4.2	4.5	4.5①
西班牙	Spain	4.7	3.6	3.4②	1.7	2.2	2.2②
土耳其	Turkey	9.4	8.1	7.8②	1.4	1.6	1.7②
乌克兰	Ukraine	7.1	6.7	6.5②	3.9	2.7	2.9②
英　国	United Kingdom	4.7	4.5		2.6	2.1	2.0①
澳大利亚	Australia	5.4	5.5	5.2②	2.6	2.3	2.0②
新西兰	New Zealand	5.0	4.8	4.5②	2.4	2.0	1.8②

注：①2012年数据。②2014年数据。③2013年数据。
Note:①Data refer to 2012.②Data refer to 2014.③Data refer to 2013.

4-8　农村和城市人口比重
Rural and Urban Population as Percentage of Total

资料来源：世界银行WDI数据库。
Source: World Bank WDI Database.

单位：%　　(%)

国家或地区	Country or Area	农村人口 Rural population			城市人口 Urban population		
		2005	2010	2016	2005	2010	2016
世　界	**World**	**51.0**	**48.5**	**45.7**	**49.0**	**51.5**	**54.3**
中　国	China	57.5	50.8	43.2	42.5	49.2	56.8
中国香港	Hong Kong, China				100.0	100.0	100.0
中国澳门	Macao, China				100.0	100.0	100.0
孟加拉国	Bangladesh	73.2	69.5	65.0	26.8	30.5	35.0
文　莱	Brunei Darussalam	26.5	24.5	22.5	73.5	75.5	77.5
柬埔寨	Cambodia	80.8	80.2	79.1	19.2	19.8	20.9
印　度	India	70.8	69.1	66.9	29.2	30.9	33.1
印度尼西亚	Indonesia	54.1	50.1	45.5	45.9	49.9	54.5
伊　朗	Iran	32.4	29.4	26.1	67.6	70.6	73.9
以色列	Israel	8.5	8.2	7.8	91.5	91.8	92.2
日　本	Japan	14.0	9.5	6.1	86.0	90.5	93.9
哈萨克斯坦	Kazakhstan	45.3	46.3	46.8	54.7	53.7	53.2
韩　国	Korea, Rep.	18.7	18.1	17.4	81.3	81.9	82.6
老　挝	Laos	72.6	66.9	60.3	27.4	33.1	39.7
马来西亚	Malaysia	33.4	29.1	24.6	66.6	70.9	75.4
蒙　古	Mongolia	37.5	32.4	27.2	62.5	67.6	72.8
缅　甸	Myanmar	71.1	68.6	65.4	28.9	31.4	34.7
巴基斯坦	Pakistan	65.3	63.4	60.8	34.7	36.6	39.2
菲律宾	Philippines	53.4	54.7	55.7	46.6	45.3	44.3
新加坡	Singapore				100.0	100.0	100.0
斯里兰卡	Sri Lanka	81.6	81.7	81.6	18.4	18.3	18.4
泰　国	Thailand	62.5	55.9	48.5	37.5	44.1	51.5
越　南	Viet Nam	72.7	69.6	65.8	27.3	30.4	34.2
埃　及	Egypt	57.0	57.0	56.8	43.0	43.0	43.2
尼日利亚	Nigeria	60.9	56.5	51.4	39.1	43.5	48.6
南　非	South Africa	40.5	37.8	34.7	59.5	62.2	65.3
加拿大	Canada	19.9	19.1	18.0	80.1	80.9	82.0
墨西哥	Mexico	23.7	22.2	20.5	76.3	77.8	79.5
美　国	United States	20.1	19.2	18.2	79.9	80.8	81.8
阿根廷	Argentina	9.9	9.0	8.1	90.1	91.0	91.9
巴　西	Brazil	17.2	15.7	14.1	82.8	84.3	85.9
委内瑞拉	Venezuela	11.4	11.2	11.0	88.6	88.8	89.0
捷　克	Czech Rep.	26.4	26.7	27.0	73.6	73.3	73.0
法　国	France	22.9	21.7	20.3	77.1	78.3	79.8
德　国	Germany	26.6	25.7	24.5	73.4	74.3	75.5
意大利	Italy	32.3	31.7	30.9	67.7	68.3	69.1
荷　兰	Netherlands	17.4	12.9	9.0	82.6	87.1	91.0
波　兰	Poland	38.5	39.1	39.5	61.5	60.9	60.5
俄罗斯	Russia	26.5	26.3	25.9	73.5	73.7	74.1
西班牙	Spain	22.7	21.6	20.2	77.3	78.4	79.8
土耳其	Turkey	32.2	29.3	26.1	67.8	70.7	73.9
乌克兰	Ukraine	32.2	31.3	30.1	67.8	68.7	69.9
英　国	United Kingdom	20.1	18.7	17.2	79.9	81.3	82.8
澳大利亚	Australia	12.0	11.3	10.4	88.0	88.7	89.6
新西兰	New Zealand	13.9	13.8	13.7	86.1	86.2	86.3

主要统计指标解释

人口 指实际具有的所有人口，无论其法律地位或公民身份均包括在内，不包括非永久居住在庇护地的难民，难民通常被认为是来源国的人口。人口用年中的估计值表示。

抚养比 指0－14岁和65岁及以上被抚养人口与15－64岁劳动年龄人口之比。

（粗）出生率 指一年内活产数量与年中人口数之比。粗出生率减去粗死亡率为自然增长率，等于没有人口迁移情况下的自然增长率。

（粗）死亡率 指一年内死亡数量与年中人口数之比。粗出生率减去粗死亡率为自然增长率，等于没有人口迁移情况下的自然增长率。

总和生育率 是一个妇女活到育龄期结束，并按当前的特定年龄生育率生育孩子的话，她可能生育的孩子数量。

少女生育率 指每千名15－19岁妇女中生育的妇女人数。

避孕普及率 指采取了某种避孕措施的15－49岁已婚妇女或其性伙伴所占的百分比。

产妇死亡率 是每年每10万例活产中怀孕和分娩期间死亡的妇女人数。

婴儿死亡率 指某年里每千名活产婴儿生存至一周岁前死亡的比率。

出生时预期寿命 指一名新生儿如果其出生时各年龄组的死亡率在其终生保持不变的话，他可能存活的年数。

结婚率 指在一定时期（通常为一个日历年）、给定地域、给定年份内平均每千名年中人口中的结婚次数。

离婚率 指在一定时期（通常为一个日历年）、给定地域、给定年份内平均每千名年中人口中的离婚次数。

城市人口 指向联合国报告的各国定义为城市的区域内的年中人口。

Explanatory Notes on Main Statistical Indicators

Total population is based on the de facto definition of population, which counts all residents regardless of legal status or citizenship--except for refugees not permanently settled in the country of asylum, who are generally considered part of the population of their country of origin. The values shown are midyear estimates.

Age Dependency Ratio is the ratio of dependents--people younger than 15 or older than 64--to the working-age population--those ages 15-64.

Crude Birth Rate is the number of live births occurring during the year, per 1,000 population estimated at midyear. Subtracting the crude death rate from the crude birth rate provides the rate of natural increase, which is equal to the population growth rate in the absence of migration.

Crude Death Rate is the number of deaths occurring during the year, per 1,000 population estimated at midyear. Subtracting the crude death rate from the crude birth rate provides the rate of natural increase, which is equal to the population growth rate in the absence of migration.

Total Fertility Rate is the number of children that would be born to a woman if she were to live to the end of her childbearing years and bear children in accordance with current age-specific fertility rates.

Adolescent Fertility Rate is the number of births per 1,000 women ages 15-19.

Contraceptive Prevalence Rate is the percentage of women who are practicing, or whose sexual partners are practicing, any form of contraception. It is usually measured for married women ages 15-49 only.

Maternal Mortality Ratio is the number of women who die during pregnancy and childbirth, per 100,000 live births.

Infant Mortality Rate is the number of infants dying before reaching one year of age, per 1000 live births in a given year.

Life Expectancy at Birth is the number of years a newborn infant would live if prevailing patterns of mortality at the time of its birth were to stay the same throughout its life.

Crude Marriage Rate is the number of marriages occurring in a population during a given period of time, usually a calendar year, i.e., the number of marriages occurring among the population of a given geographical area during a given year per 1000 mid-year total population of the given geographical area during the same year.

Crude Divorce Rate is the number of divorces occurring in a population during a given period of time, usually a calendar year, i.e., the number of divorces occurring among the population of a given geographical area during a given year per 1000 mid-year total population of the given geographical area during the same year.

Urban Population is the midyear population of areas defined as urban in each country and reported to the United Nations.

就业人员和劳动报酬

Employment and Earnings

5-1 劳动参与率
Labor Force Participation Rate

资料来源：世界银行WDI数据库。
Source: World Bank WDI Database.

国家或地区	Country or Area	劳动力人口(万人) Total Labor Force (10 000 persons)		劳动参与率(%) Labor Force Participation Rate(%)		女性劳动参与率(%) Female Labor Force Participation Rate(%)	
		2000	2015	2000	2015	2000	2015
世 界	**World**	**277680**	**339597**	**65.3**	**62.9**	**52.0**	**49.6**
高收入国家	**High Income**	**51609**	**58122**	**60.4**	**60.1**	**50.7**	**52.2**
欧 元 区	**Euro Area**	**14863**	**16264**	**55.1**	**56.5**	**45.5**	**47.7**
中等收入国家	**Middle Income**	**208426**	**254150**	**65.8**	**62.3**	**50.9**	**47.1**
中等偏上收入国家	**Upper Middle Income**	**117812**	**136412**	**69.8**	**66.4**	**59.6**	**56.3**
中等偏下收入国家	**Lower Middle Income**	**90614**	**117738**	**61.2**	**58.3**	**40.9**	**37.8**
中低收入国家	**Low and Middle Income**	**226071**	**281475**	**66.5**	**63.5**	**52.3**	**48.9**
东亚和太平洋	**East Asia and Pacific**	**100003**	**114816**	**75.3**	**70.8**	**67.3**	**61.1**
欧洲和中亚	**Europe and Central Asia**	**17642**	**19426**	**58.7**	**59.5**	**49.6**	**50.8**
拉丁美洲和加勒比	**Latin America and Caribbean**	**21945**	**29337**	**64.4**	**65.5**	**48.6**	**52.6**
中东和北非国家	**Middle East and North Africa**	**8080**	**11574**	**46.1**	**46.3**	**18.1**	**19.8**
南 亚	**South Asia**	**53020**	**67265**	**59.7**	**55.0**	**34.8**	**29.0**
撒哈拉以南非洲	**Sub-Saharan Africa**	**25381**	**39058**	**69.4**	**69.3**	**61.8**	**62.7**
低收入国家	**Low Income**	**17646**	**27324**	**76.8**	**76.2**	**70.3**	**70.5**
中 国	China	73291	80477	77.1	70.9	70.7	63.6
中国香港	Hong Kong, China	335	388	60.7	60.3	49.1	53.4
中国澳门	Macao, China	22	36	65.0	71.1	55.7	66.2
孟加拉国	Bangladesh	5822	7060	70.7	62.2	54.2	43.1
文 莱	Brunei Darussalam	16	21	67.7	63.5	55.5	51.0
柬 埔 寨	Cambodia	578	862	78.5	80.9	76.0	75.5
印 度	India	40521	50161	59.1	53.7	33.9	26.8
印度尼西亚	Indonesia	9891	12546	67.4	67.4	50.3	50.9
伊 朗	Iran	1887	2691	44.2	44.5	13.9	16.2
以 色 列	Israel	278	387	54.2	64.0	48.2	58.9
日 本	Japan	6761	6558	62.4	59.3	49.3	49.1
哈萨克斯坦	Kazakhstan	755	916	70.1	71.2	64.8	66.1
韩 国	Korea, Rep.	2267	2646	61.0	60.8	48.9	50.0
老 挝	Laos	243	343	79.9	77.4	78.8	77.7
马来西亚	Malaysia	973	1440	62.8	63.3	44.6	49.3
蒙 古	Mongolia	95	133	60.7	62.5	55.8	56.5
缅 甸	Myanmar	2497	3046	76.7	78.0	73.4	75.1
巴基斯坦	Pakistan	4153	6619	51.0	53.9	16.0	24.3
菲 律 宾	Philippines	3128	4431	65.2	64.7	48.7	50.5
新 加 坡	Singapore	207	314	65.4	67.2	52.6	58.2
斯里兰卡	Sri Lanka	778	819	56.9	51.8	37.3	30.2
泰 国	Thailand	3476	3991	72.8	71.4	65.4	62.9
越 南	Viet Nam	4114	5526	77.8	78.3	73.1	73.8
埃 及	Egypt	1996	3024	46.1	49.4	19.3	22.8
尼日利亚	Nigeria	3885	5746	56.0	56.3	44.8	48.4
南 非	South Africa	1658	2064	56.8	53.0	49.6	46.2
加 拿 大	Canada	1624	1975	65.3	65.6	58.7	61.0
墨 西 哥	Mexico	4078	5718	59.6	62.2	39.1	45.4
美 国	United States	14762	16183	66.3	62.1	59.0	56.0
阿 根 廷	Argentina	1544	1981	57.8	61.0	42.5	48.4
巴 西	Brazil	8466	10737	68.2	67.1	54.9	56.3
委内瑞拉	Venezuela	1059	1448	65.6	64.7	48.9	51.4
捷 克	Czech Rep.	519	533	60.5	59.4	51.7	51.1
法 国	France	2737	2992	55.3	55.2	48.4	50.7
德 国	Germany	4073	4294	58.1	60.3	49.2	54.5
意 大 利	Italy	2335	2535	47.7	48.4	35.4	39.3
荷 兰	Netherlands	817	902	62.9	63.8	53.3	57.5
波 兰	Poland	1723	1837	56.0	56.9	49.2	49.1
俄 罗 斯	Russia	7266	7615	60.7	63.5	54.1	56.6
西 班 牙	Spain	1843	2308	53.0	58.4	40.7	52.3
土 耳 其	Turkey	2138	2940	48.8	50.3	26.3	30.4
乌 克 兰	Ukraine	2372	2269	58.0	59.1	52.2	52.2
英 国	United Kingdom	2951	3357	61.9	62.7	54.1	56.9
澳大利亚	Australia	963	1251	63.4	64.7	54.7	58.6
新 西 兰	New Zealand	193	248	64.8	67.6	56.8	62.4

5-2 就业人数
Employment

资料来源：联合国ILO数据库。
Source: ILO Database.

单位：万人 (10 000 persons)

国家或地区	Country or Area	2000	2005	2010	2013	2014	2015
中　国	China	72085	74647	76105	76977	77253	77451
中国香港	Hong Kong, China	321	334	347	373	375	378
中国澳门	Macao, China	20	24	32	36	39	40
孟加拉国	Bangladesh	5176	4736	5408	5807		5953
柬埔寨	Cambodia	528		767	795	824	
印　度	India	33020	37199	37429			
印度尼西亚	Indonesia	8984	9536	10959	11276	11463	11482
伊　朗	Iran		2062	2066	2134	2130	2197
以色列	Israel	222	249	294	345	356	364
日　本	Japan	6446	6356	6298	6311	6351	6376
哈萨克斯坦	Kazakhstan		726	811	857	865	862
韩　国	Korea, Rep.	2116	2286	2383	2507	2560	2594
马来西亚	Malaysia	932	1005	1178	1321	1353	1407
蒙　古	Mongolia	81	97	103	110	111	115
巴基斯坦	Pakistan	3685	4282	4569	4665	5434	5595
菲律宾	Philippines	2745	3231	3604	3792	3865	3874
新加坡	Singapore	209	165	306	206	210	215
斯里兰卡	Sri Lanka	631	752	771	842	842	855
泰　国	Thailand	3300	3630	3804	3911	3842	3802
越　南	Viet Nam	3837	4253	4949	5221	5274	5291
埃　及	Egypt	1720	1934	2383	2397	2430	2478
南　非	South Africa	1224	1230	1379	1487	1532	1574
加拿大	Canada	1476	1612	1696	1769	1780	1795
墨西哥	Mexico	3373	4079	4612	4928	4737	5031
美　国	United States	13689	14173	13906	14393	14631	14883
阿根廷	Argentina	826	964	1516	1094	1569	
巴　西	Brazil	6563	1955	2202	9666	9945	2308
委内瑞拉	Venezuela	896	1073	1207	1295	1319	1321
捷　克	Czech Rep.	468	476	489	494	497	504
法　国	France	2312	2498	2573	2578	2640	2642
德　国	Germany	3632	3636	3799	3953	3987	4021
意大利	Italy	2093	2241	2253	2219	2228	2246
荷　兰	Netherlands	786	811	837	829	824	832
波　兰	Poland	1452	1412	1547	1557	1586	1608
俄罗斯	Russia	6507	6817	6980	7139	7154	7232
西班牙	Spain	1544	1921	1872	1714	1734	1787
土耳其	Turkey	2158	2205	2259	2552	2593	2662
乌克兰	Ukraine	2018	2068	2027	2040	1807	1644
英　国	United Kingdom	2726	2874	2912	2995	3067	3120
澳大利亚	Australia	886	985	1099	1143	1154	1177
新西兰	New Zealand	178	208	218	226	231	236

5-3 按产业类型划分的就业构成
Composition of Employment by Industry

资料来源：世界银行WDI数据库。
Source: World Bank WDI Database.
单位：%　　(%)

国家或地区	Country or Area	第一产业 Primary Industry		第二产业 Secondary Industry		第三产业 Tertiary Industry	
		2000	2015	2000	2015	2000	2015
中　国	China	50.0	28.3	22.5	29.3	27.5	42.4
中国香港	Hong Kong, China	0.3		20.3	11.4	79.4	79.4
中国澳门	Macao, China	0.2		28.2	15.9	71.5	84.0
孟加拉国	Bangladesh	62.2		10.3		23.5	
文　莱①	Brunei Darussalam①		0.6		18.7		80.8
柬埔寨	Cambodia	73.7	51.0②	8.4	18.6②	17.9	30.4②
印　度	India	59.9	49.7③	16.0	21.5③	24.0	28.7③
印度尼西亚	Indonesia	45.3	32.9	17.4	22.2	37.3	44.9
伊　朗	Iran		18.0		32.5		49.4
以色列	Israel	2.1	1.0	23.7	17.4	73.0	79.8
日　本	Japan	5.1	3.6	31.2	25.5	63.1	69.4
哈萨克斯坦③	Kazakhstan③		18.0		20.6		61.4
韩　国	Korea, Rep.	10.6	5.2	28.1	25.1	61.3	69.7
马来西亚	Malaysia	18.4	12.5	32.2	27.5	49.5	60.0
蒙　古	Mongolia	48.6	28.5	14.1	20.3	37.2	51.3
巴基斯坦	Pakistan	48.4	43.5①	18.0	22.5①	33.6	34.0①
菲律宾	Philippines	37.1	29.2	16.2	16.2	46.7	54.7
新加坡	Singapore			33.8	16.3	65.5	82.7
斯里兰卡	Sri Lanka		28.2		26.0		45.2
泰　国	Thailand	48.8	32.3	19.0	23.7	32.2	43.9
越　南	Viet Nam	65.3	43.6	12.4	23.1	22.3	33.3
埃　及	Egypt	29.6	25.8	21.3	25.1	49.1	49.1
南　非	South Africa	15.6	5.6	24.2	23.9	59.4	70.5
加拿大	Canada	2.5	1.6	23.3	19.9	74.2	78.4
墨西哥	Mexico	17.6	13.5	26.9	24.9	55.1	61.1
美　国	United States	1.8	1.6	22.9	18.5	75.3	79.9
阿根廷	Argentina	0.7	2.0①	22.7	24.6①	76.2	72.8①
巴　西	Brazil	18.5	10.3	21.2	22.2	59.1	77.3
委内瑞拉	Venezuela	10.6	7.4③	22.8	21.3③	66.5	71.1③
捷　克	Czech Rep.	5.2	2.9	39.9	38.0	54.8	59.0
法　国	France	4.1	2.7	26.3	20.1	69.6	75.9
德　国	Germany	2.6	1.4	33.5	27.7	63.8	70.9
意大利	Italy	5.2	3.8	31.8	26.6	63.0	69.7
荷　兰	Netherlands	3.1	2.1	20.2	15.2	70.4	74.9
波　兰	Poland	18.7	11.5	31.1	30.4	50.3	57.8
俄罗斯	Russia	14.5	6.7	28.4	27.2	57.1	66.1
西班牙	Spain	6.7	4.1	30.8	19.9	62.5	76.0
土耳其	Turkey	36.0	20.4	24.0	27.2	40.0	52.4
乌克兰	Ukraine	23.4	15.3	20.8	24.7	13.3	60.1
英　国	United Kingdom	1.5	1.1	25.1	18.5	73.1	79.7
澳大利亚	Australia	4.8	2.7	21.5	19.5	73.2	78.0
新西兰	New Zealand	8.7	6.1	23.2	21.9	67.7	71.5

注：①2014年数据。②2012年数据。③2013年数据。
Note:①Data refer to 2014.②Data refer to 2012.③Data refer to 2013.

5-4 按行业分类的就业人口
Employment by Economic Activity

资料来源：联合国ILO数据库。
Source: ILO Database.
单位：万人 (10 000 persons)

国家或地区	Country or Area	2000	2010	2013	2014	2015
中　国①	**China①**					
按第四版ISIC分类	ISIC-Rev.4					
总　计	Total		13051.5	18108.4	18277.8	18062.5
农、林、牧、渔业	Agriculture, Forestry，Animal Husbandry and Fishery		375.7	294.8	284.6	270.0
采矿业	Mining		562.0	636.5	596.5	545.8
制造业	Manufacturing		3637.2	5257.9	5243.1	5068.7
电力、热力、燃气及水生产和供应业	Production and supply of Electricity, Heat,Gas and Water		310.5	404.5	403.7	396.0
建筑业	Construction		1267.5	2921.9	2921.2	2796.0
批发和零售业	Wholesale and Retail Trades		535.1	890.8	888.6	883.3
交通运输、仓储和邮政业	Transport,Storage and Post		631.1	846.2	861.4	854.4
住宿和餐饮业	Hotels and Catering Services		209.2	304.4	289.3	276.1
信息传输、软件和信息技术服务业	Information Transmission,Software and Information Technology		185.8	327.3	336.3	349.9
金融业	Financial Intermediation		470.1	537.9	566.3	606.8
房地产业	Real Estate		211.6	373.7	402.2	417.3
科技研究和技术服务业	Scientific Research and and Technical Services		292.3	387.8	408.0	410.6
公共管理、社会保障和社会组织	Public Management, Social Security and Social Organization		1428.5	1567.0	1599.3	1637.8
教育	Education		1581.8	1687.2	1727.3	1736.5
卫生和社会工作	Health and Social Service		632.5	770.0	810.4	841.6
文化、体育和娱乐业	Culture, Sports and Entertainment		131.4	147.0	145.5	149.1
中国香港	**Hong Kong, China**					
按第四版ISIC分类	ISIC-Rev.4					
总　计	Total	320.7	347.4	372.8	374.9	378.1
制造业	Manufacturing	33.4	13.3	12.6	13.0	11.4
建筑业	Construction	30.2	26.5	30.9	30.7	31.7
批发和零售贸易；机动车辆和摩托车的修理	Wholesale and Retail Trade; Repair of Motor Vehicles and Motorcycles		84.7	84.8	84.7	82.2
运输和储存	Transportation and Storage		31.7	32.3	32.2	32.3
住宿和餐饮业	Accommodation and Food Service Activities		25.8	27.8	29.0	28.4
信息和通讯业	Information and Communication		10.5	12.2	14.2	13.1
金融和保险业	Financial and Insurance Activities		20.6	23.2	23.8	24.2
房地产业	Real Estate Activities		14.6	15.1	15.4	15.5
专业和科技活动	Professional, Scientific and Technical Activities		28.9	33.7	34.2	20.1
企业管理和商务服务业	Administrative and Support Service Activities					15.4
公共行政和国防；强制性社会保障	Public Administration and Defence; Compulsory Social Security		11.1	11.1	10.9	11.1
教育	Education		18.5	20.0	20.6	21.8
卫生和社会福利业	Human Health and Social Work Activities		16.3	18.9	18.0	19.3
艺术、娱乐和文娱活动	Arts, Entertainment and Recreation		5.2	5.7	5.6	5.9
其他服务活动	Other Service Activities		10.2	10.9	11.0	11.0
未分类经济活动	Not Classifiable by Economic Activity		29.5	33.6	33.5	34.9

5-4 续表 1 continued

单位：万人 (10 000 persons)

国家或地区	Country or Area	2000	2010	2013	2014	2015
印度尼西亚	**Indonesia**					
按第四版ISIC分类	ISIC-Rev.4					
总　计	Total	8983.8	10959.0	11276.1	11462.8	11481.9
农业、林业和渔业	Agriculture, Forestry and Fishing					3775.0
采掘业	Mining and Quarrying	45.2	128.1	142.6	143.6	131.7
制造业	Manufacturing	1164.2	1347.4	1496.0	1525.5	1553.8
供水；污水处理、废物管理和补救活动	Water Supply; Sewerage, Waste Management and Remediation Activities					26.7
建筑业	Construction	349.7	548.5	634.9	728.0	820.8
批发和零售贸易；机动车辆和摩托车的修理	Wholesale and Retail Trade; Repair of Motor Vehicles and Motorcycles					2134.7
运输和储存	Transportation and Storage					462.1
住宿和餐饮业	Accommodation and Food Service Activities	326.4		423.9		
信息和通讯业	Information and Communication					54.1
金融和保险业	Financial and Insurance Activities					167.0
房地产业	Real Estate Activities					29.0
企业管理和商务服务业	Administrative and Support Service Activities	957.4	1629.4	1845.2	1842.1	1646.4
教育	Education	241.3	473.3	499.3		560.6
卫生和社会福利业	Human Health and Social Work Activities	43.8	108.9	128.7		
艺术、娱乐和文娱活动	Arts, Entertainment and Recreation					41.6
家庭作为雇主的活动；家庭自用、未加区分的生产货物及服务的活动	Activities of Households as Employers; Undifferentiated Goods- and Services-Producing Activities of Households for Own Use					252.0
伊　朗	**Iran**					
按第四版ISIC分类	ISIC-Rev.4					
总　计	Total		2065.7	2133.7	2130.4	2197.2
农业、林业和渔业	Agriculture, Forestry and Fishing				381.2	396.1
采掘业	Mining and Quarrying		11.2		15.9	15.7
制造业	Manufacturing		352.2		358.7	369.7
电、煤气、蒸汽和空调供应	Electricity, Gas, Steam and Air Conditioning Supply				14.1	
供水；污水处理、废物管理和补救活动	Water Supply; Sewerage, Waste Management and Remediation Activities				10.2	9.4
建筑业	Construction		282.0		320.2	304.7
批发和零售贸易；机动车辆和摩托车的修理	Wholesale and Retail Trade; Repair of Motor Vehicles and Motorcycles				311.7	328.0
运输和储存	Transportation and Storage				204.4	217.8
住宿和餐饮业	Accommodation and Food Service Activities		24.7		25.0	
信息和通讯业	Information and Communication				19.4	21.3
金融和保险业	Financial and Insurance Activities				33.8	33.8
房地产业	Real Estate Activities				13.3	13.6
专业和科技活动	Professional, Scientific and Technical Activities				22.3	
企业管理和商务服务业	Administrative and Support Service Activities				25.8	25.8
公共行政和国防；强制性社会保障	Public Administration and Defence; Compulsory Social Security				134.1	
教育	Education		123.3		128.4	128.4
卫生和社会福利业	Human Health and Social Work Activities		49.2		55.5	
艺术、娱乐和文娱活动	Arts, Entertainment and Recreation				9.5	9.3
其他服务活动	Other Service Activities				44.1	

5-4 续表 2 continued

单位：万人 (10 000 persons)

国家或地区	Country or Area	2000	2010	2013	2014	2015
以 色 列	**Israel**					
按第四版ISIC分类	ISIC-Rev.4					
总 计	Total	222.1	293.8	345.0	355.6	364.4
农业、林业和渔业	Agriculture, Forestry and Fishing			4.3		3.8
制造业	Manufacturing	38.5	40.7	41.2		42.2
电、煤气、蒸汽和空调供应	Electricity, Gas, Steam and Air Conditioning Supply			1.5		
供水；污水处理、废物管理和补救活动	Water Supply; Sewerage, Waste Management and Remediation Activities			1.6		1.5
建筑业	Construction	11.6	15.7	16.6		18.1
批发和零售贸易；机动车辆和摩托车的修理	Wholesale and Retail Trade; Repair of Motor Vehicles and Motorcycles			40.3		42.0
运输和储存	Transportation and Storage			14.7		15.1
住宿和餐饮业	Accommodation and Food Service Activities	10.2	13.5	15.0		
信息和通讯业	Information and Communication			16.6		18.0
金融和保险业	Financial and Insurance Activities			11.9		12.4
房地产业	Real Estate Activities			2.8		2.8
专业和科技活动	Professional, Scientific and Technical Activities			23.7		
企业管理和商务服务业	Administrative and Support Service Activities			14.8	14.7	15.3
公共行政和国防；强制性社会保障	Public Administration and Defence; Compulsory Social Security			36.3		
教育	Education	27.2	36.8	41.3		45.5
卫生和社会福利业	Human Health and Social Work Activities	21.4	30.4	35.4		
艺术、娱乐和文娱活动	Arts, Entertainment and Recreation			6.1		6.7
其他服务活动	Other Service Activities			8.9		
家庭作为雇主的活动；家庭自用、未加区分的生产货物及服务的活动	Activities of Households as Employers;Undifferentiated Goods- and Services-Producing Activities of Households for Own Use					6.6
未分类经济活动	Not Classifiable by Economic Activity	2.5	3.3			
日 本	**Japan**					
按第四版ISIC分类	ISIC-Rev.4					
总 计	Total	6446	6298	6311	6351	6376
农业、林业和渔业	Agriculture, Forestry and Fishing		255	233		228
采掘业	Mining and Quarrying	5	3	3		3
制造业	Manufacturing	1321	1060	1066	1040	1062
电、煤气、蒸汽和空调供应	Electricity, Gas, Steam and Air Conditioning Supply			61		
建筑业	Construction	653		499		500
批发和零售贸易；机动车辆和摩托车的修理	Wholesale and Retail Trade; Repair of Motor Vehicles and Motorcycles			1089		1083
运输和储存	Transportation and Storage			370		366
住宿和餐饮业	Accommodation and Food Service Activities			384		383
信息和通讯业	Information and Communication			192		209
金融和保险业	Financial and Insurance Activities			191		180
房地产业	Real Estate Activities			83		92
专业和科技活动	Professional, Scientific and Technical Activities			207		214
企业管理和商务服务业	Administrative and Support Service Activities			282		294
公共行政和国防；强制性社会保障	Public Administration and Defence; Compulsory Social Security			232		234
教育	Education			299		303
卫生和社会福利业	Human Health and Social Work Activities			735		784
艺术、娱乐和文娱活动	Arts, Entertainment and Recreation			77		71
其他服务活动	Other Service Activities			214		206
域外组织和机构的活动	Activities of Extraterritorial Organizations and Bodies			3		3
未分类经济活动	Not Classifiable by Economic Activity			92		101

5-4 续表 3 continued

单位：万人 (10 000 persons)

国家或地区	Country or Area	2000	2010	2013	2014	2015
哈萨克斯坦	**Kazakhstan**					
按第四版ISIC分类	ISIC-Rev.4					
总　计	Total		811.4	857.1	865.2	862.4
农业、林业和渔业	Agriculture, Forestry and Fishing		229.5			155.3
采掘业	Mining and Quarrying		19.4			28.4
制造业	Manufacturing		56.6			55.3
电、煤气、蒸汽和空调供应	Electricity, Gas, Steam and Air Conditioning Supply		13.2			
供水；污水处理、废物管理和补救活动	Water Supply; Sewerage, Waste Management and Remediation Activities		5.7			8.2
建筑业	Construction		57.0			68.9
批发和零售贸易；机动车辆和摩托车的修理	Wholesale and Retail Trade; Repair of Motor Vehicles and Motorcycles		122.4			126.1
运输和储存	Transportation and Storage		51.2			61.9
住宿和餐饮业	Accommodation and Food Service Activities		10.5			
信息和通讯业	Information and Communication		10.9			15.2
金融和保险业	Financial and Insurance Activities		10.5			19.5
房地产业	Real Estate Activities		13.9			9.4
专业和科技活动	Professional, Scientific and Technical Activities		14.9			
企业管理和商务服务业	Administrative and Support Service Activities		10.5	13.9		17.4
公共行政和国防；强制性社会保障	Public Administration and Defence; Compulsory Social Security		37.7			
教育	Education		81.6			101.3
卫生和社会福利业	Human Health and Social Work Activities		37.0			
艺术、娱乐和文娱活动	Arts, Entertainment and Recreation		9.0			12.7
其他服务活动	Other Service Activities		11.4			
韩　国	**Korea, Rep.**					
按第四版ISIC分类	ISIC-Rev.4					
总　计	Total	2115.6	2382.9	2506.7	2559.9	2593.6
农业、林业和渔业	Agriculture, Forestry and Fishing		156.6	152.0	145.2	134.5
采掘业	Mining and Quarrying	1.7	2.1	1.6	1.3	1.4
制造业	Manufacturing	429.3	402.8	418.4	433.0	448.6
电、煤气、蒸汽和空调供应	Electricity, Gas, Steam and Air Conditioning Supply		7.9	9.0	8.3	9.3
供水；污水处理、废物管理和补救活动	Water Supply; Sewerage, Waste Management and Remediation Activities		6.5	7.3	8.7	8.8
建筑业	Construction	158.0	175.3	175.4	179.6	182.3
批发和零售贸易；机动车辆和摩托车的修理	Wholesale and Retail Trade; Repair of Motor Vehicles and Motorcycles		358.0	366.0	379.2	378.3
运输和储存	Transportation and Storage		128.0	141.3	140.7	140.9
住宿和餐饮业	Accommodation and Food Service Activities	191.9	188.9	197.1	209.8	217.9
信息和通讯业	Information and Communication		66.8	69.2	71.4	77.2
金融和保险业	Financial and Insurance Activities		80.8	86.4	83.7	78.9
房地产业	Real Estate Activities		51.7	48.5	50.8	53.5
专业和科技活动	Professional, Scientific and Technical Activities		88.3	102.2	102.4	104.8
企业管理和商务服务业	Administrative and Support Service Activities		102.3	117.3	118.0	124.8
公共行政和国防；强制性社会保障	Public Administration and Defence; Compulsory Social Security		96.0	96.6	95.7	93.6
教育	Education	119.1	179.9	174.8	180.7	181.8
卫生和社会福利业	Human Health and Social Work Activities	42.8	115.3	155.4	169.3	177.0
艺术、娱乐和文娱活动	Arts, Entertainment and Recreation		38.0	39.2	39.3	42.4
其他服务活动	Other Service Activities		121.6	131.2	129.9	127.7
家庭作为雇主的活动；家庭自用、未加区分的生产货物及服务的活动	Activities of Households as Employers; Undifferentiated Goods- and Services-Producing Activities of Households for Own Use		15.0	17.1	11.6	8.2
域外组织和机构的活动	Activities of Extraterritorial Organizations and Bodies	1.9	1.3	0.8	1.4	1.8

5-4 续表 4 continued

单位：万人 (10 000 persons)

国家或地区	Country or Area	2000	2010	2013	2014	2015
马来西亚	**Malaysia**					
按第四版ISIC分类	ISIC-Rev.4					
总　计	Total	932.2	1177.7	1354.5	1385.3	1406.8
农业、林业和渔业	Agriculture, Forestry and Fishing		167.4	175.9	169.4	175.4
采掘业	Mining and Quarrying		5.7	8.8	8.5	10.4
制造业	Manufacturing		197.2	231.6	237.3	232.3
电、煤气、蒸汽和空调供应	Electricity, Gas, Steam and Air Conditioning Supply		5.2	6.2	6.6	6.2
供水；污水处理、废物管理和补救活动	Water Supply; Sewerage, Waste Management and Remediation Activities		6.4	8.4	8.1	7.2
建筑业	Construction		112.1	129.2	127.8	131.0
批发和零售贸易；机动车辆和摩托车的修理	Wholesale and Retail Trade; Repair of Motor Vehicles and Motorcycles		186.5	226.1	232.4	236.1
运输和储存	Transportation and Storage		54.1	62.7	59.8	61.5
住宿和餐饮业	Accommodation and Food Service Activities		85.7	104.2	114.9	115.1
信息和通讯业	Information and Communication		16.5	19.4	21.3	21.4
金融和保险业	Financial and Insurance Activities		30.5	31.9	32.9	35.4
房地产业	Real Estate Activities		5.7	7.3	8.0	7.1
专业和科技活动	Professional, Scientific and Technical Activities		27.1	30.7	33.0	35.9
企业管理和商务服务业	Administrative and Support Service Activities		34.9	56.7	65.4	63.5
公共行政和国防；强制性社会保障	Public Administration and Defence; Compulsory Social Security		77.9	76.1	74.2	75.1
教育	Education		77.3	81.7	87.1	89.9
卫生和社会福利业	Human Health and Social Work Activities		27.8	49.0	53.3	57.3
艺术、娱乐和文娱活动	Arts, Entertainment and Recreation		9.0	7.9	9.4	8.2
其他服务活动	Other Service Activities		18.1	19.2	19.9	23.3
家庭作为雇主的活动；家庭自用、未加区分的生产货物及服务的活动	Activities of Households as Employers; Undifferentiated Goods- and Services-Producing Activities of Households for Own Use		21.5	15.9	14.2	23.3
域外组织和机构的活动	Activities of Extraterritorial Organizations and Bodies		0.4			
蒙　古	**Mongolia**					
按第四版ISIC分类	ISIC-Rev.4					
总　计	Total	80.9	103.4	110.4	111.1	115.1
农业、林业和渔业	Agriculture, Forestry and Fishing		34.7	32.9	31.1	32.8
采掘业	Mining and Quarrying	1.9	3.4	5.0	4.1	4.3
制造业	Manufacturing	5.5	6.5	8.1	8.5	8.1
电、煤气、蒸汽和空调供应	Electricity, Gas, Steam and Air Conditioning Supply		1.2	1.4	1.5	1.6
供水；污水处理、废物管理和补救活动	Water Supply; Sewerage, Waste Management and Remediation Activities		0.8	0.8	0.7	0.6
建筑业	Construction	2.3	4.9	7.2	8.1	8.8
批发和零售贸易；机动车辆和摩托车的修理	Wholesale and Retail Trade; Repair of Motor Vehicles and Motorcycles		14.6	15.6	17.0	17.8
运输和储存	Transportation and Storage		7.7	6.6	7.0	7.3
住宿和餐饮业	Accommodation and Food Service Activities	1.3	2.8	3.2	3.7	3.8
信息和通讯业	Information and Communication		1.4	1.7	1.8	1.6
金融和保险业	Financial and Insurance Activities		1.5	2.1	2.3	2.4
房地产业	Real Estate Activities			0.1	0.1	0.1
专业和科技活动	Professional, Scientific and Technical Activities		1.0	1.4	1.3	1.4
企业管理和商务服务业	Administrative and Support Service Activities		0.9	1.5	1.2	1.6
公共行政和国防；强制性社会保障	Public Administration and Defence; Compulsory Social Security		6.1	6.5	6.6	6.8
教育	Education	5.4	8.5	9.0	9.0	8.9
卫生和社会福利业	Human Health and Social Work Activities	3.4	4.0	4.0	3.7	3.8
艺术、娱乐和文娱活动	Arts, Entertainment and Recreation		0.9	0.9	1.1	1.2
其他服务活动	Other Service Activities		2.1	2.0	2.0	2.0
家庭作为雇主的活动；家庭自用、未加区分的生产货物及服务的活动	Activities of Households as Employers; Undifferentiated Goods- and Services-Producing Activities of Households for Own Use		0.1	0.1	0.1	0.1
域外组织和机构的活动	Activities of Extraterritorial Organizations and Bodies		0.2	0.2	0.2	0.2

5-4 续表 5 continued

单位：万人 (10 000 persons)

国家或地区	Country or Area	2000	2010	2013	2014	2015
菲 律 宾	**Philippines**					
按第四版ISIC分类	ISIC-Rev.4					
总　计	Total	2745.2	3603.5	3791.7	3865.1	3874.1
农业、林业和渔业	Agriculture, Forestry and Fishing			1175.9	1180.1	1129.4
采掘业	Mining and Quarrying	10.8	19.9	25.0	23.9	23.5
制造业	Manufacturing	274.5	303.3	315.0	321.2	320.9
电、煤气、蒸汽和空调供应	Electricity, Gas, Steam and Air Conditioning Supply			9.4	8.6	8.3
供水；污水处理、废物管理和补救活动	Water Supply; Sewerage, Waste Management and Remediation Activities			6.0	5.1	5.2
建筑业	Construction	147.9	201.6	236.4	257.8	269.7
批发和零售贸易；机动车辆和摩托车的修理	Wholesale and Retail Trade; Repair of Motor Vehicles and Motorcycles			706.9	724.8	731.3
运输和储存	Transportation and Storage			271.9	268.6	278.1
住宿和餐饮业	Accommodation and Food Service Activities		106.2	159.8	169.4	171.6
信息和通讯业	Information and Communication			34.3	35.2	38.1
金融和保险业	Financial and Insurance Activities			44.7	49.1	49.8
房地产业	Real Estate Activities			17.2	16.8	18.4
专业和科技活动	Professional, Scientific and Technical Activities			19.4	20.9	20.8
企业管理和商务服务业	Administrative and Support Service Activities			101.3	108.5	113.9
公共行政和国防；强制性社会保障	Public Administration and Defence; Compulsory Social Security			195.1	196.4	209.6
教育	Education		117.6	122.0	125.4	128.2
卫生和社会福利业	Human Health and Social Work Activities		45.1	46.6	48.0	49.4
艺术、娱乐和文娱活动	Arts, Entertainment and Recreation			34.6	34.9	34.3
其他服务活动	Other Service Activities			217.8	218.7	248.9
家庭作为雇主的活动；家庭自用、未加区分的生产货物及服务的活动	Activities of Households as Employers; Undifferentiated Goods- and Services-Producing Activities of Households for Own Use			52.1	50.8	24.4
域外组织和机构的活动	Activities of Extraterritorial Organizations and Bodies		0.2	0.4	0.7	0.3
新 加 坡	**Singapore**					
按第四版ISIC分类	ISIC-Rev.4					
总　计	Total	209.5	306.3	205.6	210.4	214.8
制造业	Manufacturing			28.0	24.9	23.9
建筑业	Construction	27.4	38.8	10.2	9.8	11.0
批发和零售贸易；机动车辆和摩托车的修理	Wholesale and Retail Trade; Repair of Motor Vehicles and Motorcycles		40.7	30.2	34.6	36.4
运输和储存	Transportation and Storage		19.7	19.3	18.9	18.8
住宿和餐饮业	Accommodation and Food Service Activities	11.4	18.5	13.5	13.7	13.9
信息和通讯业	Information and Communication		9.3	9.2	8.8	8.4
金融和保险业	Financial and Insurance Activities		17.3	14.8	16.6	16.7
房地产业	Real Estate Activities		7.9	4.9	5.6	5.5
专业和科技活动	Professional, Scientific and Technical Activities		18.0	14.3	15.3	16.7
企业管理和商务服务业	Administrative and Support Service Activities		15.7	10.0	10.3	10.6
公共行政和国防；强制性社会保障	Public Administration and Defence; Compulsory Social Security			28.5	28.5	29.1
卫生和社会福利业	Human Health and Social Work Activities		9.2	9.5	10.8	10.6
艺术、娱乐和文娱活动	Arts, Entertainment and Recreation		3.4	3.7	3.5	3.7
其他服务活动	Other Service Activities			6.9	6.6	6.7
未分类经济活动	Not Classifiable by Economic Activity	1.5		2.7	2.5	2.3

5-4 续表 6 continued

单位：万人 (10 000 persons)

国家或地区	Country or Area	2000	2010	2013	2014	2015
斯里兰卡	**Sri Lanka**					
按第四版ISIC分类	ISIC-Rev.4					
总　计	Total	631.0	770.7	841.8	842.4	855.4
农业、林业和渔业	Agriculture, Forestry and Fishing			250.4	240.0	
采掘业	Mining and Quarrying	0.3	6.9	10.0	7.9	
制造业	Manufacturing		131.8	151.4	153.5	
电、煤气、蒸汽和空调供应	Electricity, Gas, Steam and Air Conditioning Supply			1.3	1.9	
供水；污水处理、废物管理和补救活动	Water Supply; Sewerage, Waste Management and Remediation Activities			1.1	1.3	
建筑业	Construction			56.4	58.3	
批发和零售贸易；机动车辆和摩托车的修理	Wholesale and Retail Trade; Repair of Motor Vehicles and Motorcycles			115.1	111.1	
运输和储存	Transportation and Storage			51.8	52.8	
住宿和餐饮业	Accommodation and Food Service Activities		14.6	18.8	20.0	
信息和通讯业	Information and Communication			6.3	7.1	
金融和保险业	Financial and Insurance Activities			15.3	16.1	
房地产业	Real Estate Activities			0.8	1.2	
专业和科技活动	Professional, Scientific and Technical Activities			6.8	5.3	
企业管理和商务服务业	Administrative and Support Service Activities			10.7	11.2	
公共行政和国防；强制性社会保障	Public Administration and Defence; Compulsory Social Security			62.9	65.5	
教育	Education		30.2	33.0	34.1	
卫生和社会福利业	Human Health and Social Work Activities		11.6	14.1	13.8	
艺术、娱乐和文娱活动	Arts, Entertainment and Recreation			3.3	4.3	
其他服务活动	Other Service Activities			13.2	14.4	
家庭作为雇主的活动；家庭自用、未加区分的生产货物及服务的活动	Activities of Households as Employers; Undifferentiated Goods- and Services-Producing Activities of Households for Own Use			18.2	21.9	
泰　国	**Thailand**					
按第四版ISIC分类	ISIC-Rev.4					
总　计	Total	3300.1	3803.7	3890.7	3807.7	3801.6
农业、林业和渔业	Agriculture, Forestry and Fishing			1540.7	1273.3	1227.2
采掘业	Mining and Quarrying	3.9	4.1	6.6	6.9	7.9
制造业	Manufacturing	478.5	535.0	543.5	639.3	645.4
电、煤气、蒸汽和空调供应	Electricity, Gas, Steam and Air Conditioning Supply			9.9	11.7	10.5
供水；污水处理、废物管理和补救活动	Water Supply; Sewerage, Waste Management and Remediation Activities			8.9	10.5	8.3
建筑业	Construction	128.0	235.6	254.3	226.9	228.2
批发和零售贸易；机动车辆和摩托车的修理	Wholesale and Retail Trade; Repair of Motor Vehicles and Motorcycles			600.8	618.5	617.6
运输和储存	Transportation and Storage			94.8	119.2	121.6
住宿和餐饮业	Accommodation and Food Service Activities		265.4	230.0	256.8	264.4
信息和通讯业	Information and Communication			19.9	24.8	24.2
金融和保险业	Financial and Insurance Activities			44.0	52.7	53.9
房地产业	Real Estate Activities			13.2	15.9	19.4
专业和科技活动	Professional, Scientific and Technical Activities			25.7	31.7	37.4
企业管理和商务服务业	Administrative and Support Service Activities			39.4	49.5	54.8
公共行政和国防；强制性社会保障	Public Administration and Defence; Compulsory Social Security			164.0	158.9	161.1
教育	Education		124.6	118.1	115.3	118.2
卫生和社会福利业	Human Health and Social Work Activities		70.1	64.5	68.4	68.2
艺术、娱乐和文娱活动	Arts, Entertainment and Recreation			23.8	25.6	26.7
其他服务活动	Other Service Activities			63	73.6	77
家庭作为雇主的活动；家庭自用、未加区分的生产货物及服务的活动	Activities of Households as Employers; Undifferentiated Goods- and Services-Producing Activities of Households for Own Use			20.4	21.6	23.3
域外组织和机构的活动	Activities of Extraterritorial Organizations and Bodies		0.3	0.5	0.7	0.7

5-4 续表 7 continued

单位：万人 (10 000 persons)

国家或地区	Country or Area	2000	2010	2013	2014	2015
越　南	**Viet Nam**					
按第四版ISIC分类	ISIC-Rev.4					
总　计	Total	3836.8		5220.8	5274.5	5290.6
农业、林业和渔业	Agriculture, Forestry and Fishing			2443.5	2442.8	
采掘业	Mining and Quarrying	19.2		26.7	24.3	
制造业	Manufacturing	353.6		728.4	761.7	
供水；污水处理、废物管理和补救活动	Water Supply; Sewerage, Waste Management and Remediation Activities			11.7	10.9	
建筑业	Construction			325.8	318.5	
批发和零售贸易；机动车辆和摩托车的修理	Wholesale and Retail Trade; Repair of Motor Vehicles and Motorcycles			654.7	655.4	
运输和储存	Transportation and Storage			149.6	153.6	
住宿和餐饮业	Accommodation and Food Service Activities	50.6				
信息和通讯业	Information and Communication			26.7	31.8	
金融和保险业	Financial and Insurance Activities			33.4	35.2	
房地产业	Real Estate Activities			15.0	15.8	
专业和科技活动	Professional, Scientific and Technical Activities			24.3	22.7	
企业管理和商务服务业	Administrative and Support Service Activities			22.5	26.2	
公共行政和国防；强制性社会保障	Public Administration and Defence; Compulsory Social Security			168.7	169.8	
教育	Education			180.8	186.1	
卫生和社会福利业	Human Health and Social Work Activities			50.1	49.3	
艺术、娱乐和文娱活动	Arts, Entertainment and Recreation			28.1	26.6	
其他服务活动	Other Service Activities			77.8	76.5	
家庭作为雇主的活动；家庭自用、未加区分的生产货物及服务的活动	Activities of Households as Employers; Undifferentiated Goods- and Services-Producing Activities of Households for Own Use			17.4	19.1	
域外组织和机构的活动	Activities of Extraterritorial Organizations and Bodies	0.3		0.4	0.2	
未分类经济活动	Not Classifiable by Economic Activity			1.0	2.6	
埃　及	**Egypt**					
按第四版ISIC分类	ISIC-Rev.4					
总　计	Total	1720.3	2382.9	2397.4	2429.9	2477.9
农业、林业和渔业	Agriculture, Forestry and Fishing		672.8	670.2	669.4	640.3
采掘业	Mining and Quarrying	4.7	4.7	4.1	4.8	3.9
制造业	Manufacturing	204.8	288.2	257.1	270.7	278.1
电、煤气、蒸汽和空调供应	Electricity, Gas, Steam and Air Conditioning Supply		26.6	22.6	22.2	20.4
供水；污水处理、废物管理和补救活动	Water Supply; Sewerage, Waste Management and Remediation Activities		15.0	21.4	21.1	18.7
建筑业	Construction		269.4	272.8	274.2	300.5
批发和零售贸易；机动车辆和摩托车的修理	Wholesale and Retail Trade; Repair of Motor Vehicles and Motorcycles		269.4	268.8	271.3	293.6
运输和储存	Transportation and Storage		147.1	169.9	175.6	190.3
住宿和餐饮业	Accommodation and Food Service Activities		52.9	52.5	54.9	64.8
信息和通讯业	Information and Communication		21.1	18.9	19.0	20.6
金融和保险业	Financial and Insurance Activities		19.3	16.7	15.8	16.0
房地产业	Real Estate Activities		1.6	2.6	3.2	3.8
专业和科技活动	Professional, Scientific and Technical Activities		39.7	37.1	41.4	40.8
企业管理和商务服务业	Administrative and Support Service Activities		16.9	14.7	571.8	567.4
公共行政和国防；强制性社会保障	Public Administration and Defence; Compulsory Social Security		185.7	188.6	191.3	179.1
教育	Education	179.0	209.2	229.9	229.3	221.6
卫生和社会福利业	Human Health and Social Work Activities	53.2	61.2	64.6	66.7	74.7
艺术、娱乐和文娱活动	Arts, Entertainment and Recreation		10.4	11.3	12.1	11.5
其他服务活动	Other Service Activities		53.9	59.7	60.2	59.0
家庭作为雇主的活动；家庭自用、未加区分的生产货物及服务的活动	Activities of Households as Employers; Undifferentiated Goods- and Services-Producing Activities of Households for Own Use		14.0	13.3	11.9	22.0
域外组织和机构的活动	Activities of Extraterritorial Organizations and Bodies		0.3	0.2	0.4	0.3
未分类经济活动	Not Classifiable by Economic Activity	0.2	3.7			

5-4 续表 8 continued

单位：万人 (10 000 persons)

国家或地区	Country or Area	2000	2010	2013	2014	2015
南　非	**South Africa**					
按第四版ISIC分类	ISIC-Rev.4					
总　计	Total	1223.8	1378.8	1486.6	1531.7	1574.1
农业、林业和渔业	Agriculture, Forestry and Fishing				71.2	
采掘业	Mining and Quarrying	60.3	32.7		42.8	45.5
制造业	Manufacturing	157.8	183.9	181.0	178.1	176.2
电、煤气、蒸汽和空调供应	Electricity, Gas, Steam and Air Conditioning Supply				11.8	
建筑业	Construction	68.3	110.9	114.5	125.9	140.5
批发和零售贸易；机动车辆和摩托车的修理	Wholesale and Retail Trade; Repair of Motor Vehicles and Motorcycles				215.1	
运输和储存	Transportation and Storage				76.3	
住宿和餐饮业	Accommodation and Food Service Activities				57.1	
信息和通讯业	Information and Communication				17.8	
金融和保险业	Financial and Insurance Activities				40.7	
房地产业	Real Estate Activities				8.8	
专业和科技活动	Professional, Scientific and Technical Activities					
企业管理和商务服务业	Administrative and Support Service Activities	323.0	411.2	458.7		484.0
公共行政和国防；强制性社会保障	Public Administration and Defence; Compulsory Social Security				87.4	
教育	Education				97.0	
卫生和社会福利业	Human Health and Social Work Activities				96.0	
艺术、娱乐和文娱活动	Arts, Entertainment and Recreation				15.2	
其他服务活动	Other Service Activities				23.7	
家庭作为雇主的活动；家庭自用、未加区分的生产货物及服务的活动	Activities of Households as Employers; Undifferentiated Goods- and Services-Producing Activities of Households for Own Use				124.4	
域外组织和机构的活动	Activities of Extraterritorial Organizations and Bodies					
未分类经济活动	Not Classifiable by Economic Activity				242.3	
加 拿 大	**Canada**					
按第四版ISIC分类	ISIC-Rev.4					
总　计	Total	1476.0	1696.4	1769.1	1780.2	1794.7
农业、林业和渔业	Agriculture, Forestry and Fishing			36.1		
采掘业	Mining and Quarrying	16.0	25.8			
制造业	Manufacturing	224.2	171.1		171.1	171.2
电、煤气、蒸汽和空调供应	Electricity, Gas, Steam and Air Conditioning Supply			179.6		
供水；污水处理、废物管理和补救活动	Water Supply; Sewerage, Waste Management and Remediation Activities			14.4		
建筑业	Construction	80.7	124.2	132.4	137.2	137.1
批发和零售贸易；机动车辆和摩托车的修理	Wholesale and Retail Trade; Repair of Motor Vehicles and Motorcycles			296.9		
运输和储存	Transportation and Storage			113.2		
住宿和餐饮业	Accommodation and Food Service Activities		105.8	109.4		
信息和通讯业	Information and Communication			80.6		
金融和保险业	Financial and Insurance Activities			236.1		
房地产业	Real Estate Activities			94.2		
专业和科技活动	Professional, Scientific and Technical Activities			128.9		
企业管理和商务服务业	Administrative and Support Service Activities	488.5	599.7		637.0	644.6
公共行政和国防；强制性社会保障	Public Administration and Defence; Compulsory Social Security			93.8		

5-4 续表 9 continued

单位：万人 (10 000 persons)

国家或地区	Country or Area	2000	2010	2013	2014	2015
加 拿 大(续)	**Canada(Continued)**					
运输和储存	Transportation and Storage			113.2		
住宿和餐饮业	Accommodation and Food Service Activities		105.8	109.4		
信息和通讯业	Information and Communication			80.6		
金融和保险业	Financial and Insurance Activities			236.1		
房地产业	Real Estate Activities			94.2		
专业和科技活动	Professional, Scientific and Technical Activities			128.9		
企业管理和商务服务业	Administrative and Support Service Activities	488.5	599.7		637.0	644.6
公共行政和国防；强制性社会保障	Public Administration and Defence; Compulsory Social Security			93.8		
教育	Education	97.4	121.8			
卫生和社会福利业	Human Health and Social Work Activities	151.4	203.1			
域外组织和机构的活动	Activities of Extraterritorial Organizations and Bodies	0.3	0.3			
墨 西 哥	**Mexico**					
按第四版ISIC分类	ISIC-Rev.4					
总 计	Total	3373.0	4630.6	4899.9	4902.6	5005.6
农业、林业和渔业	Agriculture, Forestry and Fishing		641.7	659.4	668.0	677.3
采掘业	Mining and Quarrying	15.0	19.1	22.7	24.4	23.3
制造业	Manufacturing	648.1	701.1	764.7	783.8	803.8
电、煤气、蒸汽和空调供应	Electricity, Gas, Steam and Air Conditioning Supply		10.7	10.6	9.4	11.0
供水；污水处理、废物管理和补救活动	Water Supply; Sewerage, Waste Management and Remediation Activities		19.1	21.2	24.4	21.4
建筑业	Construction	266.4	367.2	357.8	371.5	394.7
批发和零售贸易；机动车辆和摩托车的修理	Wholesale and Retail Trade; Repair of Motor Vehicles and Motorcycles		931.3	966.5	949.7	957.1
运输和储存	Transportation and Storage		190.3	202.6	204.7	207.8
住宿和餐饮业	Accommodation and Food Service Activities	151.2	309.5	348.2	348.5	361.9
信息和通讯业	Information and Communication		37.4	42.7	36.6	35.4
金融和保险业	Financial and Insurance Activities		43.2	50.9	52.1	49.5
房地产业	Real Estate Activities		24.3	25.3	25.7	29.4
专业和科技活动	Professional, Scientific and Technical Activities		106.0	121.7	118.9	119.7
企业管理和商务服务业	Administrative and Support Service Activities	652.0	110.4	124.0	130.6	133.7
公共行政和国防；强制性社会保障	Public Administration and Defence; Compulsory Social Security		233.1	237.9	237.5	225.9
教育	Education	185.5	251.1	260.9	251.2	259.9
卫生和社会福利业	Human Health and Social Work Activities	105.9	138.7	153.2	150.3	154.9
艺术、娱乐和文娱活动	Arts, Entertainment and Recreation		45.2	43.6	42.9	46.3
其他服务活动	Other Service Activities		240.6	265.8	245.5	254.7
家庭作为雇主的活动；家庭自用、未加区分的生产货物及服务的活动	Activities of Households as Employers; Undifferentiated Goods- and Services-Producing Activities of Households for Own Use		210.0	219.6	226.8	237.7
域外组织和机构的活动	Activities of Extraterritorial Organizations and Bodies	0.2	0.5	0.5	0.4	0.1
未分类经济活动	Not Classifiable by Economic Activity	15.1				

5-4 续表 10 continued

单位：万人 (10 000 persons)

国家或地区	Country or Area	2000	2010	2013	2014	2015
美　国	**United States**					
按第四版ISIC分类	ISIC-Rev.4					
总　计	Total	13689.1	13906.4	14392.9	14630.5	14883.4
农业、林业和渔业	Agriculture, Forestry and Fishing		220.6			
采掘业	Mining and Quarrying	52.1	73.1			
制造业	Manufacturing	1964.4	1408.1	1486.9	1510.0	1533.8
建筑业	Construction	993.1	907.7	927.1	981.3	993.5
批发和零售贸易；机动车辆和摩托车的修理	Wholesale and Retail Trade; Repair of Motor Vehicles and Motorcycles		1973.9			
运输和储存	Transportation and Storage		713.4			
住宿和餐饮业	Accommodation and Food Service Activities		956.4			
信息和通讯业	Information and Communication		314.9			
金融和保险业	Financial and Insurance Activities		660.5			
房地产业	Real Estate Activities		274.5			
专业和科技活动	Professional, Scientific and Technical Activities		1525.3			
企业管理和商务服务业	Administrative and Support Service Activities	4739.8		5672.0	5716.3	5850.7
公共行政和国防；强制性社会保障	Public Administration and Defence; Compulsory Social Security		698.3			
教育	Education	1171.5	1315.5			
卫生和社会福利业	Human Health and Social Work Activities		1890.7			
艺术、娱乐和文娱活动	Arts, Entertainment and Recreation		296.6			
阿 根 廷	**Argentina**					
按第四版ISIC分类	ISIC-Rev.4					
总　计	Total	826.2	1516.2	1094.3	1568.6	
农业、林业和渔业	Agriculture, Forestry and Fishing		44.8	6.7	6.0	
采掘业	Mining and Quarrying	1.5	7.7	4.7	4.8	
制造业	Manufacturing	115.5	203.0	144.6	145.1	
电、煤气、蒸汽和空调供应	Electricity, Gas, Steam and Air Conditioning Supply		6.8	4.1	4.5	
供水；污水处理、废物管理和补救活动	Water Supply; Sewerage, Waste Management and Remediation Activities		6.8	8.3	9.7	
建筑业	Construction	65.4	140.6	98.2	100.8	
批发和零售贸易；机动车辆和摩托车的修理	Wholesale and Retail Trade; Repair of Motor Vehicles and Motorcycles		283.7	199.3	193.3	
运输和储存	Transportation and Storage		89.0	64.5	64.9	
住宿和餐饮业	Accommodation and Food Service Activities	25.5	50.6	38.3	40.7	
信息和通讯业	Information and Communication		24.2	23.3	23.8	
金融和保险业	Financial and Insurance Activities		27.5	21.1	21.5	
房地产业	Real Estate Activities		6.9	3.8	2.5	
专业和科技活动	Professional, Scientific and Technical Activities		62.3	46.2	43.0	
企业管理和商务服务业	Administrative and Support Service Activities	287.6	32.1	37.8	40.6	
公共行政和国防；强制性社会保障	Public Administration and Defence; Compulsory Social Security		120.1	92.6	99.8	
教育	Education	62.6	120.8	86.5	88.6	
卫生和社会福利业	Human Health and Social Work Activities	47.4	74.8	60.7	60.2	
艺术、娱乐和文娱活动	Arts, Entertainment and Recreation		29.4	19.1	19.7	
其他服务活动	Other Service Activities		53.2	45.4	46.5	
家庭作为雇主的活动；家庭自用、未加区分的生产货物及服务的活动	Activities of Households as Employers; Undifferentiated Goods- and Services-Producing Activities of Households for Own Use		125.0	79.9	80.5	
域外组织和机构的活动	Activities of Extraterritorial Organizations and Bodies	0.3	0.1	0.2	0.1	

5-4 续表 11 continued

单位：万人 (10 000 persons)

国家或地区	Country or Area	2000	2010	2013	2014	2015
巴　西	**Brazil**					
按第四版ISIC分类	ISIC-Rev.4					
总　计	Total	6563.0		9049.5	9185.0	9172.6
农业、林业和渔业	Agriculture, Forestry and Fishing			1013.3	952.4	939.3
采掘业	Mining and Quarrying			53.2	49.8	45.9
制造业	Manufacturing	875.7		1143.4	1177.6	1150.3
电、煤气、蒸汽和空调供应	Electricity, Gas, Steam and Air Conditioning Supply			23.1	21.9	23.9
供水；污水处理、废物管理和补救活动	Water Supply; Sewerage, Waste Management and Remediation Activities			68.8	72.1	63.9
建筑业	Construction			787.0	779.9	748.3
批发和零售贸易；机动车辆和摩托车的修理	Wholesale and Retail Trade; Repair of Motor Vehicles and Motorcycles			1706.4	1735.1	1750.1
运输和储存	Transportation and Storage			423.0	419.2	432.3
住宿和餐饮业	Accommodation and Food Service Activities	307.2	388.2	399.5	421.6	437.1
信息和通讯业	Information and Communication			123.3	125.9	123.7
金融和保险业	Financial and Insurance Activities			128.9	132.3	123.9
房地产业	Real Estate Activities			56.9	56.2	58.8
专业和科技活动	Professional, Scientific and Technical Activities			281.2	316.1	320.3
企业管理和商务服务业	Administrative and Support Service Activities			382.9	400.9	401.6
公共行政和国防；强制性社会保障	Public Administration and Defence; Compulsory Social Security			586.0	579.3	527.4
教育	Education	382.2		514.0	550.1	607.3
卫生和社会福利业	Human Health and Social Work Activities	215.2		359.9	380.3	394
艺术、娱乐和文娱活动	Arts, Entertainment and Recreation			87.2	88.4	88.7
其他服务活动	Other Service Activities			313.8	328.3	325.7
家庭作为雇主的活动；家庭自用、未加区分的生产货物及服务的活动	Activities of Households as Employers; Undifferentiated Goods- and Services-Producing Activities of Households for Own Use			596.1	595.3	608.2
委内瑞拉	**Venezuela**					
按第四版ISIC分类	ISIC-Rev.4					
总　计	Total	896.1	1207.1	1294.8	1319.0	1320.6
农业、林业和渔业	Agriculture, Forestry and Fishing		105.1			
采掘业	Mining and Quarrying	5.3	11.5	16.8		
制造业	Manufacturing	119.1	139.4	146.2		
电、煤气、蒸汽和空调供应	Electricity, Gas, Steam and Air Conditioning Supply		11.3			
建筑业	Construction	74.1	108.0	106.9		
批发和零售贸易；机动车辆和摩托车的修理	Wholesale and Retail Trade; Repair of Motor Vehicles and Motorcycles		266.0			
运输和储存	Transportation and Storage		102.4			
住宿和餐饮业	Accommodation and Food Service Activities		46.1			
信息和通讯业	Information and Communication		15.6			
金融和保险业	Financial and Insurance Activities		15.3			
房地产业	Real Estate Activities		1.6			
专业和科技活动	Professional, Scientific and Technical Activities		48.6			
公共行政和国防；强制性社会保障	Public Administration and Defence; Compulsory Social Security		41.6			
教育	Education		95.9			
卫生和社会福利业	Human Health and Social Work Activities		39.9			
艺术、娱乐和文娱活动	Arts, Entertainment and Recreation		11.4			
其他服务活动	Other Service Activities		2.2			
家庭作为雇主的活动；家庭自用、未加区分的生产货物及服务的活动	Activities of Households as Employers; Undifferentiated Goods- and Services-Producing Activities of Households for Own Use		83.6			

5-4 续表 12 continued

单位：万人 (10 000 persons)

国家或地区	Country or Area	2000	2010	2013	2014	2015
捷　克	**Czech Rep.**					
按第四版ISIC分类	ISIC-Rev.4					
总　计	Total	467.5	488.5	493.7	497.4	504.2
农业、林业和渔业	Agriculture, Forestry and Fishing		15.1	15.0	13.7	14.7
采掘业	Mining and Quarrying	7.2	4.8	4.1	3.6	3.8
制造业	Manufacturing	128.0	123.6	128.5	133.0	137.7
电、煤气、蒸汽和空调供应	Electricity, Gas, Steam and Air Conditioning Supply		5.7	5.4	5.7	4.9
供水；污水处理、废物管理和补救活动	Water Supply; Sewerage, Waste Management and Remediation Activities		5.0	5.1	5.5	5.7
建筑业	Construction	43.7	46.5	42.0	41.4	39.6
批发和零售贸易；机动车辆和摩托车的修理	Wholesale and Retail Trade; Repair of Motor Vehicles and Motorcycles		59.4	60.5	59.0	61.6
运输和储存	Transportation and Storage		32.8	30.2	29.3	29.8
住宿和餐饮业	Accommodation and Food Service Activities	15.9	19.0	17.9	19.5	19.7
信息和通讯业	Information and Communication		13.7	14.0	14.9	14.2
金融和保险业	Financial and Insurance Activities		11.5	13.7	12.2	11.8
房地产业	Real Estate Activities		4.0	4.9	4.6	4.5
专业和科技活动	Professional, Scientific and Technical Activities		20.2	22.1	22.2	23.7
企业管理和商务服务业	Administrative and Support Service Activities		11.3	12.9	13.0	12.9
公共行政和国防；强制性社会保障	Public Administration and Defence; Compulsory Social Security		32.9	31.6	31.9	31.6
教育	Education	29.8	29.6	32.3	32.6	32.3
卫生和社会福利业	Human Health and Social Work Activities	28.6	34.0	33.9	35.4	35.2
艺术、娱乐和文娱活动	Arts, Entertainment and Recreation		8.3	8.0	8.1	8.2
其他服务活动	Other Service Activities		9.4	9.3	8.8	9.0
家庭作为雇主的活动；家庭自用、未加区分的生产货物及服务的活动	Activities of Households as Employers; Undifferentiated Goods- and Services-Producing Activities of Households for Own Use		1.6	2.2	2.7	3.2
域外组织和机构的活动	Activities of Extraterritorial Organizations and Bodies	0.2	0.1	0.1	0.1	0.1
法　国	**France**					
按第四版ISIC分类	ISIC-Rev.4					
总　计	Total	2312.3	2573.1	2577.9	2639.6	2642.4
农业、林业和渔业	Agriculture, Forestry and Fishing		73.1	76.4	71.9	71.6
采掘业	Mining and Quarrying	4.6	2.5	2.8	2.9	2.7
制造业	Manufacturing	433.6	336.7	320.6	319.7	322.5
电、煤气、蒸汽和空调供应	Electricity, Gas, Steam and Air Conditioning Supply		21.5	23.5	20.0	17.6
供水；污水处理、废物管理和补救活动	Water Supply; Sewerage, Waste Management and Remediation Activities		18.4	18.9	18.6	19.2
建筑业	Construction	150.3	189.4	177.0	173.7	169.7
批发和零售贸易；机动车辆和摩托车的修理	Wholesale and Retail Trade; Repair of Motor Vehicles and Motorcycles		334.0	322.3	335.6	337.1
运输和储存	Transportation and Storage		134.5	139.8	143.0	147.5
住宿和餐饮业	Accommodation and Food Service Activities	78.3	97.0	96.1	93.4	99.5
信息和通讯业	Information and Communication		73.6	70.1	72.0	74.5
金融和保险业	Financial and Insurance Activities		86.1	84.9	86.3	87.9
房地产业	Real Estate Activities		30.3	37.3	42.4	39.9
专业和科技活动	Professional, Scientific and Technical Activities		127.7	141.1	147.4	149.7
企业管理和商务服务业	Administrative and Support Service Activities		92.4	96.6	101.7	99.9
公共行政和国防；强制性社会保障	Public Administration and Defence; Compulsory Social Security		257.3	235.0	244.6	243.0
教育	Education	174.3	175.1	184.3	196.7	199.6
卫生和社会福利业	Human Health and Social Work Activities	241.4	336.9	363.2	383.5	388.0
艺术、娱乐和文娱活动	Arts, Entertainment and Recreation		34.4	41.1	42.4	44.1
其他服务活动	Other Service Activities		72.5	69.6	68.7	64.2
家庭作为雇主的活动；家庭自用、未加区分的生产货物及服务的活动	Activities of Households as Employers; Undifferentiated Goods- and Services-Producing Activities of Households for Own Use		60.3	47.2	36.8	29.8
域外组织和机构的活动	Activities of Extraterritorial Organizations and Bodies	2.0	2.1	2.2	2.2	1.7
未分类经济活动	Not Classifiable by Economic Activity		12.5	20.8	26.9	32.7

5-4 续表 13 continued

单位：万人 (10 000 persons)

国家或地区	Country or Area	2000	2010	2013	2014	2015
德　国	**Germany**					
按第四版ISIC分类	ISIC-Rev.4					
总　计	Total	3632.4	3799.3	3953.1	3987.1	4021.1
农业、林业和渔业	Agriculture, Forestry and Fishing		62.6	57.2	57.0	56.1
采掘业	Mining and Quarrying	14.6	9.3	8.3	8.8	8.2
制造业	Manufacturing	863.0	758.0	764.8	780.8	775.9
电、煤气、蒸汽和空调供应	Electricity, Gas, Steam and Air Conditioning Supply		34.5	35.4	33.6	34.1
供水；污水处理、废物管理和补救活动	Water Supply; Sewerage, Waste Management and Remediation Activities		20.7	21.0	22.1	22.7
建筑业	Construction	309.8	253.0	268.5	273.2	272.4
批发和零售贸易；机动车辆和摩托车的修理	Wholesale and Retail Trade; Repair of Motor Vehicles and Motorcycles		516.2	568.0	561.3	567.1
运输和储存	Transportation and Storage		178.1	191.3	192.4	195.8
住宿和餐饮业	Accommodation and Food Service Activities	121.0	142.4	150.9	152.7	154.9
信息和通讯业	Information and Communication		121.2	115.3	116.4	119.9
金融和保险业	Financial and Insurance Activities		130.6	127.9	127.4	124.8
房地产业	Real Estate Activities		26.2	22.2	19.5	21.3
专业和科技活动	Professional, Scientific and Technical Activities		189.4	214.1	216.7	222.3
企业管理和商务服务业	Administrative and Support Service Activities		197.6	192.8	195.4	202.2
公共行政和国防；强制性社会保障	Public Administration and Defence; Compulsory Social Security		277.9	278.7	279.7	275.8
教育	Education	191.2	233.5	254.7	259.5	263.8
卫生和社会福利业	Human Health and Social Work Activities		461.3	485.7	497.0	510.6
艺术、娱乐和文娱活动	Arts, Entertainment and Recreation		53.7	53.3	53.7	56.1
其他服务活动	Other Service Activities		109.6	117.5	114.8	113.5
家庭作为雇主的活动；家庭自用、未加区分的生产货物及服务的活动	Activities of Households as Employers; Undifferentiated Goods- and Services-Producing Activities of Households for Own Use		20.4	23.6	23.1	21.7
域外组织和机构的活动	Activities of Extraterritorial Organizations and Bodies		3.0	2.0	2.1	1.8
意 大 利	**Italy**					
按第四版ISIC分类	ISIC-Rev.4					
总　计	Total	2093.0	2252.7	2219.1	2227.9	2246.5
农业、林业和渔业	Agriculture, Forestry and Fishing		84.9	79.9	81.2	84.3
采掘业	Mining and Quarrying	6.6	3.5	3.8	3.9	3.4
制造业	Manufacturing	482.5	419.6	406.3	413.4	412.2
电、煤气、蒸汽和空调供应	Electricity, Gas, Steam and Air Conditioning Supply		11.3	12.4	10.8	11.4
供水；污水处理、废物管理和补救活动	Water Supply; Sewerage, Waste Management and Remediation Activities		21.1	22.5	22.8	23.8
建筑业	Construction	159.6	188.9	155.3	148.4	146.8
批发和零售贸易；机动车辆和摩托车的修理	Wholesale and Retail Trade; Repair of Motor Vehicles and Motorcycles		330.5	328.8	322.7	319.4
运输和储存	Transportation and Storage		105.7	103.4	103.9	103.3
住宿和餐饮业	Accommodation and Food Service Activities	77.3	116.6	122.8	126.9	133.4
信息和通讯业	Information and Communication		52.3	54.9	55.1	56.1
金融和保险业	Financial and Insurance Activities		65.6	62.7	61.2	64.4
房地产业	Real Estate Activities		13.8	14.6	12.6	13.2
专业和科技活动	Professional, Scientific and Technical Activities		141.6	136.2	140.3	141.6
企业管理和商务服务业	Administrative and Support Service Activities		83.2	89.5	90.7	96.8
公共行政和国防；强制性社会保障	Public Administration and Defence; Compulsory Social Security		140.5	130.6	128.0	129.3
教育	Education	151.1	153.7	149.0	151.3	150.9
卫生和社会福利业	Human Health and Social Work Activities	127.7	163.8	176.5	180.4	179.6
艺术、娱乐和文娱活动	Arts, Entertainment and Recreation		26.2	29.3	29.8	30.3
其他服务活动	Other Service Activities		76.2	68.7	65.2	65.9
家庭作为雇主的活动；家庭自用、未加区分的生产货物及服务的活动	Activities of Households as Employers; Undifferentiated Goods- and Services-Producing Activities of Households for Own Use		52.2	70.8	77.6	78.7
域外组织和机构的活动	Activities of Extraterritorial Organizations and Bodies	1.9	1.3	1.4	1.6	1.7

5-4 续表 14 continued

单位：万人 (10 000 persons)

国家或地区	Country or Area	2000	2010	2013	2014	2015
荷　兰	**Netherlands**					
按第四版ISIC分类	ISIC-Rev.4					
总　计	Total	786.0	837.0	828.5	823.6	831.9
农业、林业和渔业	Agriculture, Forestry and Fishing		23.3	15.9	17.4	17.8
采掘业	Mining and Quarrying	1.2	0.9	1.1	1.0	1.3
制造业	Manufacturing	109.5	80.1	76.4	76.5	78.6
电、煤气、蒸汽和空调供应	Electricity, Gas, Steam and Air Conditioning Supply		3.4	3.1	2.7	2.8
供水；污水处理、废物管理和补救活动	Water Supply; Sewerage, Waste Management and Remediation Activities		3.5	3.5	3.3	3.1
建筑业	Construction	45.0	45.6	41.3	39.8	40.3
批发和零售贸易；机动车辆和摩托车的修理	Wholesale and Retail Trade; Repair of Motor Vehicles and Motorcycles		109.5	121.6	123.5	123.3
运输和储存	Transportation and Storage		39.2	36.7	35.8	35.6
住宿和餐饮业	Accommodation and Food Service Activities	28.7	33.8	31.3	32.5	35.2
信息和通讯业	Information and Communication		29.4	25.4	24.5	25.6
金融和保险业	Financial and Insurance Activities		21.6	27.4	28.0	26.8
房地产业	Real Estate Activities		6.3	6.3	6.4	6.7
专业和科技活动	Professional, Scientific and Technical Activities		47.7	57.6	58.1	58.5
企业管理和商务服务业	Administrative and Support Service Activities		30.0	38.6	41.0	42.9
公共行政和国防；强制性社会保障	Public Administration and Defence; Compulsory Social Security		54.2	50.1	49.0	48.5
教育	Education	47.2	57.1	54.8	54.4	55.7
卫生和社会福利业	Human Health and Social Work Activities	106.4	136.0	133.0	129.9	129.1
艺术、娱乐和文娱活动	Arts, Entertainment and Recreation		17.2	15.9	15.9	16.9
其他服务活动	Other Service Activities		17.6	18.6	18.6	18.1
家庭作为雇主的活动；家庭自用、未加区分的生产货物及服务的活动	Activities of Households as Employers; Undifferentiated Goods- and Services-Producing Activities of Households for Own Use		0.4	0.7	0.9	0.4
域外组织和机构的活动	Activities of Extraterritorial Organizations and Bodies	0.1	0.3	0.1	0.1	0.2
未分类经济活动	Not Classifiable by Economic Activity	35.9	80.0	69.1	64.3	64.6
波　兰	**Poland**					
按第四版ISIC分类	ISIC-Rev.4					
总　计	Total	1451.8	1547.3	1556.8	1586.1	1608.4
农业、林业和渔业	Agriculture, Forestry and Fishing		201.8	186.7	181.9	184.9
采掘业	Mining and Quarrying	30.2	22.4	26.8	26.7	23.0
制造业	Manufacturing	287.0	287.6	296.9	303.6	310.7
电、煤气、蒸汽和空调供应	Electricity, Gas, Steam and Air Conditioning Supply		17.8	16.7	17.6	17.5
供水；污水处理、废物管理和补救活动	Water Supply; Sewerage, Waste Management and Remediation Activities		15.1	16.4	17.0	17.8
建筑业	Construction	107.9	125.7	118.4	118.7	120.7
批发和零售贸易；机动车辆和摩托车的修理	Wholesale and Retail Trade; Repair of Motor Vehicles and Motorcycles		228.6	222.6	229.6	232.9
运输和储存	Transportation and Storage		86.4	92.3	92.7	94.4
住宿和餐饮业	Accommodation and Food Service Activities	24.4	33.8	33.0	33.4	34.0
信息和通讯业	Information and Communication		30.3	33.1	35.6	36.9
金融和保险业	Financial and Insurance Activities		35.4	37.9	37.6	39.5
房地产业	Real Estate Activities		16.8	13.9	15.8	17.2
专业和科技活动	Professional, Scientific and Technical Activities		47.7	52.2	55.5	56.1
企业管理和商务服务业	Administrative and Support Service Activities		39.7	42.0	45.6	44.0
公共行政和国防；强制性社会保障	Public Administration and Defence; Compulsory Social Security		100.9	105.4	106.3	107.5
教育	Education	99.9	120.6	121.2	124.9	123.3
卫生和社会福利业	Human Health and Social Work Activities	93.7	90.1	94.2	93.5	94.7
艺术、娱乐和文娱活动	Arts, Entertainment and Recreation		19.3	19.6	20.8	21.3
其他服务活动	Other Service Activities		23.8	23.0	23.9	24.5
家庭作为雇主的活动；家庭自用、未加区分的生产货物及服务的活动	Activities of Households as Employers; Undifferentiated Goods- and Services-Producing Activities of Households for Own Use		0.1	2.8	2.6	2.5
未分类经济活动	Not Classifiable by Economic Activity		1.1	0.8	2.7	5.0

5-4 续表 15 continued

单位：万人 (10 000 persons)

国家或地区	Country or Area	2000	2010	2013	2014	2015
俄 罗 斯	**Russia**					
按第四版ISIC分类	ISIC-Rev.4					
总　计	Total	6507.0	6980.4	7139.1	7153.9	7232.4
采掘业	Mining and Quarrying	129.4	142.2	154.1	152.6	150.5
制造业	Manufacturing	1217.8	1058.2	1056.2	1038.2	1034.3
建筑业	Construction	332.9	503.4	539.2	541.9	547.5
住宿和餐饮业	Accommodation and Food Service Activities	92.4	136.7	127.2	172.8	180.2
企业管理和商务服务业	Administrative and Support Service Activities	1998.8	2044.8	2032.0	2044.8	2082.1
教育	Education	591.1	656.5	653.4	657.7	666.7
卫生和社会福利业	Human Health and Social Work Activities	439.2	548.5	562.3	562.6	571.7
域外组织和机构的活动	Activities of Extraterritorial Organizations and Bodies	0.4	0.1		0.2	0.5
西 班 牙	**Spain**					
按第四版ISIC分类	ISIC-Rev.4					
总　计	Total	1544.0	1872.4	1713.9	1734.4	1786.6
农业、林业和渔业	Agriculture, Forestry and Fishing		78.6	73.7	73.6	73.7
采掘业	Mining and Quarrying	6.8	4.6	3.0	3.1	3.4
制造业	Manufacturing	289.4	240.5	211.9	214.1	222.5
电、煤气、蒸汽和空调供应	Electricity, Gas, Steam and Air Conditioning Supply		8.0	7.9	9.4	9.2
供水；污水处理、废物管理和补救活动	Water Supply; Sewerage, Waste Management and Remediation Activities		11.9	12.8	11.3	13.1
建筑业	Construction	170.1	165.1	102.9	99.4	107.4
批发和零售贸易；机动车辆和摩托车的修理	Wholesale and Retail Trade; Repair of Motor Vehicles and Motorcycles		293.7	284.7	286.7	292.1
运输和储存	Transportation and Storage		92.6	83.2	85.3	87.1
住宿和餐饮业	Accommodation and Food Service Activities	101.9	138.3	133.3	140.4	150.5
信息和通讯业	Information and Communication		52.8	52.3	51.6	53.0
金融和保险业	Financial and Insurance Activities		47.7	45.4	45.3	45.4
房地产业	Real Estate Activities		8.4	9.2	10.0	10.4
专业和科技活动	Professional, Scientific and Technical Activities		87.5	83.7	85.1	89.1
企业管理和商务服务业	Administrative and Support Service Activities		91.0	88.3	89.9	92.8
公共行政和国防；强制性社会保障	Public Administration and Defence; Compulsory Social Security		143.9	127.7	130.9	132.5
教育	Education	85.0	121.1	116.4	115.2	118.2
卫生和社会福利业	Human Health and Social Work Activities	81.5	139.7	136.6	141.7	144.2
艺术、娱乐和文娱活动	Arts, Entertainment and Recreation		34.1	31.6	35.0	36.5
其他服务活动	Other Service Activities		39.0	42.0	40.5	42.4
家庭作为雇主的活动；家庭自用、未加区分的生产货物及服务的活动	Activities of Households as Employers; Undifferentiated Goods- and Services-Producing Activities of Households for Own Use		73.5	67.0	65.7	62.8
域外组织和机构的活动	Activities of Extraterritorial Organizations and Bodies	0.1	0.3	0.7	0.3	0.2
未分类经济活动	Not Classifiable by Economic Activity					
土 耳 其	**Turkey**					
按第四版ISIC分类	ISIC-Rev.4					
总　计	Total	2158.1	2259.3	2552.0	2593.1	2661.9
农业、林业和渔业	Agriculture, Forestry and Fishing		535.5	585.0	546.8	543.2
采掘业	Mining and Quarrying	8.2	11.4	10.5	13.3	11.9
制造业	Manufacturing	363.8	421.3	463.2	493.5	496.6
电、煤气、蒸汽和空调供应	Electricity, Gas, Steam and Air Conditioning Supply		7.3	9.6	9.2	10.3
供水；污水处理、废物管理和补救活动	Water Supply; Sewerage, Waste Management and Remediation Activities		9.2	12.2	15.4	15.3
建筑业	Construction	136.4	143.2	178.0	191.1	190.7
批发和零售贸易；机动车辆和摩托车的修理	Wholesale and Retail Trade; Repair of Motor Vehicles and Motorcycles		332.6	351.8	358.6	369.3

5–4 续表 16 continued

单位：万人 (10 000 persons)

国家或地区	Country or Area	2000	2010	2013	2014	2015
土 耳 其(续)	**Turkey (Continued)**					
运输和储存	Transportation and Storage		101.0	115.1	111.9	111.0
住宿和餐饮业	Accommodation and Food Service Activities	77.6	108.4	130.8	135.1	144.6
信息和通讯业	Information and Communication		20.4	25.4	22.8	25.3
金融和保险业	Financial and Insurance Activities		27.3	28.8	30.1	29.6
房地产业	Real Estate Activities		6.0	18.6	20.5	21.3
专业和科技活动	Professional, Scientific and Technical Activities		42.9	55.3	68.4	75.2
企业管理和商务服务业	Administrative and Support Service Activities		76.7	101.9	115.5	129.5
公共行政和国防；强制性社会保障	Public Administration and Defence; Compulsory Social Security		129.1	146.3	138.5	145.8
教育	Education	75.0	101.9	124.8	132.1	142.0
卫生和社会福利业	Human Health and Social Work Activities	47.9	59.0	85.8	97.4	105.6
艺术、娱乐和文娱活动	Arts, Entertainment and Recreation		10.2	12.1	13.1	15.0
其他服务活动	Other Service Activities		58.2	63.6	63.8	64.9
家庭作为雇主的活动；家庭自用、未加区分的生产货物及服务的活动	Activities of Households as Employers; Undifferentiated Goods- and Services-Producing Activities of Households for Own Use		57.2	32.6	16.0	14.5
域外组织和机构的活动	Activities of Extraterritorial Organizations and Bodies	0.4	0.4	0.6	0.2	0.4
乌 克 兰	**Ukraine**					
按第四版ISIC分类	ISIC-Rev.4					
总 计	Total	2017.5	2026.6	2040.4	1807.3	1644.3
农业、林业和渔业	Agriculture, Forestry and Fishing			408.3	267.0	250.9
采掘业	Mining and Quarrying	61.8	61.4	63.8	69.5	39.9
制造业	Manufacturing	291.4	268.8	257.2	234.9	206.9
电、煤气、蒸汽和空调供应	Electricity, Gas, Steam and Air Conditioning Supply			45.1	42.1	39.0
供水；污水处理、废物管理和补救活动	Water Supply; Sewerage, Waste Management and Remediation Activities			15.9	12.4	8.7
建筑业	Construction	89.5	130.4	124.0	113.6	111.6
批发和零售贸易；机动车辆和摩托车的修理	Wholesale and Retail Trade; Repair of Motor Vehicles and Motorcycles			348.1	312.3	294.6
运输和储存	Transportation and Storage			129.6	117.2	106.5
住宿和餐饮业	Accommodation and Food Service Activities		32.9	38.8	33.9	33.8
信息和通讯业	Information and Communication			29.8	29.6	28.4
金融和保险业	Financial and Insurance Activities			33.3	33.7	30.0
房地产业	Real Estate Activities			12.2	9.0	7.4
专业和科技活动	Professional, Scientific and Technical Activities			38.7	34.4	33.8
企业管理和商务服务业	Administrative and Support Service Activities			25.9	25.1	24.3
公共行政和国防；强制性社会保障	Public Administration and Defence; Compulsory Social Security			101.6	102.6	92.9
教育	Education		168.4	168.0	176.8	160.6
卫生和社会福利业	Human Health and Social Work Activities		133.8	127.9	130.1	113.4
艺术、娱乐和文娱活动	Arts, Entertainment and Recreation			19.3	18.4	16.8
其他服务活动	Other Service Activities			47.5	31.1	30.2
家庭作为雇主的活动；家庭自用、未加区分的生产货物及服务的活动	Activities of Households as Employers; Undifferentiated Goods- and Services-Producing Activities of Households for Own Use			5.2	13.9	14.7
未分类经济活动	Not Classifiable by Economic Activity		14.9			

5-4 续表 17 continued

单位：万人　　　　(10 000 persons)

国家或地区	Country or Area	2000	2010	2013	2014	2015
英　国	**United Kingdom**					
按第四版ISIC分类	ISIC-Rev.4					
总　计	Total	2726.4	2912.5	2995.4	3067.1	3119.3
农业、林业和渔业	Agriculture, Forestry and Fishing		35.2	31.4	38.2	35.3
采掘业	Mining and Quarrying	9.9	10.3	13.1	13.2	15.4
制造业	Manufacturing		286.5	292.1	300.7	299.2
电、煤气、蒸汽和空调供应	Electricity, Gas, Steam and Air Conditioning Supply		17.6	17.8	18.2	18.4
供水；污水处理、废物管理和补救活动	Water Supply; Sewerage, Waste Management and Remediation Activities		19.5	21.1	21.0	21.5
建筑业	Construction	193.1	221.6	215.7	223.6	223.4
批发和零售贸易；机动车辆和摩托车的修理	Wholesale and Retail Trade; Repair of Motor Vehicles and Motorcycles		401	402.1	401.9	406.5
运输和储存	Transportation and Storage		145.4	149.9	147.5	155.7
住宿和餐饮业	Accommodation and Food Service Activities	112.7	142.8	151.7	159.8	163.7
信息和通讯业	Information and Communication		101.2	116.9	120.1	126.2
金融和保险业	Financial and Insurance Activities		117.9	115.7	117.9	123.4
房地产业	Real Estate Activities		28.1	33.8	35.1	34.1
专业和科技活动	Professional, Scientific and Technical Activities		187.4	204.2	214.3	217.7
企业管理和商务服务业	Administrative and Support Service Activities		134.0	141.5	144.0	150.0
公共行政和国防；强制性社会保障	Public Administration and Defence; Compulsory Social Security		190.7	184.9	182.5	184.6
教育	Education	219.2	310.0	309.0	318.2	328.0
卫生和社会福利业	Human Health and Social Work Activities	297.9	383.2	402.1	409.0	414.7
艺术、娱乐和文娱活动	Arts, Entertainment and Recreation		75.7	73.8	79.4	84.4
其他服务活动	Other Service Activities		73.0	80.2	83.8	86.5
家庭作为雇主的活动；家庭自用、未加区分的生产货物及服务的活动	Activities of Households as Employers; Undifferentiated Goods- and Services-Producing Activities of Households for Own Use		6.4	6.4	8.4	5.5
域外组织和机构的活动	Activities of Extraterritorial Organizations and Bodies	2.3	4.1	4.2	4.3	3.9
未分类经济活动	Not Classifiable by Economic Activity	7.4	21.0	27.6	26.0	21.3
澳大利亚	**Australia**					
按第四版ISIC分类	ISIC-Rev.4					
总　计	Total	886.1	1099.1	1142.5	1153.5	1177.1
农业、林业和渔业	Agriculture, Forestry and Fishing	43.0	35.5	30.0		
采掘业	Mining and Quarrying	8.0	18.7	26.7		
制造业	Manufacturing	114.2	106.2	99.5	92.2	88.8
电、煤气、蒸汽和空调供应	Electricity, Gas, Steam and Air Conditioning Supply	4.3	7.3	8.1		
供水；污水处理、废物管理和补救活动	Water Supply; Sewerage, Waste Management and Remediation Activities	1.5	3.1	3.2		
建筑业	Construction	68.5	99.9	101.0	103.3	103.0
批发和零售贸易；机动车辆和摩托车的修理	Wholesale and Retail Trade; Repair of Motor Vehicles and Motorcycles	140.8	159.7	162.7		
运输和储存	Transportation and Storage	37.6	45.5	46.5		
住宿和餐饮业	Accommodation and Food Service Activities	61.6	73.7	77.8		
信息和通讯业	Information and Communication	31.5	34.7	36.3		
金融和保险业	Financial and Insurance Activities	32.6	38.2	40.2		
房地产业	Real Estate Activities	2.0	3.6	3.9		

5-4 续表 18 continued

单位：万人 (10 000 persons)

国家或地区	Country or Area	2000	2010	2013	2014	2015
澳大利亚(续)	**Australia(continued)**					
专业和科技活动	Professional, Scientific and Technical Activities	42.8	63.0	67.4		
企业管理和商务服务业	Administrative and Support Service Activities	33.2	37.3	37.5		
公共行政和国防；强制性社会保障	Public Administration and Defence; Compulsory Social Security	48.2	68.7	74.2		
教育	Education	45.2	60.1	63.3		
卫生和社会福利业	Human Health and Social Work Activities	83.3	123.2	137.7		
艺术、娱乐和文娱活动	Arts, Entertainment and Recreation	15.1	20.6	22.2		
其他服务活动	Other Service Activities	18.1	23.1	24.5		
家庭作为雇主的活动；家庭自用、未加区分的生产货物及服务的活动	Activities of Households as Employers; Undifferentiated Goods- and Services-Producing Activities of Households for Own Use	0.7	0.4	0.4		
域外组织和机构的活动	Activities of Extraterritorial Organizations and Bodies					
未分类经济活动	Not Classifiable by Economic Activity	54.1	76.7	81.0		
新 西 兰	**New Zealand**					
按第四版ISIC分类	ISIC-Rev.4					
总　计	Total	177.9	218.0	226.2	230.5	235.7
农业、林业和渔业	Agriculture, Forestry and Fishing		14.9	14.5	14.3	14.3
采掘业	Mining and Quarrying	0.4	0.7	0.7	0.7	0.7
制造业	Manufacturing	28.2	25.2	25.5	25.1	26.4
电、煤气、蒸汽和空调供应	Electricity, Gas, Steam and Air Conditioning Supply		1.0	1.1	1.4	1.4
供水；污水处理、废物管理和补救活动	Water Supply; Sewerage, Waste Management and Remediation Activities		0.7	0.7	0.7	0.9
建筑业	Construction	11.8	17.9	17.8	19.9	22.3
批发和零售贸易；机动车辆和摩托车的修理	Wholesale and Retail Trade; Repair of Motor Vehicles and Motorcycles		34.5	34.1	35.3	34.7
运输和储存	Transportation and Storage		9.2	10.8	10.4	10.1
住宿和餐饮业	Accommodation and Food Service Activities	9.3	12.2	13.0	12.2	13.0
信息和通讯业	Information and Communication		7.3	8.6	8.5	9.2
金融和保险业	Financial and Insurance Activities		6.3	7.1	7.0	6.9
房地产业	Real Estate Activities		2.8	2.8	2.8	2.9
专业和科技活动	Professional, Scientific and Technical Activities		13.8	14.3	14.1	13.7
企业管理和商务服务业	Administrative and Support Service Activities		8.3	9.6	9.8	9.7
公共行政和国防；强制性社会保障	Public Administration and Defence; Compulsory Social Security		11.5	11.0	11.6	11.6
教育	Education	13.0	19.0	19.5	19.7	20.1
卫生和社会福利业	Human Health and Social Work Activities	14.2	22.4	24.3	24.9	25.4
艺术、娱乐和文娱活动	Arts, Entertainment and Recreation		4.1	4.2	4.6	4.9
其他服务活动	Other Service Activities		5.2	5.8	6.1	6.2
家庭作为雇主的活动；家庭自用、未加区分的生产货物及服务的活动	Activities of Households as Employers; Undifferentiated Goods- and Services-Producing Activities of Households for Own Use		0.3	0.2	0.2	0.2
域外组织和机构的活动	Activities of Extraterritorial Organizations and Bodies	0.1				
未分类经济活动	Not Classifiable by Economic Activity	0.8	0.8	0.9	1.2	1.3

注：①指城镇单位就业人员数。数据来源于《中国统计年鉴》。

Note:①Refer to Number of Employed Persons in Urban units.Data comes from China Statistical Yearbook.

5-5 失业人数
Unemployment

资料来源：联合国ILO数据库。
Source: ILO Database.
单位：万人 (10 000 persons)

国家或地区	Country or Area	2000	2005	2010	2013	2014	2015
中　国①	China①	595	839	908	926	952	966
中国香港	Hong Kong, China	16.7	19.8	15.7	13.1	12.7	12.9
中国澳门	Macao, China	1.4	1.0	0.9	0.7	0.7	
孟加拉国	Bangladesh	175.0	210.4	256.6	258.7		
文　莱	Brunei Darussalam	0.7		0.5			1.3
柬埔寨	Cambodia	13.4		2.7	2.4	1.5	
印　度	India	1663.4	3934.8	1373.4			
印度尼西亚	Indonesia	581.3	1189.9	832.0	741.1	724.5	756.1
伊　朗	Iran	159.8	264.3	321.8	248.8	251.4	272.9
以色列	Israel	21.4	24.6	20.9	22.8	22.3	20.2
日　本	Japan	319.0	294.0	334.0	265.0	236.0	222.0
哈萨克斯坦	Kazakhstan	90.6	64.1	49.7	47.1	46.1	
韩　国	Korea, Rep.	97.9	88.7	92.0	80.7	93.7	97.6
老　挝	Laos		3.8				
马来西亚	Malaysia	28.7	36.8	39.6	42.5	40.0	0.1
蒙　古	Mongolia	3.9	3.6	11.3	9.5	9.6	9.3
缅　甸	Myanmar	38.2	19.0				
巴基斯坦	Pakistan	312.7	356.6				
菲律宾	Philippines	345.9	274.8	285.9	290.5	272.8	260.2
新加坡	Singapore	0.4	4.4	6.5	6.0	6.1	6.3
斯里兰卡	Sri Lanka	51.7	62.3	40.1	39.1	38.7	
泰　国	Thailand	81.3	49.6	40.2	30.6	32.7	
越　南	Viet Nam	88.6		134.4	103.8	100.4	114.4
埃　及	Egypt	169.8	245.0	235.1	364.9	363.7	365.2
尼日利亚	Nigeria			1394.7			323.7
南　非	South Africa	374.2	399.7	433.2	488.6	507.6	535.2
加拿大	Canada	108.2	116.9	148.6	134.7	132.2	133.1
墨西哥	Mexico	99.9	148.3	257.2	259.9	262.3	229.4
美　国	United States	569.2	759.1	1482.5	1146.0	961.7	829.6
阿根廷	Argentina	146.1	114.2	121.0	114.0	118.6	
巴　西	Brazil	1183.8	213.9	159.1	696.9	673.2	858.5
委内瑞拉	Venezuela	136.6	137.4	113.2	107.6		
白俄罗斯	Belarus	9.6	6.8	3.3	2.1	2.4	
捷　克	Czech Rep.	45.7	51.0	53.0	56.7	55.9	
法　国	France	244.7	256.4	290.0	325.6	340.7	
德　国	Germany	389.0	486.1	324.4	295.0	289.9	
意大利	Italy	254.5	188.9	210.2	311.3		
荷　兰	Netherlands	18.8	48.3	42.4	65.6		
波　兰	Poland	270.3	277.3	191.8	217.5	197.0	167.5
俄罗斯	Russia	103.7	183.0	187.5	413.7	388.9	426.4
西班牙	Spain	196.4	207.0	406.1	485.4	457.6	
土耳其	Turkey	73.1	88.1	163.6	234.9	242.1	303.5
乌克兰	Ukraine	115.5	88.2	45.3	48.7	46.0	46.0
英　国	United Kingdom	110.2	87.4	150.3	246.2		
澳大利亚	Australia	59.7	52.4	60.6	68.7	74.6	75.8
新西兰	New Zealand	22.7	8.6	12.9	24.6	14.1	13.4

注：①城镇登记失业人数。
Note:①Urban Unemployed Persons.

5-6 失业率
Unemployment Rate

资料来源：联合国ILO数据库。
Source: ILO Database.
单位：%　　(%)

国家或地区	Country or Area	2000	2005	2010	2013	2014	2015
中　国①	China①	3.1	4.2	4.1	4.1	4.1	4.1
中国香港	Hong Kong, China	4.9	5.6	4.3	3.4	3.3	3.3
中国澳门	Macao, China	6.8	4.1	2.8	1.8	1.7	
中国台湾	Taiwan, China	3.0	4.1	5.2	4.2		
阿尔巴尼亚	Albania	16.8	14.1	14.2	15.6	17.5	17.1
阿尔及利亚	Algeria	29.8	15.3	10.0	9.8	10.6	
美属萨摩亚	American Samoa	5.1	10.0	9.2			
阿根廷	Argentina	15.0	10.6	7.4	6.6	7.0	
亚美尼亚	Armenia	11.7	8.2	19.0	16.2	17.6	18.5
澳大利亚	Australia	6.3	5.0	5.2	5.7	6.1	6.1
奥地利	Austria	5.8	7.3	4.4	4.9		
阿塞拜疆	Azerbaijan	1.2	7.6	5.6	5.0	4.9	5.0
巴哈马	Bahamas		10.2		16.2		
孟加拉国	Bangladesh	3.3	4.3	4.5	4.3		
巴巴多斯	Barbados	9.4	9.1	10.7	11.6	12.3	11.3
白俄罗斯	Belarus	2.1	1.5	0.7	0.5	0.5	1.0
比利时	Belgium	10.9	8.4	8.3	8.4		
百慕大	Bermuda	3.0		6.5	6.7	9.0	
不　丹	Bhutan		3.1	3.3	2.9	2.6	2.5
玻利维亚	Bolivia	4.8	5.4	6.0	2.8	3.5	
波　黑	Bosnia and Herzegovinian			27.2	27.5	27.5	27.7
巴　西	Brazil	15.3	9.9	6.7	7.1	6.8	8.5
保加利亚	Bulgaria	17.9	10.7	10.2	12.9		
柬埔寨	Cambodia	2.5		0.4	0.3	0.1	
加拿大	Canada	6.8	6.8	8.1	7.1	6.9	6.9
开曼群岛	Cayman Islands		3.5	6.7	6.3	4.7	4.2
智　利	Chile	8.3	6.9	7.1	5.7	6.0	5.8
哥伦比亚	Colombia	20.5	11.6	11.8	8.9	9.1	8.3
哥斯达黎加	Costa Rica	5.1	6.6	8.9	9.4	9.6	9.6
克罗地亚	Croatia	16.1	17.9	11.8	17.3		
古　巴	Cuba	5.4	1.9	2.5	3.3	2.7	
塞浦路斯	Cyprus	3.4	3.7	6.3	15.9		
捷　克	Czech Rep.	8.8	8.9	7.3	7.0		
丹　麦	Denmark	4.5	5.1	7.5	7.0		
多米尼加	Dominican Rep.	13.9	17.9	14.3	15.0	5.8	5.4
厄瓜多尔	Ecuador	9.0	7.9	5.0	4.2	3.8	4.8
埃　及	Egypt	9.0	11.2	9.0	13.2	13.0	12.9
萨尔瓦多	El Salvador	7.0	7.2	7.1	5.9		
爱沙尼亚	Estonia	5.3	3.9	16.7	8.6		
埃塞俄比亚	Ethiopia		5.0	18.9	4.5	17.4	

5-6 续表 1 continued

单位：% (%)

国家或地区	Country or Area	2000	2005	2010	2013	2014	2015
芬　兰	Finland	12.5	8.4	8.4	8.2		
法　国	France	8.6	9.0	9.3	9.9		
法属圭亚那	French Guiana	25.8	26.5	21.0	21.3		
加　蓬	Gabon		16.9	20.4			
格鲁吉亚	Georgia	10.8	13.8	16.3	14.6	12.4	12.0
德　国	Germany	10.7	13.0	7.1	5.3		
希　腊	Greece	11.1	9.8	12.5	27.3		
格陵兰	Greenland	11.0	9.3		10.1	10.3	
瓜德罗普	Guadeloupe	25.7	26.0	23.8	26.2		
关　岛	Guam	15.3	7.0	8.2	11.5		
危地马拉	Guatemala	1.4		3.5	3.0	2.8	2.4
洪都拉斯	Honduras		4.1	4.0	3.9		7.7
匈牙利	Hungary	6.4	7.2	11.2	10.2		
冰　岛	Iceland	1.9	2.6	7.6	5.4		
印　度	India	4.3	4.4	2.1	4.5	4.9	
印度尼西亚	Indonesia	6.1	11.2	7.1	6.2	5.9	6.2
伊　朗	Iran		11.5	13.5	10.4	10.6	11.1
爱尔兰	Ireland	4.1	4.2	13.9	13.0		
马恩岛	Isle of Man	0.6	1.4		2.6	2.0	
以色列	Israel	8.8	9.0	6.6	6.2	5.9	5.3
意大利	Italy	10.8	7.7	8.4	12.2		
牙买加	Jamaica	15.5	10.9	12.4	15.3	13.7	13.5
日　本	Japan	4.7	4.4	5.1	4.0	3.6	3.4
泽西岛	Jersey			3.0	5.7	4.6	4.0
约　旦	Jordan	13.7	14.8	12.5	12.6	11.9	
哈萨克斯坦	Kazakhstan	12.8	8.1	5.8	5.2	5.1	5.0
基里巴斯	Kiribati		14.7	30.6			
韩　国	Korea, Rep.	4.4	3.7	3.7	3.2	3.5	3.6
科威特	Kuwait	0.8	1.9	1.8			
吉尔吉斯斯坦	Kyrgyzstan	7.5	8.1	8.6	8.3	8.1	7.6
拉脱维亚	Latvia	7.8	7.4	19.5	11.9		
列支敦士登	Liechtenstein	1.3	2.7	2.6	2.6		
立陶宛	Lithuania	12.6	5.4	17.8	11.8		9.1
卢森堡	Luxemburg	2.7	4.7	4.4	5.8		
马其顿	Macedonia	53.7	37.3	32.0	29.0		
马达加斯加	Madagascar	5.8	2.3	3.8			1.8
马来西亚	Malaysia	3.0	3.5	3.3	3.1	2.9	3.1
马耳他	Malta	4.5	5.1	6.8	6.4		
马提尼克	Martinique	26.3	17.8	21.0	22.8		
毛里求斯	Mauritius	8.8	9.6	7.7	8.0		7.9
墨西哥	Mexico	2.6	3.5	5.3	5.0	5.3	4.3
摩尔多瓦	Moldova	8.5	7.3	7.5	5.1	3.9	4.9
蒙　古	Mongolia	4.6	3.3	9.9	7.9	7.9	7.5
黑　山	Montenegro		30.3	19.7	19.5		17.6
摩洛哥	Morocco	13.6	11.0	9.1	9.2	9.9	9.7
纳米比亚	Namibia	20.3		22.1	29.7		

5-6 续表 2 continued

单位：%　　　　(%)

国家或地区	Country or Area	2000	2005	2010	2013	2014	2015
荷　　兰	Netherlands	2.6	6.5	5.4	8.3		
荷属安的列斯	Netherlands Antilles	14.2	18.2		13.0		
新 西 兰	New Zealand	6.1	3.8	6.5	6.2	5.8	5.4
尼加拉瓜	Nicaragua	9.8	5.6	9.7	5.3		
挪　　威	Norway	2.7	3.5	3.6	3.5		
巴基斯坦	Pakistan	7.8	7.7	5.6	6.2	6.0	5.9
巴 拿 马	Panama	13.5	10.3	6.5	4.1	4.8	
巴 拉 圭	Paraguay	7.6	5.8	5.7	5.0	6.1	5.3
秘　　鲁	Peru	7.4	7.5	4.1	4.0		3.5
菲 律 宾	Philippines	11.2	7.7	7.4	7.1	6.6	6.3
波　　兰	Poland	15.1	17.6	9.6	10.3		
葡 萄 牙	Portugal	3.9	7.6	10.8	16.2		
波多黎各	Puerto Rico	10.2	11.4	16.1		13.9	12.0
卡 塔 尔	Qatar			0.5	0.3	0.2	0.2
留 尼 汪	Reunion	36.5	30.1	28.9			
罗马尼亚	Romania	10.5	5.9	7.3	7.3		
俄 罗 斯	Russia	1.4	2.5	7.5	5.5	5.2	5.6
圣卢西亚	Saint Lucia	16.4	18.7	20.6	22.2		
圣马力诺	San Marino	2.8	2.1	4.4	6.0		
沙特阿拉伯	Saudi Arabia	4.6	6.1	5.6	5.6	5.7	5.6
塞尔维亚	Serbia		20.8	19.2	22.1	18.9	17.7
新 加 坡	Singapore	3.7	4.1	3.1	2.8	2.7	2.8
斯洛伐克	Slovakia	18.2	11.6	14.4	14.2		
斯洛文尼亚	Slovenia	12.2	10.1	7.2	10.1		
南　　非	South Africa	23.3	23.8	24.9	24.7	24.9	25.2
西 班 牙	Spain	10.9	9.9	19.9	26.1		
斯里兰卡	Sri Lanka	7.6	7.7	5.0	4.4	4.4	
瑞　　典	Sweden	5.3	5.3	8.6	8.0		
瑞　　士	Switzerland	1.8	3.8	4.5	4.4	4.5	4.6
叙 利 亚	Syrian Arab Republic	2.3		8.6			
泰　　国	Thailand	2.4	1.4	1.0	0.8	0.8	
特立尼达和多巴哥	Trinidad And Tobago	12.2	8.0	5.9	3.6	3.3	3.4
突 尼 斯	Tunisia	15.7	12.9	13.1	15.9		
土 耳 其	Turkey	6.5	10.3	10.7	8.7	9.9	10.2
乌 干 达	Uganda		1.9	12.6	1.9		
乌 克 兰	Ukraine	5.5	4.3	8.1	7.2	9.3	9.1
阿 联 酋	United Arab Emirates	2.3	3.1				
英　　国	United Kingdom	3.8	2.8	7.8	7.7		
美　　国	United States	4.0	5.1	9.6	7.4	6.2	5.3
乌 拉 圭	Uruguay	13.6	12.2	6.8	6.5	6.6	
委内瑞拉	Venezuela	13.2	11.4	8.5	7.8		
越　　南	Viet Nam	2.3	5.3	2.6	2.0	1.9	2.1
约旦河西岸和加沙	West Bank and Gaza	14.1	23.5	23.7	24.2		
也　　门	Yemen		16.1	17.8			
赞 比 亚	Zambia	12.9	15.9	13.2			
津巴布韦	Zimbabwe					11.3	

注：①城镇登记失业率。
Note:①Urban Registered Unemployment Rate.

5-7 雇员每月平均工资
Mean Nominal Monthly Earnings of Employees

资料来源：联合国ILO数据库。
Source: ILO Database.
单位：本币 (local currency units)

国家或地区	Country or Area	2000	2005	2010	2011	2012	2013	2014
中　　国①	China①	778	1517	3045	3483	3897	4290	4697
中国香港	Hong Kong, China		10532	11578	12690	13258	13807	13000
中国澳门	Macao, China	5116	5635	10095	10725	11335	12145	13000
柬 埔 寨	Cambodia			359611	392048	487583		
印　　度	India	3490	4247	6273		7477		
伊　　朗	Iran	201	109	252				
以 色 列	Israel	6662	7054	8100	8325	9149	9030	
日　　本	Japan	330000	330800	323000	323800	325600	324000	299600
哈萨克斯坦	Kazakhstan	14374	34060	77611	90028	101263		
韩　　国	Korea, Rep.	1667542	2404385	2816188	2843545	2995471	3110992	3235210
马来西亚	Malaysia	1454	1858	2199	2358	2487	2674	2231
蒙　　古	Mongolia	62300	101225	341450	424150	557550	813	797
缅　　甸	Myanmar	3270	5744					
巴基斯坦	Pakistan	3157		8623	9715		12118	13155
菲 律 宾	Philippines		6400	7995	8280	8707	9107	367
新 加 坡	Singapore	3063	3444	4089	4334	4433	4622	4727
斯里兰卡	Sri Lanka	5326	9716	15163				
泰　　国	Thailand		7389	9262	9935	11101	12003	13386
越　　南	Viet Nam			2519000	3105000	3757000	4120470	4472900
埃　　及	Egypt	702	897	1902	1573	1712	3044	
南　　非	South Africa			11715	12631	13748	14530	
加 拿 大	Canada	2841	3193	3692	3782	3877	3947	
墨 西 哥	Mexico	127	4997	5954	5980	6193	6391	
阿 根 廷	Argentina	589	819	2527	2500	3000		5000
巴　　西	Brazil	767	969	1452	1588	1744	1884	1600
委内瑞拉	Venezuela			1881	2346	3050		
捷　　克	Czech Rep.	12831	21674	26881	25625	26149	26444	
法　　国	France	2093	2385	2553	2659	2738	2905	
德　　国	Germany	2114	2230	2387	2466	2538	2594	
意 大 利	Italy	1687	1928	2122	2142	2147	2175	
荷　　兰	Netherlands	5220	2836	2245	2266	2302		
波　　兰	Poland	1894	2361	3224	3404	3530		3784
俄 罗 斯	Russia	2223	8555	20952	23369	26629	29960	32495
西 班 牙	Spain	1335	1572	1875	1895	1884	1884	1905
土 耳 其	Turkey		61	100	116	134	153	2319
乌 克 兰	Ukraine	230	806	2239	2633	3026	3265	
英　　国	United Kingdom	1536	1832	2113	2111	2129	2176	
澳大利亚	Australia	2767	3434	4275	4439	4625	4808	38
新 西 兰	New Zealand	2526	3103	3796	3891	3995	4169	4420

注：①城镇单位就业人员平均工资。
Note: ①Average Wage of Employed Persons in Urban Units.

5-8 每个就业者创造的国内生产总值(购买力平价法，2011年不变价美元)
GDP per Person Employed (constant 2011 PPP $)

资料来源：世界银行WDI数据库。
Source: World Bank WDI Database.
单位：美元 (USD)

国家或地区	Country or Area	2000	2005	2010	2013	2014	2015
世　界	**World**	**23615**	**26379**	**29904**	**31892**	**32475**	**33030**
高收入国家	**High Income**	**77226**	**84269**	**87133**	**89639**	**90223**	**91206**
中等收入国家	**Middle Income**	**12204**	**14947**	**19484**	**21864**	**22549**	**23128**
中等偏上收入国家	**Upper Middle Income**	**14596**	**18475**	**24478**	**27834**	**28759**	**29539**
中等偏下收入国家	**Lower Middle Income**	**9138**	**10689**	**13629**	**14984**	**15465**	**15916**
中低收入国家	**Low and Middle Income**	**11445**	**13909**	**17991**	**20108**	**20710**	**21208**
东亚和太平洋	**East Asia and Pacific**	**7650**	**10907**	**16340**	**19852**	**21017**	**22197**
欧洲和中亚	**Europe and Central Asia**	**23923**	**31044**	**35944**	**38663**	**39045**	**38636**
拉丁美洲和加勒比	**Latin America and Caribbean**	**26428**	**26570**	**28848**	**30381**	**30102**	**29703**
中东和北非国家	**Middle East and North Africa**	**41461**	**40912**	**46721**	**43404**	**42845**	**41947**
南　亚	**South Asia**	**6938**	**8265**	**11448**	**13112**	**13763**	**14431**
撒哈拉以南非洲	**Sub-Saharan Africa**	**6475**	**7876**	**8995**	**9420**	**9567**	**9587**
低收入国家	**Low Income**	**2503**	**2794**	**3173**	**3463**	**3556**	**3612**
中　国	China	6501	10066	16773	20951	22393	23845
中国香港	Hong Kong, China	69459	82515	96461	99999	101826	104098
中国澳门	Macao, China	85720	122575	163961	223671	218750	172005
孟加拉国	Bangladesh	3211	4646	6072	6884	7157	7479
文　莱	Brunei Darussalam	164739	160238	148772	146540	141794	138970
柬埔寨	Cambodia	3017	3922	4454	5392	5653	5937
印　度	India	6984	8251	12077	14054	14840	15652
印度尼西亚	Indonesia	12643	16259	18818	21261	21981	22685
伊　朗	Iran	42065	47432	61339	52940	54489	54099
以色列	Israel	74973	69624	72376	74617	74713	75134
日　本	Japan	64017	68472	69916	72141	71513	72119
哈萨克斯坦	Kazakhstan	22411	31818	39017	44915	46299	46246
韩　国	Korea, Rep.	46038	54057	62968	65412	67395	68655
老　挝	Laos	5253	6387	8276	9774	10271	10790
马来西亚	Malaysia	38632	44768	50229	51286	53104	54652
蒙　古	Mongolia	10510	14603	18426	25920	27604	27623
缅　甸	Myanmar	1078	1266	1739	4593	4917	5192
巴基斯坦	Pakistan	12151	13417	13195	13714	13965	14188
菲律宾	Philippines	11912	12717	14119	15689	16261	16812
新加坡	Singapore	107074	118576	133814	141220	142350	140993
斯里兰卡	Sri Lanka	13048	17205	21960	26596	28598	29910
泰　国	Thailand	16595	20271	23428	25689	25809	26368
越　南	Viet Nam	4890	6226	7724	8551	8937	9431
埃　及	Egypt	28815	28837	33200	34913	35054	35585
尼日利亚	Nigeria	9704	14339	17707	18712	18853	18679
南　非	South Africa	33480	39470	44615	44642	44645	44482
加拿大	Canada	75935	78923	79465	81721	83140	83370
墨西哥	Mexico	38393	38171	37379	38323	38278	38246
美　国	United States	91076	101026	106690	109330	110100	111131
阿根廷	Argentina	26720	17280	21068	22618	22387	22476
巴　西	Brazil	25349	26947	30652	32268	31631	30589
委内瑞拉	Venezuela	38340	37165	39697	41890	38870	35748
捷　克	Czech Rep.	42330	54614	60367	59552	60250	62407
法　国	France	87198	88259	89324	92077	92168	93419
德　国	Germany	77949	86456	86484	86838	87612	88481
意大利	Italy	94926	94509	94005	93219	92862	92840
荷　兰	Netherlands	78957	87206	89843	91075	92431	93532
波　兰	Poland	37607	44809	49212	52874	53486	54672
俄罗斯	Russia	29666	37153	43523	46773	47135	45760
西班牙	Spain	77507	75064	81188	84552	84533	85258
土耳其	Turkey	41365	51515	52502	54437	55063	56451
乌克兰	Ukraine	11405	15843	17012	17978	17200	15567
英　国	United Kingdom	66294	76486	76840	78605	79003	79720
澳大利亚	Australia	74432	79466	81720	85437	86868	87808
新西兰	New Zealand	58381	62640	62788	65142	66386	68034

5-9 制造业每小时平均名义劳动成本
Mean Nominal Hourly Labour Cost per Employee in Manufacturing

资料来源：联合国ILO数据库。
Source: ILO Database.
单位：本币 (local currency)

国家或地区	Country or Area	2000	2005	2010	2012	2013	2014	2015
以色列	Israel					101.0	101.0	106.0
日本	Japan	25.0	25.2	31.8	35.4	29.1		
哈萨克斯坦	Kazakhstan			641.0	831.0			1143.0
韩国	Korea, Rep.	9.8	15.1	16.6	20.7			
马来西亚	Malaysia				8.0			
菲律宾	Philippines					87.0		
新加坡	Singapore	11.7	13.2	19.4	24.2	24.0		
加拿大	Canada	18.3	26.3	34.4	36.6	36.3		
墨西哥	Mexico	4.7	5.6	6.1	6.4	6.8		
美国	United States			22.0	23.0	23.0	23.0	24.0
阿根廷	Argentina				175.0			
巴西	Brazil	4.3	5.0	10.0	10.8	10.7		
捷克	Czech Rep.			223.0	243.0	247.0	254.0	266.0
法国	France				36.0	36.0	37.0	37.0
德国	Germany			33.0	35.0	36.0	37.0	38.0
意大利	Italy				27.0	27.0	28.0	27.0
荷兰	Netherlands				33.0	34.0	35.0	35.0
波兰	Poland				29.0	30.0	31.0	32.0
西班牙	Spain			25.0	22.0	23.0	23.0	23.0
英国	United Kingdom			17.0	19.0	20.0	20.0	21.0
新西兰	New Zealand			24.0			27.0	28.0

5-10 劳动力人口占同等教育程度劳动年龄人口比重
Labor Force as Percentage of Working -age Population with the same Education

资料来源：世界银行WDI数据库。
Source: World Bank WDI Database.
单位：%　(%)

国家或地区	Country or Area	初等教育 Basic Education		中等教育 Intermediate Education		高等教育 Advanced Education	
		2000	2015	2000	2015	2000	2015
中国香港	Hong Kong, China		46.5		68.0		76.6
中国澳门	Macao, China		66.6		75.0		91.8
印度尼西亚	Indonesia		62.1		70.1		86.6
以 色 列①	Israel①		32.1		69.4		78.9
日　本	Japan				53.7		77.6
韩　国	Korea, Rep.	23.3	38.8	62.9	65.1	44.3	77.9
马来西亚	Malaysia		69.0		67.3		69.3
蒙　古②	Mongolia②		48.5		70.2		75.1
菲 律 宾	Philippines		63.5		74.3		63.2
斯里兰卡③	Sri Lanka③		53.2		46.8		63.9
泰　国①	Thailand①		71.8		74.7		87.1
越　南	Viet Nam		79.9		75.6		85.4
埃　及	Egypt		19.8		53.5		75.6
南　非②	South Africa②		45.6		66.2		83.4
加 拿 大	Canada	41.9	37.6	70.0	63.7	78.6	75.7
墨 西 哥①	Mexico①		58.3		64.9		81.7
美　国	United States	47.2	46.4	67.6	59.7	79.8	75.0
阿 根 廷②	Argentina②		48.6		69.1		71.4
巴　西	Brazil		56.7		74.4		82.4
委内瑞拉③	Venezuela③		63.4		64.0		71.1
捷　克	Czech Rep.	26.2	20.6	70.2	63.3	78.3	75.6
法　国	France	37.3	30.8	70.0	62.4	77.6	77.5
德　国	Germany	43.0	37.2	64.3	63.7	76.3	73.3
意 大 利	Italy	39.0	34.1	67.5	64.0	79.6	74.3
荷　兰	Netherlands	47.2	45.5	72.9	70.0	80.0	80.5
波　兰	Poland	27.2	19.0	70.0	59.9	81.0	80.4
俄 罗 斯	Russia		29.3		64.4		80.6
西 班 牙	Spain	44.2	50.8	61.7	68.4	80.5	81.3
土 耳 其	Turkey		49.6		59.1		79.6
乌 克 兰	Ukraine		20.6		58.4		73.5
英　国	United Kingdom	59.0	56.9	82.0	74.2	89.7	83.8
澳大利亚①	Australia①		52.1		76.1		82.6
新 西 兰①	New Zealand①				53.7		69.8

注：①2013年数据。②2014年数据。③2012年数据。
Note:①Data refer to 2013.②Data refer to 2014.③Data refer to 2012.

5-11 失业人口占同等教育程度劳动力比重
Unemployment as Percentage of Labor Force with the same Education

资料来源：世界银行WDI数据库。
Source: World Bank WDI Database.
单位：% (%)

国家或地区	Country or Area	初等教育 Basic Education		中等教育 Intermediate Education		高等教育 Advanced Education	
		2000	2015	2000	2015	2000	2015
中国香港	Hong Kong, China		3.7		3.4		2.9
中国澳门	Macao, China	7.3	1.9	4.7	1.8	3.5	1.6
印度尼西亚	Indonesia	5.1	4.9①	13.7	10.1①	10.4	5.6①
以色列	Israel	14.3	11.0①	9.9	7.2①	5.2	4.2①
日本	Japan				4.0		2.7
哈萨克斯坦①	Kazakhstan①		6.6		5.4		3.7
韩国	Korea, Rep.	7.5	2.7	5.3	4.1	6.7	3.6
马来西亚	Malaysia		1.9		3.7		3.6
蒙古②	Mongolia②		8.9		8.6		6.5
菲律宾	Philippines		5.3		10.3		8.5
新加坡	Singapore		3.5		4.1		3.7
斯里兰卡②	Sri Lanka②		3.4		5.9		8.1
泰国①	Thailand①		0.6		1.3		1.9
越南②	Viet Nam②		1.2		2.7		4.4
埃及	Egypt		8.3		16.3		21.4
南非②	South Africa②		31.4		25.7		10.7
加拿大	Canada	16.1	14.0②	6.8	7.7②	4.3	5.0②
墨西哥	Mexico	2.8	5.1①		5.7①	1.9	5.6①
美国	United States	2.4	9.9	0.7	3.1	1.9	1.4
阿根廷②	Argentina②		8.3		6.8		5.5
巴西	Brazil		11.4		9.9		4.6
委内瑞拉③	Venezuela③		6.5		7.6		8.7
捷克	Czech Rep.	22.6	22.7	7.8	4.7	3.0	2.4
法国	France	15.3	17.5	9.1	10.8	5.6	6.3
德国	Germany	12.5	11.2	7.9	4.2	4.3	2.3
意大利	Italy	12.1	15.4	10.6	11.4	6.1	7.1
荷兰	Netherlands	4.4	11.0	2.0	7.0	1.7	3.9
波兰	Poland	21.5	16.8	17.0	8.4	5.5	4.0
俄罗斯	Russia		13.9		7.2		3.9
西班牙	Spain	15.2	30.4	13.9	21.6	10.9	13.2
土耳其	Turkey		9.9		11.3		10.8
乌克兰	Ukraine		12.2		10.1		8.2
英国	United Kingdom	10.2	9.5	5.7	6.0	2.5	2.9
澳大利亚	Australia	10.3	8.6①	6.4	5.9①	3.7	3.4①
新西兰	New Zealand	9.0	9.4①	6.9	6.3①	2.0	4.0①

注：①2013年数据。②2014年数据。③2012年数据。
Note:①Data refer to 2013.②Data refer to 2014.③Data refer to 2012.

主要统计指标解释

劳动力人口 即国际劳工组织定义的 15 岁及以上的经济活动人口。指在报告期内能提供商品生产和服务的人员。包括就业和失业人员。在不同国家，对军人、季节性就业和兼职就业者处理方法不同。通常，劳动力人口包括军人，失业人员和首次寻找工作者，不包括家务劳动者、和其他无偿护理者和在非正规部门的工作者。

就业人员 为一定年龄以上，在特定时期内（一星期或一天），属于下列类型的所有人：

（1）有酬从业人员，包括两类：① 正在工作的人，指在报告期内做某些工作以得到现金或实物形式工资或薪金的人员； ②有工作岗位但目前不工作的人，指现在有工作，却在短期内暂时不上班，但同时与工作单位有正式联系的人。这种正式联系，可以按照如下的一项或多项标准，根据各国的不同情况予以判断：1）持续领到工资或薪金；2）保证在暂时的不上班状态终止后返回该岗位，或对返回的时间有协议；3）在不工作的这段时间里，该从业者能得到补偿而无须接受其他工作。

（2）自营就业者，包括两类： ①正在工作，指在短期时间内以利润或家庭收入为目的，从事某些工作得到现金或实物的人； ②拥有企业而不工作的人，指自己拥有企业（如商业企业，农场，服务性企业），在一定时期内因特殊原因暂不工作的人。

失业人员 在报告期内，适龄劳动人口中的失业者分为：

(1)没有工作，即没有得到有报酬的工作，又没有自营就业的人；

(2)目前有工作能力，即在报告期内可从事有酬工作和自营就业的人；

(3)正在寻找工作，在最近特定时期已采取具体步骤寻求有酬工作或自营就业的人。这些具体步骤包括：在公共或私人职业介绍所登记；向雇主提出就业申请；在工地、农场、工厂大门外、市场或其他聚集地寻找工作；通过报纸刊登广告或应聘；寻求亲友帮助就业；寻找土地、厂房、机器或设备自己创业；筹集资金；申请许可证和执照等。

失业率 反映了失业的严重程度。失业率是参考期内（一般是特定的一天或一周）特定分组的失业人数和同一时间该组就业、失业人数之和相比得出的。

收入 定期以现金或以实物形式支付给雇员的报酬，包括对雇员工作时间、完成的工作量和未工作的有酬时间（如年休假，法定假日）支付的劳动报酬。收入不包括雇主为雇员支付的社会保险、养老金缴款以及雇员因此得到的收益，也不包括解雇和辞职时加发的工资。

劳动成本 指雇主在雇用劳动力过程中发生的成本。包括向雇员支付的工作报酬，为雇员未从事工作的时间支付的报酬，奖金和赏金，食品、饮料和其他实物费用，雇主负担的雇员住房费用、社会保障费、职业培训费、福利费及其他各项支出，如工人交通费、工作服费用、招工费和被作为人工成本的税金。

Explanatory Notes on Main Statistical Indicators

Total Labor Force comprises people ages 15 and older who meet the International Labour Organization definition of the economically active population: all people who supply labor for the production of goods and services during a specified period. It includes both the employed and the unemployed. While national practices vary in the treatment of such groups as the armed forces and seasonal or part-time workers, in general the labor force includes the armed forces, the unemployed, and first-time job-seekers, but excludes homemakers and other unpaid caregivers and workers in the informal sector.

Employment comprise all persons above a specific age who during a specified brief period, either one week or one day, were in the following categories:

(1)paid employment: ① at work: persons who during the reference period performed some work for wage or salary, in cash or in kind; ② with a job but not at work: persons who, having already worked in their present job, were temporarily not at work during the reference period and had a formal attachment to their job. This formal job attachment should be determined in the light of national circumstance, according to one or more of the following criteria: 1) the continued receipt of wage or salary; 2) an assurance of return to work following the end of the contingency, or an agreement as to the data of return; 3) the elapsed duration of absence from the job which, wherever relevant, may be that duration for which workers can receive compensation benefits without obligations to accept other jobs.

(2)self-employment: ① at work: person who during the reference period performed some work for profit or family gain, in cash or in kind; ② with an enterprise but not at work: persons with an enterprise, which may be a business enterprise, a farm or a service undertaking ,who were temporarily not at work during the reference period for any specific reason.

Unemployment comprises all persons above a specified age who during the reference period were: (1) Without works were not in paid employment or self-employment; (2) Currently available for work were available for paid employment or self-employment during the reference period; (3) Seeking work had taken specific steps in a specified reference period to seek paid employment or self-employment. The specific steps may include registration at a pubic or private employment exchange; application to employers; checking at worksites, farms, factory gates, market or other assembly places; placing or answering newspaper advertisement; seeking assistance of friends or relatives; looking for land, building, machinery or equipment to establish own enterprise; arranging for financial resources; applying for permits and licenses, etc.

Unemployment Rate illustrates the relative severity of unemployment. These rates are calculated by relating the number of persons in the given group who are unemployed during the reference period (usually a particular day or a given week) to the total of employed and unemployed persons in the group at the same date.

Earnings relates to remuneration in cash and in kind paid to employees, as a rule at regular intervals, for time worked or work done together with remuneration for time not worked, such as for annual vacation, other paid leave or holidays. Earnings exclude employers' contribution in respect of their employees paid to social security and pension schemes and also the benefits received by employees under these schemes. Earnings also exclude severance and termination pay.

Labour Cost is the cost incurred by the employer in the employment of labour. The statistical concept of labour cost comprises remuneration for work performed, payments in respect of time paid for but not worked, bonuses and gratuities, the cost of food, drink and other payments in kind, cost of workers' housing borne by employers, employers' social security expenditures, cost to the employer for vocational training, welfare services and miscellaneous items, such as transport of workers, work clothes and recruitment, together with taxes regarded as labour cost.

投资环境

Investment Environment

6–1 企业开业成本
Cost of Business Start-up

资料来源：世界银行全球营商环境报告。
Source: World Bank Doing Business.

国家或地区	Country or Area	开办企业所需手续数(个) Starting a Business-Procedures (number)		开办企业所需时间(天) Time Required to Start a Business (days)		开办企业成本占人均收入比重(%) Cost of Business Start-up as Percentage of Income per capita(%)	
		2005	2016	2005	2016	2005	2016
中　国	China	13	9	48	29	13.6	0.7
中国香港	Hong Kong, China	5	2	11	2	3.4	0.6
孟加拉国	Bangladesh	8	9	50	20	56.1	13.8
文　莱	Brunei Darussalam		8		15		1.6
柬埔寨	Cambodia	10	9	87	99	276.1	57.2
印　度	India	11	13	71	26	62.0	13.8
印度尼西亚	Indonesia	12	11	151	25	101.7	19.4
伊　朗	Iran	9		30		6.3	
以色列	Israel	5	4	19	12	5.3	3.3
日　本	Japan	11	8	31	11	10.7	7.5
哈萨克斯坦	Kazakhstan	8	5	25	9	8.6	0.3
韩　国	Korea, Rep.	10		17		15.7	
老　挝	Laos	8	8	108	67	17.4	4.6
马来西亚	Malaysia	10	9	37	19	26.6	6.2
蒙　古	Mongolia	7	5	13	6	9.6	1.5
缅　甸	Myanmar		11		13		40.4
巴基斯坦	Pakistan	11	12	24	18	23.9	12.4
菲律宾	Philippines	17	16	47	28	23.9	15.8
新加坡	Singapore	6	3	6	3	0.9	0.6
斯里兰卡	Sri Lanka	9	7	46	9	50.0	12.2
泰　国	Thailand	9	5	33	26	8.1	6.6
越　南	Viet Nam	11	9	42	24	27.6	4.6
埃　及	Egypt	10		22		104.9	
尼日利亚	Nigeria	9	9	43	25	73.8	31.0
南　非	South Africa	9	7	33	43	8.6	0.2
加拿大	Canada	3	2	3.5	2	0.9	0.4
墨西哥	Mexico	9	8	58	8	15.6	17.8
美　国	United States	6	6	6	6	0.8	1.1
阿根廷	Argentina	13	14	30	25	12.5	9.3
巴　西	Brazil	17	11	152	80	10.1	5.2
委内瑞拉	Venezuela	16	20	143	230	28.8	136.4
捷　克	Czech Rep.	10	8	40	9	9.5	5.7
法　国	France	5	5	7	4	1.2	0.7
德　国	Germany	9	9	22	11	4.7	1.9
意大利	Italy	9	6	13	7	20.7	13.9
荷　兰	Netherlands	7	4	9	4	13.0	4.5
波　兰	Poland	10	4	46	37	19.9	12.1
俄罗斯	Russia	10	4	31	10	8.2	1.0
西班牙	Spain	10	7	70	13	16.5	5.0
土耳其	Turkey	7	7	7	7	27.4	16.4
乌克兰	Ukraine	15	4	34	5	10.6	0.5
英　国	United Kingdom	6	4	12	5	0.7	0.1
澳大利亚	Australia	3	3	3	3	1.9	0.7
新西兰	New Zealand	2	1	12	1	0.2	0.3

6–2 企业经营环境排名(2016年)
Ease of Doing Businesses Rank(2016)

资料来源：世界银行《全球营商环境报告》。
Source: World Bank Doing Business.

国家或地区	Country or Area	企业经营环境排名 Ease of Doing Business Rank	开办企业排名 Starting a Business Rank	申请建筑许可 Dealing with Construction Permits			注册财产 Registering Property			信贷融资便利度排名 Getting Credit Rank	缴纳税款排名 Paying Taxes Rank
				排名 Rank	手续（个） Procedures (number)	时间（天） Time (days)	排名 Rank	手续（个） Procedures (number)	时间（天） Time (days)		
新西兰	New Zealand	1	1	1	10	93	1	2	1	1	11
新加坡	Singapore	2	6	10	9	48	19	6	5	20	8
丹麦	Denmark	3	24	6	7	64	12	3	4	32	7
中国香港	Hong Kong, China	4	3	5	11	72	61	5	28	20	3
韩国	Korea,Rep.	5	11	31	10	28	41	7	7	42	25
挪威	Norway	6	21	43	11	111	14	1	3	75	26
英国	United Kingdom	7	16	17	9	86	47	6	22	20	10
美国	United States	8	51	39	16	81	36	4	15	2	36
瑞典	Sweden	9	15	25	7	116	10	1	7	75	28
马其顿	Macedonia	10	4	11	9	89	48	7	30	16	9
中国台湾	Taiwan, China	11	19	3	10	93	17	3	4	62	30
爱沙尼亚	Estonia	12	14	9	10	102	6	3	18	32	21
芬兰	Finland	13	28	40	17	65	20	3	32	44	13
拉脱维亚	Latvia	14	22	23	12	147	23	4	17	7	15
澳大利亚	Australia	15	7	2	10	112	45	5	5	5	25
格鲁吉亚	Georgia	16	8	8	7	48	3	1	1	7	22
德国	Germany	17	114	12	8	96	79	6	52	32	48
爱尔兰	Ireland	18	10	38	10	150	41	5	32	32	5
奥地利	Austria	19	111	49	11	222	30	3	21	62	42
冰岛	Iceland	20	34	70	17	84	15	3	4	62	29
立陶宛	Lithuania	21	29	16	12	103	2	3	4	32	27
加拿大	Canada	22	2	57	12	249	43	6	17	7	17
马来西亚	Malaysia	23	112	13	15	79	40	8	13	20	61
波兰	Poland	24	107	46	12	153	38	6	33	20	47
葡萄牙	Portugal	25	32	35	14	113	27	1	1	101	38
阿联酋	United Arab Emirates	26	53	4	11	49	11	2	2	101	1
捷克	Czech Rep.	27	81	130	21	247	31	4	28	32	53
荷兰	Netherlands	28	22	87	13	161	29	5	3	82	20
法国	France	29	27	20	9	183	100	8	64	82	63
斯洛文尼亚	Slovenia	30	49	80	12	225	34	5	50	133	24
瑞士	Switzerland	31	71	68	13	156	16	4	16	62	18
西班牙	Spain	32	85	113	13	205	50	5	13	62	37
斯洛伐克	Slovakia	33	68	103	10	286	7	3	17	44	56
日本	Japan	34	89	60	12	197	49	6	13	82	70
哈萨克斯坦	Kazakhstan	35	45	22	19	123	18	3	4	75	60
罗马尼亚	Romania	36	62	95	20	171	57	7	21	7	50
白俄罗斯	Belarus	37	31	28	16	115	5	2	3	101	99
亚美尼亚	Armenia	38	9	81	18	84	13	3	7	20	88
保加利亚	Bulgaria	39	82	48	16	105	60	8	11	32	83
俄罗斯	Russia	40	26	115	14	239	9	3	15	44	45
匈牙利	Hungary	41	75	69	17	202	28	4	18	20	77
比利时	Belgium	42	17	44	10	212	131	8	56	101	66
克罗地亚	Croatia	43	95	128	19	127	62	5	62	75	49
摩尔多瓦	Moldova	44	44	165	27	276	21	5	6	32	31
塞浦路斯	Cyprus	45	53	125	8	507	91	7	9	62	34
泰国	Thailand	46	78	42	17	103	68	4	6	82	109
墨西哥	Mexico	47	93	83	13	86	101	8	42	5	114
塞尔维亚	Serbia	47	47	36	12	156	56	6	21	44	78

6-2 续表 1 continued

国家或地区	Country or Area	中小投资者保护 Protecting Minority Investors 排名 Rank	披露指数 disclosure index	中小投资者保护指数 Strength of minority investor protection index	跨境贸易排名 Trading Across Borders Rank	合同执行 Enforcing Contracts 排名 Rank	时间（天） Time (days)	解决破产 Resolving Insolvency 排名 Rank	时间（年） Time (years)	收回率（美分/美元） Recovery rate (cents/dollar)
新西兰	New Zealand	1	10	8.3	55	13	216	34	1.3	83.4
新加坡	Singapore	1	10	8.3	41	2	164	29	0.8	88.7
丹麦	Denmark	19	7	7.2	1	24	380	8	1.0	88.0
中国香港	Hong Kong, China	3	10	8.0	42	21	360	28	0.8	87.2
韩国	Korea,Rep.	10	7	7.3	32	1	290	6	1.5	83.6
挪威	Norway	9	7	7.5	22	4	280	6	0.9	92.9
英国	United Kingdom	6	10	7.8	28	31	437	13	1.0	88.6
美国	United States	41	7.4	6.5	35	20	420	5	1.5	78.6
瑞典	Sweden	19	8	7.2	18	22	321	19	2.0	77.9
马其顿	Macedonia	13	8	7.3	27	36	634	32	1.5	47.4
中国台湾	Taiwan, China	22	9	7.0	68	14	510	22	1.9	81.9
爱沙尼亚	Estonia	53	8	6.0	17	11	425	42	3.0	40.3
芬兰	Finland	70	6	5.7	33	30	375	1	0.9	90.3
拉脱维亚	Latvia	42	5	6.3	25	23	469	44	1.5	49.1
澳大利亚	Australia	63	8	5.8	91	3	395	21	1.0	82.4
格鲁吉亚	Georgia	7	9	7.7	54	16	285	106	2.0	39.5
德国	Germany	53	5	6.0	38	17	499	3	1.2	84.4
爱尔兰	Ireland	13	9	7.3	47	90	650	17	0.4	87.7
奥地利	Austria	32	5	6.5	1	10	397	20	1.1	82.8
冰岛	Iceland	22	7	7.0	66	32	417	14	1.0	85.0
立陶宛	Lithuania	51	7	6.2	19	6	370	66	2.3	45.0
加拿大	Canada	7	8	7.7	46	112	910	15	0.8	87.4
马来西亚	Malaysia	3	10	8.0	60	42	425	46	1.0	81.3
波兰	Poland	42	7	6.3	1	55	685	27	3.0	60.6
葡萄牙	Portugal	70	6	5.7	1	19	547	7	2.0	74.2
阿联酋	United Arab Emirates	9	10	7.5	85	25	495	104	3.2	29.0
捷克	Czech Rep.	53	2	6.0	1	68	611	26	2.1	66.5
荷兰	Netherlands	70	4	5.7	1	71	514	11	1.1	89.3
法国	France	32	8	6.5	1	18	395	24	1.9	78.5
斯洛文尼亚	Slovenia	9	5	7.5	1	119	1160	12	0.8	89.2
瑞士	Switzerland	106		5.0	37	39	420	45	3.0	46.6
西班牙	Spain	32	5	6.5	1	29	510	18	1.5	78.3
斯洛伐克	Slovakia	87	3	5.3	1	82	705	35	4.0	55.6
日本	Japan	53	7	6.0	49	48	360	2	0.6	92.1
哈萨克斯坦	Kazakhstan	3	10	8.0	119	9	370	37	1.5	41.4
罗马尼亚	Romania	53	9	6.0	1	26	512	49	3.3	34.4
白俄罗斯	Belarus	42	7	6.3	30	27	275	69	1.5	33.1
亚美尼亚	Armenia	53	5	6.0	48	28	570	78	1.9	36.2
保加利亚	Bulgaria	13	10	7.3	21	49	564	48	3.3	34.9
俄罗斯	Russia	53	6	6.0	140	12	337	51	2.0	38.6
匈牙利	Hungary	81	2	5.5	1	8	395	63	2.0	43.0
比利时	Belgium	63	8	5.8	1	52	505	10	0.9	89.9
克罗地亚	Croatia	27	5	6.7	1	7	572	54	3.1	33.7
摩尔多瓦	Moldova	42	7	6.3	34	62	585	60	2.8	28.1
塞浦路斯	Cyprus	27	8	6.7	45	139	1100	16	1.5	72.8
泰国	Thailand	27	10	6.7	56	51	440	23	1.5	67.7
墨西哥	Mexico	53	8	6.0	61	40	341	30	1.8	69.1
塞尔维亚	Serbia	70	4	5.7	23	61	635	47	2.0	32.5

6-2 续表 2 continued

国家或地区	Country or Area	企业经营环境排名 Ease of Doing Business Rank	开办企业排名 Starting a Business Rank	申请建筑许可 Dealing with Construction Permits			注册财产 Registering Property			信贷融资便利度排名 Getting Credit Rank	缴纳税款排名 Paying Taxes Rank
				排名 Rank	手续（个） Procedures (number)	时间（天） Time (days)	排名 Rank	手续（个） Procedures (number)	时间（天） Time (days)		
毛里求斯	Mauritius	49	48	33	15	156	98	4	14	44	45
意大利	Italy	50	63	86	10	228	24	4	16	101	126
黑山	Montenegro	51	58	93	8	152	78	6	69	7	57
以色列	Israel	52	41	71	15	209	126	6	81	44	96
哥伦比亚	Colombia	53	61	34	10	73	53	6	16	2	139
秘鲁	Peru	54	103	51	14	174	37	4	7	16	105
波多黎各	Puerto Rico	55	51	131	20	165	153	8	191	7	135
卢旺达	Rwanda	56	76	158	15	113	4	3	12	2	59
智利	Chile	57	59	26	13	152	58	6	29	82	120
阿尔巴尼亚	Albania	58	46	106	16	220	106	6	19	44	97
卢森堡	Luxemburg	59	67	7	11	157	88	7	27	170	16
科索沃	Kosovo	60	13	129	15	152	33	6	27	20	43
希腊	Greece	61	56	58	17	124	141	10	20	82	64
哥斯达黎加	Costa Rica	62	125	53	15	118	52	5	19	7	62
巴林	Bahrain	63	73	19	9	146	25	2	31	101	4
蒙古	Mongolia	64	36	29	17	137	46	5	11	62	35
阿塞拜疆	Azerbaijan	65	5	127	18	203	22	3	9	118	40
阿曼	Oman	66	32	52	12	157	35	2	16	133	12
牙买加	Jamaica	67	12	75	17	130	123	8	18	16	116
摩洛哥	Morocco	68	40	18	13	89	87	6	22	101	41
土耳其	Turkey	69	79	102	18	103	54	7	7	82	128
巴拿马	Panama	70	43	73	16	98	84	7	23	20	170
博茨瓦纳	Botswana	71	153	50	17	100	70	4	12	75	55
文莱	Brunei Darussalam	72	84	37	18	75	134	6	298	62	89
不丹	Bhutan	73	94	97	21	151	51	3	77	82	19
南非	South Africa	74	131	99	19	141	105	7	23	62	51
吉尔吉斯斯坦	Kyrgyzstan	75	30	32	11	142	8	3	4	32	148
马耳他	Malta	76	132	82	15	167	147	7	15	139	33
突尼斯	Tunisia	77	103	59	17	93	92	4	39	101	106
中国	China	78	127	177	22	244	42	4	20	62	131
圣马力诺	San Marino	79	98	72	15	146	80	9	43	181	14
乌克兰	Ukraine	80	20	140	10	67	63	7	23	20	84
波黑	Bosnia and Herzegovinian	81	174	170	15	179	99	7	24	44	133
越南	Viet Nam	82	121	24	10	166	59	5	58	32	167
卡塔尔	Qatar	83	91	21	16	58	26	7	13	139	1
瓦努阿图	Vanuatu	83	126	134	14	64	81	4	58	20	54
汤加	Tonga	85	55	14	13	77	158	4	112	44	80
圣卢西亚	St Lucia	86	66	54	14	116	104	9	17	157	65
乌兹别克斯坦	Uzbekistan	87	25	147	23	176	75	9	46	44	138
危地马拉	Guatemala	88	119	89	11	158	74	6	24	16	93
萨摩亚	Samoa	89	37	96	18	58	64	5	15	157	71
乌拉圭	Uruguay	90	60	163	21	251	110	9	66	62	113
印度尼西亚	Indonesia	91	151	116	17	200	118	5	27	62	104
肯尼亚	Kenya	92	116	152	17	160	121	9	61	32	125
塞舌尔	Seychelles	93	137	146	17	151	66	4	33	118	32
沙特阿拉伯	Saudi Arabia	94	147	15	13	106	32	3	3	82	69
萨尔瓦多	El Salvador	95	129	156	24	111	71	5	31	44	166
特立尼达和多巴哥	Trinidad and Tobago	96	69	149	16	253	150	9	77	44	145
斐济	Fiji	97	159	101	15	141	55	4	69	157	110

6-2 续表 3 continued

国家或地区	Country or Area	中小投资者保护 Protecting Minority Investors 排名 Rank	中小投资者保护 Protecting Minority Investors 披露指数 disclosure index	中小投资者保护 Protecting Minority Investors 中小投资者保护指数 Strength of minority investor protection index	跨境贸易排名 Trading Across Borders Rank	合同执行 Enforcing Contracts 排名 Rank	合同执行 Enforcing Contracts 时间（天） Time (days)	解决破产 Resolving Insolvency 排名 Rank	解决破产 Resolving Insolvency 时间（年） Time (years)	解决破产 Resolving Insolvency 收回率（美分/美元） Recovery rate (cents/dollar)
毛里求斯	Mauritius	32	6	6.5	74	34	519	39	1.7	67.4
意 大 利	Italy	42	7	6.3	1	108	1120	25	1.8	63.9
黑　　山	Montenegro	42	5	6.3	43	41	545	40	1.4	48.6
以 色 列	Israel	9	7	7.5	59	89	975	31	2	62.6
哥伦比亚	Colombia	13	9	7.3	121	174	1288	33	1.7	69.4
秘　　鲁	Peru	53	9	6	86	63	426	79	3.1	30
波多黎各	Puerto Rico	87	7	5.3	62	97	630	9	2.5	70.5
卢 旺 达	Rwanda	102	7	5.2	87	95	230	73	2.5	19.2
智　　利	Chile	32	8	6.5	65	56	480	55	3.2	33.5
阿尔巴尼亚	Albania	19	9	7.2	24	116	525	43	2	42.3
卢 森 堡	Luxemburg	123	6	4.5	1	15	321	82	2	43.7
科 索 沃	Kosovo	63	6	5.8	51	44	330	163	2	38.8
希　　腊	Greece	42	7	6.3	29	133	1580	52	3.5	35.6
哥斯达黎加	Costa Rica	165	2	3.5	71	125	852	107	3	27.2
巴　　林	Bahrain	106	8	5	82	110	635	88	2.5	42.3
蒙　　古	Mongolia	26	6	6.8	103	85	374	91	4	17.1
阿塞拜疆	Azerbaijan	32	10	6.5	83	44	277	86	1.5	39.6
阿　　曼	Oman	118	8	4.7	67	60	598	94	4	38.6
牙 买 加	Jamaica	63	4	5.8	131	117	550	38	1.1	64.6
摩 洛 哥	Morocco	87	9	5.3	63	57	510	131	3.5	28.1
土 耳 其	Turkey	22	9	7	70	33	580	126	4.5	18.5
巴 拿 马	Panama	70	4	5.7	53	145	686	133	2.5	27.2
博茨瓦纳	Botswana	81	7	5.5	51	132	625	64	1.7	64.8
文　　莱	Brunei Darussalam	102	4	5.2	142	93	540	57	2.5	47.2
不　　丹	Bhutan	114	4	4.8	26	47	225	169		
南　　非	South Africa	22	8	7	139	113	600	50	2	35.1
吉尔吉斯斯坦	Kyrgyzstan	42	7	6.3	79	141	410	130	1.5	34.3
马 耳 他	Malta	32	3	6.5	40	58	505	84	3	40.7
突 尼 斯	Tunisia	118	4	4.7	92	76	565	58	1.3	52
中　　国	China	123	10	4.5	96	5	452.8	53	1.7	36.9
圣马力诺	San Marino	162	3	3.7	20	78	575	110	2.3	47.2
乌 克 兰	Ukraine	70	6	5.7	115	81	378	150	2.9	7.5
波　　黑	Bosnia and Herzegovinian	81	3	5.5	36	64	595	41	3.3	37.3
越　　南	Viet Nam	87	7	5.3	93	69	400	125	5	21.6
卡 塔 尔	Qatar	183	2	2.7	128	120	570	116	2.8	30.4
瓦努阿图	Vanuatu	106	5	5	145	130	430	93	2.6	44.8
汤　　加	Tonga	123	3	4.5	100	92	350	132	2.7	28
圣卢西亚	St Lucia	87	4	5.3	81	71	635	114	2	43
乌兹别克斯坦	Uzbekistan	70	8	5.7	165	38	225	77	2	39.5
危地马拉	Guatemala	173	3	3.3	77	173	1402	149	3	27.9
萨 摩 亚	Samoa	63	5	5.8	141	67	455	134	2	18.4
乌 拉 圭	Uruguay	123	3	4.5	146	111	725	61	1.8	41.9
印度尼西亚	Indonesia	70	10	5.7	108	166	471	76	1.9	31.2
肯 尼 亚	Kenya	87	6	5.3	105	87	465	92	4.5	28.4
塞 舌 尔	Seychelles	106	4	5	84	129	915	62	2	38.8
沙特阿拉伯	Saudi Arabia	63	8	5.8	158	105	575	169		
萨尔瓦多	El Salvador	158	3	3.8	44	104	786	80	3.5	32.9
特立尼达和多巴哥	Trinidad and Tobago	53	4	6	123	168	1340	70	2.5	26.7
斐　　济	Fiji	106	2	5	75	86	397	90	1.8	46.4

6-2 续表 4 continued

国家或地区	Country or Area	企业经营环境排名 Ease of Doing Business Rank	开办企业排名 Starting a Business Rank	申请建筑许可 Dealing with Construction Permits			注册财产 Registering Property			信贷融资便利度排名 Getting Credit Rank	缴纳税款排名 Paying Taxes Rank
				排名 Rank	手续(个) Procedures (number)	时间(天) Time (days)	排名 Rank	手续(个) Procedures (number)	时间(天) Time (days)		
赞比亚	Zambia	98	105	78	10	189	145	6	45	20	58
菲律宾	Philippines	99	171	85	24	98	112	9	35	118	115
莱索托	Lesotho	100	117	171	11	179	108	4	43	82	91
多米尼克	Dominica	101	64	90	10	175	164	5	42	139	111
科威特	Kuwait	102	173	144	23	216	67	8	49	118	6
多米尼加	Dominican Rep.	103	115	45	13	184	82	6	45	101	129
所罗门群岛	Solomon Islands	104	97	63	13	98	152	10	87	82	39
洪都拉斯	Honduras	105	148	84	15	89	85	6	22	7	152
巴拉圭	Paraguay	106	143	56	12	120	76	6	46	101	153
尼泊尔	Nepal	107	109	123	10	86	72	3	5	139	142
纳米比亚	Namibia	108	170	67	10	137	174	8	52	62	74
加纳	Ghana	108	110	117	14	170	77	5	46	44	122
斯里兰卡	Sri Lanka	110	74	88	13	115	155	9	51	118	158
斯威士兰	Swaziland	111	154	91	13	116	117	9	21	82	76
伯利兹	Belize	112	158	100	15	109	126	9	60	167	44
安提瓜和巴布达	Antigua and Barbuda	113	124	107	16	110	150	7	108	157	160
厄瓜多尔	Ecuador	114	166	76	15	114	69	7	38	101	137
乌干达	Uganda	115	165	151	18	122	116	10	42	44	75
阿根廷	Argentina	116	157	173	21	341	114	7	52	82	178
巴巴多斯	Barbados	117	101	161	9	442	130	6	105	133	85
约旦	Jordan	118	106	109	16	63	96	7	21	185	79
巴布亚新几内亚	Papua New Guinea	119	130	126	17	217	119	4	72	32	94
伊朗	Iran	120	102	27	15	99	86	7	12	101	100
巴哈马	Bahamas	121	118	110	16	180	166	7	122	139	95
埃及	Egypt, Arab Rep	122	39	64	17	145	109	8	60	82	162
巴西	Brazil	123	175	172	18	426	128	14	31	101	181
圭亚那	Guyana	124	99	148	15	188	122	6	75	82	136
圣文森特和格林纳丁斯	St Vincent and the Grenadines	125	83	55	14	92	165	7	47	157	98
黎巴嫩	Lebanon	126	139	135	18	244	103	8	34	118	67
尼加拉瓜	Nicaragua	127	128	168	16	207	146	9	56	101	176
塔吉克斯坦	Tajikistan	128	85	162	27	242	97	6	37	118	140
佛得角	Cabo Verde	129	100	108	16	140	73	6	22	118	86
印度	India	130	155	185	35	190	138	7	47	44	172
柬埔寨	Cambodia	131	180	183	20	652	120	7	56	7	124
坦桑尼亚	Tanzania	132	135	136	18	205	132	8	67	44	154
马拉维	Malawi	133	150	65	13	153	95	6	69	101	102
圣基茨和尼维斯	St Kitts and Nevis	134	92	41	10	104	184	6	224	157	143
马尔代夫	Maldives	135	65	62	10	140	172	6	57	133	134
帕劳	Palau	136	120	98	19	72	44	5	14	82	118
莫桑比克	Mozambique	137	134	30	10	111	107	6	40	157	112
格林纳达	Grenada	138	77	105	13	128	137	8	32	139	132
老挝	Laos	139	160	47	11	83	65	4	53	75	146
约旦河西岸和加沙	West Bank and Gaza	140	169	157	20	108	93	7	51	118	101
马里	Mali	141	108	142	13	124	135	5	29	139	144
科特迪瓦	Cote d'Ivoire	142	50	182	23	347	113	6	30	139	175
马绍尔群岛	Marshall Islands	143	70	79	7	38	187			82	82
巴基斯坦	Pakistan	144	141	150	15	264	169	8	155	82	156
冈比亚	Gambia	145	168	122	12	144	124	5	66	118	171
布基纳法索	Burkina Faso	146	72	61	14	121	136	4	67	139	150
塞内加尔	Senegal	147	90	139	13	202	142	5	71	139	174
塞拉利昂	Sierra Leone	148	87	132	16	166	163	7	56	157	87
玻利维亚	Bolivia	149	177	152	12	322	139	7	90	133	186
尼日尔	Niger	150	88	179	15	112	125	4	35	139	165

6–2 续表 5 continued

国家或地区	Country or Area	中小投资者保护 Protecting Minority Investors			跨境贸易排名 Trading Across Borders Rank	合同执行 Enforcing Contracts		解决破产 Resolving Insolvency		
		排名 Rank	披露指数 disclosure index	中小投资者保护指数 Strength of minority investor protection index		排名 Rank	时间(天) Time (days)	排名 Rank	时间(年) Time (years)	收回率(美分/美元) Recovery rate (cents/dollar)
赞比亚	Zambia	87	4	5.3	161	135	611	83	1.0	49.4
菲律宾	Philippines	137	2	4.2	95	136	842	56	2.7	21.3
莱索托	Lesotho	106	3	5.0	39	94	615	121	2.6	28.6
多米尼克	Dominica	70	4	5.7	80	79	681	128	4.0	28.7
科威特	Kuwait	81	4	5.5	157	66	566	108	4.2	32.9
多米尼加	Dominican Rep.	87	5	5.3	58	131	505	160	3.5	8.9
所罗门群岛	Solomon Islands	106	3	5.0	151	153	455	138	1.0	24.4
洪都拉斯	Honduras	132	3	4.3	109	151	920	139	3.8	18.2
巴拉圭	Paraguay	137	6	4.2	116	74	606	102	3.9	20.5
尼泊尔	Nepal	63	6	5.8	69	152	910	89	2.0	42.3
纳米比亚	Namibia	87	7	5.3	127	98	460	97	2.5	34.4
加纳	Ghana	81	5	5.5	154	114	710	155	1.9	23.7
斯里兰卡	Sri Lanka	42	8	6.3	90	163	1318	75	1.7	46.2
斯威士兰	Swaziland	132	2	4.3	31	175	956	95	2.0	38.3
伯利兹	Belize	118	3	4.7	101	134	892	81	2.0	55.5
安提瓜和巴布达	Antigua and Barbuda	87	4	5.3	110	35	476	124	3.0	36.2
厄瓜多尔	Ecuador	118	2	4.7	97	96	588	157	5.3	17.7
乌干达	Uganda	106	3	5.0	136	64	490	111	2.2	38.4
阿根廷	Argentina	51	7	6.2	111	50	660	98	2.8	22.6
巴巴多斯	Barbados	165	2	3.5	125	167	1340	36	1.8	65.8
约旦	Jordan	165	4	3.5	50	124	689	142	3.0	27.4
巴布亚新几内亚	Papua New Guinea	87	4	5.3	164	170	591	137	3.0	24.9
伊朗	Iran, Islamic Rep	165	7	3.5	170	70	505	156	4.5	17.9
巴哈马	Bahamas	118	2	4.7	152	75	532	59	3.0	63.5
埃及	Egypt, Arab Rep	114	8	4.8	168	162	1010	109	2.5	27.0
巴西	Brazil	32	5	6.5	149	37	731	67	4.0	15.8
圭亚那	Guyana	87	5	5.3	135	91	581	154	3.0	18.4
圣文森特和格林纳丁斯	St Vincent and the Grenadines	87	4	5.3	88	53	595	169		
黎巴嫩	Lebanon	145	9	4.0	134	127	721	143	3.0	32.6
尼加拉瓜	Nicaragua	145	1	4.0	73	83	490	103	2.2	34.9
塔吉克斯坦	Tajikistan	27	8	6.7	144	54	430	144	1.7	35.9
佛得角	Cabo Verde	162	1	3.7	113	43	425	169		
印度	India	13	7	7.3	143	172	1420	136	4.3	26.0
柬埔寨	Cambodia	114	5	4.8	102	178	483	72	6.0	13.9
坦桑尼亚	Tanzania	145	2	4.0	180	59	515	100	3.0	21.1
马拉维	Malawi	132	4	4.3	118	148	522	162	2.6	12.3
圣基茨和尼维斯	St Kitts and Nevis	102	4	5.2	72	46	578	169		
马尔代夫	Maldives	123		4.5	147	105	760	135	1.5	50.0
帕劳	Palau	179		2.8	163	126	810	166	2.0	30.4
莫桑比克	Mozambique	132	5	4.3	106	185	950	65	1.5	34.1
格林纳达	Grenada	123	4	4.5	126	76	688	169		
老挝	Laos	165	6	3.5	120	88	443	169		
约旦河西岸和加沙	West Bank and Gaza	158	6	3.8	99	122	540	169		
马里	Mali	145	7	4.0	89	156	620	99	3.6	24.8
科特迪瓦	Cote d'Ivoire	145	7	4.0	150	101	525	68	2.2	39.0
马绍尔群岛	Marshall Islands	175	2	3.2	64	99	616	167	2.0	17.1
巴基斯坦	Pakistan	27	6	6.7	172	157	1071	85	2.6	43.0
冈比亚	Gambia	165	2	3.5	112	107	407	117	2.0	26.6
布基纳法索	Burkina Faso	145	7	4.0	104	161	446	112	4.0	20.7
塞内加尔	Senegal	137	7	4.2	130	144	740	101	3.0	23.4
塞拉利昂	Sierra Leone	87	6	5.3	169	100	515	148	2.3	10.9
玻利维亚	Bolivia	137	1	4.2	98	128	591	96	1.8	40.8
尼日尔	Niger	145	7	4.0	132	150	545	105	5.0	22.7

6-2 续表 6 continued

国家或地区	Country or Area	企业经营环境排名 Ease of Doing Business Rank	开办企业排名 Starting a Business Rank	申请建筑许可 Dealing with Construction Permits			注册财产 Registering Property			信贷融资便利度排名 Getting Credit Rank	缴纳税款排名 Paying Taxes Rank
				排名 Rank	手续(个) Procedures (number)	时间(天) Time (days)	排名 Rank	手续(个) Procedures (number)	时间(天) Time (days)		
密克罗尼西亚	Micronesia, Fed.	151	167	143	14	86	187			75	108
基里巴斯	Kiribati	152	140	119	14	149	144	5	513	167	73
科 摩 罗	Comoros	153	161	92	10	108	90	4	30	118	168
多　　哥	Togo	154	123	180	11	163	183	5	283	139	169
贝　　宁	Benin	155	57	74	13	88	173	4	120	139	173
阿尔及利亚	Algeria	156	142	77	17	130	162	10	55	175	155
布 隆 迪	Burundi	157	18	169	14	99	94	5	23	175	123
苏 里 南	Suriname	158	185	112	10	223	176	6	106	175	103
埃塞俄比亚	Ethiopia	159	179	176	12	130	133	7	52	170	90
毛里塔尼亚	Mauritania	160	80	118	13	104	102	4	49	157	188
津巴布韦	Zimbabwe	161	183	181	10	238	111	5	36	82	164
圣多美和普林西比	Sao Tome and Principe	162	35							185	
几 内 亚	Guinea	163	133	164	27	173	140	6	44	139	184
加　　蓬	Gabon	164	152	167	12	329	175	6	103	118	161
伊 拉 克	Iraq	165	164	104	11	167	115	5	51	181	52
喀 麦 隆	Cameroon	166	149	141	15	135	177	5	86	133	180
马达加斯加	Madagascar	167	113	184	15	185	159	6	100	170	117
苏　　丹	Sudan	168	156	145	15	270	89	6	11	170	141
尼日利亚	Nigeria	169	138	174	16	106	182	12	70	44	182
缅　　甸	Myanmar	170	146	66	14	95	143	6	85	175	119
吉 布 提	Djibouti	171	172	120	17	111	168	6	39	181	106
几内亚比绍	Guinea-Bissau	172	176	155	11	116	149	8	51	139	149
叙 利 亚	Syrian Arab Republic	173	136	187			154	4	48	170	81
利比里亚	Liberia	174	37	175	22	74	179	10	44	101	72
东 帝 汶	Timor-Leste	175	145	159	16	207	187			167	130
孟加拉国	Bangladesh	176	122	138	14	269	185	8	244	157	151
刚果(布)	Congo, Rep.	177	178	124	12	164	171	6	55	118	183
赤道几内亚	Equatorial Guinea	178	187	160	13	144	160	6	23	118	179
也　　门	Yemen, Rep	179	161	94	11	184	83	6	19	185	92
乍　　得	Chad	180	182	133	13	221	157	6	44	139	189
海　　地	Haiti	181	188	166	12	80	180	5	312	175	159
安 哥 拉	Angola	182	144	111	10	203	170	7	190	181	157
阿 富 汗	Afghanistan	183	42	186	13	356	186	9	250	101	163
刚果(金)	Congo, Dem Rep	184	96	114	12	122	156	7	44	139	177
中　　非	Central African Rep.	185	190	154	15	200	167	5	75	139	187
南 苏 丹	South Sudan	186	181	178	23	124	181	9	50	175	68
委内瑞拉	Venezuela	187	189	137	9	434	129	9	52	118	185
利 比 亚	Libya	188	163	187			187			185	121
厄立特里亚	Eritrea	189	186	187			178	11	78	185	147
索 马 里	Somalia	190	184	187			148	5	188	185	190

6-2 续表 7 continued

国家或地区	Country or Area	中小投资者保护 Protecting Minority Investors			跨境贸易排名 Trading Across Borders Rank	合同执行 Enforcing Contracts		解决破产 Resolving Insolvency		
		排名 Rank	披露指数 disclosure index	中小投资者保护指数 Strength of minority investor protection index		排名 Rank	时间(天) Time (days)	排名 Rank	时间(年) Time (years)	收回率(美分/美元) Recovery rate (cents/dollar)
密克罗尼西亚	Micronesia, Fed.	185		2.5	57	183	885	119	5.3	3.2
基里巴斯	Kiribati	123	6	4.5	124	118	660	169		
科 摩 罗	Comoros	145	7	4.0	107	179	506	169		
多　　哥	Togo	145	7	4.0	117	145	488	87	3.0	30.8
贝　　宁	Benin	145	7	4.0	133	169	750	115	4.0	19.7
阿尔及利亚	Algeria	173	4	3.3	178	102	630	74	1.3	50.8
布 隆 迪	Burundi	137	8	4.2	160	149	832	141	5.0	7.4
苏 里 南	Suriname	165	1	3.5	78	187	1715	129	5.0	8.3
埃塞俄比亚	Ethiopia	175	3	3.2	167	80	530	120	3.0	29.2
毛里塔尼亚	Mauritania	123	6	4.5	137	83	370	169		
津巴布韦	Zimbabwe	102	8	5.2	148	165	410	145	3.3	18.0
圣多美和普林西比	Sao Tome and Principe	183	3	2.7	122	181	1065	158	6.2	9.7
几 内 亚	Guinea	145	7	4.0	162	115	311	113	3.8	19.9
加　　蓬	Gabon	158	7	3.8	166	177	1160	123	5.0	15.0
伊 拉 克	Iraq	123	4	4.5	179	138	520	169		
喀 麦 隆	Cameroon	137	7	4.2	186	160	800	122	2.8	15.8
马达加斯加	Madagascar	114	7	4.8	129	158	871	127	3.0	11.4
苏　　丹	Sudan	187	1	2.2	184	147	810	153	2.0	31.7
尼日利亚	Nigeria	32	7	6.5	181	139	510	140	2.0	27.8
缅　　甸	Myanmar	179	3	2.8	159	188	1160	164	5.0	14.7
吉 布 提	Djibouti	178	4	3.0	155	184	1225	71	2.3	37.3
几内亚比绍	Guinea-Bissau	137	7	4.2	153	164	1715	169		
叙 利 亚	Syrian Arab Republic	87	7	5.3	176	159	872	161	4.1	12.7
利比里亚	Liberia	179	4	2.8	185	176	1280	168	3.0	8.5
东 帝 汶	Timor-Leste	70	5	5.7	94	190	1285	169		
孟加拉国	Bangladesh	70	6	5.7	173	189	1442	151	4.0	27.0
刚果(布)	Congo, Rep.	145	7	4.0	182	155	560	117	3.3	17.9
赤道几内亚	Equatorial Guinea	137	7	4.2	174	103	475	169		
也　　门	Yemen, Rep	132	6	4.3	189	142	645	152	3.0	20.5
乍　　得	Chad	158	7	3.8	171	154	743	146	4.0	
海　　地	Haiti	188	2	2.0	76	123	530	169		
安 哥 拉	Angola	81	4	5.5	183	186	1296	169		
阿 富 汗	Afghanistan	189	1	1.2	175	180	1642	159	2.0	26.5
刚果(金)	Congo, Dem Rep	162	7	3.7	188	171	610	169		
中　　非	Central African Rep.	145	7	4.0	138	182	660	146	4.8	
南 苏 丹	South Sudan	179	2	2.8	177	73	228	169		
委内瑞拉	Venezuela	175	3	3.2	187	137	610	165	4.0	5.9
利 比 亚	Libya	185	4	2.5	114	143	690	169		
厄立特里亚	Eritrea	165	3	3.5	189	121	490	169		
索 马 里	Somalia	190			156	109	575	169		

6–3 新注册企业数
New Businesses Registered

资料来源：世界银行WDI数据库。
Source: World Bank WDI Database.
单位：个 (number)

国家或地区	Country or Area	2000	2005	2009	2010	2011	2012	2014
中国香港	Hong Kong, China	38086	73359	109424	139530	148329	150165	167280
孟加拉国	Bangladesh		5157	8007		9884	9193	
柬埔寨	Cambodia		1509	2003				
印度	India		38129	46000	64900	70450	99587	98029
印度尼西亚	Indonesia		23348	28998	38122	43775	47549	
以色列	Israel		14364	15211	16898	16383	14504	15680
日本	Japan		112201	85673	87688	89373	91751	11886
哈萨克斯坦	Kazakhstan		20431	16734	16875	18563	19568	
韩国	Korea, Rep.		31879	56337	60593	65973	73972	84676
老挝	Laos			286		398		
马来西亚	Malaysia	33149	37672	41638		45455	45441	49203
蒙古	Mongolia							12492
巴基斯坦	Pakistan	1051	3917	2719	3109	3593	4162	4830
菲律宾	Philippines	12802		11435	11714	12590	16143	
新加坡	Singapore			24235	27483	29781	31532	38306
斯里兰卡	Sri Lanka	2567	4754	4062	6110	7662	6975	
泰国	Thailand	18481		27587	31806	33940	41210	43589
埃及	Egypt		3867	6308				
尼日利亚	Nigeria		28988	65089		72396	81144	71941
南非	South Africa		227624	253217	199754	59731	217624	
加拿大	Canada	97000	20868	20191		25985	25723	30904
墨西哥	Mexico		40398	60358		65016	68666	76447
美国	United States		676830					
阿根廷	Argentina	14500	14219	12118		13799	12385	11672
巴西	Brazil	460602	246722	51717		64476	53876	73614
捷克	Czech Rep.		14062	21717	22456	21173	21571	24366
法国	France	90787	117284	128906	132696	132293	121538	94927
德国	Germany		66923	74055	73966	71190	69332	
意大利	Italy	60132	84125	83042	87415	80028	75645	91853
荷兰	Netherlands		46514	48660	46366	46578	49425	58900
波兰	Poland			14434				
俄罗斯	Russia	225317	380973	401471	399818	458930	442165	427388
西班牙	Spain	115870		74333	75885	81027	84399	91544
土耳其	Turkey	66236		42237	50414	53383	38823	57760
乌克兰	Ukraine	29777		21120	31433	34135	29650	
英国	United Kingdom	225600		330100	365600	400600	537658	
澳大利亚	Australia		121994	147258		168170	185009	231920
新西兰	New Zealand		64818	48358		42447	44169	49156

6-4 新注册企业密度
New business density

资料来源：世界银行WDI数据库。
Source: World Bank WDI Database.
单位：个/万人 (unit per 10000 persons)

国家或地区	Country or Area	2005	2009	2010	2011	2012	2014
世　界	**World**	**34.2**	**23.9**	**35.8**	**36.4**	**37.1**	**40.1**
高收入国家	**High Income**	**89.1**	**64.1**	**70.0**	**73.6**	**72.5**	**67.1**
经合组织国家	**OECD Countries**	**46.3**	**43.1**	**43.0**	**45.6**	**52.5**	
欧元区	**Euro Area**	**44.7**	**46.9**	**51.5**	**58.3**	**56.9**	**64.5**
非经合组织国家	**High Income: nonOECD**	**91.1**	**100.7**	**123.4**	**118.4**	**113.5**	
中等收入国家	**Middle Income**	**20.6**	**21.0**	**20.1**	**21.7**	**22.0**	**25.1**
中等偏上收入国家	**Upper Middle Income**	**32.4**	**32.7**	**28.7**	**31.4**	**29.9**	**28.5**
中等偏下收入国家	**Lower Middle Income**	**6.4**	**7.4**	**9.3**	**9.2**	**10.7**	**19.9**
中低收入国家	**Low and Middle Income**	**17.5**	**17.8**	**17.6**	**18.7**	**18.5**	**21.9**
东亚和太平洋	**East Asia and Pacific**	**13.9**	**17.1**	**16.7**	**11.9**	**13.4**	**35.5**
欧洲和中亚	**Europe and Central Asia**	**19.2**	**19.6**	**19.6**	**25.6**	**22.0**	**33.6**
拉丁美洲和加勒比	**Latin America and Caribbean**	**30.9**	**26.3**	**26.0**	**27.1**	**23.8**	**13.9**
中东和北非国家	**Middle East and North Africa**	**4.3**	**5.9**	**5.9**	**5.9**	**5.5**	**10.4**
南　亚	**South Asia**	**6.7**	**7.3**	**2.4**	**2.7**	**2.5**	**2.3**
撒哈拉以南非洲	**Sub-Saharan Africa**	**15.8**	**18.0**	**18.0**	**16.5**	**20.6**	**22.8**
低收入国家	**Low Income**	**1.6**	**2.7**	**2.6**	**3.1**	**3.5**	**5.2**
中国香港	Hong Kong, China	146.2	209.5	265.0	280.1	281.2	313.0
孟加拉国	Bangladesh	0.6	0.9	0.9	1.0	0.9	
柬埔寨	Cambodia	1.8	2.2				
印　度	India	0.5	0.6	0.8	0.9	1.2	1.2
印度尼西亚	Indonesia	1.6	1.9	2.4	2.8	2.9	
以色列	Israel	33.4	32.6	35.6	33.9	29.6	31.1
日　本	Japan	13.3	10.4		11.1	11.5	1.5
哈萨克斯坦	Kazakhstan	19.9	15.2	15.1	16.4	17.1	
韩　国	Korea, Rep.	9.3	15.8		18.2	20.3	23.0
老　挝	Laos		0.8	0.7	1.0		
马来西亚	Malaysia	22.3	22.3	23.2	23.3	22.8	23.7
巴基斯坦	Pakistan	0.4	0.3	0.3	0.3	0.4	0.4
菲律宾	Philippines		2.1	2.1	2.2	2.7	
新加坡	Singapore		66.1	73.5	77.9	80.5	95.1
斯里兰卡	Sri Lanka	3.4	3.0	4.4	5.5	5.1	
泰　国	Thailand		5.8	6.7	7.1	8.6	9.0
埃　及	Egypt	0.9	1.3				
尼日利亚	Nigeria	3.9	7.9	7.7	8.3	9.1	7.6
南　非	South Africa	74.4	78.9	61.4	18.2	65.4	
加拿大	Canada	9.3	8.6	10.4	10.9	10.7	12.8
墨西哥	Mexico	5.9	8.2	9.0	8.5	8.8	9.4
阿根廷	Argentina	5.8	4.7	5.0	5.2	4.7	4.3
巴　西	Brazil	20.0	21.9	27.7	26.3	21.7	28.8
捷　克	Czech Rep.	19.3	29.2	30.3	28.9	29.6	34.2
法　国	France	28.5	30.7	31.5	31.3	28.8	22.6
德　国	Germany	12.2	13.7	13.8	13.2	12.9	
意大利	Italy	21.7	21.0	22.0	20.1	19.1	23.2
荷　兰	Netherlands	42.2	43.8	41.6	41.8	44.4	53.4
波　兰	Poland	4.9	5.3				
俄罗斯	Russia	37.5	39.3	39.0	44.7	43.0	42.0
西班牙	Spain	43.9	23.7	24.2	25.9	27.1	29.7
土耳其	Turkey	10.4	9.0	10.6	11.0	7.9	11.3
乌克兰	Ukraine	8.5	6.5	9.7	10.6	9.2	
英　国	United Kingdom	83.8	80.9	89.2	97.3	129.0	
澳大利亚	Australia	88.9	99.9	107.7	111.8	121.6	149.1
新西兰	New Zealand	236.0	168.2	154.6	145.3	150.7	166.3

注：新注册企业密度是指1万个15—64岁劳动人口中新注册企业数量。
Note: New registrations per 10,000 people ages 15-64.

6–5 私人部门贷款占国内生产总值比重
Domestic Credit to Private Sector as Percentage of GDP

资料来源：世界银行WDI数据库。
Source: World Bank WDI Database.
单位：%　　(%)

国家或地区	Country or Area	2000	2005	2010	2014	2015	2016
世　界	**World**	**130.7**		**122.6**	**123.3**	**127.4**	**132.4**
高收入国家	**High Income**	**154.1**	**145.7**	**148.0**	**145.6**	**146.6**	**149.6**
经合组织国家	**OECD Countries**	**159.1**	**149.0**	**153.1**	**151.7**		
非经合组织国家	**High Income: nonOECD**	**45.5**	**43.6**	**53.0**	**67.9**		
中等收入国家	**Middle Income**	**48.2**	**52.9**		**85.7**	**95.4**	**101.2**
中等偏上收入国家	**Upper Middle Income**	**54.1**		**78.7**	**97.8**	**110.5**	**120.4**
中等偏下收入国家	**Lower Middle Income**	**28.1**	**33.5**	**39.8**	**41.4**	**42.7**	**43.6**
中低收入国家	**Low and Middle Income**	**47.6**	**52.3**		**85.0**	**94.5**	**100.3**
东亚和太平洋	**East Asia and Pacific**	**97.0**	**97.9**	**111.8**	**128.7**	**140.5**	**143.6**
欧洲和中亚	**Europe and Central Asia**	**15.3**	**25.4**	**44.9**	**53.3**	**54.6**	
拉丁美洲和加勒比	**Latin America and Caribbean**	**23.6**	**23.2**		**47.7**	**46.3**	**45.7**
中东和北非国家	**Middle East and North Africa**	**34.9**	**33.0**		**38.6**	**42.3**	**46.2**
南　亚	**South Asia**	**26.7**	**38.3**	**47.0**	**47.2**	**47.3**	
撒哈拉以南非洲	**Sub-Saharan Africa**	**57.1**	**61.1**	**54.7**	**45.4**	**45.7**	**30.0**
低收入国家	**Low Income**	**11.4**	**12.0**	**16.2**	**18.0**	**19.3**	**21.2**
中　国	China	111.1	111.8	127.6	140.1	152.6	156.7
中国香港	Hong Kong, China	150.4	143.1	185.6	233.2	207.9	203.8
中国澳门	Macao, China	72.5	44.1	57.1	76.8	107.4	118.1
孟加拉国	Bangladesh	21.8	29.3	41.0	43.5	43.9	44.4
文　莱	Brunei Darussalam	50.3	40.3	40.9	33.2	41.4	44.3
柬埔寨	Cambodia	6.4	9.0	27.6	54.1	63.1	69.7
印　度	India	28.7	40.6	51.1	52.0	52.2	49.8
印度尼西亚	Indonesia	19.9	26.4	27.3	36.4	39.1	39.4
伊　朗	Iran	26.3	39.5	54.6	54.4	59.8	
以色列	Israel	72.4	77.0	68.5	66.3	66.6	65.4
日　本	Japan	212.3	189.2	173.5	180.5	181.6	185.0
哈萨克斯坦	Kazakhstan	11.2	35.7	39.3	33.5	37.7	34.3
韩　国	Korea, Rep.	73.6	114.8	135.9	138.4	140.1	143.3
老　挝	Laos	8.9	7.4	20.8			
马来西亚	Malaysia	135.0	106.5	107.1	120.6	125.2	124.0
蒙　古	Mongolia	6.9	27.6		59.7	54.8	58.7
缅　甸	Myanmar	9.5	4.7		15.5	18.1	20.7
巴基斯坦	Pakistan	22.3	28.6	21.4	15.6	15.4	16.2
菲律宾	Philippines	36.8	29.1	29.6	39.2	41.8	44.7
新加坡	Singapore	96.3	89.5	96.2	130.9	127.0	132.9
斯里兰卡	Sri Lanka	28.8	33.1	25.5	35.9	41.6	46.0
泰　国	Thailand	105.1	93.8	115.7	146.2	149.8	147.4
越　南	Viet Nam	32.7	60.5	114.7	100.3	111.9	123.8
埃　及	Egypt	52.0	51.2	33.1	25.6	26.3	34.1
尼日利亚	Nigeria	12.4	13.2	15.4	14.5	14.2	15.7
南　非	South Africa	130.3	138.2	149.0	151.1	147.4	66.9
加拿大	Canada	93.4	172.7				
墨西哥	Mexico	15.6	16.2	24.3	29.6	32.5	35.0
美　国	United States	162.1	187.8	187.2	194.6	189.1	192.7
阿根廷	Argentina	23.9	10.7	12.6	13.8	14.7	14.0
巴　西	Brazil	31.1	31.8	52.8	66.0	66.8	62.2
委内瑞拉	Venezuela	12.5	13.1	18.8	29.9		
捷　克	Czech Rep.	45.2	29.5	46.8	49.8	50.3	51.8
法　国	France	85.1	79.9	95.7	94.2	95.3	97.6
德　国	Germany	119.4	104.9	88.0	79.4	78.0	77.5
意大利	Italy	75.5	71.0	93.4	88.9	87.9	86.1
荷　兰	Netherlands	134.2	117.5	115.1	118.4	114.1	111.2
波　兰	Poland	26.5	27.3	48.7	52.3	53.6	54.8
俄罗斯	Russia	13.6	25.9	42.8	53.5	54.7	56.4
西班牙	Spain	97.8	135.5	170.7	130.0	119.5	111.8
土耳其	Turkey	17.3	22.2	44.7	63.8	66.9	70.3
乌克兰	Ukraine	11.2	32.2	78.6	75.2	56.7	47.3
英　国	United Kingdom	116.8	150.5	188.8	138.5	133.9	135.9
澳大利亚	Australia	87.7	108.7	125.9	129.2	137.0	142.9
新西兰	New Zealand	107.9	120.6	142.3			

主要统计指标解释

企业开业所要办理的手续数 是开办一个企业所要求办理的手续数量，包括为获得许可证和执照，完成所有的登记、证明和开业通知书所进行的往来手续。数据是关于企业的所有权性质，规模和产品类型。

企业办理开业手续所需时间 为开办一个企业办理法律手续需要的日历天数。如果缴纳额外成本之后能加快手续办理速度，则选择办理速度最快的手续。

企业经营环境排名 是所有经济体按其企业经营环境的宽松程度排名，排名越高说明该国的政策法规环境越有利于企业经营。该指数是一国在开办企业、申请建筑许可、获得电力、注册财产、信贷融资便利程度、投资者保护、缴纳税款、跨境贸易、合同执行和解决破产这 10 类指标的百分等级的简单平均。每类指标由若干指标组成，每类指标的数值也是由其构成要素的百分等级的简单平均所得。

开办企业 反映了一个企业家在建立和登记新企业需要克服的行政和法规障碍。它调查了开办一家拥有 50 名员工、法定资本金相当于 10 倍人均国民收入的工商业企业所涉及的程序、时间和成本。

新注册企业数 是日历年度内登记注册的有限责任公司数量。

新注册企业密度 是日历年度内每万人新登记注册企业数。

申请建筑许可 以建造一幢库房为例，所需的步骤以及相应的时间和成本，包括获取必要的许可、完成所需的公示和检查以及接通公用设施。

注册财产 假定在一个标准化案例中，一名企业家想在最大的商业城市中购买土地和一幢建筑物（该物产已被登记在册并且不存在所有权争议），他在登记房地产物权时所涉及的步骤、时间和成本。

信贷融资便利程度 包含了两方面问题，信贷信息登记系统以及担保和破产法在促进信贷方面的效能。

缴纳税款 反映了一家中型企业在给定年份所需缴付的税负，以及纳税的行政成本。

跨境贸易 研究了有关进口和出口一个标准化集装箱所需的成本和程序。每一步正规程序都计算在内－－从两方达成合同协议到交接货物－－同时统计了完成整个过程所需的时间。

投资者权益保护 针对经理人滥用企业财产为己谋私方面，测量了对保护股东权益监测的力度。

执行合同 通过追踪一件付款纠纷的进展、查询从原告提起诉讼到最终获得赔偿的时间、成本和所需步骤数，研究合同强制执行的效率。

解决破产 研究现有破产法规的缺陷以及破产程序存在的主要程序上和行政上的障碍。

对私人部门的国内贷款 是提供给私营部门的应偿还的金融资源，例如，贷款、购买非股本证券、贸易信贷和其他应收账款。部分国家包括对国有企业的借贷。

Explanatory Notes on Main Statistical Indicators

Number of Procedures for Starting a Business is the number of procedures required to start a business, including interactions to obtain necessary permits and licenses and to complete all inscriptions, verifications, and notifications to start operations. Data are for businesses with specific characteristics of ownership, size, and type of production.

Time Required for Starting a Business is the number of calendar days to complete the procedures for legally operating a business. If a procedure can be expedited at additional cost, the fastest procedure, independent of cost, is chosen.

Ease of Doing Business Rank Economies are ranked on their ease of doing business, with first place being the best. A high ranking means that the regulatory environment is conducive to business operation. The index ranks the simple average of the country's percentile rankings on 10 topics (Starting a business,Dealing with construction permits, Getting electricity, Registering property, Getting credit, Protecting investors, Paying taxes, Trading across borders, Enforcing contracts, Resolving Insolvency). The ranking on each topic is the simple average of the percentile rankings on its component indicators.

Starting a Business identifies the bureaucratic and legal hurdles an entrepreneur must overcome to incorporate and register a new firm. It examines the procedures, time, and cost involved in launching a commercial or industrial firm with up to 50 employees and start-up capital of 10 times the economy's per-capita gross national income (GNI).

New Businesses Registered are the number of limited liability firms registered in the calendar year.

New Businesses Density are the number of new limited liability corporations registered per 10 thousand people in the calendar year.

Dealing with Construction Permits tracks the procedures, time, and costs to build a warehouse, including obtaining necessary licenses and permits, completing required notifications and inspections, and obtaining utility connections.

Registering Property examines the steps, time, and cost involved in registering property, assuming a standardized case of an entrepreneur who wants to purchase land and a building that is already registered and free of title dispute.

Getting Credit explores two sets of issues-credit information registries and the effectiveness of collateral and bankruptcy laws in facilitating lending.

Paying Taxes addresses the taxes and mandatory contributions that a medium-size company must pay or withhold in a given year, as well as measures of administrative burden in paying taxes.

Trading Across Borders looks at the procedural requirements for exporting and importing a standardized cargo of goods. Every official procedure is counted—from the contractual agreement between the 2 parties to the delivery of goods—along with the time necessary for completion.

Protecting Investors measures the strength of minority shareholder protections against misuse of corporate assets by directors for their personal gain.

Enforcing Contracts looks at the efficiency of contract enforcement by following the evolution of a sale of goods dispute and tracking the time, cost, and number of procedures involved from the moment the plaintiff files the lawsuit until actual payment.

Resolving Insolvency identifies weaknesses in existing bankruptcy law and the main procedural and administrative bottlenecks in the bankruptcy process.

Domestic Credit to Private Sector is financial resources provided to the private sector—such as through loans, purchases of non-equity securities, and trade credits and other accounts receivable-that establish a claim for repayment. For some countries these claims include credit to public enterprises.

能　源

Energy

7-1 石油主要指标(2016年)
Main Oil Indicators(2016)

资料来源：美国能源署。
Source: US. Energy Information Administration .

国家和地区	Country or Area	原油探明储量(亿桶) Crude Oil Proved Reserves (100 million barrels)	国家和地区	Country or Area	石油存量(万桶)① Total Petroleum Stocks (10 000 Barrels)①
委内瑞拉	Venezuela	3000	美　国	United States	185600
沙特阿拉伯	Saudi Arabia	2670	日　本	Japan	57600
加 拿 大	Canada	1710	德　国	Germany	28900
伊　朗	Iran	1580	加 拿 大	Canada	19300
伊 拉 克	Iraq	1430	韩　国	Korea, Rep.	18400
科 威 特	Kuwait	1020	法　国	France	16800
阿 联 酋	United Arab Emirates	980	荷　兰	Netherlands	12300
俄 罗 斯	Russia	800	西 班 牙	Spain	12100
利 比 亚	Libya	480	意 大 利	Italy	11900
尼日利亚	Nigeria	370	英　国	United Kingdom	7900
新 西 兰	New Zealand	350	土 耳 其	Turkey	6200
美　国	United States	350	波　兰	Poland	6000
哈萨克斯坦	Kazakhstan	300	墨 西 哥	Mexico	5300
卡 塔 尔	Qatar	250	比 利 时	Belgium	4200
中　国	China	250	芬　兰	Finland	3800
蒙　古	Mongolia	230	澳大利亚	Australia	3600
塞尔维亚	Serbia	200	瑞　士	Switzerland	3600
苏 里 南	Suriname	170	瑞　典	Sweden	2900
巴　西	Brazil	160	希　腊	Greece	2700
法　国	France	160	丹　麦	Denmark	2500
奥 地 利	Austria	150	挪　威	Norway	2400
缅　甸	Myanmar	150	奥 地 利	Austria	2300
克罗地亚	Croatia	140	葡 萄 牙	Portugal	2200
匈 牙 利	Hungary	140	捷　克	Czech Rep.	2000
阿尔及利亚	Algeria	120	匈 牙 利	Hungary	1700
墨 西 哥	Mexico	97	智　利	Chile	970
危地马拉	Guatemala	90	斯洛伐克	Slovakia	970
安 哥 拉	Angola	84	爱 尔 兰	Ireland	930
厄瓜多尔	Ecuador	83	新 西 兰	New Zealand	830
阿塞拜疆	Azerbaijan	70	斯洛文尼亚	Slovenia	460
阿　曼	Oman	53	爱沙尼亚	Estonia	160
挪　威	Norway	51	卢 森 堡	Luxemburg	90

7-1 续表 continued

单位：万桶/天 (10 000 Barrels Per Day)

国家和地区	Country or Area	石油供应量 Total Oil Supply	国家和地区	Country or Area	石油消费量② Total Petroleum Consumption②
美　国	United States	1483	美　国	United States	1940
沙特阿拉伯	Saudi Arabia	1239	日　本	Japan	412
俄罗斯	Russia	1124	加拿大	Canada	241
中　国	China	487	韩　国	Korea, Rep.	241
加拿大	Canada	459	德　国	Germany	237
伊拉克	Iraq	445	墨西哥	Mexico	201
伊　朗	Iran	422	法　国	France	169
阿联酋	United Arab Emirates	377	英　国	United Kingdom	155
巴　西	Brazil	324	意大利	Italy	127
科威特	Kuwait	307	西班牙	Spain	124
墨西哥	Mexico	249	澳大利亚	Australia	112
委内瑞拉	Venezuela	246	荷　兰	Netherlands	95
卡塔尔	Qatar	205	土耳其	Turkey	86
挪　威	Norway	200	比利时	Belgium	65
尼日利亚	Nigeria	192	波　兰	Poland	54
安哥拉	Angola	180	智　利	Chile	34
阿尔及利亚	Algeria	170	希　腊	Greece	30
哈萨克斯坦	Kazakhstan	170	瑞　典	Sweden	29
英　国	United Kingdom	106	奥地利	Austria	27
阿　曼	Oman	102	葡萄牙	Portugal	25
印　度	India	99	以色列	Israel	23
印度尼西亚	Indonesia	94	瑞　士	Switzerland	23
哥伦比亚	Colombia	91	挪　威	Norway	22
阿塞拜疆	Azerbaijan	84	芬　兰	Finland	19
马来西亚	Malaysia	75	捷　克	Czech Rep.	19
埃　及	Egypt	69	新西兰	New Zealand	16
阿根廷	Argentina	69	丹　麦	Denmark	15
厄瓜多尔	Ecuador	55	匈牙利	Hungary	15
泰　国	Thailand	53	爱尔兰	Ireland	15
利比亚	Libya	42	斯洛伐克	Slovakia	8
澳大利亚	Australia	38	卢森堡	Luxemburg	6
越　南	Viet Nam	32	斯洛文尼亚	Slovenia	5
刚果(布)	Congo, Rep.	32	爱沙尼亚	Estonia	3
土库曼斯坦	Turkmenistan	27	冰　岛	Iceland	2

注：①2014年数据。②2015年数据。
Note:①Data refer to 2014.②Data refer to 2015.

7-2　能源平衡表(2014年)
Energy Balance Sheet(2014)

资料来源：国际能源机构。
Source: International Energy Agency.
单位：万吨标准油　　(10 000 TOE)

国家或地区	Country or Area	能源生产量 Energy Production				能源进口 Imports			
		总计 Total	煤和煤制品 Coal and Coal Products	原油，天然气凝析液和给料 Crude,NGL and Feedstocks	天然气 Natural Gas	总计 Total	煤和煤制品 Coal and Coal Products	原油，天然气凝析液和给料 Crude,NGL and Feedstocks	天然气 Natural Gas
世　界	**World**	**1380544**	**396805**	**430845**	**292832**	**517512**	**84207**	**221337**	**84432**
中　国	China	259311	188959	21163	10889	55692	15448	30837	4693
中国香港	Hong Kong, China						850		208
孟加拉国	Bangladesh	2946	47	25	1944	618	49	132	
文　莱	Brunei Darussalam	1626		635	991	40		1	
柬埔寨	Cambodia	426				218	23		
印　度	India	54181	25352	4239	2748	35682	12692	19360	1574
印度尼西亚	Indonesia	45800	27226	4084	6567	5711	171	2494	
伊　朗	Iran	31625	64	16501	14770	1084	39	154	637
以色列	Israel	748		7	619	2425	658	1423	10
日　本	Japan	2659		52	259	43809	11884	16830	10527
哈萨克斯坦	Kazakhstan	16628	4994	8435	3126	735	74	99	350
韩　国	Korea, Rep.	4911	78	78	29	29187	7952	12844	4400
马来西亚	Malaysia	9464	169	3076	5882	5152	1370	989	849
蒙　古	Mongolia	1441	1319	102		130			
缅　甸	Myanmar	2568	41	77	1278	356			
巴基斯坦	Pakistan	6820	140	432	2630	2306	182	860	
菲律宾	Philippines	2585	401	85	306	2654	902	872	
新加坡	Singapore	65				16145	40	4239	928
斯里兰卡	Sri Lanka	533				595	112	188	
泰　国	Thailand	7874	462	1890	2898	7237	1341	4188	885
越　南	Viet Nam	7120	2334	1856	892	1440	177		
埃　及	Egypt	8036		3118	4611	1302	48	310	
尼日利亚	Nigeria	26002	3	11629	3464	841			
南　非	South Africa	16832	14745	23	87	3357	63	2120	298
加拿大	Canada	46999	3489	21922	13754	8166	544	4401	1800
墨西哥	Mexico	20827	775	14479	3726	5923	509	39	2362
美　国	United States	201198	48503	54994	60230	54673	636	40737	6225
阿根廷	Argentina	7533	5	3201	3251	1949	151	51	975
巴　西	Brazil	26725	304	12276	1928	7701	1465	1808	1609
委内瑞拉	Venezuela	18571	88	15695	1965	73			73
白俄罗斯	Belarus	367		165	18	4056	52	2262	1664
捷　克	Czech Rep.	2926	1693	26	21	2087	283	749	595
法　国	France	13713	19	93	1	14633	919	5422	4013
德　国	Germany	11975	4413	312	686	24597	3720	9130	7532
意大利	Italy	3669	5	598	585	13707	1314	5986	4565
荷　兰	Netherlands	5853		209	5013	19665	2867	5634	2087
波　兰	Poland	6733	5403	97	373	4748	642	2421	971
俄罗斯	Russia	130568	18947	52866	51754	2724	1590	148	706
西班牙	Spain	3510	163	31	2	12386	952	6521	3165
土耳其	Turkey	3135	1620	261	39	10157	1939	1859	4055
乌克兰	Ukraine	7693	3178	282	1502	3444	1037	19	1572
英　国	United Kingdom	10824	679	4154	3292	15255	2658	5577	3588
澳大利亚	Australia	36571	28544	1908	5290	4949	13	2261	596
新西兰	New Zealand	1705	234	208	438	783	24	526	

7–2 续表 1 continued

单位：万吨标准油 (10 000 TOE)

国家或地区	Country or Area	能源进口 Imports		能源出口 Exports					
		电力 Electricity	石油产品 Oil Products	总计 Total	煤和煤制品 Coal and Coal Products	原油，天然气凝析液和给料 Crude,NGL and Feedstocks	天然气 Natural Gas	电力 Electricity	石油产品 Oil Products
世 界	**World**	**6173**	**119332**	**-520685**	**-86302**	**-215950**	**-86325**	**-5935**	**-124264**
中 国	China	58	4656	-4898	-1022	-60	-218	-156	-3441
中国香港	Hong Kong, China								
孟加拉国	Bangladesh		437	-9					-9
文 莱	Brunei Darussalam		39	-1289		-589	-698		-2
柬 埔 寨	Cambodia	16	180						
印 度	India	43	2014	-6710	-56				-6654
印度尼西亚	Indonesia		3047	-28856	-23791	-1488	-2908		-512
伊 朗	Iran	32	222	-8616	-14	-6416	-820	-83	-1283
以 色 列	Israel		333	-772				-42	-731
日 本	Japan		4568	-1582	-35				-1547
哈萨克斯坦	Kazakhstan	15	198	-9636	-1351	-6701	-880	-25	-679
韩 国	Korea, Rep.		3991	-5903		-14			-5888
马来西亚	Malaysia		1944	-5271	-11	-1191	-2896		-1161
蒙 古	Mongolia	12	119	-1062	-967	-95			
缅 甸	Myanmar		355	-1081		-15	-1067		
巴基斯坦	Pakistan	4	1260	-101		-2			-99
菲 律 宾	Philippines		861	-425	-277	-82			-66
新 加 坡	Singapore		10933	-8570		-58			-8511
斯里兰卡	Sri Lanka		295	-2					-2
泰 国	Thailand	105	707	-1279	-1	-57		-14	-1204
越 南	Viet Nam	36	1227	-1709	-594	-963		-13	-139
埃 及	Egypt	1	943	-1743	-8	-1010	-528	-4	-189
尼日利亚	Nigeria		841	-13364		-11293	-2018		-53
南 非	South Africa	96	779	-5159	-4621			-119	-390
加 拿 大	Canada	110	1203	-26653	-2060	-15170	-6535	-502	-2282
墨 西 哥	Mexico	18	2995	-7432		-6410	-4	-23	-996
美 国	United States	572	6368	-28862	-5720	-5204	-3467	-114	-14136
阿 根 廷	Argentina	86	687	-592	-4	-198	-5	-1	-215
巴 西	Brazil	290	2477	-3423		-2680			-666
委内瑞拉	Venezuela			-11821	-68	-9716			-2037
白俄罗斯	Belarus	67	10	-1625		-163		-39	-1420
捷 克	Czech Rep.	102	331	-834	-364	-3		-242	-196
法 国	France	68	4155	-3209	-4	-9	-635	-646	-1894
德 国	Germany	348	3758	-4948	-156	-3	-1866	-639	-2111
意 大 利	Italy	402	1140	-2202	-24	-128	-19	-26	-1990
荷 兰	Netherlands	283	8728	-16614	-1887	-112	-4209	-156	-10080
波 兰	Poland	116	501	-1958	-1064	-43	-6	-98	-705
俄 罗 斯	Russia	57	222	-59808	-10016	-22455	-15575	-126	-11633
西 班 牙	Spain	106	1512	-3192	-83	-338	-715	-135	-1775
土 耳 其	Turkey	68	2228	-785	-9	-41	-52	-23	-659
乌 克 兰	Ukraine	1	812	-697	-488	-7		-73	-75
英 国	United Kingdom	200	2956	-6515	-38	-3216	-897	-23	-2309
澳大利亚	Australia		2079	-28454	-24283	-1245	-2718		-208
新 西 兰	New Zealand		233	-327	-125	-175			-28

7-2 续表 2 continued

单位：万吨标准油 (10 000 TOE)

国家或地区	Country or Area	国际运输燃料 International Bunkers 海运 Marine	国际运输燃料 International Bunkers 空运 Aviation	能源库存变化 Stock Changes 总计 Total	能源库存变化 Stock Changes 煤和煤制品 Coal and Coal Products	能源库存变化 Stock Changes 原油，天然气凝析液和给料 Crude,NGL and Feedstocks	能源库存变化 Stock Changes 天然气 Natural Gas	能源库存变化 Stock Changes 石油产品 Oil Products
世界	**World**			**-7458**	**-3636**	**-1246**	**-881**	**-1523**
中国	China	-715	-717	-3522	-2234	-376		-913
中国香港	Hong Kong, China							
孟加拉国	Bangladesh	-10	-34	31	-4	-16	62	-12
文莱	Brunei Darussalam	-7	-8	-7		-8	3	-2
柬埔寨	Cambodia		-8					
印度	India	-130	-416	-133	-200	59		9
印度尼西亚	Indonesia	-22	-85	3		-9		12
伊朗	Iran	-355	-133	102		122		-20
以色列	Israel	-12	-113	-6	-6			
日本	Japan	-353	-640	283	-3	340	-6	-48
哈萨克斯坦	Kazakhstan		-23	-37	-13	42	-1	-65
韩国	Korea, Rep.	-847	-429	-78	140	-58	-117	-42
马来西亚	Malaysia	-21	-253	-102	-2	-50		-28
蒙古	Mongolia		-3	32	32			
缅甸	Myanmar		-4	94		90		3
巴基斯坦	Pakistan	-10	-22	-5			-1	-4
菲律宾	Philippines	-9	-104	66	139	-54		-18
新加坡	Singapore	-4082	-721	-35		-16	-9	-10
斯里兰卡	Sri Lanka	-42	-48	36	-10			46
泰国	Thailand	-103	-387	134	-215	395		-50
越南	Viet Nam	-11	-81	-97		-103		6
埃及	Egypt	-154	-75	118				118
尼日利亚	Nigeria	-37	-32	61		22		39
南非	South Africa	-264	-83	20	20			
加拿大	Canada	-37	-73	-414	-34	-143	-146	-92
墨西哥	Mexico	-82	-324	-113	-19	-76	-34	15
美国	United States	-1452	-2245	-1694	-249	-703	-588	-139
阿根廷	Argentina	-155	-89	15	2	18		-6
巴西	Brazil	-345	-249	-84	-16	3		14
委内瑞拉	Venezuela	-91	-65	83				83
白俄罗斯	Belarus		-11	-12	-2	-22	13	-3
捷克	Czech Rep.		-29	-29	-25	-2	2	-3
法国	France	-181	-563	-129	-5	39	-120	-38
德国	Germany	-228	-804	16	-16	-38	-16	86
意大利	Italy	-191	-308	2	11	-21	-62	72
荷兰	Netherlands	-1264	-358	13	-80	135	-8	-41
波兰	Poland	-15	-58	-47	-50	-11	3	11
俄罗斯	Russia	-1492	-566	-338	-171	-469	281	
西班牙	Spain	-773	-365	-109	110	-34	-86	-92
土耳其	Turkey	-99	-261	7	38	-9	-23	1
乌克兰	Ukraine		-13	142	-177	10	267	41
英国	United Kingdom	-231	-1072	-319	-310	-29	-6	31
澳大利亚	Australia	-72	-391	-79	-122	8		35
新西兰	New Zealand	-29	-84	8	7	-2	1	3

7-2 续表 3 continued

单位：万吨标准油 (10 000 TOE)

国家或地区	Country or Area	一次能源供应量 Total Primary Energy Supply 总计 Total	煤和煤制品 Coal and Coal Products	原油，天然气凝析液和给料 Crude,NGL and Feedstocks	天然气 Natural Gas	电力 Electricity	石油产品 Oil Products
世　界	**World**	**1369913**	**391074**	**434986**	**290058**	**238**	**-6456**
中　国	China	305150	201150	51564	15364	-98	-1131
中国香港	Hong Kong, China						
孟加拉国	Bangladesh	3542	93	141	2007		373
文　莱	Brunei Darussalam	355		38	296		21
柬埔寨	Cambodia	637	23			16	172
印　度	India	82474	37788	23657	4321	43	-5178
印度尼西亚	Indonesia	22551	3605	5081	3660		2440
伊　朗	Iran	23708	89	10361	14586	-51	-1568
以色列	Israel	2270	652	1430	629	-42	-522
日　本	Japan	44174	11846	17221	10779		1979
哈萨克斯坦	Kazakhstan	7667	3704	1875	2595	-10	-570
韩　国	Korea, Rep.	26841	8170	12849	4312		-3216
马来西亚	Malaysia	8970	1527	2825	3835		481
蒙　古	Mongolia	537	383	7		11	116
缅　甸	Myanmar	1931	41	153	211		354
巴基斯坦	Pakistan	8989	322	1290	2629	4	1126
菲律宾	Philippines	4767	1165	821	306		664
新加坡	Singapore	2801	40	4165	919		-2392
斯里兰卡	Sri Lanka	1071	102	188			248
泰　国	Thailand	13476	1587	6415	3783	92	-1037
越　南	Viet Nam	6662	1917	790	892	23	1003
埃　及	Egypt	7483	39	2417	4082	-3	643
尼日利亚	Nigeria	13471	3	359	1446		757
南　非	South Africa	14702	10207	2143	385	-23	43
加拿大	Canada	27988	1940	11011	8873	-392	-1281
墨西哥	Mexico	18798	1265	8032	6051	-5	1608
美　国	United States	221619	43171	89824	62400	458	-11596
阿根廷	Argentina	8662	154	3073	4220	85	223
巴　西	Brazil	30324	1753	11407	3537	290	1230
委内瑞拉	Venezuela	6750	20	5980	2038		-2111
白俄罗斯	Belarus	2775	50	2243	1695	29	-1423
捷　克	Czech Rep.	4121	1588	770	618	-140	102
法　国	France	24264	929	5546	3259	-578	1479
德　国	Germany	30607	7960	9401	6336	-291	700
意大利	Italy	14677	1308	6435	5069	376	-1277
荷　兰	Netherlands	7295	901	5866	2883	127	-3015
波　兰	Poland	9402	4931	2464	1340	19	-265
俄罗斯	Russia	71088	10351	30090	37167	-69	-13469
西班牙	Spain	11456	1141	6181	2366	-29	-1494
土耳其	Turkey	12154	3588	2070	4019	45	1210
乌克兰	Ukraine	10568	3551	304	3341	-73	764
英　国	United Kingdom	17942	2990	6485	5977	176	-625
澳大利亚	Australia	12524	4151	2932	3169		1443
新西兰	New Zealand	2056	140	557	439		95

7-2 续表 4 continued

单位：万吨标准油 (10 000 TOE)

国家或地区	Country or Area	能源最终消费量 Total Final Consumption					
		总计 Total	煤和煤制品 Coal and Coal Products	原油，天然气凝析液和给料 Crude, NGL and Feedstocks	天然气 Natural Gas	电力 Electricity	石油产品 Oil Products
世　界	**World**	**942469**	**107462**	**1757**	**141998**	**170590**	**374364**
中　国	China	198783	72577	397	10625	40555	44746
中国香港	Hong Kong, China						
孟加拉国	Bangladesh	2570	49		820	421	374
文　莱	Brunei Darussalam	144			52	29	62
柬埔寨	Cambodia	550				35	163
印　度	India	55574	11366		2873	8145	15640
印度尼西亚	Indonesia	16526	657	107	1703	1708	6549
伊　朗	Iran	18112	41		9391	1904	6726
以色列	Israel	1447			53	441	842
日　本	Japan	29554	2370	27	3000	8183	15535
哈萨克斯坦	Kazakhstan	3660	1062	33	282	593	1007
韩　国	Korea, Rep.	17029	1088		2221	4187	8653
马来西亚	Malaysia	5329	171		964	1141	2940
蒙　古	Mongolia	336	81			44	107
缅　甸	Myanmar	1697	34		70	86	415
巴基斯坦	Pakistan	7463	319		1818	742	1436
菲律宾	Philippines	2705	234		8	545	1294
新加坡	Singapore	1735	17		128	399	1191
斯里兰卡	Sri Lanka	911	7			95	325
泰　国	Thailand	9588	640	14	744	1452	5153
越　南	Viet Nam	5552	1164		98	1126	1723
埃　及	Egypt	5128	20		1225	1260	2452
尼日利亚	Nigeria	11652	3		382	210	1044
南　非	South Africa	7478	1949		170	1704	2509
加拿大	Canada	20040	333		4985	4207	9037
墨西哥	Mexico	11826	261		1373	2169	7307
美　国	United States	153763	2220	230	35521	32575	74211
阿根廷	Argentina	6204	45		2150	1090	2647
巴　西	Brazil	23211	774		1266	4307	10955
委内瑞拉	Venezuela	4404	20		855	668	2788
白俄罗斯	Belarus	2036	50		470	260	655
捷　克	Czech Rep.	2493	220		493	483	847
法　国	France	14765	316		2823	3572	6731
德　国	Germany	21632	679		4994	4410	9210
意大利	Italy	11657	165		3140	2421	4783
荷　兰	Netherlands	5674	70	315	1790	874	2236
波　兰	Poland	6527	1186		1041	1082	2095
俄罗斯	Russia	45450	1103	11	13356	6345	13435
西班牙	Spain	7864	76	1	1478	1951	3848
土耳其	Turkey	8575	1057		1940	1767	3054
乌克兰	Ukraine	6146	916	1	2096	1104	1014
英　国	United Kingdom	12292	292		3655	2611	5259
澳大利亚	Australia	8112	247	2	1349	1789	4259
新西兰	New Zealand	1430	62		301	332	607

7-3 万美元国内生产总值能耗(2011年不变价,PPP)
Energy Use per Ten Thousand USD of GDP (constant 2011 PPP)

资料来源：世界银行WDI数据库。
Source: World Bank WDI Database.
单位：吨标准油/万美元 (ton of oil equivalent per 10 000 USD)

国家或地区	Country or Area	2000	2005	2010	2012	2013	2014
世　界	**World**	**1.55**	**1.47**	**1.38**	**1.33**	**1.30**	**1.27**
高收入国家	**High Income**	**1.41**	**1.31**	**1.24**	**1.17**	**1.16**	**1.13**
中等收入国家	**Middle Income**	**1.73**	**1.66**	**1.51**	**1.47**	**1.42**	**1.38**
中　国	China	2.43	2.44	2.05	1.93	1.85	1.75
中国香港	Hong Kong, China	0.60	0.45	0.40	0.40	0.38	0.37
孟加拉国	Bangladesh	0.85	0.82	0.82	0.79	0.76	0.75
文　莱	Brunei Darussalam	0.87	0.73	1.03	1.17	0.95	1.13
柬埔寨	Cambodia	2.04	1.31	1.47	1.39	1.34	1.33
印　度	India	1.66	1.42	1.28	1.24	1.20	1.18
印度尼西亚	Indonesia	1.27	1.16	1.04	0.92	0.89	0.88
伊　朗	Iran	1.57	1.69	1.57	1.72	1.79	1.84
以色列	Israel	1.11	1.01	1.03	1.00	0.91	0.87
日　本	Japan	1.21	1.14	1.09	0.97	0.96	0.93
哈萨克斯坦	Kazakhstan	2.41	2.10	2.11	2.00	2.08	1.88
韩　国	Korea, Rep.	1.93	1.71	1.66	1.65	1.61	1.58
马来西亚	Malaysia	1.29	1.38	1.24	1.18	1.27	1.23
蒙　古	Mongolia	2.15	1.96	1.89	1.73	1.71	1.62
巴基斯坦	Pakistan	1.32	1.24	1.16	1.12	1.09	1.06
菲律宾	Philippines	1.21	0.94	0.77	0.75	0.72	0.72
新加坡	Singapore	0.90	0.82	0.69	0.64	0.62	0.64
斯里兰卡	Sri Lanka	0.80	0.71	0.57	0.55	0.48	0.48
泰　国	Thailand	1.25	1.31	1.30	1.29	1.35	1.33
越　南	Viet Nam	1.40	1.44	1.51	1.37	1.30	
埃　及	Egypt	0.79	1.00	0.87	0.91	0.85	0.82
尼日利亚	Nigeria	2.47	1.83	1.47	1.50	1.42	1.35
南　非	South Africa	2.50	2.44	2.31	2.15	2.11	2.18
加拿大	Canada	2.20	2.08	1.91	1.85	1.83	1.83
墨西哥	Mexico	0.98	1.08	0.96	0.97	0.96	0.92
美　国	United States	1.75	1.58	1.45	1.36	1.35	1.34
巴　西	Brazil	0.94	0.94	0.93	0.93	0.94	0.97
委内瑞拉	Venezuela	1.45	1.41	1.51	1.38	1.28	
捷　克	Czech Rep.	1.89	1.71	1.50	1.42	1.41	1.34
法　国	France	1.19	1.17	1.09	1.03	1.03	0.97
德　国	Germany	1.11	1.08	0.99	0.91	0.92	0.87
意大利	Italy	0.82	0.85	0.81	0.77	0.75	0.71
荷　兰	Netherlands	1.14	1.15	1.10	1.02	1.02	0.95
波　兰	Poland	1.58	1.40	1.21	1.11	1.09	1.02
俄罗斯	Russia	3.01	2.35	2.09	2.08	2.02	1.96
西班牙	Spain	1.00	0.99	0.84	0.86	0.82	0.79
土耳其	Turkey	0.90	0.76	0.82	0.78	0.71	0.70
乌克兰	Ukraine	5.67	4.19	3.69	3.23	3.06	2.98
英　国	United Kingdom	1.15	1.00	0.89	0.83	0.80	0.73
澳大利亚	Australia	1.60	1.43	1.40	1.31	1.27	1.23
新西兰	New Zealand	1.57	1.28	1.31	1.31	1.29	1.32

7-4 电力装机容量(2014年)
Net Installed Capacity of Electricity Generating Plants(2014)

资料来源：联合国ESD数据库。
Source: UN ESD Database.
单位：万千瓦 (10 000 kilowatts)

国家或地区	Country or Area	总装机容量 Self-producers and Public Utilities				
		总计 Total	热电 Thermal	水电 Hydro	核电 Nuclear	地热 Geothermal
中　国	China	146194	100572	31398	1988	3
中国香港	Hong Kong, China	1263	1263			
中国澳门	Macao, China	50	50			
孟加拉国	Bangladesh	1156	1130	23		
文　莱	Brunei Darussalam	84	84			
柬埔寨	Cambodia	151	58	93		
印　度	India	31638	24140	4006	578	
印度尼西亚	Indonesia	6059	5369	531		152
伊　朗	Iran	7300	6308	877	102	
以色列	Israel	1622	1553	1		
日　本	Japan	31532	19486	4960	4426	51
哈萨克斯坦	Kazakhstan	2501	2250	250		
韩　国	Korea, Rep.	9983	6912	647	2072	
马来西亚	Malaysia	2997	2504	477		
蒙　古	Mongolia	137	137			
缅　甸	Myanmar	481	162	319		
巴基斯坦	Pakistan	2369	1589	689	75	
菲律宾	Philippines	1797	1206	356		192
新加坡	Singapore	1305	1305			
斯里兰卡	Sri Lanka	406	224	166		
泰　国	Thailand	5347	4824	344		
越　南	Viet Nam	3408	1837	1560		
埃　及	Egypt	3591	3242	280		
尼日利亚	Nigeria	1040	842	198		
南　非	South Africa	4696	4354	73	188	
加拿大	Canada	13734	3622	7554	1403	
墨西哥	Mexico	6624	4889	1246	140	81
美　国	United States	107344	78741	10216	9857	251
阿根廷	Argentina	3595	2465	1007	102	
巴　西	Brazil	13391	3783	8919	199	
捷　克	Czech Rep.	2197	1308	225	429	
法　国	France	12907	2441	2529	6313	
德　国	Germany	19842	9720	1123	1207	2
意大利	Italy	12176	7127	2210		77
荷　兰	Netherlands	3176	2729	4	49	
波　兰	Poland	3599	2976	236		
俄罗斯	Russia	25902	18247	5085	2530	8
西班牙	Spain	11377	5679	1942	740	
土耳其	Turkey	7289	4458	2419		41
乌克兰	Ukraine	5584	3534	585	1384	
英　国	United Kingdom	9701	6424	447	994	
澳大利亚	Australia	6656	5070	805		
新西兰	New Zealand	970	274	526		98

7-4 续表 1 continued

单位：万千瓦 (10 000 kilowatts)

国家或地区	Country or Area	自备电厂装机容量 Self-producers 总计 Total	热电 Thermal	水电 Hydro	风电 Wind	太阳能 Solar
中国	China	9121	8209	912		
中国香港	Hong Kong, China		1263			
中国澳门	Macao, China	3	3			
孟加拉国	Bangladesh	236	236	23		
文莱	Brunei Darussalam	8	8			
柬埔寨	Cambodia		58	93		
印度	India	4466	4265	6	180	15
印度尼西亚	Indonesia	894	843	50		
伊朗	Iran	558	558	877		
以色列	Israel	115	46			68
日本	Japan	8129	5108	419	272	2326
哈萨克斯坦	Kazakhstan		2250	250		
韩国	Korea, Rep.	772	700	647	1	69
马来西亚	Malaysia	235	234	1		
蒙古	Mongolia	18	18			
缅甸	Myanmar	63	46	17		
巴基斯坦	Pakistan	856	856	689		
菲律宾	Philippines	3	1	2		
新加坡	Singapore	50	50			
斯里兰卡	Sri Lanka	2	1	166		1
泰国	Thailand	1597	1597	344		
越南	Viet Nam	368	337	31	1	
埃及	Egypt	69	69	280		
尼日利亚	Nigeria	304	300	4		
南非	South Africa	214	210	4		
加拿大	Canada	949	412	531	7	
墨西哥	Mexico	1186	960	20	197	9
美国	United States	3709	2920	31	8	645
阿根廷	Argentina	401	399	2		
巴西	Brazil	2090	1603	486		1
捷克	Czech Rep.	188	169	19		
法国	France	823	276	21	75	325
德国	Germany	981	946	4		
意大利	Italy	407	385	12		
荷兰	Netherlands	679	519	4	54	102
波兰	Poland	185	182			3
俄罗斯	Russia	2536	2487	49		
西班牙	Spain	730	700	20		1
土耳其	Turkey	340	284	54	1	
乌克兰	Ukraine	293	293			
英国	United Kingdom	1395	588	25	245	538
澳大利亚	Australia	890	490	805		400
新西兰	New Zealand	27	22			2

7-5 发电量(2014年)
Electricity Generation (2014)

资料来源：联合国ESD数据库。
Source: UN ESD Database.
单位：百万千瓦时 (million kilowatt hours)

国家或地区	Country or Area	总计 Total	热电 Thermal	水电 Hydro	核电 Nuclear	风电 Wind	太阳能电 Solar
中 国	China	5649583	4268649	1064337	132538	156078	15189
中国香港	Hong Kong, China	39803	39803				
中国澳门	Macao, China	641	641				
孟加拉国	Bangladesh	55845	55108	588		4	145
文 莱	Brunei Darussalam	4506	4504				2
柬 埔 寨	Cambodia	3059	1204	1852			3
印 度	India	1308873	1111341	129353	36102	27057	5020
印度尼西亚	Indonesia	220794	191991	18800			7
伊 朗	Iran	274609	255917	13862	4472	358	
以 色 列	Israel	60813	59954	13		6	840
日 本	Japan	1040676	921613	86942		5038	24506
哈萨克斯坦	Kazakhstan	105068	96791	8263		13	1
韩 国	Korea, Rep.	550933	381510	7820	156407	1146	2557
马来西亚	Malaysia	147461	133846	13388			227
蒙 古	Mongolia	6725	6725				
缅 甸	Myanmar	14156	5327	8829			
巴基斯坦	Pakistan	105305	68390	31428	5090	397	
菲 律 宾	Philippines	77295	57664	9154		152	17
新 加 坡	Singapore	49310	49310				
斯里兰卡	Sri Lanka	12832	7986	4563		273	9
泰 国	Thailand	180862	173631	5540		305	1385
越 南	Viet Nam	145730	83950	61480		300	
埃 及	Egypt	177249	161708	13979		1315	247
尼日利亚	Nigeria	30390	25044	5346			
南 非	South Africa	252578	232512	4082	13794	1070	1120
加 拿 大	Canada	656225	139402	382574	107678	22538	1756
墨 西 哥	Mexico	301496	240279	38893	9677	6426	221
美 国	United States	4339210	2995556	281527	830584	183892	24603
阿 根 廷	Argentina	141586	93736	41348	5756	730	16
巴 西	Brazil	590541	189497	373439	15378	12211	16
法 国	France	562776	33484	68626	436474	17249	5909
德 国	Germany	627795	409688	25444	97129	57357	36056
意 大 利	Italy	279827	175510	60256		15178	22306
荷 兰	Netherlands	103418	92488	112	4091	5797	785
波 兰	Poland	159059	148500	2734		7676	7
俄 罗 斯	Russia	1064207	705598	177141	180757	96	160
西 班 牙	Spain	278750	112789	42970	57305	52013	13673
土 耳 其	Turkey	251963	200171	40645		8520	17
乌 克 兰	Ukraine	182815	83549	9318	88389	1130	429
英 国	United Kingdom	338925	230342	8768	63748	32015	4050
澳大利亚	Australia	248299	214767	18421		10252	4858
新 西 兰	New Zealand	43553	9694	24336		2214	16

7-6 能源净进口占能源消费比重
Net Energy Imports as Percentage of Energy Use

资料来源：世界银行WDI数据库。
Source: World Bank WDI Database.
单位：% (%)

国家或地区	Country or Area	2000	2005	2010	2011	2012	2013	2014
世　界	**World**	**-2.6**	**-3.2**	**-2.1**	**-3.1**	**-2.7**	**-3.1**	**-2.5**
高收入国家	**High Income**	**16.3**	**17.1**	**15.0**	**11.6**	**9.6**	**8.0**	**4.9**
经合组织国家	**OECD Countries**	**29.4**	**32.3**	**29.4**	**28.2**	**26.8**	**25.3**	
非经合组织国家	**High Income: nonOECD**	**-108.4**	**-122.6**	**-98.6**	**-103.4**	**-101.2**	**-105.7**	
中等收入国家	**Middle Income**	**-27.0**	**-24.9**	**-16.7**	**-15.0**	**-12.3**	**-11.4**	**-8.0**
中等偏上收入国家	**Upper Middle Income**	**-35.7**	**-30.4**	**-19.3**	**-16.4**	**-13.8**	**-12.6**	**-9.5**
中等偏下收入国家	**Lower Middle Income**	**-5.3**	**-9.9**	**-9.1**	**-10.8**	**-7.7**	**-7.6**	**-3.4**
中低收入国家	**Low and Middle Income**	**-26.1**	**-24.3**	**-16.3**	**-14.7**	**-12.1**	**-11.3**	**-8.0**
东亚和太平洋	**East Asia and Pacific**	**-2.7**	**0.6**	**4.8**	**4.0**	**6.3**	**6.6**	**7.7**
欧洲和中亚	**Europe and Central Asia**	**-27.1**	**-43.2**	**-48.0**	**-45.1**	**-44.8**	**-50.3**	**-50.7**
拉丁美洲和加勒比	**Latin America and Caribbean**	**-47.4**	**-47.1**	**-30.3**	**-31.6**	**-27.2**	**-24.7**	**-9.8**
中东和北非国家	**Middle East and North Africa**	**-157.4**	**-116.4**	**-93.7**	**-78.7**	**-71.6**	**-62.1**	**-54.8**
南　亚	**South Asia**	**21.3**	**21.8**	**27.3**	**28.3**	**30.2**	**30.9**	**32.7**
撒哈拉以南非洲	**Sub-Saharan Africa**	**-61.6**	**-60.9**	**-58.2**	**-54.6**	**-51.6**	**-48.1**	**-48.8**
低收入国家	**Low Income**	**6.1**	**4.0**	**4.0**	**2.0**		**-3.7**	**-5.7**
中　国	China	2.7	6.1	11.4	11.9	14.4	14.8	15.0
中国香港	Hong Kong, China	99.6	99.6	99.3	99.2	99.3	99.2	98.7
孟加拉国	Bangladesh	17.0	15.0	14.5	16.9	17.8	15.0	16.8
文　莱	Brunei Darussalam	-725.5	-849.6	-473.2	-382.7	-383.5	-458.4	-357.4
柬埔寨	Cambodia	20.3	27.4	31.7	31.6	31.9	31.6	33.1
印　度	India	20.4	22.1	28.3	29.4	31.5	32.5	34.3
印度尼西亚	Indonesia	-52.6	-55.9	-79.0	-106.7	-107.2	-112.3	-103.1
伊　朗	Iran	-106.2	-79.9	-67.5	-65.9	-37.2	-34.8	-33.4
以色列	Israel	96.5	88.7	83.4	79.7	86.6	71.8	67.0
日　本	Japan	79.6	80.9	80.1	88.9	93.8	93.9	94.0
哈萨克斯坦	Kazakhstan	-120.2	-133.2	-127.0	-107.2	-122.9	-107.3	-116.9
韩　国	Korea, Rep.	81.7	79.6	82.0	82.0	82.4	83.5	81.7
马来西亚	Malaysia	-58.5	-45.4	-21.7	-14.7	-11.9	-5.8	-5.5
蒙　古	Mongolia	18.7	-28.5	-297.6	-338.6	-248.4	-211.4	-168.1
缅　甸	Myanmar	-20.1	-49.6	-60.9	-58.2	-46.3	-39.8	-33.0
巴基斯坦	Pakistan	26.8	20.3	23.6	23.1	22.8	23.4	24.1
菲律宾	Philippines	51.1	44.9	41.7	40.9	41.8	45.3	45.8
新加坡	Singapore	98.9	98.2	97.7	97.7	97.6	97.6	97.7
斯里兰卡	Sri Lanka	43.0	45.3	43.1	48.8	47.3	45.9	50.3
泰　国	Thailand	39.2	44.3	40.1	41.7	40.2	42.5	41.6
越　南	Viet Nam	-38.9	-47.3	-12.7	-16.0	-15.7	-15.1	
埃　及	Egypt	-30.8	-26.8	-16.5	-9.9	-5.0	-6.9	-7.4
尼日利亚	Nigeria	-130.0	-121.8	-111.9	-104.4	-99.1	-90.6	-93.0
南　非	South Africa	-33.5	-23.1	-15.6	-15.5	-19.0	-18.6	-14.5
加拿大	Canada	-48.2	-49.0	-51.4	-53.0	-59.1	-64.4	-67.9
墨西哥	Mexico	-53.4	-45.0	-22.7	-18.0	-14.0	-12.7	-10.8
美　国	United States	26.7	29.7	22.2	18.6	15.7	13.9	9.2
阿根廷	Argentina	-34.6	-26.5	-1.1	3.2	6.1	12.7	13.0
巴　西	Brazil	21.2	9.6	7.2	7.7	10.6	13.9	11.9
委内瑞拉	Venezuela	-321.1	-296.3	-173.4	-196.0	-166.1	-178.8	
捷　克	Czech Rep.	25.3	26.7	28.7	24.8	23.4	28.1	29.0
德　国	Germany	59.8	59.5	60.7	60.6	60.7	62.1	60.9
意大利	Italy	83.6	83.8	81.0	81.0	78.3	76.3	75.0
荷　兰	Netherlands	21.4	23.2	16.3	16.8	16.9	10.4	19.8
波　兰	Poland	10.7	15.0	33.2	32.5	27.0	27.3	28.4
俄罗斯	Russia	-57.9	-84.6	-85.8	-80.0	-77.9	-83.8	-83.7
西班牙	Spain	74.1	78.8	73.1	74.6	73.3	70.3	69.4
土耳其	Turkey	66.0	71.6	69.6	71.6	74.0	73.1	74.2
乌克兰	Ukraine	42.9	43.3	40.4	32.3	30.3	25.7	27.2
英　国	United Kingdom	-22.2	7.9	26.6	30.8	39.2	42.3	39.7
澳大利亚	Australia	-116.1	-133.7	-153.6	-143.7	-153.2	-172.4	-192.0
新西兰	New Zealand	16.4	24.0	8.1	12.0	16.5	16.4	17.1

7–7　世界能源价格
World Energy Price

资料来源：世界银行全球经济监测数据库。
Source: World Bank GEM Database.

年　份 year	三大市场平均原油价格(美元/桶) Crude Oil, Avg,Spot ($/bbl)	北海布伦特原油价格(美元/桶) Crude Oil, Brendt ($/bbl)	迪拜原油价格(美元/桶) Crude Oil, Dubai ($/bbl)	西德克萨斯原油价格(美元/桶) Crude Oil, WTI ($/bbl)	澳大利亚煤炭价格(美元/吨) Coal, Australia ($/mt)	日本液化天然气价格(美元/百万英制热量单位) Natural Gas LNG,Japan ($/mmbtu)	欧洲天然气价格(美元/百万英制热量单位) Natural Gas,Europe ($/mmbtu)	美国天然气价格(美元/百万英制热量单位) Natural Gas,US ($/mmbtu)
1970	1.21		1.21		7.80		0.45	0.17
1971	1.69		1.69		8.68		0.50	0.18
1972	1.82		1.82		9.60		0.54	0.19
1973	2.81		2.81		11.48		0.69	0.21
1974	10.97		10.97		16.89		1.73	0.29
1975	10.43		10.43		26.84		1.68	0.43
1976	11.63		11.63		27.16		1.74	0.58
1977	12.57		12.57		28.68	2.77	1.79	0.79
1978	12.92		12.92		29.06	3.04	2.30	0.91
1979	30.96	32.11	29.82		30.89	3.69	3.26	1.18
1980	36.87	37.89	35.85		40.14	5.70	4.22	1.59
1981	35.48	36.68	34.29		53.62	6.03	4.60	1.98
1982	32.65	33.42	31.76	32.77	54.77	6.05	4.45	2.47
1983	29.66	29.83	28.73	30.41	38.19	5.55	4.05	2.59
1984	28.56	28.80	27.49	29.38	30.96	5.24	3.76	2.66
1985	27.18	27.33	26.46	27.76	33.75	5.23	3.65	2.51
1986	14.35	14.77	13.20	15.08	31.13	4.10	3.65	1.94
1987	18.15	18.34	16.94	19.16	27.50	3.35	2.59	1.66
1988	14.72	14.97	13.22	15.97	34.88	3.34	2.36	1.68
1989	17.84	18.22	15.70	19.60	38.00	3.28	2.09	1.70
1990	22.88	23.68	20.46	24.49	39.67	3.64	2.82	1.70
1991	19.37	20.07	16.56	21.48	39.67	3.99	3.11	1.49
1992	19.02	19.31	17.19	20.56	38.56	3.60	2.56	1.77
1993	16.84	17.02	14.94	18.56	31.33	3.51	2.67	2.12
1994	15.89	15.83	14.67	17.16	32.30	3.18	2.44	1.92
1995	17.18	17.07	16.12	18.37	39.37	3.45	2.73	1.72
1996	20.42	20.65	18.54	22.07	38.07	3.67	2.84	2.73
1997	19.17	19.09	18.10	20.33	35.10	3.91	2.74	2.48
1998	13.06	12.72	12.13	14.35	29.23	3.02	2.42	2.09
1999	18.07	17.81	17.17	19.24	25.89	3.14	2.13	2.27
2000	28.23	28.27	26.08	30.33	26.25	4.71	3.86	4.31
2001	24.35	24.42	22.71	25.92	32.31	4.63	4.06	3.96
2002	24.93	24.97	23.72	26.09	25.31	4.28	3.05	3.36
2003	28.90	28.85	26.74	31.11	26.09	4.73	3.91	5.49
2004	37.73	38.30	33.46	41.44	52.95	5.13	4.28	5.89
2005	53.39	54.43	49.29	56.44	47.62	5.99	6.33	8.92
2006	64.29	65.39	61.43	66.04	49.09	7.08	8.47	6.72
2007	71.12	72.70	68.37	72.28	65.73	7.68	8.56	6.98
2008	96.99	97.64	93.78	99.56	127.10	12.53	13.41	8.86
2009	61.76	61.86	61.75	61.65	71.84	8.94	8.71	3.95
2010	79.04	79.64	78.06	79.43	98.97	10.85	8.29	4.39
2011	104.01	110.94	106.03	95.05	121.45	14.66	10.52	4.00
2012	105.01	111.97	108.90	94.16	96.36	16.55	11.47	2.75
2013	104.08	108.86	105.43	97.94	84.56	15.96	11.79	3.73
2014	96.24	98.94	96.66	93.11	70.13	16.04	10.05	4.37
2015	50.75	52.37	51.18	48.71	57.51	10.40	7.26	2.61
2016	42.81	44.05	41.20	43.19	65.86	7.35	4.86	2.66

7-8 核能及其他清洁能源消费占能源总消费比重
Alternative and Nuclear Energy as Percentage of Total Energy Use

资料来源：世界银行WDI数据库。
Source: World Bank WDI Database.
单位：%　(%)

国家或地区	Country or Area	2000	2005	2010	2012	2013	2014	2015
中　国	China	2.3	2.9	3.7	4.3	4.8	5.4	
孟加拉国	Bangladesh	0.4	0.3	0.2	0.2	0.3	0.2	
柬 埔 寨	Cambodia		0.1		0.8	1.5	2.5	
印　度	India	2.5	2.8	2.8	3.0	3.2	3.0	
印度尼西亚	Indonesia	5.9	6.8	8.3	8.2	8.1	8.2	
伊　朗	Iran	0.3	0.8	0.4	0.7	1.1	1.0	
以 色 列	Israel	3.3	3.9	4.9	4.7	5.0	5.2	5.2
日　本	Japan	18.4	17.3	17.2	3.2	3.0	2.8	3.7
哈萨克斯坦	Kazakhstan	1.8	1.3	1.0	0.9	0.8	0.9	
韩　国	Korea, Rep.	15.3	18.4	15.7	15.1	14.0	15.5	15.8
马来西亚	Malaysia	1.2	0.7	0.8	1.0	1.1	1.3	
缅　甸	Myanmar	1.3	1.7	3.1	4.3	4.6	3.9	
巴基斯坦	Pakistan	3.1	4.3	4.3	4.3	4.6	4.5	
菲 律 宾	Philippines	26.7	23.8	22.8	22.4	20.4	20.3	
斯里兰卡	Sri Lanka	3.3	3.3	5.0	2.6	6.1	3.9	
泰　国	Thailand	0.7	0.5	0.4	0.6	0.5	0.5	
越　南	Viet Nam	4.4	3.5	4.0	7.6	7.5		
埃　及	Egypt	2.9	1.8	1.7	1.7	1.7	1.8	
尼日利亚	Nigeria	0.6	0.6	0.5	0.4	0.3	0.3	
南　非	South Africa	3.2	2.4	2.4	2.4	2.8	2.7	
加 拿 大	Canada	19.8	20.3	20.6	21.8	23.0	22.5	22.9
墨 西 哥	Mexico	7.0	6.5	4.9	4.5	4.8	5.2	5.2
美　国	United States	10.8	10.6	11.7	11.9	12.1	12.1	12.3
阿 根 廷	Argentina	6.6	7.1	6.1	6.0	6.2	5.9	
巴　西	Brazil	14.8	14.7	14.7	14.5	13.2	12.5	
委内瑞拉	Venezuela	10.5	11.8	9.1	9.7	10.4		
捷　克	Czech Rep.	9.0	14.9	17.2	19.6	20.3	20.2	18.0
法　国	France	45.3	45.2	45.3	46.8	46.9	50.1	49.5
德　国	Germany	14.0	13.9	13.2	11.3	11.1	11.7	12.0
意 大 利	Italy	4.7	4.4	5.9	7.1	8.3	9.3	8.5
荷　兰	Netherlands	1.6	1.6	1.7	2.0	1.7	2.4	2.6
波　兰	Poland	0.2	0.2	0.4	0.6	0.8	0.9	1.2
俄 罗 斯	Russia	7.8	8.4	8.6	8.3	8.4	8.8	
西 班 牙	Spain	15.7	13.0	19.3	19.5	21.8	22.6	20.7
土 耳 其	Turkey	4.7	5.7	6.7	7.2	8.0	7.1	9.6
乌 克 兰	Ukraine	15.8	16.9	18.5	20.1	19.9	22.8	
英　国	United Kingdom	10.2	9.9	8.6	10.7	11.2	11.3	12.8
澳大利亚	Australia	1.4	1.3	1.5	1.8	2.3	2.6	2.3
新 西 兰	New Zealand	24.0	24.2	32.4	31.5	33.2	34.5	35.0

7-9 易燃的可再生能源及废弃物消费占能源总消费比重
Combustible Renewables and Waste as Percentage of Total Energy Use

资料来源：世界银行WDI数据库。
Source: World Bank WDI Database.
单位：% (%)

国家或地区	Country or Area	2000	2005	2010	2012	2013	2014	2015
中　国	China	17.5	11.2	8.2	7.4	7.2	7.1	
中国香港	Hong Kong, China	0.4	0.4	0.7	0.7	0.8	1.4	
孟加拉国	Bangladesh	41.7	36.4	28.8	27.1	26.9	26.1	
柬埔寨	Cambodia	79.7	72.5	68.3	67.3	66.9	64.4	
印　度	India	33.7	31.2	25.7	24.6	24.5	23.5	
印度尼西亚	Indonesia	32.1	28.2	24.6	26.7	26.6	26.2	
伊　朗	Iran	0.1	0.3	0.3	0.2	0.2	0.2	
以色列	Israel			0.1	0.1	0.1	0.1	0.1
日　本	Japan	1.1	1.1	1.9	2.2	2.4	2.5	2.6
哈萨克斯坦	Kazakhstan	0.2		0.1	0.1	0.1		
韩　国	Korea, Rep.	0.7	1.0	1.4	1.6	1.8	2.1	2.1
马来西亚	Malaysia	5.6	2.8	2.4	2.2	2.2	2.1	
蒙　古	Mongolia	5.5	5.6	4.6	3.9	3.5	3.5	
缅　甸	Myanmar	71.6	68.8	75.6	68.8	65.4	56.7	
巴基斯坦	Pakistan	37.5	34.8	34.7	35.5	35.4	35.7	
菲律宾	Philippines	20.3	18.4	17.1	18.1	18.2	17.7	
新加坡	Singapore	1.1	1.8	2.3	2.4	2.5	2.5	
斯里兰卡	Sri Lanka	53.7	51.4	51.9	50.0	48.0	45.8	
泰　国	Thailand	20.2	17.4	19.2	18.6	18.2	19.1	
越　南	Viet Nam	49.4	35.9	25.0	25.1	25.3		
埃　及	Egypt	3.2	2.3	2.2	2.1	2.2	2.3	
尼日利亚	Nigeria	81.0	77.7	81.5	80.8	81.0	80.6	
南　非	South Africa	11.6	10.6	10.3	10.8	10.9	10.5	
加拿大	Canada	4.6	5.2	4.8	5.3	5.5	5.5	5.4
墨西哥	Mexico	6.2	5.0	4.6	4.4	4.7	4.6	4.6
美　国	United States	3.2	3.3	4.0	4.5	4.7	4.7	4.6
阿根廷	Argentina	4.8	3.4	3.5	4.1	4.0	4.6	
巴　西	Brazil	24.9	29.4	30.7	27.7	27.6	27.4	
委内瑞拉	Venezuela	1.3	1.3	1.1	1.0	1.1		
捷　克	Czech Rep.	3.1	3.9	6.0	7.1	7.9	8.4	8.6
法　国	France	4.3	4.4	5.9	5.9	6.3	6.1	6.1
德　国	Germany	2.3	4.3	7.6	8.7	8.7	9.5	9.6
意大利	Italy	1.3	3.6	7.3	8.4	9.4	9.5	9.7
荷　兰	Netherlands	2.4	3.4	4.3	4.9	4.7	5.0	5.0
波　兰	Poland	4.2	4.8	7.2	8.6	8.5	8.7	8.9
俄罗斯	Russia	1.1	1.1	1.0	1.0	1.0	1.0	
西班牙	Spain	3.4	3.6	5.3	6.3	6.1	6.1	6.3
土耳其	Turkey	8.6	6.4	4.3	3.1	3.4	2.9	2.5
乌克兰	Ukraine	0.2	0.2	1.2	1.4	1.6	1.8	
英　国	United Kingdom	0.9	1.7	3.2	3.7	4.3	5.1	5.5
澳大利亚	Australia	4.7	4.5	4.1	3.8	4.0	4.1	4.3
新西兰	New Zealand	6.5	7.6	6.5	6.3	5.9	5.6	5.7

主要统计指标解释

探明储量 是在现有和预期的本地经济条件和现有可用技术下，已探明的可开采的吨数。

能源最终消费量 指各不同经济部门终端能源消费量。

能源生产量 指一定时期内一次能源生产量的总和。

国际运输燃料 指供给国际运输的飞机或轮船的燃料，空运燃料包括航空汽油和喷气发动机燃料，海运燃料，包括硬煤、柴油等。

一次能源供应量 等于“产量＋进口－出口－国际运输燃料－库存变化”。

清洁能源 是指在发电时不产生二氧化碳的非碳能源。它包括水电、核电、地热和太阳能等。

易燃的可再生能源和废弃物 包括固态和液态的生物遗体、沼气、工业垃圾和城市垃圾。

Explanatory Notes on Main Statistical Indicators

Proved Reserves are the tonnage of the proved amount in place that can be recovered under present and expected local economic conditions with existing available technology.

Total Final Consumption refers to the sum of consumption by the different end-use sectors.

Energy Production is the production of primary energy.

Bunkers Airs bunkers refer to bunkers of aviation gasoline and jet fuel. Sea bunkers refer to bunkers of hard coal, gas-diesel oil and residual fuel oil.

Total Primary Energy Supply refers to Production +imports-Exports-Bunkers-Changes in stocks.

Clean energy refer to noncarbohydrate energy that does not produce carbon dioxide when generated. It includes hydropower and nuclear, geothermal, and solar power, among others.

Combustible renewables and waste comprise solid biomass, liquid biomass, biogas, industrial waste, and municipal waste.

财政和金融

Government Finance and Banking

8-1 中央政府财政收入占国内生产总值比重
Central Government Revenue as Percentage of GDP

资料来源：世界银行WDI数据库。
Source: World Bank WDI Database.
单位：% (%)

国家或地区	Country or Area	2000	2005	2010	2013	2014	2015
世　界	**World**	**25.9**	**22.6**	**22.3**	**23.4**	**24.3**	**25.2**
高收入国家	**High Income**	**27.7**	**24.4**	**23.7**	**25.3**	**25.3**	**25.3**
中等收入国家	**Middle Income**	**13.8**	**17.5**	**18.7**	**18.4**	**21.1**	
低收入国家	**Low Income**		**11.5**	**13.4**			
中　国	China	7.1	9.6	11.2	10.9	15.8	
中国香港	Hong Kong, China		19.6				
中国澳门	Macao, China	19.9	24.6	36.7	38.3	37.0	31.5
孟加拉国	Bangladesh		9.0	9.7	11.2	10.9	9.8
柬埔寨	Cambodia		9.7	11.5	13.6	16.5	15.9
印　度	India	11.5	12.5	13.3	12.6		
印度尼西亚	Indonesia		17.5	14.5	15.0	14.6	13.0
伊　朗	Iran	21.6	31.9				
以色列	Israel	38.0	35.9	32.1	31.9	32.4	32.4
日　本	Japan		11.4	9.9	11.5	12.5	12.7
哈萨克斯坦	Kazakhstan	11.3	21.3	21.4	20.5	19.5	13.7
韩　国	Korea, Rep.	21.2	20.5	21.0	27.4	26.3	26.3
老　挝	Laos			14.5	15.8	16.7	15.8
马来西亚	Malaysia	17.5	19.6	19.4	21.0	19.9	18.9
蒙　古	Mongolia	24.4		29.0	27.7		
缅　甸	Myanmar	5.3	6.7				
巴基斯坦	Pakistan	13.9	13.0	13.8	14.5	14.3	
菲律宾	Philippines	14.2	14.4	13.4	14.9	15.1	15.4
新加坡	Singapore	25.8	18.2	17.0	17.5	18.4	18.7
斯里兰卡	Sri Lanka	16.8	15.5	12.7	11.9	11.4	13.3
泰　国	Thailand	15.5	19.7	19.0	20.7	19.6	20.7
埃　及	Egypt		24.3	24.8	21.4	19.9	21.0
尼日利亚	Nigeria		11.9	5.6	5.0		
南　非	South Africa	25.7	28.8	28.1	29.5	30.6	31.5
加拿大	Canada	20.9	18.6	16.9	17.0	17.0	17.4
墨西哥	Mexico	12.5					
美　国	United States	20.5	17.9	16.5	19.0	19.1	19.3
巴　西	Brazil	19.6	22.4	28.8	28.2	26.9	28.8
委内瑞拉	Venezuela	21.2	28.3				
捷　克	Czech Rep.	28.1	29.0	27.4	28.5	27.7	28.0
法　国	France	42.9	42.6	43.2	44.9	45.1	44.9
德　国	Germany	29.9	27.9	27.9	28.4	28.6	28.5
意大利	Italy	36.1	34.9	37.9	39.4	39.2	39.4
荷　兰	Netherlands	38.7	37.3	38.8	39.8	39.9	39.2
波　兰	Poland	28.6	33.3	31.9	32.1	32.1	32.6
俄罗斯	Russia	24.6	30.3	26.1	27.3	27.1	25.0
西班牙	Spain	18.5	17.4	14.7	16.4	16.7	16.4
土耳其	Turkey			31.7	31.3	31.0	32.4
乌克兰	Ukraine	26.8	35.1	34.4	36.1	33.7	35.8
英　国	United Kingdom	35.8	34.3	34.9	35.7	34.6	35.1
澳大利亚	Australia	26.0	27.1	23.4	24.6	24.5	24.6
新西兰	New Zealand		36.2	34.4	32.6	32.4	33.0

8-2 中央政府财政收入
Revenue of Central Government

资料来源：国际货币基金组织GFS数据库。
Source: IMF GFS Database.

		柬埔寨 Cambodia 2013 (亿瑞尔) (100 Million Riel)	印度 India 2013 (亿卢比) (100 Million Rupee)	印度尼西亚 Indonesia 2015 (亿卢比) (100 Million Rupiah)	伊朗 Iran 2009 (亿里亚尔) (100 Million Rial)
财政总收入	**Total Revenue**	**107032**	**141790**	**15062040**	**10423200**
税收	Taxes	74076	123590	12394830	3022470
收入、利润和资本所得税	Taxes on Income, Profits, and Capital Gains	15615	66040	6023060	2016650
个人	Payable by Individuals	3774	24090	1227390	340720
公司和其他企业	Payable by Corporations and Other Enterprises	11840	41950	4795680	1675260
工资税	Taxes on Payroll and Workforce				
财产税	Taxes on Property		90	292500	10500
货物和服务税	Taxes on Goods and Services	41745	38710	5689290	366410
增加值、销售和交易税	General Value Added, Sales,or Turnover Taxes	26697			310150
货物税	Excises	13392	19720	1452180	19420
国际贸易税	Taxes on International Trade and Transactions	16669	18730	344080	625540
其他税	Other Taxes	48		45890	3360
社会缴款	Social Contributions		270		1947920
社会保障缴款	Social Security Contributions				1947920
其它社会缴款	Other Social Contributions		270		
捐赠收入	Grants	22740	150	116190	
来自外国政府捐赠收入	From Foreign Governments	21509	150	26920	
来自国际组织捐赠收入	From International Organizations	18			
来自政府机构捐赠收入	From General Government Units	1213		89280	
其它收入	Other Revenue	10216	17790	2551020	5452820

8-2 续表 1 continued

		以色列 Israel 2015 (亿新谢克尔) (100 Million New Sheqalim)	哈萨克斯坦 Kazakhstan 2015 (亿坚戈) (100 Million Tenge)	韩国 Korea,Rep. 2015 (亿韩元) (100 Million Won)	马来西亚 Malaysia 2013 (亿林吉特) (100 Million Ringgit)
财政总收入	**Total Revenue**	**3960**	**57570**	**4158560**	**2134**
税收	Taxes	2720	40210	2181650	1560
收入、利润和资本所得税	Taxes on Income, Profits, and Capital Gains	1180	18690	1089500	1110
个人	Payable by Individuals	710		629050	231
公司和其他企业	Payable by Corporations and Other Enterprises	350	18690	460450	879
工资税	Taxes on Payroll and Workforce	140			
财产税	Taxes on Property			60070	
货物和服务税	Taxes on Goods and Services	1380	10420	883530	310
增加值、销售和交易税	General Value Added,Sales,or Turnover Taxes				101
货物税	Excises	180	610	254530	122
国际贸易税	Taxes on International Trade and Transactions	30	11100	85160	45
其他税	Other Taxes			63390	95
社会缴款	Social Contributions	670	2410	1094070	
社会保障缴款	Social Security Contributions	600	2410	985290	
其它社会缴款	Other Social Contributions	70		108790	
捐赠收入	Grants	190	1700	44350	
来自外国政府捐赠收入	From Foreign Governments	130			
来自国际组织捐赠收入	From International Organizations		10		
来自政府机构捐赠收入	From General Government Units	60	1700	44340	
其它收入	Other Revenue	390	13260	838490	574

8−2 续表 2 continued

		蒙古 Mongolia 2013 (亿图格里克) (100 Million togrog)	缅甸 Myanmar 2005 (亿缅元) (100 Million Kyat)	巴基斯坦 Pakistan 2013 (亿卢比) (100 Million Rupee)	新加坡 Singapore 2016 (亿新加坡元) (100 Million Dollar)
财政总收入	**Total Revenue**	**53210**	**8195**	**33459**	**810**
税收	Taxes	30160	4770	25036	
收入、利润和资本所得税	Taxes on Income, Profits, and Capital Gains	6600	2067	9320	260
个人	Payable by Individuals		2067	9140	110
公司和其他企业	Payable by Corporations and Other Enterprises	6600			160
工资税	Taxes on Payroll and Workforce				
财产税	Taxes on Property				40
货物和服务税	Taxes on Goods and Services	19590	2518	12015	190
增加值、销售和交易税	General Value Added, Sales, or Turnover Taxes		2251	10765	
货物税	Excises	4490	49	1250	30
国际贸易税	Taxes on International Trade and Transactions	3810	185	2475	
其他税	Other Taxes	160		1226	90
社会缴款	Social Contributions	10190			
社会保障缴款	Social Security Contributions	10190			
其它社会缴款	Other Social Contributions				
捐赠收入	Grants	120	3	1120	
来自外国政府捐赠收入	From Foreign Governments		3	1120	
来自国际组织捐赠收入	From International Organizations				
来自政府机构捐赠收入	From General Government Units	120			
其它收入	Other Revenue	12740	3423	7303	230

8-2 续表 3 continued

		泰 国 Thailand 2016 (亿泰铢) (100 Million Baht)	南 非 South Africa 2015 (亿兰特) (100 Million Rand)	加拿大 Canada 2015 (亿加元) (100 million Dollar)	墨西哥 Mexico 2016 (亿比索) (100 Million Peso)
财政总收入	**Total Revenue**	**29160**	**12810**	**3472**	**39880**
税收	Taxes		11040	2386	
收入、利润和资本所得税	Taxes on Income, Profits, and Capital Gains	8940	6070	1864	14230
个人	Payable by Individuals	2830	3890		6820
公司和其他企业	Payable by Corporations and Other Enterprises	6110	2180		7010
工资税	Taxes on Payroll and Workforce		150		
财产税	Taxes on Property		150		
货物和服务税	Taxes on Goods and Services	12440	4210		12110
增加值、销售和交易税	General Value Added, Sales, or Turnover Taxes				
货物税	Excises	5540	930		4200
国际贸易税	Taxes on International Trade and Transactions	980	460	52	520
其他税	Other Taxes	180			380
社会缴款	Social Contributions	1590	240	823	4350
社会保障缴款	Social Security Contributions	1590	240		4350
其它社会缴款	Other Social Contributions				
捐赠收入	Grants	30	40	9	20
来自外国政府捐赠收入	From Foreign Governments	30	20		
来自国际组织捐赠收入	From International Organizations				
来自政府机构捐赠收入	From General Government Units		20		20
其它收入	Other Revenue	5000	1480	254	8270

8-2 续表 4 continued

		美 国 United States 2016 (亿美元) (100 Million US Dollar)	阿 根 廷 Argentina 2015 (亿比索) (100 Million Peso)	委内瑞拉 Venezuela 2005 (亿博利瓦) (100 Million Bolivar)	白俄罗斯 Belarus 2015 (亿卢布) (100 Million Rubel)
财政总收入	**Total Revenue**	**34830**	**13190**	**859**	**2804670**
税收	Taxes	20288	7350	472	1274300
收入、利润和资本所得税	Taxes on Income, Profits, and Capital Gains	18720	2000	185	81920
个人	Payable by Individuals	15620	600	9	
公司和其他企业	Payable by Corporations and Other Enterprises	3100	1400	175	81920
工资税	Taxes on Payroll and Workforce		40		
财产税	Taxes on Property	200	80	29	
货物和服务税	Taxes on Goods and Services	990	3690	214	786500
增加值、销售和交易税	General Value Added, Sales, or Turnover Taxes		2940	195	
货物税	Excises	640	400	17	194420
国际贸易税	Taxes on International Trade and Transactions	380	1060	43	395860
其他税	Other Taxes		470	1	10020
社会缴款	Social Contributions	12300	4110	19	971520
社会保障缴款	Social Security Contributions	12210		19	971520
其它社会缴款	Other Social Contributions	90			
捐赠收入	Grants	10			136430
来自外国政府捐赠收入	From Foreign Governments	10			7550
来自国际组织捐赠收入	From International Organizations				
来自政府机构捐赠收入	From General Government Units				128880
其它收入	Other Revenue	2230	1730	369	422420

8-2 续表 5 continued

		捷克 Czech Rep. 2015 (亿克朗) (100 Million koruna)	法国 France 2015 (亿欧元) (100 Million Euro)	德国 Germany 2015 (亿欧元) (100 Million Euro)	意大利 Italy 2015 (亿欧元) (100 Million Euro)
财政总收入	**Total Revenue**	**14650**	**9850**	**8700**	**6480**
税收	Taxes	6080	5100	3480	3890
收入、利润和资本所得税	Taxes on Income, Profits, and Capital Gains	2030	2500	1460	2060
个人	Payable by Individuals	1030	1920	1240	1740
公司和其他企业	Payable by Corporations and Other Enterprises	1000	580	170	320
工资税	Taxes on Payroll and Workforce		260		
财产税	Taxes on Property	-40	180		50
货物和服务税	Taxes on Goods and Services	4090	2140	2020	1540
增加值、销售和交易税	General Value Added, Sales, or Turnover Taxes				
货物税	Excises	1510	390	650	430
国际贸易税	Taxes on International Trade and Transactions				
其他税	Other Taxes		10		250
社会缴款	Social Contributions	5950	4120	4750	2170
社会保障缴款	Social Security Contributions	5790	3620	4660	2150
其它社会缴款	Other Social Contributions	160	500	90	30
捐赠收入	Grants	1920		60	
来自外国政府捐赠收入	From Foreign Governments				
来自国际组织捐赠收入	From International Organizations	1900		10	
来自政府机构捐赠收入	From General Government Units	10	40	60	80
其它收入	Other Revenue	710		400	

8-2 续表 6 continued

		荷兰 Netherlands 2015 (亿欧元) (100 Million Euro)	波兰 Poland 2015 (亿兹罗提) (100 Million Zloty)	俄罗斯 Russia 2016 (亿卢布) (100 Million Ruble)	西班牙 Spain 2014 (亿欧元) (100 Million Euro)
财政总收入	**Total Revenue**	**2670**	**5860**	**260580**	
税收	Taxes	1470	2810		1271
收入、利润和资本所得税	Taxes on Income, Profits, and Capital Gains	710	710	-3510	520
个人	Payable by Individuals	520	450	-8310	309
公司和其他企业	Payable by Corporations and Other Enterprises	180	260	5040	210
工资税	Taxes on Payroll and Workforce		40		
财产税	Taxes on Property	30		10	1
货物和服务税	Taxes on Goods and Services	690	2050	55780	751
增加值、销售和交易税	General Value Added, Sales, or Turnover Taxes				516
货物税	Excises	150	710	7520	182
国际贸易税	Taxes on International Trade and Transactions			26350	
其他税	Other Taxes	30			
社会缴款	Social Contributions	980	2410	68870	1312
社会保障缴款	Social Security Contributions	960	2250	68870	1200
其它社会缴款	Other Social Contributions	20	160		111
捐赠收入	Grants	20		52330	
来自外国政府捐赠收入	From Foreign Governments				
来自国际组织捐赠收入	From International Organizations				20
来自政府机构捐赠收入	From General Government Units	10	30	52330	
其它收入	Other Revenue	210		60760	

8-2 续表 7 continued

		乌克兰 Ukraine 2015 (亿格里夫尼亚) (100 Million Hrywnia)	英国 United Kingdom 2015 (亿英镑) (100 Million Pound)	澳大利亚 Australia 2016 (亿澳元) (100 Million Dollar)	新西兰 New Zealand 2016 (新西兰元) (100 Million Dollar)
财政总收入	**Total Revenue**	**7160**	**6590**	**4130**	**890**
税收	Taxes	4070	4750		
收入、利润和资本所得税	Taxes on Income, Profits, and Capital Gains	800	2180	2650	460
个人	Payable by Individuals	450	1710	1920	320
公司和其他企业	Payable by Corporations and Other Enterprises	350	460	710	140
工资税	Taxes on Payroll and Workforce			10	
财产税	Taxes on Property		320		
货物和服务税	Taxes on Goods and Services	2860	2210	900	250
增加值、销售和交易税	General Value Added, Sales, or Turnover Taxes				
货物税	Excises	630	590	220	20
国际贸易税	Taxes on International Trade and Transactions	410		140	20
其他税	Other Taxes	-10	30		
社会缴款	Social Contributions	1900	1400		20
社会保障缴款	Social Security Contributions	1900	1140		20
其它社会缴款	Other Social Contributions		260		
捐赠收入	Grants	50	10	10	
来自外国政府捐赠收入	From Foreign Governments				
来自国际组织捐赠收入	From International Organizations	20			
来自政府机构捐赠收入	From General Government Units	30	10	10	
其它收入	Other Revenue	1140	430	420	140

8-3 中央政府财政支出
Expense of Central Government

资料来源：国际货币基金组织GFS数据库。
Source: IMF GFS Database.

		柬埔寨 Cambodia 2013 (亿瑞尔) (100 Million Riel)	印度 India 2013 (亿卢比) (100 Million Rupee)	印度尼西亚 Indonesia 2015 (亿卢比) (100 Million Rupiah)	伊朗 Iran 2009 亿里亚尔) (billion Rial)
财政总支出	**Total Expense**	**72465**	**186911**	**16714700**	**8065990**
雇员报酬	Compensation of Employees	26363	15193	2781720	3210230
工资和薪金	Wages and Salaries	26363	15193	1864660	2835570
社会缴款	Social Contributions			917070	374652
商品和服务的使用	Use of Goods and Services	20753	16339	2012060	865086
固定资本消耗	Consumption of Fixed Capital			1138990	
利息	Interest	2043	36424	1558860	58967
补贴	Subsidies	1301	42216	1859890	770769
对国有企业补贴	To Public Corporations			1841050	701753
对私人企业补贴	To Private Enterprises			18830	69016
捐赠	Grants	6823	75743	6273710	31225
对外国政府捐赠	To Foreign Governments			40	1710
对国际组织捐赠	To International Organizations	140	5914	100	2490
对政府机构捐赠	To General Government Units	6683	69829	6273570	27025
社会福利	Social Benefits	8787		1000740	1966020
社会保障福利	Social Security Benefits				1898380
社会救助福利	Social Assistance Benefits			970890	67637
雇主社会福利	Employer Social Benefits			29850	
其它支出	Other Expense	6395	996	88730	1163700
不含利息的财产支出	Property Expense Other Than Interest				
其它杂项支出	Miscellaneous Other Expense				

8-3 续表 1 continued

		以色列 Israel 2015 (亿新谢克尔) (100 Million New Sheqalim)	哈萨克斯坦 Kazakhstan 2015 (亿坚戈) (billion Tenge)	韩 国 Korea,Rep. 2015 (亿韩元) (billion Won)	马来西亚 Malaysia 2013 (亿林吉特) (100 Million Ringgit)
财政总支出	**Total Expense**	**4280**	**63320**	**3894600**	**2099**
雇员报酬	Compensation of Employees	970	4350	401610	610
工资和薪金	Wages and Salaries	790	4230	384570	610
社会缴款	Social Contributions	180	120	17040	
商品和服务的使用	Use of Goods and Services	850	14790	574920	339
固定资本消耗	Consumption of Fixed Capital	100		140120	
利息	Interest	390	2580	207610	208
补贴	Subsidies	80	970	223060	433
对国有企业补贴	To Public Corporations	30		65810	433
对私人企业补贴	To Private Enterprises	50	970	157250	
捐赠	Grants	270	19940	1184610	348
对外国政府捐赠	To Foreign Governments	10		5920	
对国际组织捐赠	To International Organizations		80	480	
对政府机构捐赠	To General Government Units	250	19860	1178220	348
社会福利	Social Benefits	1290	19820	1001050	148
社会保障福利	Social Security Benefits	700	13260	1000280	148
社会救助福利	Social Assistance Benefits	380	6450	760	
雇主社会福利	Employer Social Benefits	210	110		
其它支出	Other Expense	330	870	161610	12
不含利息的财产支出	Property Expense Other Than Interest			990	
其它杂项支出	Miscellaneous Other Expense				

8-3 续表 2 continued

		蒙古 Mongolia 2013 (亿图格里克) (100 Million Togrog)	泰国 Thailand 2016 (亿铢) (100 Million Baht)	巴基斯坦 Pakistan 2013 (亿卢比) ((100 Million Rupee)	加拿大 Canada 2016 (亿加元) ((100 Million Dollar)
财政总支出	**Total Expense**	**44487**	**27620**	**39907**	**3550**
雇员报酬	Compensation of Employees	8314	7884	1550	380
工资和薪金	Wages and Salaries	7681	7704	1550	
社会缴款	Social Contributions	633	180		
商品和服务的使用	Use of Goods and Services	5847	7269	8842	251
固定资本消耗	Consumption of Fixed Capital		1258		93
利息	Interest	2697	1210	11417	223
补贴	Subsidies	956	1325	2086	28
对国有企业补贴	To Public Corporations	859	1068		
对私人企业补贴	To Private Enterprises	97	257		
捐赠	Grants	11294	3762	3123	939
对外国政府捐赠	To Foreign Governments		12		
对国际组织捐赠	To International Organizations	36	11		
对政府机构捐赠	To General Government Units	11258	3739		
社会福利	Social Benefits	14501	3639	1441	1567
社会保障福利	Social Security Benefits	9132	734		
社会救助福利	Social Assistance Benefits	5369	143		
雇主社会福利	Employer Social Benefits		2762		
其它支出	Other Expense	878	1274	11447	68
不含利息的财产支出	Property Expense Other Than Interest				
其它杂项支出	Miscellaneous Other Expense				

8-3 续表 3 continued

		美 国 United States 2016 (亿美元) (100 Million Us Dollar)	阿 根 廷 Argentina 2015 (亿比索) (100 Million Peso)	委内瑞拉 Venezuela 2005 (亿博利瓦) (100 Million Bolivar)	白俄罗斯 Belarus 2015 (亿卢布) (100 Million Rubel)
财政总支出	**Total Expense**	**42337**	**14890**	**762**	**2527410**
雇员报酬	Compensation of Employees	4104	1960	121	311240
工资和薪金	Wages and Salaries		1690	116	262010
社会缴款	Social Contributions		280	6	49230
商品和服务的使用	Use of Goods and Services	3034	690	46	281500
固定资本消耗	Consumption of Fixed Capital	2615			
利息	Interest	4751	1100	89	134850
补贴	Subsidies	613	2560		170210
对国有企业补贴	To Public Corporations		830		14140
对私人企业补贴	To Private Enterprises		1730		156070
捐赠	Grants	6766	990	400	377450
对外国政府捐赠	To Foreign Governments	541		1	1180
对国际组织捐赠	To International Organizations		20		5970
对政府机构捐赠	To General Government Units	6225	970	399	370300
社会福利	Social Benefits	20393	6210	85	1220300
社会保障福利	Social Security Benefits	16276	5280		1128040
社会救助福利	Social Assistance Benefits	4117	930		92250
雇主社会福利	Employer Social Benefits				
其它支出	Other Expense	63	1390	21	31850
不含利息的财产支出	Property Expense Other Than Interest				
其它杂项支出	Miscellaneous Other Expense			21	

8-3 续表 4 continued

		捷 克 Czech Rep. 2015 (亿克朗) (100 Million koruna)	法 国 France 2015 (亿欧元) (100 Million Erro)	德 国 Germany 2015 (亿欧元) (100 Million Erro)	意大利 Italy 2015 (亿欧元) (100 Million Euro)
财政总支出	**Total Expense**	**15080**	**10630**	**8560**	**7030**
雇员报酬	Compensation of Employees	1120	2020	510	960
工资和薪金	Wages and Salaries	840			
社会缴款	Social Contributions	280			
商品和服务的使用	Use of Goods and Services	570	600	400	230
固定资本消耗	Consumption of Fixed Capital		340	190	220
利息	Interest	450	420	290	670
补贴	Subsidies	1700	410	90	170
对国有企业补贴	To Public Corporations	860		90	
对私人企业补贴	To Private Enterprises	840			
捐赠	Grants	2070		900	
对外国政府捐赠	To Foreign Governments			330	
对国际组织捐赠	To International Organizations	390		50	
对政府机构捐赠	To General Government Units	1680	640	520	970
社会福利	Social Benefits	7510	5420	6030	3320
社会保障福利	Social Security Benefits	6730		5400	
社会救助福利	Social Assistance Benefits	790		510	
雇主社会福利	Employer Social Benefits			120	
其它支出	Other Expense	1640		160	
不含利息的财产支出	Property Expense Other Than Interest				
其它杂项支出	Miscellaneous Other Expense				

8-3 续表 5 continued

		荷兰 Netherlands 2015 (亿欧元) (100 Million Euro)	波兰 Poland 2015 (亿兹罗提) (100 Million Zloty)	俄罗斯 Russia 2016 (亿卢布) (100 Million Ruble)	西班牙 Spain 2014 (亿欧元) (100 Million Euro)
财政总支出	**Total Expense**	**2772**	**6160**	**265694**	
雇员报酬	Compensation of Employees	231	880	34821	241
工资和薪金	Wages and Salaries	173		30808	179
社会缴款	Social Contributions	59		4013	62
商品和服务的使用	Use of Goods and Services	149	440	17947	91
固定资本消耗	Consumption of Fixed Capital	107	240	8229	95
利息	Interest	83	300	6698	319
补贴	Subsidies	56	80	14349	55
对国有企业补贴	To Public Corporations			4799	9
对私人企业补贴	To Private Enterprises			9549	46
捐赠	Grants	770		85630	
对外国政府捐赠	To Foreign Governments			1284	
对国际组织捐赠	To International Organizations	87		1243	108
对政府机构捐赠	To General Government Units	683	1130	83104	
社会福利	Social Benefits	1316	2710	89193	1660
社会保障福利	Social Security Benefits	548		71806	1447
社会救助福利	Social Assistance Benefits	753		10154	78
雇主社会福利	Employer Social Benefits	15		7233	134
其它支出	Other Expense	59		8827	438
不含利息的财产支出	Property Expense Other Than Interest				0.1
其它杂项支出	Miscellaneous Other Expense	59			0.2

8-3 续表 6 continued

		乌克兰 Ukraine 2015 (亿格里夫尼亚) (100 Million Hrywnia)	英国 United Kingdom 2015 (亿英镑) (100 Million Pound)	澳大利亚 Australia 2016 (亿澳元) (100 Million Dollar)	新西兰 New Zealand 2016 (亿新西兰元) (100 Million Dollar)
财政总支出	**Total Expense**	**7430**	**7230**	**4475**	**834**
雇员报酬	Compensation of Employees	840	1080	476	214
工资和薪金	Wages and Salaries	640	870	379	
社会缴款	Social Contributions	200	220	97	
商品和服务的使用	Use of Goods and Services	880	1030	458	101
固定资本消耗	Consumption of Fixed Capital		180	92	29
利息	Interest	870	430	162	36
补贴	Subsidies	100	100	135	4
对国有企业补贴	To Public Corporations	100	10	3	
对私人企业补贴	To Private Enterprises		90	132	
捐赠	Grants	1760	1540	1091	21
对外国政府捐赠	To Foreign Governments			29	
对国际组织捐赠	To International Organizations	20	200		
对政府机构捐赠	To General Government Units	1740	1340	1062	14
社会福利	Social Benefits	2920	2570	1790	361
社会保障福利	Social Security Benefits	2280	1270	1337	
社会救助福利	Social Assistance Benefits	640	940	453	
雇主社会福利	Employer Social Benefits		360		
其它支出	Other Expense	70	300	180	69
不含利息的财产支出	Property Expense Other Than Interest				
其它杂项支出	Miscellaneous Other Expense				

8-4 中央政府各项支出比重
Central Government Outlays by Function as Percentage of Total

资料来源：国际货币基金组织GFS数据库。
Source: IMF GFS Database.
单位：% (%)

国家或地区	Country or Area	年份 Year	社会保障支出 Social Protection	公共服务支出 General Public Services	教育支出 Education	经济事务支出 Economic Affairs	环境保护支出 Environment Protection
中　国	China	2014	25.44	54.63	1.25	8.94	0.29
中国香港	Hong Kong, China	2009	14.19	19.39	18.19	11.52	3.42
中国澳门	Macao, China	2008	18.16		14.00		2.54
孟加拉国	Bangladesh	2013	6.82	21.72	14.62	26.68	0.36
印　度	India	2013		56.09	3.31	20.83	
印度尼西亚	Indonesia	2015	1.16	69.08	7.95	9.80	0.55
伊　朗	Iran	2009	36.62	9.16	14.17	16.54	0.09
以色列	Israel	2015	28.36	12.55	16.82	5.92	0.24
哈萨克斯坦	Kazakhstan	2016	24.95	32.73	6.69	10.40	
韩　国	Korea, Rep.	2010	22.76	21.99	15.24	18.92	2.18
蒙　古	Mongolia	2012	38.91	18.16	16.62	11.07	
缅　甸	Myanmar	2005	0.83		6.81		
巴基斯坦	Pakistan	2007	0.21		1.64		0.03
新加坡	Singapore	2016	8.88	6.18	17.65	16.36	1.44
泰　国	Thailand	2016	14.58	31.06	18.60	11.87	0.17
埃　及	Egypt	2012	34.17	29.09	10.92	5.22	0.28
南　非	South Africa	2015	12.78	49.29	7.94	9.41	0.51
加拿大	Canada	2007	46.94		2.09		1.28
墨西哥	Mexico	2000	20.12	38.36	24.73	8.11	
美　国	United States	2015	32.76	13.31	2.60	4.72	
阿根廷	Argentina	2004	39.94	32.65	5.19	7.17	0.29
委内瑞拉	Venezuela	2005	7.64		17.16		
捷　克	Czech Rep.	2015	35.60	9.06	8.60	16.47	2.45
意大利	Italy	2012	48.54	25.24	8.17	3.66	0.31
荷　兰	Netherlands	2012	36.21	17.34	10.83	8.03	0.35
波　兰	Poland	2013	46.70	14.53	10.77	6.06	0.33
俄罗斯	Russia	2016	46.08	20.63	0.73	5.24	0.19
西班牙	Spain	2012	15.42		0.17	2.15	0.08
土耳其	Turkey	2015	34.45	17.49	11.82	7.24	0.08
乌克兰	Ukraine	2015	52.39	23.65	4.05	2.59	0.54
英　国	United Kingdom	2015	35.53	12.02	10.63	6.45	0.97
澳大利亚	Australia	2016	33.70	24.00	11.05	6.28	0.88
新西兰	New Zealand	2016	33.24	10.14	18.06	6.99	0.74

8-4 续表 1 continued

单位：% (%)

国家或地区	Country or Area	年份 Year	卫生保障支出 Health	文化、娱乐和宗教支出 Recreation, Culture and Religion	国防支出 Defense	住户和社区设施建设支出 Housing && Community Amenities	公共秩序与安全支出 Public Order and Safety
中国	China	2014	0.08	0.24	7.72	0.02	1.41
中国香港	Hong Kong, China	2009	12.81	3.84		6.85	9.79
中国澳门	Macao, China	2008	8.22				
孟加拉国	Bangladesh	2013	6.01	1.19	8.65	7.42	6.53
印度	India	2013	1.88		10.87	7.03	
印度尼西亚	Indonesia	2015	1.29	0.46	5.86	0.94	2.93
伊朗	Iran	2009	6.88	2.50	7.91	1.96	4.20
以色列	Israel	2015	13.76	2.53	16.28	-0.61	4.16
哈萨克斯坦	Kazakhstan	2016	9.97	1.45	5.33	2.77	5.72
韩国	Korea, Rep.	2010	1.20	1.17	11.28	1.19	5.02
蒙古	Mongolia	2012	7.62	1.46	3.95	0.79	4.90
缅甸	Myanmar	2005	2.18		19.61		
巴基斯坦	Pakistan	2007	0.86		15.62		
新加坡	Singapore	2016	13.69	3.27	20.25	6.21	6.08
泰国	Thailand	2016	5.86	1.32	7.37	2.84	6.33
埃及	Egypt	2012	4.36	3.39	5.08	2.23	5.34
南非	South Africa	2015	3.06	1.08	3.19	5.16	7.58
加拿大	Canada	2007	9.67		6.50		
墨西哥	Mexico	2000	4.95	0.56	3.04	6.92	2.72
美国	United States	2015	28.88	0.13	14.63	1.61	1.37
阿根廷	Argentina	2004	5.30	0.18	3.04	1.83	4.40
委内瑞拉	Venezuela	2005	7.38		4.99		
捷克	Czech Rep.	2015	16.97	1.05	2.48	2.39	4.93
意大利	Italy	2012	4.89	0.95	3.31	0.73	4.21
荷兰	Netherlands	2012	19.27	0.78	2.78	0.22	4.21
波兰	Poland	2013	12.25	0.58	3.82	0.51	4.45
俄罗斯	Russia	2016	12.51	0.50	7.17	0.41	6.54
西班牙	Spain	2012	1.17	0.71	2.87	0.04	3.42
土耳其	Turkey	2015	16.50	1.84	4.08	0.82	5.69
乌克兰	Ukraine	2015	1.59	0.89	6.97		7.33
英国	United Kingdom	2015	19.42	1.18	5.41	4.21	4.18
澳大利亚	Australia	2016	15.32	0.65	6.30	0.82	1.01
新西兰	New Zealand	2016	20.27	1.25	2.59	0.80	5.92

8-5 社会缴款占财政收入比重
Social Contributions as Percentage of Revenue

资料来源：世界银行WDI数据库。
Source: World Bank WDI Database.

单位：% (%)

国家或地区	Country or Area	2000	2005	2010	2012	2013	2014	2015
中国香港	Hong Kong, China		0.01					
中国澳门	Macao, China	0.85	0.50	0.19	0.13	0.12	0.11	0.17
印　度	India	0.05	0.18	0.26	0.24	0.19		
伊　朗	Iran	11.48	10.44					
以色列	Israel	14.73	16.48	17.55	17.48	17.14	16.95	16.92
日　本	Japan		0.97	0.90	1.00	0.89	0.77	0.76
韩　国	Korea, Rep.	13.31	16.17	16.11	23.48	24.39	25.79	26.31
蒙　古	Mongolia	17.79		13.14	17.62	19.15		
斯里兰卡	Sri Lanka	1.67	1.19	1.33	1.10	1.31	1.26	1.04
泰　国	Thailand	3.43	4.89	6.44	4.41	4.03	5.40	5.64
南　非	South Africa	2.07	2.04	2.10	2.25	2.11	2.07	1.90
加拿大	Canada	18.86	21.43	23.02	23.22	23.75	23.53	23.70
墨西哥	Mexico	10.48						
美　国	United States	31.26	36.50	39.32	34.46	34.45	34.39	34.15
巴　西	Brazil	24.76	23.25	31.36	31.54	32.28	33.87	31.68
委内瑞拉	Venezuela	3.50	2.20					
捷　克	Czech Rep.	46.51	45.61	44.24	43.10	42.13	42.93	40.60
法　国	France	40.38	41.32	41.79	42.09	41.91	42.16	41.83
德　国	Germany	56.94	58.35	55.47	54.37	54.40	54.26	54.61
意大利	Italy	32.14	34.76	34.91	34.03	33.85	33.57	33.53
荷　兰	Netherlands	38.14	33.70	34.36	38.36	38.08	37.86	36.70
波　兰	Poland	30.33	39.16	36.55	39.33	40.97	40.85	41.06
俄罗斯	Russia	28.80	17.72	20.29	21.01	25.19	26.12	21.00
西班牙	Spain	64.92	70.04	81.85	75.11	5.82	5.65	5.55
土耳其	Turkey			27.63	27.23	27.95	28.82	28.76
乌克兰	Ukraine	30.42	35.41	36.06	34.40	36.02	30.01	26.54
英　国	United Kingdom	19.43	21.52	21.75	21.25	20.92	21.13	21.23
新西兰	New Zealand		0.18	2.77	2.88	3.41	3.33	2.94

8-6 商品和服务税占财政收入比重
Goods and Services Tax as Percentage of Revenue

资料来源：世界银行WDI数据库。
Source: World Bank WDI Database.
单位：% (%)

国家或地区	Country or Area	2000	2005	2010	2012	2013	2014	2015
世　界	**World**	**32.62**	**34.07**	**32.73**	**34.34**	**33.78**	**34.04**	**34.90**
中　国	China	65.10	77.69	63.38	61.33	57.98	38.42	
中国香港	Hong Kong, China		16.55	8.54				
中国澳门	Macao, China	66.81	79.00	89.31	90.56	91.29	89.48	83.67
孟加拉国	Bangladesh		27.50	29.74	29.09	28.60	28.22	31.29
柬埔寨	Cambodia		36.90	35.29	35.36	38.05	42.04	
印　度	India	28.92	30.76	21.68	26.01	27.30		45.57
印度尼西亚	Indonesia		14.99	30.63	32.33	34.28	34.06	
伊　朗	Iran	6.59	3.02					37.77
以色列	Israel	27.57	30.70	34.90	34.32	34.86	35.47	
日　本	Japan		33.26	36.90	34.59	32.73	37.09	34.75
哈萨克斯坦	Kazakhstan	40.03	21.00	14.74	13.64	18.48	16.25	37.63
韩　国	Korea, Rep.	28.24	29.58	28.11	22.47	21.67	21.81	18.10
老　挝	Laos			41.98	40.72	41.74	45.71	21.25
马来西亚	Malaysia	24.80	20.30	16.74	14.65	14.52	14.91	45.61
蒙　古	Mongolia	36.02		28.54	36.29	36.81		22.78
缅　甸	Myanmar	32.84	30.73					
巴基斯坦	Pakistan	30.30	34.07	30.95	38.41	35.91	31.44	
菲律宾	Philippines	27.46	23.21	24.36	23.91	25.73	25.30	
新加坡	Singapore	18.04	23.41	26.20	23.72	23.72	23.57	25.77
斯里兰卡	Sri Lanka	56.75	55.28	42.60	46.15	43.95	45.41	23.17
泰　国	Thailand	42.05	40.13	40.22	39.10	43.04	41.79	49.58
埃　及	Egypt		23.88	24.23	27.28	26.47	20.55	
尼日利亚	Nigeria		1.52	2.63	2.82	2.84		26.11
南　非	South Africa	34.53	35.19	35.15	34.09	33.15	32.56	
加拿大	Canada	15.51	17.09	14.86	14.13	14.06		32.91
墨西哥	Mexico	62.13						
美　国	United States	3.18	3.17	2.76	2.99	2.82	2.93	
巴　西	Brazil	33.60	41.52	23.13	22.43	22.15	21.68	28.00
委内瑞拉	Venezuela	24.92	24.94					20.39
捷　克	Czech Rep.	34.32	27.50	28.76	28.62	29.15	29.43	
法　国	France	25.35	23.99	21.66	21.61	21.40	21.47	27.93
德　国	Germany	21.57	22.81	24.62	24.29	23.84	23.53	21.76
意大利	Italy	23.87	23.12	22.13	22.95	22.68	23.56	23.20
荷　兰	Netherlands	27.12	29.33	26.72	25.01	24.86	25.29	23.69
波　兰	Poland	37.53	36.55	38.61	35.51	35.65	35.46	25.88
俄罗斯	Russia	30.94	23.62	21.12	20.92	21.09	21.64	35.05
西班牙	Spain	41.57	43.59	44.87	41.18	44.51	45.07	19.04
土耳其	Turkey			38.77	37.02	40.53	37.67	47.11
乌克兰	Ukraine	32.67	27.96	31.38	34.36	34.15	33.82	37.36
英　国	United Kingdom	33.37	31.43	31.51	32.76	32.86	34.03	40.01
澳大利亚	Australia	17.91	24.11	24.32	22.46	23.35	23.80	33.58
新西兰	New Zealand		27.26	22.05	24.74	28.88	27.98	21.91

8-7 所得税占财政收入比重
Income Tax as Percentage of Revenue

资料来源：世界银行WDI数据库。
Source: World Bank WDI Database.
单位：% (%)

国家或地区	Country or Area	2000	2005	2010	2012	2013	2014	2015
世　界	**World**	**19.69**	**20.49**	**21.82**	**22.33**	**23.78**	**23.29**	**23.37**
中　国	China	8.08	23.80	23.11	25.96	28.27	19.88	
中国香港	Hong Kong, China		39.87	35.77				
中国澳门	Macao, China	8.58	4.42	3.89	3.29	3.15	3.86	6.97
孟加拉国	Bangladesh		12.34	20.06	23.23	24.45	24.91	26.86
柬埔寨	Cambodia		7.10	10.30	12.16	14.23	15.22	18.68
印　度	India	27.01	35.93	43.39	44.84	46.58		
印度尼西亚	Indonesia		48.84	35.88	34.76	35.20	35.25	39.99
伊　朗	Iran	13.45	12.72					
以色列	Israel	34.30	30.70	27.34	28.33	29.52	28.78	29.70
日　本	Japan		49.54	46.44	48.97	50.96	48.67	46.93
哈萨克斯坦	Kazakhstan	23.59	51.27	35.83	33.62	32.34	32.60	32.47
韩　国	Korea, Rep.	26.28	28.88	28.12	24.49	24.04	24.92	26.20
老　挝	Laos			13.39	17.60	16.38	12.53	9.35
马来西亚	Malaysia	43.37	46.66	45.59	52.04	52.01	52.86	46.36
蒙　古	Mongolia	11.82		27.12	11.56	12.41		
缅　甸	Myanmar	19.47	25.22					
巴基斯坦	Pakistan	19.03	20.49	24.59	28.85	27.86	24.51	
菲律宾	Philippines	39.72	39.64	40.50	42.08	41.93	41.16	41.34
新加坡	Singapore	29.03	30.17	33.99	34.72	33.13	33.26	32.65
斯里兰卡	Sri Lanka	12.69	12.74	16.26	16.18	17.83	16.69	17.98
泰　国	Thailand	29.85	32.82	33.22	36.86	35.87	34.62	31.64
埃　及	Egypt		23.75	25.26	26.16	29.18	23.29	24.11
尼日利亚	Nigeria		22.57	38.11	28.32	26.95		
南　非	South Africa	51.71	48.76	49.09	49.24	48.44	47.97	47.39
加拿大	Canada	54.32	53.11	52.77	53.04	53.14	54.13	53.69
墨西哥	Mexico	34.12						
美　国	United States	57.46	54.25	47.66	53.54	51.13	53.16	54.53
巴　西	Brazil	25.15	28.36	21.15	21.01	21.71	22.01	20.54
委内瑞拉	Venezuela	26.67	21.46					
捷　克	Czech Rep.	13.02	19.97	14.88	14.50	13.60	14.31	13.84
法　国	France	25.31	24.24	23.20	25.44	25.92	25.46	25.38
德　国	Germany	17.08	14.77	14.95	16.05	16.45	16.47	16.81
意大利	Italy	34.07	32.00	31.84	32.15	32.35	31.73	31.75
荷　兰	Netherlands	24.86	25.81	25.83	23.37	22.69	24.01	26.55
波　兰	Poland	18.78	12.26	12.53	12.71	12.15	12.11	12.18
俄罗斯	Russia	11.52	5.73	2.16	1.90	1.72	1.90	1.86
西班牙	Spain	42.16	43.71	38.38	35.22	34.48	34.23	33.90
土耳其	Turkey			17.41	17.55	16.33	17.38	15.87
乌克兰	Ukraine	12.34	15.39	10.56	11.81	11.62	8.51	11.15
英　国	United Kingdom	37.85	37.24	36.03	33.35	32.73	32.79	33.06
澳大利亚	Australia	66.72	65.16	61.55	65.33	64.29	63.61	65.00
新西兰	New Zealand		54.93	37.34	36.31	50.31	50.85	51.87

8-8 中央政府财政盈余占GDP比重
Surplus of Central Government Revenue as Percentage of GDP

资料来源：世界银行WDI数据库。
Source: World Bank WDI Database.
单位：% (%)

国家或地区	Country or Area	2000	2005	2010	2011	2012	2013	2014
世 界	**World**	**0.52**	**-2.46**	**-5.75**	**-4.80**	**-4.47**	**-3.39**	
中 国	China		-1.39					
中国香港	Hong Kong, China		0.66	4.14	3.78			
中国澳门	Macao, China	1.64	8.36	19.49	24.76	24.07		
孟加拉国	Bangladesh		-0.97	-0.81	-0.81			
柬 埔 寨	Cambodia		0.04	-3.53	-4.56	-1.16	-2.69	-1.38
印 度	India	-3.74	-3.18	-3.41	-3.04	-3.82		
印度尼西亚	Indonesia		-0.13	-0.68	-1.07	-1.76		
伊 朗	Iran	1.66	5.23					
以 色 列	Israel	-3.89	-4.73	-4.43	-3.84	-5.18	-4.21	-3.45
日 本	Japan		-3.88	-6.74	-8.20	-7.77	-7.19	
哈萨克斯坦	Kazakhstan	0.09	2.58	4.44	7.81			
韩 国	Korea, Rep.	4.15	0.86	1.53	1.69			
老 挝	Laos			-0.84	-0.95	-0.81		
马来西亚	Malaysia	-4.12	-3.76	-5.00	-4.62	-4.39		
蒙 古	Mongolia	0.18		2.63	-2.65	-7.09		
缅 甸	Myanmar		-1.49					
巴基斯坦	Pakistan	-4.09	-3.20	-4.99	-6.40	-8.01	-5.23	
菲 律 宾	Philippines	-3.66	-2.84	-3.46	-1.76	-1.95		
新 加 坡	Singapore	11.06	6.39	7.57	9.21	8.63		
斯里兰卡	Sri Lanka	-8.40	-6.98	-6.31	-5.81	-5.31		
泰 国	Thailand	-1.81	1.87	-0.58	-1.06	-1.17	0.08	0.33
埃 及	Egypt		-6.45	-7.73	-10.08	-10.11		
尼日利亚	Nigeria		-1.10	-1.99	-1.82	-1.34		
南 非	South Africa	-1.91	-0.45	-3.96	-4.56	-5.11	-5.79	-3.31
加 拿 大	Canada	2.21	0.84	-1.77	-1.12	-0.21	0.15	0.55
墨 西 哥	Mexico	-0.99						
美 国	United States	2.23	-4.42	-10.08	-9.00	-7.39	-4.19	-5.37
巴 西	Brazil	-1.80	-3.55	-1.62	-2.45	-1.80		
委内瑞拉	Venezuela	-1.24	2.18					
捷 克	Czech Rep.	-3.31	-3.41	-4.55	-4.23	-2.33		
法 国	France	-3.03	-4.55	-6.64	-4.93	-4.48	-3.63	-3.78
德 国	Germany	0.61	-2.85	-3.06	-0.47	0.08	-0.05	0.41
意 大 利	Italy	-2.36	-4.64	-3.82	-3.31	-3.17	-2.91	-3.49
荷 兰	Netherlands	0.48	-1.46	-3.95	-3.64	-3.45	-2.04	-1.99
波 兰	Poland	-3.01	-5.07	-6.57	-4.08	-3.48	-3.80	-1.62
俄 罗 斯	Russia	2.47	9.88	-1.86	3.09	2.35	0.89	0.80
西 班 牙	Spain	-2.03	-0.34	-4.79	-3.44	-7.92	-4.77	-3.86
土 耳 其	Turkey			-3.14	-1.06	-0.49	0.29	1.51
乌 克 兰	Ukraine	-0.59	-1.36	-6.52	-2.32	-4.07		
英 国	United Kingdom	0.61	-3.99	-9.54	-7.42	-7.87	-5.49	-4.96
澳大利亚	Australia	1.70	0.76	-4.03	-3.67	-3.03	-1.47	-1.85
新 西 兰	New Zealand		3.11	-2.03	-7.70	-0.44	-0.55	0.04

8-9 中央政府公共债务占GDP比重
Central Government Debt as Percentage of GDP

资料来源：世界银行WDI数据库。
Source: World Bank WDI Database.
单位：%　　(%)

国家或地区	Country or Area	2000	2005	2010	2012	2013	2014	2015
中国香港	Hong Kong, China		31.58	35.56				
印　　度	India	55.75	63.11	52.18	50.68	50.31		
印度尼西亚	Indonesia		47.34	26.17	25.03	27.78	27.42	30.3
日　　本	Japan	102.39	131.57	161.6	185.12	187.42	193.43	197.95
哈萨克斯坦	Kazakhstan	21.62	7.05	9.52	10.5	10.84	12.65	19.31
韩　　国	Korea, Rep.				33.88	36.67	38.39	39.74
马来西亚	Malaysia		42.07	49.56	51.65	53	52.68	54.49
蒙　　古	Mongolia	78.42		44.98		45.89		
菲 律 宾	Philippines	60.51	68.48	52.4	51.48	49.24	45.4	
新 加 坡	Singapore	84.05	95.26	102.9	110.04	101.11	101.78	107.21
斯里兰卡	Sri Lanka	96.9	90.61	71.58	68.71	70.82	71.33	77.64
泰　　国	Thailand	21.97	25.46	26.9	28.45	29.21	30.03	
尼日利亚	Nigeria		28.65	9.45	10.42	10.5		
南　　非	South Africa	44.11						
加 拿 大	Canada	58.5	45.68	52.27	54.78	51.72	50.34	54.71
墨 西 哥	Mexico	19.75						
美　　国	United States	33.16	56.29	85.6	94.4	96.61	97.11	97.84
巴　　西	Brazil			61.32	59.85	57.23	58.46	67.48
捷　　克	Czech Rep.	12.65	21.07	33.56	40.64	40.61	38.21	36.74
法　　国	France	58.04	65.39	76.49	89	89.79	97.67	98.04
德　　国	Germany	38.31	43.31	54.33	55.61	52.68	53.53	50.47
意 大 利	Italy	113.42	109.83	114.79	127.24	135.16	148.98	150.39
荷　　兰	Netherlands	49.3	48.29	58.77	68.5	68.31	73.43	70.57
波　　兰	Poland	40.62	50.09	55.45	56.19	57.85	53.02	53.33
俄 罗 斯	Russia	62.15	16.66	9.1	8.7	9.32	11.18	13.52
西 班 牙	Spain	53.44	37.96	47.94	71.61	85.24	98.73	99.35
土 耳 其	Turkey			47.43	39.29	32.92	31.56	29.1
乌 克 兰	Ukraine	45.29	17.7	29.97	33.7	37.03	63.67	70.26
英　　国	United Kingdom	43.11	44.54	83.41	101.52	97.52	108.61	107.63
澳大利亚	Australia	29.58	22.5	29.34	40.11	38.26	42.44	47.17
新 西 兰	New Zealand		44.17	49.21	67.15	59.37	56.78	56.73

8–10 广义货币
Broad Money

资料来源：世界银行WDI数据库。
Source: World Bank WDI Database.
单位：亿本币 (100 million local currency units)

国家或地区	Country or Area	2000	2005	2013	2014	2015	2016
中　国	China	135960	283012	1106525	1228375	1392278	1550067
中国香港	Hong Kong, China	30012	35545	74962	81663	87029	
孟加拉国	Bangladesh	8204	20252	73614	85107	97783	114152
文　莱	Brunei Darussalam	89	92	142	146	144	146
柬埔寨	Cambodia	18305	49625	329009	426526	490971	586340
印　度	India	116934	238079	878261	971246	1074370	
印度尼西亚	Indonesia	7488453	12027622	37301971	41733266	45488004	50049768
伊　朗	Iran	2333600	8430385	55297738	74706438	92911000	118888000
以色列	Israel	4389	6241	16753	9383	9778	10349
日　本	Japan	12265221	10415473	11841811	12196900	12558615	
哈萨克斯坦	Kazakhstan	3970	20653	115981	128166	172078	199126
韩　国	Korea, Rep.	4130489	10214486	19207950	20772340	22473750	24074591
老　挝	Laos	22556	55603				
马来西亚	Malaysia	4373	6793	14270	15170	15631	16051
蒙　古	Mongolia	2588	11402	94610	106358	100502	120765
缅　甸	Myanmar	8034	26504	213335	258044	337193	396030
巴基斯坦	Pakistan	14767	31825	116766	130282	146374	166207
菲律宾	Philippines	20652	28622	80542	90559	98887	112065
新加坡	Singapore	1709	2198	4959	5124	5202	5621
斯里兰卡	Sri Lanka	4834	10223	42885	49106	57471	66773
泰　国	Thailand	56381	79280	160633	168104	175528	182906
越　南	Viet Nam	1969944	6485737	41946205	50226393	57714365	
埃　及	Egypt	2610	5231	13881	16069	19059	26589
尼日利亚	Nigeria	10361	26129	173023	181700	185958	206238
南　非	South Africa	4988	10978	25139	26969	29753	31562
加拿大	Canada	7865	21117				
墨西哥	Mexico	14986	33823	78957	89106	96485	107519
美　国	United States	70234	94471	149132	156712	162052	168146
阿根廷	Argentina	905	1670	9083	11792	16459	23297
巴　西	Brazil	5574	13114	44532	50704	56182	62818
委内瑞拉	Venezuela	158	720	11880			
白俄罗斯	Belarus	16137	13	193	239	327	339
捷　克	Czech Rep.	14456	18147	31445	33307	35955	38303
波　兰	Poland	3022	4271	9789	10590	11550	12655
俄罗斯	Russia	15686	72211	373687	429096	513703	509034
土耳其	Turkey	575	2631	9517	10581	12329	14505
乌克兰	Ukraine	316	1941	9090	9567	9941	11027
澳大利亚	Australia	4474	7242	16211	17351	18390	19659
新西兰	New Zealand	945	1283				
津巴布韦	Zimbabwe	18	26				

8-11 广义货币占国内生产总值比重
Broad Money (M2) as Percentage of GDP

资料来源：世界银行WDI数据库。
Source: World Bank WDI Database.

单位：% (%)

国家或地区	Country or Area	2000	2005	2010	2013	2014	2015	2016
中　　国	China	136.3	151.1	175.7	185.9	190.7	202.1	208.3
中国香港	Hong Kong, China	224.4	251.7		350.6	361.3	362.9	
中国澳门	Macao, China	173.4	140.0		107.2	110.3	130.4	148.6
孟加拉国	Bangladesh	30.6	47.4	58.7	61.4	63.3	64.5	65.9
文　　莱	Brunei Darussalam	85.7	57.8	67.3	62.6	67.4	80.8	92.6
柬 埔 寨	Cambodia	13.0	19.3	41.6	52.9	63.0	66.9	72.2
印　　度	India	53.7	66.5		78.2	78.0	78.5	
印度尼西亚	Indonesia	53.9	43.4		39.1	39.5	39.4	40.3
伊　　朗	Iran	37.2	42.8		58.7	67.7	81.4	
以 色 列	Israel	81.3	97.4		158.2	84.9	84.0	84.5
日　　本	Japan	240.6	198.7		235.3	237.4	236.7	
哈萨克斯坦	Kazakhstan	15.3	27.2	38.9	32.2	32.3	42.1	43.5
韩　　国	Korea, Rep.	65.0	111.1	131.2	134.4	139.8	143.7	147.0
老　　挝	Laos	16.5	19.1	36.2				
马来西亚	Malaysia	122.7	125.0		140.1	137.1	135.1	130.6
蒙　　古	Mongolia	21.1	37.5	48.0	49.3	47.9	43.4	50.6
缅　　甸	Myanmar	31.5	21.6	23.6	36.8	39.5	46.3	46.7
巴基斯坦	Pakistan	38.6	49.0		52.2	51.8	53.2	56.2
菲 律 宾	Philippines	57.7	50.4		69.8	71.7	74.2	77.4
新 加 坡	Singapore	103.4	103.6	125.0	131.0	131.2	127.5	137.0
斯里兰卡	Sri Lanka	38.4	41.7	32.6	44.7	47.4	52.5	56.4
泰　　国	Thailand	111.2	104.1	109.0	124.3	127.3	128.4	127.4
越　　南	Viet Nam	41.3	71.0	114.9	117.0	127.5	137.6	
埃　　及	Egypt	76.7	97.1	80.7	74.6	75.4	78.0	98.2
尼日利亚	Nigeria	22.0	17.7		21.4	20.2	19.5	20.1
南　　非	South Africa	52.7	67.0	75.8	71.0	70.8	73.5	72.8
加 拿 大	Canada	71.3	149.0					
墨 西 哥	Mexico	23.2	35.8		49.0	51.6	52.9	55.1
美　　国	United States	68.3	72.2	85.3	89.3	90.1	89.8	90.6
阿 根 廷	Argentina	31.8	28.7	25.3	27.1	25.8	28.1	28.9
巴　　西	Brazil	46.5	60.4	79.2	83.5	87.7	93.6	100.2
委内瑞拉	Venezuela	19.8	23.7	32.2	52.9			
捷　　克	Czech Rep.	60.9	55.7	69.8	76.7	77.2	78.9	81.2
法　　国	France	101.0	76.1	89.9	87.7	89.8		
德　　国	Germany	169.6	73.8	84.0	89.2	90.0		
意 大 利	Italy	81.5	64.6	84.2	87.6	89.6		
荷　　兰	Netherlands	138.2	100.6	108.4	107.3	117.4		
波　　兰	Poland	40.5	43.1		59.1	61.6	64.2	68.4
俄 罗 斯	Russia	21.5	33.4		52.6	54.2	61.7	59.2
西 班 牙	Spain	97.8	94.0	107.2	104.6	108.4		
土 耳 其	Turkey	34.5	39.1	53.2	52.6	51.8	52.7	56.0
乌 克 兰	Ukraine	18.6	44.0	55.4	62.0	60.3	50.0	46.3
英　　国	United Kingdom	100.8	117.8	167.2	148.6	138.3	137.2	144.0
澳大利亚	Australia	67.7	78.5	101.0	106.1	109.1	113.7	118.8
新 西 兰	New Zealand	78.9	78.7	92.7				

8-12 广义货币增长率
Growth Rate of Broad Money

资料来源：世界银行WDI数据库。
Source: World Bank WDI Database.
单位：%　　　　(%)

国家或地区	Country or Area	2000	2005	2010	2013	2014	2015	2016
中　国	China	12.3	16.7	18.9	13.6	11.0	13.3	11.3
中国香港	Hong Kong, China	9.3	3.5		9.5	8.9	6.6	
中国澳门	Macao, China	-1.4	12.2		17.7	10.4	-3.0	12.6
孟加拉国	Bangladesh	19.3	15.8	21.1	14.9	15.6	14.9	16.7
文　莱	Brunei Darussalam	47.7	-4.5	4.8	1.5	3.2	-1.8	1.5
柬埔寨	Cambodia	26.9	15.8	21.3	16.0	29.6	15.1	19.4
印　度	India	15.2	15.6		14.8	10.6	10.6	
印度尼西亚	Indonesia	16.6	16.3		12.8	11.9	9.0	10.0
伊　朗	Iran	35.4	32.8		26.0	35.1	24.4	28.0
以色列	Israel	8.0	10.0		8.5	-44.0	4.2	5.8
日　本	Japan	1.3	0.5		3.5	3.0	3.0	
哈萨克斯坦	Kazakhstan	45.0	25.2	13.3	10.2	10.5	34.3	15.7
韩　国	Korea, Rep.	25.4	7.0	6.0	4.6	8.1	8.2	7.1
老　挝	Laos	46.0	7.9	39.1				
马来西亚	Malaysia	10.0	8.8		7.4	6.3	3.0	2.7
蒙　古	Mongolia	17.6	34.6	62.5	24.2	12.4	-5.5	20.2
缅　甸	Myanmar	42.4	27.3	42.5	31.4	21.0	30.7	17.4
巴基斯坦	Pakistan	12.1	16.5		13.3	11.6	12.4	13.6
菲律宾	Philippines	8.1	6.4		29.3	12.4	9.2	13.3
新加坡	Singapore	-2.0	6.2	8.6	4.3	3.3	1.5	8.0
斯里兰卡	Sri Lanka	12.9	19.1	15.8	16.2	14.5	17.0	16.2
泰　国	Thailand	4.9	6.1	10.9	7.3	4.7	4.4	4.2
越　南	Viet Nam	35.4	30.9	29.7	21.4	19.7	14.9	
埃　及	Egypt	11.6	11.5	12.4	18.9	15.8	18.6	39.5
尼日利亚	Nigeria	48.1	22.6		12.4	5.0	2.3	10.9
南　非	South Africa	7.2	20.7	6.9	5.9	7.3	10.3	6.1
加拿大	Canada	6.6	9.6					
墨西哥	Mexico	-4.5	11.2		8.4	12.9	8.3	11.4
美　国	United States	8.1	8.1	-2.7	4.4	5.1	3.4	3.8
阿根廷	Argentina	1.5	21.5	33.1	27.1	29.8	39.6	41.5
巴　西	Brazil	19.7	18.7	16.9	7.6	13.9	10.8	11.8
委内瑞拉	Venezuela	33.7	47.4	23.5	58.8			
捷　克	Czech Rep.	16.0	11.0	1.9	5.8	5.9	8.0	6.5
法　国	France	3.4	8.5	4.9	-1.7	3.2		
德　国	Germany	3.6	6.3	3.7	3.5	4.3		
意大利	Italy	6.3	5.3	-2.8	0.4	2.7		
荷　兰	Netherlands	11.5	13.9	2.3	-2.1	11.5		
波　兰	Poland	11.6	15.0		6.2	8.2	9.1	9.6
俄罗斯	Russia	57.9	36.3		16.0	14.8	19.7	-0.9
西班牙	Spain	10.0	13.6	-4.4	-4.6	4.6		
土耳其	Turkey	40.7	36.0	18.5	21.2	11.2	16.5	17.6
乌克兰	Ukraine	44.5	54.4	22.7	17.6	5.3	3.9	10.9
英　国	United Kingdom	11.1	13.9	4.0	2.1	-2.5	2.0	8.7
澳大利亚	Australia	3.7	8.5	10.1	6.7	7.0	6.0	6.9
新西兰	New Zealand	1.5	9.5	8.4				

8-13 年平均存款利率和贷款利率
Annual Average Deposit Rate and Lending Rate

资料来源：世界银行WDI数据库。
Source: World Bank WDI Database.
单位：% (%)

国家或地区	Country or Area	存款利率 Deposit Interest Rate				贷款利率 Lending Interest Rate			
		2000	2005	2015	2016	2000	2005	2015	2016
中　　国	China	2.25	2.25	1.50	1.50	5.85	5.58	4.35	4.35
中国香港	Hong Kong, China	4.80	1.26	0.01	0.01	9.50	7.75	5.00	5.00
中国澳门	Macao, China	5.33	1.58	0.04	0.04	9.89	7.05	5.25	5.25
孟加拉国	Bangladesh	8.69	5.53	8.24	6.20	12.76	10.62	11.71	10.41
文　　莱	Brunei Darussalam		1.01	0.34	0.33	5.50	5.50	5.50	5.50
柬 埔 寨	Cambodia	6.83	1.92	1.42	1.44	17.34	17.33		
印　　度	India					12.29	10.75	10.01	9.68
印度尼西亚	Indonesia	12.50	8.08	8.34	7.17	18.45	14.05	12.66	11.89
伊　　朗	Iran		11.78	16.30	12.80		16.00	14.21	18.00
以 色 列	Israel	8.63	3.66	0.45	0.53	12.85	7.55	3.45	3.48
日　　本	Japan	0.07	0.27	0.41	0.30	2.07	1.68	1.14	1.05
韩　　国	Korea, Rep.	7.94	3.72	1.81	1.56	8.55	5.59	3.53	3.37
老　　挝	Laos	12.00	4.75			32.00	26.83		
马来西亚	Malaysia	3.36	3.00	3.13	3.03	7.67	5.95	4.59	4.54
蒙　　古	Mongolia	16.80	13.00	12.98	13.27	36.95	30.57	19.56	19.74
缅　　甸	Myanmar	9.75	9.50	8.00	8.00	15.25	15.00	13.00	13.00
巴基斯坦	Pakistan		2.60	5.97	4.83		9.07		
菲 律 宾	Philippines	8.31	5.56	1.59	1.60	10.91	10.19	5.58	5.64
新 加 坡	Singapore	1.71	0.44	0.17	0.19	5.83	5.30	5.35	5.35
斯里兰卡	Sri Lanka	9.17	6.24	6.20		16.16	12.14	7.40	
泰　　国	Thailand	3.29	1.88	1.42	1.35	7.83	5.79	6.56	6.31
越　　南	Viet Nam	3.65	7.15	4.75	5.04	10.55	11.03	7.12	6.96
埃　　及	Egypt	9.46	7.23	6.91	7.86	13.22	13.14	11.63	13.60
尼日利亚	Nigeria	11.69	10.53	9.15	7.50	21.27	17.95	16.85	16.87
南　　非	South Africa	9.20	6.04	6.15	7.17	14.50	10.63	9.42	10.46
加 拿 大	Canada	3.48	0.79	0.08	0.10	7.27	4.42	2.78	2.70
墨 西 哥	Mexico	8.26	3.46	0.59	1.29	16.93	9.70	3.42	4.72
美　　国	United States					9.23	6.19	3.26	3.51
阿 根 廷	Argentina	8.34	3.76	21.17	24.28	11.09	6.16	24.92	31.23
巴　　西	Brazil	17.20	17.63	12.62	12.45	56.83	55.38	43.96	52.10
委内瑞拉	Venezuela	16.30	11.63	14.89	15.09	25.20	16.81	19.40	20.78
捷　　克	Czech Rep.	3.42	1.17	0.53	0.37	7.16	5.78	4.28	3.91
法　　国	France	2.63	2.15	0.90	0.76	6.70	4.84	6.05	5.51
德　　国	Germany	3.40	1.91	0.37	0.31	9.63	5.16	5.08	5.85
意 大 利	Italy	1.84	1.51	1.20	1.10	7.02	5.31	4.13	3.50
荷　　兰	Netherlands	2.89	2.34	1.74	1.59	4.79	2.77		
波　　兰	Poland	14.17	2.79	1.98	1.77	20.01	6.83	4.35	3.52
俄 罗 斯	Russia	6.51	3.99	9.20	6.97	24.43	10.68	15.72	12.60
西 班 牙	Spain	2.95	2.07	0.42	0.20	5.18	7.97	4.50	4.20
土 耳 其	Turkey	47.16	20.40	14.92	14.61				
乌 克 兰	Ukraine	13.72	8.57	13.01	11.49	41.53	16.17	21.82	19.24
英　　国	United Kingdom					5.96	4.65		
澳大利亚	Australia	5.07	3.89	2.30	2.14	9.27	7.26	5.58	5.42
新 西 兰	New Zealand	6.36	6.68	3.73	3.23	7.82	7.76	5.76	5.02

8-14 银行不良贷款占全部贷款比重
Bank Non-performing Loans as Percentage of Total

资料来源：世界银行WDI数据库。
Source: World Bank WDI Database.

单位：% (%)

国家或地区	Country or Area	2000	2005	2010	2013	2014	2015	2016
世　界	**World**	**9.7**	**3.9**	**3.9**	**4.0**	**4.1**	**3.9**	
中　国	China	22.4	8.6	1.1	1.0	1.3	1.7	
中国香港	Hong Kong, China	7.3	1.4	0.8	0.5	0.5	0.7	0.9
中国澳门	Macao, China			0.4	0.1	0.1	0.1	0.2
孟加拉国	Bangladesh	34.9	13.2		8.6	9.4	8.4	
文　莱	Brunei Darussalam			6.9	4.5	3.9	0.4	4.6
柬埔寨	Cambodia			3.1	2.3	1.6	1.6	2.1
印　度	India	12.8	5.2	2.4	4.0	4.4	5.9	9.2
印度尼西亚	Indonesia	34.4	7.3	2.5	1.7	2.1	2.4	2.9
以色列	Israel	6.9	2.3	3.1	2.9	2.2	1.9	1.6
日　本	Japan	5.3	1.8	2.5	2.3	1.9	1.6	
哈萨克斯坦	Kazakhstan		3.3	20.9	19.5	12.4	8.0	6.7
韩　国	Korea, Rep.	8.9	1.2	0.6	0.6	0.5		
马来西亚	Malaysia	15.4	9.4	3.4	1.9	1.7	1.6	1.6
巴基斯坦	Pakistan	19.5	9.0	14.8	13.0	12.3	11.4	10.1
菲律宾	Philippines	24.0	10.0	3.4	2.4	2.0	1.9	1.7
新加坡	Singapore	3.4	3.8	1.4	0.9	0.8	0.9	1.2
斯里兰卡	Sri Lanka	15.0	9.6		5.6	4.2	3.2	2.6
泰　国	Thailand	17.7	9.1	3.9	2.3	2.3	2.7	3.0
越　南	Viet Nam			2.1	3.1	2.9	2.3	
埃　及	Egypt	13.6	26.5	13.6	9.3	8.5	7.2	
尼日利亚	Nigeria	22.6	18.1	20.1	3.4	3.0	4.9	12.8
南　非	South Africa	4.3	1.8	5.8	3.6	3.3	3.1	2.9
加拿大	Canada	1.3	0.5	1.2	0.6	0.5	0.5	0.6
墨西哥	Mexico	5.8	1.5	2.0	3.2	3.0	2.5	
美　国	United States	1.1	0.7	4.4	2.5	1.9	1.5	1.3
阿根廷	Argentina	16.0	7.6	2.1	1.7	2.0	1.7	1.8
巴　西	Brazil	8.3	3.5	3.1	2.9	2.9	3.3	3.9
委内瑞拉	Venezuela	6.6	1.1	3.4	0.7	0.8		
捷　克	Czech Rep.	29.3	3.9	5.4	5.2	5.6	5.5	4.6
法　国	France	5.0	3.5	3.8	4.5	4.2	4.0	
德　国	Germany	4.7	4.1	3.2	2.7	2.3	2.0	
意大利	Italy	7.8	7.0	10.0	16.5	18.0	18.1	17.1
荷　兰	Netherlands	1.8	1.2	2.8	3.2	3.0	2.7	2.5
波　兰	Poland	15.5	11.0	4.9	5.0	4.8	4.3	4.1
俄罗斯	Russia	7.7	2.6	8.2	6.0	6.7	8.4	9.5
西班牙	Spain	1.2	0.8	4.7	9.4	8.5	6.2	5.6
土耳其	Turkey	9.2	4.3	3.5	2.6	2.7	3.0	
乌克兰	Ukraine	29.6	58.0	15.3	12.9	19.0	28.0	30.5
英　国	United Kingdom	2.5	1.0	4.0	3.1	1.7	1.0	
澳大利亚	Australia	0.5	0.6	2.2	1.4	1.1	0.9	1.0
新西兰	New Zealand			2.1	1.0	0.8	0.6	

8-15 标准普尔全球股票指数(年变化率)
S&P Global Equity Indices (Annual Change)

资料来源：世界银行WDI数据库。
Source: World Bank WDI Database.
单位：% (%)

国家或地区	Country or Area	2000	2005	2010	2012	2013	2014	2015	2016
中　国	China	-9.8	13.3	6.9	17.2	7.3	3.0	-6.0	-2.0
中国香港	Hong Kong, China	-12.6	8.1	21.3	22.6	7.6	0.1	-5.4	-3.1
孟加拉国	Bangladesh	28.5	-27.8	37.6	-14.3	-1.4	18.5	-5.4	7.4
印　度	India	-31.1	33.6	18.7	23.3	-6.3	31.6	-3.9	-0.2
印度尼西亚	Indonesia	-61.0	9.1	37.9	2.8	-24.2	20.5	-23.1	16.4
以色列	Israel	8.6	23.3	7.4	3.1	13.6	8.8	4.8	-17.0
日　本	Japan	-34.9	22.5	9.6	22.9	56.7	7.1	9.1	0.4
哈萨克斯坦	Kazakhstan			-1.0	-12.7	-22.5	-16.0	-47.6	29.6
韩　国	Korea, Rep.	-57.1	58.8	25.3	18.9	3.2	-10.0	-5.0	2.3
马来西亚	Malaysia	-23.3	-2.9	35.1	11.4	4.4	-11.7	-20.6	-6.8
巴基斯坦	Pakistan	-16.7	58.5	15.3	26.2	30.9	18.1	-11.5	33.3
菲律宾	Philippines	-43.6	21.3	56.7	44.4	-7.9	21.7	-10.6	-3.3
新加坡	Singapore	-25.9	10.0	18.4	28.9	-3.0	-1.1	-18.9	-0.5
斯里兰卡	Sri Lanka	-41.7	29.3	84.6	-13.1	3.9	24.2	-19.4	-10.2
泰　国	Thailand	-54.1	3.8	52.1	39.6	-12.9	15.6	-22.8	21.6
越　南	Viet Nam			0.5	19.9	5.1	7.5	-7.2	-0.6
埃　及	Egypt	-45.7	158.1	11.5	41.2	12.1	26.3	-27.5	-22.9
尼日利亚	Nigeria		20.7	20.3	53.0	30.2	-31.9	-26.8	-42.2
南　非	South Africa	-17.3	24.8	32.1	15.8	-7.5	3.9	-26.6	17.6
加拿大	Canada	4.0	26.0	22.0	6.0	3.0	-2.1	-26.2	22.6
墨西哥	Mexico	-21.5	43.9	26.6	26.9	0.2	-9.7	-14.9	-12.1
美　国	United States	-10.1	3.0	12.8	13.4	29.6	11.4	-0.7	9.5
阿根廷	Argentina	-25.1	45.4	55.3	-15.9	82.4	7.3	-10.2	14.0
巴　西	Brazil	-10.3	47.6	6.5	-0.3	-19.1	-18.4	-44.3	62.6
委内瑞拉	Venezuela	18.7	-22.0						
捷　克	Czech Rep.	-0.6	43.5	0.2	-3.2	-15.7	-10.5	-13.1	-6.6
法　国	France	-6.9	7.7	-9.9	15.2	18.0	-0.5	8.5	4.9
德　国	Germany	-13.5	10.3	7.4	29.1	25.5	2.7	9.6	6.9
意大利	Italy	-2.0	-0.3	-17.4	11.0	23.1	-12.0	3.2	-13.0
荷　兰	Netherlands	-6.7	10.8	1.2	17.5	28.3	-3.3	0.5	2.9
波　兰	Poland	-3.5	20.8	11.3	34.1	3.0	-16.4	-23.4	2.4
俄罗斯	Russia	-32.2	64.9	21.7	7.7	-1.7	-49.0	0.8	48.7
西班牙	Spain	-17.6	3.4	-24.5	1.5	31.6	-6.7	-17.4	-4.6
土耳其	Turkey	-51.2	49.5	21.4	60.7	-26.3	14.4	-32.1	-9.2
乌克兰	Ukraine	75.2	52.8	53.8	-4.1	-21.3	-51.5	1.5	27.8
英　国	United Kingdom	-16.9	4.7	5.2	5.8	14.4	-2.7	-4.9	14.4
澳大利亚	Australia	-8.8	11.7	12.5	15.0	-1.7	-8.3	-13.0	7.0
新西兰	New Zealand	-26.6	-2.7	5.2	26.5	12.3	6.6	-4.6	6.7

8-16 上市公司数和上市公司总市值占国内生产总值比重
Listed Domestic Companies and Market Capitalization of Listed Companies as Percentage of GDP

资料来源：世界银行WDI数据库。
Source: World Bank WDI Database.

国家或地区	Country or Area	上市公司数（个）Listed Domestic Companies(number)			上市公司总市值占国内生产总值的比重(%) Market Capitalization of Listed Companies as Percentage of GDP(%)		
		2000	2005	2016	2000	2005	2016
世　界	**World**	**40876**	**41882**	**43192**	**103.3**	**92.8**	**99.4**
高收入国家	**High Income**	**25709**	**25345**	**27036**	**111.7**	**104.1**	**121.2**
中等收入国家	**Middle Income**	**15053**	**16398**	**16156**	**35.0**	**40.4**	**59.6**
中低收入国家	**Low and Middle Income**	**15104**	**16360**	**15996**	**34.9**	**40.4**	**59.6**
中　国	China	1086	1377	3052	48.2	17.6	65.4
中国香港	Hong Kong, China	779	1126	1872	363.1	581.0	995.1
孟加拉国	Bangladesh	364	195	557	4.1	4.8	
印　度	India	5853	4763	5820	31.1	68.4	69.2
印度尼西亚	Indonesia	286	336	537	16.3	28.5	45.7
伊　朗	Iran	285	408	325	24.4	16.6	
以色列	Israel	664	579	427	50.4	85.8	67.1
日　本	Japan	2055	2323	3535	64.6	96.2	100.3
哈萨克斯坦	Kazakhstan	23	62	85	7.3	18.4	30.1
韩　国	Korea, Rep.	1242	1616	2039	30.5	79.9	88.9
马来西亚	Malaysia	787	1015	893	120.7	125.8	121.4
蒙　古	Mongolia	410	392		3.3	1.8	
巴基斯坦	Pakistan	723	639		9.0	41.4	
菲律宾	Philippines	228	235	262	32.1	38.6	78.6
新加坡	Singapore	328	564	479	159.5	202.0	215.7
斯里兰卡	Sri Lanka	239	239	295	6.6	23.4	23.0
泰　国	Thailand	381	504	656	23.1	65.4	106.4
越　南	Viet Nam		33	320		0.8	32.8
埃　及	Egypt	1075	744	251	28.8	88.8	9.9
尼日利亚	Nigeria	195	215	169	9.1	19.8	7.4
南　非	South Africa	604	348	303	149.8	213.1	322.7
加拿大	Canada	1507	3719	3368	103.9	126.8	130.3
墨西哥	Mexico	175	150	137	18.3	27.6	33.5
美　国	United States	6917	5145	4331	146.9	129.8	147.3
阿根廷	Argentina	122	100	93	16.1	24.0	11.7
巴　西	Brazil	457	342	338	34.5	53.2	42.2
委内瑞拉	Venezuela	66	51		6.9	3.5	
捷　克	Czech Rep.	57	23		15.9	25.7	
法　国	France	1185	749	485	105.7	79.8	87.5
德　国	Germany	744	648	531	65.1	42.0	49.5
意大利	Italy	297	275		67.3	43.1	
荷　兰	Netherlands	392	237	103	155.2	87.4	110.8
波　兰	Poland	225	234	861	18.2	30.7	29.5
俄罗斯	Russia	21	414	242	15.0	71.8	48.5
西班牙	Spain	1720	3300	3480	84.7	83.0	57.2
土耳其	Turkey	315	257	380	25.5	31.9	20.0
乌克兰	Ukraine	139	221	121	6.0	29.0	
英　国	United Kingdom	2428	2757		157.6	121.9	
澳大利亚	Australia	1333	1643	1969	89.7	115.9	105.3
新西兰	New Zealand	131	153	173	35.4	35.4	43.3

8-17 股票交易额占国内生产总值的比重及股票交易周转率
Stocks Traded Value as Percentage of GDP and Turnover Ratio of Stocks Traded

资料来源：世界银行WDI数据库。
Source: World Bank WDI Database.
单位：% (%)

国家或地区	Country or Area	股票交易额占国内生产总值的比重 Stocks Traded Value as Percentage of GDP			股票交易周转率 Stocks Traded Turnover Ratio		
		2000	2005	2016	2000	2005	2016
世　界	**World**	**143.5**	**99.4**	**126.6**	**145.6**	**108.0**	**132.2**
高收入国家	**High Income**	**165.2**	**117.7**	**147.6**	**147.8**	**112.0**	**120.7**
中低收入国家	**Low and Middle Income**	**26.2**	**22.3**	**91.9**	**62.3**	**57.1**	**170.6**
低收入国家	**Low Income**				**2.1**	**3.7**	
中　国	China	62.1	17.2	163.4	158.3	97.6	273.2
中国香港	Hong Kong, China	217.3	232.0	421.0	59.8	39.9	42.3
孟加拉国	Bangladesh	1.8	0.3		42.7	6.2	
印　度	India	4.8	57.3	35.0	306.5	83.9	26.4
印度尼西亚	Indonesia	7.8	9.7	9.7	48.1	34.2	22.4
伊　朗	Iran	4.1	3.3		16.7	19.8	17.3
以色列	Israel	21.7	29.7	16.3	43.0	34.6	23.4
日　本	Japan	50.8	91.2	105.9	78.6	94.9	116.8
哈萨克斯坦	Kazakhstan	0.5	1.8	0.6	4.9	9.9	1.9
韩　国	Korea, Rep.	88.2	133.6	113.4	289.2	167.1	129.0
马来西亚	Malaysia	56.0	31.1	33.2	46.4	24.7	26.9
蒙　古	Mongolia	0.7	0.1		23.2	6.1	
巴基斯坦	Pakistan	41.9	127.3		468.0	307.7	
菲律宾	Philippines	9.1	5.2	11.8	28.4	13.5	14.5
新加坡	Singapore	99.3	91.5	63.3	62.3	45.3	31.9
斯里兰卡	Sri Lanka	0.8	4.4	1.5	12.4	18.9	6.5
泰　国	Thailand	15.3	47.4	79.9	66.2	72.5	80.9
越　南	Viet Nam		0.2	11.0		24.8	39.1
埃　及	Egypt	11.1	28.3	3.0	36.1	43.0	39.2
尼日利亚	Nigeria	0.6	1.7	0.4	7.3	8.8	5.4
南　非	South Africa	51.7	43.2	136.5	34.5	20.3	38.4
加拿大	Canada	84.7	79.7	75.4	81.5	62.9	63.1
墨西哥	Mexico	6.5	6.3	10.7	35.7	22.8	36.9
美　国	United States	289.6	197.0	226.6	197.1	151.7	154.8
阿根廷	Argentina	3.2	2.7	0.8	20.0	11.1	5.8
巴　西	Brazil	14.4	19.2	31.2	41.6	36.0	79.5
委内瑞拉	Venezuela	1.9	0.2		26.9	4.5	
捷　克	Czech Rep.	10.8	25.3		68.2	98.4	
法　国	France	78.9	57.7		74.7	72.3	
德　国	Germany	93.7	45.0	32.4	143.9	107.2	74.9
意大利	Italy	86.7	56.9		128.8	132.2	
荷　兰	Netherlands	157.6	87.7		101.6	100.3	
波　兰	Poland	11.9	8.6	9.7	65.4	27.9	35.1
俄罗斯	Russia	7.8	19.4	10.9	36.6	39.0	25.7
西班牙	Spain	266.0	84.8	47.7	314.1	102.2	97.8
土耳其	Turkey	60.8	39.8	32.9	238.1	124.8	168.6
乌克兰	Ukraine	0.9	0.8		19.2	3.6	
英　国	United Kingdom	112.1	69.0		71.1	56.6	
澳大利亚	Australia	51.3	88.3	66.0	57.2	76.2	64.1
新西兰	New Zealand	19.0	4.8	5.9	53.6	13.4	13.2

8-18 银行资本充足率
Bank Capital to Assets Ratio

资料来源：世界银行WDI数据库。
Source: World Bank WDI Database.
单位：%　(%)

国家或地区	Country or Area	2000	2005	2010	2013	2014	2015	2016
中　国	China		4.4	6.1	6.7	7.2	8.4	
中国香港	Hong Kong, China	9.0	13.3	12.3	8.7	9.0	9.5	9.8
中国澳门	Macao, China			4.2	3.7	3.6	4.3	4.6
孟加拉国	Bangladesh	3.5	4.7		6.0	5.9	5.4	
文　莱	Brunei Darussalam			10.3	11.6	11.8	13.2	13.3
柬埔寨	Cambodia			20.1	16.8	14.4	14.2	14.3
印　度	India	5.7	6.4	7.1	6.9	7.1	7.2	7.2
印度尼西亚	Indonesia	6.0	8.7	10.7	12.5	12.8	13.6	14.4
以色列	Israel	7.3	5.5	6.7	7.0	7.1	7.1	7.2
日　本	Japan	4.6	4.9	5.3	5.5	5.5	5.8	
哈萨克斯坦	Kazakhstan	13.6	13.0	11.3	13.2	13.7	10.5	11.1
韩　国	Korea, Rep.	4.6	9.3	7.6	8.3	8.1		
马来西亚	Malaysia	8.5	7.7	9.4	9.6	10.0	10.5	11.0
巴基斯坦	Pakistan	4.9	7.6	9.8	8.9	10.0	8.4	7.8
菲律宾	Philippines	13.6	12.0	10.2	9.7	9.9	10.0	9.7
新加坡	Singapore	10.0	9.6	9.0	8.2	8.4	9.0	9.2
斯里兰卡	Sri Lanka				8.2	8.2	7.9	7.8
泰　国	Thailand	7.5	9.0	8.5	8.5	9.2	10.0	10.5
越　南	Viet Nam			8.9	9.5	8.8	8.3	
埃　及	Egypt	5.6	5.0	6.2	7.1	6.5		
尼日利亚	Nigeria	7.4	12.4	1.5	10.4	10.4	12.4	11.4
南　非	South Africa	8.7	7.9	7.0	7.9	7.6	7.0	8.2
加拿大	Canada	4.7	3.8	4.7	5.0	4.9	5.1	5.2
墨西哥	Mexico	9.6	8.8	10.4	10.4	10.8	10.4	
美　国	United States	8.5	10.3	12.7	11.8	11.7	11.7	11.6
阿根廷	Argentina		12.1	11.3	12.1	12.5	12.3	11.2
巴　西	Brazil	12.1	10.2	10.3	9.3	9.0	8.5	9.3
委内瑞拉	Venezuela	13.0	11.1	9.8	10.9	10.5		
捷　克	Czech Rep.	5.4	5.4	6.5	7.2	7.3	7.8	7.6
法　国	France	6.7	4.4	4.9	5.8	5.3	5.8	
德　国	Germany	4.2	4.1	4.3	5.5	5.6	5.9	6.0
意大利	Italy	7.0	4.6	5.0	5.4	5.9	6.2	5.5
荷　兰	Netherlands	5.1	3.1	4.4	4.8	5.4	5.6	5.7
波　兰	Poland	7.1	7.9	8.2	9.1	8.9	9.4	9.5
俄罗斯	Russia	12.1	12.8	12.9	11.5	8.5	8.9	10.4
西班牙	Spain	8.5	6.3	6.1	6.8	7.2	7.4	7.8
土耳其	Turkey	6.1	12.3	12.3	10.9	11.6	11.0	
乌克兰	Ukraine	16.2	11.9	14.6	15.1	11.2	8.0	9.8
英　国	United Kingdom	6.5	6.1	5.4	6.3	5.6	6.8	
澳大利亚	Australia	6.9	6.7	5.4	5.1	5.2	6.0	6.6
新西兰	New Zealand			5.9	7.3	7.4	7.2	

8-19 金融部门国内信贷占国内生产总值比重
Domestic Credit Provided by Financial Sector (% of GDP)

资料来源：世界银行WDI数据库。
Source: World Bank WDI Database.
单位：%　　(%)

国家或地区	Country or Area	2000	2005	2010	2013	2014	2015	2016
中　国	China	118.40	132.59	142.20	155.74	167.24	193.41	215.03
中国香港	Hong Kong, China	133.99	139.77	195.36	222.60	235.99	211.85	
中国澳门	Macao, China	38.10	2.37	-21.34	-12.75	-4.12	15.11	28.49
孟加拉国	Bangladesh	30.18	47.66	57.41	57.92	59.78	59.69	60.62
文　莱	Brunei Darussalam	38.59	10.38	22.67	18.37	25.48	39.95	35.48
柬埔寨	Cambodia	6.42	7.22	22.74	39.71	47.17	53.95	58.83
印　度	India	52.79	60.19	74.20	77.92	76.05	76.11	
印度尼西亚	Indonesia	60.68	46.21	34.18	43.43	43.42	46.75	47.94
伊　朗	Iran	40.65	43.72	56.95	54.93	58.97	68.54	
以色列	Israel	72.15	86.34	88.85	84.03	84.76	82.25	
日　本	Japan	295.00	307.96	320.24	350.08	357.32	352.52	
哈萨克斯坦	Kazakhstan	12.35	38.97	45.41	38.29	36.06	45.69	44.78
韩　国	Korea, Rep.	70.94	125.45	151.04	155.80	162.29	165.96	170.08
老　挝	Laos	9.02	8.06	26.69				
马来西亚	Malaysia	138.37	117.66	123.29	138.36	140.51	144.80	145.32
蒙　古	Mongolia	8.95	26.65	25.92	58.24	66.05	69.44	76.36
缅　甸	Myanmar	31.17	23.06	25.22	26.75	28.94	33.24	36.97
巴基斯坦	Pakistan	41.60	46.48	46.19	49.56	47.66	48.63	51.41
菲律宾	Philippines	58.34	47.25	49.23	51.90	55.86	59.01	63.49
新加坡	Singapore	76.65	61.16	80.75	110.94	126.16	119.38	135.13
斯里兰卡	Sri Lanka	43.75	43.52	35.53	57.54	60.92	68.29	72.27
泰　国	Thailand	134.26	111.02	133.39	159.66	167.85	171.68	169.43
越　南	Viet Nam	32.57	65.40	124.66	108.23	113.77	128.35	
埃　及	Egypt	89.01	98.02	69.42	81.24	87.06	95.27	119.65
尼日利亚	Nigeria	10.01	8.60	18.80	21.85	21.80	23.07	25.71
南　非	South Africa	148.57	178.16	185.48	181.92	185.14	176.52	
加拿大	Canada	111.06	196.52					
墨西哥	Mexico	29.00	31.41	43.92	48.95	49.66	53.43	56.41
美　国	United States	190.96	216.33	231.40	247.43	251.07	237.03	242.59
阿根廷	Argentina	34.45	34.94	25.33	33.19	34.43	41.12	38.85
巴　西	Brazil	70.68	76.24	93.39	100.05	103.44	106.98	111.19
委内瑞拉	Venezuela	14.91	12.64	22.51	61.93			
捷　克	Czech Rep.	45.58	41.66	62.86	69.31	72.55	69.48	66.70
法　国	France	103.51	105.70	143.62	143.95	146.92	147.70	155.18
德　国	Germany	146.49	132.60	164.80	136.89	140.16	134.82	134.19
意大利	Italy	95.84	104.72	160.46	172.71	172.11	170.42	171.52
荷　兰	Netherlands	147.83	166.21	218.27	209.35	218.35	208.50	205.10
波　兰	Poland	34.31	38.42	63.23	67.23	71.08	73.15	76.56
俄罗斯	Russia	24.93	20.81	37.72	45.39	47.22	52.88	
西班牙	Spain	115.25	155.57	241.00	223.62	211.41	194.62	188.23
土耳其	Turkey	37.02	43.95	68.05	72.90	75.32	77.58	81.17
乌克兰	Ukraine	23.82	33.24	94.17	95.02	108.46	85.24	70.33
英　国	United Kingdom	117.56	147.19	207.22	181.31	168.21	162.51	167.81
澳大利亚	Australia	93.31	113.26	154.23	156.18	165.32	176.46	183.38
新西兰	New Zealand	107.98	126.35	150.68				

主要统计指标解释

中央政府 是全国范围内代表中央政府行使领土管辖权的所有单位。

收入 指由于交易导致的净值增加。政府部门有以下四个收入来源：(1) 税收和其他由政府强制实施的转让；(2) 来自所有权资产的财产收入；(3) 商品和服务的销售收入；(4) 来自其他部门的自愿转让。

捐赠 从其他政府和国际组织得到的无报酬的、无须偿还的非强制性的收入。

支出 指由于交易导致的净值减少。政府承担以下两方面的经济责任：(1)以非市场方式把部分商品和服务提供给公众；(2) 通过转移支付手段重新分配收入和财富。

货币供应量 货币(Money)由流通中现金和除中央政府以外的常住机构活期存款构成；准货币(Quasi-Money)指除中央政府以外的外汇现汇与期汇存款和外汇现汇储蓄与期汇存款之和，即由常住居民的现汇、储蓄、与外汇存款构成。货币(Money)通称为 M_1，而货币和准货币之和通称为广义货币，相当于 M_2。

上市公司总市值 所有上市股价×总股数。

上市公司 是指年末在股票交易所的国内上市公司。不包括投资公司、共同 基金或其它集体投资工具。

股票交易额 是指在一定时期内股票交易总额。

股票交易周转率 是指一定时期内股票交易总额除以该时期上市公司平均市值。

资本充足率 是指银行资本和储备占总资产的比率。资本和储备包括股东投放的资金、未分配利润、一般和特殊储备、准备金、价值调整。资本包括缴款股票和一般股票等一级资本，以及监管资本。总资产包括所有金融资产和非金融资产。

银行部门国内信贷 是指除发放给中央政府外的其他部门的净贷款之和。银行机构包括货币当局、存款货币银行和其他银行业机构。其他银行业机构包括存款和抵押贷款机构、建房信用协会等。

标准普尔全球股票指数 标准普尔全球股票指数是由美国标准普尔公司编制的衡量股市中美元价格变化的股票指数。

Explanatory Notes on Main Statistical Indicators

Central Government includes all units representing the territorial jurisdiction of the central authority throughout a country.

Revenue is an increase in net worth resulting from a transaction. For general government units, there are four main sources of revenue: taxes and other compulsory transfers imposed by government units, property income derived from the ownership of assets, sales of goods and services, and voluntary transfers received from other units.

Grants are defined as unrequited, nonrepayable, noncompulsory receipts from other governments or international organizations.

Expenditure is a decrease in net worth resulting from a transaction. Governments have two broad economic responsibilities: to assume responsibility for the provision of selected goods and services to the community on a nonmarket basis and to redistribute income and wealth by means of transfer payments.

Money Supply equals the sum of currency outside deposit money banks and demand deposits other than those of the central government. Quasi-Money equals the sum of time & foreign currency outside banks and time, savings & foreign currency deposit, comprising time, savings, and foreign currency deposits of resident sectors other than central government. The data of Money is commonly called M_1,while the sum of Money and Quasi-Money gives a broader measure of money which is commonly called M_2.

Market Capitalization is the share price times the number of shares outstanding.

Listed Domestic Companies are the domestically incorporated companies listed on the country's stock exchanges at the end of the year. This indicator does not include investment companies, mutual funds, or other collective investment vehicles.

Stocks Traded refers to the total value of shares traded during the period.

Turnover Ratio is the total value of shares traded during the period divided by the average market capitalization for the period.

Bank capital to assets is the ratio of bank capital and reserves to total assets. Capital and reserves include funds contributed by owners, retained earnings, general and special reserves, provisions, and valuation adjustments. Capital includes tier 1 capital (paid-up shares and common stock), and total regulatory capital. Total assets include all nonfinancial and financial assets.

Domestic credit provided by the banking sector includes all credit to various sectors on a gross basis, with the exception of credit to the central government, which is net. The banking sector includes monetary authorities and deposit money banks, as well as other banking institutions where data are available. Other banking institutions include savings and mortgage loan institutions and building and loan associations.

S&P Global Equity Indices measure the U.S. dollar price change in the stock markets.

价格指数

Price Indices

9-1 国内生产总值缩减指数
Gross Domestic Product Deflator

资料来源：国际货币基金组织IFS数据库。
Source: IMF IFS Database.

2010年=100 (2010=100)

国家或地区	Country or Area	2000	2010	2013	2014	2015	2016
中　国	China	66.2	100.0	110.5	103.5	103.6	104.8
中国香港	Hong Kong, China	112.2	100.0	109.5	112.7	116.8	118.8
中国澳门	Macao, China	85.6	100.0	123.8	134.5	140.6	142.0
孟加拉国	Bangladesh	52.0	100.0	125.0	132.1	139.9	
文　莱	Brunei Darussalam	50.6	100.0	130.8	128.2	105.8	96.1
柬 埔 寨	Cambodia	64.2	100.0	105.7	108.5		
印　度	India	56.0	100.0	120.1	124.3	125.1	129.5
印度尼西亚	Indonesia	35.9	100.0	117.0	123.4	128.4	131.5
伊　朗	Iran	22.5	100.0				
以 色 列	Israel	85.5	100.0	107.9	109.1	112.2	113.3
日　本	Japan	113.3	100.0	96.7			
韩　国	Korea, Rep.	77.4	100.0	103.5	104.1	106.6	108.6
老　挝	Laos	49.0	100.0	118.9	124.7		
马来西亚	Malaysia	68.1	100.0	106.7	109.3	108.9	111.0
蒙　古	Mongolia	28.6	100.0	153.6			
巴基斯坦	Pakistan	38.8	100.0	135.6	145.7	152.0	154.7
菲 律 宾	Philippines	63.3	100.0	108.2	111.7	111.0	112.8
新 加 坡	Singapore	90.1	100.0	101.4	100.9	103.5	102.0
斯里兰卡	Sri Lanka	37.1	100.0	121.1	122.9		
泰　国	Thailand	74.4	100.0	115.0	116.2	116.5	119.3
越　南	Viet Nam	39.9	100.0	140.9	146.1	145.8	
埃　及	Egypt	45.6	100.0	145.9	166.4	176.8	
尼日利亚	Nigeria	100.0	100.0	126.7			
南　非	South Africa	48.8	100.0	116.9			
加 拿 大	Canada	80.1	100.0	108.3	111.2		
墨 西 哥	Mexico	49.4	100.0	110.5	115.5		
美　国	United States	80.9	100.0	104.8	106.6		
阿 根 廷	Argentina	28.7	100.0	187.5	263.1	327.7	
巴　西	Brazil	44.6	100.0				
委内瑞拉	Venezuela	10.7	100.0	198.1	278.2	589.6	
捷　克	Czech Rep.	78.9	100.0	102.9	105.5	106.5	107.7
法　国	France	83.7	100.0	103.0	103.4		
德　国	Germany	89.7	100.0	104.8	106.6		
意 大 利	Italy	79.5	100.0	103.9	105.0		
荷　兰	Netherlands	80.8	100.0	103.0	103.8		
波　兰	Poland	77.0	100.0	105.5	105.9		
俄 罗 斯	Russia	25.1	100.0	131.2	139.9		
西 班 牙	Spain	74.5	100.0	101.0	100.5		
土 耳 其	Turkey	22.2	100.0	123.5	132.7	143.0	
乌 克 兰	Ukraine		100.0	128.4	148.9	206.8	242.2
英　国	United Kingdom	78.0	100.0	105.7	107.5		
澳大利亚	Australia	68.2	100.0	105.2	105.7		
新 西 兰	New Zealand	77.4	100.0	105.8	106.4		

9-2 生产者价格指数
Producer Price Indices

资料来源：联合国统计月报数据库。
Source: UN Monthly Bulletin of Statistics Database.
2010年=100 (2010=100)

国家或地区	Country or Area	2010	2013	2014	2015	2016
中国香港	**Hong Kong, China**					
工业产品	Industrial Products	100.0	105.0	103.3	100.4	101.6
孟加拉国①	**Bangladesh①**					
按生产阶段分	by Stage of Processing					
中间产品	Intermediate Products		291.1	328.1		
按最终用途分	by End-Use					
消费品	Consumers' Goods		350.5	351.4		
投资用品	Capital Goods		293.2	292.6		
印　度	**India**					
按供给组成分	by Components of Supply					
国内供应	Domestic Supply	100.0	125.2	130.0	126.4	128.8
农业产品	Agricultural Products	100.0	134.1	142.7		
工业产品	Industrial Products	100.0	117.2	121.0	119.9	121.8
按生产阶段分	by Stage of Processing					
原材料	Raw Materials	100.0	135.2	141.2	140.9	147.2
印度尼西亚	**Indonesia**					
按供给组成分	by Components of Supply					
农业产品	Agricultural Products	100.0	120.0	128.8		
工业产品	Industrial Products	100.0	115.7	123.3	134.6	137.7
伊　朗②	**Iran②**					
按供给组成分	by Components of Supply					
国内供应	Domestic Supply		132.4	178.1		
农业产品	Agricultural Products		139.3	199.9		
工业产品	Industrial Products		137.4	185.4	203.8	
以色列	**Israel**					
按供给组成分	by Components of Supply					
工业产品	Industrial Products		112.9	111.4	104.8	101.0
日　本③	**Japan③**					
按供给组成分	by Components of Supply					
国内供应	Domestic Supply	97.4	103.4	105.3	100.0	93.2
国内生产	Domestic Production	100.2	102.1	103.1	100.0	96.5
农业产品	Agricultural Products		107.1	107.1		
工业产品	Industrial Products	99.1	99.4	102.3	100.0	97.0
进口产品	Import Products	88.1	108.1	112.7	100.0	83.6
按生产阶段分	by Stage of Processing					
原材料	Raw Materials	97.2	132.1	134.5	100.0	78.7
中间产品	Intermediate Products	96.3	101.3	103.9	100.0	93.4
按最终用途分	by End-Use					
消费品	Consumers' Goods	98.7	99.3	100.0	100.0	96.4
投资用品	Capital Goods	99.5	97.9	98.8	100.0	97.9

9-2 续表 1 continued

2010年=100 (2010=100)

国家或地区	Country or Area	2010	2013	2014	2015	2016
韩　国	**Korea, Rep.**					
按供给组成分	by Components of Supply					
国内生产	Domestic Production	100.0	106.2	104.8	98.0	
农业产品	Agricultural Products	100.0	101.9	102.5		
工业产品	Industrial Products	100.0	105.3	103.1	96.2	
按生产阶段分	by Stage of Processing					
原材料	Raw Materials	100.0	119.8	111.7	79.1	
中间产品	Intermediate Products	100.0	103.7	101.0	94.5	
按最终用途分	by End-Use					
消费品	Consumers' Goods	100.0	103.7	104.3	102.1	
投资用品	Capital Goods	100.0	100.6	99.0	99.8	
马来西亚	**Malaysia**					
按供给组成分	by Components of Supply					
国内供应	Domestic Supply	100.0	107.8	109.3	104.0	
国内生产	Domestic Production	100.0	108.8	110.4	102.2	101.1
进口产品	Import Products	100.0	105.8	106.9	107.7	
巴基斯坦	**Pakistan**					
按供给组成分	by Components of Supply					
国内供应	Domestic Supply	100.0	137.2	143.7	140.1	142.5
农业产品	Agricultural Products	100.0	131.1	138.4		
菲律宾	**Philippines**					
按供给组成分	by Components of Supply					
国内供应	Domestic Supply	100.0	111.6	114.7	110.3	111.5
工业产品	Industrial Products	100.0	92.8	91.8	85.8	
新加坡	**Singapore**					
按供给组成分	by Components of Supply					
国内供应	Domestic Supply	100.0	106.0	102.5	86.8	80.7
国内生产	Domestic Production	100.0	102.5	99.0	89.9	85.0
进口产品	Import Products	100.0	101.6	98.7	86.3	81.7
泰　国	**Thailand**					
按供给组成分	by Components of Supply					
国内供应	Domestic Supply	100.0	106.9	107.0	102.6	101.4
按生产阶段分	by Stage of Processing					
原材料	Raw Materials	100.0	102.9	99.5	97.5	94.4
按最终用途分	by End-Use					
消费品	Consumers' Goods	100.0	107.1	109.9	109.5	109.7
投资用品	Capital Goods	100.0	103.2	103.3	101.1	100.5

9—2 续表 2 continued

2010年=100 (2010=100)

国家或地区	Country or Area	2010	2013	2014	2015	2016
埃　　及④	**Egypt④**					
按供给组成分	by Components of Supply					
国内生产	Domestic Production		201.8	208.1	207.6	220.5
农业产品	Agricultural Products		274.6	292.0		
按生产阶段分	by Stage of Processing					
原材料	Raw Materials		235.8	237.4	180.4	140.6
中间产品	Intermediate Products		155.3	157.9	161.5	178.4
按最终用途分	by End-Use					
消费品	Consumers' Goods		122.9	123.7	124.7	142.8
投资用品	Capital Goods		169.0	170.1	171.9	178.5
南　　非⑤	**South Africa⑤**					
按供给组成分	by Components of Supply					
农业产品	Agricultural Products		102.6	108.0		
工业产品	Industrial Products		106.0	113.9	118.0	126.3
按生产阶段分	by Stage of Processing					
中间产品	Intermediate Products		107.9	116.7	117.6	125.6
加 拿 大	**Canada**					
按供给组成分	by Components of Supply					
农业产品	Agricultural Products	100.0	122.7	124.1		
工业产品	Industrial Products	100.0	108.6	111.3	110.3	110.1
按生产阶段分	by Stage of Processing					
原材料	Raw Materials	100.0	115.7	117.6	94.2	89.8
墨 西 哥	**Mexico**					
按供给组成分	by Components of Supply					
国内供应	Domestic Supply	100.0	111.9	114.9	119.2	125.9
国内生产	Domestic Production	100.0	111.6	114.6	117.9	124.6
农业产品	Agricultural Products	100.0	114.8	115.2		
工业产品	Industrial Products	100.0	109.4	111.9	118.6	128.1
进口产品	Import Products	100.0	108.2	108.9	105.3	104.2
按生产阶段分	by Stage of Processing					
中间产品	Intermediate Products	100.0	114.7	118.2	118.1	123.9
按最终用途分	**by End-Use**					
消费品	Consumers' Goods	100.0	113.4	116.5	120.2	126.4
投资用品	Capital Goods	100.0	110.0	113.0	118.0	125.4

9-2 续表 3 continued

2010年=100 (2010=100)

国家或地区	Country or Area	2010	2013	2014	2015	2016
美　国	**United States**					
按供给组成分	by Components of Supply					
国内生产	Domestic Production	100.0	110.1	111.2	103.1	100.4
农业产品	Agricultural Products	100.0	129.3	130.8		
工业产品	Industrial Products	100.0	108.6	109.3	101.0	98.7
按生产阶段分	by Stage of Processing					
原材料	Raw Materials	100.0	116.2	117.5	89.1	81.7
中间产品	Intermediate Products	100.0	109.5	110.2	102.6	99.4
按最终用途分	by End-Use					
消费品	Consumers' Goods	100.0	111.2	113.5	108.1	106.5
投资用品	Capital Goods	100.0	104.4	105.8	107.1	107.6
阿 根 廷	**Argentina**					
按供给组成分	by Components of Supply					
国内供应	Domestic Supply	100.0	146.8	186.3		
国内生产	Domestic Production	100.0	147.6	186.6		
农业产品	Agricultural Products	100.0	150.1	200.6		
工业产品	Industrial Products	100.0	144.0	180.3		
进口产品	Import Products	100.0	135.9	181.1		
白俄罗斯	**Belarus**					
按供给组成分	by Components of Supply					
工业产品	Industrial Products	100.0	337.2	379.1	444.4	498.0
按生产阶段分	by Stage of Processing					
中间产品	Intermediate Products	100.0	353.1	395.3	478.1	533.8
按最终用途分	by End-Use					
消费品	Consumers' Goods	100.0	314.7	362.5	399.5	445.3
投资用品	Capital Goods	100.0	334.0	356.9	420.6	487.0
捷　克	**Czech Rep.**					
按供给组成分	by Components of Supply					
农业产品	Agricultural Products	100.0	131.9	127.0		
工业产品	Industrial Products	100.0	108.7	107.8	104.4	101.0
进口产品	Import Products	100.0	108.5	110.5	108.4	104.0
按生产阶段分	by Stage of Processing					
中间产品	Intermediate Products	100.0	108.1	109.6	106.8	103.9
按最终用途分	by End-Use					
消费品	Consumers' Goods	100.0	109.6	110.4	108.3	106.6
投资用品	Capital Goods	100.0	101.4	103.4	103.7	102.8

9-2 续表 4 continued

2010年=100 (2010=100)

国家或地区	Country or Area	2010	2013	2014	2015	2016
法　国	**France**					
按供给组成分	by Components of Supply					
国内供应	Domestic Supply	100.0		105.6	102.1	99.2
农业产品	Agricultural Products	100.0	121.6	115.6		
工业产品	Industrial Products	100.0	108.6	107.1	104.8	102.4
进口产品	Import Products	100.0	106.5	103.4	98.4	94.7
按生产阶段分	by Stage of Processing					
原材料	Raw Materials	100.0		115.0	98.6	88.2
中间产品	Intermediate Products	100.0		102.8	101.1	98.3
按最终用途分	by End-Use					
消费品	Consumers' Goods	100.0		105.9	105.6	104.9
投资用品	Capital Goods	100.0		101.0	101.4	100.8
德　国	**Germany**					
按供给组成分	by Components of Supply					
农业产品	Agricultural Products	100.0	120.7	111.8		
工业产品	Industrial Products	100.0	106.9	105.9	103.9	102.1
进口产品	Import Products	100.0	106.9	103.6	100.7	97.5
按生产阶段分	by Stage of Processing					
中间产品	Intermediate Products	100.0	104.7	103.6	102.3	100.8
按最终用途分	by End-Use					
消费品	Consumers' Goods	100.0	108.4	109.0	108.1	108.8
投资用品	Capital Goods	100.0	103.0	103.5	104.2	104.8
意大利	**Italy**					
按供给组成分	by Components of Supply					
工业产品	Industrial Products	100.0	108.1	106.2	102.6	100.3
按生产阶段分	by Stage of Processing					
中间产品	Intermediate Products	100.0	104.9	104.3	103.8	102.5
按最终用途分	by End-Use					
消费品	Consumers' Goods	100.0	106.6	107.1	107.2	106.9
投资用品	Capital Goods	100.0	102.8	103.3	104.0	104.4
荷　兰	**Netherlands**					
按供给组成分	by Components of Supply					
工业产品	Industrial Products	100.0	112.4	108.9	100.9	95.9
按生产阶段分	by Stage of Processing					
中间产品	Intermediate Products	100.0	115.1	112.1	103.4	99.1
按最终用途分	by End-Use					
消费品	Consumers' Goods	100.0	111.8	111.5	109.1	109.7
投资用品	Capital Goods	100.0	103.5	103.9	105.1	106.3
波　兰	**Poland**					
按供给组成分	by Components of Supply					
工业产品	Industrial Products	100.0	110.2	108.7	106.1	105.9
按生产阶段分	by Stage of Processing					
原材料	Raw Materials	100.0	116.9	114.4	106.4	103.4
中间产品	Intermediate Products	100.0	110.0	108.7	108.6	108.9
按最终用途分	by End-Use					
消费品	Consumers' Goods	100.0	110.2	109.2	107.0	108.3
投资用品	Capital Goods	100.0	100.3	99.8	101.0	104.3
俄罗斯	**Russia**					
按供给组成分	by Components of Supply					
农业产品	Agricultural Products	100.0	120.8	131.5		
工业产品	Industrial Products	100.0	127.2	135.1	153.6	160.2

9-2 续表 5 continued

2010年=100 (2010=100)

国家或地区	Country or Area	2010	2013	2014	2015	2016
西 班 牙	**Spain**					
按供给组成分	by Components of Supply					
工业产品	Industrial Products	100.0	111.7	110.2	107.9	104.5
按生产阶段分	by Stage of Processing					
中间产品	Intermediate Products	100.0	108.2	106.6	105.8	104.3
按最终用途分	by End-Use					
消费品	Consumers' Goods	100.0	107.5	107.0	108.2	108.4
投资用品	Capital Goods	100.0	101.4	101.7	102.5	103.4
土 耳 其	**Turkey**					
按供给组成分	by Components of Supply					
农业产品	Agricultural Products	100.0	106.1	117.7		
工业产品	Industrial Products	100.0	123.1	135.8	142.9	149.1
乌 克 兰⑥	**Ukraine⑥**					
按供给组成分	by Components of Supply					
农业产品	Agricultural Products		269.3	317.0		
工业产品	Industrial Products		281.3	329.3	196.4	237.0
英 国	**United Kingdom**					
按供给组成分	by Components of Supply					
农业产品	Agricultural Products	100.0	126.8	114.6		
工业产品	Industrial Products	100.0	108.4	108.4	106.6	107.0
进口产品	Import Products	100.0	109.5	105.0	98.6	103.4
按生产阶段分	by Stage of Processing					
原材料	Raw Materials	100.0	117.4	109.8	95.7	97.6
中间产品	Intermediate Products	100.0	108.3	107.8	106.3	106.5
按最终用途分	by End-Use					
消费品	Consumers' Goods	100.0	109.5	109.9	108.8	108.6
投资用品	Capital Goods	100.0	106.1	107.4	108.7	111.5
澳大利亚	**Australia**					
按供给组成分	by Components of Supply					
国内供应	Domestic Supply	100.0	105.9	107.8	109.2	110.2
国内生产	Domestic Production	100.0	106.9	108.5	109.3	110.4
农业产品	Agricultural Products	100.0	106.3	114.3		
工业产品	Industrial Products	100.0	103.9	107.2	107.4	106.8
进口产品	Import Products	100.0	98.5	103.1	110.5	110.7
按生产阶段分	by Stage of Processing					
原材料	Raw Materials	100.0	109.7	111.5	110.6	111.0
中间产品	Intermediate Products	100.0	108.6	110.5	110.7	111.3
按最终用途分	by End-Use					
消费品	Consumers' Goods	100.0	108.4	110.1	110.9	111.9
投资用品	Capital Goods	100.0	103.9	106.0	109.2	110.0
新 西 兰	**New Zealand**					
按供给组成分	by Components of Supply					
农业产品	Agricultural Products	100.0	112.7	114.5		
工业产品	Industrial Products	100.0	106.7	107.4	103.1	100.5
按生产阶段分	by Stage of Processing					
中间产品	Intermediate Products	100.0	107.4	107.5	105.1	105.6

注：①1988年7月1日至1989年6月30日为基期。②以2011财政年度(2011年3月21日—2012年3月19日)为基期。③以2015年为基期。④2004年7月1日至2005年6月30日为基期。⑤以2012年为基期。⑥以2005年为基期。

Note: ①The base year is from 1 July 1988 to 30 June 1989.②The base year is fiscal year 2011 (21 March 2011 - 19 March 2012).③The base year is 2015.④The base year is from 1 July 2004 to 30 June 2005.⑤The base year is 2012. ⑥The base year is 2005.

9-3 消费者价格指数
Consumer Price Indices

资料来源：联合国统计月报数据库。
Source: UN Monthly Bulletin of Statistics Database.

2010年=100 (2010=100)

国家或地区	Country or Area	消费者价格指数 Consumer Price Indices			食品消费价格指数 Food Consumer Price Indices		
		2014	2015	2016	2014	2015	2016
中　国	China	113.2	114.9	102.0	126.5	129.4	104.6
中国香港	Hong Kong, China	119.4	123.0	125.9	123.1	127.9	132.2
中国澳门	Macao, China	125.6	131.3	134.4			
孟加拉国	Bangladesh	135.3	143.7	151.6	271.8①		
文　莱	Brunei Darussalam	102.7	102.2	101.5			
柬埔寨	Cambodia	116.1	117.5	121.0			
印　度	India	140.8	147.7	155.0	276.8①		
印度尼西亚	Indonesia	124.4	132.3	137.0	119.5	128.0	
伊　朗②	Iran②	188.6	195.0		225.1	230.2	
以色列	Israel	107.3	106.7	106.1	108.7	108.8	107.8
日　本③	Japan③	99.2	100.0	99.9	97.0	100.0	101.7
韩　国	Korea, Rep.	109.0	109.8		113.7	115.6	
老　挝	Laos	124.2	125.8	127.7			
马来西亚	Malaysia	110.5	112.8	115.2	115.2	119.4	124.0
蒙　古	Mongolia	154.5	163.5	164.4			
缅　甸	Myanmar	118.6	129.9	138.9	114.9		
巴基斯坦	Pakistan	141.7	145.3	150.8			
菲律宾	Philippines	115.8	117.4	119.5	118.5	121.5	124.5
新加坡	Singapore	113.8	113.2	112.6	111.8	113.9	116.3
斯里兰卡	Sri Lanka	126.7	127.9	132.7	127.5	133.8	139.6
泰　国	Thailand	111.3	110.3	110.6	121.6	123.0	124.9
越　南	Viet Nam	143.6	144.9	149.6			
埃　及	Egypt	142.1	156.8	178.5	341.7④		
尼日利亚	Nigeria	145.8	158.9	183.9	524.5①	161.3	185.2
南　非	South Africa	124.4	130.3	138.9	130.6	137.5	153.5
加拿大	Canada	107.5	108.7	110.2	110.1	114.2	115.9
墨西哥	Mexico	116.2	119.4	122.8	125.0	129.9	135.2
美　国	United States	108.6	108.7	110.1	110.9	112.2	110.8
阿根廷	Argentina	105.5			105.0		
巴　西	Brazil	126.9	138.4	150.4	140.7	154.4	173.6
委内瑞拉	Venezuela	348.2	772.0		466.7	1487.2	
捷　克	Czech Rep.	107.2	107.5		119.7	118.4	
法　国	France	105.5	105.6	105.8	105.3	105.7	106.3
德　国	Germany	106.6	106.9	107.4	111.5	112.3	113.2
意大利	Italy	107.4	107.5	99.9	107.6	108.8	100.2
荷　兰	Netherlands	108.5	109.3	109.5	106.7	107.4	108.4
波　兰	Poland	109.0	108.1	107.6	110.6	109.1	110.3
俄罗斯	Russia	131.2	151.5	162.2	133.6	161.7	171.0
西班牙	Spain	117.9	106.5	106.3	118.5	108.2	109.7
土耳其	Turkey	135.7	146.1	157.4	141.5	157.3	166.4
乌克兰	Ukraine	121.5	180.6	205.7	114.3	166.6	
英　国	United Kingdom	111.8	111.9	112.6	112.7	109.8	107.2
澳大利亚	Australia	110.4	112.0	113.5	106.6	107.6	108.4
新西兰	New Zealand	107.6	107.9	108.6	105.9	106.0	105.3

注：①2000年=100。②2011年=100。③2015年=100。④2005年=100。
Note：①2000=100.②2011=100.③2015=100.④2005=100。

9-4 能源消费价格指数
Energy Consumer Price Indices

资料来源：联合国ILO数据库。
Source: ILO Database.

上年=100 (preceding year=100)

国家或地区	Country or Area	2006	2007	2008	2009	2010	2011
中　国	China	105.9	103.0	106.4			
中国香港	Hong Kong, China	102.1	99.3	93.5			
中国澳门	Macao, China	108.1	95.6	83.9			
柬埔寨	Cambodia	112.0	108.3	120.0			
印　度	India	103.4	106.6	105.9			
伊　朗	Iran	101.7					
以色列	Israel	99.5	101.2	114.2			
日　本	Japan	103.6	100.8	106.0	95.8	99.8	
韩　国	Korea, Rep.	107.8	102.5	108.2			
马来西亚	Malaysia	103.7					
缅　甸	Myanmar	131.4	132.9	114.3		103.7	108.1
巴基斯坦	Pakistan	111.5	104.9	116.6	118.0		
菲律宾	Philippines	112.9	103.2	106.5			
新加坡	Singapore	117.2	98.0	125.2	86.4		
斯里兰卡	Sri Lanka	128.2	125.3				
泰　国	Thailand	106.8	99.5	84.0	91.0	109.7	103.6
南　非	South Africa	104.6	108.0	119.2			
加拿大	Canada	105.1		107.0	92.9	104.3	104.0
墨西哥	Mexico	107.8	102.9	107.0			
美　国	United States	109.6	102.6	110.5	93.7	100.6	102.3
阿根廷	Argentina	97.7					
捷　克	Czech Rep.	112.1	103.2	113.9			
法　国	France	106.9	101.9	109.6	94.2	106.6	110.3
德　国	Germany	110.2	103.9	111.2	97.6	100.3	109.5
意大利	Italy	109.7	101.4	110.9	95.0	98.3	100.0
荷　兰	Netherlands	109.6	104.1	103.1	100.8	92.0	105.9
波　兰	Poland	106.7	103.7	109.9			
俄罗斯	Russia	116.7	111.6	113.7			
西班牙	Spain	109.8	101.9	110.4	98.2	106.3	115.7
土耳其	Turkey	111.5	107.4	126.1			
英　国	United Kingdom	124.6	107.1	118.9	106.2	97.3	110.6
澳大利亚	Australia	104.2	104.6	109.5	111.7	113.4	110.2
新西兰	New Zealand	106.4	106.6	107.2	104.5		

9–5 初级产品市场价格指数和单位价值指数
Indices of Primary Commodities Market Prices and Unit Values

资料来源：国际货币基金组织国际金融统计数据库。
Source: International Monetary Fund IFS Database.

2005年=100 (2005=100)

商品	Commodities	2014	2015	2016
非燃料商品	**Non-Fuel Commodities**	**162.3**	**134.0**	**131.5**
农业	**Agriculture**	**161.5**	**136.9**	**136.3**
食品	**Food**	**170.1**	**140.8**	**143.8**
谷物	Cereals	180.2	149.0	131.4
小麦	Wheat	186.7	142.9	110.2
玉米	Maize	196.0	172.5	161.7
大米	Rice	148.2	132.0	134.9
大麦	Barley	153.7	134.5	136.1
植物油和蛋白质粉	Vegetable Oils and Protein Meals	190.5	152.8	155.9
大豆	Soybeans	205.2	155.7	162.6
大豆粉	Soybean Meal	226.9	171.4	170.2
大豆油	Soybean Oil	163.9	135.6	145.5
棕榈油	Palm Oil	201.1	153.7	174.0
鱼粉	Fish Meal	258.2	236.4	190.6
葵花籽油	Sunflower Oil	94.4	89.3	88.2
橄榄油	Olive Oil	68.5	77.8	72.1
花生	Groundnuts	279.3	253.0	233.8
菜籽油	Rapeseed Oil	125.4	107.4	114.0
肉	Meat	160.5	137.4	126.6
牛肉	Beef	188.7	168.9	150.1
羊肉	Lamb	81.2	67.0	66.4
猪肉	Swine Meat	151.9	100.3	92.2
家禽	Poultry	149.0	155.2	150.8
海鲜	Seafood	162.0	131.7	161.6
鱼	Fish	162.5	130.6	175.7
虾	Shrimp	160.3	136.2	106.7
糖	Sugar	146.3	118.2	152.1
自由市场	Free Market	170.1	131.2	183.9
美国	United States	118.0	117.8	128.2
欧盟	EU	90.5	84.0	74.5
香蕉	Bananas	161.6	166.2	173.8
橘子	Oranges	89.5	77.2	101.7

9-5 续表 continued

2005年=100 (2005=100)

商品	Commodities	2014	2015	2016
饮料	Beverages	178.0	172.6	163.9
咖啡	Coffee	185.0	153.7	156.0
可可豆	Cocoa Beans	198.3	203.0	187.2
茶	Tea	109.9	157.3	132.8
农业原材料	Agricultural Raw Materials	138.8	120.1	113.3
木材	Timber	109.3	104.5	100.2
硬木	Hardwood	137.0	124.8	119.0
软木	Softwood	94.0	93.2	89.8
棉	Cotton	150.6	127.6	134.5
羊毛	Wool	178.4	162.8	179.1
精	Fine	158.5	148.4	164.1
粗	Coarse	195.0	174.9	191.5
橡胶	Rubber	130.3	103.8	109.3
兽皮	Hides	167.9	133.6	112.9
金属	Metals	164.4	126.6	119.7
铜	Copper	186.7	149.9	132.4
铝	Aluminum	98.3	87.6	84.4
铁矿	Iron Ore	346.5	199.7	208.3
锡	Tin	296.5	217.6	242.8
镍	Nickel	114.3	80.3	64.9
锌	Zinc	156.5	139.9	151.4
铅	Lead	215.1	183.5	191.6
铀	Uranium	119.9	131.6	94.2
能源	Energy	177.5	98.0	81.7
现货原油	Spot Crude	181.1	95.6	80.4
天然气	Natural Gas	159.9	106.8	70.0
俄罗斯出售给德国	Russian in Germany	176.9	123.5	73.6
印尼出售给日本	Indonesian in Japan	241.7	155.8	105.8
美国	US, Domestic Market	49.3	29.5	28.1
煤炭	Coal	150.7	123.5	138.4
澳大利亚出口市场	Australian, Export Markets	149.0	123.4	137.9
南非出口市场	South African, Export Markets	157.3	124.3	140.2

主要统计指标解释

国内生产总值缩减指数 衡量在一定时期内整体经济中价格年度变化情况的指标。

生产者价格指数 生产者价格指生产者从购买者那里得到的某一单位货物和服务的价值，具体为总产出减去由购买者支付的增加税等可扣减税。它包括生产者发票上单独列支的运费。

消费者价格指数 是反映报告期经济体为消费目的而获取、使用和支付的货物和服务的价格总体水平随时间变化的指标。每个总指数是通过蒋大量要素加总指数加权平均而得到，每个要素加总指数是基于某一地区或其居民从某一指定出处或其他消费源获取指定货物和服务的价格的抽样调查数而进行的估算。

Explanatory Notes on Main Statistical Indicators

Gross Domestic Product Deflator measures the average annual rate of price change in the economy as whole for the periods shown.

Producer Price Indices The Amount receivable by the producer from the purchaser for a unit of a good or service produced as output minus any value-added tax, or similar deductible tax, invoiced to the purchaser. It includes any transport charges invoiced separately by the producer.

Consumer Price Indices measures the period-to-period proportional change in the prices of a fixed set of consumer goods and services of constant quantity and characteristics, acquired, used or paid for by the reference population. Each summary measure is constructed as a weighted average of a large number of elementary aggregate indices. Each of the elementary aggregate indices is estimated using a sample of prices for a defined set of goods and services obtained in, or by residents of, a specific region from a given set of outlets or other sources of consumption goods and services.

居民收支和贫困

Household Income and Expenditure and Poverty

10-1 居民消费支出
Household Consumption Expenditure

资料来源：世界银行WDI数据库。
Source: World Bank WDI Database.

国家或地区	Country or Area	居民最终消费支出(现价，亿美元) Household Final Consumption Expenditure (current 100 million USD)			人均居民最终消费支出(2010年价格，美元) Household Final Consumption Expenditure per capita (constant 2010 US$)		
		2005	2014	2015	2005	2014	2015
世　界	**World**	**279922**	**450653**	**427728**	**5157**	**5766**	**5833**
高收入国家	**High Income**	**224570**	**299816**	**284361**	**23025**	**24266**	**24642**
中等收入国家	**Middle Income**	**53760**	**148009**	**140561**	**1604**	**2407**	**2447**
低收入国家	**Low Income**	**1309**	**3069**	**3040**	**363**	**434**	**435**
中　国	China	9181	39480	42711	1004	2235	2402
中国香港	Hong Kong, China	1044	1938	2055	16495	23640	24551
中国澳门	Macao, China	39	111	118	10233	15116	15128
孟加拉国	Bangladesh	512	1255	1413	466	650	680
文　莱	Brunei Darussalam	21	27	26	4800	5765	5940
柬埔寨	Cambodia	54	130	139	507	764	797
印　度	India	4643	11829	12243	538	928	973
印度尼西亚	Indonesia	1840	5090	4936	1494	2048	2122
伊　朗	Iran	933	2153	1979	2343	2701	
以色列	Israel	796	1715	1638	15681	18625	19045
日　本	Japan	26451	28328	24791	25101	26680	26599
哈萨克斯坦	Kazakhstan	285	1073	990	2971	5371	5388
韩　国	Korea, Rep.	4689	7106	6818	9812	11800	11996
老　挝	Laos	22	100	105			777①
马来西亚	Malaysia	634	1772	1603	3477	5388	5620
蒙　古	Mongolia	14	69	69	896	2181	2296
巴基斯坦	Pakistan	843	1980	2168	820	903	913
菲律宾	Philippines	773	2064	2159	1385	1791	1874
新加坡	Singapore	499	1132	1093	16580	17558	18148
斯里兰卡	Sri Lanka	168	535	565	1528	2347	2526
泰　国	Thailand	1057	2137	2051	2433	2879	2931
越　南	Viet Nam	377	1225	1313	667	1036	1121
埃　及	Egypt	642	2534	2742	1609	2155	2175
尼日利亚	Nigeria	844	4079	3773	1624	1633	1613
南　非	South Africa	1597	2102	1889	3919	4582	4585
加拿大	Canada	6343	10038	8942	24511	28378	28678
墨西哥	Mexico	5860	8821	7855	5930	6484	6542
美　国	United States	87941	118634	122837	32788	34682	35526
阿根廷	Argentina	1253	3441	3827	5079	6939	7113
巴　西	Brazil	5395	15463	11515	5379	7477	7121
委内瑞拉	Venezuela	680		2415②	6003	8080	
捷　克	Czech Rep.	654	999	870	8946	9817	10096
法　国	France	12157	15724	13326	21903	22728	22979
德　国	Germany	16522	21153	18144	22630	24687	24971
意大利	Italy	11011	13082	11102	22115	20032	20366
荷　兰	Netherlands	3264	3936	3348	22849	21802	22088
波　兰	Poland	1924	3273	2789	6146	8288	8541
俄罗斯	Russia	3816	11023	7147	3867	6551	5901
西班牙	Spain	6674	8079	6932	18245	16350	16830
土耳其	Turkey	3212	5676	5191	6141	8128	8439
乌克兰	Ukraine	477	943	603	1302	2451	1976
英　国	United Kingdom	16429	19464	18558	25954	25759	26163
澳大利亚	Australia	4011	8064	7610	26741	29964	30326
新西兰	New Zealand	667	1155	1006	18673	21274	21461

注：①2010年数据。②2013年数据。
Note: ①Data refer to 2010.②Data refer to 2013.

10–2 居民收入分配
Personal Income Distribution

资料来源：世界银行WDI数据库。
Source: World Bank WDI Database.

国家或地区	Country or Area	年 份 Year	基尼系数 GINI index	各组占全部收入或消费的比重(%) As Percentage of Total Income or Consumption(%)				
				最低的20% Lowest 20%	第二个20% Second 20%	第三个20% Third 20%	第四个20% Fourth 20%	最高的20% Highest 20%
中　国	China	2012	0.42	5.23	9.76	14.85	22.25	47.90
中国香港	Hong Kong, China	1996	0.43	5.26	9.39	13.85	20.75	50.75
孟加拉国	Bangladesh	2010	0.32	8.85	12.46	15.97	21.23	41.48
柬埔寨	Cambodia	2012	0.31	9.05	12.66	16.30	21.78	40.21
印　度	India	2011	0.35	8.28	11.87	15.31	20.58	43.97
印度尼西亚	Indonesia	2013	0.39	7.23	10.41	14.26	20.71	47.38
伊　朗	Iran	2013	0.37	6.81	11.07	15.59	21.95	44.59
以色列	Israel	2010	0.43	4.61	9.62	15.48	22.89	47.40
日　本	Japan	2008	0.32	7.37	12.88	17.32	22.72	39.72
哈萨克斯坦	Kazakhstan	2013	0.26	9.96	13.82	17.45	22.40	36.35
韩　国	Korea, Rep.	1998	0.32	7.91	13.56	17.95	23.13	37.45
老　挝	Laos	2012	0.38	7.25	11.13	15.00	20.77	45.86
马来西亚	Malaysia	2009	0.46	4.56	8.64	13.67	21.75	51.38
蒙　古	Mongolia	2014	0.32	8.08	12.58	16.68	22.32	40.34
巴基斯坦	Pakistan	2013	0.31	9.20	12.88	16.36	21.27	40.28
菲律宾	Philippines	2012	0.43	5.92	9.45	13.80	21.18	49.64
新加坡	Singapore	1998	0.42	5.04	9.42	14.55	22.02	48.97
斯里兰卡	Sri Lanka	2012	0.39	7.14	10.84	14.54	20.52	46.96
泰　国	Thailand	2013	0.38	6.93	10.79	15.09	22.07	45.12
越　南	Viet Nam	2014	0.38	6.59	11.18	15.59	22.03	44.61
埃　及	Egypt	2008	0.31	9.25	13.02	16.37	21.04	40.32
尼日利亚	Nigeria	2011	0.40	5.89	10.46	15.34	22.22	46.09
南　非	South Africa	2011	0.63	2.47	4.71	7.97	15.90	68.94
加拿大	Canada	2010	0.34	7.10	12.39	16.79	22.75	40.97
墨西哥	Mexico	2014	0.48	5.07	8.83	12.67	18.91	54.53
美　国	United States	2013	0.41	5.10	10.29	15.44	22.71	46.44
阿根廷	Argentina	2014	0.43	4.79	9.64	14.92	22.88	47.78
巴　西	Brazil	2014	0.51	3.62	7.90	12.64	19.58	56.25
委内瑞拉	Venezuela	2006	0.47	3.18	9.23	14.54	22.31	50.74
捷　克	Czech Rep.	2012	0.26	9.55	14.52	17.90	21.92	36.12
法　国	France	2012	0.33	7.80	12.62	16.52	21.82	41.23
德　国	Germany	2011	0.30	8.37	13.12	17.23	22.65	38.64
意大利	Italy	2012	0.35	6.23	12.28	16.97	22.84	41.68
荷　兰	Netherlands	2012	0.28	8.87	13.93	17.62	22.50	37.07
波　兰	Poland	2014	0.32	7.99	12.47	16.79	22.55	40.20
俄罗斯	Russia	2012	0.42	5.90	10.08	14.46	21.24	48.33
西班牙	Spain	2012	0.36	5.76	11.94	17.03	23.45	41.83
土耳其	Turkey	2013	0.40	5.84	10.49	15.15	21.95	46.58
乌克兰	Ukraine	2014	0.24	10.45	14.56	17.98	22.35	34.66
英　国	United Kingdom	2012	0.33	7.51	12.29	17.04	23.10	40.07
澳大利亚	Australia	2010	0.35	7.09	11.83	16.14	22.79	42.16
新西兰	New Zealand	1997	0.36	6.45	11.37	15.81	22.61	43.76

10−3 国内贫困率
Domestic Poverty Rate

资料来源：世界银行WDI数据库。
Source: World Bank WDI Database.
单位：%　　(%)

国家或地区	Country or Area	年 份 Year	全 国 National	农 村 Rural	城 市 Urban
中　国	China	2014		7.2	
阿富汗	Afghanistan	2011	35.8	38.3	
阿尔巴尼亚	Albania	2012	14.3	15.3	
阿尔及利亚	Algeria	2011	5.5	4.8	
安哥拉	Angola	2008	36.6	58.3	
阿根廷	Argentina	2010			9.9
亚美尼亚	Armenia	2014	30.0	29.9	
阿塞拜疆	Azerbaijan	2012	6.0		
孟加拉国	Bangladesh	2010	31.5	35.2	
白俄罗斯	Belarus	2015	5.1	8.7	
伯利兹	Belize	2002	33.5	44.2	23.7
贝　宁	Benin	2011	36.2	39.7	
不　丹	Bhutan	2012	12.0	16.7	
玻利维亚	Bolivia	2015	38.6		
波　黑	Bosnia and Herzegovinian	2011	17.9		
博茨瓦纳	Botswana	2009	19.3	24.3	
巴　西	Brazil	2014	7.4		
保加利亚	Bulgaria	2014	22.0		
布基纳法索	Burkina Faso	2014	40.1	47.5	
布隆迪	Burundi	2014	64.6	68.8	
柬埔寨	Cambodia	2012	17.7	20.8	
喀麦隆	Cameroon	2014	37.5	56.8	
佛得角	Cape Verde	2007	26.6	44.3	13.2
中　非	Central African Rep.	2008	62.0	69.4	49.6
乍　得	Chad	2011	46.7	52.5	
智　利	Chile	2013	14.4	27.9	
哥伦比亚	Colombia	2015	27.8	40.3	
科摩罗	Comoros	2004	44.8	48.7	34.5
刚果(金)	Congo, Dem. Rep.	2012	63.6	64.9	
刚果(布)	Congo, Rep.	2011	46.5	74.8	
哥斯达黎加	Costa Rica	2015	21.7	27.9	
科特迪瓦	Cote D'Ivoire	2015	46.3	56.8	
克罗地亚	Croatia	2013	19.4		
捷　克	Czech Rep.	2013	9.7		
多米尼加	Dominican Rep.	2015	32.4		
厄瓜多尔	Ecuador	2015	23.3		
埃　及	Egypt	2011	25.2	32.3	
萨尔瓦多	El Salvador	2014	31.8	37.9	
赤道几内亚	Equatorial Guinea	2006	76.8	79.9	
厄立特里亚	Eritrea	1994	53.0		
爱沙尼亚	Estonia	2013	21.8		
埃塞俄比亚	Ethiopia	2011	29.6	30.4	
斐　济	Fiji	2009	35.2	44.0	18.6

10-3 续表 1 continued

单位：% (%)

国家或地区	Country or Area	年 份 Year	全 国 National	农 村 Rural	城 市 Urban
加 蓬	Gabon	2005	32.7	44.6	29.8
冈比亚	Gambia	2010	48.4	73.9	
格鲁吉亚	Georgia	2012	14.8	18.8	
加 纳	Ghana	2012	24.2	37.9	
危地马拉	Guatemala	2014	59.3	76.1	
几内亚	Guinea	2012	55.2	64.7	
几内亚比绍	Guinea-Bissau	2010	69.3	75.6	
圭亚那	Guyana	1998	35.0		
海 地	Haiti	2012	58.5	74.9	
洪都拉斯	Honduras	2014	62.8	65.0	
匈牙利	Hungary	2014	14.9		
印 度	India	2012	21.9	25.7	
印度尼西亚	Indonesia	2014	11.3	14.2	
伊拉克	Iraq	2012	18.9	30.6	
牙买加	Jamaica	2012	19.9		
约 旦	Jordan	2010	14.4	16.8	
哈萨克斯坦	Kazakhstan	2015	2.7	4.4	
肯尼亚	Kenya	2006	46.6	49.7	34.4
吉尔吉斯斯坦	Kyrgyzstan	2015	32.1	33.6	
老 挝	Laos	2012	23.2	28.6	
拉脱维亚	Latvia	2014	22.5		
黎巴嫩	Lebanon	2012	27.4		
莱索托	Lesotho	2010	57.1	61.2	
利比里亚	Liberia	2007	63.8	67.7	55.1
立陶宛	Lithuania	2014	22.2		
前南马其顿	Macedonia, FYR	2014	22.1		
马达加斯加	Madagascar	2010	75.3	81.5	
马拉维	Malawi	2010	50.7	56.6	
马来西亚	Malaysia	2014	0.6	1.6	
马 里	Mali	2010	43.6	50.6	
毛里塔尼亚	Mauritania	2008	42.0	59.4	
毛里求斯	Mauritius	1992	10.6		
墨西哥	Mexico	2014	53.2	62.4	
摩尔多瓦	Moldova	2014	11.4		
蒙 古	Mongolia	2014	21.6	26.4	
黑 山	Montenegro	2013	8.6	9.7	
摩洛哥	Morocco	2007	8.9	14.4	4.8
莫桑比克	Mozambique	2009	54.7	56.9	
缅 甸	Myanmar	2005	32.0		22.0
纳米比亚	Namibia	2009	28.7	37.4	
尼泊尔	Nepal	2011	25.2	27.4	
尼加拉瓜	Nicaragua	2014	29.6	50.1	
尼日尔	Niger	2011	48.9	55.2	

10-3 续表 2 continued

单位：% (%)

国家或地区	Country or Area	年 份 Year	全 国 National	农 村 Rural	城 市 Urban
尼日利亚	Nigeria	2010	46.0	52.8	
巴基斯坦	Pakistan	2013	29.5	35.6	
巴 拿 马	Panama	2015	23.0		
巴布亚新几内亚	Papua New Guinea	2009	39.9	41.6	
巴 拉 圭	Paraguay	2015	22.2		
秘 鲁	Peru	2015	21.8		
菲 律 宾	Philippines	2012	25.2		
波 兰	Poland	2013	17.0		
罗马尼亚	Romania	2013	25.4		
俄 罗 斯	Russia	2015	13.3		
卢 旺 达	Rwanda	2011	44.9	48.7	
圣多美和普林西比	Sao Tome and Principe	2009	61.7	59.4	
塞内加尔	Senegal	2011	46.7	57.1	
塞尔维亚	Serbia	2014	25.4		
塞 舌 尔	Seychelles	2013	39.3		
塞拉利昂	Sierra Leone	2011	52.9	66.1	
斯洛伐克	Slovakia	2013	12.6		
斯洛文尼亚	Slovenia	2014	14.3		
所罗门群岛	Solomon Islands	2013	12.7		
南 非	South Africa	2010	53.8	77.0	
斯里兰卡	Sri Lanka	2013	6.7	7.6	
苏 丹	Sudan	2009	46.5	57.6	
斯威士兰	Swaziland	2009	63.0	73.1	
叙 利 亚	Syrian Arab Republic	2007	35.2	36.9	
塔吉克斯坦	Tajikistan	2015	31.3	35.2	
坦桑尼亚	Tanzania	2012	28.2	33.3	
泰 国	Thailand	2014	10.5		
东 帝 汶	Timor-Leste	2014	41.8		
多 哥	Togo	2015	55.1	68.7	
特立尼达和多巴哥	Trinidad and Tobago	1992	21.0	20.0	24.0
突 尼 斯	Tunisia	2010	15.5		
土 耳 其	Turkey	2014	1.6		
乌 干 达	Uganda	2012	19.5	22.4	
乌 克 兰	Ukraine	2015	6.4		
乌 拉 圭	Uruguay	2015	9.7		
乌兹别克斯坦	Uzbekistan	2013	14.1		
委内瑞拉	Venezuela	2015	33.1		
越 南	Viet Nam	2014	13.5	18.6	
约旦河西岸和加沙	West Bank and Gaza	2011	25.8	19.4	
也 门	Yemen	2005	34.8	40.1	20.7
赞 比 亚	Zambia	2010	60.5	77.9	
津巴布韦	Zimbabwe	2011	72.3	84.3	

10-4 国际贫困率
International Poverty Ratio

资料来源：世界银行WDI数据库。
Source: World Bank WDI Database.
单位：%　　(%)

国家或地区	Country or Area	日均收入不足1.9美元的贫困人口占总人口比重 Poverty Headcount Ratio at $1.9 a day (PPP) (% of population)		日均收入不足3.1美元的贫困人口占总人口比重 Poverty Headcount Ratio at $3.1 a Day (PPP) (% of population)	
		2005	2015	2005	2015
中　　国	China	18.8	1.9①	41.8	11.1①
阿尔巴尼亚	Albania	1.1	1.1②	9.8	6.8②
阿 根 廷	Argentina	5.4	1.7③	11.4	4.3③
亚美尼亚	Armenia	4.5	1.9	24.7	14.6③
奥 地 利	Austria	0.1	0.2③		
孟加拉国	Bangladesh	24.5		63.0	
白俄罗斯	Belarus	0.4		2.2	
贝　　宁	Benin		49.5		
不　　丹②	Bhutan②		2.2		13.3
玻利维亚	Bolivia	20.4	7.1	32.2	12.7③
巴　　西	Brazil	9.6	4.3	21.2	7.6③
保加利亚	Bulgaria		1.5③		4.7②
布基纳法索③	Burkina Faso③		43.7		74.7
柬 埔 寨②	Cambodia②		2.2		21.6
喀 麦 隆③	Cameroon③		24.0		43.5
智　　利	Chile		1.3		2.1①
哥伦比亚	Colombia	10.4	5.5	22.9	13.2③
刚果(金)	Congo, Dem. Rep.	87.7	77.1②	95.2	90.7②
刚果(布)	Congo, Rep.	50.2		71.8	
哥斯达黎加	Costa Rica	4.4	1.6	9.0	3.9③
克罗地亚	Croatia		1.0③		2.2②
捷　　克	Czech Rep.			0.1	0.3②
丹　　麦	Denmark	0.3	0.2③		
吉 布 提①	Djibouti①		22.5		43.1
多米尼加	Dominican Rep.	5.8	1.9	15.9	9.1①
厄瓜多尔	Ecuador	13.6	4.8	27.0	10.2③
埃　　及	Egypt	2.0	1.4	18.5	
萨尔瓦多	El Salvador	9.6	1.9	20.9	11.3③
爱沙尼亚	Estonia	0.8	0.7③	1.9	1.6②
埃塞俄比亚	Ethiopia	39.0		77.6	
加　　蓬	Gabon	8.0		24.4	
格鲁吉亚	Georgia	16.2	8.3	36.5	25.3③
加　　纳	Ghana	25.1	13.6②	49.0	
希　　腊	Greece	0.3	1.5③		
危地马拉③	Guatemala③		9.5		24.1
几 内 亚②	Guinea②		35.3		68.7
海　　地②	Haiti②		24.9		71.0
洪都拉斯	Honduras	27.8	17.8	42.6	31.2③
匈 牙 利	Hungary	0.7	0.7③	1.5	0.5②
印　　度	India	41.6		75.6	
印度尼西亚	Indonesia	21.6	7.5	59.5	36.4③
伊　　朗	Iran	0.4	0.3③	11.2	0.7①
伊 拉 克②	Iraq②		2.5		21.2
哈萨克斯坦	Kazakhstan	0.2		2.9	0.3①
肯 尼 亚	Kenya	33.6		58.9	
吉尔吉斯斯坦	Kyrgyzstan	15.4	2.5	49.8	17.5③
老　　挝②	Laos②		22.7		46.9
拉脱维亚	Latvia	2.4	0.5③	4.9	2.6②
立 陶 宛	Lithuania	1.8	1.2③	4.3	2.0②

10-4 续表 continued

单位：% (%)

国家或地区	Country or Area	日均收入不足1.9美元的贫困人口占总人口比重 Poverty Headcount Ratio at $1.9 a day (PPP) (% of population)		日均收入不足3.1美元的贫困人口占总人口比重 Poverty Headcount Ratio at $3.1 a Day (PPP) (% of population)	
		2005	2015	2005	2015
前南马其顿	Macedonia, FYR	1.4	5.0	6.4	
马达加斯加	Madagascar	72.0	77.8②	89.9	90.5②
毛里塔尼亚③	Mauritania③		5.9		22.1
毛里求斯②	Mauritius②		0.5		3.0
墨西哥	Mexico	8.7	3.0③	18.1	11.0③
密克罗尼西亚	Micronesia, Fed.	10.6	15.3①	28.5	39.4①
摩尔多瓦	Moldova	13.9		38.7	1.0③
蒙古	Mongolia	22.4	0.2③	49.1	2.7③
黑山	Montenegro	0.2		1.1	0.5③
缅甸	Myanmar		6.5		
尼加拉瓜	Nicaragua	9.0	3.6③	39.4	17.1③
尼日尔	Niger	74.9	45.5③	90.0	75.5③
挪威	Norway	0.2			
巴基斯坦	Pakistan	16.5	6.1①	57.1	36.9①
巴拿马	Panama	10.3	2.2	18.8	8.4③
巴拉圭	Paraguay	7.0	2.5	16.1	7.0③
秘鲁	Peru	14.2	3.0	27.4	9.0③
菲律宾	Philippines		8.3		37.6②
波兰	Poland	0.1		1.4	0.3③
葡萄牙	Portugal	0.5	0.5③		
罗马尼亚	Romania	2.1		11.8	4.1①
俄罗斯	Russia	0.5		3.2	0.5②
卢旺达	Rwanda	68.0	60.4①	84.1	80.6①
塞内加尔	Senegal	38.4		66.4	
塞尔维亚	Serbia	1.1	0.2①	4.0	1.3①
塞舌尔①	Seychelles①		1.1		2.5
斯洛伐克	Slovakia	0.2	0.8③	0.5	0.4②
斯洛文尼亚	Slovenia	0.1		0.2	0.1②
所罗门群岛	Solomon Islands	45.6	25.1①	69.3	
西班牙	Spain	0.8	0.8③		
斯里兰卡②	Sri Lanka②		1.9		14.6
塔吉克斯坦	Tajikistan		4.7		56.7③
坦桑尼亚②	Tanzania②		43.5		73.0
泰国①	Thailand①				0.9
多哥	Togo		49.1		
突尼斯	Tunisia	3.1		13.3	
土耳其	Turkey	2.6	0.3③	9.3	2.6①
乌干达	Uganda	53.2	34.6②	76.3	65.0②
乌克兰	Ukraine	0.3	0.1	2.3	0.1③
乌拉圭	Uruguay	1.5	0.3	6.1	1.3③
委内瑞拉	Venezuela	17.0		24.0	
越南③	Viet Nam③		2.8		12.0
约旦河西岸和加沙	West Bank and Gaza	0.9		2.1	
也门	Yemen	9.8	18.8③	37.3	
赞比亚	Zambia		57.5		
科索沃	Kosovo	3.0	0.8①	16.2	3.5①

注：①2013年数据。②2012年数据。③2014年数据。
Note:①Data refer to 2013.②Data refer to 2012.③Data refer to 2014.

10-5 贫困人口社会指标(2015年)
Social Indicators of Poverty(2015)

资料来源：世界银行WDI数据库。
Source: World Bank WDI Database.

国家或地区	Country or Area	全部人口营养不良发生率(%) Prevalence of Undernourishment (% of population)	5岁以内儿童死亡率(‰) Mortality Rate, Under-5 (‰)	12-23个月儿童麻疹疫苗免疫接种率(%) Immunization, measles (% of children ages 12-23 months)	在熟练医护人员护理下的分娩率(%) Births attended by skilled health staff (% of total)
世　界	**World**	**10.8**	**42.5**	**84.8**	**78.3①**
中　国	China	9.3	10.7	99.0	99.9②
阿富汗	Afghanistan	26.8	91.1	68.0	50.5
阿根廷	Argentina	5.0	12.5	89.0	99.6②
孟加拉国	Bangladesh	16.4	37.6	88.0	42.1②
玻利维亚	Bolivia	15.9	38.4	99.0	
巴　西	Brazil	5.0	16.4	99.0	99.1①
保加利亚	Bulgaria		10.4	92.0	99.7②
柬埔寨	Cambodia	14.2	28.7	81.0	89.0②
古　巴	Cuba	5.0	5.5	99.0	99.9
塞浦路斯	Cyprus		2.7	90.0	97.4②
埃　及	Egypt	5.0	24.0	92.0	91.5②
萨尔瓦多	El Salvador	12.4	16.8	95.0	98.0②
加　纳	Ghana	5.0	61.6	89.0	70.8②
几内亚	Guinea	16.4	93.7	52.0	
印　度	India	15.2	47.7	87.0	81.4②
印度尼西亚	Indonesia	7.6	27.2	69.0	87.4①
伊　朗	Iran	5.0	15.5	99.0	
伊拉克	Iraq	22.8	32.0	57.0	
哈萨克斯坦	Kazakhstan	5.0	14.1	99.0	100.0②
朝　鲜	Korea, Dem.	37.5	27.4	99.0	
吉尔吉斯斯坦	Kyrgyzstan	6.0	21.3	99.0	98.4②
老　挝	Laos	18.5	66.7	88.0	
利比亚	Libya		13.4	93.0	
马来西亚	Malaysia	5.0	7.0	93.0	99.0②
墨西哥	Mexico	5.0	13.2	97.0	95.6②
蒙　古	Mongolia	20.5	22.4	98.0	98.9②
缅　甸	Myanmar	14.2	50.0	86.0	
尼泊尔	Nepal	7.8	35.8	85.0	55.6②
尼日利亚	Nigeria	7.0	108.8	54.0	35.2①
巴基斯坦	Pakistan	22.0	81.1	61.0	52.1①
巴拿马	Panama	9.5	17.0	90.0	93.9②
巴拉圭	Paraguay	10.4	20.5	83.0	
秘　鲁	Peru	7.5	16.9	92.0	90.0②
菲律宾	Philippines	13.5	28.0	82.0	72.8①
卢旺达	Rwanda	31.6	41.7	97.0	90.7
塞拉利昂	Sierra Leone	22.3	120.4	76.0	59.7①
南　非	South Africa	5.0	40.5	76.0	
泰　国	Thailand	7.4	12.3	99.0	
土耳其	Turkey	5.0	13.5	94.0	97.4②
乌克兰	Ukraine		9.0	56.0	99.9②
乌兹别克斯坦	Uzbekistan	5.0	39.1	99.0	100.0②
越　南	Viet Nam	11.0	21.7	97.0	93.8②

注：①2013年数据。②2014年数据。
Note:①Data refer to 2013.②Data refer to 2014.

10–6 居民消费支出构成
Composition of Household Final Consumption Expenditure

资料来源：经合组织OLIS数据库。
Source:OECD OLIS Database.
单位：%　　(%)

国家或地区	Country or Area	年份 Year	食品、非酒精饮料 Food and Non-alcoholic Beverages	酒精饮料、烟草和麻醉品 Alcoholic Beverages,Tobacco and Narcotics	服装和鞋类 Clothing and Footwear	住房、水、电、天然气和其他燃料 Housing, Water, Electricity, Gas and other Fuels	家具、家用设备及住房日常维护 Furnishings, Households Equipment and Routine Maintenance of the House
澳大利亚	Australia	2015	9.81	3.40	3.20	23.95	4.22
奥地利	Austria	2015	9.86	3.39	5.97	22.69	6.46
比利时	Belgium	2015	13.33	4.23	4.68	24.35	6.20
加拿大	Canada	2016	9.19	3.37	4.24	24.45	5.41
捷克	Czech Rep.	2015	16.60	8.35	3.44	25.93	5.38
丹麦	Denmark	2013	11.23	3.84	4.33	30.23	4.85
芬兰	Finland	2015	12.42	4.46	4.31	28.19	4.96
法国	France	2015	13.34	3.54	3.88	26.42	4.93
德国	Germany	2015	10.51	3.24	4.84	23.96	6.61
希腊	Greece	2015	16.60	5.05	3.38	20.56	3.15
匈牙利	Hungary	2015	18.21	8.28	3.35	19.06	4.45
冰岛	Iceland	2016	13.43	4.16	3.23	20.98	6.00
爱尔兰	Ireland	2015	9.52	5.68	4.14	24.57	4.34
意大利	Italy	2014	14.23	4.22	6.11	24.35	6.12
日本	Japan	2015	15.24	2.25	3.88	25.49	4.06
韩国	Korea, Rep.	2015	13.43	2.65	6.10	18.44	2.86
卢森堡	Luxemburg	2015	9.23	7.77	5.44	23.93	5.73
墨西哥	Mexico	2015	23.45	2.82	3.19	18.79	5.60
荷兰	Netherlands	2015	11.73	3.07	5.03	23.84	5.36
挪威	Norway	2014	12.88	4.24	5.19	22.36	6.59
波兰	Poland	2015	16.88	6.78	4.94	21.48	5.24
葡萄牙	Portugal	2015	16.99	3.17	6.09	19.33	4.97
斯洛伐克	Slovakia	2015	17.79	5.12	3.96	24.90	5.90
西班牙	Spain	2015	13.40	3.87	4.29	22.97	4.16
瑞典	Sweden	2015	12.51	3.61	4.80	25.96	5.30
瑞士	Switzerland	2011	12.17	3.61	4.83	26.88	5.03
英国	United Kingdom	2016	8.10	3.83	5.75	25.49	4.88
美国	United States	2015	6.39	2.01	3.30	18.76	4.21
智利	Chile	2014	16.57	3.04	5.60	14.11	6.62
爱沙尼亚	Estonia	2015	20.73	8.77	6.79	17.96	4.39
以色列	Israel	2015	16.36	2.86	2.83	25.91	5.72
斯洛文尼亚	Slovenia	2015	15.38	5.66	5.04	18.80	4.84

10-6 续表 continued

单位：%　　(%)

国家或地区	Country or Area	年 份 Year	医疗保健 Health	交通 Transport	通讯 Communic-ations	休闲与文化 Recreation and Culture	教育 Education	饭店和旅馆 Restaurants and Hotels	其他 Others
澳大利亚	Australia	2015	6.50	9.99	2.17	9.98	4.70	6.67	15.42
奥地利	Austria	2015	3.77	11.71	1.75	10.21	0.81	12.95	10.43
比利时	Belgium	2015	6.46	10.99	2.22	8.58	0.43	6.25	12.28
加拿大	Canada	2016	4.29	15.10	2.64	8.22	1.68	7.13	14.28
捷克	Czech Rep.	2015	2.30	9.31	2.83	8.62	0.48	8.73	8.02
丹麦	Denmark	2013	2.84	11.61	1.87	10.73	0.77	5.72	11.98
芬兰	Finland	2015	4.62	11.75	2.33	10.54	0.39	6.30	9.72
法国	France	2015	4.22	13.09	2.62	8.36	0.93	6.81	11.86
德国	Germany	2015	5.42	14.39	2.77	8.87	0.83	5.38	13.18
希腊	Greece	2015	4.27	13.83	4.37	4.48	2.08	14.76	7.45
匈牙利	Hungary	2015	4.79	12.70	3.78	6.78	1.66	8.44	8.50
冰岛	Iceland	2016	2.67	14.38	2.33	11.31	1.17	13.54	6.82
爱尔兰	Ireland	2015	4.68	12.96	2.60	6.04	2.62	14.33	8.51
意大利	Italy	2014	3.28	11.97	2.33	6.63	1.04	9.75	9.96
日本	Japan	2015	3.74	10.01	3.60	7.96	2.02	7.88	13.87
韩国	Korea, Rep.	2015	5.17	12.31	3.45	8.30	5.52	8.28	13.48
卢森堡	Luxemburg	2015	2.26	16.06	1.55	6.30	1.10	7.49	13.15
墨西哥	Mexico	2015	3.88	20.06	3.04	4.77	1.47	4.21	8.73
荷兰	Netherlands	2015	3.66	12.63	3.27	10.85	0.79	7.79	11.97
挪威	Norway	2014	3.12	16.16	2.27	11.60	0.55	6.66	11.52
波兰	Poland	2015	5.11	12.17	2.40	7.80	0.98	3.09	13.14
葡萄牙	Portugal	2015	4.95	12.62	2.48	5.65	1.26	11.56	10.94
斯洛伐克	Slovakia	2015	2.47	7.51	3.42	9.93	1.64	5.76	11.59
西班牙	Spain	2015	4.17	10.75	2.44	6.92	1.85	15.92	9.26
瑞典	Sweden	2015	3.47	12.74	3.07	11.00	0.28	6.24	11.03
瑞士	Switzerland	2010	14.84	9.03	2.45	8.38	0.56	7.02	12.61
英国	United Kingdom	2016	1.75	13.79	2.01	10.05	1.63	9.73	12.98
美国	United States	2015	21.66	9.29	2.47	9.14	2.31	6.73	13.71
智利	Chile	2014	7.06	13.10	3.73	7.32	4.30	5.26	13.29
爱沙尼亚	Estonia	2015	2.96	10.94	3.09	8.24	0.39	7.83	7.91
以色列	Israel	2015	2.96	14.41	2.85	5.64	2.51	6.69	11.26
斯洛文尼亚	Slovenia	2015	3.95	16.00	3.12	8.59	1.36	6.97	10.28

主要统计指标解释

居民最终消费支出（私人消费） 是指由家庭购买的包括耐用消费品(比如小汽车、洗衣机和家用电脑)在内的各种产品和服务的市场价值。

基尼系数 反映个人或家庭收入分配（或消费）与完全平均收入分配之间差异程度的指标，介于“0”和“1”之间。“0”表示收入分配绝对平均，即每个家庭或每个人都得到同样份额的收入；“1”表示收入分配极端不平等，一个家庭或个人拥有全社会的收入。

国家贫困线 国家贫困线反映了当地消费或收入水平，它是衡量国民是否处于贫困的数量界限。贫困和非贫困线的界定是随着一个国家平均收入水平而变化的，到目前为止国家间贫困率的比较还没有一个统一的标准来衡量。然而国家贫困线的变化可以在一定程度上反映国家减贫政策及成效。几乎所有国家的贫困线的界定是基于大众化食品消费和非食品支出补助。但平均收入贫困线的提高主要取决于非食品构成，而不是来自于食品构成。

国家贫困率 是指生活在国家贫困线以下的人口的百分比。

城市贫困率 是指生活在国家城市贫困线以下的城市人口的百分比。

农村贫困率 是指生活在农村贫困线以下的农村人口的百分比。

Explanatory Notes on Main Statistical Indicators

Household Final Consumption Expenditure (Private Consumption) is the market value of all goods and services, including durable products (such as cars, washing machines, and home computers), purchased by households.

GINI Index measures the extent to which the distribution of income (or, in some cases, consumption expenditure) among individuals or households within an economy deviates from a perfectly equal distribution. Thus a GINI index of zero represents perfect equality, while an index of 1 implies perfect inequality.

National Poverty Lines The setting of national poverty lines reflects local perceptions of the level of consumption or income needed not to be poor. The perceived boundary between poor and not poor rises with the average income of a country and so does not provide a uniform measure for comparing poverty rates across countries. Nevertheless, national poverty estimates are clearly the appropriate measure for setting national policies for poverty reduction and for monitoring their results. Almost all the national poverty lines use a food bundle based on prevailing diets that attains predetermined nutritional requirements for good health and normal activity levels, plus an allowance for nonfood spending. The rise in poverty lines with average income is driven more by the gradient in the nonfood component of the poverty lines than in the food component, although there is still an appreciable share attributable to the gradient in food poverty lines.

National Poverty Rate is the percentage of the country's population living below the national poverty line.

Urban Poverty Rate is the percentage of the urban population living below the national urban poverty line.

Rural Poverty Rate is the percentage of the rural population living below the national rural poverty line.

农　业

Agriculture

11-1　农业生产指数
Agriculture Production Indices

资料来源：联合国FAO数据库。
Source: FAO Database.

2004-2006年=100　　(2004-2006=100)

国家或地区	Country or Area	农业 Agriculture			食品 Food		
		2000	2010	2014	2000	2010	2014
世　界	**World**	**88.9**	**112.9**	**123.7**	**89.1**	**113.3**	**124.1**
中　国	China	84.7	119.9	132.0	85.0	120.5	132.8
中国香港	Hong Kong, China	108.2	55.4	34.2	108.2	55.4	34.2
中国澳门	Macao, China	103.2	95.3	86.0	103.2	95.3	86.0
孟加拉国	Bangladesh	89.6	129.3	140.7	89.5	129.6	140.2
文　莱	Brunei Darussalam	84.9	139.3	156.7	84.9	139.6	157.2
柬埔寨	Cambodia	74.8	148.6	175.4	73.6	148.3	176.6
印　度	India	90.2	124.3	143.2	91.2	123.3	142.4
印度尼西亚	Indonesia	78.2	123.0	139.2	78.5	124.0	140.3
伊　朗	Iran	77.6	106.3	106.4	77.0	106.2	106.5
以色列	Israel	87.3	104.1	111.8	87.5	104.9	112.4
日　本	Japan	103.6	97.1	96.4	103.6	97.3	96.7
哈萨克斯坦	Kazakhstan	78.4	106.7	126.1	78.7	107.8	126.6
韩　国	Korea, Rep.	103.8	101.2	103.9	103.5	101.3	104.0
老　挝	Laos	83.6	132.1	192.8	81.1	130.2	186.1
马来西亚	Malaysia	78.1	110.8	121.8	78.1	114.9	130.3
蒙　古	Mongolia	143.8	114.0	146.9	143.9	114.8	148.8
缅　甸	Myanmar	68.2	135.5	130.2	67.9	135.0	128.2
巴基斯坦	Pakistan	87.8	110.5	123.1	88.3	113.3	124.9
菲律宾	Philippines	85.0	112.5	122.0	84.9	112.7	120.3
新加坡	Singapore	70.2	92.3	111.7	70.2	92.3	111.7
斯里兰卡	Sri Lanka	95.4	123.3	119.7	95.3	124.9	122.4
泰　国	Thailand	91.6	112.8	128.7	93.8	114.7	126.0
越　南	Viet Nam	77.9	119.7	136.2	78.0	118.5	133.7
埃　及	Egypt	85.5	109.3	120.3	85.3	110.2	121.5
尼日利亚	Nigeria	81.1	105.4	116.2	81.1	105.4	116.8
南　非	South Africa	96.6	117.7	125.0	96.2	118.3	125.8
加拿大	Canada	92.9	102.3	108.9	92.9	102.8	109.1
墨西哥	Mexico	87.8	108.0	119.9	87.4	108.3	119.7
美　国	United States	96.0	105.6	111.4	96.5	106.5	112.7
阿根廷	Argentina	86.1	112.3	119.2	86.1	112.2	119.0
巴　西	Brazil	77.5	122.2	134.6	77.9	123.3	135.8
委内瑞拉	Venezuela	97.7	109.1	118.4	97.5	109.3	119.2
捷　克	Czech Rep.	102.6	90.8	101.9	102.6	90.9	102.1
法　国	France	104.0	97.5	102.6	104.0	97.5	102.7
德　国	Germany	102.1	102.6	111.3	102.0	102.6	111.3
意大利	Italy	100.1	96.9	88.9	100.0	96.9	89.1
荷　兰	Netherlands	106.6	111.6	115.3	106.6	111.6	115.4
波　兰	Poland	102.1	100.9	112.6	102.1	100.9	112.7
俄罗斯	Russia	88.7	93.9	120.2	88.7	93.8	120.1
西班牙	Spain	99.8	103.3	102.0	99.7	103.6	102.2
土耳其	Turkey	94.9	109.8	120.3	94.6	111.3	122.0
乌克兰	Ukraine	85.4	106.1	137.3	85.4	106.1	137.3
英　国	United Kingdom	103.4	102.1	107.8	103.4	102.0	107.9
澳大利亚	Australia	105.8	99.9	111.4	103.1	101.8	110.9
新西兰	New Zealand	88.0	103.9	116.4	86.7	105.0	118.2

11−2 收获面积(2016年)
Harvest Areas of Major Farm Crops(2016)

资料来源：联合国FAO数据库。
Source: FAO Database.
单位：千公顷 (1 000 hectares)

国家或地区	Country or Area	谷物 Cereals,Total	稻谷 Rice, paddy	小麦 Wheat	玉米 Maize	大豆 Soybeans
世界	**World**	**718130.5**	**159807.7**	**220107.6**	**187959.1**	**121532.4**
中国	China	96347	30199.6	24345.8	38952.5	6639.1
孟加拉国	Bangladesh	12182	11386	445	335	50.3
文莱	Brunei Darussalam	2	2			
柬埔寨	Cambodia	2941.8	2867		74.8	102
印度	India	98475	42965	30230	10200	11500
印度尼西亚	Indonesia	18068.1	14275.2		3792.8	623.8
伊朗	Iran	7989	556.8	5681.8	130.1	63.6
以色列	Israel	61.5		43.7	3.5	
日本	Japan	1815.8	1479	214.4	0.1	150
哈萨克斯坦	Kazakhstan	15144.3	94.3	12373.5	135.1	106.1
朝鲜	Korea, Dem.	1219.3	468.7	36.9	544.5	300.1
韩国	Korea, Rep.	857.8	778.7	9.4	15.3	49
老挝	Laos	1232.2	973.3		258.9	12.1
马来西亚	Malaysia	718.2	708.1		10	
蒙古	Mongolia	377.8		355.1		
缅甸	Myanmar	7792	6724	86.5	488.1	143
巴基斯坦	Pakistan	14057.7	2765.6	9143.1	1334	0.2
菲律宾	Philippines	7040.6	4556		2484.5	0.5
新加坡	Singapore					
斯里兰卡	Sri Lanka	1129.7	1051.4		72.4	5
泰国	Thailand	10033.7	8677.6	1.3	1138.1	24.4
越南	Viet Nam	8936.4	7783.1		1151.8	99.6
埃及	Egypt	3403.7	672.6	1368.8	1082.8	10
尼日利亚	Nigeria	17342.5	2995.7	60	6544.2	612.7
南非	South Africa	2668.9	1.1	508.4	1946.8	502.8
加拿大	Canada	14135.2		9261.6	1317.7	2190.5
墨西哥	Mexico	10260.9	41.4	723.6	7598.1	277.8
美国	United States	58454.1	1253.3	17761.8	35106.1	33482.4
阿根廷	Argentina	13151	207.7	5629.2	5346.6	19504.6
巴西	Brazil	20122.4	1943.9	2166.2	14958.9	33153.7
委内瑞拉	Venezuela	520.1	72		430	10
白俄罗斯	Belarus	2205.8		710.4	124.2	
捷克	Czech Rep.	1361.4		839.7	86.4	10.6
法国	France	9610.7	17.1	5562.6	1487	136.4
德国	Germany	6316.3		3201.7	416.3	15
意大利	Italy	3254	234.1	1912.4	660.7	288.1
荷兰	Netherlands	174.3		127.3	8.4	
波兰	Poland	7462.4		2384.1	595.4	7.5
俄罗斯	Russia	44427.9	203.8	27312.8	2777	2120
西班牙	Spain	6265.1	110.6	2078.1	384.6	0.7
土耳其	Turkey	11359.6	116.1	7609.9	679.5	38.2
乌克兰	Ukraine	14016.7	12	6205.8	4252.2	1859.4
英国	United Kingdom	3127.6		1823		
澳大利亚	Australia	16984.4	26.6	11282.2	53.3	29.2
新西兰	New Zealand	130.8		49.9	18	

11-2 续表 1 continued

单位：千公顷 (1 000 hectares)

国家或地区	Country or Area	根茎类作物 Roots and Tubers,Total	花生 Groundnuts, with shell	油菜籽 Rapeseed	籽棉 Seed Cotton	黄麻及黄麻类纤维 Jute and Jute-like Fibres
世　界	**World**	**61924.8**	**27660.8**	**33708.5**	**30206.8**	**1612.6**
中　国	China	9482.4	4522.0	7614.5	3376.1	17.2
孟加拉国	Bangladesh	500.6	35.7	318.6	17.4	680.2
文　莱	Brunei Darussalam	0.7				
柬埔寨	Cambodia	399.8	18.0		0.2	0.2
印　度	India	2464.0	5800.0	5762.0	10500.0	838.2
印度尼西亚	Indonesia	1139.8	366.3		5.9	2.3
伊　朗	Iran	161.8	3.4	75.4	82.1	
以色列	Israel	19.7	3.1		8.3	
日　本	Japan	128.6	6.6	2.0		
哈萨克斯坦	Kazakhstan	186.2		161.1	109.6	
朝　鲜	Korea, Dem.	172.3			19.5	
韩　国	Korea, Rep.	44.4	4.3	0.9		
老　挝	Laos	103.4	26.7		2.2	
马来西亚	Malaysia	7.3	0.1			3.1
蒙　古	Mongolia	15.0		4.0		
缅　甸	Myanmar	79.7	989.2		202.0	1.3
巴基斯坦	Pakistan	212.4	89.5	226.2	2489.0	0.4
菲律宾	Philippines	343.2	23.5			
新加坡	Singapore					
斯里兰卡	Sri Lanka	32.6	13.7			
泰　国	Thailand	1498.6	19.3		19.3	2.6
越　南	Viet Nam	721.7	184.8		0.6	0.2
埃　及	Egypt	199.9	58.0		55.0	0.9
尼日利亚	Nigeria	14082.0	2680.0		383.3	1.0
南　非	South Africa	81.0	22.6	68.0	7.9	1.2
加拿大	Canada	342.4		7990.3		
墨西哥	Mexico	78.1	56.3	12.0	104.4	
美　国	United States	474.0	626.1	686.4	3848.0	
阿根廷	Argentina	102.3	341.8	24.9	376.8	
巴　西	Brazil	1609.6	154.6	46.0	996.2	2.0
委内瑞拉	Venezuela	63.6	0.5		3.2	
白俄罗斯	Belarus	292.4		209.9		
捷　克	Czech Rep.	23.4		393.0		
法　国	France	181.2		1550.7		
德　国	Germany	242.5		1325.7		
意大利	Italy	48.8		13.6		
荷　兰	Netherlands	155.6		1.6		
波　兰	Poland	311.6		826.9		
俄罗斯	Russia	2030.9		911.8		12.6
西班牙	Spain	65.3	0.5	75.5	61.8	
土耳其	Turkey	144.7	42.2	35.4	416.0	
乌克兰	Ukraine	1311.6		449.3		
英　国	United Kingdom	139.0		579.0		
澳大利亚	Australia	30.0	6.9	2357.0	280.4	
新西兰	New Zealand	11.8		1.3		

11-2 续表 2 continued

单位：千公顷 (1 000 hectares)

国家或地区	Country or Area	甘蔗 Sugar Cane	甜菜 Sugar Beet	茶叶 Tea	水果 (不包括瓜类) Fruit excl Melons,Total
世　界	**World**	**26774.3**	**4564.9**	**4099.2**	**60482.8**
中　国	China	1669.3	135.7	2228.9	14080.7
孟加拉国	Bangladesh	98.4		60.1	450.5
文　莱	Brunei Darussalam				1.4
柬 埔 寨	Cambodia	27.4			62.7
印　度	India	4950.0		585.9	6899.4
印度尼西亚	Indonesia	472.7		117.3	724.7
伊　朗	Iran	95.8	101.2	20.4	1459.5
以 色 列	Israel				66.1
日　本	Japan	28.9	59.7	44.1	176.7
哈萨克斯坦	Kazakhstan		12.1		59.8
朝　鲜	Korea, Dem.				236.6
韩　国	Korea, Rep.			2.2	171.1
老　挝	Laos	36.2		4.2	54.0
马来西亚	Malaysia	0.1		2.9	89.9
蒙　古	Mongolia				3.0
缅　甸	Myanmar	163.7		86.2	457.6
巴基斯坦	Pakistan	1130.8	2.9		753.0
菲 律 宾	Philippines	410.1			1670.7
新 加 坡	Singapore				
斯里兰卡	Sri Lanka	16.8		231.6	130.8
泰　国	Thailand	1336.6		8.2	1178.9
越　南	Viet Nam	256.3		118.8	587.4
埃　及	Egypt	137.0	255.0		583.2
尼日利亚	Nigeria	82.6			1922.9
南　非	South Africa	246.9		0.9	291.6
加 拿 大	Canada		8.1		99.5
墨 西 哥	Mexico	781.1			1358.0
美　国	United States	370.5	455.8		1120.6
阿 根 廷	Argentina	331.7		37.7	482.5
巴　西	Brazil	10226.2		0.2	2218.5
委内瑞拉	Venezuela	52.2	1.1		185.9
白俄罗斯	Belarus		96.0		86.8
捷　克	Czech Rep.		60.7		35.9
法　国	France		402.7		879.6
德　国	Germany		334.5		179.7
意 大 利	Italy		32.3		1103.0
荷　兰	Netherlands		70.7		22.2
波　兰	Poland		205.6		412.2
俄 罗 斯	Russia		1092.0	0.5	528.6
西 班 牙	Spain		33.2		1595.2
土 耳 其	Turkey		322.0	76.4	1197.7
乌 克 兰	Ukraine		291.2		228.7
英　国	United Kingdom		86.0		29.9
澳大利亚	Australia	447.2			265.0
新 西 兰	New Zealand				74.9

11-3 主要农产品产量
Production of Major Farm Crops

资料来源：联合国FAO数据库。
Source:FAO Database.
单位：万吨 (10 000 tons)

国家或地区	Country or Area	谷物 Cereals,Total 2000	谷物 Cereals,Total 2016	国家或地区	Country or Area	稻谷 Rice, Paddy 2000	稻谷 Rice, Paddy 2016
世 界	**World**	**205863.2**	**284866.2**	**世 界**	**World**	**59866.9**	**74096.1**
中 国	China	40522.4	58089.8	中 国	China	18790.8	20950.3
美 国	United States	34263.2	47598.4	印 度	India	12746.5	15875.7
印 度	India	23493.1	29471.2	印度尼西亚	Indonesia	5189.8	7729.8
俄罗斯	Russia	6424.3	11775.0	孟加拉国	Bangladesh	3762.8	5259.0
印度尼西亚	Indonesia	6157.5	9766.7	越 南	Viet Nam	3253.0	4343.7
巴 西	Brazil	4652.7	8412.9	缅 甸	Myanmar	2098.7	2567.3
阿根廷	Argentina	3808.7	6702.4	泰 国	Thailand	2584.4	2526.8
乌克兰	Ukraine	2380.7	6521.2	菲律宾	Philippines	1238.9	1762.7
孟加拉国	Bangladesh	3950.3	5638.9	巴 西	Brazil	1113.5	1062.2
加拿大	Canada	5109.0	5525.1	巴基斯坦	Pakistan	720.4	1041.2
法 国	France	6573.2	5465.5	美 国	United States	865.8	1016.7
越 南	Viet Nam	3453.7	4868.5	柬埔寨	Cambodia	402.6	982.7
德 国	Germany	4527.1	4536.4	日 本	Japan	1186.3	804.4
巴基斯坦	Pakistan	3046.1	4307.6	埃 及	Egypt	600.1	630.0
墨西哥	Mexico	2799.5	3846.6	尼日利亚	Nigeria	329.8	607.1
土耳其	Turkey	3224.0	3527.7	韩 国	Korea, Rep.	719.7	562.5
澳大利亚	Australia	3444.7	3523.0	尼泊尔	Nepal	421.7	429.9
泰 国	Thailand	3052.9	3042.1	老 挝	Laos	220.2	414.9
波 兰	Poland	2234.1	2984.9	斯里兰卡	Sri Lanka	286.0	411.7
缅 甸	Myanmar	2178.5	2810.9	马达加斯加	Madagascar	248.1	381.6
埃塞俄比亚	Ethiopia	802.0	2538.5	秘 鲁	Peru	189.2	316.6
尼日利亚	Nigeria	2137.0	2503.6	坦桑尼亚	Tanzania	78.2	298.6
菲律宾	Philippines	1690.1	2484.7	马 里	Mali	74.3	278.1
埃 及	Egypt	2010.6	2421.4	朝 鲜	Korea, Dem.	169.0	253.6
英 国	United Kingdom	2398.8	2196.4	哥伦比亚	Colombia	223.7	245.3
罗马尼亚	Romania	1047.8	2176.6	伊 朗	Iran	197.3	238.7
西班牙	Spain	2458.0	2149.1	马来西亚	Malaysia	214.1	225.2
哈萨克斯坦	Kazakhstan	1153.9	2041.1	几内亚	Guinea	114.1	198.3
意大利	Italy	2066.1	1821.9	科特迪瓦	Cote D'Ivoire	62.2	176.8
伊 朗	Iran	1287.8	1730.8	中国台湾	Taiwan, China	190.6	158.8
匈牙利	Hungary	1003.6	1411.7	意大利	Italy	123.0	158.7
塞尔维亚	Serbia		1088.3	塞拉利昂	Sierra Leone	19.9	156.0
柬埔寨	Cambodia	418.3	1017.8	厄瓜多尔	Ecuador	124.7	153.5
南 非	South Africa	1454.9	1016.7	乌拉圭	Uruguay	120.9	141.0
坦桑尼亚	Tanzania	362.3	1009.2	阿根廷	Argentina	90.4	140.5
丹 麦	Denmark	941.3	915.4	俄罗斯	Russia	58.4	108.1
日 本	Japan	1279.6	903.5	土耳其	Turkey	35.0	92.0
马 里	Mali	231.0	885.0	塞内加尔	Senegal	20.2	88.5
保加利亚	Bulgaria	438.8	875.2	西班牙	Spain	82.7	86.6
尼泊尔	Nepal	711.6	861.4	多米尼加	Dominican Rep.	58.1	86.3
捷 克	Czech Rep.	646.8	860.1	巴拉圭	Paraguay	10.1	85.8
苏 丹	Sudan	325.9	850.9	加 纳	Ghana	24.9	68.8
乌兹别克斯坦	Uzbekistan	410.8	790.2	圭亚那	Guyana	44.9	53.5
巴拉圭	Paraguay	101.4	726.2	古 巴	Cuba	55.3	51.4
白俄罗斯	Belarus	458.1	707.5	哈萨克斯坦	Kazakhstan	21.4	44.8
韩 国	Korea, Rep.	743.5	582.9	玻利维亚	Bolivia	29.9	40.7
尼日尔	Niger	212.6	577.8	喀麦隆	Cameroon	6.1	35.9
奥地利	Austria	449.4	570.2	阿富汗	Afghanistan	26.0	35.7
老 挝	Laos	231.9	570.1	布基纳法索	Burkina Faso	10.3	34.0
阿富汗	Afghanistan	194.0	553.5	尼加拉瓜	Nicaragua	29.0	33.5

11-3 续表 1 continued

单位：万吨 (10 000 tons)

国家或地区	Country or Area	小麦 Wheat 2000	小麦 Wheat 2016	国家或地区	Country or Area	玉米 Maize 2000	玉米 Maize 2016
世　界	**World**	**58499.9**	**74946.0**	**世　界**	**World**	**59203.1**	**106010.8**
中　国	China	9963.6	13168.9	美　国	United States	25185.4	38477.8
印　度	India	7636.9	9350.0	中　国	China	10600.0	23167.4
俄罗斯	Russia	3446.0	7329.5	巴　西	Brazil	3232.1	6414.3
美　国	United States	6063.9	6285.9	阿根廷	Argentina	1678.1	3979.3
加拿大	Canada	2653.6	3048.7	墨西哥	Mexico	1755.7	2825.1
法　国	France	3735.6	2950.5	乌克兰	Ukraine	384.8	2807.5
乌克兰	Ukraine	1019.7	2609.9	印　度	India	1204.3	2626.0
巴基斯坦	Pakistan	2107.9	2600.5	印度尼西亚	Indonesia	967.7	2037.0
德　国	Germany	2162.2	2446.4	俄罗斯	Russia	148.9	1531.0
澳大利亚	Australia	2210.8	2227.5	加拿大	Canada	695.4	1234.9
土耳其	Turkey	2100.0	2060.0	法　国	France	1601.8	1213.1
阿根廷	Argentina	1547.9	1855.8	罗马尼亚	Romania	489.8	1074.6
哈萨克斯坦	Kazakhstan	907.4	1498.5	尼日利亚	Nigeria	410.7	1041.4
英　国	United Kingdom	1670.4	1438.3	埃　及	Egypt	647.5	800.1
伊　朗	Iran	808.8	1109.8	埃塞俄比亚	Ethiopia	268.3	784.7
波　兰	Poland	850.3	1082.8	南　非	South Africa	1143.1	777.9
埃　及	Egypt	656.4	900.0	匈牙利	Hungary	498.4	740.7
罗马尼亚	Romania	443.4	843.1	塞尔维亚	Serbia		737.7
意大利	Italy	746.4	803.8	菲律宾	Philippines	451.1	721.9
乌兹别克斯坦	Uzbekistan	368.4	694.1	意大利	Italy	1013.8	684.0
巴　西	Brazil	172.6	683.4	土耳其	Turkey	230.0	640.0
西班牙	Spain	729.4	643.4	巴基斯坦	Pakistan	164.3	613.0
保加利亚	Bulgaria	278.1	566.3	坦桑尼亚	Tanzania	196.5	587.6
捷　克	Czech Rep.	408.4	545.5	越　南	Viet Nam	200.6	524.4
匈牙利	Hungary	369.3	478.8	巴拉圭	Paraguay	64.7	515.2
阿富汗	Afghanistan	146.9	455.5	泰　国	Thailand	447.3	481.3
埃塞俄比亚	Ethiopia	123.5	453.8	西班牙	Spain	399.2	444.6
丹　麦	Denmark	469.3	420.2	波　兰	Poland	92.3	434.3
墨西哥	Mexico	349.3	386.3	德　国	Germany	332.4	401.8
立陶宛	Lithuania	123.8	379.8	肯尼亚	Kenya	216.0	333.9
伊拉克	Iraq	38.4	305.3	赞比亚	Zambia	104.0	287.3
叙利亚	Syrian Arab Republic	310.6	293.7	马　里	Mali	21.5	281.1
塞尔维亚	Serbia		288.5	乌干达	Uganda	109.6	266.3
瑞　典	Sweden	237.2	283.5	孟加拉国	Bangladesh	1.0	244.6
摩洛哥	Morocco	138.1	273.1	马拉维	Malawi	250.1	237.0
阿尔及利亚	Algeria	76.0	244.0	尼泊尔	Nepal	141.5	223.2
斯洛伐克	Slovakia	125.4	243.4	保加利亚	Bulgaria	80.4	222.6
白俄罗斯	Belarus	96.6	234.0	朝　鲜	Korea, Dem.	104.1	219.5
拉脱维亚	Latvia	42.7	206.2	奥地利	Austria	185.2	218.0
奥地利	Austria	131.3	197.0	喀麦隆	Cameroon	74.1	216.4
南　非	South Africa	242.8	191.0	克罗地亚	Croatia	119.0	215.5
阿塞拜疆	Azerbaijan	115.0	180.0	危地马拉	Guatemala	105.4	189.9
尼泊尔	Nepal	118.4	173.7	希　腊	Greece	209.4	187.0
智　利	Chile	149.3	173.2	缅　甸	Myanmar	35.9	183.1
希　腊	Greece	228.7	169.8	加　纳	Ghana	101.3	172.2
土库曼斯坦	Turkmenistan	169.0	160.0	斯洛伐克	Slovakia	44.0	171.0
比利时	Belgium	168.8	140.0	布基纳法索	Burkina Faso	42.4	158.3
孟加拉国	Bangladesh	184.0	134.8	老　挝	Laos	11.7	155.2
摩尔多瓦	Moldova	72.8	129.3	秘　鲁	Peru	124.1	151.0
巴拉圭	Paraguay	23.1	114.4	安哥拉	Angola	39.5	150.0

11-3　续表 2　continued

单位：万吨　　(10 000 tons)

国家或地区	Country or Area	大豆 Soybeans 2000	大豆 Soybeans 2016	国家或地区	Country or Area	根茎类作物 Roots and Tubers 2000	根茎类作物 Roots and Tubers 2016
世　界	**World**	**16130.9**	**33489.4**	**世　界**	**World**	**69542.4**	**84612.1**
美　国	United States	7505.5	11720.8	中　国	China	18957.5	17629.9
巴　西	Brazil	3282.1	9629.7	尼日利亚	Nigeria	6516.4	10958.3
阿根廷	Argentina	2013.6	5879.9	印　度	India	3212.5	4979.6
印　度	India	527.6	1400.8	泰　国	Thailand	1936.4	3169.0
中　国	China	1540.9	1196.3	俄罗斯	Russia	2946.5	3110.8
巴拉圭	Paraguay	298.0	916.3	加　纳	Ghana	1318.5	2668.3
加拿大	Canada	270.3	582.7	巴　西	Brazil	2636.7	2585.4
乌克兰	Ukraine	6.4	427.7	印度尼西亚	Indonesia	1926.1	2464.0
玻利维亚	Bolivia	119.7	320.5	乌克兰	Ukraine	1983.8	2175.0
俄罗斯	Russia	34.2	313.5	美　国	United States	2392.2	2142.3
乌拉圭	Uruguay	0.7	220.8	刚果(金)	Congo, Dem. Rep.	1687.4	1618.6
意大利	Italy	90.4	108.1	越　南	Viet Nam	391.4	1261.7
印度尼西亚	Indonesia	101.8	96.8	安哥拉	Angola	468.4	1253.4
南　非	South Africa	15.4	74.2	坦桑尼亚	Tanzania	672.9	1091.1
尼日利亚	Nigeria	42.9	58.8	德　国	Germany	1319.3	1077.2
塞尔维亚	Serbia		57.6	柬埔寨	Cambodia	20.2	1029.0
墨西哥	Mexico	10.2	50.9	莫桑比克	Mozambique	587.8	1008.6
朝　鲜	Korea, Dem.	35.0	34.9	孟加拉国	Bangladesh	331.1	973.4
法　国	France	20.1	33.9	科特迪瓦	Cote D'Ivoire	667.9	930.6
罗马尼亚	Romania	7.0	26.3	波　兰	Poland	2423.2	887.2
克罗地亚	Croatia	6.5	24.4	喀麦隆	Cameroon	355.2	879.2
日　本	Japan	23.5	23.8	埃塞俄比亚	Ethiopia	477.5	847.7
哈萨克斯坦	Kazakhstan	0.4	23.1	贝　宁	Benin	416.1	742.0
土耳其	Turkey	4.5	16.5	法　国	France	647.7	687.0
柬埔寨	Cambodia	2.8	16.2	荷　兰	Netherlands	822.7	653.4
越　南	Viet Nam	14.9	16.1	马拉维	Malawi	483.2	613.2
贝　宁	Benin	0.4	15.7	秘　鲁	Peru	470.3	612.5
奥地利	Austria	3.3	15.3	白俄罗斯	Belarus	871.8	598.6
乌干达	Uganda	12.8	15.2	埃　及	Egypt	206.6	551.0
缅　甸	Myanmar	10.9	14.9	卢旺达	Rwanda	290.8	543.9
匈牙利	Hungary	3.1	14.6	英　国	United Kingdom	663.6	537.3
伊　朗	Iran	7.7	14.4	乌干达	Uganda	784.2	518.2
马拉维	Malawi		13.2	伊　朗	Iran	365.8	516.5
斯洛伐克	Slovakia	0.5	9.3	塞拉利昂	Sierra Leone	34.5	509.2
孟加拉国	Bangladesh		9.2	哥伦比亚	Colombia	351.5	492.8
哥伦比亚	Colombia	3.9	8.4	阿尔及利亚	Algeria	120.8	478.3
埃塞俄比亚	Ethiopia	0.5	8.1	土耳其	Turkey	537.0	475.1
韩　国	Korea, Rep.	11.3	7.5	巴基斯坦	Pakistan	230.1	453.2
津巴布韦	Zimbabwe	13.5	7.0	加拿大	Canada	457.7	432.4
澳大利亚	Australia	10.5	6.3	马达加斯加	Madagascar	345.3	422.3
摩尔多瓦	Moldova	1.2	4.2	菲律宾	Philippines	252.1	359.8
厄瓜多尔	Ecuador	9.4	4.2	哈萨克斯坦	Kazakhstan	169.3	354.6
德　国	Germany	0.1	4.1	比利时	Belgium	292.2	340.3
泰　国	Thailand	31.2	4.0	日　本	Japan	447.9	339.7
危地马拉	Guatemala	3.0	3.8	布隆迪	Burundi	145.8	331.5
埃　及	Egypt	1.1	3.5	老　挝	Laos	22.2	328.3
尼泊尔	Nepal	1.7	2.9	巴拉圭	Paraguay	279.0	322.0
捷　克	Czech Rep.	0.2	2.8	尼泊尔	Nepal	128.5	297.3
赞比亚	Zambia	2.8	2.7	乌兹别克斯坦	Uzbekistan	73.1	292.5
喀麦隆	Cameroon	0.6	2.5	罗马尼亚	Romania	347.0	269.0

11-3 续表 3 continued

单位：万吨 (10 000 tons)

国家或地区	Country or Area	花 生 Groundnuts, with Shell 2000	2016
世 界	**World**	**3478.9**	**4398.2**
中 国	China	1443.7	1662.4
印 度	India	648.0	685.7
尼日利亚	Nigeria	290.1	302.9
美 国	United States	148.1	257.9
苏 丹	Sudan	94.7	182.6
缅 甸	Myanmar	72.0	157.2
乍 得	Chad	35.9	104.0
阿根廷	Argentina	42.0	100.1
喀麦隆	Cameroon	19.7	74.8
塞内加尔	Senegal	106.2	71.9
巴 西	Brazil	18.8	56.5
坦桑尼亚	Tanzania	5.2	55.0
印度尼西亚	Indonesia	129.2	50.5
尼日尔	Niger	11.3	45.4
越 南	Viet Nam	35.5	42.7
刚果(金)	Congo, Dem. Rep.	38.2	42.1
加 纳	Ghana	20.9	41.7
几内亚	Guinea	20.0	37.6
马 里	Mali	19.3	37.4
布基纳法索	Burkina Faso	16.9	33.6
马拉维	Malawi	12.2	27.5
安哥拉	Angola	1.3	24.4
乌干达	Uganda	13.9	21.0
埃 及	Egypt	18.7	19.1
尼加拉瓜	Nicaragua	9.7	18.6
土耳其	Turkey	7.8	16.4
赞比亚	Zambia	5.2	15.9
贝 宁	Benin	12.1	13.7
中 非	Central African Rep.	10.5	13.5
埃塞俄比亚	Ethiopia	1.2	13.0
莫桑比克	Mozambique	12.4	11.3
科特迪瓦	Cote D'Ivoire	7.2	11.2
冈比亚	Gambia	13.8	11.0
墨西哥	Mexico	14.2	9.6
巴基斯坦	Pakistan	9.1	8.7
塞拉利昂	Sierra Leone	1.5	6.6
老 挝	Laos	1.3	6.3
孟加拉国	Bangladesh	3.2	6.2
中国台湾	Taiwan, China	7.9	6.2
马达加斯加	Madagascar	3.5	5.8
津巴布韦	Zimbabwe	12.4	5.8
几内亚比绍	Guinea-Bissau	2.0	4.5
多 哥	Togo	2.6	4.1
海 地	Haiti	2.1	3.7
摩洛哥	Morocco	3.9	3.6
肯尼亚	Kenya	3.0	3.3
泰 国	Thailand	13.2	3.2
柬埔寨	Cambodia	0.8	2.9
斯里兰卡	Sri Lanka	0.7	2.8
菲律宾	Philippines	2.7	2.8

国家或地区	Country or Area	油菜籽 Rapeseed 2000	2016
世 界	**World**	**3955.2**	**6885.5**
加拿大	Canada	720.5	1842.4
中 国	China	1138.1	1528.2
印 度	India	578.8	679.7
法 国	France	347.7	472.8
德 国	Germany	358.6	458.0
澳大利亚	Australia	177.5	294.4
波 兰	Poland	95.8	221.9
英 国	United Kingdom	115.7	177.5
美 国	United States	90.9	140.4
捷 克	Czech Rep.	84.4	135.9
罗马尼亚	Romania	7.6	129.3
乌克兰	Ukraine	13.2	115.4
俄罗斯	Russia	14.9	99.9
匈牙利	Hungary	17.9	60.9
保加利亚	Bulgaria	2.0	50.9
丹 麦	Denmark	29.4	50.6
斯洛伐克	Slovakia	13.4	43.1
立陶宛	Lithuania	8.1	39.3
孟加拉国	Bangladesh	24.9	36.2
拉脱维亚	Latvia	1.0	28.3
瑞 典	Sweden	12.2	26.8
白俄罗斯	Belarus	7.3	26.0
智 利	Chile	4.8	21.2
巴基斯坦	Pakistan	29.0	20.7
哈萨克斯坦	Kazakhstan	0.3	17.0
西班牙	Spain	5.0	15.4
奥地利	Austria	12.5	14.2
伊 朗	Iran	0.9	13.9
巴拉圭	Paraguay	0.9	12.7
土耳其	Turkey	…	12.5
克罗地亚	Croatia	2.9	11.3
南 非	South Africa	2.0	10.6
爱沙尼亚	Estonia	3.9	10.3
芬 兰	Finland	7.1	9.3
巴 西	Brazil	4.1	7.2
瑞 士	Switzerland	4.3	7.2
阿根廷	Argentina	0.6	5.0
埃塞俄比亚	Ethiopia	1.4	4.3
摩尔多瓦	Moldova	0.1	4.3
乌拉圭	Uruguay		4.1
比利时	Belgium	1.4	4.0
塞尔维亚	Serbia		3.9
意大利	Italy	4.1	3.5
爱尔兰	Ireland	0.9	3.4
阿尔及利亚	Algeria	2.9	2.3
墨西哥	Mexico	1.4	1.6
希 腊	Greece	0.1	1.3
挪 威	Norway	0.9	1.1
卢森堡	Luxemburg	0.8	1.1
蒙 古	Mongolia		1.1

11-3 续表 4 continued

单位：万吨 (10 000 tons)

国家或地区	Country or Area	芝　麻 Sesame Seed 2000	2016	国家或地区	Country or Area	籽　棉 Seed Cotton 2000	2016
世　界	**World**	**285.8**	**611.2**	**世　界**	**World**	**5297.8**	**6539.2**
坦桑尼亚	Tanzania	3.9	94.0	中　国	China	1325.1	1602.9
缅　甸	Myanmar	37.6	81.3	印　度	India	512.8	1441.3
印　度	India	51.8	79.8	美　国	United States	958.1	1005.0
中　国	China	81.1	64.8	巴基斯坦	Pakistan	547.6	494.3
苏　丹	Sudan	28.2	52.5	巴　西	Brazil	201.5	346.4
尼日利亚	Nigeria	7.2	46.1	乌兹别克斯坦	Uzbekistan	300.2	330.8
埃塞俄比亚	Ethiopia	1.6	26.8	土耳其	Turkey	226.1	210.0
布基纳法索	Burkina Faso	0.7	23.0	澳大利亚	Australia	178.7	151.9
乍　得	Chad	3.3	17.0	希　腊	Greece	132.5	135.5
乌干达	Uganda	9.7	13.0	布基纳法索	Burkina Faso	21.3	90.0
喀麦隆	Cameroon	0.6	6.8	阿根廷	Argentina	41.8	67.3
尼日尔	Niger	1.4	6.7	马　里	Mali	24.3	59.7
莫桑比克	Mozambique	0.5	6.0	墨西哥	Mexico	22.4	48.8
墨西哥	Mexico	4.1	5.9	叙利亚	Syrian Arab Republic	108.2	47.8
伊　朗	Iran	3.1	5.6	缅　甸	Myanmar	12.3	43.8
危地马拉	Guatemala	1.9	5.6	土库曼斯坦	Turkmenistan	103.0	43.0
埃　及	Egypt	3.7	4.5	科特迪瓦	Cote D'Ivoire	40.2	37.8
越　南	Viet Nam	1.7	4.3	贝　宁	Benin	34.0	34.7
马　里	Mali	0.4	3.8	尼日利亚	Nigeria	39.9	30.3
孟加拉国	Bangladesh	2.2	3.7	哈萨克斯坦	Kazakhstan	28.7	28.7
巴基斯坦	Pakistan	5.1	3.3	塔吉克斯坦	Tajikistan	33.5	28.5
阿富汗	Afghanistan	2.3	3.2	喀麦隆	Cameroon	20.4	24.9
泰　国	Thailand	3.9	2.9	坦桑尼亚	Tanzania	12.3	18.4
柬埔寨	Cambodia	1.0	2.9	西班牙	Spain	29.5	17.6
也　门	Yemen	1.8	2.7	埃　及	Egypt	55.4	17.5
索马里	Somalia	2.3	2.5	伊　朗	Iran	49.7	17.3
巴拉圭	Paraguay	0.8	2.2	乍　得	Chad	18.0	15.2
土耳其	Turkey	2.4	2.0	玻利维亚	Bolivia	4.5	12.2
委内瑞拉	Venezuela	3.3	1.9	赞比亚	Zambia	6.2	11.2
老　挝	Laos	0.5	1.7	津巴布韦	Zimbabwe	24.2	11.0
斯里兰卡	Sri Lanka	0.5	1.6	苏　丹	Sudan	14.7	10.9
韩　国	Korea, Rep.	3.2	1.4	阿塞拜疆	Azerbaijan	9.2	8.9
玻利维亚	Bolivia	0.3	1.3	哥伦比亚	Colombia	11.1	7.8
塞内加尔	Senegal	0.1	1.2	乌干达	Uganda	7.6	7.7
中　非	Central African Rep.	3.7	1.2	多　哥	Togo	11.7	6.9
肯尼亚	Kenya	1.0	1.1	孟加拉国	Bangladesh	4.1	6.0
贝　宁	Benin	1.0	0.7	阿富汗	Afghanistan	5.7	5.9
巴　西	Brazil	1.5	0.7	吉尔吉斯斯坦	Kyrgyzstan	8.8	5.2
乌兹别克斯坦	Uzbekistan	0.2	0.7	埃塞俄比亚	Ethiopia	4.6	5.0
沙特阿拉伯	Saudi Arabia	0.3	0.7	秘　鲁	Peru	15.4	4.5
厄立特里亚	Eritrea	0.4	0.5	几内亚	Guinea	6.6	4.4
刚果(金)	Congo, Dem. Rep.	0.5	0.5	莫桑比克	Mozambique	3.5	4.4
海　地	Haiti	0.4	0.4	朝　鲜	Korea, Dem.	3.5	3.9
塞拉利昂	Sierra Leone	0.2	0.3	以色列	Israel	4.4	3.6
安哥拉	Angola	0.2	0.3	马拉维	Malawi	3.7	3.1
科特迪瓦	Cote D'Ivoire	0.3	0.3	伊拉克	Iraq	3.3	3.1
伊拉克	Iraq	1.4	0.2	刚果(金)	Congo, Dem. Rep.	2.9	2.9
尼加拉瓜	Nicaragua	0.4	0.2	南　非	South Africa	7.0	2.7
哥伦比亚	Colombia	0.4	0.2	中　非	Central African Rep.	2.6	2.2
冈比亚	Gambia	0.3	0.2	塞内加尔	Senegal	2.0	2.0

11-3 续表 5 continued

单位：万吨 (10 000 tons)

国家或地区	Country or Area	甘蔗 Sugar Cane 2000	甘蔗 Sugar Cane 2016	国家或地区	Country or Area	甜菜 Sugar Beets 2000	甜菜 Sugar Beets 2016
世　界	**World**	**125266.9**	**189066.2**	**世　界**	**World**	**25014.9**	**27723.1**
巴　西	Brazil	32612.1	76867.8	俄罗斯	Russia	1405.1	5136.7
印　度	India	29932.4	34844.8	法　国	France	3112.1	3379.5
中　国	China	6828.0	12266.4	美　国	United States	3254.1	3345.8
泰　国	Thailand	5405.2	8746.9	德　国	Germany	2787.0	2549.7
巴基斯坦	Pakistan	4633.3	6545.1	土耳其	Turkey	1882.1	1946.6
墨西哥	Mexico	4410.0	5644.7	乌克兰	Ukraine	1319.9	1401.2
哥伦比亚	Colombia	3395.9	3695.1	波　兰	Poland	1313.4	1352.4
澳大利亚	Australia	3816.5	3440.3	埃　及	Egypt	289.0	1332.3
危地马拉	Guatemala	1655.2	3353.3	中　国	China	807.4	809.6
美　国	United States	3611.4	2992.6	英　国	United Kingdom	907.9	568.7
印度尼西亚	Indonesia	2390.0	2715.9	伊　朗	Iran	433.2	553.7
菲律宾	Philippines	2122.3	2237.1	荷　兰	Netherlands	679.8	550.2
阿根廷	Argentina	1840.0	2199.1	白俄罗斯	Belarus	147.4	427.8
古　巴	Cuba	3640.0	1889.1	摩洛哥	Morocco	288.3	421.9
越　南	Viet Nam	1504.4	1631.3	捷　克	Czech Rep.	280.9	411.8
埃　及	Egypt	1570.6	1576.0	比利时	Belgium	615.2	402.1
南　非	South Africa	2387.6	1507.5	奥地利	Austria	263.4	353.4
缅　甸	Myanmar	580.1	1043.7	西班牙	Spain	793.0	324.0
秘　鲁	Peru	753.5	983.3	日　本	Japan	367.3	318.9
厄瓜多尔	Ecuador	540.2	866.2	塞尔维亚	Serbia		268.4
伊　朗	Iran	236.7	768.8	意大利	Italy	1237.0	204.6
萨尔瓦多	El Salvador	514.0	720.2	瑞　典	Sweden	260.2	198.8
肯尼亚	Kenya	394.2	709.5	丹　麦	Denmark	334.5	169.6
玻利维亚	Bolivia	360.2	691.1	智　利	Chile	309.3	164.7
尼加拉瓜	Nicaragua	352.4	681.5	斯洛伐克	Slovakia	96.2	150.7
巴拉圭	Paraguay	224.5	670.8	瑞　士	Switzerland	140.8	127.7
斯威士兰	Swaziland	388.5	558.3	克罗地亚	Croatia	48.2	117.0
苏　丹	Sudan	498.2	552.5	罗马尼亚	Romania	66.7	101.2
洪都拉斯	Honduras	397.4	535.6	立陶宛	Lithuania	88.2	93.4
多米尼加	Dominican Rep.	451.1	471.8	叙利亚	Syrian Arab Republic	117.5	76.9
尼泊尔	Nepal	210.3	434.7	吉尔吉斯斯坦	Kyrgyzstan	45.0	70.5
赞比亚	Zambia	160.0	428.6	匈牙利	Hungary	197.6	67.6
孟加拉国	Bangladesh	691.0	420.8	摩尔多瓦	Moldova	94.4	66.5
哥斯达黎加	Costa Rica	380.0	415.8	加拿大	Canada	82.1	52.6
毛里求斯	Mauritius	511.0	379.8	芬　兰	Finland	104.6	43.4
乌干达	Uganda	147.6	372.3	希　腊	Greece	301.1	37.6
津巴布韦	Zimbabwe	422.8	348.3	哈萨克斯坦	Kazakhstan	27.3	34.5
委内瑞拉	Venezuela	883.2	333.1	阿塞拜疆	Azerbaijan	4.7	31.3
马达加斯加	Madagascar	218.9	300.6	土库曼斯坦	Turkmenistan	23.0	24.3
坦桑尼亚	Tanzania	135.5	299.4	巴基斯坦	Pakistan	15.9	11.8
马拉维	Malawi	210.0	291.5	亚美尼亚	Armenia	0.1	6.7
莫桑比克	Mozambique	39.7	276.2	伊拉克	Iraq	0.2	3.9
巴拿马	Panama	143.9	242.0	阿尔巴尼亚	Albania	4.2	3.5
圭亚那	Guyana	271.0	239.5	哥伦比亚	Colombia	1.2	2.5
刚果(金)	Congo, Dem. Rep.	166.9	219.1	委内瑞拉	Venezuela	1.7	2.3
老　挝	Laos	29.7	201.9	突尼斯	Tunisia	2.1	1.4
科特迪瓦	Cote D'Ivoire	167.2	198.3	葡萄牙	Portugal	46.2	1.1
日　本	Japan	139.5	157.4	黎巴嫩	Lebanon	34.2	0.7
斐　济	Fiji	359.8	155.7	马　里	Mali		0.6
海　地	Haiti	80.0	147.3	厄瓜多尔	Ecuador	0.3	0.4

11-3 续表 6 continued

单位：万吨 (10 000 tons)

国家或地区	Country or Area	茶叶 Tea		国家或地区	Country or Area	水果(不包括瓜类) Fruit excluding Melons	
		2000	2016			2000	2016
世界	**World**	**323.1**	**595.4**	**世界**	**World**	**47956.4**	**71768.7**
中国	China	68.3	240.2	中国	China	6427.9	17441.7
印度	India	82.6	125.2	印度	India	4300.1	8943.5
肯尼亚	Kenya	23.6	47.3	巴西	Brazil	3704.9	3699.9
斯里兰卡	Sri Lanka	30.6	34.9	美国	United States	3282.7	2450.7
土耳其	Turkey	13.9	24.3	墨西哥	Mexico	1331.4	1963.7
越南	Viet Nam	7.0	24.0	印度尼西亚	Indonesia	850.4	1792.6
印度尼西亚	Indonesia	16.3	14.4	西班牙	Spain	1614.7	1741.7
缅甸	Myanmar	6.3	10.2	意大利	Italy	1799.0	1683.7
阿根廷	Argentina	7.4	9.0	菲律宾	Philippines	1395.8	1617.2
日本	Japan	8.5	8.0	土耳其	Turkey	1082.4	1596.0
伊朗	Iran	22.3	7.5	伊朗	Iran	1076.1	1398.6
孟加拉国	Bangladesh	4.6	6.5	埃及	Egypt	696.7	1312.1
乌干达	Uganda	2.9	6.3	尼日利亚	Nigeria	932.2	1174.0
布隆迪	Burundi	3.4	5.3	泰国	Thailand	1046.9	1063.5
泰国	Thailand	3.2	5.3	哥伦比亚	Colombia	731.8	988.5
马拉维	Malawi	4.2	4.9	法国	France	1120.9	901.4
坦桑尼亚	Tanzania	2.4	3.7	厄瓜多尔	Ecuador	658.3	787.6
莫桑比克	Mozambique	1.1	3.3	阿根廷	Argentina	717.5	758.0
卢旺达	Rwanda	1.5	2.6	越南	Viet Nam	456.6	747.1
津巴布韦	Zimbabwe	2.2	2.5	南非	South Africa	514.9	659.4
尼泊尔	Nepal	0.5	2.4	秘鲁	Peru	318.7	638.3
中国台湾	Taiwan, China	2.0	1.3	哥斯达黎加	Costa Rica	381.1	619.5
马来西亚	Malaysia	0.6	1.1	智利	Chile	392.3	617.7
埃塞俄比亚	Ethiopia	0.4	1.1	巴基斯坦	Pakistan	519.7	611.3
老挝	Laos	…	0.7	喀麦隆	Cameroon	199.4	605.6
巴布亚新几内亚	Papua New Guinea	0.6	0.6	坦桑尼亚	Tanzania	187.8	577.5
喀麦隆	Cameroon	0.4	0.6	加纳	Ghana	238.9	562.6
秘鲁	Peru	0.6	0.3	危地马拉	Guatemala	195.6	538.7
刚果(金)	Congo, Dem. Rep.	0.2	0.3	安哥拉	Angola	44.7	481.9
格鲁吉亚	Georgia	2.4	0.3	波兰	Poland	227.6	473.5
韩国	Korea, Rep.	0.1	0.3	乌兹别克斯坦	Uzbekistan	141.5	457.3
南非	South Africa	1.3	0.2	阿尔及利亚	Algeria	181.8	441.3
毛里求斯	Mauritius	0.1	0.1	乌干达	Uganda	1009.1	435.0
厄瓜多尔	Ecuador	0.1	0.1	多米尼加	Dominican Rep.	144.5	412.9
玻利维亚	Bolivia	0.1	0.1	孟加拉国	Bangladesh	136.1	402.7
阿塞拜疆	Azerbaijan	0.1	0.1	摩洛哥	Morocco	268.5	394.7
赞比亚	Zambia	0.1	0.1	俄罗斯	Russia	340.1	384.2
萨尔瓦多	El Salvador	…	0.1	希腊	Greece	361.3	370.2
危地马拉	Guatemala	0.1	0.1	澳大利亚	Australia	308.3	350.5
巴西	Brazil	0.8	…	卢旺达	Rwanda	232.1	319.8
俄罗斯	Russia	0.2	…	苏丹	Sudan	115.7	313.1
马达加斯加	Madagascar	0.1	…	肯尼亚	Kenya	218.0	296.2
哥伦比亚	Colombia	…	…	韩国	Korea, Rep.	262.6	290.7
葡萄牙	Portugal	…	…	日本	Japan	382.1	280.2
马里	Mali	…	…	委内瑞拉	Venezuela	302.7	266.0
黑山	Montenegro		…	德国	Germany	529.1	264.4
巴拿马	Panama			缅甸	Myanmar	151.1	252.4
塞舌尔	Seychelles	…		巴布亚新几内亚	Papua New Guinea	166.6	243.2
美属维尔京群岛	Virgin Islands(US)			刚果(金)	Congo, Dem. Rep.	242.9	241.7
委内瑞拉	Venezuela			中国台湾	Taiwan, China	224.8	240.9

11-4 主要林产品产量
Output of Major Forest Products

资料来源：联合国FAO数据库。
Source: FAO Database.
单位：吨 (ton)

国家或地区	Country or Area	栗子 Chestnuts		榛子 Hazelnuts, with Shell		天然橡胶 Natural Rubber		核桃 Walnuts, with Shell	
		2010	2016	2010	2016	2010	2016	2010	2016
世　界	**World**	**2002054**	**2261589**	**854593**	**743455**	**10838844**	**13151557**	**2767609**	**3747549**
中　国	China	1646272	1879031	19500	26071	690812	811344	1284351	1785879
孟加拉国	Bangladesh					5812	6730		
文　莱	Brunei Darussalam					241	258		
柬埔寨	Cambodia					41591	16112		
印　度	India					862000	952806	38000	33000
印度尼西亚	Indonesia					2734900	3157780		
伊　朗	Iran			18443	16327			268135	405281
日　本	Japan	23500	16500						
哈萨克斯坦	Kazakhstan							1180	1051
朝　鲜	Korea, Dem.	10715	12540						
韩　国	Korea, Rep.	68630	56244					1061	1135
马来西亚	Malaysia					939244	673513		
蒙　古	Mongolia			313	315				
缅　甸	Myanmar					126200	221670		
巴基斯坦	Pakistan							10838	14171
菲律宾	Philippines					395237	362626		
斯里兰卡	Sri Lanka					152990	130940		
泰　国	Thailand					3051781	4476636		
越　南	Viet Nam					751700	1035333		
埃　及	Egypt							20865	24330
尼日利亚	Nigeria					144728	156341		
墨西哥	Mexico					32097	62351	76627	141818
美　国	United States			25401	34473			457221	607814
阿根廷	Argentina							10000	11942
巴　西	Brazil					133981	189377	5319	5453
白俄罗斯	Belarus			1200	1347			13500	16654
捷　克	Czech Rep.							69	91
法　国	France	9464	8642	10073	11041			31594	39410
德　国	Germany			2010	2016			16999	18203
意大利	Italy	55861	50889	90270	120572			14000	12368
波　兰	Poland	363	413	2649	5526			9175	7215
西班牙	Spain	17900	16185	15086	15306			13525	14576
土耳其	Turkey	59171	64750	600000	420000			178142	195000
乌克兰	Ukraine	200	226	20	10			87400	107990
澳大利亚	Australia							1900	3701

11–5 牲畜饲养量(2014年)
Number of Livestock(2014)

资料来源：联合国FAO数据库。
Source: FAO Database.

单位：万头(只) (10 000 heads)

国家或地区	Country or Area	牛 Cattle	马 Horses	山羊 Goats	绵羊 Sheep	猪 Pigs
世 界	**World**	**148214.4**	**5891.4**	**100678.6**	**120990.8**	**98664.9**
中 国	China	11726.3	602.7	18786.9	20215.6	47411.0
孟加拉国	Bangladesh	2348.8		5590.0	192.5	
文 莱	Brunei Darussalam	0.1		0.7	0.4	0.1
柬埔寨	Cambodia	287.5	3.0			217.0
印 度	India	18700.0	63.0	13300.0	6300.0	1000.0
印度尼西亚	Indonesia	1518.6	45.5	1921.6	1571.6	787.3
伊 朗	Iran	868.0	14.0	2212.0	5022.8	
以色列	Israel	46.1	0.4	10.8	57.4	19.0
日 本	Japan	396.2	1.6	1.7	1.3	953.7
哈萨克斯坦	Kazakhstan	585.1	178.5	236.3	1519.8	92.2
朝 鲜	Korea, Dem.	57.5	4.8	366.5	16.8	210.0
韩 国	Korea, Rep.	319.0	2.9	26.5	0.3	1009.0
老 挝	Laos	176.6	3.3	48.1		312.2
马来西亚	Malaysia	76.1	0.4	45.6	14.0	182.8
蒙 古	Mongolia	341.4	299.6	2200.9	2321.5	4.6
缅 甸	Myanmar	1554.3	11.7	578.2	116.3	1393.2
巴基斯坦	Pakistan	3970.0	36.0	6660.0	2910.0	
菲律宾	Philippines	250.5	24.0	369.1	3.0	1179.7
斯里兰卡	Sri Lanka	110.5	0.1	29.9	1.1	10.5
泰 国	Thailand	489.9	0.6	44.8	4.4	759.2
越 南	Viet Nam	523.4	6.7	160.0		2676.2
埃 及	Egypt	474.5	7.2	425.8	556.5	1.1
尼日利亚	Nigeria	1945.0	10.2	7100.0	4055.0	685.0
南 非	South Africa	1425.0	31.2	62.5	2550.0	162.5
加拿大	Canada	1222.0	40.8	3.0	87.5	1305.5
墨西哥	Mexico	3294.0	635.5	868.8	857.6	1609.9
美 国	United States	8852.6	1026.0	261.1	524.5	6772.6
阿根廷	Argentina	5164.7	360.0	440.0	1470.0	511.0
巴 西	Brazil	21234.4	545.1	885.2	1761.4	3792.9
委内瑞拉	Venezuela	1681.6	52.2	143.3	60.1	380.9
白俄罗斯	Belarus	436.4	7.3	6.8	7.3	292.4
捷 克	Czech Rep.	137.4	3.3	2.4	22.5	161.7
法 国	France	1924.8	41.0	128.3	720.8	1332.3
德 国	Germany	1274.2	37.2	11.7	160.1	2833.9
意大利	Italy	612.5	39.1	93.7	716.6	867.6
荷 兰	Netherlands	416.9	13.7	40.9	107.6	1223.8
波 兰	Poland	592.0	20.7	8.2	22.3	1172.4
俄罗斯	Russia	1956.4	137.5	209.1	2224.7	1908.1
西班牙	Spain	607.9	25.0	270.4	1543.2	2656.8
土耳其	Turkey	1412.3	13.1	1034.7	3111.5	0.3
乌克兰	Ukraine	453.4	35.4	66.9	106.7	792.2
英 国	United Kingdom	983.7	40.0	9.0	3374.3	481.5
澳大利亚	Australia	2910.3	27.0	357.0	7261.2	230.8
新西兰	New Zealand	1036.8	5.2	9.7	2980.3	28.7

11-6 畜产品产量(2014年)
Output of Livestock Products(2014)

资料来源：联合国FAO数据库。
Source: FAO Database.
单位：万吨 (10 000 tons)

国家或地区	Country or Area	肉类总产量 Meat,Total	牛肉 Beef and Buffalo Meat	羊肉 Sheep and Goat Meat	猪肉 Pig Meat	禽肉 Poultry Meat
世界	**World**	**31785.5**	**6840.5**	**1448.4**	**11531.4**	**11293.3**
中国	China	8479.8	689.2	428.2	5444.6	1750.2
孟加拉国	Bangladesh	65.2	20.0	21.3		22.3
文莱	Brunei Darussalam	2.9	0.1			2.8
柬埔寨	Cambodia	21.0	7.9		10.4	2.7
印度	India	660.1	257.2	74.0	35.0	275.9
印度尼西亚	Indonesia	338.0	53.3	10.9	75.9	197.7
伊朗	Iran	255.7	17.2	29.3		208.1
以色列	Israel	70.6	12.0	1.5	1.6	55.5
日本	Japan	390.3	50.2		126.4	212.8
哈萨克斯坦	Kazakhstan	89.9	40.5	16.0	10.0	13.4
朝鲜	Korea, Dem.	33.4	2.0	1.6	10.2	4.4
韩国	Korea, Rep.	222.8	31.7	0.1	119.7	70.7
老挝	Laos	15.0	5.0	0.2	6.8	3.0
马来西亚	Malaysia	182.4	3.1	0.2	21.8	157.3
蒙古	Mongolia	24.5	5.5	15.2	0.1	
缅甸	Myanmar	271.6	28.0	7.5	83.4	152.8
巴基斯坦	Pakistan	318.2	169.4	47.3		99.2
菲律宾	Philippines	321.1	30.1	5.5	169.1	114.7
新加坡	Singapore	11.4			1.9	9.5
斯里兰卡	Sri Lanka	17.2	2.5	0.1	0.2	14.4
泰国	Thailand	295.6	19.2	0.2	94.9	181.4
越南	Viet Nam	448.8	38.7	0.8	333.1	73.6
埃及	Egypt	221.2	80.1	12.8	0.1	116.5
尼日利亚	Nigeria	148.6	38.1	38.4	26.2	29.3
南非	South Africa	322.2	100.1	22.0	23.4	172.4
加拿大	Canada	438.4	109.9	2.0	196.2	127.4
墨西哥	Mexico	622.4	182.7	9.8	129.1	292.0
美国	United States	4256.5	1145.3	7.3	1036.8	2039.2
阿根廷	Argentina	519.3	267.4	7.1	44.2	197.9
巴西	Brazil	2605.3	972.3	11.6	319.2	1299.7
委内瑞拉	Venezuela	161.4	52.4	0.8	19.6	88.5
白俄罗斯	Belarus	107.3	29.6	0.1	36.0	41.4
捷克	Czech Rep.	50.8	6.6	0.2	24.6	15.4
法国	France	548.9	141.1	12.2	213.0	176.7
德国	Germany	835.6	114.3	3.1	552.8	155.0
意大利	Italy	362.0	70.9	2.7	132.8	124.7
荷兰	Netherlands	279.4	37.6	1.4	137.1	103.1
波兰	Poland	415.1	41.3	0.1	186.5	184.9
俄罗斯	Russia	907.0	165.4	20.4	297.4	377.0
西班牙	Spain	574.2	58.5	12.2	355.6	139.4
土耳其	Turkey	316.9	88.3	37.6		190.8
乌克兰	Ukraine	236.2	41.3	1.4	74.3	116.7
英国	United Kingdom	369.6	87.7	29.8	86.3	164.8
澳大利亚	Australia	486.4	258.6	74.7	36.3	114.0
新西兰	New Zealand	137.5	62.6	48.8	4.8	18.4

11-6 续表 continued

资料来源：联合国FAO数据库。
Source: FAO Database.

单位：万吨 (10 000 tons)

国家或地区	Country or Area	蛋类 Eggs Total	鸡蛋 Hen Eggs	奶类总产量 Milk,Total	牛奶 Cow Milk	羊毛① Wool,Greasy①	蜂蜜 Natural Honey
世界	**World**	**7552.4**	**6979.1**	**79179.2**	**65235.2**	**212.7**	**151.1**
中国	China	2899.3	2459.8	4219.8	3724.6	47.1	46.2
孟加拉国	Bangladesh	40.6	30.0	369.7	83.9	0.2	
文莱	Brunei Darussalam	0.7	0.7				
柬埔寨	Cambodia	2.4	2.0	2.5	2.5		
印度	India	396.5	396.5	14631.4	6642.3	4.7	6.2
印度尼西亚	Indonesia	173.2	142.9	120.7	80.1	3.1	
伊朗	Iran	80.0	80.0	636.0	570.0	6.2	7.6
以色列	Israel	12.4	12.4	157.2	152.3	0.1	0.3
日本	Japan	250.2	250.2	733.4	733.4		0.3
哈萨克斯坦	Kazakhstan	24.0	23.9	506.8	502.0	3.8	0.2
朝鲜	Korea, Dem.	12.5	12.5	9.8	9.8		
韩国	Korea, Rep.	65.7	62.5	212.4	212.0		2.3
老挝	Laos	1.7	1.7	0.8	0.8		
马来西亚	Malaysia	74.3	72.8	8.4	7.5		
蒙古	Mongolia			69.0	44.0	1.7	
缅甸	Myanmar	44.4	39.2	256.1	216.5	0.1	0.4
巴基斯坦	Pakistan	69.9	68.4	4028.2	1442.1	4.4	0.4
菲律宾	Philippines	45.7	41.6	2.0	2.0		
新加坡	Singapore	2.7	2.6				
斯里兰卡	Sri Lanka	12.1	12.0	24.9	19.7		
泰国	Thailand	113.0	73.2	106.7	106.7		0.9
越南	Viet Nam	38.5	38.5	58.2	55.0		1.4
埃及	Egypt	48.1	48.1	559.8	255.2	1.3	0.5
尼日利亚	Nigeria	66.0	66.0	58.5	58.5		
南非	South Africa	49.9	49.9	333.7	333.7	4.0	0.1
加拿大	Canada	47.5	47.5	840.0	840.0	0.1	3.7
墨西哥	Mexico	256.7	256.7	1128.5	1113.0	0.5	6.1
美国	United States	597.4	597.4	9346.1	9346.1	1.4	8.1
阿根廷	Argentina	63.6	63.6	1101.0	1101.0	4.5	
巴西	Brazil	247.6	224.1	3527.8	3512.4	1.2	3.8
委内瑞拉	Venezuela	20.7	20.7	206.6	206.6		0.1
白俄罗斯	Belarus	21.6	21.4	670.3	668.7		0.3
捷克	Czech Rep.	12.9	12.9	294.4	293.3		0.7
法国	France	95.6	95.6	2620.3	2533.3	1.4	
德国	Germany	78.7	78.7	3243.2	3239.5	1.4	2.0
意大利	Italy	71.4	71.4	1164.0	1104.4	0.8	
荷兰	Netherlands	72.6	72.6	1272.9	1247.3	0.3	
波兰	Poland	57.0	57.0	1300.2	1298.6	0.1	1.3
俄罗斯	Russia	234.9	231.4	3075.7	3051.1	5.5	7.5
西班牙	Spain	78.8	78.7	785.6	678.6	2.3	3.2
土耳其	Turkey	107.2	107.2	1863.1	1699.9	5.1	10.4
乌克兰	Ukraine	113.7	112.0	1113.3	1086.1	0.4	6.7
英国	United Kingdom	69.5	68.0	1505.0	1505.0	6.8	1.0
澳大利亚	Australia	23.2	23.2	954.2	954.2	36.1	1.3
新西兰	New Zealand	5.6	5.4	2131.7	2131.7	16.5	1.8

注：①2013年数据。
Note: ①Data refer to 2013.

11-7 鱼类产量
Output of Total Fishes

资料来源：联合国FAO数据库。
Source: FAO Database.
单位：万吨 (10 000 tons)

国家或地区	Country or Area	鱼类产量 Output of Total Fishes		海域鱼类产量 Ocean Area		内陆水域鱼类产量 Inland Area	
		2000	2015	2000	2015	2000	2015
中　　国	China	2271.3	4104.1	888.0	1220.8	1383.3	2883.3
印度尼西亚	Indonesia	432.2	944.4	366.1	606.6	66.0	337.8
印　　度	India	501.3	876.8	230.7	285.0	270.7	591.8
越　　南	Viet Nam	159.4	480.8	104.9	226.2	54.5	254.7
俄 罗 斯	Russia	385.2	443.5	348.7	401.6	36.5	41.9
美　　国	United States	395.6	434.2	361.4	414.6	34.3	19.7
秘　　鲁	Peru	1054.1	425.9	1050.7	417.6	3.4	8.3
挪　　威	Norway	311.9	349.0	311.9	349.0	0.1	0.1
孟加拉国	Bangladesh	159.3	345.4	33.0	65.1	126.3	280.3
日　　本	Japan	396.6	313.9	385.8	308.3	10.8	5.6
缅　　甸	Myanmar	116.3	286.8	87.3	106.3	29.0	180.5
菲 律 宾	Philippines	201.1	263.2	183.7	219.2	17.4	44.0
智　　利	Chile	448.7	235.8	448.6	235.7	0.1	0.1
泰　　国	Thailand	271.0	182.4	224.9	125.7	46.1	56.7
埃　　及	Egypt	70.3	148.9	11.6	8.4	58.8	140.6
马来西亚	Malaysia	114.1	143.9	108.8	132.2	5.3	11.7
冰　　岛	Iceland	194.0	131.6	193.9	131.5	0.1	0.1
摩 洛 哥	Morocco	74.1	125.6	73.9	124.0	0.3	1.6
韩　　国	Korea, Rep.	127.2	123.5	125.2	120.9	2.0	2.6
墨 西 哥	Mexico	108.7	121.0	96.6	99.7	12.1	21.2
巴　　西	Brazil	73.3	111.6	40.3	41.3	33.0	70.3
尼日利亚	Nigeria	44.2	98.5	28.4	33.1	15.8	65.5
西 班 牙	Spain	98.2	95.9	94.3	93.8	3.9	2.1
伊　　朗	Iran	40.4	95.1	24.4	53.7	16.0	41.4
丹　　麦	Denmark	145.1	83.8	141.5	81.6	3.7	2.2
英　　国	United Kingdom	76.2	74.7	74.9	73.5	1.3	1.2
柬 埔 寨	Cambodia	28.6	71.6	2.7	8.9	25.9	62.7
法罗群岛	Faeroe Islands	47.3	65.8	47.3	65.8		
厄瓜多尔	Ecuador	60.5	65.4	59.5	63.1	1.0	2.4
土 耳 其	Turkey	56.0	61.7	47.7	48.3	8.3	13.4
巴基斯坦	Pakistan	58.6	60.3	39.7	32.0	18.9	28.3
南　　非	South Africa	63.7	55.7	63.4	55.5	0.3	0.3
加 拿 大	Canada	66.7	55.1	61.4	51.4	5.3	3.7
乌 干 达	Uganda	22.0	51.4			22.0	51.4
阿 根 廷	Argentina	56.4	51.2	53.2	49.0	3.2	2.3
纳米比亚	Namibia	58.7	50.6	58.5	50.3	0.2	0.3
斯里兰卡	Sri Lanka	29.5	49.2	26.3	40.1	3.2	9.1
法　　国	France	58.8	45.7	53.1	41.0	5.7	4.7
新 西 兰	New Zealand	52.2	41.9	52.1	41.7	0.2	0.3
塞内加尔	Senegal	41.0	40.2	35.8	37.2	5.2	2.9
加　　纳	Ghana	45.4	38.6	37.4	25.2	8.0	13.5
坦桑尼亚	Tanzania	31.9	37.1	4.8	5.7	27.1	31.3
荷　　兰	Netherlands	46.9	36.3	46.0	35.5	0.9	0.7
德　　国	Germany	22.8	26.4	16.5	22.4	6.3	4.0
波　　兰	Poland	23.1	24.2	17.7	18.7	5.3	5.5
刚果(金)	Congo, Dem. Rep.	24.7	23.4	0.4	0.3	24.3	23.1
爱 尔 兰	Ireland	26.8	22.5	26.6	22.4	0.2	0.1
瑞　　典	Sweden	33.9	22.0	33.5	20.2	0.4	1.8
意 大 利	Italy	24.0	18.7	18.7	14.8	5.3	3.9
肯 尼 亚	Kenya	21.5	18.2	0.4	0.7	21.1	17.5
巴 拿 马	Panama	21.7	14.2	21.6	14.2	0.1	0.1
乌 克 兰	Ukraine	41.9	12.6	38.4	8.5	3.5	4.1

11-8 化肥施用量(2015年)
Consumption of Fertilizers(2015)

资料来源：联合国FAO数据库。
Source: FAO Database.
单位：万吨 (10 000 tons)

国家或地区	Country or Area	化肥分组 Fertilizers	氮肥 Nitrogenous Fertilizers	磷肥 Phosphate Fertilizers	钾肥 Potash Fertilizers
世　界	**World**	**19573.1**	**10932.4**	**4795.7**	**3845.0**
中　国	China	6022.6	3086.8	1568.3	1367.5
孟加拉国	Bangladesh	231.2	132.1	60.7	38.4
柬埔寨	Cambodia	9.8	8.3	1.1	0.4
印　度	India	2675.3	1737.2	697.9	240.2
印度尼西亚	Indonesia	524.1	281.9	78.7	163.5
伊　朗	Iran	148.2	109.8	25.6	12.8
以色列	Israel	7.2	4.5	0.5	2.2
日　本	Japan	93.6	35.9	34.5	23.2
哈萨克斯坦	Kazakhstan	12.8	9.2	3.3	0.3
韩　国	Korea, Rep.	54.0	23.8	15.1	15.1
马来西亚	Malaysia	161.2	27.4	46.9	86.9
蒙　古	Mongolia	2.2	2.0	0.1	0.1
缅　甸	Myanmar	16.6	12.3	2.1	2.2
巴基斯坦	Pakistan	417.9	316.1	99.3	2.5
菲律宾	Philippines	84.2	57.5	12.3	14.4
新加坡	Singapore	1.8	1.8		
斯里兰卡	Sri Lanka	39.2	22.5	6.1	10.6
泰　国	Thailand	263.9	172.1	34.9	56.9
越　南	Viet Nam	313.9	171.8	84.5	57.6
埃　及	Egypt	187.0	137.0	43.4	6.6
尼日利亚	Nigeria	28.2	21.1	4.1	3.0
南　非	South Africa	73.1	40.3	20.8	12.0
加拿大	Canada	508.1	318.8	120.2	69.1
墨西哥	Mexico	234.2	173.8	38.4	22.0
美　国	United States	2070.6	1199.6	415.3	455.7
阿根廷	Argentina	108.4	58.4	46.7	3.3
巴　西	Brazil	1368.3	383.0	455.9	529.4
委内瑞拉	Venezuela	49.5	23.4	12.6	13.5
白俄罗斯	Belarus	110.3	44.4	13.5	52.4
捷　克	Czech Rep.	47.9	39.7	4.9	3.3
法　国	France	311.7	220.8	42.8	48.1
德　国	Germany	239.7	171.1	28.8	39.8
意大利	Italy	85.0	57.1	17.2	10.7
荷　兰	Netherlands	26.7	21.8	1.3	3.6
波　兰	Poland	191.0	105.1	32.8	53.1
俄罗斯	Russia	202.7	126.3	46.8	29.6
西班牙	Spain	185.7	106.5	41.2	38.0
土耳其	Turkey	220.2	148.6	58.4	13.2
乌克兰	Ukraine	141.5	98.5	22.3	20.7
英　国	United Kingdom	148.4	102.6	18.8	27.0
澳大利亚	Australia	247.1	130.3	92.8	24.0
新西兰	New Zealand	101.3	43.3	54.0	4.0

11-9 农业集约化经营程度
Intensivism Management in Agriculture

资料来源：联合国FAO数据库。
Source: FAO Database.

国家或地区	Country or Area	平均每个农业就业人口耕地面积（公顷/人）Arable Areas per Employee in Agriculture (hectares per capita) 2014	平均每千公顷耕地上拖拉机使用量（部/千公顷）Tractors Used per Thousand Hectares Arable Areas (Units/1 000 hectares) 2009	平均每千公顷耕地上收割机使用量（部/千公顷）Harvest Machines Used per Thousand Hectares Arable Areas (Units/1 000 hectares) 2009	平均每千公顷耕地上化肥施用量（吨/千公顷）Consumption of Chemical Fertilizers per Thousand Hectares Arable Areas (tons/1 000 hectare) 2014
中　国	China	0.4①	195.2	6.9②	565.3
孟加拉国	Bangladesh	0.3③	0.4④	…	279.2
文　莱	Brunei Darussalam		24.0④	3.3④	141.8
柬埔寨	Cambodia	0.9③	1.2②		29.7
印　度	India	0.8③	19.9④	3.0④	165.1
印度尼西亚	Indonesia	0.6	0.2④	4.9④	211.8
伊　朗	Iran	3.8①	18.3④	0.6④	31.6
以色列	Israel	7.5	71.0	0.8④	239.3
日　本	Japan	1.8①	433.9④	221.2④	240.6
哈萨克斯坦	Kazakhstan	14.2①	1.4④	0.7④	3.4
韩　国	Korea, Rep.	1.0	162.0②	54.5②	399.9
老　挝	Laos		0.9④		
马来西亚	Malaysia	0.6			2063.9
蒙　古	Mongolia	1.7⑤	3.9②	0.8②	33.0
缅　甸	Myanmar		14.9	2.3	20.5
巴基斯坦	Pakistan		15.6④	0.1④	134.4
菲律宾	Philippines	0.5	11.9④	0.3④	183.1
新加坡	Singapore		92.9④		1076.8
斯里兰卡	Sri Lanka	0.5	21.5④		245.2
泰　国	Thailand	1.3	54.6④	3.2②	152.3
越　南	Viet Nam	0.3	25.8④	35.3④	397.4
埃　及	Egypt	0.4①	38.2	1.2②	662.5
尼日利亚	Nigeria		0.7④	…	10.9
南　非	South Africa	16.9①	5.0④	0.8④	60.6
加拿大	Canada	150.8	16.4④	1.8④	89.4
墨西哥	Mexico	3.5①	10.2④	1.0④	83.6
美　国	United States	69.1	27.1④	2.1④	137.6
阿根廷	Argentina	651.2	7.0④	1.4④	36.0
巴　西	Brazil	5.4①	11.4④	0.8④	175.2
委内瑞拉	Venezuela	2.8①	18.4④	2.2④	179.6
白俄罗斯	Belarus	12.8①	8.7	2.2	214.9
捷　克	Czech Rep.	23.0	26.2④	3.3④	128.8
法　国	France	25.7	62.1④	4.2④	151.5
德　国	Germany	20.8	57.0	7.2④	217.7
意大利	Italy	8.3	266.8④	7.6④	130.9
荷　兰	Netherlands	5.9	135.9④	5.3④	241.2
波　兰	Poland	6.0	130.7	13.5④	231.6
俄罗斯	Russia	25.6	2.7	0.7	15.7
西班牙	Spain	16.7	105.7	4.2	151.4
土耳其	Turkey	3.8	49.7②	0.6②	105.3
乌克兰	Ukraine	8.0①	11.4	1.7	45.2
英　国	United Kingdom	16.3	72.8④	6.6④	243.4
澳大利亚	Australia	145.0	7.1④	1.3④	54.2
新西兰	New Zealand	4.0	177.8④	7.2④	1491

注：①2013年数据。②2008年数据。③2010年数据。④2007年数据。⑤2012年数据。
Note: ①Data refer to 2013.②Data refer to 2008.③Data refer to 2010.④Data refer to 2007.⑤Data refer to 2012.

主要统计指标解释

农业生产指数 表明每年的农业生产总量与基期2004–2006年相比的相对水平。它根据不同农产品扣除种子和饲料用量后的价格加权数量之和计算得出，其中各种种子和饲料也采用同样方法加权汇总。因此，最后汇总结果代表除种子和饲料外各种用途的可支配产量。国家、地区和世界水平的指数用拉氏公式计算。各年份每种商品的生产量均以2004–2006年的国际平均商品价格作为权数进行加总，然后将某年得到的加总量除以基期2004–2006年三年总量的算术平均数，从而求得指数。

谷物 指收获用做干粒粮食的作物，不包括收获后用作干草或未成熟时收割用作食物、饲料或青贮饲料或作牧草用的农作物。

根茎类作物 包括其他的块根作物，如箭叶黄体芋和竹芋。主要用作饲料的根用作物，不包括芜菁、甜菜和甘蓝在内。

除瓜类外的水果总计 指新鲜水果的总产量，无论它们最终是被当作食物或饲料直接消费，还是被加工成干果、果汁、果酱、酒精等各种产品。

茶 指成品茶。

黄麻和麻类纤维 黄麻纤维从黄麻和长蒴黄麻中得到，同类纤维包括许多黄麻纤维的替代品，主要是洋麻纤维和玫瑰茄纤维（木槿属）以及刚果黄麻纤维。

牲畜 包括所有的家养动物，不管年龄、饲养地点和饲养目的。

肉 指不考虑动物的原产地，在一国境内屠宰的动物肉类产量。

牛奶 指全部鲜奶的总产量，不包括被幼畜吸吮的奶，但包括用来饲喂家畜的奶。

蛋 指农业和非农业方面的总产量，包括用于孵化的蛋。

羊毛 羊毛产量统计数字一般以带脂羊毛给出，它包含了30–65%的杂质。为了便于数字比较，数据也按脱脂羊毛表示。

肥料 包含有机物肥，无机物肥或矿物肥。有机肥在农作物生产中发挥着重要作用，它来源于动物、植物和混合肥。矿物肥是以固体或液体形式提供给农民，并以散装、袋子或压缩容器等方式运送到农场。所有肥料应包含氮、磷、钾三种植物营养素中的至少一种营养物质。

农用拖拉机 数据一般指的是农业中应用的所有轮胎式和履带式拖拉机，园艺用拖拉机除外。

收割－脱粒机 数据指的是收割和打谷可一次操作完成的自动机械。

Explanatory Notes on Main Statistical Indicators

Indices of Agricultural Production The indices of agricultural production show the relative level of the aggregate volume of agricultural production for each year in comparison with the base period 2004-2006. They are based on the sum of price-weighted quantities of different agricultural commodities produced after deductions of quantities used as seed and feed weighted in a similar manner. The resulting aggregate represents, therefore, disposable production for any use except as seed and feed. All the indices at the country, regional and world levels are calculated by the Laspeyres formula. Production quantities of each commodity are weighted by 2004-2006 average international commodity prices and summed for each year. To obtain the index, the aggregate for a given year is divided by the average aggregate for the base period 2004-2006.

Cereals Area and production data on cereals relate to crops harvested for dry grain only. Cereal crops harvested for hay or harvested green for food, feed or silage or used for grazing are therefore excluded.

Roots and Tubers, Total Includes other root crops such as yautia and arrowroot. Root crops grown principally for feed such as turnips, mangels and swedes are not included.

Fruit Excl. Melons Total Data refer to total production of fresh fruit, whether finally used for direct consumption for food or feed, or processed into different products: dry fruit, juice, jam, alcohol, etc.

Tea Production figures relate to made tea.

Jute and Jute-like Fibres are obtained from corchorus capsularis and corchorus olitorius. Allied fibres include a number of jute substitutes, the main ones being kenaf or mesta and roselle (hibiscus spp.) and congo jute or paka (urena lobata).

Livestock Numbers The data on livestock numbers are intended to cover all domestic animals irrespective of their age and the place or purpose of their breeding.

Meat Data relate to animals slaughtered within national boundaries, irrespective of their origin.

Cow Milk Data on cow milk production relate to total production of whole fresh milk, excluding the milk sucked by young animals but including amounts fed to livestock.

Eggs Data generally refer to total production, including eggs for hatching, in both agricultural and nonagricultural sectors.

Wool Wool production statistics are generally given for greasy wool, which contains from 30 to 65 percent impurities. In order to make figures comparable, data are given also on a degreased (scoured) basis.

Fertilizers may be organic, inorganic or mineral. Organic fertilizers play an important role in crop production and are derived from animal, plant and compost. Mineral fertilizers are available to the farmer in solid or liquid form, and are delivered to the farm either in bulk, in bags or in pressurized containers. All fertilizers contain at least one of the major plant nutrients: nitrogen (N), phosphorus (P) and potassium (K).

Tractors Data generally refer to total wheel and crawler tractors (excluding garden tractors) used in agriculture.

Harvester-Threshers Data refer to self-propelled machines that reap and thresh in one operation.

工业和建筑业

Industry and Construction

12-1 工业生产指数
Indices of Industrial Production

资料来源：联合国统计月报数据库。
Source:UN Monthly Bulletin of Statistics Database.
2010年=100 (2010=100)

国家或地区	Country or Area	2010	2012	2013	2014	2015
孟加拉国	Bangladesh	100.0	127.8	142.3	153.9	
印　度	India	100.0	104.1	104.0	106.9	
以色列	Israel	100.0	106.2	106.7	108.0	110.4
日　本	Japan	100.0	97.7	96.9	98.7	97.4
韩　国	Korea, Rep.	100.0	107.4	108.2	108.4	107.7
马来西亚	Malaysia	100.0	106.7	110.3	116.0	121.2
蒙　古	Mongolia	100.0	96.6	108.0	118.2	
加拿大	Canada	100.0	105.0	106.7	110.8	110.1
墨西哥	Mexico	100.0	106.4	107.2	110.3	110.8
美　国	United States	100.0	106.3	108.5	111.8	112.3
巴　西	Brazil	100.0	98.1	100.1	97.1	89.0
俄罗斯	Russia	100.0	108.6	109.0	110.9	107.1
捷　克	Czech Rep.	100.0	105.0	104.9	110.1	115.0
法　国	France	100.0	100.3	99.6	98.8	100.8
德　国	Germany	100.0	106.2	106.1	107.5	109.1
意大利	Italy	100.0	94.4	91.5	90.5	92.1
荷　兰	Netherlands	100.0	99.0	99.5	96.7	92.6
波　兰	Poland	100.0	108.6	111.0	114.7	120.3
西班牙	Spain	100.0	91.8	90.2	91.6	94.6
土耳其	Turkey	100.0	112.9	116.3	120.5	124.3
乌克兰	Ukraine	100.0	107.2	102.6	92.2	80.2
英　国	United Kingdom	100.0	96.7	95.9	97.2	98.2
澳大利亚	Australia	100.0	104.8	107.3	111.0	114.0
新西兰	New Zealand	100.0	98.9	100.3	102.4	104.6

12-2 制造业生产指数
Indices of Manufacturing Production

资料来源：联合国统计月报数据库。
Source: UN Monthly Bulletin of Statistics Database.

2010年=100 (2010=100)

国家或地区	Country or Area	2010	2012	2013	2014	2015
中国香港	Hong Kong, China	100.0	99.9	100.1	99.6	98.1
中国澳门	Macao, China	100.0	161.0	188.3	214.6	205.3
孟加拉国	Bangladesh	100.0	129.5	144.6	156.5	174.9
文　莱	Brunei Darussalam	100.0	104.2	106.1	98.9	101.3
印　度	India	100.0	104.3	103.5	105.9	108.0
以色列	Israel	100.0	107.1	106.0	106.6	109.1
日　本	Japan	100.0	97.8	97.0	99.0	97.8
韩　国	Korea, Rep.	100.0	107.5	108.2	108.5	107.8
马来西亚	Malaysia	100.0	111.3	116.0	123.0	128.9
蒙　古	Mongolia	100.0	124.7	129.3	133.3	
巴基斯坦	Pakistan	100.0	105.6	111.3	115.1	
菲律宾	Philippines	100.0	108.9	124.1	133.1	136.4
新加坡	Singapore	100.0	108.1	109.9	112.9	107.1
斯里兰卡	Sri Lanka	100.0	108.8	108.3	114.9	125.4
泰　国	Thailand	100.0	101.2	103.6	98.2	98.6
越　南	Viet Nam	100.0	110.9	121.1	132.4	155.0
埃　及	Egypt	100.0	96.9	96.8	100.2	100.4
尼日利亚	Nigeria	100.0	133.7	162.8	186.8	184.1
南　非	South Africa	100.0	105.1	106.5	106.6	106.5
加拿大	Canada	100.0	105.5	105.3	108.5	109.0
墨西哥	Mexico	100.0	108.5	110.1	114.5	117.7
美　国	United States	100.0	106.2	107.4	108.8	110.0
阿根廷	Argentina	100.0	115.6	119.7	118.6	
巴　西	Brazil	100.0	97.9	100.6	96.4	87.0
委内瑞拉	Venezuela	100.0	103.7			
捷　克	Czech Rep.	100.0	106.8	107.6	114.8	121.7
法　国	France	100.0	100.8	99.8	99.7	101.5
德　国	Germany	100.0	107.3	107.2	109.3	110.5
意大利	Italy	100.0	94.2	91.5	91.0	92.7
荷　兰	Netherlands	100.0	102.6	101.5	102.6	103.2
波　兰	Poland	100.0	110.0	112.5	117.7	124.5
俄罗斯	Russia	100.0	113.5	114.1	116.5	110.2
西班牙	Spain	100.0	91.0	89.7	91.7	95.4
土耳其	Turkey	100.0	113.0	117.5	121.3	125.7
乌克兰	Ukraine	100.0	107.5	99.6	90.4	79.0
英　国	United Kingdom	100.0	100.7	99.7	102.6	102.6
澳大利亚	Australia	100.0	100.5	97.1	96.0	94.6
新西兰	New Zealand	100.0	101.8	103.3	105.0	107.0

12-3 采矿业生产指数
Indices of Mining Production

资料来源：联合国统计月报数据库。
Source: UN Monthly Bulletin of Statistics Database.

2010年=100 (2010=100)

国家或地区	Country or Area	2010	2012	2013	2014	2015
孟加拉国	Bangladesh	100.0	104.5	112.3	119.2	126.8
文　莱	Brunei Darussalam	100.0	99.3	89.0	86.6	85.7
印　度	India	100.0	95.7	95.1	96.5	98.7
印度尼西亚	Indonesia	100.0	108.4	114.5	120.4	126.1
以色列	Israel	100.0	88.9	117.5	129.8	129.6
日　本	Japan	100.0	101.0	96.6	94.4	90.4
韩　国	Korea, Rep.	100.0	99.8	103.8	95.6	96.1
马来西亚	Malaysia	100.0	96.2	97.0	99.5	103.6
蒙　古	Mongolia	100.0	88.1	102.0	114.1	
巴基斯坦	Pakistan	100.0	106.4	109.3	110.3	
越　南	Viet Nam	100.0	108.0	107.1	104.1	112.1
尼日利亚	Nigeria	100.0	97.5	85.0	84.1	79.6
南　非	South Africa	100.0	96.0	99.5	98.1	101.2
加拿大	Canada	100.0	104.9	108.4	114.9	112.2
墨西哥	Mexico	100.0	100.5	100.4	98.8	93.1
美　国	United States	100.0	113.4	120.7	134.0	131.7
巴　西	Brazil	100.0	101.6	98.0	104.6	108.4
捷　克	Czech Rep.	100.0	96.8	85.9	83.3	81.3
法　国	France	100.0	95.5	94.2	90.3	92.7
德　国	Germany	100.0	94.3	83.4	82.1	78.1
意大利	Italy	100.0	103.2	94.4	92.0	88.4
荷　兰	Netherlands	100.0	91.3	97.6	81.5	65.6
波　兰	Poland	100.0	97.5	101.1	95.0	96.7
俄罗斯	Russia	100.0	102.8	103.9	105.4	105.7
西班牙	Spain	100.0	62.1	53.3	53.3	48.8
土耳其	Turkey	100.0	108.8	104.9	112.7	107.3
乌克兰	Ukraine	100.0	108.3	109.2	94.3	80.9
英　国	United Kingdom	100.0	76.4	74.3	74.8	81.4
澳大利亚	Australia	100.0	109.9	119.5	130.9	139.4
新西兰	New Zealand	100.0	81.6	81.1	88.5	91.2

12-4 制造业主要指标
Main Indicators of Manufacturing

资料来源：联合国工发组织数据库。
Source: United Nations Industrial Development Organization Database .

国家或地区	Country or Area	年份 Year	机构数 (个) Number of Establishments (number)	雇员数 (万人) Number of Employees (10 000 persons)	雇员工资和薪金 (亿本币) Wages and Salaries Paid to Employees (100 million LCU)	产出 (亿本币) Output (100 million LCU)	增加值 (亿本币) Value added (100 million LCU)
中　　国	China	2011	301329			728536	
中国香港	Hong Kong, China	2009	10752	11	197	1467	321
中国澳门	Macao, China	2011	894	1	11	64	15
文　　莱	Brunei Darussalam	2010	671	1	1	65	
印　　度	India	2008	145332	1085	11878	313252	58766
印度尼西亚	Indonesia	2009	24468	435	833967	20009437	7638403
伊　　朗	Iran	2010	15310	124	1191433	20409415	4946300
以 色 列	Israel	2010	21306	37	608	3311	1043
日　　本	Japan	2007	258157	770	265030	3200740	1086290
哈萨克斯坦	Kazakhstan	2007	11209	42	2761	29559	
韩　　国	Korea, Rep.	2008		239	750040	11229880	3676300
马来西亚	Malaysia	2008	32535	257	590	8177	1572
蒙　　古	Mongolia	2011	4167	5	1322	17953	4595
巴基斯坦	Pakistan	2006	6221	93	1311	28708	9121
菲 律 宾	Philippines	2006	5160	99	1647	30397	6729
新 加 坡	Singapore	2009	9296	42	170	2268	485
斯里兰卡	Sri Lanka	2010	2730	55	959	14174	6052
泰　　国	Thailand	2006	457968	382	3230	73045	17588
越　　南	Viet Nam	2010	46984	440	1647257		5132799
埃　　及	Egypt	2006	9196	100	146	2036	609
南　　非	South Africa	2011	72316	116			
加 拿 大	Canada	2008	84048	163	804	5884	1990
墨 西 哥	Mexico	2010	205834	304	3273	48249	15723
美　　国	United States	2008		1278	6071	54803	21940
巴　　西	Brazil	2007	177153	701	1257	13461	5581
捷　　克	Czech Rep.	2007	152645	125	3057	35042	8250
法　　国	France	2009	207040	305	1031	6785	1805
德　　国	Germany	2009	179834	656	2499	13782	3815
意 大 利	Italy	2009	439112	358	907	7427	1803
荷　　兰	Netherlands	2008	47600	74	290	2887	626
波　　兰	Poland	2009	175758	223	754	7726	1979
俄 罗 斯	Russia	2011		777	20320	256314	73855
西 班 牙	Spain	2009	191973	199	544	3941	1008
土 耳 其	Turkey	2008	321652	254	372	4771	938
乌 克 兰	Ukraine	2011	42349	200	632	8811	
英　　国	United Kingdom	2009	128468	250	650	4396	1348
澳大利亚	Australia	2011		94	531	3887	1014
新 西 兰	New Zealand	2008	27640	26	120	862	254

12-5 制造业增加值及构成
Composition of Value Added in Manufacturing

资料来源：世界银行WDI数据库。
Source: World Bank WDI Database.

国家或地区	Country or Area	制造业增加值（亿美元）Value Added in Manufacturing (100 million USD)		主要行业所占比重(%) Major Industry % of Value added in Manafacturing(%)			
				食品、饮料和烟草 Food, Beverages and Tobacco		纺织和服装 Textiles and Clothing	
		2000	2016	2000	2013	2000	2013
中　　国	China	3849.4	28569.8①	14.4	11.8②	11.2	10.0②
中国香港	Hong Kong, China	78.8	34.5③	7.2	28.1	19.9	14.7
中国澳门	Macao, China	5.0	2.6③	3.1	32.5	79.1	16.6
孟加拉国	Bangladesh	74.9	377.1		13.5④		51.0④
文　　莱	Brunei Darussalam	9.2	13.1				
柬 埔 寨	Cambodia	5.9	32.0	6.6		86.5	
印　　度	India	764.7	3365.3	13.2	9.9	12.6	8.9
印度尼西亚	Indonesia	457.9	1912.0	18.0	29.6	16.7	11.1
伊　　朗	Iran Islamic Republic of	182.4	486.9③	10.4	11.0	5.9	2.8
以 色 列	Israel			11.6	11.2	5.0	1.9
日　　本	Japan	11025.4	8924.8③	11.4	12.9⑥	3.0	1.8⑥
哈萨克斯坦	Kazakhstan	30.2	142.1		23.4		0.9
韩　　国	Korea, Rep.	1461.0	3757.2	8.3	5.8	8.0	3.5
老　　挝	Laos	1.1	12.4				
马来西亚	Malaysia	289.5	595.9	8.0	12.7⑥	4.1	1.6⑥
蒙　　古	Mongolia	0.8	7.4	49.4	45.9④	39.6	13.7④
缅　　甸	Myanmar	6.4	129.4③				
巴基斯坦	Pakistan	101.0	340.5				
菲 律 宾	Philippines	198.3	599.0	28.5	27.2⑥	7.5	2.7⑥
新 加 坡	Singapore	247.8	545.0	2.5	4.7	1.0	0.3
斯里兰卡	Sri Lanka	24.6	126.2	38.6	38.3⑥	31.3	32.5⑥
泰　　国	Thailand	361.4	1115.8	17.7	20.0④	12.4	6.8④
越　　南	Viet Nam	57.5	289.0	30.2	22.8	21.0	13.2
埃　　及	Egypt	179.7	566.6		10.9⑥		3.6⑥
尼日利亚	Nigeria	16.5	351.2				
南　　非	South Africa	238.3	351.8	15.5	21.9⑤	4.9	1.8⑤
加 拿 大	Canada	1294.7	1833.3①	11.9	15.9	3.7	3.7
墨 西 哥	Mexico	1321.3	1865.6	25.4	24.0	3.9	3.0
美　　国	United States	15419.9	21423.6③	13.0	15.2④	3.4	1.4④
阿 根 廷	Argentina	468.8	755.9	28.9		8.0	
巴　　西	Brazil	860.9	1817.9	16.7	21.5	6.9	6.2
委内瑞拉	Venezuela	217.1	427.2①				
捷　　克	Czech Rep.	145.6	470.1	11.8	8.3	6.2	2.5
法　　国	France	1932.4	2441.6	12.9	18.1	4.3	2.0
德　　国	Germany	4042.0	7057.9	8.2	7.6	2.3	1.4
意 大 利	Italy	1999.4	2699.4	8.5	11.4	12.5	9.6
荷　　兰	Netherlands	564.8	828.7	17.1	19.9	2.3	1.8
波　　兰	Poland	277.0	848.7	5.4	17.4	6.5	3.1
俄 罗 斯	Russia		1586.1	19.4	16.4	2.3	1.5
西 班 牙	Spain	963.8	1581.4	14.1	20.7	6.7	4.0
土 耳 其	Turkey	512.0	1430.2	17.8	14.1	15.7	17.7
乌 克 兰	Ukraine	51.0	112.2		22.4		2.3
英　　国	United Kingdom	2150.9	2259.9	13.7	18.3	4.0	2.3
澳大利亚	Australia	481.7	740.2		26.4		2.8
新 西 兰	New Zealand	81.6	219.8⑦	33.3	35.9⑥		2.3⑥

12–5 续表 continued

单位：% (%)

国家或地区	Country or Area	机器和运输设备 Machinery and Transport Equipment		化工 Chemicals		其他 Other	
		2000	2013	2000	2013	2000	2013
中　国	China	14.1	24.5②	12.0	10.8②	48.3	42.9②
中国香港	Hong Kong, China	11.7	25.3	3.7	8.6	57.5	23.2
中国澳门	Macao, China	3.5		2.4		17.8	50.9
孟加拉国	Bangladesh		2.3④		4.6④		28.6④
柬 埔 寨	Cambodia	0.1		0.1		6.6	
印　度	India	15.6	19.6	21.1	16.0	37.5	45.6
印度尼西亚	Indonesia	20.2	16.7	10.5	13.2	34.5	29.4
伊　朗	Iran Islamic Republic of	19.7	9.4	18.6	28.1	45.5	48.7
以 色 列	Israel	31.9	41.1	10.3	22.4⑤	41.3	45.8
日　本	Japan	33.9	38.1⑥	10.4	11.4⑥	41.2	35.8⑥
哈萨克斯坦	Kazakhstan		9.0		6.3		60.4
韩　国	Korea, Rep.	41.3	48.3	9.5	10.6	32.9	31.6
马来西亚	Malaysia	37.8	29.4⑥	7.9	10.4⑥	42.2	46.0⑥
蒙　古	Mongolia	0.3	1.3④	2.0	4.6④	8.6	34.5④
菲 律 宾	Philippines	30.4	48.2⑥	9.4	5.1⑥	24.2	16.8⑥
新 加 坡	Singapore	56.9	55.6	14.2	23.8	25.5	15.6
斯里兰卡	Sri Lanka	4.0	2.1⑥	3.8	3.5⑥	22.4	23.6⑥
泰　国	Thailand	25.9	30.5④	6.2	5.7④	37.8	37.1④
越　南	Viet Nam	11.8	21.7	6.3	6.0	30.8	36.2
埃　及	Egypt		3.8⑥		13.5⑥		68.2⑥
南　非	South Africa	13.7	14.4⑤	6.5	6.9⑤	59.4	55.1⑤
加 拿 大	Canada	31.7	19.5	7.6	9.0	45.1	51.9
墨 西 哥	Mexico	24.2	24.5	15.4	11.6	31.2	37.0
美　国	United States	29.7	28.3④	11.8	16.3④	42.0	38.8④
阿 根 廷	Argentina	10.8		15.2		37.1	
巴　西	Brazil	19.1	22.0	12.4	11.2	45.0	39.1
捷　克	Czech Rep.	23.9	34.8	6.7	4.8	51.4	49.7
法　国	France	26.3	31.7	11.8	12.4	44.7	35.8
德　国	Germany	32.7	42.1	9.8	10.4	47.1	38.5
意 大 利	Italy	22.7	29.1	7.9	8.9	48.5	41.1
荷　兰	Netherlands	21.0	28.8	13.7	16.0	45.9	33.6
波　兰	Poland	14.9	24.0	7.5	7.9	65.7	47.6
俄 罗 斯	Russia	23.4	10.2	8.4	9.7	46.6	62.2
西 班 牙	Spain	19.0	23.4	9.5	11.6	50.7	40.2
土 耳 其	Turkey	14.6	18.0	10.1	6.4	41.8	43.7
乌 克 兰	Ukraine		26.0		9.6		39.7
英　国	United Kingdom	25.3	34.7	9.9	9.8	47.2	34.9
澳大利亚	Australia		21.2		8.7		41.0
新 西 兰	New Zealand		11.6⑥		4.5⑥	66.7	45.6⑥

注：①2013年数据。②2007年数据。③2015年数据。④2011年数据。⑤2010年数据。⑥2012年数据。⑦2014年数据。

Note: ①Data refer to 2013.②Data refer to 2007.③Data refer to 2015.④Data refer to 2011.⑤Data refer to 2010.⑥Data refer to 2012.⑦Data refer to 2014.

12-6 主要工业产品产量
Output of Major Industrial Products

资料来源：联合国统计月报数据库、国际汽车制造协会。
Source: UN Monthly Bulletin of Statistics Database, International Organization of Motor Vehicle Manufacturers.

国家或地区	Country or Area	粗钢(万吨) Crude Steel (10 000 tons) 2005	2016
中国	China	34936	80761
日本	Japan	11248	10478
印度	India	4578	9562
美国	United States	9336	7848
俄罗斯	Russia	6614	6964
韩国	Korea, Rep.	4782	6857
德国	Germany	4452	4208
土耳其	Turkey	2096	3341
巴西	Brazil	3178	3127
意大利	Italy	2893	2338
墨西哥	Mexico	1619	1880
法国	France	1948	1441
西班牙	Spain	1691	1362
加拿大	Canada	1532	1265
乌克兰	Ukraine	2896	1115
波兰	Poland	834	911
英国	United Kingdom	1325	776
比利时	Belgium	1051	768
荷兰	Netherlands	691	691
南非	South Africa	949	614
沙特阿拉伯	Saudi Arabia	420	546
捷克	Czech Rep.	619	530
澳大利亚	Australia	780	526
埃及	Egypt	562	504
斯洛伐克	Slovakia	425	481
瑞典	Sweden	572	462
哈萨克斯坦	Kazakhstan	448	426
芬兰	Finland	474	412
罗马尼亚	Romania	628	336
白俄罗斯	Belarus	208	226
卢森堡	Luxemburg	220	217
委内瑞拉	Venezuela	487	134③
哥伦比亚	Colombia	85	133
匈牙利	Hungary	196	127
希腊	Greece	228	116
智利	Chile	154	115
挪威	Norway	68	61
斯洛文尼亚	Slovenia	61	61
保加利亚	Bulgaria	197	53
摩尔多瓦	Moldova	102	44③

国家或地区	Country or Area	煤(万吨) Coal(10 000 tons) 2005	2016
中国	China	236500	341100
印度	India	42818	67624③
美国	United States	102648	66064
澳大利亚	Australia	39500	56622
俄罗斯	Russia	29680	31169
南非	South Africa	24502	27000①
波兰	Poland	15954	7058
加拿大	Canada	6534	6775①
捷克	Czech Rep.	6726	4510③
希腊	Greece	3240	4234①
越南	Viet Nam	2446	3586③
保加利亚	Bulgaria	6076	2952
乌克兰	Ukraine	1475	1972③
爱沙尼亚	Estonia	2088	1799①
泰国	Thailand	701	776
墨西哥	Mexico	6202	678
前南马其顿	Macedonia, FYR	688	664②
英国	United Kingdom	2000	418
德国	Germany	20592	385
斯洛文尼亚	Slovenia	454	317③
巴基斯坦	Pakistan	487	316①
智利	Chile	54	244
斯洛伐克	Slovakia	251	218①
土耳其	Turkey	5864	191
吉尔吉斯斯坦	Kyrgyzstan	34	187③
黑山	Montenegro		169②
塔吉克斯坦	Tajikistan	7	130
罗马尼亚	Romania	3146	103
西班牙	Spain	1081	103
法国	France	61	30①
塞尔维亚	Serbia	4036	11
赞比亚	Zambia		
卢森堡	Luxemburg		
委内瑞拉	Venezuela		
哥伦比亚	Colombia		
匈牙利	Hungary	1103	
巴西	Brazil		
沙特阿拉伯	Saudi Arabia		
挪威	Norway		
荷兰	Netherlands		

12-6 续表 1 continued

国家或地区	Country or Area	原油(万吨) Crude Petroleum(10 000 tons) 2005	2016	国家或地区	Country or Area	发电量(亿千瓦小时) Electricity (100 million kwh) 2005	2016
沙特阿拉伯	Saudi Arabia	46883	52280	中　国	China	25003	61425
俄罗斯	Russia	46920	51594	美　国	United States	40380	40787
美　国	United States	34084	44881	俄罗斯	Russia	9523	10871
伊拉克	Iraq	9086	22895	日　本	Japan	8720	8653
中　国	China	18068	19958	加拿大	Canada	5947	6234
加拿大	Canada	12371	17758	法　国	France		5285
阿联酋	United Arab Emirates	11461	15993	德　国	Germany	5861	4324
伊　朗	Iran	20056	15651③	意大利	Italy	3090	2864
科威特	Kuwait	12964	14445①	土耳其	Turkey	1616	2712
委内瑞拉	Venezuela	17291	13889③	西班牙	Spain	2656	2712
巴　西	Brazil	8306	12821	墨西哥	Mexico	1721	2583①
墨西哥	Mexico	17508	11195	澳大利亚	Australia	2024	2455
尼日利亚	Nigeria	12450	8890	埃　及	Egypt	1117	1702①
安哥拉	Angola	6230	8437	波　兰	Poland	1569	1661
挪　威	Norway	13052	8008	乌克兰	Ukraine	1861	1637
哈萨克斯坦	Kazakhstan	5087	6557	瑞　典	Sweden	1594	1515
阿尔及利亚	Algeria	6186	5219	挪　威	Norway	1376	1500
阿　曼	Oman		4885③	马来西亚	Malaysia	873	1316②
利比亚	Libya	8119	4773②	荷　兰	Netherlands	999	1147
英　国	United Kingdom	7718	4431	捷　克	Czech Rep.	826	838③
阿塞拜疆	Azerbaijan	2200	4117	比利时	Belgium	858	828
印度尼西亚	Indonesia	5232	3905③	智　利	Chile	525	734
印　度	India	3247	3724③	奥地利	Austria	658	676
埃　及	Egypt	3254	3413	芬　兰	Finland	819	660
卡塔尔	Qatar	3785	3180	瑞　士	Switzerland	596	660③
厄瓜多尔	Ecuador	2768	2872	罗马尼亚	Romania	594	659
马来西亚	Malaysia	3460	2721②	葡萄牙	Portugal	366	612
阿根廷	Argentina	3394	2630	以色列	Israel	498	582②
澳大利亚	Australia	2360	1526	秘　鲁	Peru	257	517
泰　国	Thailand	910	1290	希　腊	Greece	573	489
丹　麦	Denmark	1852	704	保加利亚	Bulgaria	442	484③
德　国	Germany	346	527	新西兰	New Zealand	394	424
文　莱	Brunei Darussalam		522	塞尔维亚	Serbia	365	390
巴基斯坦	Pakistan	322	457①	中国香港	Hong Kong, China	384	382
意大利	Italy	614	379	白俄罗斯	Belarus	310	331
罗马尼亚	Romania	522	369	丹　麦	Denmark	360	289
特立尼达和多巴哥	Trinidad and Tobago	748	368	斯洛伐克	Slovakia	313	254
土耳其	Turkey	228	269	匈牙利	Hungary	304	251
巴　林	Bahrain		243	阿塞拜疆	Azerbaijan	229	230
玻利维亚	Bolivia	211	237①	冰　岛	Iceland		182

12-6 续表 2 continued

国家或地区	Country or Area	水泥(万吨) Cement(10 000 tons)		国家或地区	Country or Area	化肥(万吨) Fertilizer(10 000 tons)	
		2005	2016			2005	2014
中　国	China	103830	240295	中　国	China	4097	6772
美　国	United States	9594	8269	美　国	United States	2096	2220
土耳其	Turkey	4300	7195	俄罗斯	Russia	1662	1768
韩　国	Korea, Rep.	5222	6155	印　度	India	1531	1643
俄罗斯	Russia	4854	5504	加拿大	Canada	1146	1343
日　本	Japan	6962	5326	白俄罗斯	Belarus	570	738
墨西哥	Mexico	4007	4615	印度尼西亚	Indonesia	322	427
泰　国	Thailand	3787	4278	沙特阿拉伯	Saudi Arabia	150	371
巴基斯坦	Pakistan	1848	3319③	巴　西	Brazil	308	317
马来西亚	Malaysia	1666	2147②	巴基斯坦	Pakistan	277	306
波　兰	Poland	1450	1552	德　国	Germany	470	300
摩洛哥	Morocco	1028	1415	以色列	Israel	271	294
加拿大	Canada	1418	1187	摩洛哥	Morocco	131	283
秘　鲁	Peru	578	1074	卡塔尔	Qatar	137	250
澳大利亚	Australia	907	976②	埃　及	Egypt	181	250
乌克兰	Ukraine	1217	910	波　兰	Poland	233	218
哈萨克斯坦	Kazakhstan	418	904	荷　兰	Netherlands	174	183
罗马尼亚	Romania	815	804	约　旦	Jordan	152	178
突尼斯	Tunisia	670	750②	比利时	Belgium	145	159
孟加拉国	Bangladesh	215	703③	西班牙	Spain	177	158
塞内加尔	Senegal	263	515	乌克兰	Ukraine	266	158
白俄罗斯	Belarus	313	450	法　国	France	362	135
克罗地亚	Croatia	348	426	越　南	Viet Nam	64	129
智　利	Chile	402	424	乌兹别克斯坦	Uzbekistan		125
斯洛伐克	Slovakia	344	352	智　利	Chile	66	120
玻利维亚	Bolivia		334①	土耳其	Turkey	124	118
阿塞拜疆	Azerbaijan	154	230	立陶宛	Lithuania	107	117
乌干达	Uganda		203②	墨西哥	Mexico	45	99
塔吉克斯坦	Tajikistan	25	199	意大利	Italy	43	96
保加利亚	Bulgaria	362	198	阿联酋	United Arab Emirates	26	90
中国香港	Hong Kong, China	101	194①	挪　威	Norway	73	81
塞尔维亚	Serbia	228	180	日　本	Japan	107	76
芬　兰	Finland	130	126①	韩　国	Korea, Rep.	59	73
塞浦路斯	Cyprus	180	102	突尼斯	Tunisia	115	67
立陶宛	Lithuania	83	101	澳大利亚	Australia	94	67
蒙　古	Mongolia		43	阿　曼	Oman	48	67
爱沙尼亚	Estonia	73	42	马来西亚	Malaysia	59	66
亚美尼亚	Armenia	60	26	阿尔及利亚	Algeria	10	64
卢旺达	Rwanda		23③	英　国	United Kingdom	148	62
斐　济	Fiji	14	20③	伊　朗	Iran	87	59

12-6 续表 3 continued

国家或地区	Country or Area	汽车(万辆) Motor Vehicles (10 000 vehicles) 2005	2016	国家或地区	Country or Area	天然气(万亿焦耳) Natural Gas (terajoule) 2005	2016
中　国	China	572	2812	美　国	United States	19633788	28744356
美　国	United States	1195	1220	俄罗斯	Russia	24785724	21549516
日　本	Japan	1080	920	加拿大	Canada	6566448	6161112
德　国	Germany	576	606	中　国	China	1965624	5319432
印　度	India	164	449	挪　威	Norway	3527904	4725648
韩　国	Korea, Rep.	370	423	澳大利亚	Australia	1298988	3386844
墨西哥	Mexico	168	360	印度尼西亚	Indonesia	3204684	3119328③
西班牙	Spain	275	289	墨西哥	Mexico	2245812	2649264
加拿大	Canada	269	237	马来西亚	Malaysia	2402160	2552904②
巴　西	Brazil	253	216	英　国	United Kingdom	3693300	1716276
法　国	France	355	208	荷　兰	Netherlands	2624388	1477356
泰　国	Thailand	112	194	巴基斯坦	Pakistan	1290852	1468704①
英　国	United Kingdom	180	182	特立尼达和多巴哥	Trinidad and Tobago		1420272③
土耳其	Turkey	88	149	埃　及	Egypt	1933140	1228224
捷　克	Czech Rep.	60	135	印　度	India	1109412	1226532③
俄罗斯	Russia	135	130	泰　国	Thailand	753708	1193400
印度尼西亚	Indonesia	50	118	玻利维亚	Bolivia	464424	826788①
伊　朗	Iran	108	116	孟加拉国	Bangladesh	502824	799740②
意大利	Italy	104	110	阿塞拜疆	Azerbaijan	128676	734328
斯洛伐克	Slovakia	22	104	乌克兰	Ukraine	705720	666912
波　兰	Poland	61	68	秘　鲁	Peru		546324
南　非	South Africa	53	60	文　莱	Brunei Darussalam		517692
马来西亚	Malaysia	56	51	罗马尼亚	Romania	491508	338724
阿根廷	Argentina	32	47	德　国	Germany	661068	267204
匈牙利	Hungary	15	47	意大利	Italy	458004	220332
比利时	Belgium	93	40	新西兰	New Zealand	156864	197136
罗马尼亚	Romania	19	36	波　兰	Poland	180696	165276
中国台湾	Taiwan.China	45	31	菲律宾	Philippines		151968
瑞　典	Sweden	34	21	日　本	Japan	128016	112980
澳大利亚	Australia	39	16	爱尔兰	Ireland	20880	112920
葡萄牙	Portugal	22	14	丹　麦	Denmark	437592	92364
斯洛文尼亚	Slovenia	18	13	突尼斯	Tunisia	87852	91692
奥地利	Austria	25	11	克罗地亚	Croatia	85188	67356
乌兹别克斯坦	Uzbekistan	10	9	匈牙利	Hungary	108744	66540
塞尔维亚	Serbia	1	8	奥地利	Austria	62076	55956②
芬　兰	Finland	2	6	智　利	Chile	74700	35556
荷　兰	Netherlands	18	4	南　非	South Africa		28332
埃　及	Egypt	6	4	塞尔维亚	Serbia	10632	23232
乌克兰	Ukraine	21	1	土耳其	Turkey		19320②

注：①2014年数据。②2013年数据。③2015年数据。
Note: ①Data refer to 2014.②Data refer to 2013.③Data refer to 2015.

12–7 竣工房屋建筑
Construction of New Buildings

资料来源：联合国统计月报数据库。
Source: UN Monthly Bulletin of Statistics Database.

国家或地区	Country or Area	2005	2010	2013	2014	2015	2016
竣工房屋建筑面积	**Constrction Area of New Buildings**						
(万平方米)	**(10 000 sq.m.)**						
中　国	China	40004	61216	78740	80868		
以色列	Israel	496	617	796	854	808	853
日　本	Japan	11242	7690	9173	8021	7892	8221
哈萨克斯坦	Kazakhstan	499	641	684	752	894	1051
韩　国	Korea, Rep.	5028	5147	5024	5710		
菲律宾	Philippines	1060	1141	1259	1494	1448	1651
南　非	South Africa	886	494	514	484	512	
法　国	France	4562	3667	3304	2866	2780	3025
德　国	Germany	2502	1904	2906	2978	3218	3626
波　兰	Poland	1140	1386	1469	1397	1434	1499
俄罗斯	Russia	4356	5812	6940	8419	8536	8024
土耳其	Turkey	3661	9052	9416	11372	10788	
乌克兰	Ukraine		934	1122	974	1104	937
新西兰	New Zealand	497	311	408	462	486	547
竣工房屋建筑(套)	**Number of New Buildings(unit)**						
以色列	Israel	32004	33156	42564	44652	43560	45912
日　本	Japan	1294668	815640	980028	892260	908304	967236
哈萨克斯坦	Kazakhstan	20280					
韩　国	Korea, Rep.	37800	81792	93048	101892		
菲律宾	Philippines	105348	105228	107832	126876	124428	140388
南　非	South Africa	70620	39552	33864	38568	39672	
美　国	United States	1932000	648000	768000	885996	969000	1061004
捷　克	Czech Rep.	32868	36444	25248	23880	25092	
法　国	France	444192	414900	376104	341604	335004	375000
德　国	Germany	215304	167784	270360	283128	305580	375588
波　兰	Poland	114072	135720	145140	143172	147708	163320
俄罗斯	Russia	515304	714120	912108	1117920	1195044	1167144
西班牙	Spain	524484	257448	64632	46836	45636	
土耳其	Turkey	249816	584280	688044	757176	714144	
乌克兰	Ukraine		76776	102288	105240	117444	112572
英　国	United Kingdom	209580	135948	135324	144984	170676	170988
澳大利亚	Australia	164964	156948	152304	175896	195912	212868
新西兰	New Zealand	26016	15600	21288	24684	27132	30072

主要统计指标解释

工业生产指数 按国际标准产业分类的大类，包括矿业，制造业，电力、煤气、水，不包括建筑业。工业生产指数反映按美元不变价计算的增加值的变化趋势，采用拉氏公式计算，基期为2005年。

机构数 这里所用的机构的概念大部分情况下指的是经济活动单位，即能够单独核算的、在一个地点经营的、主要从事一种经济活动的单位。

从业人员数 指所有在企业中工作的人，包括企业主本人、合伙人、不领工资的家庭成员和所有雇员，但不包括家务劳动者。

工资和薪金 指报告期内用现金或以货代款方式支付给企业雇员的所有款项。款项包括（1）直接工资和薪金；（2）非工作时间的报酬；（3）奖金和小费；（4）雇主直接支付的住房补贴和家庭补贴；（5）以货代款方式的支付。雇员的补偿相当于工资和薪金加雇主为雇员支付的社会保障、养老金缴款雇员因此而得到的收益、解雇和辞职时加发的工资。

产值 指企业的工业活动所产出的价值。它包括(1)企业创造的全部产品总值；(2)收到或发出的在产品期初期末差额价值或库存品价值；(3)为其他部门提供工业生产或服务价值；(4)收到或发出的商品价值减去支付这些商品的数额；(5)报告期内生产单位自己使用而生产的固定资产价值。发出的制成品库存的期初期末差额价值。

固定资本形成 指报告期内所购买或自建的固定资产减去相应的卖出的固定资产的价值。固定资产包括使用期限在一年或一年以上，企业自产自用的固定资产也包括为延长使用寿命提高生产率而对现有资产进行的更新改造。

Explanatory Notes on Main Statistical Indicators

Industrial Production Indices are classified according to tabulation categories, division and combination of division of the revised version of the International Standard Industrial Classification of All Economic Activities (ISIC) for mining, manufacturing and electricity, gas and water, excluding construction. The indices indicate trends in value added in constant US dollars. Each series is compiled by use of the Laspeyres. The base year is 2005.

Establishment is ideally a unit that engages, under a single ownership or control, in one, or predominantly one, kind of activity at a single location.

Number of Employees is defined as the total number of persons who worked in or for the establishment during the reference year. However, home workers are excluded.

Wages and Salaries Estimates of wages and salaries include all payments in cash or in kind made to "employees" during the reference year in relation to work done for the establishment. Payment include: (a)direct wages and salaries;(b)remuneration for time not worked; (c)bonuses and gratuities;(d)housing allowances and family allowances paid directly by the employer, and (e)payments in kind.

Output The measure of output normally used in the tables is the census concept that covers only activities of an industrial nature. it include:(a)the value of all products of the establishment; (b)the net change between the beginning and the end of the reference period in the value of work in progress and stocks of goods to be shipped in the same condition as received;(c)the value of industrial work done or industrial services rendered to others; (d)the value of goods shipped in the same condition as received less the amount paid for these goods; and(e)the value of fixed assets produced during the period by the unit for its own use. In the case of estimates compiled on a shipment basis, the net change in the value of stocks of finished goods between the beginning and the end of the reference period is also included.

Gross Fixed Capital Formation Estimates refer to the value of purchases and own account construction of fixed assets during the reference year less the value of corresponding sales. The fixed assets covered are those (whether new or used) with a productive life of one year or more. These assets, which are intended for the use of the establishment, including fixed assets made by the establishment, including fixed assets made by the establishment's own labour force for its own use. Major additions, alterations and improvements to existing assets that extend their normal economic life or raise their productivity are also included.

运输和通讯

Transportation and Communication

13-1 公路货运客运周转量
Freight Ton-km and Passenger-km of Road

资料来源：国际公路协会《世界公路统计2016年》。
Source: International Road Federation World Road Statistics 2016.

国家或地区	Country or Area	公路货运周转量(亿吨公里) Roads, Goods Transported (100 million ton-km)			公路客运周转量(亿人公里) Roads, Passengers Carried (100 million passenger-km)		
		2000	2010	2014	2000	2010	2014
中　国	China	6129.4	43389.7	61017.0	6657.4	15020.8	12084.1
柬埔寨	Cambodia				2.0		
印　度	India	8.7①	11065.0	12124.0④			63512.0④
日　本	Japan	3131.2	2431.5	2100.1	9512.5	55559.0	
哈萨克斯坦	Kazakhstan	46.4①	802.6			1261.5	
韩　国	Korea, Rep.	114.1	491.7	492.2⑤	745.7	2530.1	2929.0⑤
老　挝	Laos		5.1	3.6④		25.6	26.2④
蒙　古	Mongolia	14.8	18.3	49.4	3.9	14.8	27.9
巴基斯坦	Pakistan	902.7①	1634.2		1970.1	2976.9	
新加坡	Singapore					56.8	57.2⑤
斯里兰卡	Sri Lanka				198.6		
越　南	Viet Nam		361.8	478.8		692.0	967.7
埃　及	Egypt					127.9	
南　非	South Africa	4.3					
加拿大	Canada	766.9①	1352.9	1665.8		4930.0②	
墨西哥	Mexico	1940.5	2202.9	2397.1	3817.0	4520.3	4941.3
美　国	United States	17412.1	40433.6	42003.8⑤	73234.4	68303.1	70355.6
阿根廷	Argentina				234.3	362.7	321.5
捷　克	Czech Rep.	390.0	518.3	540.9	733.9	799.4	925.4
法　国	France	2665.0	3009.7	2884.3		8606.7	8838.1
德　国	Germany	3463.0	4419.0	4625.0	9269.4	9804.9	
意大利	Italy	1847.6	1757.8	1239.2		8006.1	7457.0
荷　兰	Netherlands	457.0	757.8		1939.0③	1533.0	
波　兰	Poland	750.2	2142.0	2628.6	1904.0	2336.1	2549.9⑤
俄罗斯	Russia	233.0	1993.4	2467.8	1.7③	1406.1	1270.9
西班牙	Spain	1330.8	2727.3	2439.2	4031.7	3953.3	3612.6
土耳其	Turkey	1522.1①	1903.7	2344.9	1779.5	2269.1	2760.7
乌克兰	Ukraine	182.7①	343.9	219.2	310.1	514.6	421.3
英　国	United Kingdom	1504.8	1538.3	1525.9	6950.0	6988.9	7036.7
澳大利亚	Australia	1326.3	1854.1	2106.0	2838.4	3202.3	3339.7

注：①1998年数据。②2009年数据。③1999年数据。④2012年数据。⑤2013年数据。
Note: ①Data refer to 1998.②Data refer to 2009.③Data refer to 1999.④Data refer to 2012.⑤Data refer to 2013.

13–2 铁路运输
Railway Traffic

资料来源：世界银行WDI数据库。
Source: World Bank WDI Database.

国家或地区	Country or Area	铁路总长度(公里) Rail Lines Total (km)		铁路货运周转量(亿吨公里) Rail,Goods Transported (100 million ton-km)		铁路客运周转量(亿人公里) Rail, Passengers Carried (100 million passenger-km)	
		2005	2015	2005	2015	2005	2015
中　　国	China	62200	67212	19346.12	19800.61	5833.20	7230.06
孟加拉国	Bangladesh	2855	2835①	8.96	7.10①	43.40	73.05①
柬 埔 寨	Cambodia	650		0.92		0.45	
印　　度	India	63465	66030	4073.98	6816.96	5757.02	11471.90
印度尼西亚	Indonesia		4684①	46.98	71.66①	255.35	202.83①
伊　　朗	Iran	7131	8560	191.27	250.14	111.49	149.38
以 色 列	Israel	899	1277	11.49	11.55	16.16	26.08
日　　本	Japan	20096	16704	219.00	202.55①	2392.46	2067.22
哈萨克斯坦	Kazakhstan	14204	14767	1718.55	1897.59	121.29	170.85
韩　　国	Korea, Rep.	3392	3909	101.08	94.79	310.04	234.50
马来西亚	Malaysia	1657	2250①	11.78	30.71①	11.81	32.93①
蒙　　古	Mongolia	1810	1810	88.57	114.63	12.28	9.97
巴基斯坦	Pakistan	7791	9255	47.96	33.01	230.45	202.88
菲 律 宾	Philippines	491		0.01②		1.44②	
斯里兰卡	Sri Lanka	1200		1.38		46.82	
泰　　国	Thailand	4044	5327①	40.37	24.55①	91.95	75.04①
越　　南	Viet Nam	2671	3186	29.28	41.25	45.58	42.34
埃　　及	Egypt	5150	5195①	39.17	15.92①	408.37	408.37①
尼日利亚	Nigeria	3528		0.77		1.74	
南　　非	South Africa	20047	20500①	1085.13	1346.00①	9.91	146.89①
加 拿 大	Canada	57671	52131①	3386.61	3525.35①	27.90	13.23
墨 西 哥	Mexico	26662	26704①	543.87	787.70①	0.73	4.79①
美　　国	United States	228999	228218①	27175.13	25472.53	88.69	105.19
阿 根 廷	Argentina	35753	25023①		121.11①	69.79	85.88①
巴　　西	Brazil	29314	29817①	2212.11	2677.00①		158.77
委内瑞拉	Venezuela			0.32			
捷　　克	Czech Rep.	9513	9467	143.85	110.95	66.31	71.70
法　　国	France	29286	30013①	418.98	331.16	783.06	846.82
德　　国	Germany	34228	33332	880.22	729.13	725.68	792.57
意 大 利	Italy	16751	16724	210.45	102.67	473.68	392.90
荷　　兰	Netherlands	2813	3016①	43.31②		147.30	177.70
波　　兰	Poland	19599	18510	460.60	287.20	167.42	74.86
俄 罗 斯	Russia	85542	85262	18016.01	23047.59	1642.62	2065.13
西 班 牙	Spain	14484	15658	115.86	71.26	210.47	256.60
土 耳 其	Turkey	8697	10131	89.39	96.18	50.36	48.28
乌 克 兰	Ukraine	22001	20975	2239.80	1950.54	526.55	375.77
英　　国	United Kingdom	16208	16132	221.10		440.36	622.97①
澳大利亚	Australia	9528	1829③	461.64	596.49①	12.90	

注：①2014年数据。②2004年数据。③2012年数据。④2013年数据。
Note: ①Data refer to 2014.②Data refer to 2004.③Data refer to 2012.④Data refer to 2013.

13-3 国际海运装货量和卸货量
International Maritime Freight Loaded and Unloaded

资料来源：联合国统计月报数据库。
Source: UN Monthly Bulletin of Statistics Database.

单位：万吨 (10 000 tons)

国家或地区	Country or Area	国际海运装货量 International Maritime Freight Loaded			国际海运卸货量 International Maritime Freight Unloaded		
		2000	2005	2016	2000	2005	2016
中国香港	Hong Kong, China	6770	8918	10596	10693	14095	15068
孟加拉国	Bangladesh	89	79	581①	1408		4820①
文　莱	Brunei Darussalam	10	8		102	168	
印度尼西亚	Indonesia	14153	27372		4504	8479	
伊　朗	Iran	3065	3446		4486	6073	
以色列	Israel	1387	1663	2074	2920	2107	3631
日　本	Japan	13010			80654		
韩　国	Korea, Rep.	15078	24250		41882	51245	
马来西亚	Malaysia	5483	7940		6922	10391	
巴基斯坦	Pakistan	617	1126		3080	3955	
新加坡	Singapore	32618	42266				
斯里兰卡	Sri Lanka	919	1315				
埃　及	Egypt		2123			4241	
南　非	South Africa	2598					
美　国	United States	34334	40534		83352	94160	
阿根廷	Argentina	1550					2742①
法　国	France	6810	10066	10264	20273	22710	18658
德　国	Germany	8602	10832	11635	14725	16866	17093
荷　兰	Netherlands	9940	12250		32507	36424	
波　兰	Poland	3152	3835	3100	1582	1642	3994
俄罗斯	Russia	828	910		84	74	
西班牙	Spain	5627	8195		19343	26164	
乌克兰	Ukraine	4271	7070	10114①	684	1333	1610①
澳大利亚	Australia	48750	62401	142862	5418	6989	9806
新西兰	New Zealand	2214	2167	4043	1379	1844	2138

注：①2014年数据。
Note: ①Data refer to 2014.

13-4 空运货物周转量和客运量
Freight and Passengers Carried by Air

资料来源：世界银行WDI数据库。
Source: World Bank WDI Database.

国家或地区	Country or Area	空运货物周转量（万吨公里） Air Transport, Freight (10 000 ton-km)			航空客运量（万人） Air Transport, Passengers Carried (10 000 persons)		
		2000	2005	2016	2000	2005	2016
世　界	**World**	**11825721**	**14148485**	**19516218**	**167406**	**197014**	**369618**
高收入国家	**High Income**	**10104835**	**11823852**	**14758091**	**136035**	**149867**	**221049**
中等收入国家	**Middle Income**	**1679902**	**2302222**	**4603048**	**30932**	**46709**	**147029**
低收入国家	**Low Income**	**40984**	**66839**	**155079**	**439**	**1015**	**1540**
中　国	China	390008	757940	2130459	6189	13672	48796
中国香港	Hong Kong, China	511151	776387	1140912	1438	2023	4345
中国澳门	Macao, China	2190	16981	2940	153	204	279
孟加拉国	Bangladesh	19387	18349	5398	133	163	382
文　莱	Brunei Darussalam	14023	13414	12426	86	98	117
柬埔寨	Cambodia		120	144		17	105
印　度	India	54765	77404	189388	1730	2788	11958
印度尼西亚	Indonesia	40854	43977	93128	992	2684	9653
伊　朗	Iran	7372	9822	13858	872	1271	1552
以色列	Israel	88570	121348	78393	444	439	651
日　本	Japan	867205	854924	936089	10912	10228	11771
哈萨克斯坦	Kazakhstan	1175	1583	3889	46	116	501
韩　国	Korea, Rep.	765134	743257	1148488	3433	3389	7713
老　挝	Laos	167	248	150	21	29	122
马来西亚	Malaysia	186384	257758	114988	1656	2037	5382
蒙　古	Mongolia	844	607	807	25	30	54
缅　甸	Myanmar	77	272	507	44	150	260
巴基斯坦	Pakistan	34031	40793	17547	529	536	963
菲律宾	Philippines	28995	32271	64600	576	806	4005
新加坡	Singapore	600489	757126	642317	1670	1774	3497
斯里兰卡	Sri Lanka	25571	31036	40308	176	282	528
泰　国	Thailand	171288	200242	216007	1739	1890	6046
越　南	Viet Nam	11733	23019	45898	288	545	3794
埃　及	Egypt	27806	28695	37602	452	489	1243
尼日利亚	Nigeria	882	1003	2416	51	75	449
南　非	South Africa	68757	92338	76738	800	1184	1950
加拿大	Canada	189611	152682	224623	4177	4523	8541
墨西哥	Mexico	30986	39043	76085	2089	2186	5331
美　国	United States	3017198	3735764	3788961	66533	72055	82295
阿根廷	Argentina	29665	13256	25418	892	694	1508
巴　西	Brazil	172790	153068	151383	3129	3766	9414
委内瑞拉	Venezuela	3310	211	400	430	504	603
捷　克	Czech Rep.	3222	3876	2529	223	471	597
法　国	France	522434	580244	415541	5258	5248	6536
德　国	Germany	712771	772213	698566	5796	9079	12474
意大利	Italy	174841	136513	109216	3042	3612	2886
荷　兰	Netherlands	436734	489397	474596	2090	2613	3765
波　兰	Poland	7783	7128	15555	234	355	546
俄罗斯	Russia	104141	154122	586320	1769	2652	7746
西班牙	Spain	87950	102174	106473	3971	4986	6667
土耳其	Turkey	38504	38295	349393	1219	1694	10037
乌克兰	Ukraine	1220	3929	4007	95	251	568
英　国	United Kingdom	516087	599843	560410	7044	9360	14512
澳大利亚	Australia	173074	244459	190208	3258	4466	7260
新西兰	New Zealand	81714	78147	123265	1078	1195	1524

13–5 机动车使用量
Vehicles in Use

资料来源：国际公路协会《世界公路统计2016年》。
Source: International Road Federation World Road Statistics 2016.

国家或地区	Country or Area	年 份 Year	总计 （万辆） Total (10 000 units)	乘用车 （万辆） Passenger Cars (10 000 units)	公共汽车 （万辆） Buses (10 000 units)	卡车和货车 （万辆） Lorries and Vans (10 000 units)
中 国	China	2013	12572.4	10313.3	248.4	2010.6
中国香港	Hong Kong,China	2014	64.7	51.3	2.1	11.3
孟加拉国	Bangladesh	2014	71.1	35.5	14.0	21.5
文 莱	Brunei Darussalam	2011	14.4	13.3	0.2	1.0
印 度	India	2013	3520.3	2480.6	182.4	857.3
以 色 列	Israel	2014	284.2	248.1	2.9	33.2
日 本	Japan	2014	7669.7	6005.1	22.7	1641.9
哈萨克斯坦	Kazakhstan	2011	406.6	355.4	9.8	41.4
韩 国	Korea,Rep.	2014	2004.8	1574.7	94.7	335.4
马来西亚	Malaysia	2014	1258.9	1143.0		116.0
蒙 古	Mongolia	2014	43.8	30.4	2.1	
缅 甸	Myanmar	2014	64.4	41.1	2.4	20.9
巴基斯坦	Pakistan	2014	302.1	254.6	22.4	25.1
菲 律 宾	Philippines	2013	339.9	86.8	3.2	249.9
新 加 坡	Singapore	2014	79.9	61.9	1.8	16.2
斯里兰卡	Sri Lanka	2013	125.3	52.8	9.3	63.1
南 非	South Africa	2014	963.4	662.1	35.1	266.3
加 拿 大	Canada	2014	2285.0		9.0	
墨 西 哥	Mexico	2014	3575.3	2554.3	34.6	986.4
美 国	United States	2014	25193.3	11389.9	87.2	13716.2
巴 西	Brazil	2014	6159.3	4794.7	93.6	1271.0
白俄罗斯	Belarus	2014	341.1	294.3	4.7	42.1
捷 克	Czech Republic	2014	546.9	483.3	2.0	61.5
法 国	France	2014	3840.8	3180.0	8.9	651.9
德 国	Germany	2014	4929.3	4440.3	7.8	481.2
意 大 利	Italy	2014	4200.3	3735.1	9.5	455.6
荷 兰	Netherlands	2014	893.8	797.9	1.0	94.9
挪 威	Norway	2014	312.3	255.5	1.7	55.0
波 兰	Poland	2014	2345.1	2000.4	10.6	334.1
俄 罗 斯	Russia	2014	5062.8	4341.7	88.3	632.8
西 班 牙	Spain	2014	2800.4	2203.0	6.0	591.5
土 耳 其	Turkey	2014	1433.3	985.8	63.8	383.6
乌 克 兰	Ukraine	2011	848.8	690.1	25.0	133.8
英 国	United Kingdom	2013	3312.8	2914.1	16.4	382.3
澳大利亚	Australia	2014	1685.3	1329.7	9.4	346.2
新 西 兰	New Zealand	2014	328.1	274.8	2.3	51.0

13-5 续表 continued

国家或地区	Country or Area	年 份 Year	摩托车(万辆) Motorcycles (10 000 units)	每千人拥有乘用车数量(辆) Passenger Cars per 1000 Persons (unit)	每千人拥有汽车数量(辆) Total Vehicles per 1000 Persons (unit)	每公里道路汽车数量（辆） Total Vehicles per km of Road (unit)
中 国	China	2013	9521.2	76.0	93.0	29.0
中国香港	Hong Kong,China	2014	4.4	71.0	89.0	308.0
孟加拉国	Bangladesh	2014	137.4	2.0	4.0	
文 莱	Brunei Darussalam	2011	0.3	327.0	355.0	46.0
印 度	India	2013	13260.5	19.0	28.0	7.0
以色列	Israel	2014	12.4	302.0	346.0	149.0
日 本	Japan	2014	1168.9	472.0	603.0	222.0
哈萨克斯坦	Kazakhstan	2011	5.0	215.0	246.0	42.0
韩 国	Korea,Rep.	2014		312.0	398.0	190.0
马来西亚	Malaysia	2014	1162.9	382.0	421.0	62.0
蒙 古	Mongolia	2014		104.0	150.0	
缅 甸	Myanmar	2014	422.5	8.0	12.0	16.0
巴基斯坦	Pakistan	2014	1077.1	14.0	16.0	11.0
菲律宾	Philippines	2013	425.1	9.0	35.0	
新加坡	Singapore	2014	14.5	113.0	146.0	228.0
斯里兰卡	Sri Lanka	2013	356.6	26.0	61.0	
南 非	South Africa	2014	36.8	122.0	178.0	
加拿大	Canada	2014	68.8		643.0	
墨西哥	Mexico	2014	227.0	204.0	285.0	92.0
美 国	United States	2014	841.8	357.0	790.0	38.0
巴 西	Brazil	2014	2300.2	233.0	299.0	39.0
白俄罗斯	Belarus	2014	40.6	310.0	360.0	34.0
捷 克	Czech Republic	2014	99.9	459.0	520.0	42.0
法 国	France	2014		478.0	578.0	36.0
德 国	Germany	2014	414.5	548.0	609.0	77.0
意大利	Italy	2014	939.7	614.0	691.0	
荷 兰	Netherlands	2014	177.7	473.0	530.0	64.0
挪 威	Norway	2014	42.3	497.0	608.0	33.0
波 兰	Poland	2014	240.6	526.0	617.0	56.0
俄罗斯	Russia	2014	232.5	302.0	352.0	35.0
西班牙	Spain	2014	503.3	474.0	602.0	42.0
土耳其	Turkey	2014	282.8	127.0	185.0	61.0
乌克兰	Ukraine	2011	120.6	151.0	186.0	50.0
英 国	United Kingdom	2013	121.9	455.0	517.0	79.0
澳大利亚	Australia	2014	78.0	567.0	718.0	19.0
新西兰	New Zealand	2014	9.0	609.0	728.0	35.0

13-6 汽车燃料价格
Motor Fuel Prices

资料来源：国际公路协会《世界公路统计2016年》。
Source: International Road Federation World Road Statistics 2016.
单位：美分/升 (USD cent/liter)

国家或地区	Country or Area	高级汽油价格 Super Gasoline Price				
		2000	2006	2010	2012	2014
中　国	China	40	69	111	137	117
中国香港	Hong Kong,China	146	169	192	216	206
孟加拉国	Bangladesh	46	79	109	115	130
印　度	India	60	101	115	125	110
印度尼西亚	Indonesia	17	57	79	47	93
伊　朗	Iran	5	9	10	33	37
以色列	Israel	114	147	185	201	188
日　本	Japan	106	109	160	200	138
哈萨克斯坦	Kazakhstan	36	70	71	101	81
韩　国	Korea,Rep.	92	165	152	180	155
马来西亚	Malaysia	28	53	59	62	68
蒙　古	Mongolia	38	88	111	129	101
缅　甸	Myanmar	33	66	80	104	114
巴基斯坦	Pakistan	53	101	86	114	94
菲律宾	Philippines	37	76	105	125	105
新加坡	Singapore	84	92	142	168	158
斯里兰卡	Sri Lanka	66	88	119	129	127
泰　国	Thailand	39	70	141	156	129
越　南	Vietnam	38	67	88	115	104
埃　及	Egypt	26	30	48	45	88
尼日利亚	Nigeria	27	51	44	62	56
南　非	South Africa	50	85	119	138	119
加拿大	Canada	58	84	121	132	117
墨西哥	Mexico	61	74	81	86	103
美　国	United States	47	63	76	97	76
阿根廷	Argentina	107	62	96	146	152
巴　西	Brazil	92	126	158	139	127
委内瑞拉	Venezuela	12	3	2	2	2
白俄罗斯	Belarus	55	79	108	88	106
捷　克	Czech Republic	77	130	175	193	167
法　国	France	99	148	198	191	179
意大利	Italy	97	156	187	228	214
荷　兰	Netherlands	103	170	213	233	215
波　兰	Poland	76	130	157	174	142
俄罗斯	Russia	33	77	84	99	81
西班牙	Spain	73	115	156	175	163
土耳其	Turkey	88	188	252	254	206
乌克兰	Ukraine	37	81	101	135	117
英　国	United Kingdom	117	163	192	217	192
澳大利亚	Australia	57	93	127	139	123
新西兰	New Zealand	48	98	147	177	171

13-6 续表 continued

单位：美分/升 (USD cent/liter)

国家或地区	Country or Area	柴油价格 Diesel Price				
		2000	2006	2010	2012	2014
中　　国	China	45	61	104	128	109
中国香港	Hong Kong,China	80	106	132	157	156
孟加拉国	Bangladesh	29	45	63	76	90
印　　度	India	39	75	82	86	91
印度尼西亚	Indonesia	6	44	51	47	62
伊　　朗	Iran	2	3	2	12	19
以 色 列	Israel	64	127	187	212	208
日　　本	Japan	76	90	137	161	110
哈萨克斯坦	Kazakhstan	29	45	51	67	64
韩　　国	Korea,Rep.	66	133	135	163	137
马来西亚	Malaysia	16	40	56	59	65
蒙　　古	Mongolia	38	87	104	122	96
缅　　甸	Myanmar	12	75	80		93
巴基斯坦	Pakistan	27	64	92	120	101
菲 律 宾	Philippines	28	67	84	101	82
新 加 坡	Singapore	38	63	104	126	116
斯里兰卡	Sri Lanka	27	55	66	93	90
泰　　国	Thailand	35	65	95	97	90
越　　南	Vietnam	27	53	77	106	91
埃　　及	Egypt	10	12	19	18	25
尼日利亚	Nigeria	27	66	77	109	84
南　　非	South Africa	50	84	114	142	117
加 拿 大	Canada	47	78	108	123	116
墨 西 哥	Mexico	45	52	72	85	102
美　　国	United States	48	69	84	105	97
阿 根 廷	Argentina	52	48	105	133	133
巴　　西	Brazil	34	84	114	102	102
委内瑞拉	Venezuela	6	2	1	1	1
白俄罗斯	Belarus	36	55	86	90	106
捷　　克	Czech Republic	68	129	169	187	160
法　　国	France	82	133	172	178	163
意 大 利	Italy	83	149	169	218	201
荷　　兰	Netherlands	78	132	171	195	180
波　　兰	Poland	65	130	150	173	139
俄 罗 斯	Russia	29	66	72	100	75
西 班 牙	Spain	65	110	147	175	155
土 耳 其	Turkey	66	162	203	233	190
乌 克 兰	Ukraine	30	87	92	125	116
英　　国	United Kingdom	122	173	198	227	199
澳大利亚	Australia	57	94	123	157	128
新 西 兰	New Zealand	34	70	97	124	111

13-7 港口集装箱吞吐量
Container Port Traffic

资料来源：世界银行WDI数据库。
Source: World Bank WDI Database.
单位：万标准集装箱 (10 000 TEUs)

国家或地区	Country or Area	2000	2009	2010	2011	2012	2013	2014
世　界	**World**	**22477**	**47218**	**54225**	**58748**	**62231**	**64945**	**67926**
高收入国家	**High Income**	**14426**	**25124**	**28139**	**29904**	**30938**	**31681**	**32969**
中等收入国家	**Middle Income**	**8052**	**21961**	**25936**	**28686**	**31124**	**33082**	**34757**
中　国	China	4100	10880	13029	14464	16132	17086	18164
中国香港	Hong Kong, China		2104	2370	2438	2312	2235	2230
孟加拉国	Bangladesh	46	118	136	143	144	150	166
文　莱	Brunei Darussalam		9	10	11	11	12	13
柬埔寨	Cambodia		21	22	24	25	27	29
印　度	India	245	801	975	1028	1028	1088	1166
印度尼西亚	Indonesia	380	726	848	897	964	1127	1190
伊　朗	Iran		221	259	274	295	318	
以色列	Israel		203	228	239	256	254	245
日　本	Japan	1310	1629	1810	1942	2012	2049	2074
韩　国	Korea, Rep.	903	1570	1854	2083	2161	2259	2380
马来西亚	Malaysia	464	1592	1827	2014	2087	2117	2272
缅　甸	Myanmar		16	19	20	22	23	24
巴基斯坦	Pakistan		206	215	219	238	249	260
菲律宾	Philippines	303	431	495	529	569	586	587
新加坡	Singapore	1710	2659	2918	3073	3250	3352	3483
斯里兰卡	Sri Lanka	173	346	400	426	432	431	491
泰　国	Thailand	318	590	665	717	747	770	828
越　南	Viet Nam	119	494	598	693	755	914	953
埃　及	Egypt	163	625	671	774	814	825	881
尼日利亚	Nigeria		9	10	84	88	101	106
南　非	South Africa	185	373	381	439	436	469	483
加拿大	Canada	293	419	483	491	530	538	558
墨西哥	Mexico	132	287	369	423	480	490	527
美　国	United States	2830	3735	4234	4292	4430	4427	4649
阿根廷	Argentina	114	163	202	216	199	214	178
巴　西	Brazil	241	659	814	871	932	1018	1068
委内瑞拉	Venezuela	67	124	123	116	125	135	142
法　国	France	292	467	556	559	594	637	665
德　国	Germany	770	1330	1482	1722	1866	1905	1969
意大利	Italy	692	953	979	1053	1029	1102	1131
荷　兰	Netherlands	641	1007	1135	1207	1207	1183	1251
波　兰	Poland		67	105	136	167	198	205
俄罗斯	Russia	32	243	320	395	393	397	390
西班牙	Spain	579	1180	1261	1395	1418	1402	1471
土耳其	Turkey	159	452	557	599	674	728	762
乌克兰	Ukraine		52	66	70	75	81	85
英　国	United Kingdom	643	767	859	892	816	851	935
澳大利亚	Australia	354	620	667	701	715	731	752
新西兰	New Zealand	107	233	246	252	287	309	325

13−8 公路长度及密度
Length and Density of Road

资料来源：国际公路协会《世界公路统计2016年》。
Source: International Road Federation World Road Statistics 2016.

国家或地区	Country or Area	公路网长度(公里) Roads, Total Network (km)		有路面公路所占比重(%) Roads, Paved (% of total roads)		公路密度(公里)(每百平方公里土地公路长度) Road Density (km of road per 100 sq. km of land area)	
		2005	2014	2005	2014	2005	2014
中　国	China	3345187	4463913	40.8	67.9①	34.8	46.7
中国香港	Hong Kong, China	1955	2099	100.0	100.0	179.0	190.8
中国澳门	Macao, China	368	424	100.0	100.0	1314.3	1418.1
文　莱	Brunei Darussalam	3426	3167①	78.4	89.4①	59.4	54.9①
印　度	India	3809156	5231922①	47.0		115.9	159.2①
印度尼西亚	Indonesia	391008	517663	55.4	57.2	20.5	27.1
伊　朗	Iran	172028	217901	71.9	86.0	9.9	12.5
以色列	Israel	17589	19052	100.0	100.0	79.7	86.3
日　本	Japan	321346	345828	79.0		85.0	91.5
哈萨克斯坦	Kazakhstan	90845	97155②	91.2	88.7②	3.3	3.6②
韩　国	Korea, Rep.	102293	105673	76.8	84.9	102.7	105.5
老　挝	Laos	33861	47318	13.4	17.4	14.3	20.0
马来西亚	Malaysia	87025	203791	78.0	75.9	26.3	61.6
缅　甸	Myanmar	29997	39540	48.1	52.5	4.4	5.8
巴基斯坦	Pakistan	258214	263755	63.1	69.8	32.4	33.1
新加坡	Singapore	3234	3496	100.0	100.0	462.7	488.3
埃　及	Egypt	98875	163070		95.2	9.9	16.3
墨西哥	Mexico	355796	389345	34.5	39.9	18.1	19.8
美　国	United States	6430351	6702178	64.9	65.9	66.8	68.2
阿根廷	Argentina		238226①		34.2①		8.6①
巴　西	Brazil	1610076	1566415	12.2	13.6	18.9	18.4
捷　克	Czech Rep.	128437	130667			162.8	165.7
法　国	France	1005750	1071176	100.0	100.0	183.1	195.1
德　国	Germany	644480	643147			180.5	180.1
意大利	Italy	487700				161.8	
荷　兰	Netherlands	134218	138641			323.1	334.1
波　兰	Poland	381463	417026	66.5	69.0	122.0	133.4
俄罗斯	Russia	858000	1450000	84.4	70.6	5.0	8.5
西班牙	Spain	666699	667337			131.9	132.0
土耳其	Turkey	349238	236671		91.4	44.6	30.2
乌克兰	Ukraine	169323	169646	97.4	97.9	28.1	28.1
英　国	United Kingdom	388008	421127	100.0	100.0	159.3	172.9
澳大利亚	Australia		873115				11.3
新西兰	New Zealand	93148	94615	64.5	66.7	34.8	35.3

注：①2013年数据。②2011年数据。
Note: ①Data refer to 2013.②Data refer to 2011.

13-9 公路交通事故
Road Accidents

资料来源：国际公路协会《世界公路统计2016年》。
Source: International Road Federation World Road Statistics 2016.

国家或地区	Country or Area	年 份 Year	事故发生数(起) Accidents (case)	受伤人数(人) Persons Injured (person)	死亡人数(人) Persons Killed (person)
中 国	China	2014	196812	211882	58523
中国香港	Hong Kong, China	2014	15790	19754	100
孟加拉国	Bangladesh	2014	1570	1263	1663
文 莱	Brunei Darussalam	2013		510	32
柬 埔 寨	Cambodia	2010			1816
印 度	India	2014	489400	493474	139671
印度尼西亚	Indonesia	2014	95906	136581	28297
伊 朗	Iran	2014	133485	163450	8248
以 色 列	Israel	2014	11772	21031	279
日 本	Japan	2014	573842	706536	4838
哈萨克斯坦	Kazakhstan	2011	11955	14006	3201
韩 国	Korea,Rep.	2014	223552		4762
马来西亚	Malaysia	2014		13030	6674
蒙 古	Mongolia	2007		932	562
缅 甸	Myanmar	2014	14997	22064	4144
菲 律 宾	Philippines	2014		9347	1252
新 加 坡	Singapore	2014	7809	9858	155
泰 国	Thailand	2014		20118	6338
越 南	Vietnam	2009		7900	11500
埃 及	Egypt	2014	14403	24154	6236
尼日利亚	Nigeria	2014		12227	4430
南 非	South Africa	2014			12702
加 拿 大	Canada	2014	112167	149900	1834
墨 西 哥	Mexico	2014	11033	17408	3774
美 国	United States	2014	1677000	2338000	32675
巴 西	Brazil	2014		90763	7466
白俄罗斯	Belarus	2014	4550	4854	757
捷 克	Czech Republic	2014	21054	26358	688
芬 兰	Finland	2014	5324	6705	229
法 国	France	2014	58191	73048	3384
德 国	Germany	2014	302435	392912	3377
意 大 利	Italy	2014	117031	251147	3381
荷 兰	Netherlands	2014			570
波 兰	Poland	2014	34970	42545	3202
俄 罗 斯	Russia	2014	200000	251800	27000
西 班 牙	Spain	2014	91570	126632	1688
土 耳 其	Turkey	2014	168512	285059	3524
乌 克 兰	Ukraine	2014	25854	32009	4439
英 国	United Kingdom	2013	138660	181957	1713
澳大利亚	Australia	2014			1152
新 西 兰	New Zealand	2014	8919	11287	294

13-9 续表 continued

国家或地区	Country or Area	年 份 Year	每十万人口交通事故死亡人数(人) Number of Deaths per 100 000 Persons (person)	每十万人口交通事故数(起) Number of Injuries per 100 000 Persons (person)	每亿公里车程交通事故数(起) Number of Accidents per 100 Million Vehicle-km (person)
中 国	China	2014	4	14	
中国香港	Hong Kong,China	2014	1	218	126
中国澳门	Macao,China	2014	2	73	
孟加拉国	Bangladesh	2014	1	1	
印 度	India	2014	11	38	
印度尼西亚	Indonesia	2014	11	38	
伊 朗	Iran	2014	11	171	
以 色 列	Israel	2014	3	143	23
日 本	Japan	2014	4	451	74
哈萨克斯坦	Kazakhstan	2011	19	72	1693
韩 国	Korea,Rep.	2014	9	443	352
马来西亚	Malaysia	2014	22		
蒙 古	Mongolia	2007	22		
缅 甸	Myanmar	2014	8	28	
菲 律 宾	Philippines	2014	1		
新 加 坡	Singapore	2014	3	143	46
斯里兰卡	SriLanka	2013	12		
泰 国	Thailand	2014	9		
越 南	Vietnam	2009	13		
埃 及	Egypt	2014	7	16	
尼日利亚	Nigeria	2014	2		
南 非	South Africa	2014	23		
加 拿 大	Canada	2014	5	316	
墨 西 哥	Mexico	2014	3	9	7
美 国	United States	2014	10	526	35
巴 西	Brazil	2014	4		
白俄罗斯	Belarus	2014	8	48	349
捷 克	Czech Republic	2014	7	200	
法 国	France	2014	5	88	10
德 国	Germany	2014	4	373	42
意 大 利	Italy	2014	6	193	
荷 兰	Netherlands	2014	3		
波 兰	Poland	2014	8	92	
俄 罗 斯	Russia	2014	19	139	
西 班 牙	Spain	2014	4	197	81
土 耳 其	Turkey	2014	5	217	164
乌 克 兰	Ukraine	2014	10	57	
英 国	United Kingdom	2013	3	216	29
澳大利亚	Australia	2014	5		
新 西 兰	New Zealand	2014	7	198	22

13-10 公路支出
Road Expenditure

资料来源：国际公路协会《世界公路统计2016年》。
Source: International Road Federation World Road Statistics 2016.
单位：万美元 (10 000 USD)

国家或地区	Country or Area	年份 Year	支出总计 Total Expenditure	公路支出构成－按行政管理级别分 Road Expenditure by Administration Levels		
				中央政府 Central Government	地方政府 Local Government	私人 Private
中国	China	2011	21990164	761194	21228970	
中国香港	Hong Kong,China	2014				
柬埔寨	Cambodia	2000	8683	8683		
印度	India	2012	769774			368072
韩国	Korea,Rep.	2013		884053		325424
老挝	Laos	2006	16193	16193		
马来西亚	Malaysia	2003	34656	34656		
蒙古	Mongolia	2009	91			
新加坡	Singapore	2010	126475	126475		
斯里兰卡	Sri Lanka	2010	79285			
南非	South Africa	2014	372568	219061	153507	
墨西哥	Mexico	2014	641476	501330		140145
美国	United States	2012	20021423	135656	15228073	
巴西	Brazil	2009		423		
白俄罗斯	Belarus	2014	38846			
捷克	Czech Republic	2000	207814	207814		
法国	France	2014	2731868	382144	1702027	647697
荷兰	Netherlands	2000	146859	125173	21686	
波兰	Poland	2014				
西班牙	Spain	2014	513275	263946	193818	55510
土耳其	Turkey	2014	675546	675546		
乌克兰	Ukraine	2014	103730	103162	568	
英国	United Kingdom	2014	1434762	571127	863636	
澳大利亚	Australia	2014	2153155	464841	1607852	80462
新西兰	New Zealand	2014	246431	196470	49961	

13—10 续表 continued

单位：万美元 (10 000 USD)

国家或地区	Country or Area	年 份 Year	公路支出构成－按支出性质分 Road Expenditure-by Nature		
			建 设 Construction	维 护 Maintenance	其 它 Others
中 国	China	2011			
中国香港	Hong Kong,China	2014	250963		
柬埔寨	Cambodia	2000	1979	6704	
印 度	India	2012	742269	26419	8
韩 国	Korea,Rep.	2013	888363	307460	13654
老 挝	Laos	2006	14352	1842	
马来西亚	Malaysia	2003	69	34061	526
蒙 古	Mongolia	2009			
新加坡	Singapore	2010			
斯里兰卡	Sri Lanka	2010	73524	5761	
南 非	South Africa	2014	199305	173263	
墨西哥	Mexico	2014	461948	146427	33100
美 国	United States	2012	10518166	4845563	4657693
巴 西	Brazil	2009			
白俄罗斯	Belarus	2014	28764		
捷 克	Czech Republic	2000	103321	104363	
法 国	France	2014	1445665	1286203	
荷 兰	Netherlands	2000	51469	71782	
波 兰	Poland	2014	576924		
西班牙	Spain	2014			
土耳其	Turkey	2014	600964	74582	
乌克兰	Ukraine	2014	16071	19000	68659
英 国	United Kingdom	2014	1002554	432208	
澳大利亚	Australia	2014			
新西兰	New Zealand	2014	119214	121386	5830

13-11 电话主线和移动电话普及率
Telephone Mainlines and Mobile Phones

资料来源：世界银行WDI数据库。
Source:World Bank WDI Database.

国家或地区	Country or Area	电话主线(条/千人) Telephone Mainlines(lines per 1 000 persons)			移动电话(部/千人) Mobile Phones(sets per 1 000 persons)		
		2000	2005	2016	2000	2005	2016
世　界	**World**	**159.5**	**194.4**	**135.7**	**120.8**	**339.1**	**1015.5**
高收入国家	**High Income**	**548.3**	**506.7**	**410.3**	**493.3**	**834.8**	**1259.1**
中等收入国家	**Middle Income**	**83.5**	**140.1**	**91.9**	**45.3**	**256.2**	**1011.5**
低收入国家	**Low Income**	**5.8**	**9.0**	**8.4**	**3.3**	**40.1**	**601.6**
中　国	China	113.1	265.9	146.6	66.6	298.5	968.8
中国香港	Hong Kong, China	574.4	550.0	587.0	796.9	1238.9	2339.9
中国澳门	Macao, China	409.4	372.5	239.4	326.6	1138.0	3320.9
孟加拉国	Bangladesh	3.7	7.5	4.8	2.1	62.9	778.8
文　莱	Brunei Darussalam	242.6	228.1	171.1	286.3	633.2	1206.7
柬埔寨	Cambodia	2.5	2.5	14.3	10.7	79.5	1249.4
印　度	India	31.1	44.5	18.8	3.4	80.0	869.5
印度尼西亚	Indonesia	31.9	60.2	40.1	17.6	209.0	1491.3
伊　朗	Iran	143.9	289.9	383.0	14.6	121.3	1000.8
以色列	Israel	494.5	444.7	416.1	731.7	1174.7	1316.7
日　本	Japan	492.8	457.2	505.7	531.2	759.8	1297.5
哈萨克斯坦	Kazakhstan	125.8	179.8	232.2	13.5	358.3	1500.0
韩　国	Korea, Rep.	562.5	508.3	561.0	583.3	815.2	1226.5
老　挝	Laos	7.6	15.7	177.2	2.3	113.6	553.9
马来西亚	Malaysia	197.6	168.9	145.0	218.7	756.3	1411.7
蒙　古	Mongolia	49.0	61.8	76.0	64.5	220.5	1136.3
缅　甸	Myanmar	5.6	10.0	9.4	0.3	2.6	892.6
巴基斯坦	Pakistan	21.2	33.1	16.1	2.1	80.9	713.9
菲律宾	Philippines	39.4	39.2	37.1	83.1	405.3	1091.7
新加坡	Singapore	496.7	410.3	350.4	701.2	975.3	1469.2
斯里兰卡	Sri Lanka	40.7	62.4	113.9	22.8	168.5	1185.0
泰　国	Thailand	89.7	107.3	69.7	49.0	464.6	1726.5
越　南	Viet Nam	31.4		59.4	9.8	112.9	1280.4
埃　及	Egypt	82.9	144.8	71.1	20.6	189.9	1137.0
尼日利亚	Nigeria	4.5	8.8	0.8	0.2	133.2	818.2
南　非	South Africa	110.6	101.5	66.2	186.0	704.1	1423.9
加拿大	Canada	678.9	562.7	413.8	284.3	527.6	840.6
墨西哥	Mexico	118.7	176.2	154.8	135.5	425.6	882.3
美　国	United States	676.4	587.5	370.9	384.7	683.2	1271.6
阿根廷	Argentina	213.9	244.3	233.9	175.8	573.3	1506.7
巴　西	Brazil	177.2	214.1	203.9	132.9	463.1	1189.2
委内瑞拉	Venezuela	103.9	136.6	244.3	223.2	467.6	869.9
捷　克	Czech Rep.	377.7	314.5	155.6	424.0	1151.0	1154.8
法　国	France	574.0	548.6	597.2	490.6	782.6	1034.5
德　国	Germany	601.4	653.6	537.4	577.2	945.6	1145.3
意大利	Italy	476.5	426.9	331.1	741.3	1218.6	1404.3
荷　兰	Netherlands	623.5	466.2	402.8	678.1	971.3	1299.5
波　兰	Poland	285.4	309.8	244.5	175.9	763.4	1462.1
俄罗斯	Russia	218.5	278.6	227.7	22.2	833.7	1632.6
西班牙	Spain	424.6	448.5	413.2	602.4	984.0	1097.4
土耳其	Turkey	291.2	280.2	143.0	255.4	643.7	968.7
乌克兰	Ukraine	212.3	247.5	197.6	16.7	636.7	1326.4
英　国	United Kingdom	597.6	565.1	522.0	737.1	1085.9	1223.2
澳大利亚	Australia	521.8	493.2	337.7	444.6	897.6	1096.1
新西兰	New Zealand	474.6	418.2	392.2	399.7	853.9	1249.8

13-12 互联网网民占总人口比重
Individuals using the Internet as Percentage of Population

资料来源：世界银行WDI数据库。
Source: World Bank WDI Database.
单位：%

(%)

国家或地区	Country or Area	2005	2010	2013	2014	2015	2016
世　界	**World**	**15.8**	**28.9**	**36.9**	**39.9**	**43.2**	**45.9**
高收入国家	**High Income**	**58.8**	**72.3**	**76.8**	**78.5**	**80.0**	**82.0**
中等收入国家	**Middle Income**	**7.5**	**21.9**	**31.5**	**35.1**	**38.9**	**41.9**
低收入国家	**Low Income**	**0.9**	**3.3**	**6.1**	**7.7**	**10.3**	**12.5**
中　国	China	8.5	34.3	45.8	47.9	50.3	53.2
中国香港	Hong Kong, China	56.9	72.0	74.2	79.9	85.0	87.3
中国澳门	Macao, China	34.9	55.2	65.8	69.8	77.6	81.6
孟加拉国	Bangladesh	0.2	3.7	6.6	13.9	14.4	18.3
文　莱	Brunei Darussalam	36.5	53.0	64.5	68.8	71.2	75.0
柬埔寨	Cambodia	0.3	1.3	6.8	14.0	19.0	25.6
印　度	India	2.4	7.5	15.1	21.0	26.0	29.6
印度尼西亚	Indonesia	3.6	10.9	14.9	17.1	22.0	25.4
伊　朗	Iran	8.1	15.9	30.0	39.4	45.3	53.2
以色列	Israel	25.2	67.5	70.3	75.0	77.4	79.8
日　本	Japan	66.9	78.2	88.2	89.1	91.1	92.0
哈萨克斯坦	Kazakhstan	3.0	31.6	63.0	66.0	72.9	76.8
韩　国	Korea, Rep.	73.5	83.7	84.8	87.6	89.7	92.7
老　挝	Laos	0.9	7.0	12.5	14.3	18.2	21.9
马来西亚	Malaysia	48.6	56.3	57.1	63.7	71.1	78.8
蒙　古	Mongolia		10.2	17.7	19.9	21.4	22.3
缅　甸	Myanmar	0.1	0.3	8.0	11.5	21.7	25.1
巴基斯坦	Pakistan	6.3	8.0	10.9	12.0	14.0	15.5
菲律宾	Philippines	5.4	25.0	48.1	49.6	53.7	55.5
新加坡	Singapore	61.0	71.0	80.9	79.0	79.0	81.0
斯里兰卡	Sri Lanka	1.8	12.0	21.9	25.8	30.0	32.1
泰　国	Thailand	15.0	22.4	28.9	34.9	39.3	47.5
越　南	Viet Nam	12.7	30.7	38.5	41.0	43.5	46.5
埃　及	Egypt	12.8	21.6	29.4	33.9	37.8	39.2
尼日利亚	Nigeria	3.6	11.5	19.1	21.0	24.5	25.7
南　非	South Africa	7.5	24.0	46.5	49.0	51.9	54.0
加拿大	Canada	71.7	80.3	85.8	87.1	88.5	89.8
墨西哥	Mexico	17.2	31.1	43.5	44.4	57.4	59.5
美　国	United States	68.0	71.7	71.4	73.0	74.6	76.2
阿根廷	Argentina	17.7	45.0	59.9	64.7	68.0	70.2
巴　西	Brazil	21.0	40.7	51.0	54.6	58.3	59.7
委内瑞拉	Venezuela	12.6	37.4	54.9	57.0	61.9	60.0
捷　克	Czech Rep.	35.3	68.8	74.1	74.2	75.7	76.5
法　国	France	42.9	77.3	81.9	83.8	84.7	85.6
德　国	Germany	68.7	82.0	84.2	86.2	87.6	89.7
意大利	Italy	35.0	53.7	58.5	55.6	58.1	61.3
荷　兰	Netherlands	81.0	90.7	94.0	91.7	91.7	90.4
波　兰	Poland	38.8	62.3	62.9	66.6	68.0	73.3
俄罗斯	Russia	15.2	43.0	68.0	70.5	73.4	76.4
西班牙	Spain	47.9	65.8	71.6	76.2	78.7	80.6
土耳其	Turkey	15.5	39.8	46.3	51.0	53.8	58.4
乌克兰	Ukraine	3.8	23.3	41.0	46.2	48.9	52.5
英　国	United Kingdom	70.0	85.0	89.8	91.6	92.0	94.8
澳大利亚	Australia	63.0	76.0	83.5	84.0	84.6	88.2
新西兰	New Zealand	62.7	80.5	82.8	85.5	88.2	88.5

13–13 互联网服务商
Internet Servers

资料来源：世界银行WDI数据库。
Source: World Bank WDI Database.
单位：个/百万人 (number/per 1 000 000 persons)

国家或地区	Country or Area	2005	2010	2013	2014	2015	2016
世　界	**World**	**64.6**	**154.2**	**159.3**	**188.7**	**208.5**	**215.1**
高收入国家	**High Income**	**352.5**	**885.6**	**919.5**	**1090.6**	**1198.0**	**1212.3**
中等收入国家	**Middle Income**	**2.2**	**8.0**	**11.5**	**16.0**	**20.4**	**26.4**
低收入国家	**Low Income**	**0.1**	**0.5**	**0.9**	**1.2**	**1.5**	**1.7**
中　国	China	0.3	1.9	3.9	7.0	10.1	20.5
中国香港	Hong Kong, China	162.3	456.3	623.6	790.6	904.5	961.4
中国澳门	Macao, China	53.9	212.3	305.6	332.9	456.0	473.7
孟加拉国	Bangladesh	0.0	0.3	0.8	0.9	1.3	1.7
文　莱	Brunei Darussalam	13.7	66.9	120.8	153.0	206.0	233.9
柬埔寨	Cambodia	0.1	1.7	2.1	3.0	5.2	6.9
印　度	India	0.6	2.1	3.8	5.5	6.8	7.8
印度尼西亚	Indonesia	0.5	2.0	4.1	6.2	7.9	10.1
伊　朗	Iran	0.3	0.7	1.3	2.1	5.5	14.2
以色列	Israel	162.8	396.7	270.4	254.3	288.8	293.2
日　本	Japan	257.7	646.7	736.1	910.7	969.6	1070.7
哈萨克斯坦	Kazakhstan	0.9	5.2	9.4	14.5	17.6	31.0
韩　国	Korea, Rep.	20.0	1124.8	1986.6	2164.5	2301.5	2200.8
老　挝	Laos	0.4	0.8	1.1	2.1	2.6	3.4
马来西亚	Malaysia	14.7	41.9	66.9	87.6	102.5	106.5
蒙　古	Mongolia	3.2	10.7	22.0	28.4	29.9	31.1
缅　甸	Myanmar	0.0	0.1	0.1	0.5	0.7	1.7
巴基斯坦	Pakistan	0.3	1.0	1.3	1.8	2.4	2.8
菲律宾	Philippines	2.4	6.6	8.1	10.8	13.6	14.8
新加坡	Singapore	275.5	529.7	609.4	822.4	932.1	890.3
斯里兰卡	Sri Lanka	1.8	4.6	8.9	11.4	13.8	16.9
泰　国	Thailand	4.8	13.6	17.8	23.1	30.1	33.4
越　南	Viet Nam	0.2	3.1	8.2	11.9	14.8	18.9
埃　及	Egypt	0.5	2.2	3.2	4.7	5.3	5.2
尼日利亚	Nigeria	0.2	1.2	1.7	2.3	2.6	2.8
南　非	South Africa	20.2	61.4	85.8	115.2	129.8	124.5
加拿大	Canada	569.1	1242.7	1035.3	1209.9	1308.9	1253.5
墨西哥	Mexico	8.0	19.9	26.4	34.4	39.5	40.9
美　国	United States	785.2	1445.0	1305.7	1549.6	1652.6	1623.4
阿根廷	Argentina	10.7	25.6	41.8	52.7	63.3	61.6
巴　西	Brazil	14.1	40.4	56.9	69.3	77.8	79.2
委内瑞拉	Venezuela	4.6	7.4	11.1	12.2	12.7	12.7
捷　克	Czech Rep.	41.6	319.7	563.9	690.6	867.2	1346.3
法　国	France	76.1	296.4	486.3	682.2	811.6	849.4
德　国	Germany	274.2	872.0	1070.6	1418.4	1756.8	1644.0
意大利	Italy	44.7	157.6	201.9	251.4	288.9	333.4
荷　兰	Netherlands	327.2	2276.7	2382.1	2633.4	2827.6	2905.7
波　兰	Poland	22.0	211.6	313.0	429.5	547.3	763.7
俄罗斯	Russia	2.4	20.2	51.1	84.4	126.4	214.5
西班牙	Spain	81.2	230.9	269.2	316.2	362.2	419.6
土耳其	Turkey	18.1	99.6	49.9	56.5	67.4	80.1
乌克兰	Ukraine	1.3	13.2	26.5	45.6	65.5	90.6
英　国	United Kingdom	464.7	1384.2	1192.9	1289.2	1382.8	1407.6
澳大利亚	Australia	498.1	1784.6	1253.0	1350.3	1460.4	1435.8
新西兰	New Zealand	489.9	1495.4	1108.0	1211.2	1298.6	1187.0

13–14 宽带用户
Broadband Subscribers

资料来源：世界银行WDI数据库。
Source:World Bank WDI Database.

国家或地区	Country or Area	宽带用户（个）Broadband Subscribers(number)			每千人宽带用户（个/千人）Broadband Subscribers(unit per 1 000 persons)		
		2000	2005	2016	2000	2005	2016
世　界	**World**	**15890822**	**219835636**	**916669071**	**3.6**	**36.8**	**125.2**
高收入国家	**High Income**	**15733382**	**167312039**	**378930217**	**16.7**	**151.1**	**318.9**
中等收入国家	**Middle Income**	**160641**	**52489213**	**536056943**	**0.1**	**11.4**	**97.1**
低收入国家	**Low Income**		**23404**	**1681910**		**0.0**	**2.7**
中　国	China	22660	37350000	322597000	…	28.3	229.0
中国香港	Hong Kong, China	444450	1659098	2611682	65.0	240.6	354.6
中国澳门	Macao, China	3731	68030	177959	8.6	145.3	300.0
孟加拉国	Bangladesh			6112656			37.7
文　莱	Brunei Darussalam		8126	36116		22.1	83.3
柬埔寨	Cambodia		1000	96706		0.1	6.1
印　度	India		1348000	18733454		1.2	14.4
印度尼西亚	Indonesia	4000	108200	4897860	…	0.5	18.9
伊　朗	Iran	176		9318943			115.8
以色列	Israel		1229626	2258000		186.2	281.3
日　本	Japan	854655	23301105	39842058	6.8	183.5	314.7
哈萨克斯坦	Kazakhstan		2996	2316300		0.2	136.8
韩　国	Korea, Rep.	3870000	12190711	20555683	84.2	259.2	411.3
老　挝	Laos		314	24426		0.1	3.4
马来西亚	Malaysia		483100	2718800		18.7	87.4
蒙　古	Mongolia		1800	226147		0.7	76.3
缅　甸	Myanmar		243	30240			0.6
巴基斯坦	Pakistan		14600	1642805		0.1	8.6
菲律宾	Philippines		123000	5649411		1.4	54.6
新加坡	Singapore	69000	656200	1454800	17.6	146.0	254.5
斯里兰卡	Sri Lanka		21000	892184		1.1	41.0
泰　国	Thailand		555495	7219000		8.5	106.9
越　南	Viet Nam		210024	9335186		2.5	99.1
埃　及	Egypt		140999	4469164		2.0	52.0
尼日利亚	Nigeria		500	28090			0.2
南　非	South Africa		165290	1529725		3.4	28.4
加拿大	Canada	1410932	7004000	13500000	46.0	217.2	372.7
墨西哥	Mexico	15000	1922352	16049645	0.1	17.4	126.7
美　国	United States	7069874	51156350	106072000	24.8	171.6	323.7
阿根廷	Argentina		926722	7199053		24.0	169.4
巴　西	Brazil	100000	3233800	26626860	0.6	17.4	129.7
委内瑞拉	Venezuela	4473	356198	2612148	0.2	13.3	82.3
捷　克	Czech Rep.	2500	709063	2989559	0.2	69.3	276.5
法　国	France	196601	9471000	27664000	3.3	154.1	423.5
德　国	Germany	265000	10786800	31377178	3.2	128.7	380.5
意大利	Italy	115000	6822210	15563278	2.0	116.3	254.3
荷　兰	Netherlands	260000	4100000	7119110	16.4	251.5	421.6
波　兰	Poland		945159	7346000		24.7	192.2
俄罗斯	Russia		1589000	27589485		11.0	194.7
西班牙	Spain	76358	5035203	13941138	1.9	116.1	294.5
土耳其	Turkey		1589768	10499692		23.5	135.5
乌克兰	Ukraine		130000	5125499		2.8	119.9
英　国	United Kingdom	52890	9898653	25153203	0.9	164.2	391.8
澳大利亚	Australia		2016000	7374000		98.2	304.4
新西兰	New Zealand	4658	321000	1503600	1.2	77.7	324.0

主要统计指标解释

空运货物周转量 指承载的每个航班的货物、快递和邮包重量之和乘以飞机从起飞到降落的飞行距离。该指标按航空承运商登记国统计。

航空客运量 指承载的国内或国际飞机乘客人数。该指标按航空承运商登记国统计。

宽带用户 指互联网的使用者以订购或付费方式以高速率接入公共网络。高速接入是至少以一个或二个方向每秒速率在 256kbits.

港口集装箱吞吐量 港口集装箱吞吐量反映的是从陆地到海上或者从海上到陆地流动运输的集装箱数量，一个标准集装箱单位为 20 英尺当量单位。数据包括沿海和国际航运。转运集装箱在中转港作两次计算（一次卸下和再次出境），其中包括空集装箱。

移动电话 指手提式电话用户。利用蜂窝技术，这些用户被接入公共交换电话网的自动公共移动电话服务系统。

电话主线 是指将客户的设备接入公共交换电话网的电话线。

公路货运周转量 指利用公路交通工具进行货物运输。用重量乘以里程，以亿吨公里来衡量。

互联网网民 指过去三个月自任何地址通过计算机、移动电话、PDA、游戏机、数字电视等使用过互联网的个人。

Explanatory Notes on Main Statistical Indicators

Air Freight is the sum of the metric tons of freight, express, and diplomatic bags carried on each flight stage (the operation of an aircraft from takeoff to its next landing) multiplied by the stage distance of air carriers registered in the country.

Air Transport, Passengers Carried Air passengers carried include both domestic and international aircraft passengers of air carriers registered in the country.

Broadband Subscribers are users of the Internet who subscribe to paid high-speed access to the public Internet. High-speed access is at least 256 kilobits per second in one or both directions.

Container Port Traffic Port container traffic measures the flow of containers from land to sea transport modes and vice versa, in twenty-foot equivalent units (TEUs), a standard-size container. Data refer to coastal shipping as well as international journeys. Transshipment traffic is counted as two lifts at the intermediate port (once to off-load and again as an outbound lift) and includes empty units.

Mobile Phones Mobile phones refers to users of portable telephones subscribing to an automatic public mobile telephone service using cellular technology that provides access to the public switched telephone network.

Telephone Mainlines Telephone mainlines are telephone lines connecting a customer's equipment to the public switched telephone network.

Roads, Goods Transported Goods transported by road are the volume of goods transported by road vehicles, measured in 100 millions of metric tons times kilometers traveled.

Individuals Using the Internet are individuals who have used the Internet (from any location) in the last 3 months. The Internet can be used via a computer, mobile phone, personal digital assistant, games machine, digital TV etc.

对外贸易和旅游

External Trade and Tourism

14-1 世界货物进出口总额
World Merchandise Imports and Exports

资料来源：世界贸易组织数据库。
Source: WTO Database.
单位：亿美元 (100 million USD)

	世 界 World	北美洲 North America	拉丁美洲 South and Central America	欧 洲 Europe	亚 洲 Asia	非 洲 Africa
出口 Exports						
1990	34900	5620	1054	16849	7924	1051
1991	35110	5917	1023	16642	8859	995
1992	37790	6289	1065	17692	9809	973
1993	37950	6619	1106	16711	10654	929
1994	43280	7389	1291	19087	12287	967
1995	51680	8566	1518	23355	14472	1120
1996	54060	9228	1644	24211	14654	1254
1997	55920	10141	1797	24130	15472	1275
1998	55030	10140	1681	25132	14510	1061
1999	57190	10707	1687	25218	15484	1168
2000	64580	12250	2014	26340	18356	1485
2001	61950	11475	1944	26558	16739	1388
2002	64990	11062	1960	28394	18077	1449
2003	75900	11630	2250	33865	21383	1793
2004	92230	13197	2926	40511	26534	2396
2005	105090	14758	3715	44043	30608	3110
2006	121310	16641	4489	49793	35761	3707
2007	140230	18408	5141	58031	41412	4365
2008	161600	20352	6171	64834	47247	5622
2009	125550	16019	4742	50212	38907	3935
2010	153010	19643	5919	56501	50763	5214
2011	183380	22834	7614	66541	59751	6107
2012	184960	23721	7521	64640	61200	6397
2013	189520	24179	7378	67767	62932	6006
2014	190050	24938	6865	68075	64389	5553
2015	164890	22932	5414	59586	59600	3908
2016	159550	22187	5113	59420	57532	3458
进口 Imports						
1990	36000	6845	855	17509	7616	964
1991	36280	6855	948	17648	8304	946
1992	39010	7480	1105	18510	9002	1004
1993	38940	8106	1239	16916	9851	987
1994	44290	9269	1424	19116	11474	1063
1995	52850	10143	1783	23346	14035	1266
1996	55470	10898	1853	24155	14743	1256
1997	57390	12137	2154	24186	14952	1324
1998	56830	12802	2165	25592	12479	1329
1999	59260	14265	1879	25965	13655	1280
2000	67250	16843	2088	27749	16787	1297
2001	64840	15803	2067	27336	15587	1349
2002	67430	16016	1822	28753	16594	1359
2003	78690	17240	1930	34615	19773	1655
2004	95740	20089	2462	41647	24883	2125
2005	108700	22844	3088	45799	28895	2565
2006	124610	25417	3740	52529	33339	3029
2007	143300	27021	4678	61172	38195	3749
2008	165720	29081	6086	68955	45748	4814
2009	127820	21779	4518	52170	36777	4112
2010	155110	26832	5847	59044	48618	4790
2011	185030	30917	7356	69232	59656	5667
2012	187050	31943	7464	66208	62195	6156
2013	190180	31969	7762	67273	63454	6399
2014	191010	33052	7453	68060	63210	6421
2015	167430	31579	6229	59072	54432	5533
2016	162250	30665	5327	59196	52074	5007

14–2 世界主要国家和地区货物进出口总额
Merchandise Imports and Exports by Country or Area

资料来源：世界贸易组织数据库。
Source: WTO Database.
单位：亿美元 (100 million USD)

国家或地区	Country or Area	2000	2005	2010	2014	2015	2016
世　界	**World**	**131830**	**213790**	**308120**	**381060**	**332320**	**321800**
中　国	China	4743	14219	29740	43015	39530	36856
中国香港	Hong Kong, China	4167	5923	8421	11247	10698	10641
中国澳门	Macao, China	52	70	65	125	119	102
孟加拉国	Bangladesh	153	232	470	727	718	764
文　莱	Brunei Darussalam	50	77	114	141	96	81
柬 埔 寨	Cambodia	33	70	119	187	212	226
印　度	India	939	2425	5766	7856	6603	6231
印度尼西亚	Indonesia	1090	1627	2934	3545	2931	2801
伊　朗	Iran	426	963	1667	1398	1049	1060
以 色 列	Israel	691	899	1196	1440	1287	1290
日　本	Japan	8588	11108	14638	15024	12728	12519
哈萨克斯坦	Kazakhstan	139	452	911	1208	765	620
韩　国	Korea, Rep.	3327	5457	8916	10982	9633	9016
老　挝	Laos	9	14	38	69	80	77
马来西亚	Malaysia	1802	2559	3632	4428	3752	3578
蒙　古	Mongolia	12	22	62	110	85	83
缅　甸	Myanmar	40	57	134	277	283	276
巴基斯坦	Pakistan	199	414	592	721	659	676
菲 律 宾	Philippines	751	907	1100	1298	1290	1426
新 加 坡	Singapore	2723	4297	6627	7756	6434	6127
斯里兰卡	Sri Lanka	117	152	221	307	294	295
泰　国	Thailand	1309	2291	3762	4553	4170	4100
越　南	Viet Nam	301	692	1571	2981	3282	3510
埃　及	Egypt	199	354	794	936	849	813
尼日利亚	Nigeria	297	712	1282	1542	994	718
南　非	South Africa	597	1139	1882	2141	1861	1667
加 拿 大	Canada	5214	6829	7902	9563	8463	8067
墨 西 哥	Mexico	3458	4424	6085	8085	7859	7714
美　国	United States	20412	26338	32477	40331	38179	37060
阿 根 廷	Argentina	515	690	1250	1336	1165	1133
巴　西	Brazil	1138	1962	3935	4643	3700	3288
委内瑞拉	Venezuela	497	797	1047	1179	702	382
捷　克	Czech Rep.	611	1546	2596	3295	2994	3050
法　国	France	6666	9676	11348	12571	10792	10743
德　国	Germany	10490	17480	23137	27016	23782	23945
意 大 利	Italy	4793	7579	9343	10041	8685	8660
荷　兰	Netherlands	4514	7702	10907	12621	10829	10731
波　兰	Poland	808	1911	3378	4438	3958	3998
俄 罗 斯	Russia	1499	3692	6493	8047	5344	4732
西 班 牙	Spain	2714	4814	5814	6835	5945	5967
土 耳 其	Turkey	823	1903	2994	3998	3511	3412
乌 克 兰	Ukraine	285	704	1124	1085	742	755
英　国	United Kingdom	6335	9101	10071	11957	10865	10452
澳大利亚	Australia	1354	2314	4143	4782	3964	3864
新 西 兰	New Zealand	272	479	620	841	709	698

14–3 货物出口总额
Merchandise Exports

资料来源：世界贸易组织数据库。
Source: WTO Database.
单位：亿美元 (100 million USD)

国家或地区	Country or Area	2000	2005	2010	2014	2015	2016
世　界	**World**	**64580**	**105090**	**153010**	**190050**	**164890**	**159550**
中　国	China	2492	7620	15778	23423	22735	20982
中国香港	Hong Kong, China	2027	2921	4007	5241	5105	5167
中国澳门	Macao, China	25	25	9	12	13	13
孟加拉国	Bangladesh	64	93	192	304	324	350
文　莱	Brunei Darussalam	39	62	89	105	64	50
柬埔寨	Cambodia	14	31	51	68	85	100
印　度	India	424	996	2264	3227	2674	2640
印度尼西亚	Indonesia	654	870	1578	1763	1504	1445
伊　朗	Iran	287	563	1013	888	631	660
以色列	Israel	314	428	584	685	637	602
日　本	Japan	4792	5949	7698	6902	6248	6449
哈萨克斯坦	Kazakhstan	88	278	600	795	460	368
韩　国	Korea, Rep.	1723	2844	4664	5727	5268	4954
老　挝	Laos	3	6	17	27	28	30
马来西亚	Malaysia	982	1416	1986	2339	1992	1894
蒙　古	Mongolia	5	11	29	58	47	49
缅　甸	Myanmar	16	38	87	115	114	110
巴基斯坦	Pakistan	90	161	214	247	221	204
菲律宾	Philippines	381	413	515	621	588	563
新加坡	Singapore	1378	2296	3519	4093	3466	3298
斯里兰卡	Sri Lanka	54	63	86	113	105	103
泰　国	Thailand	690	1109	1933	2275	2144	2153
越　南	Viet Nam	145	324	722	1502	1621	1768
埃　及	Egypt	53	129	264	269	213	255
尼日利亚	Nigeria	210	505	840	942	514	328
南　非	South Africa	300	516	913	922	814	751
加拿大	Canada	2766	3605	3875	4763	4100	3901
墨西哥	Mexico	1664	2142	2983	3969	3806	3739
美　国	United States	7819	9011	12785	16205	15026	14546
阿根廷	Argentina	263	404	682	684	568	577
巴　西	Brazil	551	1185	2019	2251	1911	1853
委内瑞拉	Venezuela	335	557	657	747	372	246
捷　克	Czech Rep.	291	781	1330	1751	1580	1628
法　国	France	3276	4634	5238	5805	5058	5013
德　国	Germany	5518	9709	12589	14946	13268	13396
意大利	Italy	2405	3731	4473	5299	4574	4615
荷　兰	Netherlands	2331	4064	5743	6727	5697	5697
波　兰	Poland	317	894	1597	2202	1992	2025
俄罗斯	Russia	1050	2438	4006	4968	3415	2818
西班牙	Spain	1153	1926	2544	3245	2825	2874
土耳其	Turkey	278	735	1139	1576	1438	1426
乌克兰	Ukraine	146	342	515	542	379	364
英　国	United Kingdom	2854	3909	4160	5052	4602	4094
澳大利亚	Australia	639	1061	2126	2412	1877	1903
新西兰	New Zealand	133	217	314	416	344	337

14-4 货物进口总额
Merchandise Imports

资料来源：世界贸易组织数据库。
Source: WTO Database.
单位：亿美元 (100 million USD)

国家或地区	Country or Area	2000	2005	2010	2014	2015	2016
世　界	**World**	**67250**	**108700**	**155110**	**191010**	**167430**	**162250**
中　国	China	2251	6600	13962	19592	16796	15874
中国香港	Hong Kong, China	2140	3002	4414	6006	5593	5473
中国澳门	Macao, China	26	45	56	113	106	89
孟加拉国	Bangladesh	89	139	278	423	395	415
文　莱	Brunei Darussalam	11	15	25	36	32	31
柬埔寨	Cambodia	19	39	68	119	126	126
印　度	India	515	1429	3502	4629	3929	3591
印度尼西亚	Indonesia	436	757	1357	1782	1427	1357
伊　朗	Iran	139	400	654	510	418	400
以色列	Israel	377	471	612	755	650	688
日　本	Japan	3795	5159	6941	8122	6480	6069
哈萨克斯坦	Kazakhstan	50	174	311	413	306	252
韩　国	Korea, Rep.	1605	2612	4252	5255	4365	4062
老　挝	Laos	5	9	21	43	52	47
马来西亚	Malaysia	820	1143	1646	2089	1760	1684
蒙　古	Mongolia	6	12	33	52	38	34
缅　甸	Myanmar	24	19	48	162	169	166
巴基斯坦	Pakistan	109	254	378	474	438	472
菲律宾	Philippines	370	495	585	677	702	863
新加坡	Singapore	1345	2000	3108	3662	2967	2829
斯里兰卡	Sri Lanka	63	88	135	194	189	192
泰　国	Thailand	619	1182	1829	2277	2027	1947
越　南	Viet Nam	156	368	848	1478	1661	1742
埃　及	Egypt	146	224	529	668	636	558
尼日利亚	Nigeria	87	208	442	600	480	390
南　非	South Africa	297	623	968	1220	1047	916
加拿大	Canada	2448	3224	4027	4800	4363	4166
墨西哥	Mexico	1795	2282	3102	4116	4053	3975
美　国	United States	12593	17327	19692	24125	23153	22514
阿根廷	Argentina	252	287	568	652	598	556
巴　西	Brazil	586	776	1915	2392	1788	1435
委内瑞拉	Venezuela	162	240	390	432	330	136
捷　克	Czech Rep.	320	765	1267	1544	1414	1422
法　国	France	3389	5041	6111	6766	5734	5730
德　国	Germany	4972	7771	10548	12070	10514	10549
意大利	Italy	2388	3848	4870	4742	4111	4044
荷　兰	Netherlands	2183	3638	5164	5894	5132	5034
波　兰	Poland	490	1016	1780	2237	1966	1973
俄罗斯	Russia	449	1254	2486	3079	1930	1914
西班牙	Spain	1561	2888	3270	3589	3120	3093
土耳其	Turkey	545	1168	1855	2422	2072	1986
乌克兰	Ukraine	140	361	609	543	363	392
英　国	United Kingdom	3481	5193	5911	6905	6264	6358
澳大利亚	Australia	715	1253	2016	2369	2087	1962
新西兰	New Zealand	139	262	306	425	366	361

14–5 世界主要国家和地区服务贸易进出口总额
Total of Service Imports and Exports by Country or Area

资料来源：世界贸易组织数据库。
Source:WTO Database.

单位：亿美元 (100 million USD)

国家或地区	Country or Area	2000	2005	2010	2014	2015	2016
世　界	**World**	**29548**	**51256**	**75464**	**100173**	**94320**	**95018**
中　国	China	660	1613	3696	6489	6498	6571
中国香港	Hong Kong, China	650	1034	1507	1806	1782	1726
中国澳门	Macao, China	41	93	261	490	369	362
孟加拉国	Bangladesh	18	28	54	90	90	101
文　莱	Brunei Darussalam	10	16	15	22	19	21
柬埔寨	Cambodia	7	17	29	56	57	58
印　度	India	349	1120	2308	2840	2784	2943
印度尼西亚	Indonesia	204	346	423	560	523	541
伊　朗	Iran	36	153	268	250	234	239
以色列	Israel	275	304	439	576	574	624
日　本	Japan	1822	2371	2948	3498	3350	3514
哈萨克斯坦	Kazakhstan	27	94	151	191	175	169
韩　国	Korea, Rep.	639	1084	1788	2257	2080	2008
老　挝	Laos	1	2	7	12	13	
马来西亚	Malaysia	304	414	670	871	743	729
蒙　古	Mongolia	2	8	12	25	21	27
缅　甸	Myanmar	8	7	11	54	62	
巴基斯坦	Pakistan	34	93	95	115	110	110
菲律宾	Philippines	86	150	295	461	524	552
新加坡	Singapore	584	1022	2016	3123	3026	3047
斯里兰卡	Sri Lanka	25	44	67	112	123	132
泰　国	Thailand	291	464	752	1001	1036	1080
越　南	Viet Nam	60	87	171	257	274	305
埃　及	Egypt	168	240	366	371	348	301
尼日利亚	Nigeria	50	78	225	246	214	151
南　非	South Africa	105	234	348	331	298	285
加拿大	Canada	829	1233	1725	1964	1769	1762
墨西哥	Mexico	295	380	377	514	524	536
美　国	United States	4874	6344	9209	11800	11977	12145
阿根廷	Argentina	137	136	274	299	312	319
巴　西	Brazil	245	358	871	1250	1019	940
委内瑞拉	Venezuela	53	64	155	177	153	
捷　克	Czech Rep.	121	238	396	474	423	435
法　国	France	1397	2858	3820	5254	4725	4713
德　国	Germany	2163	3611	4821	6231	5572	5784
意大利	Italy	1103	1840	2108	2263	1958	2025
荷　兰	Netherlands	1033	1737	2954	3675	3439	3466
波　兰	Poland	193	336	663	853	780	827
俄罗斯	Russia	258	681	1219	1837	1380	1226
西班牙	Spain	851	1526	1802	2017	1826	1972
土耳其	Turkey	287	383	545	741	668	574
乌克兰	Ukraine	64	170	299	263	219	222
英　国	United Kingdom	2149	4003	4434	5656	5469	5182
澳大利亚	Australia	380	605	966	1158	1053	1087
新西兰	New Zealand	88	183	215	273	258	266

14–6 服务贸易出口总额
Commercial Service Exports

资料来源：世界贸易组织数据库。
Source: WTO Database.
单位：亿美元 (100 million USD)

国家或地区	Country or Area	2000	2005	2010	2014	2015	2016
世　界	**World**	**14910**	**25972**	**38471**	**50781**	**47897**	**48077**
中　国	China	301	780	1774	2181	2165	2073
中国香港	Hong Kong, China	404	473	805	1068	1043	983
中国澳门	Macao, China	33	78	237	452	333	324
孟加拉国	Bangladesh	3	7	12	16	17	19
文　莱	Brunei Darussalam	2	6	5	6	6	5
柬 埔 寨	Cambodia	4	11	19	37	38	39
印　度	India	160	519	1166	1566	1557	1613
印度尼西亚	Indonesia	51	126	163	229	216	235
伊　朗	Iran	14	49	87	93	97	99
以 色 列	Israel	156	168	254	354	353	389
日　本	Japan	683	997	1318	1593	1583	1687
哈萨克斯坦	Kazakhstan	9	20	39	64	61	60
韩　国	Korea, Rep.	308	493	822	1110	967	918
老　挝	Laos	1	2	5	7	8	
马来西亚	Malaysia	138	196	346	420	346	338
蒙　古	Mongolia	1	4	5	6	7	8
缅　甸	Myanmar	5	3	3	31	38	
巴基斯坦	Pakistan	13	20	29	36	33	36
菲 律 宾	Philippines	34	86	178	255	290	313
新 加 坡	Singapore	284	462	1006	1531	1483	1494
斯里兰卡	Sri Lanka	9	15	25	56	64	71
泰　国	Thailand	138	198	341	552	614	661
越　南	Viet Nam	27	42	74	109	111	122
埃　及	Egypt	97	144	236	203	181	140
尼日利亚	Nigeria	18	14	26	15	27	32
南　非	South Africa	49	116	157	164	147	140
加 拿 大	Canada	393	589	753	871	788	797
墨 西 哥	Mexico	133	157	152	211	229	241
美　国	United States	2824	3574	5435	7229	7306	7326
阿 根 廷	Argentina	48	63	132	135	137	125
巴　西	Brazil	90	142	293	390	330	326
委内瑞拉	Venezuela	11	13	16	16	15	
捷　克	Czech Rep.	67	131	219	251	227	237
法　国	France	800	1524	2011	2735	2408	2356
德　国	Germany	796	1530	2200	2861	2596	2678
意 大 利	Italy	559	908	998	1131	974	1006
荷　兰	Netherlands	514	901	1598	1948	1760	1774
波　兰	Poland	104	181	354	487	451	490
俄 罗 斯	Russia	96	286	486	648	509	497
西 班 牙	Spain	522	916	1124	1324	1178	1266
土 耳 其	Turkey	202	275	360	510	461	370
乌 克 兰	Ukraine	38	100	177	146	122	121
英　国	United Kingdom	1184	2313	2657	3575	3405	3237
澳大利亚	Australia	194	300	458	533	489	532
新 西 兰	New Zealand	43	100	114	142	142	147

14-7 服务贸易进口总额
Commercial Service Imports

资料来源：世界贸易组织数据库。
Source: WTO Database.
单位：亿美元 (100 million USD)

国家或地区	Country or Area	2000	2005	2010	2014	2015	2016
世　界	**World**	**14638**	**25284**	**36993**	**49392**	**46424**	**46941**
中　国	China	359	833	1923	4308	4333	4498
中国香港	Hong Kong, China	246	561	702	738	739	743
中国澳门	Macao, China	8	15	24	37	35	38
孟加拉国	Bangladesh	15	21	41	74	74	82
文　莱	Brunei Darussalam	8	9	11	17	12	16
柬埔寨	Cambodia	3	6	9	19	19	19
印　度	India	189	602	1142	1274	1227	1330
印度尼西亚	Indonesia	154	220	260	331	308	306
伊　朗	Iran	22	104	182	157	137	139
以色列	Israel	118	136	185	222	221	235
日　本	Japan	1139	1374	1629	1905	1767	1827
哈萨克斯坦	Kazakhstan	18	74	112	128	113	108
韩　国	Korea, Rep.	332	591	965	1147	1113	1090
老　挝	Laos			3	5	6	
马来西亚	Malaysia	166	218	324	451	398	391
蒙　古	Mongolia	2	4	8	19	14	19
缅　甸	Myanmar	3	5	8	23	24	
巴基斯坦	Pakistan	21	73	66	80	77	74
菲律宾	Philippines	52	64	117	206	234	239
新加坡	Singapore	300	560	1010	1592	1543	1554
斯里兰卡	Sri Lanka	16	28	43	56	59	61
泰　国	Thailand	153	267	411	449	422	419
越　南	Viet Nam	33	44	98	148	163	183
埃　及	Egypt	72	95	130	168	167	161
尼日利亚	Nigeria	31	64	199	231	187	119
南　非	South Africa	57	119	192	166	151	145
加拿大	Canada	436	645	972	1093	982	965
墨西哥	Mexico	162	223	225	303	295	295
美　国	United States	2050	2770	3774	4570	4671	4820
阿根廷	Argentina	90	72	143	164	175	194
巴　西	Brazil	156	215	578	859	689	615
委内瑞拉	Venezuela	42	52	138	161	138	
捷　克	Czech Rep.	53	107	177	223	196	197
法　国	France	597	1334	1809	2519	2317	2357
德　国	Germany	1367	2081	2621	3370	2976	3106
意大利	Italy	544	932	1110	1132	984	1020
荷　兰	Netherlands	518	836	1357	1727	1679	1692
波　兰	Poland	89	155	309	366	329	337
俄罗斯	Russia	162	395	732	1189	871	729
西班牙	Spain	329	610	678	693	648	706
土耳其	Turkey	85	108	185	231	208	204
乌克兰	Ukraine	26	70	122	117	97	101
英　国	United Kingdom	965	1690	1776	2080	2064	1946
澳大利亚	Australia	186	305	508	624	564	555
新西兰	New Zealand	44	83	101	130	116	118

14-8 出口和进口单位价值指数
Indices of Export Unit Value and Import Unit Value

资料来源：国际货币基金组织IFS数据库。
Source: IMF IFS Database.

2010年=100　　(2010=100)

国家或地区	Country or Area	进口单位价值指数 Import Unit Values Index			出口单位价值指数 Export Unit Values Index		
		2014	2015	2016	2014	2015	2016
世　界	**World**	**110.2**	**95.9**		**106.7**	**91.8**	
中国香港	Hong Kong, China	114.8	114.4	112.4	115.6	115.7	113.6
阿根廷	Argentina	111.2			116.9		
荷　兰	Netherlands	106.5	101.1	96.5	105.4	84.7	81.6
澳大利亚	Australia	107.8	108.9	105.3	99.5	90.3	86.5
奥地利	Austria	105.2	102.8	100.3			
比利时	Belgium	109.6	109.8	107.3	110.2	110.8	107.3
玻利维亚	Bolivia				136.5		
巴　西	Brazil	107.6			101.5		
保加利亚	Bulgaria	91.8			86.8		
加拿大	Canada	113.7	120.7	124.5	103.7	88.6	84.5
捷　克	Czech Rep.	110.5	108.4	103.9	109.7	107.8	104.4
丹　麦	Denmark	104.3	105.6	104.1	102.4	84.4	80.3
厄瓜多尔	Ecuador				115.7		
萨尔瓦多	El Salvador	111.0	110.0	108.7			
芬　兰	Finland	106.5	100.1	96.6	102.5	101.1	98.2
法　国	France	102.7	97.5	91.6	114.8	114.7	110.6
德　国	Germany	108.3	109.1	106.5	107.1	110.0	109.2
希　腊	Greece	105.3	94.2	91.6	108.3	96.0	89.5
洪都拉斯	Honduras				100.4		
匈牙利	Hungary	108.9	107.7	105.1	107.4	107.1	106.0
印　度	India	213.2	213.2		100.8	118.9	
爱尔兰	Ireland	111.4	146.5	152.1	103.1	116.5	130.2
以色列	Israel	108.3			112.0		
意大利	Italy	110.5	106.4	101.6	115.0	97.7	97.2
牙买加	Jamaica				103.1		
日　本	Japan	127.9	113.5	93.6	110.4	111.8	100.6
约　旦	Jordan	132.5	117.1	122.3	111.1	109.7	102.5
韩　国	Korea, Rep.	94.9	80.4	77.0	88.1	83.5	80.8
拉脱维亚	Latvia	113.9	111.6	104.8	116.8	117.1	114.0
立陶宛	Lithuania	112.7	103.5	98.0	111.6	105.7	102.5
毛里求斯	Mauritius	87.1	77.7		102.2	103.4	
墨西哥	Mexico	108.9			106.3		
新西兰	New Zealand	89.7	89.2	85.3	97.4	93.9	92.1
挪　威	Norway	112.6	119.4	121.4	115.4	80.6	69.1
阿　曼	Oman				134.7		
巴基斯坦	Pakistan	156.3	147.5	135.0	119.7	113.9	106.7
巴布亚新几内亚	Papua New Guinea				105.3	78.1	
秘　鲁	Peru				96.6		
波　兰	Poland	110.3	110.0	109.6	107.7	90.9	87.0
沙特阿拉伯	Saudi Arabia				122.9		
塞内加尔	Senegal	105.8	93.4		110.8	97.9	
新加坡	Singapore	98.7	86.2	81.7	96.3	89.7	84.8
西班牙	Spain	106.1	103.4	100.8	105.9	89.0	87.5
瑞　典	Sweden	98.2	96.9	94.2	97.1	98.4	96.2
瑞　士	Switzerland	94.1	85.5	82.9	97.1	95.5	99.9
泰　国	Thailand	112.7	114.0	117.1	102.2	91.1	88.7
土耳其	Turkey	107.0			107.0		
乌干达	Uganda	124.1	120.3		118.7	105.7	
乌克兰	Ukraine	83.2	76.0	81.6	50.2	23.7	23.7
英　国	United Kingdom	104.4	99.9	99.0	104.4	96.8	102.3
美　国	United States	108.8	97.7	94.5	107.4	100.6	97.4
委内瑞拉	Venezuela	250.4	457.5	3012.1			

14–9 出口和进口数量指数
Indices of Export Quantum and Import Quantum

资料来源：国际货币基金组织IFS数据库。
Source: IMF IFS Database.
2010年=100 (2010=100)

国家或地区	Country or Area	出口数量指数 Export Quantum Index			进口数量指数 Import Quantum Index		
		2014	2015	2016	2014	2015	2016
中国香港	Hong Kong, China	106.7	104.8	106.3	111.4	107.9	109.0
阿根廷	Argentina	90.0			103.1		
荷兰	Netherlands	113.5	117.4	122.1	110.8	115.9	121.3
澳大利亚	Australia	115.1	107.9		121.0	125.8	
奥地利	Austria	113.5	117.2	119.0	110.4	115.4	119.2
比利时	Belgium	105.3	105.6	109.6	105.7	104.6	106.5
玻利维亚	Bolivia	124.4	122.4	116.0			
巴西	Brazil	110.9	122.6	124.1	119.6	106.0	101.2
加拿大	Canada	118.0	123.2	124.6	115.3	115.7	115.1
丹麦	Denmark	113.0	117.4	123.2	117.2	124.4	130.1
厄瓜多尔	Ecuador	118.1	119.1	120.1	125.5	113.3	99.8
法国	France	95.8	100.0	102.9	105.6	113.5	121.8
德国	Germany	112.4	115.6		108.9	111.8	
洪都拉斯	Honduras	124.5	140.4				
匈牙利	Hungary	123.6	132.9	138.8	122.1	129.6	135.7
爱尔兰	Ireland	98.2	106.0	99.4	97.4	99.1	96.0
以色列	Israel	105.2	103.2	99.9	112.9	112.9	124.0
意大利	Italy	102.8	105.1	106.3	87.5	94.2	98.0
牙买加	Jamaica	111.4	112.4				
日本	Japan	90.7	89.7	90.0	105.9	103.0	102.6
约旦	Jordan	108.9	105.1	100.6	112.4	111.1	104.4
韩国	Korea, Rep.	131.4	134.7	136.0	115.8	119.4	120.9
毛里求斯	Mauritius	107.0	104.5		107.1	117.4	
新西兰	New Zealand	112.3	115.4	119.3	130.7	134.6	138.9
挪威	Norway	95.4	99.1	98.2	108.7	109.7	108.2
巴基斯坦	Pakistan	114.8	100.4	112.0	103.2	114.4	124.6
巴布亚新几内亚	Papua New Guinea	96.8	94.9				
秘鲁	Peru	108.1					
波兰	Poland	125.1	135.4	144.9	115.7	122.1	130.8
新加坡	Singapore	111.4	110.9	115.0	111.0	111.8	116.6
西班牙	Spain	122.5	126.7		104.8	111.6	
瑞典	Sweden	104.6	108.8	112.0	109.6	115.7	122.1
瑞士	Switzerland	110.8	109.8	108.9	101.8	101.7	103.1
泰国	Thailand	112.6	110.9	111.3	117.2	117.4	114.4
土耳其	Turkey	129.4	130.7	135.6	122.2	123.7	130.5
英国	United Kingdom	105.6	113.0	112.0	109.8	114.9	118.7
美国	United States	118.19	116.93	116.75	112.6	116.81	120.94

14-10 货物和服务进出口占国内生产总值比重
Exports and Imports of Goods and Services as Percentage of GDP

资料来源：世界银行WDI数据库。
Source: World Bank WDI Database.
单位：%　(%)

国家或地区	Country or Area	货物和服务出口占国内生产总值比重 Exports of Goods and Services as percentage of GDP			货物和服务进口占国内生产总值比重 Imports of Goods and Services as percentage of GDP		
		2000	2010	2016	2000	2010	2016
世　界	**World**	**26.2**	**28.8**	**29.3②**	**25.2**	**28.2**	**28.7②**
中　国	China	21.2	26.3	19.6	18.5	22.6	17.4
中国香港	Hong Kong, China	126.0	205.3	187.4	121.6	199.4	185.2
中国澳门	Macao, China	90.0	87.8	75.7	59.0	32.7	34.7
孟加拉国	Bangladesh	12.3	16.0	16.7	17.0	21.8	21.3
文　莱	Brunei Darussalam	67.4	67.4	46.0	35.8	28.0	37.4
柬埔寨	Cambodia	49.8	54.1	61.3	61.8	59.5	65.7
印　度	India	13.1	22.6	19.2	14.1	27.1	20.6
印度尼西亚	Indonesia	41.0	24.3	19.1	30.5	22.4	18.3
伊　朗	Iran	21.5	25.4	24.2①	19.8	20.3	18.9①
以色列	Israel	35.6	35.1	29.8	35.6	32.9	27.5
日　本	Japan	10.6	15.0	17.9②	9.2	13.6	18.9②
哈萨克斯坦	Kazakhstan	56.6	44.2	32.6	49.1	29.9	29.2
韩　国	Korea, Rep.	35.0	49.4	42.2	32.9	46.2	35.4
老　挝	Laos	30.1	35.8	29.3	44.2	38.4	39.1
马来西亚	Malaysia	119.8	86.9	67.2	100.6	71.0	60.8
蒙　古	Mongolia	54.0	46.7	50.8	67.9	56.7	46.8
缅　甸	Myanmar	0.5	0.1	16.4	0.6	0.1	26.4
巴基斯坦	Pakistan	13.4	13.5	8.7	14.7	19.4	15.8
菲律宾	Philippines	51.4	34.8	28.0	53.4	36.6	36.9
新加坡	Singapore	189.2	199.7	172.1	176.9	173.7	146.3
斯里兰卡	Sri Lanka	39.0	19.6	21.4	49.6	26.8	29.1
泰　国	Thailand	64.8	66.5	68.9	56.5	60.8	54.2
越　南	Viet Nam	50.0	72.0	93.6	53.3	80.2	91.1
埃　及	Egypt	16.2	21.3	10.4	22.8	26.6	19.6
尼日利亚	Nigeria	51.7	25.3	18.4①	19.7	17.4	12.5①
南　非	South Africa	27.2	28.6	30.3	24.3	27.4	30.2
加拿大	Canada	44.2	29.1	31.0	38.6	31.0	33.4
墨西哥	Mexico	26.3	29.9	38.2	26.9	31.1	40.0
美　国	United States	10.7	12.4	12.6②	14.3	15.8	15.5②
阿根廷	Argentina	11.0	18.9	12.7	11.6	16.0	13.4
巴　西	Brazil	10.2	10.7	12.5	12.5	11.8	12.1
委内瑞拉	Venezuela	29.7	28.5	24.8①	18.1	17.6	29.5①
捷　克	Czech Rep.	48.3	66.2	80.3	50.2	63.1	73.0
法　国	France	28.2	26.0	29.4	27.1	27.9	31.2
德　国	Germany	30.8	42.3	46.0	30.6	37.1	38.4
意大利	Italy	25.7	25.2	30.0	24.8	27.2	26.5
荷　兰	Netherlands	66.5	72.0	80.8	60.0	63.6	69.9
波　兰	Poland	27.2	40.1	52.3	33.6	42.1	48.4
俄罗斯	Russia	44.1	29.2	25.7	24.0	21.1	20.6
西班牙	Spain	28.6	25.5	33.1	31.6	26.8	30.2
土耳其	Turkey	19.4	20.4	22.1	22.6	25.5	25.0
乌克兰	Ukraine	62.4	47.1	49.3	57.4	51.1	55.5
英　国	United Kingdom	25.0	28.3	28.1	26.9	31.0	30.0
澳大利亚	Australia	19.4	19.4	18.9	21.4	20.4	21.1
新西兰	New Zealand	35.7	30.3	28.0①	32.8	28.0	27.3①

注：①2014年数据。②2015年数据。
Note: ①Data refer to 2014.②Data refer to 2015.

14-11 出口货物构成(2016年)
Exports by Commodity Groups(2016)

资料来源：世界银行WDI数据库。
Source: World Bank WDI Database.
单位：% (%)

国家或地区	Country or Area	农业原材料 Agricultural Raw Materials	食 品 Food	燃 料 Fuel	矿物和金属 Ores and Metals	制成品 Manufactures	其 它 Others
世　界①	**World①**	**1.5**	**9.1**	**12.7**	**4.4**	**68.9**	**3.4**
高收入国家	**High Income**	**1.6**	**9.6**	**6.1**	**4.5**	**73.1**	**5.1**
中等收入国家①	**Middle Income①**	**1.5**	**10.9**	**16.4**	**4.3**	**66.2**	**0.7**
中　国①	China①	0.4	2.8	1.2	1.2	94.3	0.1
中国香港	Hong Kong, China	2.7	17.3	4.2	11.9	63.0	0.9
中国澳门①	Macao, China①	0.5	4.1		2.1	3.3	90.0
文　莱①	Brunei Darussalam①		0.1	93.0	0.2	6.6	0.1
柬埔寨①	Cambodia①	2.1	4.8		0.1	92.9	0.1
印　度	India	1.4	11.3	10.8	3.1	73.1	0.3
印度尼西亚①	Indonesia①	4.9	21.7	23.2	5.5	44.7	
以色列	Israel	0.7	2.7	1.1	1.0	92.9	1.6
日　本	Japan	0.7	0.9	1.4	2.4	88.5	6.1
哈萨克斯坦	Kazakhstan	0.3	5.7	60.7	14.8	18.4	0.1
韩　国①	Korea, Rep.①	0.8	1.2	6.2	2.0	89.6	0.2
马来西亚①	Malaysia①	1.8	10.9	16.1	3.9	66.9	0.4
蒙　古①	Mongolia①	6.9	1.3	22.7	67.2	1.8	0.1
巴基斯坦①	Pakistan①	1.2	19.9	1.2	1.6	76.1	
菲律宾	Philippines	0.8	8.5	1.3	4.1	85.3	
新加坡①	Singapore①	0.4	2.9	12.6	1.3	77.0	5.8
斯里兰卡①	Sri Lanka①	2.5	25.7	1.8	0.5	69.5	
泰　国①	Thailand①	3.7	13.8	3.6	1.2	77.8	-0.1
越　南②	Viet Nam②	1.7	14.8	6.2	0.7	76.3	0.3
埃　及①	Egypt①	2.6	20.4	18.4	4.6	52.9	1.1
尼日利亚②	Nigeria②	0.4	1.9	90.9	0.4	6.4	
南　非	South Africa	2.3	11.9	10.0	23.6	51.2	1.0
加拿大	Canada	4.9	13.3	18.3	7.1	54.5	1.9
墨西哥	Mexico	0.3	7.7	4.9	2.8	83.0	1.3
美　国	United States	2.3	10.7	7.8	2.7	63.4	13.1
阿根廷①	Argentina①	1.0	62.4	2.6	2.9	29.4	1.7
巴　西	Brazil	4.8	37.3	6.3	10.5	39.9	1.2
委内瑞拉③	Venezuela③			97.7	0.4	1.8	0.1
捷　克	Czech Rep.	1.3	5.0	1.9	1.3	90.3	0.2
法　国	France	0.9	12.4	2.4	1.9	79.8	2.6
德　国	Germany	0.7	5.5	1.7	2.3	84.0	5.8
意大利	Italy	0.7	8.9	2.7	2.0	83.6	2.1
荷　兰①	Netherlands①	3.0	15.8	13.0	2.4	64.6	1.2
波　兰	Poland	1.3	12.7	2.5	3.0	80.3	0.2
俄罗斯①	Russia①	2.2	4.7	63.0	6.1	20.5	3.5
西班牙	Spain	1.0	17.0	3.7	3.2	72.6	2.5
土耳其	Turkey	0.5	11.9	2.2	3.9	80.1	1.4
乌克兰①	Ukraine①	2.1	38.0	1.1	8.4	50.1	0.3
英　国	United Kingdom	0.6	7.1	6.5	3.6	79.1	3.1
澳大利亚	Australia	2.9	15.8	27.7	31.7	17.6	4.3
新西兰	New Zealand	12.4	61.3	1.5	3.1	18.3	3.4

注：①2015年数据。②2014年数据。③2013年数据。
Note: ①Data refer to 2015.②Data refer to 2014.③Data refer to 2013.

14-12 进口货物构成(2016年)
Imports by Commodity Groups(2016)

资料来源：世界银行WDI数据库。
Source: World Bank WDI Database.
单位：% (%)

国家或地区	Country or Area	农业原材料 Agricultural Raw Materials	食品 Food	燃料 Fuel	矿物和金属 Ores and Metals	制成品 Manufactures	其它 Others
世界①	**World①**	**1.5**	**8.1**	**11.8**	**4.0**	**72.0**	**2.6**
高收入国家	**High Income**	**1.2**	**8.6**	**8.5**	**2.9**	**76.3**	**2.6**
中等收入国家①	**Middle Income①**	**2.2**	**8.3**	**13.6**	**5.9**	**66.7**	**3.4**
低收入国家	**Low Income**	**1.16②**	**15.23①**	**20.41①**	**1.89①**	**56.95①**	**100.0**
中国①	China①	3.6	6.7	12.7	10.2	61.7	5.2
中国香港	Hong Kong, China	0.2	5.3	1.9	1.0	91.6	
中国澳门①	Macao, China①	0.3	16.1	7.0	0.4	73.3	3.0
文莱①	Brunei Darussalam①	0.2	15.7	6.1	1.6	76.2	0.3
柬埔寨①	Cambodia①	2.0	8.4	0.9	1.6	87.1	
印度	India	2.2	6.5	26.8	5.5	55.8	3.2
印度尼西亚①	Indonesia①	2.9	10.0	17.7	3.3	65.5	0.6
以色列	Israel	0.9	8.4	8.9	1.5	79.4	1.0
日本	Japan	1.5	10.3	18.3	5.9	62.3	1.8
哈萨克斯坦	Kazakhstan	0.6	11.7	6.1	3.6	77.8	0.1
韩国①	Korea, Rep.①	1.6	6.0	23.5	6.9	62.1	0.1
马来西亚①	Malaysia①	1.8	8.9	12.3	5.7	70.9	0.5
蒙古①	Mongolia①	0.3	12.5	23.0	0.5	63.1	0.6
巴基斯坦①	Pakistan①	4.1	12.1	23.0	3.9	56.9	0.1
菲律宾	Philippines	0.7	11.6	9.7	1.9	76.0	0.1
新加坡①	Singapore①	0.5	4.2	22.0	1.7	70.1	1.5
斯里兰卡①	Sri Lanka①	2.2	13.2	14.0	1.4	69.3	
泰国①	Thailand①	1.7	6.6	15.6	3.9	72.2	0.1
越南③	Viet Nam③	3.6	8.6	7.0	3.8	76.6	0.5
埃及①	Egypt①	2.8	19.4	15.8	3.0	58.9	0.2
尼日利亚③	Nigeria③	0.7	17.0	16.3	1.9	64.1	
南非	South Africa	1.0	8.4	13.6	2.3	66.6	8.2
加拿大	Canada	0.9	8.6	6.5	2.6	79.2	2.2
墨西哥	Mexico	1.0	6.1	6.6	2.3	80.7	3.3
美国	United States	1.0	6.2	7.3	1.9	79.6	4.0
阿根廷①	Argentina①	0.9	2.7	11.1	2.4	82.1	0.9
巴西	Brazil	1.2	7.4	11.0	3.2	77.1	0.1
委内瑞拉②	Venezuela②	0.9	18.4	0.6	1.2	70.9	8.1
捷克	Czech Rep.	1.2	6.2	4.6	3.1	84.8	0.1
法国	France	1.1	9.8	8.4	2.2	78.3	0.1
德国	Germany	1.3	8.0	7.2	3.7	73.1	6.8
意大利	Italy	2.2	11.1	10.4	4.5	70.3	1.5
荷兰①	Netherlands①	1.6	12.9	15.4	2.4	65.2	2.6
波兰	Poland	1.6	9.0	6.3	3.4	78.5	1.3
俄罗斯①	Russia①	1.2	13.9	1.8	1.7	80.9	0.5
西班牙	Spain	1.2	11.9	10.8	3.5	72.4	0.2
土耳其	Turkey	2.4	5.6	6.2	6.0	71.2	8.5
乌克兰①	Ukraine①	1.1	9.0	28.9	3.3	57.1	0.7
英国	United Kingdom	1.3	10.2	6.9	2.8	77.0	1.9
澳大利亚	Australia	0.7	7.3	9.6	1.7	79.4	1.3
新西兰	New Zealand	0.8	11.4	8.8	1.3	76.8	0.8

注：①2015年数据。②2013年数据。③2014年数据。
Note: ①Data refer to 2015.②Data refer to 2013.③Data refer to 2014.

14—13 农产品进出口额
Imports and Exports of Agriculture Products

资料来源：世界贸易组织数据库。
Source: WTO Database.
单位：亿美元 (100 million USD)

国家或地区	Country or Area	农产品进口额 Imports			农产品出口额 Exports		
		2000	2010	2015	2000	2010	2015
世　界	**World**	**5962.95**	**13954.10**		**5508.68**	**13648.54**	
中　国	China	195.44	1082.60	1597.33	163.84	516.07	725.32
中国香港	Hong Kong, China	117.28	206.22	274.67	56.93	80.28	107.00
中国澳门	Macao, China	2.89	9.60	17.34	0.45	0.75	0.28
孟加拉国	Bangladesh	17.16	59.92	105.75	4.98	10.13	18.18
文　莱	Brunei Darussalam		4.23	5.13		0.09	0.09
柬埔寨	Cambodia	1.89	4.24	10.51	0.53	2.08	5.90
印　度	India	39.93	178.64	277.18	59.51	231.06	353.78
印度尼西亚	Indonesia	57.27	156.44	183.59	77.64	359.57	397.72
伊　朗	Iran	29.43	94.14	103.89	9.32	49.92	57.96
以色列	Israel	22.88	50.56	58.84	11.82	23.06	22.02
日　本	Japan	621.50	775.59	734.40	43.49	101.66	103.10
哈萨克斯坦	Kazakhstan	5.06	24.28	30.90	7.25	20.40	24.76
韩　国	Korea, Rep.	128.37	266.14	330.40	42.98	93.46	108.39
马来西亚	Malaysia	46.10	160.53	184.69	80.15	288.69	253.86
蒙　古	Mongolia	1.06	3.26	4.88	1.48	1.49	3.52
缅　甸	Myanmar		3.64	7.87		23.06	
巴基斯坦	Pakistan	18.82	67.37	71.84	12.34	39.40	46.65
菲律宾	Philippines	31.04	68.23	86.57	20.26	41.29	50.91
新加坡	Singapore	48.90	108.71	135.34	37.23	78.89	116.56
斯里兰卡	Sri Lanka	9.34	20.63	29.05	10.93	25.61	28.79
泰　国	Thailand	44.84	119.85	159.29	122.20	351.36	364.65
越　南	Viet Nam	12.69	102.72	186.48	39.54	168.35	246.12
埃　及	Egypt	41.95	118.50	151.13	6.10	51.22	49.45
尼日利亚	Nigeria	12.12	48.82	56.51	0.39	43.03	19.24
南　非	South Africa	16.50	62.96	55.97	32.70	99.32	95.73
加拿大	Canada	152.72	319.69	382.16	347.89	521.28	635.94
墨西哥	Mexico	109.89	235.31	276.55	91.00	187.91	272.53
美　国	United States	691.15	1164.48	1566.33	714.08	1425.73	1607.97
阿根廷	Argentina	16.44	21.33	21.99	119.54	346.50	345.58
巴　西	Brazil	47.62	107.59	106.38	154.64	685.87	800.00
委内瑞拉	Venezuela	19.70	53.88	40.88	5.22	1.48	1.07
捷　克	Czech Rep.	22.50	88.01	103.67	19.08	72.71	100.28
法　国	France	301.42	601.64	612.20	369.39	667.85	689.25
德　国	Germany	450.24	991.27	1044.62	292.75	802.75	864.42
意大利	Italy	299.05	564.04	537.56	163.57	386.27	425.44
荷　兰	Netherlands	263.63	611.25	673.65	420.10	940.51	953.58
波　兰	Poland	39.50	167.42	198.92	30.99	193.05	282.10
俄罗斯	Russia	75.61	364.73	275.19	75.54	214.37	271.56
西班牙	Spain	171.37	386.65	386.11	174.66	420.89	491.57
土耳其	Turkey	41.33	128.78	160.61	38.28	123.70	171.81
乌克兰	Ukraine	10.92	62.45	38.05	15.85	104.75	152.96
英　国	United Kingdom	325.41	611.37	704.37	170.69	289.87	320.02
澳大利亚	Australia	42.34	110.85	145.57	164.46	270.48	359.75
新西兰	New Zealand	12.04	33.76	44.88	76.65	195.65	235.75

14-14 出口去向构成(2015年)
Exports by Destination(2015)

资料来源：联合国贸发会议《2016年统计手册》。
Source:UNCTAD Handbook of Statistics 2016.
单位：%

(%)

国家或地区	Country or Area	发达国家 Developed Countries	欧洲 Europe	欧盟 European Union	美国 United States	日本 Japan	其他 Other
中国	China	43.7	16.0	15.7	18.1	6.0	3.7
中国香港	Hong Kong, China	23.2	9.4	8.5	8.7	3.1	2.0
孟加拉国	Bangladesh	8.3	3.3	3.2	3.0	1.1	0.9
文莱	Brunei Darussalam	80.9	54.8	53.5	17.6	2.9	5.5
柬埔寨	Cambodia	47.2	0.6	0.5	0.6	36.4	9.7
印度	India	74.5	37.8	36.8	22.8	6.8	7.1
印度尼西亚	Indonesia	37.6	17.7	16.7	15.1	1.7	3.2
伊朗	Iran	36.8	10.6	9.9	10.8	12.0	3.3
以色列	Israel	14.6	6.7	6.7		7.7	0.1
日本	Japan	59.2	27.7	25.2	28.5	1.2	1.8
哈萨克斯坦	Kazakhstan	35.2	11.2	10.6	20.2		3.8
朝鲜	Korea, Dem.	62.8	58.9	53.1	0.9	1.9	1.0
韩国	Korea, Rep.	32.4	10.4	9.2	13.3	4.9	3.8
马来西亚	Malaysia	34.0	10.5	10.2	9.5	9.5	4.5
蒙古	Mongolia	12.4	11.0	5.4	0.4	0.8	0.2
缅甸	Myanmar	6.0	2.3	2.1	0.4	3.2	0.1
巴基斯坦	Pakistan	49.6	30.3	30.0	16.6	0.8	1.9
菲律宾	Philippines	50.6	12.7	12.2	15.0	21.1	1.9
新加坡	Singapore	24.2	8.9	8.3	6.7	4.4	4.2
斯里兰卡	Sri Lanka	63.3	30.1	28.9	26.7	2.1	4.5
泰国	Thailand	37.7	11.4	10.1	11.1	9.2	6.0
越南	Viet Nam	52.4	19.2	19.0	20.7	8.7	3.8
埃及	Egypt	40.0	31.1	30.4	5.6	0.6	2.7
尼日利亚	Nigeria	48.5	36.8	36.1	4.6	4.8	2.3
南非	South Africa	32.6	19.9	18.6	6.4	4.5	1.8
加拿大	Canada	86.7	7.8	7.2	76.5	1.9	0.5
墨西哥	Mexico	90.4	5.3	4.8	81.2	0.8	3.1
美国	United States	45.7	20.0	18.2		4.2	21.5
阿根廷	Argentina	27.7	16.8	14.5	6.0	1.0	3.9
巴西	Brazil	36.2	19.3	17.8	12.7	2.5	1.7
法国	France	71.4	61.2	57.7	7.2	1.4	1.7
德国	Germany	75.8	62.8	57.9	9.5	1.4	2.0
意大利	Italy	72.5	60.0	54.7	8.7	1.3	2.5
荷兰	Netherlands	83.7	77.7	75.6	3.8	0.7	1.6
波兰	Poland	83.0	79.3	76.9	2.2	0.3	1.2
俄罗斯	Russia	48.6	41.2	40.1	2.5	4.2	0.7
西班牙	Spain	72.8	65.5	62.9	4.5	1.0	1.8
土耳其	Turkey	56.4	48.9	44.5	4.4	0.2	2.8
乌克兰	Ukraine	38.3	34.7	34.3	1.3	0.6	1.7
英国	United Kingdom	72.7	53.1	44.4	15.1	1.4	3.1
澳大利亚	Australia	30.6	5.3	5.0	5.3	15.9	4.1
新西兰	New Zealand	46.7	10.5	10.2	11.7	6.0	18.5

14-14 续表 continued

单位：% (%)

国家或地区	Country or Area	经济转型国家 Economies in Transition	发展中国家 Developing Countries	非洲 Africa	美洲 America	亚洲 Asia	大洋洲 Oceania
中国	China	2.6	54.1	4.8	5.8	43.3	0.2
中国香港	Hong Kong, China	0.4	76.3	0.9	1.9	73.5	…
孟加拉国	Bangladesh	0.2	94.6	46.8	0.2	47.6	…
文莱	Brunei Darussalam	1.6	15.5	0.9	1.7	12.9	…
柬埔寨	Cambodia	…	52.1	0.2		51.8	…
印度	India	0.8	25.2	0.3	1.6	23.2	…
印度尼西亚	Indonesia	1.0	59.6	9.6	4.1	45.8	0.1
伊朗	Iran	0.9	62.3	3.1	2.1	56.8	0.2
以色列	Israel	2.3	81.8	1.3	0.1	80.4	
日本	Japan	1.9	33.5	1.7	3.0	28.9	…
哈萨克斯坦	Kazakhstan	1.0	63.8	1.4	4.4	57.7	0.4
朝鲜	Korea, Dem.	17.3	19.8	0.1	0.2	19.5	
韩国	Korea, Rep.	1.4	66.2	2.2	5.4	57.0	1.6
马来西亚	Malaysia	0.5	66.0	2.6	1.8	61.2	0.3
蒙古	Mongolia	1.4	85.6	…		85.6	
缅甸	Myanmar	0.3	99.8	0.6	0.1	99.2	…
巴基斯坦	Pakistan	1.3	49.0	7.2	2.0	39.7	0.1
菲律宾	Philippines	0.1	49.0	1.3	1.4	45.8	0.5
新加坡	Singapore	0.2	75.6	1.8	2.8	70.0	1.0
斯里兰卡	Sri Lanka	2.8	32.1	2.6	2.8	26.7	…
泰国	Thailand	0.4	59.9	3.1	3.6	53.1	0.1
越南	Viet Nam	1.1	45.1	1.9	3.3	39.8	0.1
埃及	Egypt	2.4	58.3	14.2	0.8	43.3	…
尼日利亚	Nigeria	0.1	60.6	13.2	12.1	35.4	…
南非	South Africa	0.5	48.1	26.7	1.3	20.1	0.1
加拿大	Canada	0.2	12.8	0.9	2.8	9.1	…
墨西哥	Mexico	0.1	9.5	0.2	5.9	3.4	…
美国	United States	0.7	53.6	1.8	25.7	26.0	…
阿根廷	Argentina	1.1	69.3	6.9	34.7	27.7	…
巴西	Brazil	1.5	61.0	4.3	20.5	36.2	…
法国	France	1.6	24.4	6.3	2.9	15.0	0.3
德国	Germany	2.9	21.2	2.0	2.8	16.3	0.1
意大利	Italy	3.5	22.9	4.6	3.3	15.0	…
荷兰	Netherlands	1.3	14.0	2.7	2.1	9.1	…
波兰	Poland	6.2	8.1	1.4	1.4	5.2	…
俄罗斯	Russia	11.4	25.1	2.2	1.4	21.5	…
西班牙	Spain	1.1	22.3	6.4	6.0	9.8	…
土耳其	Turkey	9.3	32.3	8.7	1.5	22.1	0.1
乌克兰	Ukraine	22.1	40.0	10.0	0.7	29.2	…
英国	United Kingdom	1.6	26.0	2.7	2.1	21.2	…
澳大利亚	Australia	0.3	65.8	1.3	1.1	62.2	1.2
新西兰	New Zealand	0.5	51.1	4.0	3.1	41.1	2.9

14–15 进口来源构成(2015年)
Imports by Origin(2015)

资料来源：联合国贸发会议《2016年统计手册》。
Source:UNCTAD Handbook of Statistics 2016.
单位：%

(%)

国家或地区	Country or Area	发达国家 Developed Countries	欧洲 Europe	欧盟 European Union	美国 United States	日本 Japan	其他 Other
中国	China	39.2	15.2	12.5	9.0	8.5	6.5
中国香港	Hong Kong, China	24.2	10.4	7.1	5.5	6.3	1.9
孟加拉国	Bangladesh	3.2	1.5	1.5	1.0	0.5	0.3
文莱	Brunei Darussalam	16.1	7.1	6.5	2.2	3.5	3.3
柬埔寨	Cambodia	32.7	13.2	12.6	10.4	7.5	1.7
印度	India	8.5	3.3	3.3	2.3	2.4	0.4
印度尼西亚	Indonesia	29.5	17.4	11.6	5.7	2.4	4.0
伊朗	Iran	26.2	8.2	7.6	5.1	8.5	4.5
以色列	Israel	21.1	19.8	14.9	0.3	0.5	0.6
日本	Japan	58.9	39.2	34.6	17.1	1.9	0.8
哈萨克斯坦	Kazakhstan	30.4	12.4	11.0	10.5		7.4
朝鲜	Korea, Dem.	28.1	22.6	22.0	3.2	1.3	0.9
韩国	Korea, Rep.	40.1	14.3	13.1	10.1	10.5	5.2
马来西亚	Malaysia	31.0	11.7	10.2	8.1	7.8	3.4
蒙古	Mongolia	21.4	10.1	9.8	3.1	7.2	1.1
缅甸	Myanmar	8.6	1.3	1.0	0.6	4.9	1.8
巴基斯坦	Pakistan	21.1	10.4	9.8	4.4	3.9	2.3
菲律宾	Philippines	32.9	9.9	9.4	10.9	9.6	2.5
新加坡	Singapore	33.9	14.5	12.7	11.2	6.3	1.9
斯里兰卡	Sri Lanka	24.3	10.3	9.5	2.5	7.3	4.2
泰国	Thailand	36.6	11.3	8.9	6.9	15.4	3.0
越南	Viet Nam	22.3	6.7	6.2	4.7	8.5	2.4
埃及	Egypt	43.0	33.1	31.7	6.2	2.1	1.6
尼日利亚	Nigeria	47.8	30.1	27.1	14.6	1.2	1.9
南非	South Africa	32.3	22.8	22.1	5.1	2.9	1.5
加拿大	Canada	67.4	12.2	11.0	51.2	2.7	1.3
墨西哥	Mexico	64.6	11.3	10.8	46.2	4.3	2.9
美国	United States	41.1	20.5	18.9		5.8	14.8
阿根廷	Argentina	34.8	18.5	16.8	12.9	2.0	1.5
巴西	Brazil	42.4	22.3	20.5	15.0	2.7	2.5
法国	France	70.3	60.9	57.4	6.8	1.6	1.0
德国	Germany	73.1	63.6	57.3	6.5	2.2	0.8
意大利	Italy	67.2	61.7	58.5	3.8	0.8	0.8
荷兰	Netherlands	63.4	51.8	48.1	7.9	2.2	1.5
波兰	Poland	63.5	59.0	56.9	2.6	1.3	0.5
俄罗斯	Russia	50.1	41.5	40.0	4.6	3.0	1.0
西班牙	Spain	62.3	55.8	53.9	4.6	1.1	0.9
土耳其	Turkey	47.9	39.5	38.0	5.4	1.5	1.6
乌克兰	Ukraine	52.3	45.6	42.2	4.1	1.1	1.5
英国	United Kingdom	73.7	60.2	55.5	9.3	1.6	2.6
澳大利亚	Australia	39.9	17.8	16.5	10.8	7.1	4.2
新西兰	New Zealand	50.6	18.5	17.7	11.8	6.5	13.8

14-15 续表 continued

单位：% (%)

国家或地区	Country or Area	经济转型国家 Economies in Transition	发展中国家 Developing Countries	非洲 Africa	美洲 America	亚洲 Asia	大洋洲 Oceania
中国	China	3.2	57.7	4.2	6.2	47.1	0.2
中国香港	Hong Kong, China	0.2	75.6	0.8	0.8	74.0	…
孟加拉国	Bangladesh	0.0	96.8	…		96.7	…
文莱	Brunei Darussalam	3.5	80.2	1.9	4.0	74.2	…
柬埔寨	Cambodia	…	67.3	0.3	0.5	66.5	…
印度	India	…	91.6	0.1	0.2	91.3	…
印度尼西亚	Indonesia	2.0	68.0	9.3	5.4	53.2	0.1
伊朗	Iran	1.5	72.3	2.6	2.7	67.0	…
以色列	Israel	3.9	85.6	0.2	1.3	84.1	…
日本	Japan	3.1	33.5	1.2	1.8	30.6	…
哈萨克斯坦	Kazakhstan	2.7	63.5	1.8	3.7	57.5	0.5
朝鲜	Korea, Dem.	41.9	29.9	0.4	0.9	28.7	
韩国	Korea, Rep.	2.9	57.0	1.6	3.6	51.6	0.1
马来西亚	Malaysia	0.6	67.7	1.4	2.4	63.8	0.1
蒙古	Mongolia	29.3	49.1	0.2	0.4	48.5	…
缅甸	Myanmar	0.1	85.9	…	0.2	85.7	
巴基斯坦	Pakistan	0.9	77.2	3.9	1.9	71.5	…
菲律宾	Philippines	0.7	66.4	0.2	1.2	64.8	0.2
新加坡	Singapore	1.8	64.3	0.6	2.0	61.5	0.1
斯里兰卡	Sri Lanka	1.5	74.4	0.7	0.9	72.8	…
泰国	Thailand	1.2	61.8	1.0	1.9	58.7	0.2
越南	Viet Nam	0.6	75.7	1.2	3.4	71.1	…
埃及	Egypt	8.0	49.0	2.6	5.4	41.1	…
尼日利亚	Nigeria	1.9	50.4	5.3	2.4	42.6	0.1
南非	South Africa	0.4	43.0	9.9	2.6	30.4	…
加拿大	Canada	0.4	28.4	1.0	8.6	18.7	…
墨西哥	Mexico	0.4	32.4	0.2	3.1	29.1	…
美国	United States	0.9	57.9	1.1	18.2	38.6	…
阿根廷	Argentina	1.2	62.7	2.0	32.7	28.0	…
巴西	Brazil	1.7	51.4	4.9	15.2	31.3	…
法国	France	2.4	23.9	4.5	1.8	17.6	…
德国	Germany	4.4	22.9	1.8	2.2	18.8	…
意大利	Italy	7.4	25.0	5.2	2.6	17.2	…
荷兰	Netherlands	6.8	29.8	3.3	3.6	22.9	…
波兰	Poland	9.3	23.2	0.9	2.1	20.0	0.1
俄罗斯	Russia	12.0	32.6	0.9	3.5	28.3	…
西班牙	Spain	2.4	32.4	8.5	5.5	18.3	0.1
土耳其	Turkey	13.5	33.2	2.5	2.3	28.5	…
乌克兰	Ukraine	29.4	21.6	1.7	1.8	18.2	
英国	United Kingdom	1.3	24.9	2.6	1.7	20.5	…
澳大利亚	Australia	0.1	53.3	0.8	2.0	49.2	1.2
新西兰	New Zealand	1.1	48.1	0.7	1.9	45.4	0.2

14-16 按行业划分的服务出口额(2016年)
Exports of Services by Sector(2016)

资料来源：联合国贸发会议统计手册。
Source: UNCTAD Handbook of Statistics.
单位：亿美元 (100 million USD)

国家或地区	Country or Area	服务总额 Total Services	交通运输 Transport	旅游 Travel	其他服务 Other Services		
						建筑 Construction	保险 Insurance
中国	China	2084.9	338.6	444.5	1064.4	126.8	40.7
中国香港	Hong Kong, China	984.3	280.5	327.5	373.1	1.7①	13.9
中国澳门	Macao, China	324.2	6.0	300.3	17.6		1.7①
孟加拉国	Bangladesh	35.8	4.0①	1.5①	25.0①	0.8①	
柬埔寨	Cambodia	40.4	4.8	32.1	3.4	0.1	
印度	India	1618.4	151.9	224.3	1239.6	20.8	21.4
印度尼西亚	Indonesia	241.5	35.7	122.0	76.4	2.4	0.5
伊朗	Iran	102.0	33.0②	34.8②	28.0②	16.3②	0.4②
以色列	Israel	389.0	35.5	55.2	292.6	2.9	0.4
日本	Japan	1738.2	316.5	307.5	1101.0	93.8	17.0
哈萨克斯坦	Kazakhstan	62.5	35.5	15.5	11.2	2.2	0.6
韩国	Korea, Rep.	928.3	264.4	172.1	463.4	109.5	6.2
老挝	Laos	8.1①	0.7③	6.0③	1.2③	0.1③	0.5③
马来西亚	Malaysia	339.2	38.5	169.2	106.3	10.6	3.4
蒙古	Mongolia	8.0	2.5	3.2	2.3	0.3	0.1②
缅甸①	Myanmar①	38.6①	4.4①	21.0①	10.2①	0.8①	2.7②
巴基斯坦	Pakistan	49.5	10.1	3.2	36.2	0.7	1.1
菲律宾	Philippines	313.6	19.8	51.4	241.5	0.7	0.8
新加坡	Singapore	1496.4	483.5	183.9	758.8	9.5	63.9
斯里兰卡	Sri Lanka	71.4	22.5	35.2	13.7	0.6	1.2
泰国	Thailand	664.2	56.8	499.3	108.0	4.6	0.7
越南	Viet Nam	123.9	26.0	82.5	15.4		0.6①
埃及	Egypt	143.1	88.9	26.4	27.7	5.4①	1.9①
尼日利亚	Nigeria	37.2	15.6	11.2	10.5		0.8
南非	South Africa	143.6	21.9	79.2	42.2	0.2	1.9
加拿大	Canada	809.3	123.4	182.3	487.8	3.8	14.0
墨西哥	Mexico	241.0	13.9	195.7	31.4		28.8
美国	United States	7524.1	846.3	2068.3	4344.6	20.5	177.4
阿根廷	Argentina	127.0	23.2	38.4	65.5	0.1	0.3
巴西	Brazil	333.0	50.6	60.2	218.5	1.5	7.8
捷克	Czech Rep.	237.6	54.5	63.0	95.7	3.7	2.6
法国	France	2367.6	408.2	425.7	1386.0	25.6	85.9
德国	Germany	2727.4	513.6	374.2	1707.3	19.6	111.8
意大利	Italy	1014.0	138.8	407.9	431.6	4.6	21.0
荷兰	Netherlands	1797.8	344.5	124.2	1239.4	29.7	13.0
波兰	Poland	490.1	128.9	109.7	203.2	16.2	4.3
俄罗斯	Russia	505.0	170.3	77.9	225.3	35.6	4.1
西班牙	Spain	1271.3	164.0	604.4	461.8	16.6	21.4
土耳其	Turkey	376.3	130.3	187.4	56.6	9.0	10.9
乌克兰	Ukraine	123.9	53.1	10.8	46.6	1.8	0.2
英国	United Kingdom	3271.8	352.0	396.7	2480.3	16.0	201.6
澳大利亚	Australia	539.4	54.4	329.9	154.4	1.1	4.0
新西兰	New Zealand	148.9	18.7	94.9	33.4	0.2	1.1

注：①2015年数据。②2014年数据。③2013年数据。
Note: ①Data refer to 2015.②Data refer to 2014.③Data refer to 2013.

14-16 续表 continued

单位：亿美元 (100 million USD)

国家或地区	Country or Area	金融服务 Financial Services	版税和许可证费用 Royalties and Licence Fees	其他商务服务 Other Business Services	个人、文化和休闲服务 Personal, Cultural and Recreational Services	政府服务及其他 Government Services n.i.e.	通讯、计算机和信息服务 Telecommunications, Computer, and Information Services
中　　国	China	31.8	11.7	579.6	7.4	12.1	254.2
中国香港	Hong Kong, China	181.2	6.2②	132.5②	2.6②	0.9②	28.2②
中国澳门	Macao, China	11.0②		2.3②			0.3
孟加拉国	Bangladesh	0.7②		4.2②	0.2②	15.3②	4.3②
柬埔寨	Cambodia	0.1		0.8		1.9	0.5
印　　度	India	50.8	5.3	532.0	14.0	5.9	553.2
印度尼西亚	Indonesia	2.6	0.5	53.0	0.8	6.8	9.8
伊　　朗	Iran	1.1②	0.1②	4.1②	2.0②	2.4②	1.7②
以色列	Israel	6.5②	8.8	136.6	3.9②	0.1	119.4
日　　本	Japan	116.5	390.1	386.7	8.1	50.9	37.9
哈萨克斯坦	Kazakhstan	0.2		4.8		2.1	1.2
韩　　国	Korea, Rep.	17.7	66.2	206.5	11.3	10.3	35.7
老　　挝	Laos					0.2③	0.4③
马来西亚	Malaysia	5.1	1.1	57.7	3.6	0.9	23.8
蒙　　古	Mongolia	0.2		1.6			0.2
缅　　甸①	Myanmar①			7.9②		0.8②	0.6②
巴基斯坦	Pakistan	1.2	0.1	10.3	0.3	13.9	8.7
菲律宾	Philippines	3.9	0.1	179.2	1.7	0.2	54.9
新加坡	Singapore	188.7	53.4	371.3	4.6	2.8	64.6
斯里兰卡	Sri Lanka	2.5		0.4		0.3	8.6
泰　　国	Thailand	6.8	0.7	86.2	0.6	2.9	5.5
越　　南	Viet Nam	1.8②				1.4②	1.5②
埃　　及	Egypt	1.4②		12.8②	1.0②	3.0	10.1②
尼日利亚	Nigeria	2.6		0.7		5.2	1.2
南　　非	South Africa	8.0	1.1	19.4	2.0	3.9	5.8
加拿大	Canada	80.8	44.7	247.6	18.3	11.8	66.8
墨西哥	Mexico		1.6		0.9①		1.0
美　　国	United States	967.5	1222.3	1360.5	25.1	198.6	372.6
阿根廷	Argentina	0.1	1.9	43.9	2.2	2.0	15.0
巴　　西	Brazil	7.4	6.5	164.2	5.7	7.3	18.0
捷　　克	Czech Rep.	4.0	4.5	48.3	1.8	0.2	30.7
法　　国	France	116.4	156.3	792.7	28.8	11.3	169.0
德　　国	Germany	234.0	168.6	777.5	18.6	49.2	327.2
意大利	Italy	46.3	32.8	224.8	1.8	8.4	91.9
荷　　兰	Netherlands	52.3	257.1	477.3	10.6	24.0	375.6
波　　兰	Poland	8.1	4.5	111.7	6.7		51.7
俄罗斯	Russia	11.7	5.5	116.6	4.2	8.2	39.4
西班牙	Spain	34.6	19.2	236.2	11.4①	6.0①	117.0
土耳其	Turkey	6.8		6.2	15.9	6.2	1.6
乌克兰	Ukraine	0.8	0.7	16.4	0.4	3.1	23.1
英　　国	United Kingdom	710.7	147.8	1080.4	51.5	35.2	237.2
澳大利亚	Australia	27.3	8.1	74.8	6.3	7.6	25.2
新西兰	New Zealand	5.1	3.1	13.2	2.8	1.7	6.2

注：①2015年数据。②2014年数据。③2013年数据。
Note: ①Data refer to 2015.②Data refer to 2014.③Data refer to 2013.

14-17 货币汇率(年平均价)
Exchange Rate (Period Average)

资料来源：世界银行WDI数据库。
Source: World Bank WDI Database.
单位：1美元合本币数 (local currency unit per US dollar)

国家或地区	Country or Area	2000	2005	2010	2014	2015	2016
中　　国	China	8.28	8.19	6.77	6.14	6.23	6.64
中国香港	Hong Kong, China	7.79	7.78	7.77	7.75	7.75	7.76
中国澳门	Macao, China	8.03	8.01	8.00	7.99	7.99	8.00
孟加拉国	Bangladesh	52.14	64.33	69.65	77.64	77.95	78.47
文　　莱	Brunei Darussalam	1.72	1.66	1.36	1.27	1.38	1.38
柬 埔 寨	Cambodia	3840.75	4092.50	4184.92	4037.50	4067.75	4058.70
印　　度	India	44.94	44.10	45.73	61.03	64.15	67.19
印度尼西亚	Indonesia	8421.78	9704.74	9090.43	11865.21	13389.41	13308.33
伊　　朗	Iran	1764.87	8963.96	10254.18	25941.66	29011.49	30914.85
以 色 列	Israel	4.08	4.49	3.74	3.58	3.89	3.84
日　　本	Japan	107.77	110.22	87.78	105.95	121.04	108.79
哈萨克斯坦	Kazakhstan	142.13	132.88	147.35	179.19	221.73	342.16
韩　　国	Korea, Rep.	1130.96	1024.12	1156.06	1052.96	1131.16	1160.27
老　　挝	Laos	7887.64	10655.17	8258.77	8048.96	8147.91	8129.06
马来西亚	Malaysia	3.80	3.79	3.22	3.27	3.91	4.15
蒙　　古	Mongolia	1076.67	1205.25	1357.06	1817.94	1970.31	2140.29
缅　　甸	Myanmar	6.52	5.82	5.64	984.35	1162.62	1234.87
巴基斯坦	Pakistan	53.65	59.51	85.19	101.10	102.77	104.77
菲 律 宾	Philippines	44.19	55.09	45.11	44.40	45.50	47.49
新 加 坡	Singapore	1.72	1.66	1.36	1.27	1.38	1.38
斯里兰卡	Sri Lanka	77.01	100.50	113.06	130.57	135.86	145.58
泰　　国	Thailand	40.11	40.22	31.69	32.48	34.25	35.30
越　　南	Viet Nam	14167.75	15858.92	18612.92	21148.00	21697.57	21935.00
埃　　及	Egypt	3.47	5.78	5.62	7.08	7.69	10.03
尼日利亚	Nigeria	101.70	131.27	150.30	158.55	192.44	253.49
南　　非	South Africa	6.94	6.36	7.32	10.85	12.76	14.71
加 拿 大	Canada	1.49	1.21	1.03	1.11	1.28	1.33
墨 西 哥	Mexico	9.46	10.90	12.64	13.29	15.85	18.66
美　　国	United States	1.00	1.00	1.00	1.00	1.00	1.00
阿 根 廷	Argentina	1.00	2.90	3.90	8.07	9.23	14.76
巴　　西	Brazil	1.83	2.43	1.76	2.35	3.33	3.49
委内瑞拉	Venezuela	0.68	2.09	2.58	6.28	6.28	9.26
捷　　克	Czech Rep.	38.60	23.96	19.10	20.76	24.60	24.44
法　　国	France	1.09	0.80	0.76	0.75	0.90	0.90
德　　国	Germany	1.09	0.80	0.76	0.75	0.90	0.90
意 大 利	Italy	1.09	0.80	0.76	0.75	0.90	0.90
荷　　兰	Netherlands	1.09	0.80	0.76	0.75	0.90	0.90
波　　兰	Poland	4.35	3.24	3.02	3.16	3.77	3.94
俄 罗 斯	Russia	28.13	28.28	30.37	38.38	60.94	67.06
西 班 牙	Spain	1.09	0.80	0.76	0.75	0.90	0.90
土 耳 其	Turkey	0.63	1.34	1.50	2.19	2.72	3.02
乌 克 兰	Ukraine	5.44	5.13	7.94	11.89	21.85	25.55
英　　国	United Kingdom	0.66	0.55	0.65	0.61	0.66	0.74
澳大利亚	Australia	1.73	1.31	1.09	1.11	1.33	1.35
新 西 兰	New Zealand	2.20	1.42	1.39	1.21	1.43	1.44

14-18 国际旅游收支
Expenditures and Receipts of International Tourism

资料来源：世界银行WDI数据库。
Source: World Bank WDI Database.

单位：亿美元 (100 million USD)

国家或地区	Country or Area	国际旅游支出 International Tourism Expenditures			国际旅游收入 International Tourism Receipts		
		2000	2010	2015	2000	2010	2015
世　界	**World**	**5364.9**	**9964.2**	**13712.1**	**5727.8**	**10987.3**	**14369.8**
中　国	China	141.7	548.8	2922.0	173.2	458.1	1141.1
中国香港	Hong Kong, China	125.0	173.6	230.6	82.0	272.1	426.0
中国澳门	Macao, China		8.8	13.6	32.1	226.9	320.0
孟加拉国	Bangladesh	4.7	8.5	8.3	0.5	1.0	1.5
柬埔寨	Cambodia	0.5	2.7	6.2	3.5	16.7	34.1
印　度	India	36.9	104.9	176.9	36.0	144.9	214.7
印度尼西亚	Indonesia	32.0	84.3	98.0	49.8	76.2	120.5
伊　朗	Iran	6.7	105.7		6.8	26.3	
以色列	Israel	37.3	47.3	62.4	46.1	58.2	60.6
日　本	Japan	426.4	393.1	231.7	59.7	153.6	272.9
哈萨克斯坦	Kazakhstan	4.8	14.9	21.6	4.0	12.4	17.3
韩　国	Korea, Rep.	79.5	207.9	275.6	85.3	143.7	191.3
老　挝	Laos	0.1	2.2	5.3	1.1	3.9	6.8
马来西亚	Malaysia	25.4	83.2	105.9	58.7	181.5	176.1
蒙　古	Mongolia	0.5	3.2	4.7	0.4	2.9	2.8
缅　甸	Myanmar	0.3	0.5	1.4	2.0	0.9	22.7
巴基斯坦	Pakistan	5.7	13.7	23.3	5.5	10.0	9.1
菲律宾	Philippines	18.4	59.6	121.9	23.3	34.4	64.2
新加坡	Singapore	45.4	187.0	220.6	51.4	141.8	167.4
斯里兰卡	Sri Lanka	3.8	8.3	21.5	3.9	10.4	39.8
泰　国	Thailand	32.2	71.6	95.4	99.4	238.0	485.3
越　南	Viet Nam		14.7	35.0		44.5	73.5
埃　及	Egypt	12.1	27.0	36.4	46.6	136.3	69.0
尼日利亚	Nigeria	6.1	83.5	92.0	1.9	7.4	4.7
南　非	South Africa	26.8	81.4	57.4	33.4	103.1	91.4
加拿大	Canada	151.3	369.8	295.1	130.4	184.4	162.0
墨西哥	Mexico	63.7	90.0	126.7	91.3	126.3	187.3
美　国	United States	914.7	1100.5	1483.7	1209.1	1680.0	2462.3
阿根廷	Argentina	54.6	63.8	82.9	32.0	55.6	50.1
巴　西	Brazil	45.5	188.8	203.6	19.7	55.2	62.5
委内瑞拉	Venezuela	16.5	29.4	32.7	4.7	8.9	6.5
捷　克	Czech Rep.	12.8	43.5	49.1	29.7	80.7	67.6
法　国	France	267.0	467.0	468.4	385.3	561.9	540.0
德　国	Germany	576.0	908.8	888.4	249.4	491.3	473.9
意大利	Italy	181.7	269.1	244.2	287.1	384.4	394.2
荷　兰	Netherlands	136.5	190.4	211.1	112.9	116.5	193.2
波　兰	Poland	34.2	91.0	85.2	61.3	100.4	113.5
俄罗斯	Russia	88.5	301.7	384.4	34.3	132.4	132.5
西班牙	Spain	77.1	169.3	173.5	326.6	543.1	564.3
土耳其	Turkey	17.1	58.2	56.9	76.4	263.2	354.1
乌克兰	Ukraine	5.6	41.3	47.5	5.6	47.0	16.6
英　国	United Kingdom	470.1	658.8	796.0	299.8	401.4	607.4
澳大利亚	Australia	87.8	278.5	283.0	130.2	310.6	312.8
新西兰	New Zealand	12.4	30.4	37.2	22.7	65.2	91.4

14–19 国际旅游人数
Number of Arrivals and Departures of International Tourism

资料来源：世界银行WDI数据库。
Source: World Bank WDI Database.
单位：万人 (10 000 persons)

国家或地区	Country or Area	入境(过夜)旅游人数 Number of Arrivals			出境旅游人数 Number of Departures		
		2000	2010	2015	2000	2010	2015
世　界	**World**	**67731**	**95497**	**120006**	**82219**	**112855**	**136045**
高收入国家	**High Income**	**47175**	**57267**	**73074**	**55080**	**65480**	**72899**
中等收入国家	**Middle Income**	**19347**	**36278**	**44528**	**14763**	**30243**	**43932**
低收入国家	**Low Income**	**645**	**1258**	**1494**			
中　国	China	3123	5566	5689	1047	5739	11689
中国香港	Hong Kong, China	881	2009	2669	5890	8444	8908
中国澳门	Macao, China	520	1193	1431	14	75	147
孟加拉国	Bangladesh	20	30		113	191	
文　莱	Brunei Darussalam	98	21	22			
柬 埔 寨	Cambodia	47	251	478	4	51	119
印　度	India	265	578	1328	442	1299	2038
印度尼西亚	Indonesia	506	700	1041	221	624	818
伊　朗	Iran	134	294	524	229		662
以 色 列	Israel	242	280	280	353	427	589
日　本	Japan	476	861	1974	1782	1664	1621
哈萨克斯坦	Kazakhstan	147	299		125	589	
韩　国	Korea, Rep.	532	880	1323	551	1249	1931
老　挝	Laos	19	167	354		169	307
马来西亚	Malaysia	1022	2458	2572	3053		
蒙　古	Mongolia	14	46	39			
缅　甸	Myanmar	42	79	468			
巴基斯坦	Pakistan	56	91				
菲 律 宾	Philippines	199	352	536	167		
新 加 坡	Singapore	606	916	1205	444	734	913
斯里兰卡	Sri Lanka	40	65	180	52	112	136
泰　国	Thailand	958	1594	2992	191	545	679
越　南	Viet Nam	214	505	794			
埃　及	Egypt	512	1405	914	296	462	
尼日利亚	Nigeria	81	156	126			
南　非	South Africa	587	807	890	383	517	
加 拿 大	Canada	1963	1622	1797	1918	2868	3227
墨 西 哥	Mexico	2064	2329	3209	1108	1433	1960
美　国	United States	5124	6001	7751	6133	6106	7345
阿 根 廷	Argentina	291	533	574	495	531	781
巴　西	Brazil	531	516	631	323	646	947
委内瑞拉	Venezuela	47	53	79	95	148	154
捷　克	Czech Rep.	477	633	871		867	586
法　国	France	7719	7665	8445	1989	2504	2665
德　国	Germany	1898	2688	3497	8051	8587	8374
意 大 利	Italy	4118	4363	5073	2199	2982	2904
荷　兰	Netherlands	1000	1088	1501	1390	1837	1807
波　兰	Poland	1740	1247	1672	5668	4276	4430
俄 罗 斯	Russia	2117	2228	3373	1837	3932	3455
西 班 牙	Spain	4640	5268	6822	410	1238	1441
土 耳 其	Turkey	959	3136	3948	528	656	875
乌 克 兰	Ukraine	643	2120	1243	1342	1718	2314
英　国	United Kingdom	2321	2830	3444	5684	5556	6572
澳大利亚	Australia	493	579	744	350	710	946
新 西 兰	New Zealand	178	244	304	128	203	241

主要统计指标解释

出口 即货物离开一国的统计疆界。在通常的贸易体系中，一国的统计疆界与它的经济领土是一致的。在特殊的贸易体系中，一国的统计疆界只包括一部分经济领土，一般这部分与货物自由贸易区是一致的。自由贸易地区是一国经济疆界的一部分，在此间货物可以无进口税限制地流通。

进口 货物进入一国统计疆界。

数量指数 基于诸如数量或权数这样的货物单位的指数。

服务贸易 服务(原为非要素服务)指无形商品的经济产出。它可以在同一时间产生、转让和消费。商品服务的出口（贷方和收入）和进口（借方和支付）来自于国际收支统计中的国际服务交易统计，其概念、定义和分类与国际货币基金组织 1993 年《国际收支手册》第五版一致。

官方汇率 是指由国家机关或货币金融机构公布的汇率。年平均汇率是以月均价为基础计算的。

国际旅游支出 是指出境游客在他国的旅游消费，包括在国际旅行时，搭乘他国运输工具所支付的交通费（有些国家不包括这项交通费）。除非特别声明外，国际旅游支出包括境外一日游客（不过夜游客）在访问地的消费。

国际旅游收入 是指入境游客（过夜旅客）在本国的旅游消费，包括国际旅行时，入境游客搭乘本国运输工具所付给本国的交通费（有些国家不包括这项交通费）。国际旅游收入包括目的地国接受的所有商品和服务的支付。除特别声明外，国际旅游收入可以包括入境一日游游客（不过夜游客）在本国的消费。

Explanatory Notes on Main Statistical Indicators

Exports Goods leaving the statistical territory of a country. In the general trade system, the definition of the statistical territory of a country coincides with its economic territory. In the special trade system, the definition of the statistical territory comprises only a particular part of the economic territory, mainly that part which coincides with the free circulation area for goods. The free circulation area is a part of the economic territory of a country within which goods may be disposed of without customs restrictions.

Imports Goods entering the statistical territory of a country.

Quantum Index An index based on quantity units of goods such as number or weight.

Commercial Service Exports/Commercial Service Imports Services(previously no factor services) refer to economic output of intangible commodities that may be produced, transferred, and consumed at the same time. Exports (credits or receipts) and imports (debits or payments) of commercial services derived from statistics on international service transactions are included in the balance of payments statistics, in conformity with the concepts, definitions and classification of the fifth (1993) edition of the IMF Balance of Payments Manual.

Official Exchange Rate refers to the exchange rate determined by national authorities or to the rate determined in the legally sanctioned exchange market. It is calculated as an annual average based on monthly averages (local currency units relative to the U.S. dollar).

International Tourism Expenditures are expenditures of international outbound visitors in other countries, including payments to foreign carriers for international transport. These expenditures may include those by residents traveling abroad as same-day visitors, except in cases where these are important enough to justify separate classification. For some countries they do not include expenditures for passenger transport items.

International Tourism Receipts are expenditures by international inbound visitors, including payments to national carriers for international transport. These receipts include any other prepayment made for goods or services received in the destination country. They also may include receipts from same-day visitors, except when these are important enough to justify separate classification. For some countries they do not include receipts for passenger transport items..

国际收支和外债

Balance of Payments and External Debts

15-1 世界国际收支
Summary of International Transactions

资料来源：国际货币基金组织BOP数据库。
Source: IMF BOP Database.
单位：亿美元 (100 million USD)

		2010	2012	2013	2014	2015
经常帐户差额	**Current Account Balances**	**2873.6**	**3898.9**	**3970.0**	**4157.6**	**2421.6**
货物差额	Goods balance	3708.5	4819.1	5749.2	5067.9	3484.3
贷方	Credits	148946.6	181730.8	185711.4	186058.2	161985.1
借方	Debits	145238.1	176911.8	179962.2	180990.3	158500.8
服务差额	Services Balance	775.5	1131.4	1333.9	1299.5	1485.5
贷方	Credits	38142.9	44701.2	47600.9	51092.6	48326.3
借方	Debits	37367.4	43569.7	46266.9	49793.1	46840.7
初次收入差额	Primary Income Balance	-174.5	-347.7	-1021.0	-254.9	-775.2
贷方	Credits	34939.3	38042.7	38848.7	40325.2	35998.0
借方	Debits	35113.8	38390.4	39869.7	40580.1	36773.2
二次收入差额	**Secondary Income Balance**	**-1435.9**	**-1703.8**	**-2092.1**	**-1954.9**	**-1773.0**
贷方	Credits	7960.0	9361.6	10002.0	10362.9	9530.5
借方	Debits	9396.0	11065.4	12094.1	12317.8	11303.5
资本帐户差额	**Capital Account Balances**	**736.3**	**569.7**	**684.1**	**102.1**	**46.5**
金融帐户差额	**Financial Account Balances**	**1058.1**	**820.6**	**3323.2**	**4465.8**	**3031.3**
直接投资净值	Direct Investment net	-1087.3	-3369.0	-2950.8	-1793.1	-1603.0
资产	Assets	19110.8	21057.0	21237.8	16280.5	23439.6
负债	Liabilities	20198.0	24426.1	24188.6	18073.5	25042.6
证券投资净值	Portfolio Investment Net	-9899.0	-4596.1	-4981.9	-1798.8	1510.3
资产	Assets	13635.9	15355.0	15640.9	25911.9	18927.7
负债	Liabilities	23534.9	19951.1	20622.8	27710.7	17417.4
金融衍生工具和股票期权净值	Finan. Deriv.& ESOs Net	-679.2	-742.7	450.4	-113.9	212.5
资产	Assets	-6244.2	-5903.5	-7674.0	-5875.2	-3556.2
负债	Liabilities	-5564.9	-5160.8	-8124.4	-5761.3	-3768.7
其它投资净值	Other Investment Net	903.1	2290.8	3278.3	5737.0	5379.5
资产	Assets	22664.6	4800.7	4719.9	15857.0	-130.9
负债	Liabilities	21761.5	2509.9	1441.7	10119.9	-5510.4
储备资产	**Reserve Assets**	**11820.2**	**7237.8**	**7527.2**	**2434.6**	**-2468.0**
净误差与遗漏	**Net Errors and Omissions**	**-2551.8**	**-3648.1**	**-1330.8**	**206.2**	**563.0**

15-2 分国别(地区)的国际收支(2015年)

资料来源：国际货币基金组织BOP数据库。
Source: IMF BOP Database.
单位：亿美元

国家或地区	Country or Area	经常账户 Current Account	货物 Goods		服务 Services	
			贷方 Credit	借方 Debit	贷方 Credit	借方 Debit
中　国	China	3041.6	21427.5	15665.6	2174.0	4357.2
中国澳门	Macao, China	115.6	19.6	135.2	333.4	39.5
孟加拉国	Bangladesh	25.8	317.4	378.6	32.3	77.2
文　莱	Brunei Darussalam	21.6	61.3	32.2	6.5	16.5
柬埔寨	Cambodia	-16.9	84.5	119.2	39.6	19.2
印　度	India	-224.6	2723.5	4092.4	1562.8	826.4
印度尼西亚	Indonesia	-175.2	1491.2	1350.8	222.2	309.2
以色列	Israel	150.9	566.8	599.9	367.4	244.6
日　本	Japan	1341.3	6220.4	6293.7	1626.7	1786.1
哈萨克斯坦	Kazakhstan	-51.4	465.2	338.4	64.8	115.8
韩　国	Korea, Rep.	1059.4	5428.8	4206.1	977.3	1126.5
老　挝	Laos	-22.8	27.7	52.3	8.4	6.4
马来西亚	Malaysia	90.7	1746.3	1466.9	349.4	401.7
蒙　古	Mongolia	-9.5	44.5	38.8	6.9	14.1
缅　甸	Myanmar	-24.9	99.7	137.4	38.5	24.3
巴基斯坦	Pakistan	-27.8	227.1	398.2	59.0	88.1
菲律宾	Philippines	72.7	432.0	665.1	290.7	236.1
中国香港	Hong Kong, China	102.6	5017.3	5246.0	1043.6	740.9
新加坡	Singapore	537.6	3795.7	2967.2	1486.0	1545.1
斯里兰卡	Sri Lanka	-18.8	105.5	189.4	64.0	40.7
泰　国	Thailand	321.1	2140.5	1872.5	617.6	425.2
越　南	Viet Nam	9.1	1621.1	1547.2	112.0	155.0
埃　及	Egypt	-167.9	190.3	500.6	185.4	174.7
尼日利亚	Nigeria	-157.6	468.5	534.4	32.3	200.3
南　非	South Africa	-139.1	816.2	846.0	150.5	155.3
加拿大	Canada	-530.8	4107.4	4287.9	800.3	993.0
墨西哥	Mexico	-282.0	3809.8	3955.7	229.0	326.6
美　国	United States	-4346.0	15107.6	22726.1	7531.5	4917.4
阿根廷	Argentina	-171.7	568.1	571.8	132.2	190.1
巴　西	Brazil	-594.3	1900.9	1724.2	337.8	707.0
委内瑞拉	Venezuela	-160.5	372.3	332.8	16.4	138.3
捷　克	Czech Rep.	4.6	1281.7	1205.3	228.4	196.7
法　国	France	-107.7	5106.0	5383.9	2399.4	2301.2
德　国	Germany	2881.5	13078.4	10182.2	2728.6	2935.0
意大利	Italy	261.2	4495.5	3933.9	982.1	1012.8
荷　兰	Netherlands	652.2	4882.8	4012.7	1440.3	1509.9
波　兰	Poland	-29.3	1910.2	1885.6	451.0	329.8
俄罗斯	Russia	688.3	3414.2	1930.2	517.0	886.2
西班牙	Spain	162.1	2774.4	3015.4	1182.7	650.8
土耳其	Turkey	-321.2	1519.7	2000.8	468.9	226.8
乌克兰	Ukraine	-1.9	354.2	388.8	124.4	106.9
英　国	United Kingdom	-1225.7	4393.5	6222.3	3511.5	2139.7
澳大利亚	Australia	-580.7	1883.4	2071.9	490.4	576.7
新西兰	New Zealand	-55.0	344.3	357.9	144.6	117.4

Balance of Payments by Country or Area(2015)

初次收入 Primary Income						
贷方 Credit	借方 Debit	资本账户 Capital Account	非生产非金融资产的处置贷方 Gross Disposals of Nonproduced, Nonfinancial Assets, Credit	非生产非金融资产的取得借方 Gross Acquisitions of Nonproduced, Nonfinancial Assets, Debit	资本转移贷方 Capital Transfers, Credit	资本转移借方 Capital Transfers, Debit
2232.0	2642.6	3.2				
46.0	82.4					
1.4	27.2	4.4			4.4	
11.0	4.5					
1.3	12.4	1.7			1.7	
145.3	378.9	0.4	0.3	0.5	2.9	2.3
28.2	312.0	0.2			0.2	
105.9	136.4	3.3			3.3	
2466.6	729.8	-22.5	1.1	2.1	1.3	22.8
22.6	134.1	1.3		0.1	1.4	
238.7	202.9	-0.6	0.5	1.4	0.4	0.1
1.0	3.0					
125.9	207.4	-3.1		3.1		
0.6	10.3	1.2			1.2	
3.4	30.1					
6.6	56.6	2.7			2.8	0.1
95.0	76.5	0.8	0.1	0.2	0.9	
1644.1	1586.8	-0.3				
629.3	761.3					
1.3	21.4	0.5			0.7	0.2
49.0	255.2					
4.0	103.2					
3.0	53.4	-1.5			0.1	1.6
9.5	139.3					
79.0	157.0	0.2			0.3	0.1
712.8	842.1	-0.9				
82.8	362.6	-0.9				
7829.9	6020.3	-0.4				
23.6	144.6	0.5	0.8	0.3		
119.3	548.4	4.6	4.2	0.4	1.3	0.5
8.5	85.1	-39.8				39.8
73.6	177.2	41.3	1.4	1.1	41.1	0.1
1833.2	1269.3	20.2	1.0	0.1	27.3	8.0
2138.1	1501.9	-6.7	203.7	177.4	40.2	73.2
587.6	689.8	28.6	19.8	32.9	51.8	10.0
2652.6	2670.5	-381.0	20.7	391.9	10.4	20.2
124.5	290.1	113.3	1.4	6.9	118.8	
372.7	742.0	-3.1	0.5	1.0	3.0	5.6
581.5	589.6	77.3				
44.7	141.1	-0.2	0.7	0.9		
43.0	54.1	4.6	0.7	0.2	4.0	
2043.7	2435.9	-16.9	9.4	12.7	14.0	27.6
384.1	675.8	-4.6	0.1	0.1		4.6
52.2	118.3	2.3				

15-2 续表

单位：亿美元

国家或地区	Country or Area	金融账户 Financial Account	直接投资 Direct Investment		证券投资 Portfolio Investment	
			资产 Assets	负债 Liabilities	资产 Assets	负债 Liabilities
中　国	China	915.2	1743.9	2424.9	732.1	67.4
中国澳门	Macao, China	47.7	-2.7	3.4	110.7	-11.4
孟加拉国	Bangladesh	22.7	0.6	28.3	2.0	4.0
文　莱	Brunei Darussalam	45.1		1.7	3.4	
柬埔寨	Cambodia	-15.6	0.5	17.0	0.2	
印　度	India	-235.9	75.1	440.1	-2.8	92.1
印度尼西亚	Indonesia	-179.4	90.8	197.8	12.7	174.5
以色列	Israel	151.3	109.7	113.4	98.5	27.5
日　本	Japan	1786.0	1364.1	55.9	3057.7	1733.3
哈萨克斯坦	Kazakhstan	-101.7	33.3	64.5	-95.3	-36.4
韩　国	Korea, Rep.	1063.0	237.6	41.0	418.8	-76.5
老　挝	Laos	-29.7		14.2		5.3
马来西亚	Malaysia	149.4	105.4	98.6	27.5	-44.7
蒙　古	Mongolia	-10.6	0.1	0.9	0.3	2.8
缅　甸	Myanmar	-42.5		40.8	0.1	
巴基斯坦	Pakistan	-28.3	0.3	16.2	0.2	9.4
菲律宾	Philippines	49.2	55.4	56.4	33.4	-21.3
中国香港	Hong Kong, China	165.7	785.2	1810.5	853.1	-399.5
新加坡	Singapore	525.6	314.1	705.8	489.4	-54.7
斯里兰卡	Sri Lanka	-23.1	0.5	6.8		6.9
泰　国	Thailand	229.6	49.9	90.0	38.2	-126.9
越　南	Viet Nam	-76.1	11.0	118.0		-0.7
埃　及	Egypt	-216.8	1.8	68.9	-2.0	-1.3
尼日利亚	Nigeria	10.5	14.7	31.3	17.1	25.9
南　非	South Africa	-158.7	55.2	15.2	-3.2	99.6
加拿大	Canada	-538.3	806.2	547.0	465.5	842.9
墨西哥	Mexico	-382.9	123.0	348.8	-31.0	204.9
美　国	United States	-3331.7	3111.4	5061.6	1604.1	2139.8
阿根廷	Argentina	-185.2	8.8	117.6	0.9	5.3
巴　西	Brazil	-551.6	135.2	746.9	-35.7	187.0
委内瑞拉	Venezuela	-223.0	25.9	29.6	-5.0	-34.5
捷　克	Czech Rep.	71.0	37.3	17.0	29.2	96.1
法　国	France	-141.5	418.2	439.2	579.8	71.4
德　国	Germany	2596.1	1125.0	525.8	1358.4	-821.0
意大利	Italy	299.0	161.0	130.1	1250.1	264.9
荷　兰	Netherlands	341.7	1627.2	982.1	-75.6	361.3
波　兰	Poland	14.9	42.5	140.7	110.5	77.6
俄罗斯	Russia	714.6	220.9	68.5	135.5	-128.7
西班牙	Spain	278.1	578.3	253.0	960.8	848.5
土耳其	Turkey	-219.4	51.0	175.5	61.3	-95.9
乌克兰	Ukraine	0.7	0.4	30.5		3.7
英　国	United Kingdom	-1031.2	-560.5	584.5	-463.4	3688.1
澳大利亚	Australia	-549.4	-3.0	374.2	269.2	743.2
新西兰	New Zealand	15.8	0.9	-1.4	36.5	49.6

continued

(100 million USD)

金融衍生工具 Financial Derivatives,n.i.e		其他投资 Other Investment		储备资产 Reserves Assets	净误差和遗漏 Net Errors and Omissions
资产 Assets	负债 Liabilities	资产 Assets	负债 Liabilities		
34.2	13.3	824.7	-3515.4	-3429.4	-2129.6
-3.4		87.6	175.6	23.3	-67.8
		6.0	9.8	56.3	-7.5
		39.4	-4.4	-0.3	23.5
		10.1	17.7	8.3	-0.4
162.0	126.1	501.4	754.1	440.7	-11.7
-6.7	-6.5	118.1	17.5	-11.0	-4.4
-3.2		-41.5	-55.4	73.4	-3.0
-1272.6	-1451.7	-423.0	654.0	51.3	467.1
-0.3	0.8	-3.8	-0.9	-7.7	-51.6
-480.4	-498.3	160.2	-72.5	120.5	4.2
		-1.2	10.7	1.8	-6.9
				3.5	61.8
		2.3	6.9	-2.7	-2.2
		4.2	7.0	1.1	-17.6
		2.2	59.7	54.4	-3.3
-5.3	-5.4	-22.1	8.6	26.2	-24.3
-727.8	-599.9	-367.8	-70.4	363.8	63.3
-117.0	8.5	425.0	-63.2	10.5	-12.0
		5.0	18.6	3.5	-4.8
-70.4	-61.4	35.9	-19.2	58.6	-91.5
		142.4	51.8	-60.3	-85.1
		21.3	183.7	13.4	-47.5
		106.3	10.6	-59.8	168.1
-254.0	-250.4	-29.8	54.9	-7.6	-19.8
		216.4	721.0	84.6	-6.6
		265.1	-15.9	-154.2	-100.0
		-2710.5	-2180.3	-63.1	1014.8
	0.3	88.1	110.6	-49.3	-14.1
-206.6	-241.1	439.7	207.0	15.7	38.2
3.2		-151.9	55.3	-44.7	-22.7
-16.6	-14.6	-25.8	-2.5	142.9	25.1
1559.7	1437.9	-621.4	209.1	79.9	-53.9
291.6		62.5	512.4	-24.2	-278.7
		-235.5	524.2	5.9	9.1
		76.3	131.5	-4.6	70.4
		53.2	-25.4	11.0	-69.1
-212.2	-286.5	-157.5	-364.2	17.0	29.4
		237.2	439.9	57.0	38.7
		149.6	283.4	-118.3	102.0
		-10.5	15.2	60.1	-2.0
		-1472.3	-5904.2	313.2	211.5
-734.2	-770.7	755.7	466.9	-23.5	35.8
-47.5	-62.4	7.1	-9.8	-5.2	68.5

15-3 经常项目差额占GDP的比重
Current Account Balance as Percentage of GDP

资料来源：世界银行WDI数据库。
Source: World Bank WDI Database.
单位：%　　(%)

国家或地区	Country or Area	2000	2005	2010	2013	2014	2015	2016
中　国	China	1.7	5.8	3.9	1.5	2.3	2.8	1.8
中国香港	Hong Kong, China	4.4	11.9	7.0	1.5	1.4	3.3	
中国澳门	Macao, China		24.0	39.4	40.2	34.2	25.5	
孟加拉国	Bangladesh	-0.6	0.7	1.8	1.4	0.4	1.4	
文　莱	Brunei Darussalam		42.3	36.6	20.9	30.7	16.0	
柬埔寨	Cambodia	-3.7	-4.9	-7.1	-12.6	-9.9		
印　度	India	-1.0	-1.3	-3.3	-2.7	-1.3	-1.1	
印度尼西亚	Indonesia	4.8	0.1	0.7	-3.2	-3.1	-2.0	-1.8
以色列	Israel	-1.6	2.8	3.4	3.3	3.8	4.6	3.9
日　本	Japan	2.7	3.6	3.9	0.9	0.8	3.1	3.8
哈萨克斯坦	Kazakhstan	2.0	-1.8	0.9	0.5	2.7	-3.0	
韩　国	Korea, Rep.	1.9	1.4	2.6	6.2	6.0	7.7	7.0
老　挝	Laos	-0.5	-6.4	0.4	-3.2	-8.9	-15.7	
马来西亚	Malaysia	9.1	13.9	10.1	3.5	4.4	3.0	
蒙　古	Mongolia	-6.1	3.5	-12.3	-37.6	-15.8	-8.1	
缅　甸	Myanmar	-2.4	4.9	3.2	-0.7	-2.9	-4.0	
巴基斯坦	Pakistan	-0.1	-3.3	-0.8	-1.9	-1.5	-0.6	
菲律宾	Philippines	-2.8	1.9	3.6	4.2	3.8	2.5	0.2
新加坡	Singapore	10.8	22.1	23.4	16.9	19.7	18.1	19.0
斯里兰卡	Sri Lanka	-6.4	-2.7	-1.9	-3.4	-2.5	-2.5	
泰　国	Thailand	7.4	-4.0	3.4	-1.2	3.8	8.1	
越　南	Viet Nam	3.3	-1.0	-3.7	4.5	5.0	0.5	
埃　及	Egypt	-1.0	2.4	-2.1	-1.2	-2.0	-5.1	
尼日利亚	Nigeria	16.0	32.5	3.6	3.7	0.2	-3.3	
南　非	South Africa	-0.1	-3.1	-1.5	-5.9	-5.3	-4.4	-3.2
加拿大	Canada	2.5	1.9	-3.6	-3.2	-2.4	-3.4	-3.4
墨西哥	Mexico	-2.7	-1.0	-0.5	-2.5	-2.0	-2.9	-2.7
美　国	United States	-4.0	-5.7	-3.0	-2.2	-2.3	-2.6	-2.6
阿根廷	Argentina	-3.2	2.7	-0.4	-2.2	-1.5	-2.9	
巴　西	Brazil	-3.7	1.6	-3.4	-3.0	-4.2	-3.3	-1.3
委内瑞拉	Venezuela	10.1	17.5	1.4	1.2	0.8		
捷　克	Czech Rep.	-4.4	-2.1	-3.6	-0.5	0.2	0.3	1.1
法　国	France	1.2	…	-0.8	-0.9	-1.1	-0.2	-0.9
德　国	Germany	-1.7	4.6	5.7	6.7	7.4	8.6	8.3
意大利	Italy	0.1	-0.9	-3.4	1.0	1.8	1.4	2.6
荷　兰	Netherlands	1.8	6.1	7.4	9.9	8.9	8.8	8.4
波　兰	Poland	-6.0	-2.6	-5.4	-1.3	-2.1	-0.6	-0.3
俄罗斯	Russia	17.5	11.1	4.4	1.5	2.8	5.1	2.0
西班牙	Spain	-4.4	-7.5	-3.9	1.5	1.0	1.4	2.0
土耳其	Turkey	-3.6	-4.2	-5.8	-6.7	-4.7	-3.7	-3.8
乌克兰	Ukraine	4.7	2.9	-2.2	-9.0	-3.4	-0.2	
英　国	United Kingdom	-2.1	-1.2	-2.8	-4.4	-4.7	-4.3	-4.4
澳大利亚	Australia	-3.7	-6.3	-3.9	-3.1	-2.9	-4.3	-2.7
新西兰	New Zealand	-3.3	-7.0	-2.3	-3.1	-3.2	-3.1	-2.8

15–4 外商直接投资
Foreign Direct Investment

资料来源：联合国贸发会议FDI数据库。
Source: UNCTAD FDI Database .
单位：亿美元 (100 million USD)

国家或地区	Country or Area	外商直接投资 FDI Inflows			对外直接投资 FDI Outflows		
		2000	2010	2016	2000	2010	2016
世　界	**World**	**13602.5**	**13837.8**	**17464.2**	**11649.6**	**13860.6**	**14524.6**
中　国	China	407.1	1147.3	1337.0	9.2	688.1	1831.0
中国香港	Hong Kong, China	545.8	705.4	1081.3	540.8	862.5	624.6
中国澳门	Macao, China		28.3	30.3		-4.4	5.6
孟加拉国	Bangladesh	5.8	9.1	23.3		0.2	0.4
文　莱	Brunei Darussalam	5.5	4.8	-1.5	0.2	11.8	-0.6
柬埔寨	Cambodia	1.5	13.4	19.2	0.1	0.2	1.2
印　度	India	35.9	274.2	444.9	5.1	159.5	51.2
印度尼西亚	Indonesia		137.7	26.6		26.6	-124.6
伊　朗	Iran	1.9	36.5	33.7	0.1	2.4	1.0
以色列	Israel	69.6	63.4	123.2	33.4	86.6	125.0
日　本	Japan	83.2	-12.5	113.9	315.6	562.6	1452.4
哈萨克斯坦	Kazakhstan	12.8	115.5	90.7		78.9	-53.7
韩　国	Korea, Rep.	115.1	95.0	108.3	48.4	282.8	272.7
老　挝	Laos	0.3	2.8	8.9			
马来西亚	Malaysia	37.9	90.6	99.3	20.3	134.0	56.0
蒙　古	Mongolia	0.5	16.9	-40.7		0.6	0.1
缅　甸	Myanmar	0.9	66.7	21.9			
巴基斯坦	Pakistan	3.1	20.2	20.1	0.1	0.5	0.5
菲律宾	Philippines	22.4	13.0	79.1	1.3	6.2	37.0
新加坡	Singapore	155.2	550.8	616.0	68.5	354.1	238.9
斯里兰卡	Sri Lanka	1.8	4.8	9.0		0.4	2.4
泰　国	Thailand	34.1	145.5	15.5	-0.2	79.4	132.3
越　南	Viet Nam	12.9	80.0	126.0		9.0	13.9
埃　及	Egypt	12.4	63.9	81.1	0.5	11.8	2.1
尼日利亚	Nigeria	13.1	61.0	44.5	1.7	9.2	13.1
南　非	South Africa	8.9	36.4	22.7	2.7	-0.8	33.8
加拿大	Canada	668.0	284.0	337.2	446.8	347.2	664.0
墨西哥	Mexico	183.8	272.6	267.4	3.6	151.5	-7.9
美　国	United States	3140.1	1980.5	3911.0	1426.3	2777.8	2990.0
阿根廷	Argentina	104.2	113.3	57.5	9.0	9.6	8.9
巴　西	Brazil	327.8	837.5	586.8	22.8	220.6	-124.3
委内瑞拉	Venezuela	47.0	18.5		5.2	17.8	
捷　克	Czech Rep.	49.9	61.4	67.5	0.4	11.7	9.8
法　国	France	275.0	138.9	283.5	1619.5	481.5	573.3
德　国	Germany	1982.8	656.4	95.3	570.9	1254.5	345.6
意大利	Italy	133.7	91.8	289.5	66.9	326.9	227.9
荷　兰	Netherlands	638.5	-71.8	919.6	756.3	639.4	1736.6
波　兰	Poland	94.5	128.0	113.6	0.2	61.5	64.4
俄罗斯	Russia	26.5	316.7	376.7	31.5	411.2	272.7
西班牙	Spain	395.8	398.7	186.6	582.1	378.4	417.9
土耳其	Turkey	9.8	90.9	119.9	8.7	14.7	28.7
乌克兰	Ukraine	6.0	64.5	33.4		6.9	1.7
英　国	United Kingdom	1153.0	582.0	2538.3	2327.4	480.9	-126.1
澳大利亚	Australia	141.9	364.4	481.9	28.6	198.0	60.1
新西兰	New Zealand	13.5	-0.6	22.9	6.1	7.2	-0.4

15-5 外汇储备与黄金储备
Foreign Exchange and Gold Reserves

资料来源：国际货币基金组织IFS数据库。
Source: IMF IFS Database.

国家或地区	Country or Area	外汇储备(亿美元) Foreign Exchange(100 million USD)			黄金储备(万盎司) Gold Reserves(10000 fine troy ounces)		
		2000	2010	2016	2000	2010	2016
世　界	**World**	**19360.7**	**92654.3**	**107126.4**	**106644.5**	**99041.7**	**106951.1**
发达国家	**Developed Countries**	**12225.1**	**31291.2**	**41374.9**	**81731.8**	**70449.8**	**70656.3**
发展中国家	**Developing Economies**	**7135.6**	**61363.0**	**65746.8**	**13928.0**	**17935.0**	**25383.0**
中　国	China	1655.7	28473.4	30105.2	1270.0	3389.0	5924.0
中国香港	Hong Kong, China	1075.4	2686.5	3861.5	6.7	6.7	6.7
中国澳门	Macao, China	33.2	237.3	194.9			
孟加拉国	Bangladesh	14.9	99.0	302.9	10.9	43.4	44.3
文　莱	Brunei Darussalam	3.6	12.1	29.8			14.4
柬埔寨	Cambodia	5.0	31.5	82.5	40.0	40.0	40.0
印　度	India	372.6	2678.1	3365.8	1150.2	1793.2	1793.3
印度尼西亚	Indonesia	282.8	899.7	1109.3	310.1	235.0	251.0
以色列	Israel	231.6	692.7	942.8			
日　本	Japan	3472.1	10362.6	11582.8	2454.7	2460.2	2460.2
哈萨克斯坦	Kazakhstan	15.9	246.9	191.8	184.0	216.4	829.7
韩　国	Korea, Rep.	958.6	2869.3	3617.0	43.9	46.4	335.7
老　挝	Laos	1.4	6.2	7.8	1.7	28.5	2.8
马来西亚	Malaysia	274.3	1023.2	911.9	117.0	117.0	123.0
蒙　古	Mongolia	1.8	21.2	11.8	8.5	6.5	5.6
缅　甸	Myanmar	2.2	57.1	46.2	23.1	23.4	23.4
巴基斯坦	Pakistan	15.0	131.2	190.2	209.1	207.0	207.5
菲律宾	Philippines	129.7	539.9	718.5	722.8	495.4	631.3
新加坡	Singapore	795.1	2236.8	2443.7	409.6	409.6	409.6
斯里兰卡	Sri Lanka	9.8	66.3	51.2	33.6	34.6	71.5
泰　国	Thailand	319.3	1656.6	1641.5	236.7	320.0	490.0
越　南	Viet Nam	34.2	120.5	361.7			
埃　及	Egypt	129.1	323.5	197.4	243.2	243.1	243.0
尼日利亚	Nigeria	99.1	323.4	269.9	68.7	68.7	68.7
南　非	South Africa	57.9	354.2	399.1	590.0	401.6	402.7
加拿大	Canada	290.2	448.9	729.5	118.4	10.9	
墨西哥	Mexico	351.4	1148.8	1687.5	24.9	22.7	387.3
美　国	United States	312.4	520.8	390.2	26161.1	26149.9	26149.9
阿根廷	Argentina	244.1	466.2	335.6	1.9	176.0	182.5
巴　西	Brazil	324.3	2805.7	3567.9	211.8	108.0	216.3
委内瑞拉	Venezuela	126.3	91.9	20.5	1024.0	1176.0	600.9
捷　克	Czech Rep.	130.2	403.4	842.9	44.6	40.8	31.4
法　国	France	321.1	362.1	391.9	9724.5	7830.1	7831.5
德　国	Germany	496.7	373.6	368.9	11151.9	10934.4	10860.4
意大利	Italy	224.2	356.8	340.8	7882.9	7882.9	7882.9
荷　兰	Netherlands	70.0	89.0	58.8	2931.5	1969.1	1969.1
波　兰	Poland	263.2	863.2	1095.0	330.6	330.9	331.0
俄罗斯	Russia	242.6	4329.5	3080.3	1235.9	2535.5	5193.1
西班牙	Spain	295.2	133.1	469.5	1682.9	905.4	905.3
土耳其	Turkey	223.1	790.5	906.0	373.9	373.3	1212.3
乌克兰	Ukraine	11.0	333.2	118.9	45.4	88.5	82.0
英　国	United Kingdom	341.6	493.3	1065.4	1567.3	997.5	997.6
澳大利亚	Australia	167.8	327.9	476.4	256.3	256.7	256.7
新西兰	New Zealand	36.2	151.3	165.2			

15-6 外债及其构成(2016年)
External Debts by Type(2016)

资料来源：世界银行WDI数据库。
Source: World Bank WDI Database.
单位：亿美元 (100 million USD)

国家或地区	Country or Area	外债总额 Total External Debt	长期外债 Long-term Debt	私人非担保外债 Private Nonguaranteed Debt	政府及政府担保外债 Public and Publicly Guaranteed Debt	国际货币基金组织贷款 Use of IMF Credit
中等收入国家	**Middle Income**	**67556.87**	**49488.30**	**25171.02**	**24317.28**	**1072.48**
低收入国家	**Low Income**	**1212.91**	**1033.91**	**83.72**	**950.19**	**79.52**
中　国	China	14294.68	6186.75	4600.00	1586.75	93.96
孟加拉国	Bangladesh	411.26	317.43	30.93	286.50	15.46
柬埔寨	Cambodia	102.30	83.90	27.44	56.46	1.13
印　度	India	4561.40	3669.71	2000.88	1668.83	53.48
印度尼西亚	Indonesia	3164.31	2717.17	946.50	1770.67	26.62
伊　朗	Iran	53.78	6.67		6.67	19.17
哈萨克斯坦	Kazakhstan	1637.58	1563.65	1349.39	214.26	4.62
老　挝	Laos	141.60	133.81	60.80	73.01	0.68
马来西亚	Malaysia	2003.64	1163.23	506.02	657.21	18.10
蒙　古	Mongolia	239.12	212.68	167.61	45.06	0.66
缅　甸	Myanmar	64.53	53.61	0.47	53.14	3.30
巴基斯坦	Pakistan	726.97	582.51	66.51	516.00	72.35
菲律宾	Philippines	773.19	616.67	282.72	333.95	11.27
斯里兰卡	Sri Lanka	466.08	381.06	83.82	297.25	10.86
泰　国	Thailand	1214.97	674.03	442.11	231.92	13.04
越　南	Viet Nam	869.52	725.22	244.84	480.38	4.23
埃　及	Egypt	672.14	514.13	1.57	512.56	38.56
尼日利亚	Nigeria	311.51	288.99	174.87	114.12	22.52
南　非	South Africa	1460.40	1138.49	516.54	621.95	24.00
墨西哥	Mexico	4226.57	3648.39	980.75	2667.64	38.33
阿根廷	Argentina	1904.90	1404.33	388.02	1016.31	27.16
巴　西	Brazil	5432.57	4821.74	3078.41	1743.33	38.81
委内瑞拉	Venezuela	1130.24	807.80	401.93	405.86	34.19
俄罗斯	Russia	5246.86	4719.61	2910.56	1809.06	76.25
土耳其	Turkey	4056.56	3062.14	1989.70	1072.44	14.40
乌克兰	Ukraine	1179.83	847.60	486.52	361.08	130.75

15−7　外债风险指标(2016年)
Risk Indicators on Foreign Debts(2016)

资料来源：世界银行WDI数据库。
Source: World Bank WDI Database.
单位：%　　(%)

国家或地区	Country or Area	政府及政府担保外债占出口比重 PPG Debt Service as Percentage of Exports	债务率 Present Value of Debt as Percentage of Exports of Goods and Services and Income	短期债务比重 Short-term Debt as Percentage of Total External Debt	偿债率 Total Debt Service as Percentage of Exports of Goods, Services and Income	外债本息占GNI比重 Total Debt Service as Percentage of GNI
中等收入国家	**Middle Income**	**4.15**		**25.16**	**14.27**	**3.52**
低收入国家	**Low Income**	**3.31①**		**8.20**	**8.70**	**1.78**
中　国	China	0.67	5.26	56.06	5.26	1.14
孟加拉国	Bangladesh	3.44①	60.30	19.06	4.70	0.76
柬埔寨	Cambodia		34.91	16.88	5.96	4.25
印　度	India	3.09①	37.17	18.38	17.30	3.45
印度尼西亚	Indonesia	9.42	106.41	13.29	39.56	7.55
伊　朗	Iran		3.15	51.95	2.73	
哈萨克斯坦	Kazakhstan	1.55①	53.80	4.23	44.31	16.76
老　挝	Laos	6.79①	142.33	5.02	12.87	3.65
马来西亚	Malaysia	3.49①	21.48	41.04	4.90	3.61
蒙　古	Mongolia	1.52①	63.64	10.79	28.45	15.66
缅　甸	Myanmar	0.40①	45.01	11.80	0.75	
巴基斯坦	Pakistan	9.59①	179.75	9.92	15.36	1.40
菲律宾	Philippines	7.61	64.79	18.79	12.61	2.87
斯里兰卡	Sri Lanka	14.38①	164.58	15.91	17.93	3.99
泰　国	Thailand	0.50①	6.74	43.45	4.98	3.70
越　南	Viet Nam	1.55①	23.20	16.11	3.88	3.85
埃　及	Egypt	9.44①	121.01	17.77	18.94	1.96
尼日利亚	Nigeria	0.51①	22.86		6.31	0.63
南　非	South Africa	4.59	65.18	20.40	13.17	4.40
墨西哥	Mexico	10.04	73.46	12.77	19.43	7.61
阿根廷	Argentina	15.65①	167.65	24.85	34.93	4.81
巴　西	Brazil	10.52	79.63	10.53	51.25	6.68
委内瑞拉	Venezuela	15.32①	214.09	25.50	59.55	
俄罗斯	Russia	8.13	53.75	8.60	19.16	5.72
土耳其	Turkey	6.68	63.75	24.16	39.32	8.95
乌克兰	Ukraine	26.57①	96.13	17.08	29.26	16.00

注：①2015年数据。
Note:①Data refer to 2015.

主要统计指标解释

经常账户　为货物、服务、收入差额与经常转移的贷方、借方之和。

货物进口FOB和货物出口FOB　是指以出口国离岸价格计算的货物进口值或出口值。货物项目包括：一般货物、用于加工的货物、用于维修的货物、各种运输工具在港口购买的货物和非货币用黄金。

贸易差额　出口FOB与进口FOB的差额。贸易差额为正表示货物出口大于进口。反之，差额为负表示进口大于出口。

服务　包括运输、旅游、通讯服务、建筑服务、保险服务、金融服务、计算机和信息服务、专有权力使用费和特许费、体育、文化和娱乐服务、别处未提及的政府服务和其它商业服务。

货物和服务差额　为货物差额与服务借方、贷方之和。

收入　包括投资收益（包括直接投资收益、证券投资收益和其他投资收益）和职工报酬。

货物、服务、收入差额　货物和服务差额与收入借方、贷方之和。

经常转移　经常转移包括政府间的经常转移和其他转移如雇员汇款等。贷方是指报告经济体接受的所有经常转移。借方是指由报告经济体提供的经常转移。

资本账户　资本账户贷方、借方之和。资本账户贷方包括：固定资产的获取，非生产、非金融资产的出让（但不包括债务减免）。资本账户借方包括：固定资产的出让，非生产、非金融资产的购买。

金融账户　为直接投资、证券投资、金融衍生工具和其他投资之和。

证券投资　包括股本证券和债务证券投资。

股本证券　包括股票和可以表明股本所有权的类似文件（如美国的存股证）。

债务证券　包括短期、中期和长期债券以及货币市场工具（一种期限为一年获一年以下的债券），以及各种可兑现的债券工具。

金融衍生工具　是同其他金融工具、指数、商品挂钩的一种金融工具。通过金融衍生工具，可以在金融市场中就具体的金融风险（如利率风险、外汇风险、股票和商品风险、信贷风险等）本身进行交易。

经常项目差额占GDP的比重　经常帐户差额是货物和服务的净出口，净收入，净经常转移的总和。

黄金储备（货币黄金）　一国当局拥有的、作为储备资产的黄金。参见国际储备。

外债总额　指欠非本地居民的，可用外币、货物或服务偿还的债务。它是长期公共债务、公共担保债务和私人非担保长期债务、IMF贷款和短期外债的总和。

长期债务　指初始到期日或宽限期在一年以上的债务。它有三个构成部分：公共债务、公共担保债务和私人非担保债务。用现价美元表示。

短期债务　包括初始到期日为一年及一年期以下的所有债务和长期债务到期未付的利息。用现价美元表示。

Explanatory Notes on Main Statistical Indicators

Current Account is the sum of the balance on goods, services, and income, plus current transfers: credit, plus current transferse: debit.

Goods: Exports f.o.b. and Goods: Imports f.o.b. are both measured on the "free-on-board" (f.o.b.) basis—that is, by the value of the goods at the border of the exporting economy. The goods item covers general merchandise, goods for processing, repairs on goods, goods procured in ports by carriers, and nonmonetary gold.

Trade Balance is the balance of exports f.o.b. and imports f.o.b. A positive trade balance shows that merchandise exports are larger than merchandise imports, whereas a negative trade balance shows that merchandise imports are larger than merchandise exports.

Services comprise services in transportation, travel, communication, construction, insurance, finance, computer and information, royalties and license fees, other business, personal, cultural and recreational, and government, n.i.e.

Balance on Goods and Services is the sum of the balance on goods, plus services: credit, plus services: debit.

Income comprise (1) investment income (consisting of direct investment income, portfolio investment income, and other investment income), and (2) compensation of employees.

Balance on Goods, Services, and Income is the sum of the balance on goods and services, plus income: credit, plus income: debit.

Current Transfers. Credit comprise all current transfers received by the reporting economy. Current transfers comprise (1) general government transfers and (2) other sector transfers, including workers' remittances.

Current Transfers，Debit comprise all current transfers paid by the reporting economy.

Capital Account, n.i.e is the balance on the capital account (capital account, n.i.e.: credit, plus capital account: debit). Capital account, n.i.e.: credit covers (1) transfers linked to the acquisition of a fixed asset and (2) the disposal of nonproduced, nonfinancial assets. Capital account: debit covers (1) transfers linked to the disposal of fixed assets, and (2) acquisition of nonproduced, nonfinancial assets.

Financial Account, n.i.e. is the net sum of direct investment, portfolio investment, financial derivatives, and other investment.

Portfolio Investment includes Equity Securities and Debt Securities.

Equity Securities include shares, stocks, participation, and similar documents (such as American depository receipts) that usually denote ownership of equity.

Debt Securities covers (1) bonds, debentures, notes, etc., and (2) money market or negotiable debt instruments.

Financial Derivatives cover financial instruments that are linked to other specific financial instruments, indicators, or commodities, and through which specific financial risks (such as interest rate risk, foreign exchange risk, equity and commodity price risks, credit risk, etc.) can, in their own right, be traded in financial markets.

Current Account Blance as percentage of GDP Current account balance is the sum of net exports of goods, services, net income, and net current transfers.

Gold Reserves (Monetary Gold) Gold owned by the authorities and held as a reserve asset. See also international reserves.

External Debt Total Total external debt is debt owed to nonresidents repayable in foreign currency, goods, or services. Total external debt is the sum of public, publicly guaranteed, and private no guaranteed long-term debt, use of IMF credit, and short-term debt.

Long-term Debt Long-term debt is debt that has an original or extended maturity of more than one year. It has three components: public, publicly guaranteed, and private no guaranteed debt. Data are in current U.S. dollars.

Short-term Debt includes all debt having an original maturity of one year or less and interest in arrears on long-term debt. Data are in current U.S. dollars.

教育、科技、文化和卫生

Education, Science and Technology, Culture and Health

16-1 15岁及以上成人识字率
Adult Literacy Rate(As Percentage of People Ages 15 and Above)

资料来源：世界银行WDI数据库。
Source: World Bank WDI Database.
单位：% (%)

国家或地区	Country or Area	总计 Total		男性 Male		女性 Female	
		2000	2015	2000	2015	2000	2015
中　国	China	90.9	96.4	95.1	98.2	86.5	94.5
中国澳门	Macao, China		96.2		98.0		94.6
孟加拉国	Bangladesh		61.5		64.6		58.3
文　莱	Brunei Darussalam		96.7		97.8		95.4
柬埔寨	Cambodia	67.3①	78.3	79.5①	85.0	57.0①	72.3
印　度	India		72.2		80.9		63.0
印度尼西亚	Indonesia		95.4		97.1		93.8
伊　朗	Iran		87.2		91.1		83.2
以色列②	Israel②		97.8		98.7		96.8
哈萨克斯坦	Kazakhstan	99.5③	99.8	99.8③	99.8	99.3③	99.8
老　挝	Laos	69.6	79.9	81.4	87.2	58.5	72.8
马来西亚	Malaysia	88.7	94.6	92.0	96.2	85.4	93.1
蒙　古	Mongolia	97.8	98.4	98.0	98.2	97.5	98.6
缅　甸	Myanmar	89.9	93.1	93.9	95.2	86.4	91.2
巴基斯坦	Pakistan	42.7①	56.4	55.3①	69.6	29.0①	42.7
菲律宾	Philippines	92.6	96.6	92.5	96.2	92.7	97.0
新加坡	Singapore	92.5	96.8	96.6	98.6	88.6	95.0
斯里兰卡	Sri Lanka		92.6		93.6		91.7
泰　国	Thailand	92.6	94.0	94.9	95.4	90.5	92.6
越　南	Viet Nam	90.2	94.5	93.9	96.3	86.6	92.8
埃　及	Egypt		75.8		83.6		68.1
南　非	South Africa		94.6		95.8		93.4
墨西哥	Mexico	90.5	94.5	92.6	95.6	88.7	93.5
阿根廷	Argentina		98.1		98.0		98.1
巴　西	Brazil	86.4	92.6	86.2	92.3	86.5	92.9
委内瑞拉	Venezuela		95.4		95.1		95.7
意大利	Italy		99.0		99.3		98.8
波　兰	Poland		99.8		99.9		99.7
俄罗斯	Russia		99.7		99.7		99.7
西班牙	Spain		98.1		98.8		97.5
土耳其	Turkey		95.7		98.6		92.9
乌克兰	Ukraine		99.8		99.8		99.7

注：①1998年数据。②2011年数据。③1999年数据。
Note: ①Data refer to 1988.②Data refer to 2011.③Data refer to 1999.

16−2 入学率
School Enrollment Ratio

资料来源：世界银行WDI数据库。
Source: World Bank WDI Database.
单位：%　　　　(%)

国家或地区	Country or Area	高等教育粗入学率 Gross School Enrollment Ratio,Tertiary		中等教育粗入学率 Gross School Enrollment Ratio,Secondary		初等教育粗入学率 Gross School Enrollment Ratio,Primary	
		2005	2015	2005	2015	2005	2015
世　界	**World**	**24.3**	**35.7**	**63.8**	**76.4**	**102.2**	**104.3**
高收入国家	**High Income**	**65.7**	**73.8**	**100.8**	**106.6**	**102.1**	**102.6**
中等收入国家	**Middle Income**	**19.6**	**33.3**	**62.2**	**77.8**	**103.7**	**104.9**
低收入国家	**Low Income**	**4.5**	**7.6**	**28.5**	**39.3**	**92.6**	**102.8**
中　国	China	19.3	43.4	62.3①	94.3	113.5①	104.1
中国香港	Hong Kong, China	32.3	68.5	80.4	100.8	96.1	111.0②
中国澳门	Macao, China	63.6	75.6	105.2	96.5	104.6	100.4
孟加拉国	Bangladesh	6.2	13.4②	45.5	63.5	98.7	120.4
文　莱	Brunei Darussalam	14.8	30.9	97.6	96.1	112.1	108.1
柬埔寨	Cambodia	3.4	13.1	31.2③		130.4	116.7
印　度	India	10.7	26.9	54.2	74.0	102.9①	108.6
印度尼西亚	Indonesia	17.3	24.3	60.1	85.8	107.8	105.9
伊　朗	Iran	22.9	71.9	75.9	89.2	100.1	108.9
以色列	Israel	58.1	64.8	104.7	102.5	103.6	104.8
日　本	Japan	55.0	63.4②	101.0	101.8②	101.9	101.2②
哈萨克斯坦	Kazakhstan	52.9	46.0	96.5	109.1	101.7	110.6
韩　国	Korea, Rep.	90.3	93.2	93.2	98.9	111.6	99.0
老　挝	Laos	7.8	16.9	43.6	61.7	111.7	111.4
马来西亚	Malaysia	27.9	26.1	68.7	77.6	101.4	101.8
蒙　古	Mongolia	44.7	68.6	90.3	91.5	98.0	100.9
缅　甸	Myanmar		13.5④	44.3	51.3②	98.3	99.6②
巴基斯坦	Pakistan	4.9	9.9	26.5	44.5	88.1	92.7
菲律宾	Philippines	27.5	35.8②	82.9	88.4⑤	106.0	116.8⑤
斯里兰卡	Sri Lanka		19.8		99.7⑤	99.6	101.7
泰　国	Thailand	44.2	48.9	71.6	129.0	98.3	102.7
越　南	Viet Nam	16.1	28.8			97.2	108.9
埃　及	Egypt	29.7	36.2	80.8③	86.1②	100.3	103.9②
尼日利亚	Nigeria	10.4		34.7	55.7⑤	100.9	93.7⑤
南　非	South Africa		19.4②	88.9	98.8②	99.6	99.7②
加拿大	Canada			101.1	109.9⑤	97.1	100.6⑤
墨西哥	Mexico	23.1	29.9②	79.2	90.6②	103.0	103.4②
美　国	United States	82.1	85.8	95.7	97.6②	100.7	100.2
阿根廷	Argentina	63.8	82.9②	94.0	106.8②	117.1	110.0②
巴　西	Brazil	26.0	50.6	101.3	99.7	133.3	115.3
委内瑞拉	Venezuela	41.6③		73.0	89.7	102.8	100.0
捷　克	Czech Rep.	48.4	65.0	95.8	105.6	99.4	99.8
法　国	France	55.4	64.4②	112.3	110.6②	108.9	105.4②
德　国	Germany		68.3	102.5	102.7	104.7	105.0
意大利	Italy	64.1	62.5	98.3	102.9	101.5	101.0
荷　兰	Netherlands	59.8	78.5④	119.3	135.5	106.9	104.7
波　兰	Poland	63.0	68.1②	98.5	108.1②	96.3	100.6②
俄罗斯	Russia	72.6	80.4	82.9	104.5	95.3	100.5
西班牙	Spain	67.3	89.7	117.5	129.8	103.2	105.0
土耳其	Turkey	32.8	94.7	83.4	102.5	103.2	102.5
乌克兰	Ukraine	71.1	82.3②	97.0	99.2②	105.9	103.9②
英　国	United Kingdom	59.0	56.5②	105.4	127.8②	106.3	108.2②
澳大利亚	Australia	72.3	90.3②	148.4	137.6②	102.4	102.2
新西兰	New Zealand	80.6	83.9	120.1	116.6	99.6	99.4

注：①2003年数据。②2014年数据。③2004年数据。④2012年数据。⑤2013年数据。
Note: ①Data refer to 2003.②Data refer to 2014.③Data refer to 2004.④Data refer to 2012.⑤Data refer to 2013.

16-3 每个学生教育支出占人均国内生产总值比重
Expenditure per Student as Percentage of GDP per Capita

资料来源：世界银行WDI数据库。
Source: World Bank WDI Database.
单位：% (%)

国家或地区	Country or Area	大学生 Tertiary School Student		中学生 Secondary School Student		小学生 Primary School Student	
		2000	2014	2000	2014	2000	2014
高收入国家	**High Income**	**26.8**	**26.1**	**21.2**	**22.7**	**17.1**	**20.8**
中国香港	Hong Kong, China		24.6		19.3		14.9
孟加拉国	Bangladesh	43.1	24.1①	9.7	10.7①		8.3③
柬埔寨	Cambodia	77.4④	5.3③	10.9④		5.7	5.3
印度	India	94.0	49.2⑤	24.6	16.8⑤	14.4	9.8⑤
伊朗	Iran		13.6		15.6		8.2
以色列	Israel	27.7	19.1	17.9	17.9	20.3	20.8
日本	Japan	17.4	24.6	20.9	23.9	21.3	22.5
哈萨克斯坦	Kazakhstan		9.2	22.0②	19.5		0.4
老挝	Laos	70.6	23.2	5.5	14.3	3.9	10.4
马来西亚	Malaysia	81.7	49.9	21.9	18.9	12.6	15.8
菲律宾	Philippines	14.4		10.3		12.0	
泰国	Thailand	36.0	18.0⑤	18.9④	17.8⑤	17.8	23.1⑤
南非	South Africa	55.1	37.7	17.3	19.0	13.5	17.6
加拿大	Canada	50.0			18.3③		
墨西哥	Mexico	42.1⑥	41.7	12.5⑥	16.4	11.7	14.9
美国	United States	25.8⑥	28.1	21.9	22.5	18.3	19.9
阿根廷	Argentina	17.3	16.3	17.6	21.3	12.8	14.4
巴西	Brazil	55.6	29.5⑤	10.3	21.6⑤	10.5	20.0⑤
白俄罗斯⑤	Belarus⑤		15.4				
捷克	Czech Rep.	28.1	21.6⑤	19.5	23.5⑤	10.6	15.5⑤
法国	France	29.4	35.1⑤	28.3	26.8⑤	17.4	18.0⑤
德国	Germany		36.6	21.6	23.3	15.3	17.9
意大利	Italy	25.6	26.2	25.6	22.9	22.3	21.2
荷兰	Netherlands	42.3	33.3①	21.2	23.9	14.4	17.1
波兰	Poland	17.5	25.5	10.9④	21.8		26.8
俄罗斯	Russia	11.0	14.6①				
西班牙	Spain	20.0	22.5	22.7	22.5⑤	17.1	17.6
土耳其	Turkey	32.1	24.3⑤	9.6	14.8⑤	9.8	13.3⑤
乌克兰	Ukraine	36.5	37.1	11.2	25.9	7.6	27.0
英国	United Kingdom	22.1	38.0	23.4	23.1	13.6	22.5
澳大利亚	Australia	26.0	22.3	14.0	16.7	16.8	18.4
新西兰	New Zealand	39.2⑥	27.0	22.0	22.0	19.6	18.0

注：①2012年数据。②1997年数据。③2011年数据。④1998年数据。⑤2013年数据。⑥1999年数据。
Note: ①Data refer to 2012.②Data refer to 1997.③Data refer to 2011.④Data refer to 1998.⑤Data refer to 2013.⑥Data refer to 1999.

16-4 研究与开发经费支出和公共教育经费支出占国内生产总值比重
Research and Development Expenditure and Public Spending on Education as Percentage of GDP

资料来源：世界银行WDI数据库。
Source: World Bank WDI Database.
单位：% (%)

国家或地区	Country or Area	研究与开发经费支出占国内生产总值比重 Research and Development Expenditure as of GDP			公共教育经费支出占国内生产总值比重 Public Spending on Education, Total as of GDP		
		2000	2005	2014	2000	2005	2014
世　界	**World**	**2.1**	**2.0**	**2.1①**	**3.9**	**4.2**	**4.7①**
高收入国家	**High Income**	**2.3**	**2.3**	**2.5①**	**4.8**	**5.0**	**5.2**
中等收入国家	**Middle Income**	**0.6**	**0.9**	**1.4①**	**3.8**	**3.9**	**4.1①**
中　国	China	0.9	1.3	2.0	1.9②		
中国香港	Hong Kong, China	0.5	0.8	0.7①		4.1	3.6
中国澳门	Macao, China		0.1	0.1	3.7	2.3	2.0
孟加拉国	Bangladesh				2.1	1.9③	2.0①
文　莱	Brunei Darussalam				3.7		3.4
柬埔寨	Cambodia		0.1④		1.7	1.7	1.9
印　度	India	0.7	0.8	0.8⑤	4.3	3.1	3.8①
印度尼西亚	Indonesia	0.1		0.1①	1.1⑥	2.9	3.3
伊　朗	Iran		0.6	0.3⑦	4.0	4.2	3.0
以色列	Israel	3.9	4.0	4.1	6.1	5.7	5.8
日　本	Japan	3.0	3.3	3.6	3.6	3.4	3.6
哈萨克斯坦	Kazakhstan	0.2	0.3	0.2①	3.3	2.3	2.9
韩　国	Korea, Rep.	2.2	2.6	4.3	3.4②	3.9	4.6⑦
老　挝	Laos		0.0④		1.5	2.4	3.3
马来西亚	Malaysia	0.5	0.6③	1.3	6.0	7.5	5.2
蒙　古	Mongolia	0.2	0.2	0.2	5.6	4.3③	4.6⑤
缅　甸	Myanmar	0.1	0.2④		0.6		0.8⑤
巴基斯坦	Pakistan	0.1	0.4	0.3①	1.8	2.3	2.5
菲律宾	Philippines		0.1	0.1①	3.3	2.4	3.4①
新加坡	Singapore	1.8	2.2	2.2	3.3	3.2	2.9①
斯里兰卡	Sri Lanka	0.1	0.2③	0.1①	3.1⑧		1.9
泰　国	Thailand	0.2	0.2	0.5	5.3	3.9	4.1①
越　南	Viet Nam		0.2④	0.2⑤			5.7①
埃　及	Egypt	0.2	0.2	0.7		4.8	
南　非	South Africa	0.6⑥	0.9	0.7⑦	5.4	5.1	6.0
加拿大	Canada	1.9	2.0	1.6	5.5	4.8	5.3⑤
墨西哥	Mexico	0.3	0.4	0.5	4.1	4.9	5.3
美　国	United States	2.6	2.5	2.7①	4.8②	5.1	5.4
阿根廷	Argentina	0.4	0.4	0.6	4.6	3.8	5.3
巴　西	Brazil	1.0	1.0	1.2①	3.9	4.5	6.0①
委内瑞拉	Venezuela	0.4	0.2				
捷　克	Czech Rep.	1.1	1.2	2.0	3.7	3.9	4.1①
法　国	France	2.1	2.0	2.3	5.5	5.5	5.5①
德　国	Germany	2.4	2.4	2.9	4.5⑧		5.0
意大利	Italy	1.0	1.0	1.3	4.3	4.2	4.1
荷　兰	Netherlands	1.8	1.8	2.0	4.6	5.2	5.5
波　兰	Poland	0.6	0.6	0.9	5.0	5.4	4.9
俄罗斯	Russia	1.1	1.1	1.2	2.9	3.8	3.9⑦
西班牙	Spain	0.9	1.1	1.2	4.2	4.1	4.3
土耳其	Turkey	0.5	0.6	1.0	2.6	3.1③	4.8①
乌克兰	Ukraine	1.0	1.2	0.7	4.2	6.1	5.9
英　国	United Kingdom	1.7	1.6	1.7	4.3	5.0	5.7
澳大利亚	Australia	1.6	1.9③	2.2①	4.9	4.9	5.2
新西兰	New Zealand	1.0②	1.1	1.2①	6.6②	6.3	6.3

注：①2013年数据。②1999年数据。③2004年数据。④2002年数据。⑤2011年数据。⑥1997年数据。⑦2012年数据。⑧1998年数据。
Note: ①Data refer to 2013.②Data refer to 1999.③Data refer to 2004.④Data refer to 2002.⑤Data refer to 2011.⑥Data refer to 1997.
⑦Data refer to 2012.⑧Data refer to 1998.

16-5 每百万人中研究人员和技术人员数
Researchers and Technicians in R&&D (per Million People)

资料来源：世界银行WDI数据库。
Source: World Bank WDI Database.
单位：人 (person)

国家或地区	Country or Area	每百万人中研究人员数 Researchers in R&D (per million people)			每百万人中技术人员数 Technicians in R&D (per million people)		
		2000	2005	2014	2000	2005	2014
高收入国家	**High Income**	**3125.0**	**3561.9**	**3985.1①**			
中等收入国家	**Middle Income**	**485.5**	**586.7**				
中　　国	China	547.3	856.8	1113.1			
中国香港	Hong Kong, China	1139.2	2634.1	3136.0②	202.6	342.9	290.3②
印　　度	India	110.1	135.3		85.5	92.5	
印度尼西亚	Indonesia	212.7					
日　　本	Japan	5151.1	5360.2	5386.2	628.0	564.9	542.8
哈萨克斯坦	Kazakhstan	602.4	783.0	734.1②	79.1	83.5	176.1②
韩　　国	Korea, Rep.	2345.4	3777.1	6899.0	458.9	551.9	1241.3
马来西亚	Malaysia	274.2		2051.7	39.3		211.9
巴基斯坦	Pakistan		82.7	166.9②		42.2	72.2②
新 加 坡	Singapore	4245.0	5291.8	6658.5	347.1	528.2	458.4②
斯里兰卡	Sri Lanka	135.1		110.9②			61.3②
南　　非	South Africa		357.8	404.7①		108.5	124.6①
加 拿 大	Canada	3514.4	4237.9	4518.5②	1236.1	1637.7	1321.0②
墨 西 哥	Mexico	216.2	400.2	322.5③	91.6	235.0	171.6③
美　　国	United States	3475.5	3718.0	4018.6①			
阿 根 廷	Argentina	712.9	814.1	1202.1	157.5	199.0	318.8②
巴　　西	Brazil	420.3	580.5		336.4	460.9	
委内瑞拉	Venezuela	61.1	121.3	290.9①	7.3	2.4	
捷　　克	Czech Rep.	1349.7	2362.4	3418.5	713.1	1346.2	1882.4
法　　国	France	2897.4	3306.7	4201.1		1717.3	1822.4
德　　国	Germany	3148.8	3349.6	4380.6		1164.1	1722.4②
意 大 利	Italy	1156.8	1406.3	2006.7			
荷　　兰	Netherlands	2654.7	2930.1	4478.1	1517.4	1424.5	2043.6③
波　　兰	Poland	1433.6	1616.1	2035.8	354.6	232.6	432.5
俄 罗 斯	Russia	3459.1	3234.7	3101.6	570.3	517.0	500.9
西 班 牙	Spain	1881.5	2501.9	2642.4	628.8	909.9	1176.1
土 耳 其	Turkey	365.0	576.8	1156.5	37.3	70.0	207.5
英　　国	United Kingdom	2897.3	4128.9	4252.4		689.1	1248.4
澳大利亚	Australia	3454.3					
新 西 兰	New Zealand		3140.7	4008.7②		773.9	1012.3②

注：①2012年数据。②2013年数据。③2011年数据。
Note: ①Data refer to 2012.②Data refer to 2013.③Data refer to 2011.

16—6 高技术产品出口额占制成品出口额的比重
High-technology Exports as Percentage of Manufactured Exports

资料来源：世界银行WDI数据库。
Source: World Bank WDI Database.
单位：%　(%)

国家或地区	Country or Area	2000	2005	2010	2013	2014	2015
世　界	**World**	**25.0**	**20.7**	**17.5**	**17.0**	**17.1**	**18.5**
高收入国家	**High Income**	**25.6**	**21.3**	**17.7**	**16.8**	**16.9**	**18.5**
中等收入国家	**Middle Income**	**22.4**	**18.8**	**16.9**	**17.6**	**17.8**	**18.6**
低收入国家	**Low Income**	**3.2**	**3.6**		**6.0**	**5.4**	**3.4**
中　国	China	19.0	30.8	27.5	27.0	25.4	25.8
中国香港	Hong Kong, China	23.4	15.6	16.1	12.3	9.9	10.7
中国澳门	Macao, China	0.9	0.7			0.2	
孟加拉国	Bangladesh	0.2	0.3	0.2			
文　莱	Brunei Darussalam				15.2	7.8	17.9
柬 埔 寨	Cambodia	0.1	0.1	0.1	0.3	0.5	0.8
印　度	India	6.3	5.8	7.2	8.1	8.6	7.5
印度尼西亚	Indonesia	16.4	16.6	9.8	7.1	7.0	6.6
伊　朗	Iran	0.6	2.5	4.5			
以 色 列	Israel	19.4	14.0	14.7	15.6	16.0	19.7
日　本	Japan	28.7	23.0	18.0	16.8	16.7	16.8
哈萨克斯坦	Kazakhstan	414.3	11.3	34.2	36.7	37.2	41.2
韩　国	Korea, Rep.	35.1	32.5	29.5	27.1	26.9	26.8
马来西亚	Malaysia	59.6	54.7	44.5	43.6	43.9	42.8
蒙　古	Mongolia	0.5	0.1		15.9	19.5	4.0
巴基斯坦	Pakistan	0.4	1.4	1.7	1.9	1.4	1.6
菲 律 宾	Philippines	72.6	70.8	55.3	49.2	49.0	53.1
新 加 坡	Singapore	62.8	56.9	49.9	47.0	47.2	49.3
斯里兰卡	Sri Lanka	3.1	2.3	1.0	1.0	0.9	0.8
泰　国	Thailand	33.4	26.7	24.0	20.1	20.4	21.4
越　南	Viet Nam	11.1	5.4	8.6	28.2	26.9	
埃　及	Egypt	0.3	0.4	0.9	0.5	1.3	0.8
尼日利亚	Nigeria	0.6		1.1	2.7	2.1	
南　非	South Africa	7.0	6.7	4.6	5.5	5.9	5.9
加 拿 大	Canada	17.7	13.1	14.1	14.0	14.8	13.8
墨 西 哥	Mexico	22.5	19.6	16.9	15.9	16.0	14.7
美　国	United States	33.8	29.9	20.0	17.8	18.2	19.0
阿 根 廷	Argentina	9.4	6.8	7.4	7.3	6.9	9.0
巴　西	Brazil	18.7	12.8	11.2	9.6	10.6	12.3
委内瑞拉	Venezuela	2.9	2.3	5.1	1.1		
捷　克	Czech Rep.	8.5	13.0	15.3	14.8	14.9	14.9
法　国	France	24.6	20.3	24.9	25.9	26.1	26.9
德　国	Germany	18.6	17.4	15.3	16.1	16.0	16.7
意 大 利	Italy	9.5	8.0	7.2	7.2	7.2	7.3
荷　兰	Netherlands	35.8	30.9	21.3	20.4	19.9	
波　兰	Poland	3.4	3.8	6.7	7.8	8.7	8.8
俄 罗 斯	Russia	16.1	8.4	9.1	10.0	11.5	13.8
西 班 牙	Spain	8.0	7.3	6.4	7.7	7.0	7.2
土 耳 其	Turkey	4.8	1.5	1.9	1.9	1.9	2.2
乌 克 兰	Ukraine	5.2	3.7	4.3	5.9	6.5	7.3
英　国	United Kingdom	32.4	28.0	21.0	21.9	20.7	20.8
澳大利亚	Australia	15.4	12.8	11.9	12.9	13.6	13.5
新 西 兰	New Zealand	9.7	10.2	9.0	10.3	9.1	9.6

16-7 专利申请数量
Patent Applications

资料来源：世界银行WDI数据库。
Source: World Bank WDI Database.

单位：件 (unit)

国家和地区	Country or Area	居民专利申请数量 Residents			非居民专利申请数量 Non-residents		
		2000	2010	2015	2000	2010	2015
世　界	**World**	**824055**	**1161547**	**1862548**	**447515**	**673074**	**809702**
高收入国家	**High Income**	**753071**	**787003**	**827076**	**334588**	**452724**	**538798**
中等收入国家	**Middle Income**	**70969**	**366500**	**1035404**	**112845**	**220251**	**270718**
低收入国家	**Low Income**	**928**			**1559**		
中　国	China	25346	293066	968252	26560	98111	133612
中国香港	Hong Kong, China	51	133	239	8244	11569	11973
中国澳门	Macao, China		4	3		58	62
孟加拉国	Bangladesh	70	66	41	248	276	299
文　莱	Brunei Darussalam			26①	21	42②	91①
柬埔寨	Cambodia			2①		26	65
印　度	India	2206	8853	12579	6332	30909	33079
印度尼西亚	Indonesia	157	508	1058	3733	5122	8095
伊　朗	Iran	410	11108	13683①	206	528	119①
以色列	Israel	1599	1450	1285	5203	5856	5623
日　本	Japan	384201	290081	258839	35342	54517	59882
哈萨克斯坦	Kazakhstan	1399	1691	1271	116	273	232
韩　国	Korea, Rep.	72831	131805	167275	29179	38296	46419
马来西亚	Malaysia	206	1231	1272	6021	5152	6455
蒙　古	Mongolia	148③	110	109	32③	69	128
巴基斯坦	Pakistan	46	114	209	1149	980	677
菲律宾	Philippines	154	170	375	3482	3223	3359
新加坡	Singapore	516	895	1469	7720	8878	9345
斯里兰卡	Sri Lanka	71	225	218	250	235	263
泰　国	Thailand	561	1214	1006①	4488	723	6924①
越　南	Viet Nam	34	306	582	1205	3276	4451
埃　及	Egypt	534	605	752①	1081	1625	1384①
尼日利亚④	Nigeria④			50			869
南　非	South Africa	895	821	889	2400	5562	6608
加拿大	Canada	4187	4550	4277	35435	30899	32687
墨西哥	Mexico	431	951	1364	12630	13625	16707
美　国	United States	164795	241977	288335	131100	248249	301075
阿根廷	Argentina	1062	552	546	5574	4165	3579
巴　西	Brazil	3179	4228	4641	14104	20771	25578
委内瑞拉	Venezuela	56		33⑤	2292		1565⑤
捷　克	Czech Rep.	555	868	880	4384	114	72
法　国	France	13870	14748	14306	3483	1832	1994
德　国	Germany	51736	47047	47384	10406	12198	19509
意大利	Italy	7877	8877	8601①	1396	846	781①
荷　兰	Netherlands	2465	2527	2207	529	240	287
波　兰	Poland	2404	3203	4676	4899	227	139
俄罗斯	Russia	23377	28722	29269	8960	13778	16248
西班牙	Spain	2710	3566	2799	484	213	221
土耳其	Turkey	277	3180	5352	3156	177	489
乌克兰	Ukraine	5620	2556	2271	1604	2756	2226
英　国	United Kingdom	22050	15490	14867	10697	6439	7934
澳大利亚	Australia	1928	2409	2291	20073	22478	26314
新西兰	New Zealand	1463	1585	1184	5585	5051	5317

注：①2014年数据。②2009年数据。③1998年数据。④2013年数据。⑤2011年数据。
Note: ①Data refer to 2014.②Data refer to 2009.③Data refer to 1998.④Data refer to 2013.⑤Data refer to 2011.

16–8 享有卫生设施和清洁饮用水源人口占总人口比重
Percentage of Population with Access to Improved Sanitation Facilities and Water Source

资料来源：世界银行WDI数据库。
Source: World Bank WDI Database.
单位：%　　　　(%)

国家或地区	Country or Area	享有卫生设施人口占总人口比重 Percentage of Population with Access to Improved Sanitation Facilities			享有清洁饮用水源人口占总人口比重 Percentage of Population with Access to Improved Water Source		
		2000	2010	2015	2000	2010	2015
世　界	**World**	**58.8**	**64.8**	**67.5**	**82.5**	**88.4**	**91.0**
高收入国家	**High Income**	**98.6**	**99.2**	**99.4**	**98.9**	**99.4**	**99.5**
中等收入国家	**Middle Income**	**53.3**	**61.6**	**65.4**	**81.5**	**88.9**	**92.1**
低收入国家	**Low Income**	**20.2**	**26.2**	**28.3**	**52.3**	**61.0**	**65.6**
中　国	China	58.8	70.8	76.5	80.3	91.4	95.5
孟加拉国	Bangladesh	45.4	55.8	60.6	76.0	83.5	86.9
柬埔寨	Cambodia	16.3	33.6	42.4	41.6	64.2	75.5
印　度	India	25.6	35.5	39.6	80.6	90.3	94.1
印度尼西亚	Indonesia	47.1	57.0	60.8	77.9	84.5	87.4
伊　朗	Iran	78.9	88.6	90.0	94.1	95.8	96.2
以色列	Israel	100.0	100.0	100.0	100.0	100.0	100.0
日　本	Japan	100.0	100.0	100.0	100.0	100.0	100.0
哈萨克斯坦	Kazakhstan	96.8	97.4	97.5	93.8	93.2	92.9
韩　国	Korea, Rep.	100.0	100.0	100.0	93.4	97.6	
老　挝	Laos	28.0	58.7	70.9	45.5	67.5	75.7
马来西亚	Malaysia	91.2	95.4	96.0	94.1	97.3	98.2
蒙　古	Mongolia	48.2	56.5	59.7	56.3	62.9	64.4
缅　甸	Myanmar	61.9	76.6	79.6	66.6	78.1	80.6
巴基斯坦	Pakistan	36.9	54.8	63.5	88.5	90.5	91.4
菲律宾	Philippines	63.8	70.5	73.9	87.1	90.1	91.8
新加坡	Singapore	99.7	100.0	100.0	100.0	100.0	100.0
斯里兰卡	Sri Lanka	81.2	91.7	95.1	79.7	91.1	95.6
泰　国	Thailand	91.3	93.3	93.0	91.9	96.4	97.8
越　南	Viet Nam	52.9	69.7	78.0	77.4	91.3	97.6
埃　及	Egypt	84.3	94.7	94.7	95.9	98.3	99.4
尼日利亚	Nigeria	34.0	30.5	29.0	51.8	63.4	68.5
南　非	South Africa	57.2	63.5	66.4	86.5	91.1	93.2
加拿大	Canada	99.8	99.8	99.8	99.8	99.8	99.8
墨西哥	Mexico	74.7	82.3	85.2	88.6	94.1	96.1
美　国	United States	99.7	99.9	100.0	98.8	99.1	99.2
阿根廷	Argentina	91.4	94.9	96.4	96.3	98.2	99.1
巴　西	Brazil	74.7	80.5	82.8	93.5	96.9	98.1
委内瑞拉	Venezuela	88.3	93.0	94.4	91.1	92.7	93.1
捷　克	Czech Rep.	99.1	99.1	99.1	99.8	100.0	100.0
法　国	France	98.7	98.7	98.7	100.0	100.0	100.0
德　国	Germany	99.2	99.2	99.2	100.0	100.0	100.0
意大利	Italy	99.5	99.5	99.5	100.0	100.0	100.0
荷　兰	Netherlands	98.1	97.8	97.7	100.0	100.0	100.0
波　兰	Poland	87.0	94.3	97.2	95.9	97.6	98.3
俄罗斯	Russia	72.5	72.3	72.2	94.9	96.3	96.9
西班牙	Spain	99.9	99.9	99.9	99.9	100.0	100.0
土耳其	Turkey	88.1	92.9	94.9	92.6	98.6	100.0
乌克兰	Ukraine	94.7	95.6	95.9	97.6	96.7	96.2
英　国	United Kingdom	99.2	99.2	99.2	100.0	100.0	100.0
澳大利亚	Australia	100.0	100.0	100.0	100.0	100.0	100.0
新西兰	New Zealand				100.0	100.0	100.0

16-9 医疗支出占国内生产总值比重及人均医疗支出
Health Expenditure as Percentage of GDP and Per Capita Health Expenditure

资料来源：世界银行WDI数据库。
Source: World Bank WDI Database.

国家或地区	Country or Area	医疗支出占国内生产总值的比重(%) Health Expenditure, Total as Percentage of GDP(%)			人均医疗支出（美元） Health Expenditure per Capita(USD)		
		2000	2005	2014	2000	2005	2014
世　界	**World**	**9.0**	**9.8**	**9.9**	**493.0**	**706.3**	**1058.5**
高收入国家	**High Income**	**9.9**	**11.0**	**12.3**	**2549.5**	**3750.8**	**5266.0**
中等收入国家	**Middle Income**	**5.2**	**5.3**	**5.8**	**67.6**	**105.0**	**290.5**
低收入国家	**Low Income**	**4.4**	**5.7**	**5.8**	**13.3**	**18.1**	**36.9**
中　国	China	4.6	4.7	5.6	43.6	80.9	419.7
孟加拉国	Bangladesh	2.3	2.7	2.8	9.1	12.4	30.8
文　莱	Brunei Darussalam	3.1	2.6	2.7	554.5	691.3	957.6
柬埔寨	Cambodia	5.9	5.8	5.7	17.6	27.6	61.3
印　度	India	4.3	4.3	4.7	19.6	31.3	75.0
印度尼西亚	Indonesia	2.0	2.8	2.9	15.4	35.3	99.4
伊　朗	Iran	4.5	6.1	6.9	229.5	177.8	350.7
以色列	Israel	7.1	7.4	7.8	1490.1	1515.1	2910.3
日　本	Japan	7.5	8.2	10.2	2838.6	2927.6	3703.0
哈萨克斯坦	Kazakhstan	4.2	4.1	4.4	50.8	150.0	538.8
韩　国	Korea, Rep.	4.2	5.3	7.4	504.9	994.2	2060.3
老　挝	Laos	3.4	4.3	1.9	10.5	20.4	32.6
马来西亚	Malaysia	3.0	3.3	4.2	121.6	183.2	455.8
蒙　古	Mongolia	4.9	5.1	4.7	23.4	50.8	195.3
缅　甸	Myanmar	1.8	1.8	2.3	3.2	4.7	20.3
巴基斯坦	Pakistan	2.8	2.9	2.6	15.5	22.4	36.2
菲律宾	Philippines	3.2	3.9	4.7	33.4	46.8	135.2
新加坡	Singapore	2.7	3.7	4.9	661.8	1061.1	2752.3
斯里兰卡	Sri Lanka	3.8	4.1	3.5	32.8	50.8	127.3
泰　国	Thailand	3.4	3.6	4.1	66.5	95.0	227.5
越　南	Viet Nam	4.9	5.4	7.1	20.5	36.8	142.4
埃　及	Egypt	5.6	5.1	5.6	77.7	63.8	177.8
尼日利亚	Nigeria	2.8	4.1	3.7	17.2	53.1	117.5
南　非	South Africa	8.1	7.8	8.8	245.1	414.2	570.2
加拿大	Canada	8.7	9.6	10.5	2099.8	3474.4	5291.8
墨西哥	Mexico	5.0	6.0	6.3	322.1	490.7	677.2
美　国	United States	13.1	15.2	17.1	4788.3	6741.0	9402.5
阿根廷	Argentina	9.2	6.9	4.8	706.9	389.8	605.2
巴　西	Brazil	7.0	8.3	8.3	262.8	391.3	947.4
委内瑞拉	Venezuela	4.9	4.7	5.3	234.8	255.2	873.4
捷　克	Czech Rep.	6.3	6.9	7.4	361.2	884.4	1378.5
法　国	France	9.8	10.6	11.5	2209.2	3721.1	4959.0
德　国	Germany	10.1	10.5	11.3	2397.8	3647.8	5410.6
意大利	Italy	7.9	8.7	9.3	1588.0	2788.5	3257.8
荷　兰	Netherlands	7.4	9.6	10.9	1931.8	3994.0	5693.9
波　兰	Poland	5.5	6.2	6.4	247.1	494.7	910.3
俄罗斯	Russia	5.4	5.2	7.1	96.2	276.9	892.9
西班牙	Spain	7.2	8.1	9.0	1045.5	2120.5	2658.3
土耳其	Turkey	5.0	5.5	5.4	206.8	386.2	567.6
乌克兰	Ukraine	5.6	6.4	7.1	35.8	118.3	202.7
英　国	United Kingdom	6.9	8.2	9.1	1763.5	3176.6	3934.8
澳大利亚	Australia	8.1	8.5	9.4	1745.9	3214.0	6031.1
新西兰	New Zealand	7.5	8.3	11.0	1056.1	2307.1	4896.4

16−10 每千人口医生数和病床数
Physician and Hospital Bed per 1000 Persons

资料来源：世界银行WDI数据库。
Source: World Bank WDI Database.

国家或地区	Country or Area	每千人口医生数（人）Physicians per 1000 Persons(person)			每千人口病床数（张）Hospital Beds per 1000 Persons(unit)		
		2000	2005	2014	2000	2005	2014
高收入国家	**High Income**	**2.6**	**2.6①**	**2.9②**	**6.5**	**5.9**	**4.2③**
中等收入国家	**Middle Income**	**1.1**	**1.3**	**1.3②**		**2.3**	**2.2③**
中　国	China	1.3	1.6	1.9②	2.5	2.5	3.8③
孟加拉国	Bangladesh	0.2④	0.3	0.4②	0.3⑤	0.3	0.6③
文　莱	Brunei Darussalam	1.0	1.1	1.5②	2.6	3.0	2.8②
柬 埔 寨	Cambodia	0.2		0.2⑥		0.1⑦	0.7③
印　度	India	0.5	0.6	0.7		0.9	0.7③
印度尼西亚	Indonesia	0.2	0.1⑧	0.2②	0.6⑨	0.6①	0.9②
伊　朗	Iran	1.0⑨	0.9	1.5		1.7	0.1②
以 色 列	Israel	3.8	3.8⑧	3.6	6.1	6.3	3.3②
日　本	Japan	2.0	2.1⑦	2.3②	14.7	14.1	13.7⑩
哈萨克斯坦	Kazakhstan	3.3	3.7	3.3	7.2	7.7	7.2②
韩　国	Korea, Rep.	1.3	1.8	2.2	6.1	8.6⑦	10.3⑩
老　挝	Laos	0.3	0.3	0.2②		1.2	1.5②
马来西亚	Malaysia	0.7	0.7①	1.3③		1.8	1.9②
蒙　古	Mongolia	2.5⑤	2.8①	2.9③		6.0⑦	6.8②
缅　甸	Myanmar	0.3	0.4	0.6②	0.7	0.6①	
巴基斯坦	Pakistan	0.7	0.8	0.8		1.2	0.6②
菲 律 宾	Philippines	0.6	1.1⑦			0.5①	1.0③
新 加 坡	Singapore	1.4⑤	1.5	1.9⑥		3.2	2.0③
斯里兰卡	Sri Lanka	0.4	0.5	0.7⑪	2.9	3.1⑦	3.6②
泰　国	Thailand	0.4	0.3	0.4⑪	2.2	2.2①	2.1⑪
越　南	Viet Nam	0.5⑤	1.2	1.2⑥	1.7④	2.6	2.0⑪
埃　及	Egypt	2.1	2.4	0.8	2.1④	2.2	0.5②
尼日利亚	Nigeria	0.3	0.3	0.4⑪	1.2	0.5⑦	
南　非	South Africa		0.7⑦	0.8		2.8	
加 拿 大	Canada	2.1	1.9⑦	2.5②	3.4	3.4	2.7⑪
墨 西 哥	Mexico	1.9	1.7	2.1⑥	1.1	1.0⑦	1.5③
美　国	United States	2.6	2.4	2.6⑥	3.5	3.2	2.9③
阿 根 廷	Argentina	3.0⑨	3.2	3.8⑥	4.1	4.0	4.7②
巴　西	Brazil	1.1	1.6	1.9⑥		2.4	2.3②
委内瑞拉	Venezuela	2.0④				0.9⑧	0.9③
捷　克	Czech Rep.	3.4	3.5⑧	3.7⑥	8.8	8.4	6.8③
法　国	France	3.3	3.4⑦	3.2	8.1	7.3	6.4③
德　国	Germany	3.3	3.4⑧	4.1	9.1	8.4	8.2③
意 大 利	Italy	4.2	4.2⑦	3.9	4.7	4.0	3.4③
荷　兰	Netherlands	3.2	3.7	3.4	4.8	5.0⑧	4.7⑩
波　兰	Poland	2.2	2.0	2.3	4.9	5.2	6.5③
俄 罗 斯	Russia	4.2	4.0	3.3	10.9	9.7	
西 班 牙	Spain	4.4	4.5	3.8	4.1	3.4	3.1③
土 耳 其	Turkey	1.3	1.5	1.7	2.6	2.6	2.5③
乌 克 兰	Ukraine	3.0	3.0⑧	3.0	8.8	8.7	9.0②
英　国	United Kingdom	1.9	2.2⑧	2.8	4.2	3.9⑦	2.9③
澳大利亚	Australia	2.5	2.5①	3.4⑥	7.8	4.0	3.9⑪
新 西 兰	New Zealand	2.2	2.2⑧	2.9	6.2⑨	6.2①	2.3③

注：①2002年数据。②2012年数据。③2011年数据。④1997年数据。⑤1999年数据。⑥2013年数据。⑦2004年数据。⑧2003年数据。⑨1998年数据。⑩2009年数据。⑪2010年数据。

Note: ①Data refer to 2002.②Data refer to 2012.③Data refer to 2011.④Data refer to 1997.⑤Data refer to 1999.⑥Data refer to 2013.⑦Data refer to 2004.⑧Data refer to 2003.⑨Data refer to 1998.⑩Data refer to 2009.⑪Data refer to 2010.

主要统计指标解释

成人识字率 是指15岁及以上人口中有一定理解、阅读、使用文字能力的人口占总人口的百分比。

粗入学率 是指入学总人数(不考虑年龄)与适龄入学人数之比。

研究与发展经费支出 是经常性和资本性支出（包括超前支出）,目的在于增加知识存量的创造性、系统性活动。具体包括基础研究、应用研究和目的在于寻求新型设备，产品和工艺的科学实验活动。

研究与发展技术人员 是指专门从事研究与发展活动，在知识或技术某一分支领域接受过职业或技术培训的人员。

高技术出口产品 是指技术含量密集的出口产品。它包括的高技术产品有：航空、计算机、医药、科学仪器和电气设备等。

Explanatory Notes on Main Statistical Indicators

Adult Literacy Rate is the percentage of people ages 15 and above who can, with understanding, read and write a short, simple statement on their everyday life.

Gross Enrollment Ratio is the ratio of total enrollment, regardless of age, to the population of the age group.

Expenditures for Research and Development are current and capital expenditures (including overhead) on creative, systematic activity intended to increase the stock of knowledge. Included are fundamental and applied research and experimental development work leading to new devices, products, or processes.

Technicians in R&D are people engaged in professional R&D activity who have received vocational or technical training in any branch of knowledge or technology.

High-technology Exports are products with high R&D intensity. They include high-technology products such as in aerospace, computers, pharmaceuticals, scientific instruments, and electrical machinery.

经济社会综合评价指标

Comprehensive Evaluation Indicators

17−1 人文发展指数(2015年)
Human Development Index in 2015

资料来源：联合国开发计划署《2016年人文发展报告》。
Source: UNDP Human Development Report 2016.

排名 Rank	国家或地区	Country or Area	人文发展指数 Human Development Index (HDI)	出生时预期寿命(岁) Life Expectancy at Birth (years)	预期受教育年限(年) Expected Years of Schooling (years)	平均受教育年限(年) Mean Years of Schooling (years)	人均国民总收入(美元，2011年PPP) Gross National Income per Capita (2011 PPP $)
	世界	**World**	**0.717**	**71.6**	**12.3**	**8.3**	**14447**
	超高人文发展国家	**Very high human development**	**0.892**	**79.4**	**16.4**	**12.2**	**39605**
1	挪威	Norway	0.949	81.7	17.7	12.7	67614
2	澳大利亚	Australia	0.939	82.5	20.4	13.2	42822
2	瑞士	Switzerland	0.939	83.1	16.0	13.4	56364
4	德国	Germany	0.926	81.1	17.1	13.2	45000
5	丹麦	Denmark	0.925	80.4	19.2	12.7	44519
5	新加坡	Singapore	0.925	83.2	15.4	11.6	78162
7	荷兰	Netherlands	0.924	81.7	18.1	11.9	46326
8	爱尔兰	Ireland	0.923	81.1	18.6	12.3	43798
9	冰岛	Iceland	0.921	82.7	19.0	12.2	37065
10	加拿大	Canada	0.920	82.2	16.3	13.1	42582
10	美国	United States	0.920	79.2	16.5	13.2	53245
12	中国香港	Hong Kong, China	0.917	84.2	15.7	11.6	54265
13	新西兰	New Zealand	0.915	82.0	19.2	12.5	32870
14	瑞典	Sweden	0.913	82.3	16.1	12.3	46251
15	列支敦士登	Liechtenstein	0.912	80.2	14.6	12.4	75065
16	英国	United Kingdom	0.909	80.8	16.3	13.3	37931
17	日本	Japan	0.903	83.7	15.3	12.5	37268
18	韩国	Korea, Rep.	0.901	82.1	16.6	12.2	34541
19	以色列	Israel	0.899	82.6	16.0	12.8	31215
20	卢森堡	Luxemburg	0.898	81.9	13.9	12.0	62471
21	法国	France	0.897	82.4	16.3	11.6	38085
22	比利时	Belgium	0.896	81.0	16.6	11.4	41243
23	芬兰	Finland	0.895	81.0	17.0	11.2	38868
24	奥地利	Austria	0.893	81.6	15.9	11.3	43609
25	斯洛文尼亚	Slovenia	0.890	80.6	17.3	12.1	28664
26	意大利	Italy	0.887	83.3	16.3	10.9	33573
27	西班牙	Spain	0.884	82.8	17.7	9.8	32779
28	捷克	Czech Rep.	0.878	78.8	16.8	12.3	28144
29	希腊	Greece	0.866	81.1	17.2	10.5	24808
30	文莱	Brunei Darussalam	0.865	79.0	14.9	9.0	72843
30	爱沙尼亚	Estonia	0.865	77.0	16.5	12.5	26362
32	安道尔	Andorra	0.858	81.5	13.5	10.3	47979
33	塞浦路斯	Cyprus	0.856	80.3	14.3	11.7	29459
33	马耳他	Malta	0.856	80.7	14.6	11.3	29500
33	卡塔尔	Qatar	0.856	78.3	13.4	9.8	129916
36	波兰	Poland	0.855	77.6	16.4	11.9	24117
37	立陶宛	Lithuania	0.848	73.5	16.5	12.7	26006
38	智利	Chile	0.847	82.0	16.3	9.9	21665
38	沙特阿拉伯	Saudi Arabia	0.847	74.4	16.1	9.6	51320
40	斯洛伐克	Slovakia	0.845	76.4	15.0	12.2	26764
41	葡萄牙	Portugal	0.843	81.2	16.6	8.9	26104

17-1 续表 1 continued

排名 Rank	国家或地区	Country or Area	人文发展指数 Human Development Index (HDI)	出生时预期寿命(岁) Life Expectancy at Birth (years)	预期受教育年限(年) Expected Years of Schooling (years)	平均受教育年限(年) Mean Years of Schooling (years)	人均国民总收入(美元，2011年PPP) Gross National Income per Capita (2011 PPP $)
42	阿联酋	United Arab Emirates	0.840	77.1	13.3	9.5	66203
43	匈牙利	Hungary	0.836	75.3	15.6	12.0	23394
44	拉脱维亚	Latvia	0.830	74.3	16.0	11.7	22589
45	阿根廷	Argentina	0.827	76.5	17.3	9.8	20945
45	克罗地亚	Croatia	0.827	77.5	15.3	11.2	20291
47	巴林	Bahrain	0.824	76.7	14.5	9.4	37236
48	黑山	Montenegro	0.807	76.4	15.1	11.3	15410
49	俄罗斯	Russia	0.804	70.3	15.0	12.0	23286
50	罗马尼亚	Romania	0.802	74.8	14.7	10.8	19428
51	科威特	Kuwait	0.800	74.5	13.3	7.3	76075
高人文发展国家		**High human development**	**0.746**	**75.5**	**13.8**	**8.1**	**13844**
52	白俄罗斯	Belarus	0.796	71.5	15.7	12.0	15629
52	阿曼	Oman	0.796	77.0	13.7	8.1	34402
54	巴巴多斯	Barbados	0.795	75.8	15.3	10.5	14952
54	乌拉圭	Uruguay	0.795	77.4	15.5	8.6	19148
56	保加利亚	Bulgaria	0.794	74.3	15.0	10.8	16261
56	哈萨克斯坦	Kazakhstan	0.794	69.6	15.0	11.7	22093
58	巴哈马	Bahamas	0.792	75.6	12.7	10.9	21565
59	马来西亚	Malaysia	0.789	74.9	13.1	10.1	24620
60	帕劳	Palau	0.788	72.9	14.3	12.3	13771
60	巴拿马	Panama	0.788	77.8	13.0	9.9	19470
62	安提瓜和巴布达	Antigua and Barbuda	0.786	76.2	13.9	9.2	20907
63	塞舌尔	Seychelles	0.782	73.3	14.1	9.4	23886
64	毛里求斯	Mauritius	0.781	74.6	15.2	9.1	17948
65	特立尼达和多巴哥	Trinidad and Tobago	0.780	70.5	12.7	10.9	28049
66	哥斯达黎加	Costa Rica	0.776	79.6	14.2	8.7	14006
66	塞尔维亚	Serbia	0.776	75.0	14.4	10.8	12202
68	古巴	Cuba	0.775	79.6	13.9	11.8	7455
69	伊朗	Iran	0.774	75.6	14.8	8.8	16395
70	格鲁吉亚	Georgia	0.769	75.0	13.9	12.2	8856
71	土耳其	Turkey	0.767	75.5	14.6	7.9	18705
71	委内瑞拉	Venezuela	0.767	74.4	14.3	9.4	15129
73	斯里兰卡	Sri Lanka	0.766	75.0	14.0	10.9	10789
74	圣基茨和尼维斯	Saint Kitts and Nevis	0.765	74.0	13.7	8.4	22436
75	阿尔巴尼亚	Albania	0.764	78.0	14.2	9.6	10252
76	黎巴嫩	Lebanon	0.763	79.5	13.3	8.6	13312
77	墨西哥	Mexico	0.762	77.0	13.3	8.6	16383
78	阿塞拜疆	Azerbaijan	0.759	70.9	12.7	11.2	16413
79	巴西	Brazil	0.754	74.7	15.2	7.8	14145
79	格林纳达	Grenada	0.754	73.6	15.8	8.6	11502
81	波黑	Bosnia and Herzegovinian	0.750	76.6	14.2	9.0	10091
82	马其顿	Macedonia	0.748	75.5	12.9	9.4	12405
83	阿尔及利亚	Algeria	0.745	75.0	14.4	7.8	13533
84	亚美尼亚	Armenia	0.743	74.9	12.7	11.3	8189
84	乌克兰	Ukraine	0.743	71.1	15.3	11.3	7361
86	约旦	Jordan	0.741	74.2	13.1	10.1	10111
87	秘鲁	Peru	0.740	74.8	13.4	9.0	11295
87	泰国	Thailand	0.740	74.6	13.6	7.9	14519
89	厄瓜多尔	Ecuador	0.739	76.1	14.0	8.3	10536
90	中国	China	0.738	76.0	13.5	7.6	13345
91	斐济	Fiji	0.736	70.2	15.3	10.5	8245
92	蒙古	Mongolia	0.735	69.8	14.8	9.8	10449
92	圣卢西亚	Saint Lucia	0.735	75.2	13.1	9.3	9791

17-1 续表 2 continued

排名 Rank	国家或地区	Country or Area	人文发展指数 Human Development Index (HDI)	出生时预期寿命(岁) Life Expectancy at Birth (years)	预期受教育年限(年) Expected Years of Schooling (years)	平均受教育年限(年) Mean Years of Schooling (years)	人均国民总收入(美元，2011年PPP) Gross National Income per Capita (2011 PPP $)
94	牙买加	Jamaica	0.730	75.8	12.8	9.6	8350
95	哥伦比亚	Colombia	0.727	74.2	13.6	7.6	12762
96	多米尼克	Dominica	0.726	77.9	12.8	7.9	10096
97	苏里南	Suriname	0.725	71.3	12.7	8.3	16018
97	突尼斯	Tunisia	0.725	75.0	14.6	7.1	10249
99	多米尼加	Dominican Rep.	0.722	73.7	13.2	7.7	12756
99	圣文森特和格林纳丁斯	Saint Vincent and the Grenadines	0.722	73.0	13.3	8.6	10372
101	汤加	Tonga	0.721	73.0	14.3	11.1	5284
102	利比亚	Libya	0.716	71.8	13.4	7.3	14303
103	伯利兹	Belize	0.706	70.1	12.8	10.5	7375
104	萨摩亚	Samoa	0.704	73.7	12.9	10.3	5372
105	马尔代夫	Maldives	0.701	77.0	12.7	6.2	10383
105	乌兹别克斯坦	Uzbekistan	0.701	69.4	12.2	12.0	5748
中等人文发展国家		**Medium human development**	**0.631**	**68.6**	**11.5**	**6.6**	**6281**
107	摩尔多瓦	Moldova	0.699	71.7	11.8	11.9	5026
108	博茨瓦纳	Botswana	0.698	64.5	12.6	9.2	14663
109	加蓬	Gabon	0.697	64.9	12.6	8.1	19044
110	巴拉圭	Paraguay	0.693	73.0	12.3	8.1	8182
111	埃及	Egypt	0.691	71.3	13.1	7.1	10064
111	土库曼斯坦	Turkmenistan	0.691	65.7	10.8	9.9	14026
113	印度尼西亚	Indonesia	0.689	69.1	12.9	7.9	10053
115	越南	Viet Nam	0.683	75.9	12.6	8.0	5335
116	菲律宾	Philippines	0.682	68.3	11.7	9.3	8395
117	萨尔瓦多	El Salvador	0.680	73.3	13.2	6.5	7732
118	玻利维亚	Bolivia	0.674	68.7	13.8	8.2	6155
119	南非	South Africa	0.666	57.7	13.0	10.3	12087
120	吉尔吉斯斯坦	Kyrgyzstan	0.664	70.8	13.0	10.8	3097
121	伊拉克	Iraq	0.649	69.6	10.1	6.6	11608
123	摩洛哥	Morocco	0.647	74.3	12.1	5.0	7195
124	尼加拉瓜	Nicaragua	0.645	75.2	11.7	6.5	4747
125	危地马拉	Guatemala	0.640	72.1	10.7	6.3	7063
125	纳米比亚	Namibia	0.640	65.1	11.7	6.7	9770
127	圭亚那	Guyana	0.638	66.5	10.3	8.4	6884
127	密克罗尼西亚	Micronesia, Fed.	0.638	69.3	11.7	9.7	3291
129	塔吉克斯坦	Tajikistan	0.627	69.6	11.3	10.4	2601
130	洪都拉斯	Honduras	0.625	73.3	11.2	6.2	4466
131	印度	India	0.624	68.3	11.7	6.3	5663
132	不丹	Bhutan	0.607	69.9	12.5	3.1	7081
133	东帝汶	Timor-Leste	0.605	68.5	12.5	4.4	5371
134	瓦努阿图	Vanuatu	0.597	72.1	10.8	6.8	2805
135	刚果(布)	Congo, Rep.	0.592	62.9	11.1	6.3	5503
135	赤道几内亚	Equatorial Guinea	0.592	57.9	9.2	5.5	21517
137	基里巴斯	Kiribati	0.588	66.2	11.9	7.8	2475
138	老挝	Laos	0.586	66.6	10.8	5.2	5049
139	孟加拉国	Bangladesh	0.579	72.0	10.2	5.2	3341
139	加纳	Ghana	0.579	61.5	11.5	6.9	3839
139	赞比亚	Zambia	0.579	60.8	12.5	6.9	3464
142	圣多美和普林西比	Sao Tome and Principe	0.574	66.6	12.0	5.3	3070
143	柬埔寨	Cambodia	0.563	68.8	10.9	4.7	3095
144	尼泊尔	Nepal	0.558	70.0	12.2	4.1	2337
145	缅甸	Myanmar	0.556	66.1	9.1	4.7	4943

17-1 续表 3 continued

排名 Rank	国家或地区	Country or Area	人文发展指数 Human Development Index (HDI)	出生时预期寿命(岁) Life Expectancy at Birth (years)	预期受教育年限(年) Expected Years of Schooling (years)	平均受教育年限(年) Mean Years of Schooling (years)	人均国民总收入(美元，2011年PPP) Gross National Income per Capita (2011 PPP $)
146	肯尼亚	Kenya	0.555	62.2	11.1	6.3	2881
147	巴基斯坦	Pakistan	0.550	66.4	8.1	5.1	5031
低人文发展国家		**Low human development**	**0.497**	**59.3**	**9.3**	**4.6**	**2649**
148	斯威士兰	Swaziland	0.541	48.9	11.4	6.8	7522
149	叙利亚	Syrian Arab Republic	0.536	69.7	9.0	5.1	2441
150	安哥拉	Angola	0.533	52.7	11.4	5.0	6291
151	坦桑尼亚	Tanzania	0.531	65.5	8.9	5.8	2467
152	尼日利亚	Nigeria	0.527	53.1	10.0	6.0	5443
153	喀麦隆	Cameroon	0.518	56.0	10.4	6.1	2894
154	巴布亚新几内亚	Papua New Guinea	0.516	62.8	9.9	4.3	2712
154	津巴布韦	Zimbabwe	0.516	59.2	10.3	7.7	1588
156	所罗门群岛	Solomon Islands	0.515	68.1	9.6	5.3	1561
157	毛里塔尼亚	Mauritania	0.513	63.2	8.5	4.3	3527
158	马达加斯加	Madagascar	0.512	65.5	10.3	6.1	1320
159	卢旺达	Rwanda	0.498	64.7	10.8	3.8	1617
160	科摩罗	Comoros	0.497	63.6	11.1	4.8	1335
160	莱索托	Lesotho	0.497	50.1	10.7	6.1	3319
162	塞内加尔	Senegal	0.494	66.9	9.5	2.8	2250
163	海地	Haiti	0.493	63.1	9.1	5.2	1657
163	乌干达	Uganda	0.493	59.2	10.0	5.7	1670
165	苏丹	Sudan	0.490	63.7	7.2	3.5	3846
166	多哥	Togo	0.487	60.2	12.0	4.7	1262
167	贝宁	Benin	0.485	59.8	10.7	3.5	1979
168	也门	Yemen	0.482	64.1	9.0	3.0	2300
169	阿富汗	Afghanistan	0.479	60.7	10.1	3.5	1871
170	马拉维	Malawi	0.476	63.9	10.8	4.4	1073
171	科特迪瓦	Cote D'Ivoire	0.474	51.9	8.9	5.0	3163
172	吉布提	Djibouti	0.473	62.3	6.3	4.1	3216
173	冈比亚	Gambia	0.452	60.5	8.9	3.3	1541
174	埃塞俄比亚	Ethiopia	0.448	64.6	8.4	2.6	1523
175	马里	Mali	0.442	58.5	8.4	2.3	2218
176	刚果(金)	Congo, Dem. Rep.	0.435	59.1	9.8	6.1	680
177	利比里亚	Liberia	0.427	61.2	9.9	4.4	683
178	几内亚比绍	Guinea-Bissau	0.424	55.5	9.2	2.9	1369
179	厄立特里亚	Eritrea	0.420	64.2	5.0	3.9	1490
179	塞拉利昂	Sierra Leone	0.420	51.3	9.5	3.3	1529
181	莫桑比克	Mozambique	0.418	55.5	9.1	3.5	1098
183	几内亚	Guinea	0.414	59.2	8.8	2.6	1058
184	布隆迪	Burundi	0.404	57.1	10.6	3.0	691
185	布基纳法索	Burkina Faso	0.402	59.0	7.7	1.4	1537
186	乍得	Chad	0.396	51.9	7.3	2.3	1991
187	尼日尔	Niger	0.353	61.9	5.4	1.7	889
188	中非	Central African Rep.	0.352	51.5	7.1	4.2	587

17–2 世界主要国家和地区全球化指数排名(2017年)

资料来源：KOF瑞士经济学会。
Source: KOF Swiss Economic Institute.

排名	全球化指数 Globalization Index			经济全球化 Economic Globalization		
Rank	国家或地区	Country or Area	数值 Score	国家或地区	Country or Area	数值 Score
1	荷兰	Netherlands	92.84	新加坡	Singapore	97.77
2	爱尔兰	Ireland	92.15	爱尔兰	Ireland	94.65
3	比利时	Belgium	91.75	卢森堡	Luxembourg	94.06
4	奥地利	Austria	90.05	荷兰	Netherlands	93.06
5	瑞士	Switzerland	88.79	马耳他	Malta	91.74
6	丹麦	Denmark	88.37	比利时	Belgium	90.08
7	瑞典	Sweden	87.96	匈牙利	Hungary	88.75
8	英国	United Kingdom	87.26	阿联酋	United Arab Emirates	88.06
9	法国	France	87.19	毛里求斯	Mauritius	88.01
10	匈牙利	Hungary	86.55	爱沙尼亚	Estonia	87.54
11	加拿大	Canada	86.51	巴林	Bahrain	87.37
12	芬兰	Finland	86.30	斯洛伐克	Slovak Republic	87.00
13	葡萄牙	Portugal	85.04	捷克	Czech Republic	86.90
14	塞浦路斯	Cyprus	85.00	塞浦路斯	Cyprus	86.64
15	捷克	Czech Republic	84.88	丹麦	Denmark	85.76
16	德国	Germany	84.57	奥地利	Austria	85.50
17	西班牙	Spain	84.56	瑞典	Sweden	85.48
18	斯洛伐克	Slovak Republic	84.36	芬兰	Finland	84.20
19	卢森堡	Luxembourg	84.21	格鲁吉亚	Georgia	83.01
20	新加坡	Singapore	83.64	英国	United Kingdom	82.99
21	挪威	Norway	83.50	拉脱维亚	Latvia	82.80
22	澳大利亚	Australia	82.97	瑞士	Switzerland	82.76
23	意大利	Italy	82.19	葡萄牙	Portugal	82.71
24	克罗地亚	Croatia	81.39	黑山	Montenegro	81.79
25	波兰	Poland	81.32	卡塔尔	Qatar	81.45
26	希腊	Greece	80.60	塞舌尔	Seychelles	81.22
27	美国	United States	79.73	阿曼	Oman	81.02
28	爱沙尼亚	Estonia	79.27	新西兰	New Zealand	80.97
29	卡塔尔	Qatar	78.49	智利	Chile	80.18
30	新西兰	New Zealand	78.29	法国	France	79.41
31	马来西亚	Malaysia	78.14	加拿大	Canada	79.08
32	立陶宛	Lithuania	77.47	文莱	Brunei Darussalam	78.66
33	斯洛文尼亚	Slovenia	76.91	巴拿马	Panama	78.25
34	保加利亚	Bulgaria	76.89	德国	Germany	78.06
35	罗马尼亚	Romania	76.51	马来西亚	Malaysia	77.93
36	马耳他	Malta	75.86	斯洛文尼亚	Slovenia	77.89
37	阿联酋	United Arab Emirates	75.29	西班牙	Spain	77.50
38	以色列	Israel	72.88	保加利亚	Bulgaria	77.18
39	日本	Japan	72.26	波兰	Poland	77.06
40	智利	Chile	72.23	以色列	Israel	76.48
41	拉脱维亚	Latvia	71.45	澳大利亚	Australia	76.17
42	土耳其	Turkey	71.33	冰岛	Iceland	76.02
43	巴林	Bahrain	70.80	特立尼达和多巴哥	Trinidad and Tobago	75.94
44	泰国	Thailand	70.76	立陶宛	Lithuania	75.54
45	乌克兰	Ukraine	70.24	克罗地亚	Croatia	75.37
46	塞尔维亚	Serbia	69.49	蒙古	Mongolia	75.31
47	约旦	Jordan	69.19	秘鲁	Peru	75.05
48	俄罗斯	Russia	68.25	意大利	Italy	73.43
49	科威特	Kuwait	68.09	挪威	Norway	73.39
50	冰岛	Iceland	67.90	黎巴嫩	Lebanon	73.30

The Ranking of Globalization Index in 2017

排名	社会全球化 Social Globalization			政治全球化 Political Globalization		
Rank	国家或地区	Country or Area	数值 Score	国家或地区	Country or Area	数值 Score
1	新加坡	Singapore	91.61	法国	France	97.29
2	瑞士	Switzerland	91.13	意大利	Italy	97.25
3	爱尔兰	Ireland	90.99	比利时	Belgium	95.79
4	荷兰	Netherlands	90.71	瑞典	Sweden	95.56
5	奥地利	Austria	90.62	荷兰	Netherlands	95.41
6	比利时	Belgium	90.34	西班牙	Spain	95.23
7	波多黎各	Puerto Rico	89.98	奥地利	Austria	95.15
8	加拿大	Canada	89.22	英国	United Kingdom	94.67
9	丹麦	Denmark	87.54	巴西	Brazil	94.30
10	塞浦路斯	Cyprus	87.17	瑞士	Switzerland	93.40
11	法国	France	87.11	丹麦	Denmark	92.84
12	挪威	Norway	86.31	挪威	Norway	92.74
13	英国	United Kingdom	85.83	阿根廷	Argentina	92.61
14	德国	Germany	85.49	埃及	Egypt	92.46
15	克罗地亚	Croatia	85.29	加拿大	Canada	92.45
16	瑞典	Sweden	84.66	芬兰	Finland	92.34
17	澳大利亚	Australia	84.13	土耳其	Turkey	91.88
18	芬兰	Finland	83.81	德国	Germany	91.71
19	葡萄牙	Portugal	83.39	美国	United States	91.43
20	西班牙	Spain	83.38	俄罗斯	Russia	91.34
21	斯洛伐克	Slovak Republic	82.76	希腊	Greece	91.33
22	捷克	Czech Republic	82.19	印度	India	91.23
23	匈牙利	Hungary	81.16	匈牙利	Hungary	90.94
24	希腊	Greece	80.74	尼日利亚	Nigeria	90.79
25	立陶宛	Lithuania	80.72	爱尔兰	Ireland	90.47
26	卡塔尔	Qatar	80.05	葡萄牙	Portugal	90.24
27	波兰	Poland	79.82	澳大利亚	Australia	90.17
28	卢森堡	Luxembourg	79.39	罗马尼亚	Romania	89.82
29	意大利	Italy	79.37	韩国	Korea, Rep.	89.58
30	美国	United States	78.82	摩洛哥	Morocco	89.50
31	阿联酋	United Arab Emirates	77.93	智利	Chile	89.01
32	安道尔	Andorra	77.30	塞内加尔	Senegal	88.97
33	科威特	Kuwait	77.28	波兰	Poland	88.82
34	以色列	Israel	77.12	日本	Japan	88.10
35	马耳他	Malta	76.59	南非	South Africa	88.04
36	沙特阿拉伯	Saudi Arabia	76.24	巴基斯坦	Pakistan	87.30
37	马来西亚	Malaysia	74.20	约旦	Jordan	87.17
38	新西兰	New Zealand	73.99	印度尼西亚	Indonesia	86.83
39	爱沙尼亚	Estonia	73.81	秘鲁	Peru	86.38
40	斯洛文尼亚	Slovenia	71.93	突尼斯	Tunisia	86.02
41	巴林	Bahrain	71.88	捷克	Czech Republic	85.88
42	保加利亚	Bulgaria	71.34	加纳	Ghana	85.72
43	罗马尼亚	Romania	70.97	乌克兰	Ukraine	84.90
44	拉脱维亚	Latvia	70.43	中国	China	84.26
45	阿鲁巴	Aruba	70.14	肯尼亚	Kenya	83.97
46	冰岛	Iceland	69.85	保加利亚	Bulgaria	83.95
47	新喀里多尼亚	New Caledonia	69.07	克罗地亚	Croatia	83.93
48	日本	Japan	68.89	乌拉圭	Uruguay	83.82
49	土耳其	Turkey	68.22	马来西亚	Malaysia	83.69
50	中国澳门	Macao, China	67.95	斯洛伐克	Slovak Republic	83.11

17−2 续表 1

排名	全球化指数 Globalization Index			经济全球化 Economic Globalization		
Rank	国家或地区	Country or Area	数值 Score	国家或地区	Country or Area	数值 Score
51	沙特阿拉伯	Saudi Arabia	67.74	洪都拉斯	Honduras	72.90
52	文莱	Brunei Darussalam	67.60	希腊	Greece	72.13
53	韩国	Korea, Rep.	67.03	罗马尼亚	Romania	71.94
54	南非	South Africa	66.72	美国	United States	71.58
55	乌拉圭	Uruguay	66.63	泰国	Thailand	71.20
56	毛里求斯	Mauritius	66.61	巴巴多斯	Barbados	70.67
57	波黑	Bosnia and Herzegovina	66.56	约旦	Jordan	70.29
58	黎巴嫩	Lebanon	66.52	利比里亚	Liberia	70.25
59	多米尼加	Dominican Republic	66.45	塞尔维亚	Serbia	69.64
60	秘鲁	Peru	66.27	南非	South Africa	68.91
61	摩洛哥	Morocco	65.95	毛里塔尼亚	Mauritania	68.89
62	巴拿马	Panama	65.75	刚果(布)	Congo, Rep.	68.52
63	黑山	Montenegro	65.37	乌克兰	Ukraine	68.42
64	萨尔瓦多	El Salvador	65.01	哥斯达黎加	Costa Rica	68.31
65	格鲁吉亚	Georgia	64.13	亚美尼亚	Armenia	68.21
66	埃及	Egypt	63.20	萨尔瓦多	El Salvador	67.84
67	哥斯达黎加	Costa Rica	63.03	马其顿	Macedonia	67.53
68	特立尼达和多巴哥	Trinidad and Tobago	62.79	利比亚	Libya	67.16
69	阿曼	Oman	62.66	阿尔巴尼亚	Albania	66.99
70	墨西哥	Mexico	62.29	墨西哥	Mexico	65.95
71	中国	China	62.02	柬埔寨	Cambodia	65.90
72	洪都拉斯	Honduras	61.42	赞比亚	Zambia	64.53
73	巴西	Brazil	61.40	乌拉圭	Uruguay	64.51
74	摩尔多瓦	Moldova	61.39	印度尼西亚	Indonesia	64.02
75	白俄罗斯	Belarus	60.76	科威特	Kuwait	63.98
76	阿尔巴尼亚	Albania	60.65	博茨瓦纳	Botswana	63.80
77	危地马拉	Guatemala	60.42	波黑	Bosnia and Herzegovina	63.57
78	哥伦比亚	Colombia	60.34	日本	Japan	63.47
79	巴拉圭	Paraguay	59.92	沙特阿拉伯	Saudi Arabia	63.35
80	塞舌尔	Seychelles	59.88	韩国	Korea, Rep.	63.14
81	突尼斯	Tunisia	59.74	东帝汶	Timor-Leste	63.09
82	印度尼西亚	Indonesia	59.65	牙买加	Jamaica	62.83
83	亚美尼亚	Armenia	58.89	圭亚那	Guyana	62.73
84	阿根廷	Argentina	58.54	越南	Vietnam	62.64
85	牙买加	Jamaica	58.43	多哥	Togo	62.58
86	斐济	Fiji	57.56	摩尔多瓦	Moldova	61.96
87	蒙古	Mongolia	56.91	多米尼加	Dominican Republic	61.86
88	菲律宾	Philippines	56.84	危地马拉	Guatemala	61.48
89	越南	Vietnam	56.69	巴布亚新几内亚	Papua New Guinea	61.03
90	阿塞拜疆	Azerbaijan	56.22	斯威士兰	Swaziland	60.72
91	哈萨克斯坦	Kazakhstan	56.08	突尼斯	Tunisia	60.22
92	加蓬	Gabon	55.96	基里巴斯	Kiribati	60.17
93	巴巴多斯	Barbados	55.56	哈萨克斯坦	Kazakhstan	59.94
94	马其顿	Macedonia	55.39	尼加拉瓜	Nicaragua	59.82
95	塞内加尔	Senegal	54.75	巴拉圭	Paraguay	59.42
96	巴哈马	Bahamas	54.45	加蓬	Gabon	59.40
97	加纳	Ghana	54.17	阿塞拜疆	Azerbaijan	59.14
98	玻利维亚	Bolivia	53.99	纳米比亚	Namibia	58.78
99	多哥	Togo	53.70	不丹	Bhutan	58.75
100	吉尔吉斯斯坦	Kyrgyz Republic	53.64	哥伦比亚	Colombia	58.73

continued

排名 Rank	社会全球化 Social Globalization 国家或地区	Country or Area	数值 Score	政治全球化 Political Globalization 国家或地区	Country or Area	数值 Score
51	文莱	Brunei Darussalam	67.08	危地马拉	Guatemala	83.01
52	俄罗斯	Russia	66.58	菲律宾	Philippines	82.83
53	巴哈马	Bahamas	66.30	埃塞俄比亚	Ethiopia	82.51
54	多米尼加	Dominican Republic	65.74	斯洛文尼亚	Slovenia	82.33
55	黎巴嫩	Lebanon	65.12	阿尔及利亚	Algeria	81.66
56	塞尔维亚	Serbia	65.06	厄瓜多尔	Ecuador	80.97
57	泰国	Thailand	64.23	新西兰	New Zealand	80.57
58	维尔京群岛(美国)	Virgin Islands (U.S.)	64.20	哥伦比亚	Colombia	80.15
59	波黑	Bosnia and Herzegovina	62.50	塞浦路斯	Cyprus	79.98
60	毛里求斯	Mauritius	61.94	萨尔瓦多	El Salvador	79.16
61	列支敦士登	Liechtenstein	61.60	泰国	Thailand	78.95
62	白俄罗斯	Belarus	61.05	巴拉圭	Paraguay	78.39
63	乌克兰	Ukraine	61.05	卢森堡	Luxembourg	77.98
64	哥斯达黎加	Costa Rica	60.83	布基纳法索	Burkina Faso	76.88
65	安提瓜和巴布达岛	Antigua and Barbuda	59.88	玻利维亚	Bolivia	76.81
66	百慕大	Bermuda	59.03	斯里兰卡	Sri Lanka	76.67
67	法罗群岛	Faeroe Islands	58.36	几内亚	Guinea	76.19
68	巴拿马	Panama	57.92	马里	Mali	75.98
69	阿曼	Oman	57.65	爱沙尼亚	Estonia	75.91
70	格鲁吉亚	Georgia	57.44	孟加拉国	Bangladesh	75.89
71	埃及	Egypt	57.42	波黑	Bosnia and Herzegovina	75.85
72	摩洛哥	Morocco	56.78	科特迪瓦	Cote d'Ivoire	75.76
73	特立尼达和多巴哥	Trinidad and Tobago	56.45	立陶宛	Lithuania	75.60
74	摩纳哥	Monaco	56.04	塞尔维亚	Serbia	75.22
75	圣马力诺	San Marino	55.89	贝宁	Benin	75.17
76	乌拉圭	Uruguay	55.83	尼日尔	Niger	74.33
77	摩尔多瓦	Moldova	55.16	多哥	Togo	73.38
78	塞舌尔	Seychelles	55.00	多米尼加	Dominican Republic	73.31
79	约旦	Jordan	54.72	喀麦隆	Cameroon	73.16
80	黑山	Montenegro	54.56	赞比亚	Zambia	72.93
81	中国	China	54.23	牙买加	Jamaica	72.58
82	韩国	Korea, Rep.	53.93	卡塔尔	Qatar	72.57
83	法属波利尼西亚	French Polynesia	53.90	加蓬	Gabon	72.30
84	斐济	Fiji	52.82	蒙古	Mongolia	71.89
85	格林纳达	Grenada	52.69	洪都拉斯	Honduras	71.84
86	阿根廷	Argentina	52.60	阿尔巴尼亚	Albania	71.80
87	开曼群岛	Cayman Islands	52.55	墨西哥	Mexico	71.72
88	马尔代夫	Maldives	52.08	卢旺达	Rwanda	71.53
89	智利	Chile	52.05	越南	Vietnam	71.13
90	墨西哥	Mexico	51.72	尼泊尔	Nepal	70.91
91	萨尔瓦多	El Salvador	51.71	乌干达	Uganda	70.18
92	阿塞拜疆	Azerbaijan	51.45	斐济	Fiji	69.68
93	委内瑞拉	Venezuela	50.77	津巴布韦	Zimbabwe	69.27
94	巴巴多斯	Barbados	50.76	摩尔多瓦	Moldova	69.00
95	帕劳	Palau	49.29	哈萨克斯坦	Kazakhstan	68.53
96	约旦西岸和加沙	West Bank and Gaza	49.01	乍得	Chad	67.77
97	南非	South Africa	48.71	吉布提	Djibouti	67.00
98	马其顿	Macedonia	48.49	毛里塔尼亚	Mauritania	66.99
99	格陵兰岛	Greenland	47.89	亚美尼亚	Armenia	66.99
100	圣基茨和尼维斯	St. Kitts and Nevis	47.41	吉尔吉斯斯坦	Kyrgyz Republic	66.35

17-2 续表 2

排名 Rank	全球化指数 Globalization Index 国家或地区	Country or Area	数值 Score	经济全球化 Economic Globalization 国家或地区	Country or Area	数值 Score
101	纳米比亚	Namibia	53.52	土耳其	Turkey	58.61
102	格林纳达	Grenada	53.24	加纳	Ghana	58.39
103	厄瓜多尔	Ecuador	52.78	莱索托	Lesotho	58.15
104	尼加拉瓜	Nicaragua	52.77	伯利兹	Belize	57.96
105	波多黎各	Puerto Rico	52.76	白俄罗斯	Belarus	57.93
106	赞比亚	Zambia	52.47	佛得角	Cape Verde	57.60
107	印度	India	52.38	吉尔吉斯斯坦	Kyrgyz Republic	57.28
108	阿尔及利亚	Algeria	52.33	摩洛哥	Morocco	57.19
109	刚果(布)	Congo, Rep.	51.83	莫桑比克	Mozambique	56.99
110	斯里兰卡	Sri Lanka	51.81	瓦努阿图	Vanuatu	56.67
111	毛里塔尼亚	Mauritania	51.45	缅甸	Myanmar	56.58
112	委内瑞拉	Venezuela	51.12	塞拉利昂	Sierra Leone	55.76
113	巴基斯坦	Pakistan	51.02	玻利维亚	Bolivia	55.23
114	利比亚	Libya	50.81	冈比亚	Gambia, The	55.03
115	利比里亚	Liberia	50.80	菲律宾	Philippines	53.89
116	柬埔寨	Cambodia	50.69	老挝	Laos	53.76
117	冈比亚	Gambia	50.35	塞内加尔	Senegal	53.63
118	尼日利亚	Nigeria	50.24	布基纳法索	Burkina Faso	53.26
119	吉布提	Djibouti	49.26	斐济	Fiji	53.07
120	安提瓜和巴布达岛	Antigua and Barbuda	49.04	苏里南	Suriname	53.04
121	科特迪瓦	Cote d'Ivoire	48.82	中国	China	52.84
122	布基纳法索	Burkina Faso	48.69	尼日尔	Niger	52.55
123	圭亚那	Guyana	48.61	安哥拉	Angola	52.54
124	伯利兹	Belize	48.07	巴西	Brazil	52.30
125	尼日尔	Niger	47.92	俄罗斯	Russia	52.06
126	博茨瓦纳	Botswana	47.86	海地	Haiti	51.59
127	斯威士兰	Swaziland	47.48	叙利亚	Syrian Arab Republic	50.60
128	莫桑比克	Mozambique	47.39	乌干达	Uganda	50.03
129	叙利亚	Syrian Arab Republic	46.97	卢旺达	Rwanda	49.36
130	圣马力诺	San Marino	46.84	尼日利亚	Nigeria	49.03
131	贝宁	Benin	46.67	贝宁	Benin	48.36
132	肯尼亚	Kenya	46.64	伊拉克	Iraq	48.31
133	佛得角	Cape Verde	46.25	科特迪瓦	Cote d'Ivoire	48.03
134	古巴	Cuba	46.19	马达加斯加	Madagascar	47.82
135	马里	Mali	46.07	马拉维	Malawi	47.71
136	莱索托	Lesotho	45.94	阿尔及利亚	Algeria	47.02
137	瓦努阿图	Vanuatu	45.84	巴哈马	Bahamas	46.58
138	巴布亚新几内亚	Papua New Guinea	45.79	埃及	Egypt	46.50
139	卢旺达	Rwanda	45.56	马里	Mali	46.32
140	帕劳	Palau	44.94	斯里兰卡	Sri Lanka	45.37
141	乌干达	Uganda	44.90	也门	Yemen, Rep.	45.09
142	塞拉利昂	Sierra Leone	44.74	刚果(金)	Congo, Dem. Rep.	44.97
143	苏里南	Suriname	44.41	印度	India	44.36
144	几内亚	Guinea	44.40	几内亚	Guinea	44.25
145	马拉维	Malawi	44.40	坦桑尼亚	Tanzania	42.97
146	喀麦隆	Cameroon	44.20	塔吉克斯坦	Tajikistan	42.53
147	津巴布韦	Zimbabwe	44.04	喀麦隆	Cameroon	41.18
148	圣卢西亚	St. Lucia	43.87	委内瑞拉	Venezuela	40.09
149	萨摩亚	Samoa	43.68	肯尼亚	Kenya	39.75
150	伊拉克	Iraq	43.66	津巴布韦	Zimbabwe	39.60

continued

排名 Rank	社会全球化 Social Globalization			政治全球化 Political Globalization		
	国家或地区	Country or Area	数值 Score	国家或地区	Country or Area	数值 Score
101	圣卢西亚	St. Lucia	47.33	伊朗	Iran	66.33
102	哥伦比亚	Colombia	47.09	刚果(金)	Congo, Dem. Rep.	65.89
103	关岛	Guam	46.76	委内瑞拉	Venezuela, RB	65.79
104	巴拉圭	Paraguay	46.59	纳米比亚	Namibia	65.58
105	阿尔巴尼亚	Albania	46.24	塞拉利昂	Sierra Leone	65.27
106	巴西	Brazil	45.58	马拉维	Malawi	65.12
107	厄瓜多尔	Ecuador	45.41	马达加斯加	Madagascar	65.10
108	圣文森特和格林纳丁斯	St. Vincent and the Grena	44.44	也门	Yemen, Rep.	65.01
109	尼加拉瓜	Nicaragua	44.13	莫桑比克	Mozambique	64.80
110	亚美尼亚	Armenia	43.88	冈比亚	Gambia	64.15
111	牙买加	Jamaica	43.63	白俄罗斯	Belarus	64.02
112	多米尼克	Dominica	43.21	利比里亚	Liberia	63.99
113	哈萨克斯坦	Kazakhstan	43.07	刚果(布)	Congo, Rep.	63.67
114	斯威士兰	Swaziland	42.90	古巴	Cuba	62.96
115	秘鲁	Peru	42.81	塔吉克斯坦	Tajikistan	62.58
116	洪都拉斯	Honduras	42.60	以色列	Israel	62.56
117	危地马拉	Guatemala	42.52	柬埔寨	Cambodia	62.36
118	伯利兹	Belize	41.73	布隆迪	Burundi	62.17
119	佛得角	Cape Verde	41.56	沙特阿拉伯	Saudi Arabia	62.01
120	吉尔吉斯斯坦	Kyrgyz Republic	40.64	几内亚比绍	Guinea-Bissau	61.64
121	加蓬	Gabon	40.45	科威特	Kuwait	61.05
122	菲律宾	Philippines	40.27	坦桑尼亚	Tanzania	60.64
123	越南	Vietnam	40.18	巴拿马	Panama	60.13
124	苏里南	Suriname	40.11	黎巴嫩	Lebanon	59.67
125	叙利亚	Syrian Arab Republic	39.74	巴布亚新几内亚	Papua New Guinea	59.24
126	突尼斯	Tunisia	39.66	哥斯达黎加	Costa Rica	59.18
127	纳米比亚	Namibia	39.45	阿塞拜疆	Azerbaijan	58.83
128	斯里兰卡	Sri Lanka	39.42	黑山	Montenegro	58.71
129	萨摩亚	Samoa	39.40	中非共和国	Central African Republic	58.39
130	汤加	Tonga	38.09	拉脱维亚	Latvia	58.20
131	圭亚那	Guyana	37.41	阿联酋	United Arab Emirates	55.33
132	博茨瓦纳	Botswana	37.40	尼加拉瓜	Nicaragua	55.26
133	土库曼斯坦	Turkmenistan	37.31	冰岛	Iceland	54.84
134	吉布提	Djibouti	36.00	新加坡	Singapore	54.77
135	玻利维亚	Bolivia	35.76	苏丹	Sudan	54.64
136	乌兹别克斯坦	Uzbekistan	35.61	伊拉克	Iraq	54.61
137	阿尔及利亚	Algeria	35.55	马耳他	Malta	54.44
138	冈比亚	Gambia, The	35.54	特立尼达和多巴哥	Trinidad and Tobago	54.34
139	印度尼西亚	Indonesia	35.14	莱索托	Lesotho	54.09
140	利比亚	Libya	35.12	文莱	Brunei Darussalam	54.05
141	巴基斯坦	Pakistan	34.93	格林纳达	Grenada	53.98
142	伊朗	Iran	34.67	叙利亚	Syrian Arab Republic	51.99
143	瓦努阿图	Vanuatu	33.72	利比亚	Libya	50.75
144	密克罗尼西亚	Micronesia, Fed. Sts.	33.71	萨摩亚	Samoa	49.41
145	古巴	Cuba	33.66	马其顿	Macedonia	48.97
146	不丹	Bhutan	32.51	格鲁吉亚	Georgia	48.79
147	印度	India	31.08	巴哈马	Bahamas	48.72
148	伊拉克	Iraq	31.00	海地	Haiti	48.28
149	圣多美和普林西比	Sao Tome and Principe	30.73	安哥拉	Angola	48.27
150	多哥	Togo	30.47	瓦努阿图	Vanuatu	48.13

17-2 续表 3

排名	全球化指数 Globalization Index			经济全球化 Economic Globalization		
Rank	国家或地区	Country or Area	数值 Score	国家或地区	Country or Area	数值 Score
151	不丹	Bhutan	43.58	巴基斯坦	Pakistan	39.57
152	也门	Yemen, Rep.	42.99	乍得	Chad	39.32
153	马达加斯加	Madagascar	42.90	中非共和国	Central African Republic	38.77
154	塔吉克斯坦	Tajikistan	42.87	厄瓜多尔	Ecuador	38.54
155	伊朗	Iran	42.13	阿根廷	Argentina	38.26
156	马尔代夫	Maldives	42.03	阿富汗	Afghanistan	35.45
157	阿鲁巴	Aruba	41.98	孟加拉国	Bangladesh	33.62
158	东帝汶	Timor-Leste	41.78	几内亚比绍	Guinea-Bissau	32.29
159	新喀里多尼亚	New Caledonia	40.90	伊朗	Iran	31.09
160	中国澳门	Macao, China	40.84	布隆迪	Burundi	28.45
161	孟加拉国	Bangladesh	40.82	苏丹	Sudan	27.16
162	安哥拉	Angola	40.04	埃塞俄比亚	Ethiopia	26.90
163	刚果(金)	Congo, Dem. Rep.	39.98	尼泊尔	Nepal	24.72
164	多米尼克	Dominica	39.68	美属萨摩亚	American Samoa	
165	乍得	Chad	39.57	安道尔	Andorra	
166	乌兹别克斯坦	Uzbekistan	39.43	安提瓜和巴布达岛	Antigua and Barbuda	
167	埃塞俄比亚	Ethiopia	39.33	阿鲁巴	Aruba	
168	缅甸	Myanmar	39.03	百慕大	Bermuda	
169	海地	Haiti	38.81	开曼群岛	Cayman Islands	
170	老挝	Laos	38.74	海峡群岛	Channel Islands	
171	圣基茨和尼维斯	St. Kitts and Nevis	38.65	科摩罗	Comoros	
172	圣文森特和格林纳丁斯	St. Vincent and the Grena	38.51	古巴	Cuba	
173	坦桑尼亚	Tanzania	38.45	吉布提	Djibouti	
174	基里巴斯	Kiribati	38.11	多米尼克	Dominica	
175	尼泊尔	Nepal	37.81	赤道几内亚	Equatorial Guinea	
176	几内亚比绍	Guinea-Bissau	37.32	厄立特里亚	Eritrea	
177	土库曼斯坦	Turkmenistan	37.05	法罗群岛	Faeroe Islands	
178	中非共和国	Central African Republic	36.34	法属波利尼西亚	French Polynesia	
179	百慕大	Bermuda	35.50	格陵兰岛	Greenland	
180	布隆迪	Burundi	35.04	格林纳达	Grenada	
181	法罗群岛	Faeroe Islands	34.77	关岛	Guam	
182	汤加	Tonga	32.66	马恩岛	Isle of Man	
183	阿富汗	Afghanistan	32.17	朝鲜	Korea, Dem. Rep.	
184	法属波利尼西亚	French Polynesia	32.10	列支敦士登	Liechtenstein	
185	开曼群岛	Cayman Islands	31.45	中国澳门	Macao, China	
186	苏丹	Sudan	31.42	马尔代夫	Maldives	
187	圣多美和普林西比	Sao Tome and Principe	31.32	马绍尔群岛	Marshall Islands	
188	约旦西岸和加沙	West Bank and Gaza	30.93	密克罗尼西亚	Micronesia, Fed. Sts.	
189	科摩罗	Comoros	30.84	摩纳哥	Monaco	
190	密克罗尼西亚	Micronesia, Fed. Sts.	27.96	荷属安的列斯群岛	Netherlands Antilles	
191	赤道几内亚	Equatorial Guinea	26.16	新喀里多尼亚	New Caledonia	
192	厄立特里亚	Eritrea	25.07	北马里亚纳群岛	Northern Mariana Islands	
193	所罗门	Solomon Islands	23.98	帕劳	Palau	
194	美属萨摩亚	American Samoa		波多黎各	Puerto Rico	
195	安道尔	Andorra		萨摩亚	Samoa	
196	海峡群岛	Channel Islands		圣马力诺	San Marino	
197	格陵兰岛	Greenland		圣多美和普林西比	Sao Tome and Principe	
198	关岛	Guam		所罗门	Solomon Islands	
199	马恩岛	Isle of Man		索马里	Somalia	
200	朝鲜	Korea, Dem. Rep.		圣基茨和尼维斯	St. Kitts and Nevis	

continued

排名	社会全球化 Social Globalization			政治全球化 Political Globalization		
Rank	国家或地区	Country or Area	数值 Score	国家或地区	Country or Area	数值 Score
151	塞内加尔	Senegal	30.27	巴林	Bahrain	48.01
152	基里巴斯	Kiribati	29.59	阿富汗	Afghanistan	46.07
153	津巴布韦	Zimbabwe	29.47	阿曼	Oman	45.74
154	科特迪瓦	Cote d'Ivoire	29.47	圭亚那	Guyana	45.41
155	塔吉克斯坦	Tajikistan	28.47	毛里求斯	Mauritius	45.32
156	莱索托	Lesotho	28.11	缅甸	Myanmar	44.74
157	蒙古	Mongolia	28.03	乌兹别克斯坦	Uzbekistan	44.54
158	科摩罗	Comoros	27.62	伯利兹	Belize	43.81
159	柬埔寨	Cambodia	27.34	东帝汶	Timor-Leste	42.72
160	刚果(布)	Congo, Rep.	26.94	巴巴多斯	Barbados	42.55
161	加纳	Ghana	26.55	博茨瓦纳	Botswana	41.34
162	马拉维	Malawi	25.74	圣卢西亚	St. Lucia	39.23
163	尼泊尔	Nepal	25.67	帕劳	Palau	39.13
164	赞比亚	Zambia	25.58	苏里南	Suriname	39.06
165	喀麦隆	Cameroon	25.48	塞舌尔	Seychelles	38.92
166	肯尼亚	Kenya	25.39	不丹	Bhutan	38.85
167	老挝	Laos	25.21	佛得角	Cape Verde	37.92
168	莫桑比克	Mozambique	25.16	老挝	Laos	37.51
169	也门	Yemen, Rep.	24.53	土库曼斯坦	Turkmenistan	36.69
170	几内亚比绍	Guinea-Bissau	24.00	斯威士兰	Swaziland	36.55
171	贝宁	Benin	23.78	科摩罗	Comoros	35.16
172	尼日尔	Niger	23.75	多米尼克	Dominica	34.94
173	赤道几内亚	Equatorial Guinea	23.67	圣马力诺	San Marino	34.71
174	马里	Mali	23.49	安提瓜和巴布达岛	Antigua and Barbuda	34.53
175	厄立特里亚	Eritrea	23.28	索马里	Somalia	32.18
176	布基纳法索	Burkina Faso	23.25	摩纳哥	Monaco	32.16
177	毛里塔尼亚	Mauritania	23.09	圣多美和普林西比	Sao Tome and Principe	32.12
178	卢旺达	Rwanda	22.52	圣文森特和格林纳丁斯	St. Vincent and the Grena	30.57
179	所罗门	Solomon Islands	22.49	赤道几内亚	Equatorial Guinea	29.49
180	利比里亚	Liberia	22.24	列支敦士登	Liechtenstein	29.04
181	安哥拉	Angola	21.86	马尔代夫	Maldives	28.57
182	马达加斯加	Madagascar	21.60	厄立特里亚	Eritrea	27.47
183	孟加拉国	Bangladesh	21.56	圣基茨和尼维斯	St. Kitts and Nevis	26.91
184	尼日利亚	Nigeria	21.13	所罗门	Solomon Islands	25.97
185	布隆迪	Burundi	21.11	朝鲜	Korea, Dem. Rep.	25.85
186	乌干达	Uganda	21.10	汤加	Tonga	25.37
187	巴布亚新几内亚	Papua New Guinea	21.08	安道尔	Andorra	22.77
188	几内亚	Guinea	20.81	基里巴斯	Kiribati	21.11
189	东帝汶	Timor-Leste	20.58	密克罗尼西亚	Micronesia, Fed. Sts.	20.28
190	海地	Haiti	19.45	马绍尔群岛	Marshall Islands	19.03
191	埃塞俄比亚	Ethiopia	19.04	约旦西岸和加沙	West Bank and Gaza	6.72
192	塞拉利昂	Sierra Leone	18.82	荷属安的列斯群岛	Netherlands Antilles	5.56
193	乍得	Chad	18.74	中国澳门	Macao, China	4.54
194	阿富汗	Afghanistan	18.64	阿鲁巴	Aruba	4.27
195	苏丹	Sudan	18.19	百慕大	Bermuda	4.00
196	缅甸	Myanmar	17.87	开曼群岛	Cayman Islands	3.18
197	索马里	Somalia	17.70	法罗群岛	Faeroe Islands	3.18
198	中非共和国	Central African Republic	17.54	新喀里多尼亚	New Caledonia	3.18
199	坦桑尼亚	Tanzania	17.52	法属波利尼西亚	French Polynesia	2.91
200	刚果(金)	Congo, Dem. Rep.	15.83	格陵兰岛	Greenland	2.91

17－3 世界主要国家和地区全球竞争力指数排名(2016年)
The Ranking of the Global Competitiveness Index in 2016

资料来源：世界经济论坛《全球竞争力报告2016—2017》。
Source: World Economic Forum The Global Competitiveness Report 2016-2017.

国家或地区	Country or Area	总指数 Overall Index		分类指数 Subindexes					
				基础设施 Basic Requirements		效率增强 Efficiency Enhancers		创新与成熟度 Innovation and Sophistication Factors	
		排名 Rank	数值 Score	排名 Rank	数值 Score	排名 Rank	数值 Score	排名 Rank	数值 Score
瑞士	Switzerland	1	5.81	2	6.29	3	5.62	1	5.80
新加坡	Singapore	2	5.72	1	6.37	2	5.73	12	5.25
美国	United States	3	5.70	27	5.43	1	5.85	2	5.63
荷兰	Netherlands	4	5.57	4	6.12	9	5.38	6	5.52
德国	Germany	5	5.57	10	5.94	7	5.40	3	5.61
瑞典	Sweden	6	5.53	7	6.06	12	5.31	5	5.54
英国	United Kingdom	7	5.49	23	5.61	5	5.55	9	5.30
日本	Japan	8	5.48	22	5.62	10	5.37	4	5.57
中国香港	Hong Kong,China	9	5.48	3	6.23	4	5.58	23	4.80
芬兰	Finland	10	5.44	12	5.88	14	5.26	7	5.47
挪威	Norway	11	5.44	6	6.06	11	5.34	13	5.21
丹麦	Denmark	12	5.35	13	5.85	17	5.19	10	5.27
新西兰	New Zealand	13	5.31	8	5.98	8	5.38	26	4.73
中国台湾	Taiwan, China	14	5.28	14	5.81	16	5.20	17	5.05
加拿大	Canada	15	5.27	17	5.72	6	5.42	25	4.74
阿联酋	United Arab Emirates	16	5.26	11	5.90	15	5.22	21	4.91
比利时	Belgium	17	5.25	24	5.56	18	5.18	14	5.16
卡塔尔	Qatar	18	5.23	5	6.09	21	5.00	18	5.04
奥地利	Austria	19	5.22	18	5.72	22	5.00	11	5.26
卢森堡	Luxembourg	20	5.20	9	5.95	23	4.99	16	5.07
法国	France	21	5.20	25	5.54	19	5.14	15	5.07
澳大利亚	Australia	22	5.19	15	5.81	13	5.27	27	4.65
爱尔兰	Ireland	23	5.18	21	5.63	20	5.10	19	5.01
以色列	Israel	24	5.18	28	5.37	25	4.95	8	5.41
马来西亚	Malaysia	25	5.16	26	5.49	24	4.96	20	4.94
韩国	Korea, Rep.	26	5.03	19	5.71	26	4.88	22	4.81
冰岛	Iceland	27	4.96	16	5.79	32	4.75	24	4.75
中国	China	28	4.95	30	5.34	30	4.79	29	4.22
沙特阿拉伯	Saudi Arabia	29	4.84	32	5.21	33	4.74	36	4.10
爱沙尼亚	Estonia	30	4.78	20	5.68	28	4.80	33	4.15
捷克	Czech Republic	31	4.72	31	5.27	27	4.85	35	4.13
西班牙	Spain	32	4.68	33	5.15	29	4.80	34	4.15
智利	Chile	33	4.64	37	5.08	31	4.77	56	3.73
泰国	Thailand	34	4.64	44	4.95	37	4.56	47	3.85

17-3 续表 1 continued

国家或地区	Country or Area	总指数 Overall Index		分类指数 Subindexes					
				基础设施 Basic Requirements		效率增强 Efficiency Enhancers		创新与成熟度 Innovation and Sophistication Factors	
		排名 Rank	数值 Score	排名 Rank	数值 Score	排名 Rank	数值 Score	排名 Rank	数值 Score
立陶宛	Lithuania	35	4.60	35	5.14	36	4.59	43	4.01
波兰	Poland	36	4.56	45	4.91	34	4.64	55	3.74
阿塞拜疆	Azerbaijan	37	4.55	49	4.86	59	4.23	49	3.83
科威特	Kuwait	38	4.53	36	5.10	70	4.08	79	3.49
印度	India	39	4.52	63	4.62	46	4.41	30	4.22
马耳他	Malta	40	4.52	29	5.36	41	4.49	41	4.02
印度尼西亚	Indonesia	41	4.52	52	4.78	49	4.38	32	4.16
巴拿马	Panama	42	4.51	34	5.15	51	4.36	44	3.93
俄罗斯	Russia	43	4.51	59	4.68	38	4.56	66	3.62
意大利	Italy	44	4.50	47	4.86	43	4.43	28	4.39
毛里求斯	Mauritius	45	4.49	39	5.05	62	4.19	48	3.85
葡萄牙	Portugal	46	4.48	43	4.97	39	4.52	38	4.08
南非	South Africa	47	4.47	84	4.37	35	4.62	31	4.18
巴林	Bahrain	48	4.47	40	5.04	40	4.52	42	4.01
拉脱维亚	Latvia	49	4.45	41	5.02	42	4.44	58	3.71
保加利亚	Bulgaria	50	4.44	60	4.67	44	4.43	71	3.57
墨西哥	Mexico	51	4.41	71	4.56	45	4.41	50	3.83
卢旺达	Rwanda	52	4.41	53	4.74	81	3.93	54	3.76
哈萨克斯坦	Kazakhstan	53	4.41	62	4.62	50	4.37	76	3.51
哥斯达黎加	Costa Rica	54	4.41	57	4.70	52	4.34	45	3.93
土耳其	Turkey	55	4.39	56	4.70	53	4.32	65	3.63
斯洛文尼亚	Slovenia	56	4.39	38	5.07	54	4.31	37	4.08
菲律宾	Philippines	57	4.36	65	4.61	58	4.24	53	3.76
文莱	Brunei Darussalam	58	4.35	50	4.81	87	3.88	78	3.49
格鲁吉亚	Georgia	59	4.32	46	4.90	69	4.08	113	3.22
越南	Vietnam	60	4.31	73	4.49	65	4.15	84	3.47
哥伦比亚	Colombia	61	4.30	85	4.35	48	4.38	63	3.65
罗马尼亚	Romania	62	4.30	72	4.55	55	4.28	100	3.35
约旦	Jordan	63	4.29	70	4.56	66	4.13	39	4.05
博茨瓦纳	Botswana	64	4.29	55	4.71	84	3.89	90	3.42
斯洛伐克	Slovak Republic	65	4.28	54	4.74	47	4.38	57	3.71
阿曼	Oman	66	4.28	42	4.99	63	4.17	69	3.60
秘鲁	Peru	67	4.23	77	4.43	57	4.26	108	3.30
马其顿	Macedonia	68	4.23	66	4.61	73	4.04	64	3.64
匈牙利	Hungary	69	4.20	69	4.57	56	4.27	97	3.36
摩洛哥	Morocco	70	4.20	51	4.80	88	3.87	86	3.46

17-3 续表 2 continued

国家或地区	Country or Area	总指数 Overall Index		分类指数 Subindexes 基础设施 Basic Requirements		效率增强 Efficiency Enhancers		创新与成熟度 Innovation and Sophistication Factors	
		排名 Rank	数值 Score	排名 Rank	数值 Score	排名 Rank	数值 Score	排名 Rank	数值 Score
斯里兰卡	Sri Lanka	71	4.19	64	4.62	83	3.91	46	3.90
巴巴多斯	Barbados	72	4.19	58	4.70	64	4.16	51	3.80
乌拉圭	Uruguay	73	4.17	48	4.86	60	4.23	80	3.48
克罗地亚	Croatia	74	4.15	68	4.60	68	4.09	92	3.41
牙买加	Jamaica	75	4.13	76	4.43	78	3.98	61	3.69
伊朗	Iran	76	4.12	61	4.64	89	3.86	101	3.35
塔吉克斯坦	Tajikistan	77	4.12	78	4.41	99	3.68	60	3.71
危地马拉	Guatemala	78	4.08	93	4.27	77	4.00	59	3.71
亚美尼亚	Armenia	79	4.07	83	4.37	80	3.96	81	3.48
阿尔巴尼亚	Albania	80	4.06	74	4.46	86	3.88	106	3.31
巴西	Brazil	81	4.06	103	4.00	61	4.20	72	3.55
黑山	Montenegro	82	4.05	86	4.34	79	3.96	98	3.35
塞浦路斯	Cyprus	83	4.04	67	4.61	71	4.06	68	3.61
纳米比亚	Namibia	84	4.02	75	4.43	94	3.79	77	3.51
乌克兰	Ukraine	85	4.00	102	4.03	74	4.04	73	3.53
希腊	Greece	86	4.00	80	4.40	67	4.09	70	3.58
阿尔及利亚	Algeria	87	3.98	88	4.33	110	3.55	119	3.12
洪都拉斯	Honduras	88	3.98	92	4.28	98	3.69	82	3.47
柬埔寨	Cambodia	89	3.98	96	4.21	97	3.69	118	3.15
塞尔维亚	Serbia	90	3.97	87	4.33	90	3.85	120	3.10
厄瓜多尔	Ecuador	91	3.96	81	4.37	95	3.74	102	3.34
多米尼加	Dominican Republic	92	3.94	95	4.22	92	3.83	99	3.35
老挝	Laos	93	3.93	99	4.16	104	3.63	93	3.39
特立尼达和多巴哥	Trinidad and Tobago	94	3.93	82	4.37	76	4.03	83	3.47
突尼斯	Tunisia	95	3.92	79	4.41	103	3.65	104	3.32
肯尼亚	Kenya	96	3.90	115	3.81	75	4.03	40	4.03
不丹	Bhutan	97	3.87	90	4.31	108	3.58	94	3.38
尼泊尔	Nepal	98	3.87	98	4.19	118	3.45	127	2.94
科特迪瓦	Côte d'Ivoire	99	3.86	104	3.97	96	3.73	75	3.53
摩尔多瓦	Moldova	100	3.86	101	4.06	102	3.66	131	2.85
黎巴嫩	Lebanon	101	3.84	125	3.56	72	4.05	52	3.79
蒙古	Mongolia	102	3.84	107	3.94	93	3.83	115	3.18
尼加拉瓜	Nicaragua	103	3.81	97	4.21	126	3.28	135	2.77
阿根廷	Argentina	104	3.81	110	3.89	82	3.92	87	3.46
萨尔瓦多	El Salvador	105	3.81	100	4.15	101	3.67	117	3.16
孟加拉国	Bangladesh	106	3.80	105	3.97	107	3.60	116	3.16
波黑	Bosnia and Herzegovina	107	3.80	94	4.23	106	3.60	122	3.04
加蓬	Gabon	108	3.79	91	4.30	122	3.33	128	2.94
埃塞俄比亚	Ethiopia	109	3.77	106	3.96	117	3.47	74	3.53

17-3 续表 3 continued

国家或地区	Country or Area	总指数 Overall Index		分类指数 Subindexes					
				基础设施 Basic Requirements		效率增强 Efficiency Enhancers		创新与成熟度 Innovation and Sophistication Factors	
		排名 Rank	数值 Score	排名 Rank	数值 Score	排名 Rank	数值 Score	排名 Rank	数值 Score
佛得角	Cape Verde	110	3.76	89	4.32	121	3.40	105	3.31
吉尔吉斯斯坦	Kyrgyz Republic	111	3.75	108	3.93	112	3.54	123	3.03
塞内加尔	Senegal	112	3.74	112	3.86	111	3.54	62	3.67
乌干达	Uganda	113	3.69	116	3.79	109	3.56	95	3.37
加纳	Ghana	114	3.68	121	3.59	91	3.84	67	3.61
埃及	Egypt	115	3.67	117	3.79	100	3.67	111	3.23
坦桑尼亚	Tanzania	116	3.67	114	3.82	119	3.45	96	3.36
巴拉圭	Paraguay	117	3.65	111	3.87	105	3.62	126	2.96
赞比亚	Zambia	118	3.60	118	3.67	115	3.51	88	3.44
喀麦隆	Cameroon	119	3.58	119	3.64	114	3.52	103	3.34
莱索托	Lesotho	120	3.57	109	3.91	133	3.06	112	3.22
玻利维亚	Bolivia	121	3.54	113	3.83	120	3.42	132	2.84
巴基斯坦	Pakistan	122	3.49	126	3.47	113	3.53	85	3.47
冈比亚	Gambia	123	3.47	124	3.57	123	3.31	89	3.42
贝宁	Benin	124	3.47	122	3.59	125	3.29	107	3.30
马里	Mali	125	3.46	123	3.58	124	3.29	109	3.27
津巴布韦	Zimbabwe	126	3.41	120	3.63	132	3.10	129	2.89
尼日利亚	Nigeria	127	3.39	136	3.06	85	3.88	110	3.26
马达加斯加	Madagascar	128	3.33	127	3.37	128	3.26	114	3.21
刚果(金)	Congo, Dem. Rep.	129	3.29	128	3.32	127	3.27	125	3.01
委内瑞拉	Venezuela	130	3.27	134	3.14	116	3.51	133	2.83
利比里亚	Liberia	131	3.21	132	3.20	129	3.19	91	3.42
塞拉利昂	Sierra Leone	132	3.16	129	3.30	134	2.95	130	2.87
莫桑比克	Mozambique	133	3.13	133	3.15	131	3.11	124	3.02
马拉维	Malawi	134	3.08	137	3.03	130	3.17	121	3.05
布隆迪	Burundi	135	3.06	130	3.28	137	2.72	134	2.81
乍得	Chad	136	2.95	135	3.08	135	2.76	137	2.60
毛里塔尼亚	Mauritania	137	2.94	131	3.22	138	2.55	138	2.38
也门	Yemen	138	2.74	138	2.74	136	2.74	136	2.67

17-4 世界主要国家和地区信息化发展指数(IDI)排名(2015年)

资料来源：国际电信联盟《衡量信息社会发展2016》。
Source: International Telecommunication Union - Mesuring the Information Society 2016.

排名 Rank	总指数 IDI			接入 Access		
	国家或地区	Country or Area	数值 Score	国家或地区	Country or Area	数值 Score
1	韩国	Korea Rep.	8.84	卢森堡	Luxembourg	9.54
2	冰岛	Iceland	8.83	冰岛	Iceland	9.42
3	丹麦	Denmark	8.74	英国	United Kingdom	9.24
4	瑞士	Switzerland	8.68	中国香港	Hong Kong, China	9.16
5	英国	United Kingdom	8.57	德国	Germany	9.09
6	中国香港	Hong Kong, China	8.46	马耳他	Malta	9.04
7	瑞典	Sweden	8.45	荷兰	Netherlands	9.02
8	荷兰	Netherlands	8.43	韩国	Korea Rep.	8.99
9	挪威	Norway	8.42	瑞士	Switzerland	8.95
10	日本	Japan	8.37	日本	Japan	8.80
11	卢森堡	Luxembourg	8.36	新加坡	Singapore	8.70
12	德国	Germany	8.31	法国	France	8.70
13	新西兰	New Zealand	8.29	瑞典	Sweden	8.69
14	澳大利亚	Australia	8.19	丹麦	Denmark	8.52
15	美国	United States	8.17	奥地利	Austria	8.35
16	法国	France	8.11	比利时	Belgium	8.34
17	芬兰	Finland	8.08	新西兰	New Zealand	8.32
18	爱沙尼亚	Estonia	8.07	以色列	Israel	8.28
19	摩纳哥	Monaco	7.96	美国	United States	8.27
20	新加坡	Singapore	7.95	巴巴多斯	Barbados	8.24
21	爱尔兰	Ireland	7.92	澳大利亚	Australia	8.23
22	比利时	Belgium	7.83	挪威	Norway	8.21
23	奥地利	Austria	7.69	爱尔兰	Ireland	8.19
24	马耳他	Malta	7.69	阿联酋	United Arab Emirates	8.14
25	加拿大	Canada	7.62	摩纳哥	Monaco	8.12
26	西班牙	Spain	7.62	安道尔	Andorra	8.06
27	安道尔	Andorra	7.61	爱沙尼亚	Estonia	8.02
28	中国澳门	Macao, China	7.58	加拿大	Canada	7.99
29	巴林	Bahrain	7.46	斯洛文尼亚	Slovenia	7.93
30	以色列	Israel	7.40	葡萄牙	Portugal	7.93
31	白俄罗斯	Belarus	7.26	西班牙	Spain	7.92
32	捷克	Czech Republic	7.25	巴林	Bahrain	7.91
33	斯洛文尼亚	Slovenia	7.23	卡塔尔	Qatar	7.91
34	圣基茨和尼维斯	St. Kitts and Nevis	7.21	希腊	Greece	7.85
35	巴巴多斯	Barbados	7.18	中国澳门	Macao, China	7.83
36	希腊	Greece	7.13	白俄罗斯	Belarus	7.80
37	意大利	Italy	7.11	圣基茨和尼维斯	St. Kitts and Nevis	7.72
38	阿联酋	United Arab Emirates	7.11	意大利	Italy	7.69
39	立陶宛	Lithuania	7.10	芬兰	Finland	7.69
40	拉脱维亚	Latvia	7.08	匈牙利	Hungary	7.62

The Ranking of Information Communication Technology Development Index(IDI)in 2015

排名 Rank	使用 Use			技术 Skill		
	国家或地区	Country or Area	数值 Score	国家或地区	Country or Area	数值 Score
1	丹麦	Denmark	8.91	美国	United States	9.18
2	瑞士	Switzerland	8.67	澳大利亚	Australia	9.10
3	韩国	Korea Rep.	8.57	韩国	Korea Rep.	9.08
4	挪威	Norway	8.48	希腊	Greece	9.01
5	冰岛	Iceland	8.44	白俄罗斯	Belarus	8.96
6	瑞典	Sweden	8.36	丹麦	Denmark	8.87
7	芬兰	Finland	8.18	斯洛文尼亚	Slovenia	8.87
8	日本	Japan	8.14	新西兰	New Zealand	8.77
9	英国	United Kingdom	8.09	挪威	Norway	8.70
10	卢森堡	Luxembourg	8.05	芬兰	Finland	8.65
11	新西兰	New Zealand	8.03	乌克兰	Ukraine	8.57
12	中国香港	Hong Kong, China	7.94	荷兰	Netherlands	8.56
13	摩纳哥	Monaco	7.92	立陶宛	Lithuania	8.55
14	爱沙尼亚	Estonia	7.87	俄罗斯	Russia	8.55
15	荷兰	Netherlands	7.77	爱沙尼亚	Estonia	8.54
16	澳大利亚	Australia	7.70	爱尔兰	Ireland	8.48
17	法国	France	7.61	加拿大	Canada	8.44
18	美国	United States	7.57	安道尔	Andorra	8.43
19	新加坡	Singapore	7.54	西班牙	Spain	8.41
20	中国澳门	Macao, China	7.53	冰岛	Iceland	8.40
21	德国	Germany	7.49	奥地利	Austria	8.38
22	巴林	Bahrain	7.48	以色列	Israel	8.38
23	爱尔兰	Ireland	7.38	德国	Germany	8.36
24	比利时	Belgium	7.10	波兰	Poland	8.35
25	西班牙	Spain	6.93	智利	Chile	8.30
26	加拿大	Canada	6.85	比利时	Belgium	8.27
27	阿联酋	United Arab Emirates	6.82	捷克	Czech Republic	8.25
28	马耳他	Malta	6.75	阿根廷	Argentina	8.18
29	安道尔	Andorra	6.74	英国	United Kingdom	8.18
30	奥地利	Austria	6.67	瑞典	Sweden	8.17
31	捷克	Czech Republic	6.55	瑞士	Switzerland	8.15
32	圣基茨和尼维斯	St. Kitts and Nevis	6.53	拉脱维亚	Latvia	8.12
33	立陶宛	Lithuania	6.40	中国香港	Hong Kong, China	8.11
34	斯洛伐克	Slovakia	6.38	保加利亚	Bulgaria	8.04
35	卡塔尔	Qatar	6.32	日本	Japan	7.97
36	沙特阿拉伯	Saudi Arabia	6.32	法国	France	7.94
37	拉脱维亚	Latvia	6.27	匈牙利	Hungary	7.82
38	意大利	Italy	6.25	克罗地亚	Croatia	7.79
39	乌拉圭	Uruguay	6.20	土耳其	Turkey	7.72
40	科威特	Kuwait	6.15	摩纳哥	Monaco	7.70

17-4 续表 1

排名 Rank	总指数 IDI			接入 Access		
	国家或地区	Country or Area	数值 Score	国家或地区	Country or Area	数值 Score
41	克罗地亚	Croatia	7.04	克罗地亚	Croatia	7.58
42	斯洛伐克	Slovakia	6.96	哈萨克斯坦	Kazakhstan	7.56
43	俄罗斯	Russia	6.95	捷克	Czech Republic	7.46
44	葡萄牙	Portugal	6.94	科威特	Kuwait	7.40
45	沙特阿拉伯	Saudi Arabia	6.90	拉脱维亚	Latvia	7.38
46	卡塔尔	Qatar	6.90	阿曼	Oman	7.37
47	乌拉圭	Uruguay	6.79	沙特阿拉伯	Saudi Arabia	7.29
48	匈牙利	Hungary	6.72	乌拉圭	Uruguay	7.25
49	保加利亚	Bulgaria	6.69	俄罗斯	Russia	7.23
50	波兰	Poland	6.65	斯洛伐克	Slovakia	7.22
51	塞尔维亚	Serbia	6.58	塞尔维亚	Serbia	7.22
52	哈萨克斯坦	Kazakhstan	6.57	文莱	Brunei Darussalam	7.21
53	科威特	Kuwait	6.54	波兰	Poland	7.09
54	塞浦路斯	Cyprus	6.53	立陶宛	Lithuania	7.08
55	阿根廷	Argentina	6.52	特立尼达和多巴哥	Trinidad and Tobago	7.03
56	智利	Chile	6.35	塞浦路斯	Cyprus	7.02
57	哥斯达黎加	Costa Rica	6.30	罗马尼亚	Romania	6.90
58	阿塞拜疆	Azerbaijan	6.28	毛里求斯	Mauritius	6.86
59	阿曼	Oman	6.27	保加利亚	Bulgaria	6.86
60	罗马尼亚	Romania	6.26	黑山	Montenegro	6.85
61	马来西亚	Malaysia	6.22	智利	Chile	6.81
62	黑山	Montenegro	6.05	塞舌尔	Seychelles	6.81
63	巴西	Brazil	5.99	阿塞拜疆	Azerbaijan	6.78
64	巴哈马	Bahamas	5.98	巴哈马	Bahamas	6.77
65	马其顿	Macedonia	5.97	阿根廷	Argentina	6.77
66	黎巴嫩	Lebanon	5.93	马来西亚	Malaysia	6.75
67	特立尼达和多巴哥	Trinidad and Tobago	5.76	马其顿	Macedonia	6.68
68	摩尔多瓦	Moldova	5.75	摩尔多瓦	Moldova	6.64
69	多米尼克	Dominica	5.71	黎巴嫩	Lebanon	6.57
70	土耳其	Turkey	5.69	亚美尼亚	Armenia	6.57
71	亚美尼亚	Armenia	5.60	乌克兰	Ukraine	6.48
72	格鲁吉亚	Georgia	5.59	圣文森特和格林纳丁斯	St. Vincent and the Grenadines	6.47
73	毛里求斯	Mauritius	5.55	哥斯达黎加	Costa Rica	6.44
74	格林纳达	Grenada	5.43	巴西	Brazil	6.42
75	安提瓜和巴布达	Antigua & Barbuda	5.38	多米尼克	Dominica	6.40
76	乌克兰	Ukraine	5.33	安提瓜和巴布达	Antigua & Barbuda	6.34
77	文莱	Brunei Darussalam	5.33	格林纳达	Grenada	6.30
78	圣文森特和格林纳丁斯	St. Vincent and the Grenadine	5.32	格鲁吉亚	Georgia	6.29
79	委内瑞拉	Venezuela	5.27	伊朗	Iran	6.26
80	波黑	Bosnia and Herzegovina	5.25	马尔代夫	Maldives	6.22
81	中国	China	5.19	土耳其	Turkey	6.20
82	泰国	Thailand	5.18	约旦	Jordan	6.10

continued

排名 Rank	使用 Use			技术 Skill		
	国家或地区	Country or Area	数值 Score	国家或地区	Country or Area	数值 Score
41	克罗地亚	Croatia	6.13	意大利	Italy	7.69
42	以色列	Israel	6.02	巴巴多斯	Barbados	7.69
43	巴巴多斯	Barbados	5.88	塞浦路斯	Cyprus	7.68
44	白俄罗斯	Belarus	5.88	委内瑞拉	Venezuela	7.63
45	俄罗斯	Russia	5.87	斯洛伐克	Slovakia	7.57
46	马来西亚	Malaysia	5.86	圣基茨和尼维斯	St. Kitts and Nevis	7.55
47	保加利亚	Bulgaria	5.84	葡萄牙	Portugal	7.51
48	哥斯达黎加	Costa Rica	5.80	塞尔维亚	Serbia	7.48
49	斯洛文尼亚	Slovenia	5.71	巴哈马	Bahamas	7.43
50	阿塞拜疆	Azerbaijan	5.70	哈萨克斯坦	Kazakhstan	7.41
51	葡萄牙	Portugal	5.67	罗马尼亚	Romania	7.37
52	巴西	Brazil	5.60	阿尔巴尼亚	Albania	7.36
53	黎巴嫩	Lebanon	5.51	格鲁吉亚	Georgia	7.34
54	塞尔维亚	Serbia	5.50	黑山	Montenegro	7.34
55	塞浦路斯	Cyprus	5.46	沙特阿拉伯	Saudi Arabia	7.30
56	希腊	Greece	5.46	新加坡	Singapore	7.27
57	阿根廷	Argentina	5.45	古巴	Cuba	7.25
58	阿曼	Oman	5.39	蒙古	Mongolia	7.23
59	波兰	Poland	5.35	中国澳门	Macao, China	7.19
60	匈牙利	Hungary	5.28	亚美尼亚	Armenia	7.17
61	马其顿	Macedonia	5.17	哥斯达黎加	Costa Rica	7.04
62	哈萨克斯坦	Kazakhstan	5.15	乌拉圭	Uruguay	7.02
63	罗马尼亚	Romania	5.08	格林纳达	Grenada	6.99
64	智利	Chile	4.91	摩尔多瓦	Moldova	6.97
65	多米尼克	Dominica	4.82	伊朗	Iran	6.96
66	黑山	Montenegro	4.61	吉尔吉斯斯坦	Kyrgyzstan	6.96
67	中国	China	4.58	马耳他	Malta	6.86
68	特立尼达和多巴哥	Trinidad and Tobago	4.53	约旦	Jordan	6.68
69	苏里南	Suriname	4.48	秘鲁	Peru	6.60
70	巴哈马	Bahamas	4.46	卢森堡	Luxembourg	6.59
71	泰国	Thailand	4.33	巴林	Bahrain	6.50
72	马尔代夫	Maldives	4.30	阿塞拜疆	Azerbaijan	6.47
73	摩尔多瓦	Moldova	4.26	毛里求斯	Mauritius	6.45
74	墨西哥	Mexico	4.24	哥伦比亚	Colombia	6.44
75	波黑	Bosnia and Herzegovina	4.21	斯里兰卡	Sri Lanka	6.41
76	土耳其	Turkey	4.18	厄瓜多尔	Ecuador	6.37
77	佛得角	Cape Verde	4.03	文莱	Brunei Darussalam	6.31
78	安提瓜和巴布达	Antigua & Barbuda	4.02	波黑	Bosnia and Herzegovina	6.27
79	南非	South Africa	4.00	南非	South Africa	6.23
80	格鲁吉亚	Georgia	4.00	泰国	Thailand	6.21
81	委内瑞拉	Venezuela	3.95	巴勒斯坦	Palestine	6.18
82	突尼斯	Tunisia	3.95	安提瓜和巴布达	Antigua & Barbuda	6.17

17-4 续表 2

排名 Rank	总指数 IDI 国家或地区	Country or Area	数值 Score	接入 Access 国家或地区	Country or Area	数值 Score
83	哥伦比亚	Colombia	5.16	摩洛哥	Morocco	6.07
84	苏里南	Suriname	5.09	巴拿马	Panama	5.99
85	约旦	Jordan	5.06	苏里南	Suriname	5.88
86	马尔代夫	Maldives	5.04	哥伦比亚	Colombia	5.83
87	塞舌尔	Seychelles	5.03	波黑	Bosnia and Herzegovina	5.78
88	南非	South Africa	5.03	圣卢西亚	St. Lucia	5.65
89	伊朗	Iran	4.99	泰国	Thailand	5.50
90	蒙古	Mongolia	4.95	南非	South Africa	5.46
91	阿尔巴尼亚	Albania	4.92	中国	China	5.45
92	墨西哥	Mexico	4.87	委内瑞拉	Venezuela	5.42
93	巴拿马	Panama	4.87	巴勒斯坦	Palestine	5.35
94	圣卢西亚	St. Lucia	4.85	埃及	Egypt	5.30
95	突尼斯	Tunisia	4.83	突尼斯	Tunisia	5.29
96	摩洛哥	Morocco	4.60	蒙古	Mongolia	5.12
97	佛得角	Cape Verde	4.60	墨西哥	Mexico	5.08
98	厄瓜多尔	Ecuador	4.56	阿尔及利亚	Algeria	5.03
99	牙买加	Jamaica	4.52	佛得角	Cape Verde	5.02
100	埃及	Egypt	4.44	斐济	Fiji	4.97
101	秘鲁	Peru	4.42	萨尔瓦多	El Salvador	4.95
102	斐济	Fiji	4.41	厄瓜多尔	Ecuador	4.90
103	阿尔及利亚	Algeria	4.40	牙买加	Jamaica	4.83
104	多米尼加	Dominican Rep.	4.30	秘鲁	Peru	4.80
105	越南	Viet Nam	4.29	加纳	Ghana	4.74
106	巴勒斯坦	Palestine	4.28	阿尔巴尼亚	Albania	4.73
107	菲律宾	Philippines	4.28	印度尼西亚	Indonesia	4.71
108	博茨瓦纳	Botswana	4.17	菲律宾	Philippines	4.70
109	巴拉圭	Paraguay	4.08	叙利亚	Syria	4.66
110	乌兹别克斯坦	Uzbekistan	4.05	越南	Viet Nam	4.60
111	玻利维亚	Bolivia	4.02	巴拉圭	Paraguay	4.59
112	加纳	Ghana	3.99	乌兹别克斯坦	Uzbekistan	4.53
113	吉尔吉斯斯坦	Kyrgyzstan	3.99	斯里兰卡	Sri Lanka	4.51
114	汤加	Tonga	3.93	危地马拉	Guatemala	4.47
115	印度尼西亚	Indonesia	3.86	汤加	Tonga	4.43
116	斯里兰卡	Sri Lanka	3.77	多米尼加	Dominican Rep.	4.38
117	不丹	Bhutan	3.74	玻利维亚	Bolivia	4.37
118	萨尔瓦多	El Salvador	3.73	圭亚那	Guyana	4.33
119	伯利兹	Belize	3.66	博茨瓦纳	Botswana	4.33
120	纳米比亚	Namibia	3.64	纳米比亚	Namibia	4.25
121	圭亚那	Guyana	3.52	吉尔吉斯斯坦	Kyrgyzstan	4.25
122	叙利亚	Syria	3.32	柬埔寨	Cambodia	4.21
123	危地马拉	Guatemala	3.20	洪都拉斯	Honduras	4.17
124	加蓬	Gabon	3.12	尼加拉瓜	Nicaragua	4.08

Continued

排名 Rank	使用 Use			技术 Skill		
	国家或地区	Country or Area	数值 Score	国家或地区	Country or Area	数值 Score
83	圣文森特和格林纳丁斯	St. Vincent and the Grenadines	3.89	马其顿	Macedonia	6.13
84	阿尔巴尼亚	Albania	3.88	菲律宾	Philippines	6.11
85	亚美尼亚	Armenia	3.85	多米尼克	Dominica	6.11
86	哥伦比亚	Colombia	3.85	阿尔及利亚	Algeria	6.10
87	格林纳达	Grenada	3.78	乌兹别克斯坦	Uzbekistan	6.04
88	毛里求斯	Mauritius	3.78	卡塔尔	Qatar	6.03
89	圣卢西亚	St. Lucia	3.72	多米尼加	Dominican Rep.	5.90
90	蒙古	Mongolia	3.64	玻利维亚	Bolivia	5.89
91	牙买加	Jamaica	3.55	巴西	Brazil	5.89
92	越南	Viet Nam	3.51	中国	China	5.89
93	多米尼加	Dominican Rep.	3.41	巴拿马	Panama	5.89
94	不丹	Bhutan	3.40	马来西亚	Malaysia	5.87
95	摩洛哥	Morocco	3.40	圣文森特和格林纳丁斯	St. Vincent and the Grenadines	5.86
96	塞舌尔	Seychelles	3.37	阿曼	Oman	5.83
97	厄瓜多尔	Ecuador	3.31	牙买加	Jamaica	5.83
98	博茨瓦纳	Botswana	3.26	伯利兹	Belize	5.81
99	巴拿马	Panama	3.24	墨西哥	Mexico	5.74
100	斐济	Fiji	3.23	博茨瓦纳	Botswana	5.69
101	约旦	Jordan	3.20	斐济	Fiji	5.68
102	埃及	Egypt	3.14	突尼斯	Tunisia	5.68
103	加纳	Ghana	3.03	特立尼达和多巴哥	Trinidad and Tobago	5.67
104	文莱	Brunei Darussalam	2.97	圭亚那	Guyana	5.66
105	巴拉圭	Paraguay	2.96	阿联酋	United Arab Emirates	5.63
106	秘鲁	Peru	2.94	汤加	Tonga	5.61
107	菲律宾	Philippines	2.93	科威特	Kuwait	5.59
108	阿尔及利亚	Algeria	2.92	圣卢西亚	St. Lucia	5.52
109	纳米比亚	Namibia	2.91	印度尼西亚	Indonesia	5.48
110	伊朗	Iran	2.74	黎巴嫩	Lebanon	5.46
111	玻利维亚	Bolivia	2.72	萨摩亚	Samoa	5.44
112	汤加	Tonga	2.59	埃及	Egypt	5.33
113	乌兹别克斯坦	Uzbekistan	2.58	巴拉圭	Paraguay	5.28
114	乌克兰	Ukraine	2.57	越南	Viet Nam	5.25
115	伯利兹	Belize	2.55	基里巴斯	Kiribati	5.18
116	尼日利亚	Nigeria	2.28	萨尔瓦多	El Salvador	5.02
117	巴勒斯坦	Palestine	2.25	佛得角	Cape Verde	4.89
118	吉尔吉斯斯坦	Kyrgyzstan	2.25	塞舌尔	Seychelles	4.79
119	瓦努阿图	Vanuatu	2.21	苏里南	Suriname	4.72
120	印度尼西亚	Indonesia	2.19	加纳	Ghana	4.44
121	柬埔寨	Cambodia	2.09	洪都拉斯	Honduras	4.36
122	科特迪瓦	Côte d'Ivoire	2.08	印度	India	4.29
123	肯尼亚	Kenya	2.05	危地马拉	Guatemala	4.29
124	加蓬	Gabon	1.92	尼加拉瓜	Nicaragua	4.23

17-4 续表 3

排名 Rank	总指数 IDI			接入 Access		
	国家或地区	Country or Area	数值 Score	国家或地区	Country or Area	数值 Score
125	柬埔寨	Cambodia	3.12	不丹	Bhutan	4.02
126	洪都拉斯	Honduras	3.09	加蓬	Gabon	3.98
127	瓦努阿图	Vanuatu	3.08	东帝汶	Timor-Leste	3.91
128	东帝汶	Timor-Leste	3.05	冈比亚	Gambia	3.90
129	肯尼亚	Kenya	2.99	科特迪瓦	Côte d'Ivoire	3.79
130	萨摩亚	Samoa	2.95	伯利兹	Belize	3.69
131	尼加拉瓜	Nicaragua	2.88	瓦努阿图	Vanuatu	3.66
132	科特迪瓦	Côte d'Ivoire	2.86	塞内加尔	Senegal	3.59
133	津巴布韦	Zimbabwe	2.78	肯尼亚	Kenya	3.54
134	莱索托	Lesotho	2.76	萨摩亚	Samoa	3.43
135	古巴	Cuba	2.73	莱索托	Lesotho	3.41
136	斯威士兰	Swaziland	2.73	巴基斯坦	Pakistan	3.39
137	尼日利亚	Nigeria	2.72	津巴布韦	Zimbabwe	3.35
138	印度	India	2.69	苏丹	Sudan	3.33
139	苏丹	Sudan	2.60	印度	India	3.32
140	缅甸	Myanmar	2.54	马里	Mali	3.30
141	塞内加尔	Senegal	2.53	斯威士兰	Swaziland	3.28
142	尼泊尔	Nepal	2.50	老挝	Laos	3.21
143	冈比亚	Gambia	2.46	尼泊尔	Nepal	3.16
144	老挝	Laos	2.45	缅甸	Myanmar	3.08
145	孟加拉国	Bangladesh	2.35	孟加拉国	Bangladesh	3.06
146	巴基斯坦	Pakistan	2.35	毛里塔尼亚	Mauritania	2.99
147	赞比亚	Zambia	2.22	尼日利亚	Nigeria	2.96
148	喀麦隆	Cameroon	2.16	莫桑比克	Mozambique	2.90
149	马里	Mali	2.14	布基纳法索	Burkina Faso	2.87
150	卢旺达	Rwanda	2.13	贝宁	Benin	2.86
151	毛里塔尼亚	Mauritania	2.12	赞比亚	Zambia	2.84
152	基里巴斯	Kiribati	2.06	喀麦隆	Cameroon	2.77
153	所罗门群岛	Solomon Islands	2.04	赤道几内亚	Equatorial Guinea	2.77
154	安哥拉	Angola	2.03	安哥拉	Angola	2.76
155	也门	Yemen	2.02	利比里亚	Liberia	2.76
156	利比里亚	Liberia	1.97	所罗门群岛	Solomon Islands	2.73
157	乌干达	Uganda	1.94	也门	Yemen	2.66
158	贝宁	Benin	1.92	坦桑尼亚	Tanzania	2.65
159	多哥	Togo	1.86	卢旺达	Rwanda	2.65
160	赤道几内亚	Equatorial Guinea	1.85	多哥	Togo	2.59
161	吉布提	Djibouti	1.82	几内亚	Guinea	2.57
162	布基纳法索	Burkina Faso	1.80	吉布提	Djibouti	2.55
163	莫桑比克	Mozambique	1.75	阿富汗	Afghanistan	2.51
164	阿富汗	Afghanistan	1.73	几内亚比绍	Guinea-Bissau	2.41
165	几内亚	Guinea	1.72	马达加斯加	Madagascar	2.39
166	马达加斯加	Madagascar	1.69	乌干达	Uganda	2.37
167	坦桑尼亚	Tanzania	1.65	古巴	Cuba	2.17

Continued

排名 Rank	使用 Use			技术 Skill		
	国家或地区	Country or Area	数值 Score	国家或地区	Country or Area	数值 Score
125	津巴布韦	Zimbabwe	1.91	叙利亚	Syria	4.22
126	苏丹	Sudan	1.87	马尔代夫	Maldives	4.15
127	萨尔瓦多	El Salvador	1.87	摩洛哥	Morocco	4.09
128	莱索托	Lesotho	1.80	东帝汶	Timor-Leste	4.01
129	缅甸	Myanmar	1.73	斯威士兰	Swaziland	3.86
130	东帝汶	Timor-Leste	1.70	纳米比亚	Namibia	3.85
131	斯里兰卡	Sri Lanka	1.70	不丹	Bhutan	3.84
132	圭亚那	Guyana	1.65	加蓬	Gabon	3.81
133	塞内加尔	Senegal	1.64	肯尼亚	Kenya	3.76
134	斯威士兰	Swaziland	1.61	瓦努阿图	Vanuatu	3.65
135	叙利亚	Syria	1.52	喀麦隆	Cameroon	3.60
136	卢旺达	Rwanda	1.47	老挝	Laos	3.60
137	危地马拉	Guatemala	1.40	孟加拉国	Bangladesh	3.51
138	洪都拉斯	Honduras	1.38	尼泊尔	Nepal	3.50
139	尼泊尔	Nepal	1.35	津巴布韦	Zimbabwe	3.38
140	毛里塔尼亚	Mauritania	1.29	莱索托	Lesotho	3.37
141	乌干达	Uganda	1.27	所罗门群岛	Solomon Islands	3.27
142	印度	India	1.25	多哥	Togo	3.16
143	萨摩亚	Samoa	1.23	尼日利亚	Nigeria	3.13
144	赞比亚	Zambia	1.17	南苏丹	South Sudan	3.12
145	也门	Yemen	1.12	缅甸	Myanmar	3.06
146	老挝	Laos	1.11	赞比亚	Zambia	3.06
147	安哥拉	Angola	1.10	贝宁	Benin	3.06
148	巴基斯坦	Pakistan	1.09	刚果（金）	Congo Dem. Rep	3.01
149	孟加拉国	Bangladesh	1.06	柬埔寨	Cambodia	3.00
150	古巴	Cuba	1.04	巴基斯坦	Pakistan	2.78
151	尼加拉瓜	Nicaragua	1.00	马达加斯加	Madagascar	2.77
152	马里	Mali	0.97	冈比亚	Gambia	2.66
153	冈比亚	Gambia	0.91	阿富汗	Afghanistan	2.65
154	布基纳法索	Burkina Faso	0.90	苏丹	Sudan	2.62
155	利比里亚	Liberia	0.89	吉布提	Djibouti	2.59
156	马拉维	Malawi	0.86	科特迪瓦	Côte d'Ivoire	2.57
157	喀麦隆	Cameroon	0.84	利比里亚	Liberia	2.56
158	埃塞俄比亚	Ethiopia	0.82	也门	Yemen	2.54
159	赤道几内亚	Equatorial Guinea	0.74	安哥拉	Angola	2.43
160	所罗门群岛	Solomon Islands	0.73	乌干达	Uganda	2.43
161	吉布提	Djibouti	0.71	卢旺达	Rwanda	2.42
162	南苏丹	South Sudan	0.65	坦桑尼亚	Tanzania	2.33
163	几内亚	Guinea	0.62	马拉维	Malawi	2.30
164	莫桑比克	Mozambique	0.62	赤道几内亚	Equatorial Guinea	2.27
165	多哥	Togo	0.49	几内亚	Guinea	2.19
166	阿富汗	Afghanistan	0.47	塞内加尔	Senegal	2.17
167	基里巴斯	Kiribati	0.45	马里	Mali	2.15

17—5 世界主要国家和地区幸福指数排名(2014－2016年)
The Ranking of Happiness index in 2014-2016

资料来源：联合国《2017年世界幸福指数报告》。
Source: UN World Happiness Index Report in 2017.

排名 Rank	国家或地区	Country or Area	幸福指数	排名 Rank	国家或地区	Country or Area	幸福指数
1	挪威	Norway	7.537	40	斯洛伐克	Slovakia	6.098
2	丹麦	Denmark	7.522	41	巴林	Bahrain	6.087
3	冰岛	Iceland	7.504	42	马来西亚	Malaysia	6.084
4	瑞士	Switzerland	7.494	43	尼加拉瓜	Nicaragua	6.071
5	芬兰	Finland	7.469	44	厄瓜多尔	Ecuador	6.008
6	荷兰	Netherlands	7.377	45	萨尔瓦多	El Salvador	6.003
7	加拿大	Canada	7.316	46	波兰	Poland	5.973
8	新西兰	New Zealand	7.314	47	乌兹别克斯坦	Uzbekistan	5.971
9	瑞典	Sweden	7.284	48	意大利	Italy	5.964
10	澳大利亚	Australia	7.284	49	俄罗斯	Russia	5.963
11	以色列	Israel	7.213	50	伯利兹	Belize	5.956
12	哥斯达黎加	Costa Rica	7.079	51	日本	Japan	5.920
13	奥地利	Austria	7.006	52	立陶宛	Lithuania	5.902
14	美国	United States	6.993	53	阿尔及利亚	Algeria	5.872
15	爱尔兰	Ireland	6.977	54	拉脱维亚	Latvia	5.850
16	德国	Germany	6.951	55	韩国	South Korea	5.838
17	比利时	Belgium	6.891	56	摩尔多瓦	Moldova	5.838
18	卢森堡	Luxembourg	6.863	57	罗马尼亚	Romania	5.825
19	英国	United Kingdom	6.714	58	玻利维亚	Bolivia	5.823
20	智利	Chile	6.652	59	土库曼斯坦	Turkmenistan	5.822
21	阿联酋	United Arab Emirates	6.648	60	哈萨克斯坦	Kazakhstan	5.819
22	巴西	Brazil	6.635	61	北塞浦路斯	North Cyprus	5.810
23	捷克	Czech Republic	6.609	62	斯洛文尼亚	Slovenia	5.758
24	阿根廷	Argentina	6.599	63	秘鲁	Peru	5.715
25	墨西哥	Mexico	6.578	64	毛里求斯	Mauritius	5.629
26	新加坡	Singapore	6.572	65	塞浦路斯	Cyprus	5.621
27	马耳他	Malta	6.527	66	爱沙尼亚	Estonia	5.611
28	乌拉圭	Uruguay	6.454	67	白俄罗斯	Belarus	5.569
29	危地马拉	Guatemala	6.454	68	利比亚	Libya	5.525
30	巴拿马	Panama	6.452	69	土耳其	Turkey	5.500
31	法国	France	6.442	70	巴拉圭	Paraguay	5.493
32	泰国	Thailand	6.424	71	中国香港	Hong Kong , China	5.472
33	中国台湾	Taiwan,China	6.422	72	菲律宾	Philippines	5.430
34	西班牙	Spain	6.403	73	塞尔维亚	Serbia	5.395
35	卡塔尔	Qatar	6.375	74	约旦	Jordan	5.336
36	哥伦比亚	Colombia	6.357	75	匈牙利	Hungary	5.324
37	沙特阿拉伯	Saudi Arabia	6.344	76	牙买加	Jamaica	5.311
38	特立尼达和多巴哥	Trinidad and Tobago	6.168	77	克罗地亚	Croatia	5.293
39	科威特	Kuwait	6.105	78	科索沃	Kosovo	5.279

17-5 续表 continued

排名 Rank	国家或地区	Country or Area	幸福指数	排名 Rank	国家或地区	Country or Area	幸福指数
79	中国	China	5.273	118	加蓬	Gabon	4.465
80	巴基斯坦	Pakistan	5.269	119	埃塞俄比亚	Ethiopia	4.460
81	印度尼西亚	Indonesia	5.262	120	斯里兰卡	Sri Lanka	4.440
82	委内瑞拉	Venezuela	5.250	121	亚美尼亚	Armenia	4.376
83	黑山	Montenegro	5.237	122	印度	India	4.315
84	摩洛哥	Morocco	5.235	123	毛里塔尼亚	Mauritania	4.292
85	阿塞拜疆	Azerbaijan	5.234	124	刚果(布)	Congo Rep.	4.291
86	多米尼加	Dominican Republic	5.230	125	格鲁吉亚	Georgia	4.286
87	希腊	Greece	5.227	126	刚果(金)	Congo,Dem.Rep.	4.280
88	黎巴嫩	Lebanon	5.225	127	马里	Mali	4.190
89	葡萄牙	Portugal	5.195	128	象牙海岸	Ivory Coast	4.180
90	波黑	Bosnia and Herzegovina	5.182	129	柬埔寨	Cambodia	4.168
91	洪都拉斯	Honduras	5.181	130	苏丹	Sudan	4.139
92	马其顿	Macedonia	5.175	131	加纳	Ghana	4.120
93	索马里	Somalia	5.151	132	乌克兰	Ukraine	4.096
94	越南	Vietnam	5.074	133	乌干达	Uganda	4.081
95	尼日利亚	Nigeria	5.074	134	布基纳法索	Burkina Faso	4.032
96	塔吉克斯坦	Tajikistan	5.041	135	尼日尔	Niger	4.028
97	不丹	Bhutan	5.011	136	马拉维	Malawi	3.970
98	吉尔吉斯斯坦	Kyrgyzstan	5.004	137	乍得	Chad	3.936
99	尼泊尔	Nepal	4.962	138	津巴布韦	Zimbabwe	3.875
100	蒙古	Mongolia	4.955	139	莱索托	Lesotho	3.808
101	南非	South Africa	4.829	140	安哥拉	Angola	3.795
102	突尼斯	Tunisia	4.805	141	阿富汗	Afghanistan	3.794
103	巴勒斯坦	Palestinian Territories	4.775	142	博茨瓦纳	Botswana	3.766
104	埃及	Egypt	4.735	143	贝宁	Benin	3.657
105	保加利亚	Bulgaria	4.714	144	马达加斯加	Madagascar	3.644
106	塞拉利昂	Sierra Leone	4.709	145	海地	Haiti	3.603
107	喀麦隆	Cameroon	4.695	146	也门	Yemen	3.593
108	伊朗	Iran	4.692	147	南苏丹	South Sudan	3.591
109	阿尔巴尼亚	Albania	4.644	148	利比里亚	Liberia	3.533
110	孟加拉国	Bangladesh	4.608	149	几内亚	Guinea	3.507
111	纳米比亚	Namibia	4.574	150	多哥	Togo	3.495
112	肯尼亚	Kenya	4.553	151	卢旺达	Rwanda	3.471
113	莫桑比克	Mozambique	4.550	152	叙利亚	Syria	3.462
114	缅甸	Myanmar	4.545	153	坦桑尼亚	Tanzania	3.349
115	塞内加尔	Senegal	4.535	154	布隆迪	Burundi	2.905
116	赞比亚	Zambia	4.514	155	中非共和国	Central African Republic	2.693
117	伊拉克	Iraq	4.497				

17-6 世界主要国家和地区全球创新指数(GII)排名(2017年)

资料来源：《全球创新指数2017》。
Source:The Global Innovation Index 2017.

排名 Rank	全球创新指数 Global Innovation Index			创新投入分指数 Innovation Input Sub-Index		
	国家或地区	Country or Area	数值 Score	国家或地区	Country or Area	数值 Score
1	瑞士	Switzerland	67.69	新加坡	Singapore	72.25
2	瑞典	Sweden	63.82	瑞典	Sweden	69.72
3	荷兰	Netherlands	63.36	瑞士	Switzerland	69.60
4	美国	United States	61.40	芬兰	Finland	68.93
5	英国	United Kingdom	60.89	美国	United States	68.87
6	丹麦	Denmark	58.70	丹麦	Denmark	68.68
7	新加坡	Singapore	58.69	英国	United Kingdom	68.25
8	芬兰	Finland	58.49	中国香港	Hong Kong,China	66.95
9	德国	Germany	58.39	荷兰	Netherlands	65.79
10	爱尔兰	Ireland	58.13	加拿大	Canada	65.57
11	韩国	Korea, Rep	57.70	日本	Japan	65.45
12	卢森堡	Luxembourg	56.40	澳大利亚	Australia	64.61
13	冰岛	Iceland	55.76	新西兰	New Zealand	64.14
14	日本	Japan	54.72	挪威	Norway	63.99
15	法国	France	54.18	法国	France	63.41
16	中国香港	Hong Kong ,China	53.88	韩国	Korea, Rep	63.34
17	以色列	Israel	53.88	德国	Germany	63.33
18	加拿大	Canada	53.65	奥地利	Austria	62.92
19	挪威	Norway	53.14	爱尔兰	Ireland	62.86
20	奥地利	Austria	53.10	以色列	Israel	61.01
21	新西兰	New Zealand	52.87	冰岛	Iceland	60.10
22	中国	China	52.54	比利时	Belgium	59.53
23	澳大利亚	Australia	51.83	阿联酋	United Arab Emirates	57.96
24	捷克	Czech Republic	50.98	卢森堡	Luxembourg	57.36
25	爱沙尼亚	Estonia	50.93	西班牙	Spain	57.28
26	马耳他	Malta	50.60	爱沙尼亚	Estonia	56.99
27	比利时	Belgium	49.85	捷克	Czech Republic	55.72
28	西班牙	Spain	48.81	马耳他	Malta	54.91
29	意大利	Italy	46.96	意大利	Italy	54.43
30	塞浦路斯	Cyprus	46.84	斯洛文尼亚	Slovenia	54.40
31	葡萄牙	Portugal	46.05	中国	China	54.22
32	斯洛文尼亚	Slovenia	45.80	塞浦路斯	Cyprus	53.92
33	拉脱维亚	Latvia	44.61	葡萄牙	Portugal	53.80
34	斯洛伐克	Slovakia	43.43	立陶宛	Lithuania	51.92
35	阿联酋	United Arab Emirates	43.24	拉脱维亚	Latvia	51.25
36	保加利亚	Bulgaria	42.84	马来西亚	Malaysia	50.94
37	马来西亚	Malaysia	42.72	波兰	Poland	50.20
38	波兰	Poland	41.99	希腊	Greece	49.73
39	匈牙利	Hungary	41.74	斯洛伐克	Slovakia	49.66
40	立陶宛	Lithuania	41.17	文莱	Brunei Darussalam	49.27
41	克罗地亚	Croatia	39.80	匈牙利	Hungary	48.36
42	罗马尼亚	Romania	39.16	智利	Chile	48.31
43	土耳其	Turkey	38.90	俄罗斯	Russia	48.21
44	希腊	Greece	38.85	克罗地亚	Croatia	47.96
45	俄罗斯	Russia	38.76	保加利亚	Bulgaria	47.61
46	智利	Chile	38.70	沙特阿拉伯	Saudi Arabia	47.33
47	越南	Viet Nam	38.34	毛里求斯	Mauritius	47.13

The Ranking of Global Innovation Index(GII) in 2017

排名 Rank	创新产出分指数 Innovation Output Sub-Index			效率指数 Efficiency Ratio		
	国家或地区	Country or Area	数值 Score	国家或地区	Country or Area	数值 Score
1	瑞士	Switzerland	65.78	卢森堡	Luxembourg	0.97
2	荷兰	Netherlands	60.92	瑞士	Switzerland	0.95
3	瑞典	Sweden	57.92	中国	China	0.94
4	卢森堡	Luxembourg	55.43	荷兰	Netherlands	0.93
5	美国	United States	53.93	冰岛	Iceland	0.86
6	英国	United Kingdom	53.52	爱尔兰	Ireland	0.85
7	德国	Germany	53.46	德国	Germany	0.84
8	爱尔兰	Ireland	53.41	马耳他	Malta	0.84
9	韩国	Korea, Rep	52.06	土耳其	Turkey	0.84
10	冰岛	Iceland	51.42	越南	Viet Nam	0.84
11	中国	China	50.87	乌克兰	Ukraine	0.83
12	丹麦	Denmark	48.71	瑞典	Sweden	0.83
13	芬兰	Finland	48.06	捷克	Czech Republic	0.83
14	以色列	Israel	46.75	韩国	Korea, Rep.	0.82
15	马耳他	Malta	46.29	保加利亚	Bulgaria	0.80
16	捷克	Czech Republic	46.24	伊朗	Iran	0.80
17	新加坡	Singapore	45.14	亚美尼亚	Armenia	0.80
18	法国	France	44.94	科威特	Kuwait	0.79
19	爱沙尼亚	Estonia	44.87	爱沙尼亚	Estonia	0.79
20	日本	Japan	43.99	英国	United Kingdom	0.78
21	奥地利	Austria	43.27	美国	United States	0.78
22	挪威	Norway	42.29	摩尔多瓦	Moldova, Rep.	0.78
23	加拿大	Canada	41.73	以色列	Israel	0.77
24	新西兰	New Zealand	41.59	泰国	Thailand	0.75
25	中国香港	Hong Kong ,China	40.81	斯洛伐克	Slovakia	0.75
26	西班牙	Spain	40.34	拉脱维亚	Latvia	0.74
27	比利时	Belgium	40.17	蒙古	Mongolia	0.74
28	塞浦路斯	Cyprus	39.75	塞浦路斯	Cyprus	0.74
29	意大利	Italy	39.50	坦桑尼亚	Tanzania	0.73
30	澳大利亚	Australia	39.06	匈牙利	Hungary	0.73
31	葡萄牙	Portugal	38.30	意大利	Italy	0.73
32	保加利亚	Bulgaria	38.08	埃塞俄比亚	Ethiopia	0.72
33	拉脱维亚	Latvia	37.97	葡萄牙	Portugal	0.71
34	斯洛文尼亚	Slovenia	37.21	丹麦	Denmark	0.71
35	斯洛伐克	Slovakia	37.20	法国	France	0.71
36	土耳其	Turkey	35.48	西班牙	Spain	0.70
37	匈牙利	Hungary	35.13	芬兰	Finland	0.70
38	越南	Viet Nam	34.92	巴拿马	Panama	0.69
39	马来西亚	Malaysia	34.49	罗马尼亚	Romania	0.69
40	乌克兰	Ukraine	34.19	科特迪瓦	Côte d'Ivoire	0.69
41	波兰	Poland	33.78	奥地利	Austria	0.69
42	摩尔多瓦	Moldova, Rep.	32.33	印度尼西亚	Indonesia	0.69
43	泰国	Thailand	32.22	哥斯达黎加	Costa Rica	0.69
44	罗马尼亚	Romania	31.95	斯洛文尼亚	Slovenia	0.68
45	科威特	Kuwait	31.91	马达加斯加	Madagascar	0.68
46	克罗地亚	Croatia	31.63	马来西亚	Malaysia	0.68
47	亚美尼亚	Armenia	31.60	比利时	Belgium	0.67

17-6 续表 1

排名 Rank	全球创新指数 Global Innovation Index			创新投入分指数 Innovation Input Sub-Index		
	国家或地区	Country or Area	数值 Score	国家或地区	Country or Area	数值 Score
48	黑山	Montenegro	38.07	卡塔尔	Qatar	46.96
49	卡塔尔	Qatar	37.90	南非	South Africa	46.85
50	乌克兰	Ukraine	37.62	黑山	Montenegro	46.83
51	泰国	Thailand	37.57	罗马尼亚	Romania	46.36
52	蒙古	Mongolia	37.13	哥伦比亚	Colombia	45.75
53	哥斯达黎加	Costa Rica	37.09	马其顿	Macedonia	44.53
54	摩尔多瓦	Moldova, Rep.	36.84	墨西哥	Mexico	44.52
55	沙特阿拉伯	Saudi Arabia	36.17	巴林	Bahrain	44.41
56	科威特	Kuwait	36.10	秘鲁	Peru	44.21
57	南非	South Africa	35.80	哥斯达黎加	Costa Rica	43.97
58	墨西哥	Mexico	35.79	塞尔维亚	Serbia	43.79
59	亚美尼亚	Armenia	35.65	博茨瓦纳	Botswana	43.58
60	印度	India	35.47	巴西	Brazil	43.47
61	马其顿	Macedonia	35.43	乌拉圭	Uruguay	43.47
62	塞尔维亚	Serbia	35.34	阿曼	Oman	43.46
63	巴拿马	Panama	34.98	白俄罗斯	Belarus	43.24
64	毛里求斯	Mauritius	34.82	哈萨克斯坦	Kazakhstan	43.15
65	哥伦比亚	Colombia	34.78	泰国	Thailand	42.92
66	巴林	Bahrain	34.67	印度	India	42.84
67	乌拉圭	Uruguay	34.53	蒙古	Mongolia	42.71
68	格鲁吉亚	Georgia	34.39	土耳其	Turkey	42.32
69	巴西	Brazil	33.10	格鲁吉亚	Georgia	42.16
70	秘鲁	Peru	32.90	阿尔巴尼亚	Albania	42.03
71	文莱	Brunei Darussalam	32.89	越南	Viet Nam	41.75
72	摩洛哥	Morocco	32.72	阿根廷	Argentina	41.38
73	菲律宾	Philippines	32.48	摩尔多瓦	Moldova	41.35
74	突尼斯	Tunisia	32.30	巴拿马	Panama	41.28
75	伊朗	Iran	32.09	波黑	Bosnia and Herzegovina	41.14
76	阿根廷	Argentina	32.00	卢旺达	Rwanda	41.07
77	阿曼	Oman	31.83	乌克兰	Ukraine	41.05
78	哈萨克斯坦	Kazakhstan	31.50	阿塞拜疆	Azerbaijan	40.70
79	多米尼加	Dominican Republic	31.17	摩洛哥	Morocco	40.59
80	肯尼亚	Kenya	30.95	科威特	Kuwait	40.30
81	黎巴嫩	Lebanon	30.64	突尼斯	Tunisia	39.99
82	阿塞拜疆	Azerbaijan	30.58	亚美尼亚	Armenia	39.71
83	约旦	Jordan	30.52	菲律宾	Philippines	39.40
84	牙买加	Jamaica	30.36	牙买加	Jamaica	38.69
85	巴拉圭	Paraguay	30.30	特立尼达和多巴哥	Trinidad and Tobago	38.22
86	波黑	Bosnia and Herzegovina	30.23	吉尔吉斯斯坦	Kyrgyzstan	38.16
87	印度尼西亚	Indonesia	30.10	黎巴嫩	Lebanon	37.99
88	白俄罗斯	Belarus	29.98	多米尼加	Dominican Republic	37.80
89	博茨瓦纳	Botswana	29.97	纳米比亚	Namibia	37.76
90	斯里兰卡	Sri Lanka	29.85	巴拉圭	Paraguay	37.62
91	特立尼达和多巴哥	Trinidad and Tobago	29.75	肯尼亚	Kenya	37.19
92	厄瓜多尔	Ecuador	29.14	约旦	Jordan	37.07
93	阿尔巴尼亚	Albania	28.86	乌干达	Uganda	36.71
94	塔吉克斯坦	Tajikistan	28.16	斯里兰卡	Sri Lanka	36.28

continued

排名 Rank	创新产出分指数 Innovation Output Sub-Index			效率指数 Efficiency Ratio		
	国家或地区	Country or Area	数值 Score	国家或地区	Country or Area	数值 Score
48	蒙古	Mongolia	31.55	波兰	Poland	0.67
49	立陶宛	Lithuania	30.42	日本	Japan	0.67
50	哥斯达黎加	Costa Rica	30.20	肯尼亚	Kenya	0.66
51	俄罗斯	Russia	29.31	挪威	Norway	0.66
52	黑山	Montenegro	29.30	克罗地亚	Croatia	0.66
53	智利	Chile	29.09	印度	India	0.66
54	卡塔尔	Qatar	28.84	多米尼加	Dominican Republic	0.65
55	巴拿马	Panama	28.67	菲律宾	Philippines	0.65
56	阿联酋	United Arab Emirates	28.52	新西兰	New Zealand	0.65
57	伊朗	Iran	28.47	约旦	Jordan	0.65
58	印度	India	28.11	斯里兰卡	Sri Lanka	0.65
59	希腊	Greece	27.96	加拿大	Canada	0.64
60	墨西哥	Mexico	27.07	格鲁吉亚	Georgia	0.63
61	塞尔维亚	Serbia	26.90	柬埔寨	Cambodia	0.63
62	格鲁吉亚	Georgia	26.61	黑山	Montenegro	0.63
63	马其顿	Macedonia	26.32	新加坡	Singapore	0.62
64	乌拉圭	Uruguay	25.60	巴基斯坦	Pakistan	0.62
65	菲律宾	Philippines	25.57	突尼斯	Tunisia	0.62
66	沙特阿拉伯	Saudi Arabia	25.00	厄瓜多尔	Ecuador	0.62
67	巴林	Bahrain	24.92	塞尔维亚	Serbia	0.61
68	摩洛哥	Morocco	24.85	卡塔尔	Qatar	0.61
69	南非	South Africa	24.74	黎巴嫩	Lebanon	0.61
70	肯尼亚	Kenya	24.71	莫桑比克	Mozambique	0.61
71	突尼斯	Tunisia	24.62	摩洛哥	Morocco	0.61
72	多米尼加	Dominican Republic	24.54	巴拉圭	Paraguay	0.61
73	印度尼西亚	Indonesia	24.52	中国香港	Hong Kong,China	0.61
74	约旦	Jordan	23.96	墨西哥	Mexico	0.61
75	哥伦比亚	Colombia	23.82	俄罗斯	Russia	0.61
76	坦桑尼亚	Tanzania	23.63	澳大利亚	Australia	0.60
77	斯里兰卡	Sri Lanka	23.42	智利	Chile	0.60
78	黎巴嫩	Lebanon	23.28	马里	Mali	0.60
79	巴拉圭	Paraguay	22.99	赞比亚	Zambia	0.59
80	巴西	Brazil	22.72	马其顿	Macedonia	0.59
81	阿根廷	Argentina	22.62	埃及	Egypt	0.59
82	毛里求斯	Mauritius	22.51	乌拉圭	Uruguay	0.59
83	厄瓜多尔	Ecuador	22.20	塔吉克斯坦	Tajikistan	0.59
84	牙买加	Jamaica	22.03	立陶宛	Lithuania	0.59
85	秘鲁	Peru	21.60	玻利维亚	Bolivia	0.57
86	特立尼达和多巴哥	Trinidad and Tobago	21.27	牙买加	Jamaica	0.57
87	柬埔寨	Cambodia	20.91	希腊	Greece	0.56
88	塔吉克斯坦	Tajikistan	20.81	巴林	Bahrain	0.56
89	阿塞拜疆	Azerbaijan	20.46	津巴布韦	Zimbabwe	0.56
90	阿曼	Oman	20.19	特立尼达和多巴哥	Trinidad and Tobago	0.56
91	埃塞俄比亚	Ethiopia	20.16	危地马拉	Guatemala	0.56
92	危地马拉	Guatemala	19.93	喀麦隆	Cameroon	0.56
93	哈萨克斯坦	Kazakhstan	19.85	孟加拉国	Bangladesh	0.55
94	科特迪瓦	Côte d'Ivoire	19.53	阿根廷	Argentina	0.55

17−6　续表 2

排名 Rank	全球创新指数 Global Innovation Index			创新投入分指数 Innovation Input Sub-Index		
	国家或地区	Country or Area	数值 Score	国家或地区	Country or Area	数值 Score
95	吉尔吉斯斯坦	Kyrgyzstan	28.01	厄瓜多尔	Ecuador	36.07
96	坦桑尼亚	Tanzania	27.97	萨尔瓦多	El Salvador	36.06
97	纳米比亚	Namibia	27.94	危地马拉	Guatemala	35.86
98	危地马拉	Guatemala	27.90	伊朗	Iran	35.71
99	卢旺达	Rwanda	27.36	印度尼西亚	Indonesia	35.68
100	塞内加尔	Senegal	27.11	塔吉克斯坦	Tajikistan	35.50
101	柬埔寨	Cambodia	27.05	布基纳法索	Burkina Faso	35.28
102	乌干达	Uganda	26.97	塞内加尔	Senegal	35.23
103	萨尔瓦多	El Salvador	26.68	洪都拉斯	Honduras	34.77
104	洪都拉斯	Honduras	26.36	柬埔寨	Cambodia	33.19
105	埃及	Egypt	26.00	阿尔及利亚	Algeria	33.12
106	玻利维亚	Bolivia	25.64	埃及	Egypt	32.69
107	莫桑比克	Mozambique	24.55	玻利维亚	Bolivia	32.62
108	阿尔及利亚	Algeria	24.34	尼泊尔	Nepal	32.51
109	尼泊尔	Nepal	24.20	坦桑尼亚	Tanzania	32.31
110	埃塞俄比亚	Ethiopia	24.16	贝宁	Benin	31.30
111	马达加斯加	Madagascar	24.15	尼日尔	Niger	31.18
112	科特迪瓦	Côte d'Ivoire	23.96	马拉维	Malawi	30.75
113	巴基斯坦	Pakistan	23.80	孟加拉国	Bangladesh	30.64
114	孟加拉国	Bangladesh	23.72	莫桑比克	Mozambique	30.45
115	马拉维	Malawi	23.45	布隆迪	Burundi	30.21
116	贝宁	Benin	23.04	巴基斯坦	Pakistan	29.43
117	喀麦隆	Cameroon	22.58	喀麦隆	Cameroon	29.03
118	马里	Mali	22.48	尼日利亚	Nigeria	28.94
119	尼日利亚	Nigeria	21.92	多哥	Togo	28.81
120	布基纳法索	Burkina Faso	21.86	马达加斯加	Madagascar	28.78
121	津巴布韦	Zimbabwe	21.80	科特迪瓦	Côte d'Ivoire	28.39
122	布隆迪	Burundi	21.31	埃塞俄比亚	Ethiopia	28.16
123	尼日尔	Niger	21.18	马里	Mali	28.14
124	赞比亚	Zambia	20.83	津巴布韦	Zimbabwe	27.98
125	多哥	Togo	18.41	赞比亚	Zambia	26.14
126	几内亚	Guinea	17.41	几内亚	Guinea	24.86
127	也门	Yemen	15.64	也门	Yemen	22.38

continued

排名 Rank	创新产出分指数 Innovation Output Sub-Index			效率指数 Efficiency Ratio		
	国家或地区	Country or Area	数值 Score	国家或地区	Country or Area	数值 Score
95	马达加斯加	Madagascar	19.53	塞内加尔	Senegal	0.54
96	波黑	Bosnia and Herzegovina	19.32	沙特阿拉伯	Saudi Arabia	0.53
97	埃及	Egypt	19.31	南非	South Africa	0.53
98	塞内加尔	Senegal	18.98	马拉维	Malawi	0.53
99	玻利维亚	Bolivia	18.66	巴西	Brazil	0.52
100	莫桑比克	Mozambique	18.64	哥伦比亚	Colombia	0.52
101	巴基斯坦	Pakistan	18.16	洪都拉斯	Honduras	0.52
102	纳米比亚	Namibia	18.11	尼日利亚	Nigeria	0.52
103	洪都拉斯	Honduras	17.96	阿塞拜疆	Azerbaijan	0.50
104	吉尔吉斯斯坦	Kyrgyzstan	17.86	阿联酋	United Arab Emirates	0.49
105	萨尔瓦多	El Salvador	17.31	尼泊尔	Nepal	0.49
106	乌干达	Uganda	17.23	秘鲁	Peru	0.49
107	马里	Mali	16.82	萨尔瓦多	El Salvador	0.48
108	孟加拉国	Bangladesh	16.80	纳米比亚	Namibia	0.48
109	白俄罗斯	Belarus	16.72	毛里求斯	Mauritius	0.48
110	文莱	Brunei Darussalam	16.51	贝宁	Benin	0.47
111	博茨瓦纳	Botswana	16.36	阿尔及利亚	Algeria	0.47
112	马拉维	Malawi	16.15	波黑	Bosnia and Herzegovina	0.47
113	喀麦隆	Cameroon	16.12	乌干达	Uganda	0.47
114	尼泊尔	Nepal	15.90	吉尔吉斯斯坦	Kyrgyzstan	0.47
115	阿尔巴尼亚	Albania	15.69	阿曼	Oman	0.46
116	津巴布韦	Zimbabwe	15.61	哈萨克斯坦	Kazakhstan	0.46
117	阿尔及利亚	Algeria	15.56	布隆迪	Burundi	0.41
118	赞比亚	Zambia	15.52	几内亚	Guinea	0.40
119	尼日利亚	Nigeria	14.90	也门	Yemen	0.40
120	贝宁	Benin	14.78	白俄罗斯	Belarus	0.39
121	卢旺达	Rwanda	13.66	博茨瓦纳	Botswana	0.38
122	布隆迪	Burundi	12.40	阿尔巴尼亚	Albania	0.37
123	尼日尔	Niger	11.18	尼日尔	Niger	0.36
124	几内亚	Guinea	9.97	文莱	Brunei Darussalam	0.34
125	也门	Yemen	8.90	卢旺达	Rwanda	0.33
126	布基纳法索	Burkina Faso	8.45	多哥	Togo	0.28
127	多哥	Togo	8.02	布基纳法索	Burkina Faso	0.24

17-7 按营业额排序的世界最大500家企业(2016年)

资料来源：美国《财富》杂志2016年。
Source: United States Fortune, 2016.

排名 Rank		企业名称	Company Name	国家	Country
2016	2015				
1	1	沃尔玛	Wal-Mart Stores	美国	US
2	2	国家电网公司	State Grid	中国	China
3	4	中国石油化工集团公司	Sinopec Group	中国	China
4	3	中国石油天然气集团公司	China National Petroleum	中国	China
5	8	丰田汽车公司	Toyota Motor	日本	Japan
6	7	大众公司	Volkswagen	德国	Germany
7	5	荷兰皇家壳牌石油公司	Royal Dutch Shell	荷兰	Netherlands
8	11	伯克希尔-哈撒韦公司	Berkshire Hathaway	美国	US
9	9	苹果公司	Apple	美国	US
10	6	埃克森美孚	Exxon Mobil	美国	US
11	12	麦克森公司	Mckesson	美国	US
12	10	英国石油公司	BP	英国	Britain
13	17	联合健康集团	Unitedhealth Group	美国	US
14	18	CVS Health公司	Cvs Health	美国	US
15	13	三星电子	Samsung Electronics	韩国	South Korea
16	14	嘉能可	Glencore	瑞士	Switzerland
17	16	戴姆勒股份公司	Daimler	德国	Germany
18	20	通用汽车公司	General Motors	美国	US
19	23	美国电话电报公司	At&T	美国	US
20	19	EXOR集团	Exor Group	荷兰	Netherlands
21	21	福特汽车公司	Ford Motor	美国	US
22	15	中国工商银行	Industrial & Commercial Bank Of China	中国	China
23	28	美源伯根公司	Amerisourcebergen	美国	US
24	27	中国建筑股份有限公司	China State Construction Engineering	中国	China
25	33	安盛	Axa	法国	France
26	44	亚马逊	Amazon.Com	美国	US
27	25	鸿海精密工业股份有限公司	Hon Hai Precision Industry	中国	China
28	22	中国建设银行	China Construction Bank	中国	China
29	36	本田汽车	Honda Motor	日本	Japan
30	24	道达尔公司	Total	法国	France
31	26	通用电气公司	General Electric	美国	US
32	30	威瑞森电信	Verizon Communications	美国	US
33	37	日本邮政控股公司	Japan Post Holdings	日本	Japan
34	34	安联保险集团	Allianz	德国	Germany
35	50	康德乐	Cardinal Health	美国	US
36	38	好市多	Costco Wholesale	美国	US
37	47	沃博联	Walgreens Boots Alliance	美国	US
38	29	中国农业银行	Agricultural Bank of China	中国	China
39	41	中国平安保险（集团）股份有限公司	Ping An Insurance	中国	China
40	42	克罗格	Kroger	美国	US
41	46	上海汽车集团股份有限公司	Saic Motor	中国	China
42	35	中国银行	Bank of China	中国	China
43	39	法国巴黎银行	Bnp Paribas	法国	France
44	53	日产汽车	Nissan Motor	日本	Japan
45	31	雪佛龙	Chevron	美国	US
46	40	房利美	Fannie Mae	美国	US
47	45	中国移动通信集团公司	China Mobile Communications	中国	China
48	55	摩根大通公司	Jpmorgan Chase & Co.	美国	US
49	--	英国法通保险公司	Legal & General Group	英国	Britain
50	60	日本电报电话公司	Nippon Telegraph & Telephone	日本	Japan

The 500 Largest Companies in the World Sorted by Revenue in 2016

营业额 Revenues		利润额 Profits		资产额（百万美元） Assets (mil.USD)	雇员人数（人） Employees (person)
百万美元 (mil.USD)	比上年增长% % Change from 2015	百万美元 (mil.USD)	比上年增长% % Change from 2015		
485873.0	0.8	13643.0	-7.2	198825.0	2300000
315198.6	-4.4	9571.3	-6.2	489837.5	926067
267518.0	-9.1	1257.9	-65.0	310726.2	713288
262572.6	-12.3	1867.5	-73.7	585619.0	1512048
254694.0	7.7	16899.3	-12.3	437574.6	364445
240263.8	1.5	5937.3	-	432115.6	626715
240033.0	-11.8	4575.0	135.9	411275.0	89000
223604.0	6.1	24074.0	0.0	620854.0	367700
215639.0	-7.7	45687.0	-14.4	321686.0	116000
205004.0	-16.7	7840.0	-51.5	330314.0	72700
198533.0	3.1	5070.0	124.5	60969.0	64500
186606.0	-17.4	115.0	-	263316.0	74500
184840.0	17.7	7017.0	20.7	122810.0	230000
177526.0	15.8	5317.0	1.5	94462.0	204000
173957.3	-2.0	19316.5	16.8	217103.6	325000
173883.0	2.0	1379.0	-	124600.0	93123
169483.0	2.2	9428.4	0.9	256262.4	282488
166380.0	9.2	9427.0	-2.7	221690.0	225000
163786.0	11.6	12976.0	-2.8	403821.0	268540
154893.6	1.5	651.3	-21.1	186171.7	302562
151800.0	1.5	4596.0	-37.7	237951.0	201000
147675.1	-11.7	41883.9	-5.0	3473237.6	461749
146849.7	8.0	1427.9	-	33656.2	18500
144505.2	3.1	2492.9	10.7	201269.4	263915
143722.3	11.2	6446.0	3.5	941555.6	97707
135987.0	27.1	2371.0	297.8	83402.0	341400
135128.8	-4.3	4608.8	-0.4	80435.8	726772
135093.3	-8.7	34840.9	-4.0	3016577.5	362482
129198.4	6.2	5690.3	98.3	170165.4	211915
127925.0	-10.8	6196.0	21.8	230978.0	102168
126661.0	-9.8	8831.0	-	365183.0	295000
125980.0	-4.3	13127.0	-26.6	244180.0	160900
122990.3	3.6	-267.4	-107.5	2631384.5	248384
122195.9	-0.6	7611.5	3.7	932091.3	140253
121546.0	18.5	1427.0	17.4	34122.0	37300
118719.0	2.2	2350.0	-1.1	33163.0	172000
117351.0	13.4	4173.0	-1.1	72688.0	300000
117274.9	-12.1	27687.8	-3.6	2816038.7	501368
116581.1	5.7	9392.0	8.9	802489.8	318588
115337.0	5.0	1975.0	-3.1	36505.0	443000
113860.8	6.7	4818.2	1.6	84988.6	97582
113708.2	-7.1	24773.4	-8.9	2611538.8	308900
109026.4	-2.2	8517.2	14.7	2190422.9	184839
108164.1	6.5	6123.4	40.3	165344.3	137250
107567.0	-18.0	-497.0	-110.8	260078.0	55200
107162.0	-2.9	12313.0	12.4	3287968.0	7000
107116.5	0.3	9614.3	-5.2	246445.6	463712
105486.0	4.4	24733.0	1.2	2490972.0	243355
105234.8	442.3	1697.9	3.4	577954.3	8939
105127.5	9.4	7384.4	20.2	190739.8	274844

17-7 续表 1

排名 Rank		企业名称	Company Name	国家	Country
2016	2015				
51	54	中国人寿保险（集团）公司	China Life Insurance	中国	China
52	51	宝马集团	Bmw Group	德国	Germany
53	52	美国快捷药方控股公司	Express Scripts Holding	美国	US
54	59	托克集团	Trafigura Group	新加坡	Singapore
55	57	中国铁路工程总公司	China Railway Engineering	中国	China
56	126	英国保诚集团	Prudential	英国	Britain
57	49	意大利忠利保险公司	Assicurazioni Generali	意大利	Italy
58	62	中国铁道建筑总公司	China Railway Construction	中国	China
59	69	家得宝	Home Depot	美国	U.S.
60	61	波音	Boeing	美国	U.S.
61	67	美国富国银行	Wells Fargo	美国	U.S.
62	64	美国银行	Bank of America Corp.	美国	U.S.
63	56	俄罗斯天然气工业股份公司	Gazprom	俄罗斯	Russia
64	66	雀巢公司	Nestlé	瑞士	Switzerland
65	94	Alphabet公司	Alphabet	美国	U.S.
66	71	西门子	Siemens	德国	Germany
67	73	家乐福	Carrefour	法国	France
68	81	东风汽车公司	Dongfeng Motor Group	中国	China
69	63	微软	Microsoft	美国	U.S.
70	85	Anthem公司	Anthem	美国	U.S.
71	79	日立	Hitachi	日本	Japan
72	92	软银集团	Softbank Group	日本	Japan
73	75	西班牙国家银行	Banco Santander	西班牙	Spain
74	70	花旗集团	Citigroup	美国	U.S.
75	58	巴西国家石油公司	Petrobras	巴西	Brazil
76	87	博世公司	Robert Bosch	德国	Germany
77	90	德国电信	Deutsche Telekom	德国	Germany
78	84	现代汽车	Hyundai Motor	韩国	South Korea
79	96	美国康卡斯特电信公司	Comcast	美国	U.S.
80	77	法国农业信贷银行	Crédit Agricole	法国	France
81	82	国际商业机器公司	International Business Machines	美国	U.S.
82	80	法国电力公司	Électricité De France	法国	France
83	129	华为投资控股有限公司	Huawei Investment & Holding	中国	China
84	78	意大利国家电力公司	Enel	意大利	Italy
85	93	州立农业保险公司	State Farm Insurance Cos.	美国	U.S.
86	91	中国华润总公司	China Resources National	中国	China
87	111	日本永旺集团	Aeon	日本	Japan
88	68	汇丰银行控股公司	Hsbc Holdings	英国	Britain
89	99	太平洋建设集团	Pacific Construction Group	中国	China
90	279	英杰华集团（AVIVA）	Aviva	英国	Britain
91	--	Uniper公司	Uniper	德国	Germany
92	72	乐购	Tesco	英国	Britain
93	89	Engie集团	Engie	法国	France
94	100	空中客车集团	Airbus Group	荷兰	Netherlands
95	294	SK集团	SK Holdings	韩国	South Korea
96	74	Phillips 66公司	Phillips 66	美国	U.S.
97	103	强生	Johnson & Johnson	美国	U.S.
98	86	宝洁公司	Procter & Gamble	美国	U.S.
99	107	美国邮政	U.S.Postal Service	美国	U.S.
100	95	中国南方电网有限责任公司	China Southern Power Grid	中国	China

continued

营业额 Revenues		利润额 Profits		资产额 (百万美元) Assets (mil.USD)	雇员人数 (人) Employees (person)
百万美元 (mil.USD)	比上年增长% % Change from 2015	百万美元 (mil.USD)	比上年增长% % Change from 2015		
104818.2	3.5	162.4	-96.1	483026.4	143676
104129.7	1.8	7589.4	7.4	198834.6	124729
100287.5	-1.4	3404.4	37.5	51744.9	25600
98097.8	0.9	750.8	-39.3	41230.1	4107
96978.5	-2.5	924.1	-6.0	108863.7	292215
96965.2	53.7	2592.8	-34.2	581220.5	23673
95216.6	-7.2	2301.3	2.2	549656.2	73727
94876.5	-0.8	1192.4	7.8	109967.9	336872
94595.0	6.9	7957.0	13.5	42966.0	406000
94571.0	-1.6	4895.0	-5.4	89997.0	150540
94176.0	4.6	21938.0	-4.2	1930115.0	269100
93662.0	0.7	17906.0	12.7	2187702.0	208024
91382.4	-8.1	14222.6	10.4	277261.5	467400
90813.9	-1.6	8659.2	-8.1	129823.8	328000
90272.0	20.4	19478.0	19.1	167497.0	72053
88419.1	0.9	6050.5	-27.4	141270.9	351000
87111.9	-0.4	825.0	-24.1	51513.4	384151
86193.5	4.1	1415.0	-4.4	59531.8	189795
85320.0	-8.8	16798.0	37.8	193694.0	114000
84863.0	7.2	2469.8	-3.5	65083.1	53000
84558.4	1.2	2134.3	48.8	86741.9	303887
82892.3	8.4	13163.4	233.3	221113.1	68402
82801.3	-2.5	6860.7	3.7	1412281.2	185606
82386.0	-6.7	14912.0	-13.5	1792077.0	219000
81405.0	-16.3	-4838.0	-	246983.0	68829
80869.4	3.3	2155.3	-39.1	86347.8	389281
80831.8	5.3	2958.1	-18.0	156596.7	221000
80701.4	-0.8	4659.0	-17.9	148092.0	129315
80403.0	7.9	8695.0	6.5	180500.0	159000
80257.8	-4.6	3914.7	0.4	1607500.5	70830
79919.0	-3.1	11872.0	-10.0	117470.0	414400
78739.5	-5.4	3152.8	139.4	297025.9	154808
78510.8	24.9	5579.4	-5.0	63836.8	180000
78063.9	-7.0	2842.0	16.7	164096.2	62080
76131.8	0.6	350.3	-94.4	256029.9	68234
75776.3	-1.0	2580.2	3.7	158291.1	420572
75772.0	11.8	103.9	108.6	78223.4	274760
75329.0	-15.4	2479.0	-81.7	2374986.0	241000
74629.0	2.2	3168.1	-1.2	48196.4	362128
74627.6	105.9	948.8	-32.3	544063.0	29530
74406.8	-	-3557.5	-	51540.8	12890
74393.1	-15.1	-52.7	-125.3	57052.4	342770
73692.4	-4.9	-458.9	-	167157.8	153090
73628.3	3.0	1100.3	-63.2	117204.2	133782
72579.1	107.4	659.7	-86.0	85332.3	84000
72396.0	-16.9	1555.0	-63.2	51653.0	14800
71890.0	2.6	16540.0	7.3	141208.0	126400
71726.0	-8.9	10508.0	49.3	127136.0	105000
71498.0	3.7	-5591.0	-	25219.0	574349
71241.5	-4.6	2329.8	4.8	99186.7	302421

17-7 续表 2

排名 Rank		企业名称	Company Name	国家	Country
2016	2015				
101	102	中国南方工业集团公司	China South Industries Group	中国	China
102	76	卢克石油公司	Lukoil	俄罗斯	Russia
103	110	中国交通建设集团有限公司	China Communications Construction	中国	China
104	155	法国BPCE银行集团	Groupe BPCE	法国	France
105	113	索尼	Sony	日本	Japan
106	83	瓦莱罗能源公司	Valero Energy	美国	US
107	97	塔吉特公司	Target	美国	US
108	43	法国兴业银行	Société Générale	法国	France
109	106	慕尼黑再保险公司	Munich Re Group	德国	Germany
110	128	松下	Panasonic	日本	Japan
111	114	日本生命保险公司	Nippon Life Insurance	日本	Japan
112	141	苏黎世保险集团	Zurich Insurance Group	瑞士	Switzerland
113	159	伊塔乌联合银行控股公司	Itaú Unibanco Holding	巴西	Brazil
114	119	中国人民保险集团股份有限公司	People's Insurance Co. Of China	中国	China
115	109	中国海洋石油总公司	China National Offshore Oil	中国	China
116	138	丸红株式会社	Marubeni	日本	Japan
117	108	德国邮政	Deutsche Post	德国	Germany
118	124	房地美	Freddie Mac	美国	US
119	105	中国邮政集团公司	China Post Group	中国	China
120	323	中国五矿集团公司	China Minmetals	中国	China
121	193	英国劳埃德银行集团	Lloyds Banking Group	英国	Britain
122	148	美国劳氏公司	Lowe'S	美国	US
123	101	麦德龙	Metro	德国	Germany
124	--	戴尔科技公司	Dell Technologies	美国	US
125	130	中国第一汽车集团公司	China Faw Group	中国	China
126	88	巴斯夫公司	Basf	德国	Germany
127	131	JXTG控股有限公司	Jx Holdings	日本	Japan
128	104	大都会人寿	Metlife	美国	US
129	122	天津物产集团有限公司	Tewoo Group	中国	China
130	142	安泰保险	Aetna	美国	US
131	127	百事公司	Pepsico	美国	US
132	65	埃尼石油公司	Eni	意大利	Italy
133	132	中国电信集团公司	China Telecommunications	中国	China
134	112	ADM公司	Archer Daniels Midland	美国	US
135	134	中国兵器工业集团公司	China North Industries Group	中国	China
136	121	中粮集团有限公司	Cofco	中国	China
137	160	北京汽车集团	Beijing Automotive Group	中国	China
138	149	联合包裹速递服务公司	United Parcel Service	美国	US
139	--	安邦保险集团	Anbank Insurance Group	中国	China
140	140	标致	Peugeot	法国	France
141	--	艾伯森公司	Albertsons Cos.	美国	US
142	135	第一生命控股有限公司	Dai-Ichi Life Holdings	日本	Japan
143	139	中国中化集团公司	Sinochem Group	中国	China
144	158	英特尔公司	Intel	美国	US
145	151	三菱商事株式会社	Mitsubishi	日本	Japan
146	144	欧尚集团	Auchan Holding	法国	France
147	253	荷兰全球保险集团	Aegon	荷兰	Netherlands
148	152	保德信金融集团	Prudential Financial	美国	US
149	133	沃达丰集团	Vodafone Group	英国	Britain
150	147	联合利华	Unilever	英国/荷兰	UK / Netherlands

continued

营业额 Revenues		利润额 Profits		资产额（百万美元）Assets (mil.USD)	雇员人数（人）Employees (person)
百万美元 (mil.USD)	比上年增长% % Change from 2015	百万美元 (mil.USD)	比上年增长% % Change from 2015		
71150.5	1.5	580.3	-61.0	51857.3	232817
70896.8	-16.3	3090.6	-35.1	82178.7	105500
70750.8	4.4	1431.3	-16.2	146763.3	152666
70516.5	25.5	4410.1	22.6	1302720.9	102827
70170.3	3.9	676.4	-45.1	158518.6	128400
70166.0	-14.2	2289.0	-42.6	46173.0	9996
69495.0	-5.8	2737.0	-18.6	37431.0	323000
69335.4	-1.1	4284.0	-3.5	1457752.6	151341
68699.6	-1.1	2853.1	-17.2	282435.1	43428
67774.9	6.7	1378.4	0.2	53702.2	257533
67388.3	0.4	2786.9	-17.1	650429.0	85171
67245.0	11.0	3211.0	74.3	382679.0	52473
66876.3	21.4	6666.4	-13.7	415972.3	94779
66731.9	3.3	2144.3	-31.0	134131.8	188570
65891.7	-2.8	1752.4	-62.0	166595.4	100821
65791.6	8.2	1433.7	176.4	61904.1	39952
65786.8	-3.8	2918.3	70.8	40387.0	459262
65665.0	3.4	7815.0	22.6	2023376.0	5982
65605.0	-5.8	4980.3	18.7	1221649.0	941211
65546.9	105.6	-446.7	-	109334.2	212406
65208.1	38.2	2784.4	111.9	1010244.6	70433
65017.0	10.1	3093.0	21.5	34408.0	240000
64853.3	-9.0	665.0	-13.6	28039.1	196540
64806.0	18.1	-1672.0	-	118206.0	138000
64783.9	3.1	2411.3	-25.9	54771.8	122323
63641.4	-18.6	4485.3	1.4	80675.0	109543
63628.5	1.8	1477.3	-	59766.9	26247
63476.0	-9.3	800.0	-84.9	898764.0	58000
63324.2	-1.4	141.7	-11.6	34713.0	17353
63155.0	4.7	2271.0	-5.0	69146.0	49500
62799.0	-0.4	6329.0	16.1	74129.0	264000
62693.7	-32.6	-1619.0	-	131348.9	33536
62387.0	1.0	1764.6	2.9	115818.8	413536
62346.0	-7.9	1279.0	-30.8	39769.0	31800
61325.5	-0.5	853.0	6.2	53139.8	234771
61265.3	-5.0	204.5	-23.0	72071.9	101708
61129.5	11.3	1260.6	14.9	57783.1	134765
60906.0	4.4	3431.0	-29.2	40377.0	335520
60799.8	124.0	3883.9	0.9	430040.2	40707
59748.8	-1.5	1913.1	91.8	47619.7	175341
59678.2	1.6	-373.3	-	23755.0	273000
59589.7	-2.5	2134.5	43.5	466617.4	62606
59532.6	-1.9	468.0	-	57483.9	60576
59387.0	7.3	10316.0	-9.7	113327.0	106000
59303.2	2.8	4063.5	-	141401.6	77164
58861.9	-2.2	652.4	13.5	38537.2	342709
58789.0	50.5	483.3	-38.7	448665.9	29380
58779.0	2.9	4368.0	-22.6	783692.0	49739
58611.4	-5.0	-6904.0	-	165419.7	111556
58292.4	-1.4	5732.7	5.3	59511.7	168832

17-7 续表 3

排名 Rank		企业名称	Company Name	国家	Country
2016	2015				
151	115	巴西银行	Banco Do Brasil	巴西	Brazil
152	98	墨西哥石油公司	Pemex	墨西哥	Mexico
153	137	西班牙电话公司	Telefónica	西班牙	Spain
154	209	巴西布拉德斯科银行	Banco Bradesco	巴西	Brazil
155	136	联合技术公司	United Technologies	美国	US
156	123	安赛乐米塔尔	Arcelormittal	卢森堡	Luxembourg
157	178	雷诺	Renault	法国	France
158	118	俄罗斯石油公司	Rosneft Oil	俄罗斯	Russia
159	163	山东魏桥创业集团有限公司	Shandong Weiqiao Pioneering Group	中国	China
160	120	马拉松原油公司	Marathon Petroleum	美国	US
161	164	华特迪士尼公司	Walt Disney	美国	US
162	143	中国航空工业集团公司	Aviation Industry Corp. Of China	中国	China
163	117	荷兰国际集团	Ing Group	荷兰	Netherlands
164	191	三菱日联金融集团	Mitsubishi Ufj Financial Group	日本	Japan
165	222	皇家阿霍德德尔海兹集团	Royal Ahold	荷兰	Netherlands
166	162	哈门那公司	Humana	美国	US
167	179	Seven & I 控股公司	Seven & I Holdings	日本	Japan
168	161	印度石油公司	Indian Oil	印度	India
169	167	瑞士罗氏公司	Roche Group	瑞士	Switzerland
170	353	海航集团	Hna Group	中国	China
171	153	交通银行	Bank Of Communications	中国	China
172	156	中国中信集团有限公司	Citic Group	中国	China
173	186	辉瑞制药有限公司	Pfizer	美国	US
174	165	拜耳集团	Bayer	德国	Germany
175	150	美国国际集团	American International Group	美国	US
176	154	美洲电信	América Móvil	墨西哥	Mexico
177	172	韩国电力公司	Korea Electric Power	韩国	Korea
178	197	洛克希德－马丁	Lockheed Martin	美国	US
179	188	西斯科公司	Sysco	美国	US
180	192	联邦快递	Fedex	美国	US
181	--	慧与公司	Hewlett Packard Enterprise	美国	US
182	157	路易达孚集团	Louis Dreyfus	荷兰	Netherlands
183	190	正威国际集团	Amer International Group	中国	China
184	125	马来西亚国家石油公司	Petronas	马来西亚	Malaysia
185	177	东京电力公司	Tokyo Electric Power	日本	Japan
186	175	诺华公司	Novartis	瑞士	Switzerland
187	183	思科公司	Cisco Systems	美国	US
188	231	MS&AD保险集团控股有限公司	Ms&Ad Insurance Group Holdings	日本	Japan
189	166	德意志银行	Deutsche Bank	德国	Germany
190	200	中国电力建设集团有限公司	Powerchina	中国	China
191	185	巴西JBS公司	Jbs	巴西	Brazil
192	146	泰国国家石油有限公司	Ptt	泰国	Thailand
193	261	东京海上日动火灾保险公司	Tokio Marine Holsings	日本	Japan
194	48	惠普公司	Hp	美国	US
195	174	莱茵集团	Rwe	德国	Germany
196	187	陶氏化学	Dow Chemical	美国	US
197	170	Finatis公司	Finatis	法国	France
198	171	西农	Wesfarmers	澳大利亚	Australia
199	205	中国医药集团	Sinopharm	中国	China
200	182	法国国家人寿保险公司	Cnp Assurances	法国	France

continued

营业额 Revenues		利润额 Profits		资产额 (百万美元) Assets (mil.USD)	雇员人数 (人) Employees (person)
百万美元 (mil.USD)	比上年增长% % Change from 2015	百万美元 (mil.USD)	比上年增长% % Change from 2015		
58093.4	-13.4	2013.8	-52.3	426415.7	100622
57773.9	-21.4	-10256.3	-	113115.0	125689
57543.8	-5.5	2619.7	283.4	130395.5	127323
57442.7	31.3	5127.9	-5.7	366417.6	94541
57244.0	-6.2	5055.0	-33.6	89706.0	201600
56791.0	-10.7	1779.0	-	75142.0	198517
56666.8	12.7	3780.9	20.7	107680.9	124849
56553.3	-12.7	2705.1	-53.4	180755.7	295800
56174.0	5.9	1217.2	8.6	31640.9	135393
55858.0	-13.5	1174.0	-58.8	44413.0	44460
55632.0	6.0	9391.0	12.0	92033.0	195000
55306.2	-8.2	464.2	-47.4	124891.5	457097
55282.3	-16.5	5501.6	0.7	888226.1	51943
55185.3	15.9	8550.1	7.9	2722353.8	115276
54955.0	29.7	917.9	-2.9	38256.7	225000
54379.0	0.2	614.0	-51.9	25396.0	51600
53858.0	7.5	892.9	-33.0	49243.7	54712
53561.5	-2.1	2960.0	72.7	42131.7	34999
53427.2	2.0	9719.9	5.5	75609.3	94052
53035.3	79.4	278.9	18.7	173095.4	220258
52989.6	-7.1	10116.9	-4.4	1209175.6	95160
52852.0	-5.5	3236.3	-14.0	938260.9	201263
52824.0	8.1	7215.0	3.7	171615.0	96500
52568.6	0.3	5010.6	9.9	86730.6	115170
52367.0	-10.2	-849.0	-138.7	498264.0	56400
52201.0	-7.4	462.9	-79.0	73554.7	194193
51500.4	-0.6	6074.1	-48.3	147264.9	43688
50658.0	9.8	5302.0	47.1	47806.0	97000
50366.9	3.5	949.6	38.3	16721.8	51900
50365.0	6.1	1820.0	73.3	46064.0	335767
50123.0	-	3161.0	-	79679.0	195000
49838.0	-10.6	305.0	44.5	19843.0	17407
49676.7	3.9	1199.9	5.2	18404.9	17852
49478.7	-22.0	4092.9	21.4	134528.3	51034
49446.4	-2.2	1225.7	4.5	110202.0	42060
49436.0	-3.1	6712.0	-62.3	130124.0	118393
49247.0	0.2	10739.0	19.6	121652.0	73700
49238.8	17.9	1942.2	28.5	190596.0	40641
48876.2	-6.8	-1550.4	-	1677437.2	99744
48868.8	7.2	1057.6	-9.6	86687.0	187813
48825.3	-0.1	107.7	-92.3	31604.5	237061
48719.1	-17.7	2681.6	360.6	62348.7	24934
48291.6	26.6	2527.4	19.2	202922.6	38842
48238.0	-53.3	2496.0	-45.2	29010.0	49000
48203.8	-6.6	-6249.1	-	80575.8	58652
48158.0	-1.3	4318.0	-43.8	79511.0	56000
48154.0	-7.3	687.8	-	46269.8	232503
48002.9	-7.6	296.1	-85.4	30358.0	220000
47809.7	7.9	504.0	13.7	36767.3	106772
47804.3	-3.0	1327.3	5.8	442027.3	5035

17-7 续表 4

排名 Rank		企业名称	Company Name	国家	Country
2016	2015				
201	180	LG电子	Lg Electronics	韩国	South Korea
202	243	日本三井住友金融集团	Sumitomo Mitsui Financial Group	日本	Japan
203	215	信实工业公司	Reliance Industries	印度	India
204	275	中国宝武钢铁集团	China Baowu Steel Group	中国	China
205	116	来宝集团	Noble Group	中国	China
206	211	百威英博	Anheuser-Busch Inbev	比利时	Belgium
207	145	挪威国家石油公司	Statoil	挪威	Norway
208	173	韩国浦项制铁公司	Posco	韩国	South Korea
209	208	起亚汽车	Kia Motors	韩国	South Korea
210	204	Orange公司	Orange	法国	France
211	234	中国化工集团公司	Chemchina	中国	China
212	203	德国联邦铁路公司	Deutsche Bahn	德国	Germany
213	213	德国大陆集团	Continental	德国	Germany
214	212	HCA公司	Hca Holdings	美国	U.S.
215	223	日本伊藤忠商事株式会社	Itochu	日本	Japan
216	189	招商银行	China Merchants Bank	中国	China
217	232	印度国家银行	State Bank Of India	印度	India
218	176	澳大利亚伍尔沃斯公司	Woolworths	澳大利亚	Australia
219	271	日本KDDI电信公司	Kddi	日本	Japan
220	282	瑞士再保险股份有限公司	Swiss Re	瑞士	Switzerland
221	201	河钢集团有限公司	Hbis Group	中国	China
222	229	中国华信能源有限公司	Cefc China Energy	中国	China
223	219	Spain对外银行	Banco Bilbao Vizcaya Argentaria	西班牙	Spain
224	184	蒂森克虏伯	Thyssenkrupp	德国	Germany
225	196	圣戈班集团	Saint-Gobain	法国	France
226	202	联想集团	Lenovo Group	中国	China
227	210	万喜集团	Vinci	法国	France
228	238	新日铁住金	Nippon Steel & Sumitomo Metal	日本	Japan
229	214	邦吉公司	Bunge	美国	U.S.
230	195	兴业银行	Industrial Bank	中国	China
231	32	意昂集团	E.on	德国	Germany
232	199	俄罗斯联邦储蓄银行	Sberbank	俄罗斯	Russia
233	281	中国船舶重工集团公司	China Shipbuilding Industry	中国	China
234	228	迪奥	Christian Dior	法国	France
235	206	可口可乐公司	Coca-Cola	美国	U.S.
236	268	电装公司	Denso	日本	Japan
237	248	富士通	Fujitsu	日本	Japan
238	303	广州汽车工业集团	Guangzhou Automobile Industry Group	中国	China
239	254	丰益国际	Wilmar International	新加坡	Singapore
240	233	赛诺菲	Sanofi	法国	France
241	207	中国联合网络通信股份有限公司	China United Network Communications	中国	China
242	335	住友生命保险公司	Sumitomo Life Insurance	日本	Japan
243	198	美国纽约人寿保险公司	New York Life Insurance	美国	U.S.
244	470	Centene公司	Centene	美国	U.S.
245	227	上海浦东发展银行股份有限公司	Shanghai Pudong Development Bank	中国	China
246	277	韩华集团	Hanwha	韩国	South Korea
247	226	印度塔塔汽车公司	Tata Motors	印度	India
248	262	中国铝业公司	Aluminum Corp. Of China	中国	China
249	245	三井物产株式会社	Mitsui	日本	Japan
250	394	宏利金融	Manulife Financial	加拿大	Canada

continued

营业额 Revenues		利润额 Profits		资产额（百万美元）Assets (mil.USD)	雇员人数（人）Employees (person)
百万美元 (mil.USD)	比上年增长% % Change from 2015	百万美元 (mil.USD)	比上年增长% % Change from 2015		
47712.2	-4.6	66.2	-39.8	31347.5	75000
47374.6	19.2	6520.5	21.0	1775348.8	77205
46930.7	8.0	4458.9	5.6	108856.0	140483
46606.2	-11.5	442.8	-	106724.7	169344
46528.3	-30.3	8.7	-	12284.6	1000
45905.0	5.3	1241.0	-85.0	258381.0	206633
45873.0	-23.4	-2902.0	-	104530.0	20539
45620.5	-11.8	1167.5	669.8	66361.1	31768
45425.0	3.7	2373.8	2.0	42140.8	51357
45249.0	1.3	3245.7	10.3	99839.7	155202
45177.2	9.1	17.9	-	54340.9	110614
44849.8	0.1	768.6	-	59716.3	306368
44841.5	3.0	3099.1	2.4	38151.1	220137
44747.0	2.7	2890.0	35.7	33758.0	210500
44654.1	5.5	3250.6	62.3	72902.2	110207
44551.8	-8.1	9344.8	1.8	855070.3	70461
44533.4	6.8	36.0	-98.1	530590.1	278872
43924.9	-13.2	-898.3	-150.3	17494.6	205000
43821.6	17.8	5045.1	22.5	56223.2	35032
43786.0	22.6	3558.0	-22.6	215065.0	14053
43768.9	-3.3	-146.8	-	51858.1	125552
43743.3	4.5	740.9	22.8	22577.7	29637
43697.5	1.7	3842.8	31.1	771837.2	134792
43589.0	-11.0	328.6	-7.1	39411.2	156487
43230.8	-6.4	1449.8	0.9	46158.0	172696
43034.7	-4.2	535.1	-	27186.0	52000
42770.8	-1.9	2770.1	22.1	71642.1	183487
42756.9	4.6	1208.5	-0.2	65182.0	100169
42679.0	-1.8	745.0	-5.8	19188.0	32000
42621.6	-8.2	8105.9	1.5	875731.3	56236
42213.4	-67.3	-9344.4	-	67178.9	43138
42159.4	-7.6	8078.0	121.0	415729.8	325075
42149.2	17.0	485.8	-62.9	69620.9	182129
42112.8	0.5	1740.3	-38.7	69870.0	120479
41863.0	-5.5	6527.0	-11.2	87270.0	100300
41781.0	10.9	2377.6	16.9	46232.5	154493
41619.9	5.4	816.7	13.0	28646.4	155069
41560.4	20.7	551.9	10.8	30267.0	75908
41401.7	6.8	972.2	-7.9	37032.4	90000
41376.3	-0.2	5207.4	9.5	110390.2	113816
41273.9	-6.4	23.2	-95.8	88626.1	253724
40920.8	31.6	517.5	-6.1	308346.4	42245
40786.6	-11.1	1088.1	324.1	287196.0	11320
40721.0	78.6	562.0	58.3	20197.0	30500
40688.7	-3.2	7992.8	-0.7	842832.3	52832
40605.5	11.0	423.7	-	128247.0	49000
40329.2	-4.2	1111.6	-34.0	42161.5	79558
40278.0	6.0	-282.5	-	75089.0	121146
40275.0	1.6	2825.3	-	103231.4	42316
40238.1	49.4	2209.7	28.9	537460.7	34500

17-7 续表 5

排名 Rank		企业名称	Company Name	国家	Country
2016	2015				
251	221	中国民生银行	China Minsheng Banking	中国	China
252	251	中国太平洋保险	China Pacific Insurance(Group)	中国	China
253	236	美国航空集团	American Airlines Group	美国	U.S.
254	241	美国全国保险公司	Nationwide	美国	U.S.
255	246	默沙东	Merck	美国	U.S.
256	264	信诺	Cigna	美国	U.S.
257	239	达美航空	Delta Air Lines	美国	U.S.
258	244	百思买	Best Buy	美国	U.S.
259	327	中国建筑材料集团有限公司	China National Building Materials Group	中国	China
260	256	霍尼韦尔国际公司	Honeywell International	美国	U.S.
261	366	京东	Jd.Com	中国	China
262	276	三菱电机股份有限公司	Mitsubishi Electric	日本	Japan
263	320	采埃孚	Zf Friedrichshafen	德国	Germany
264	194	卡特彼勒	Caterpillar	美国	U.S.
265	249	美国利宝互助保险集团	Liberty Mutual Insurance Group	美国	U.S.
266	351	加拿大鲍尔集团	Power Corp. Of Canada	加拿大	Canada
267	263	摩根士丹利	Morgan Stanley	美国	U.S.
268	---	恒力集团(HENGLI GROUP)	Hengli Group	中国	China
269	216	南苏格兰电力	Sse	英国	Britain
270	258	万通互惠理财	Massachusetts Mutual Life Insurance	美国	U.S.
271	252	高盛	Goldman Sachs Group	美国	U.S.
272	---	江森自控国际公司	Johnson Controls International	爱尔兰	Ireland
273	278	英国葛兰素史克公司	Glaxosmithkline	英国	Britain
274	217	中国华能集团公司	China Huaneng Group	中国	China
275	225	Energy Transfer Equity公司	Energy Transfer Equity	美国	U.S.
276	270	神华集团	Shenhua Group	中国	China
277	311	绿地控股集团有限公司	Greenland Holding Group	中国	China
278	291	美国教师退休基金会	Tiaa	美国	U.S.
279	273	怡和集团	Jardine Matheson	中国	China
280	260	甲骨文公司	Oracle	美国	U.S.
281	255	SpainACS集团	Acs	西班牙	Spain
282	308	住友商事	Sumitomo	日本	Japan
283	235	泰森食品	Tyson Foods	美国	U.S.
284	181	巴克莱	Barclays	英国	Britain
285	305	意大利邮政集团	Poste Italiane	意大利	Italy
286	220	英国森特理克集团	Centrica	英国	Britain
287	265	美国联合大陆控股有限公司	United Continental Holdings	美国	U.S.
288	283	好事达	Allstate	美国	U.S.
289	230	印尼国家石油公司	Pertamina	印度尼西亚	Indonesia
290	306	麦格纳国际	Magna International	加拿大	Canada
291	257	瑞银集团	Ubs Group	瑞士	Switzerland
292	224	意大利联合圣保罗银行	Intesa Sanpaolo	意大利	Italy
293	274	加拿大乔治威斯顿公司	George Weston	加拿大	Canada
294	307	日本三菱重工业股份有限公司	Mitsubishi Heavy Industries	日本	Japan
295	423	Rajesh Exports公司	Rajesh Exports	印度	India
296	259	和硕	Pegatron	中国	China
297	284	日本明治安田生命保险公司	Meiji Yasuda Life Insurance	日本	Japan
298	240	马士基集团	Maersk Group	丹麦	Denmark
299	247	沙特基础工业公司	Sabic	沙特阿拉伯	Saudi Arabia
300	280	法国布伊格集团	Bouygues	法国	France

continued

营业额 Revenues		利润额 Profits		资产额 (百万美元) Assets (mil.USD)	雇员人数 (人) Employees (person)
百万美元 (mil.USD)	比上年增长% % Change from 2015	百万美元 (mil.USD)	比上年增长% % Change from 2015		
40234.3	-5.2	7201.6	-1.8	848388.7	58720
40192.7	2.2	1814.9	-35.7	146872.7	97032
40180.0	-2.0	2676.0	-64.8	51274.0	122300
40074.1	-0.4	334.3	-42.4	197789.7	34320
39807.0	0.8	3920.0	-11.8	95377.0	68000
39668.0	4.7	1867.0	-10.8	59360.0	41000
39639.0	-2.6	4373.0	-3.4	51261.0	83756
39403.0	-0.9	1228.0	36.9	13856.0	125000
39322.6	24.0	74.5	-	81223.8	228448
39302.0	1.9	4809.0	0.9	54146.0	131000
39155.3	35.7	-573.0	-	23077.0	120622
39118.6	6.9	1942.6	2.1	37519.3	138700
38888.2	20.2	949.9	-12.1	30719.3	136820
38537.0	-18.0	-67.0	-103.2	74704.0	95400
38308.0	-2.9	1006.0	95.7	125592.0	50000
38286.4	27.9	855.5	-40.5	315387.4	30259
37949.0	0.1	5979.0	-2.4	814949.0	55311
37879.7	12.2	821.7	43.7	14838.3	61400
37813.0	-12.7	2082.9	200.3	29899.2	21157
37788.0	-1.2	1273.5	-10.6	271039.8	11737
37712.0	-3.8	7398.0	21.6	860165.0	34400
37674.0	-6.3	-868.0	-155.5	63253.0	209000
37641.8	3.0	1230.9	-90.4	72984.6	99300
37542.6	-13.1	-85.9	-111.1	144305.6	143691
37504.0	-11.0	995.0	-16.3	79011.0	30992
37321.5	-0.8	1916.9	37.9	140910 .8	202200
37240.3	12.8	1085.2	-1.0	105494.8	39887
37105.4	5.5	1492.3	22.9	523194.0	12997
37051.0	0.1	2503.0	39.3	71523.0	430000
37047.0	-3.1	8901.0	-10.4	112180.0	136000
36992.2	-4.5	830.5	3.2	35196.4	117542
36888.0	10.4	1577.1	154.0	69668.7	70900
36881.0	-10.9	1768.0	44.9	22373.0	114000
36788.8	-25.7	2807.4	-	1498611.5	119300
36616.8	7.4	687.8	12.3	203759.8	136739
36579.6	-14.4	2256.7	-	27046.3	38278
36556.0	-3.5	2263.0	-69.2	40140.0	88000
36534.0	2.5	1877.0	-13.5	108610.0	43275
36486.7	-12.6	3147.0	121.6	47233.2	27227
36445.0	7.6	2031.0	0.9	22566.0	155450
36229.5	-5.9	3252.2	-49.6	920291.3	59387
36225.3	-14.2	3440.3	13.2	764712.1	89126
36211.1	-1.3	414.9	0.6	28298.9	195000
36122.4	7.2	809.6	52.3	49205.0	82728
36113.9	43.1	185.8	13.8	3716.6	328
35891.2	-6.1	599.6	-20.1	13776.4	196251
35766.6	0.4	2064.8	15.8	362739.2	41872
35464.0	-12.0	-1939.0	-345.1	61118.0	87736
35421.0	-10.3	4757.1	-4.9	84489.0	35000
35276.5	-2.2	809.5	81.1	36758.1	117997

17-7 续表 6

排名 Rank		企业名称	Company Name	国家	Country
2016	2015				
301	272	沃尔沃集团	Volvo	瑞典	Sweden
302	289	Talanx公司	Talanx	德国	Germany
303	285	汉莎集团	Lufthansa Group	德国	Germany
304	297	加拿大皇家银行	Royal Bank Of Canada	加拿大	Canada
305	312	埃森哲	Accenture	爱尔兰	Ireland
306	250	雷普索尔公司	Repsol	西班牙	Spain
307	356	万科企业股份有限公司	China Vanke	中国	China
308	317	大众超级市场公司	Publix Super Markets	美国	U.S.
309	321	德国艾德卡公司	Edeka Zentrale	德国	Germany
310	288	森宝利	J. Sainsbury	英国	Britain
311	301	Alimentation Couche-Tard公司	Alimentation Couche-Tard	加拿大	Canada
312	309	中国能源建设集团有限公司	China Energy Engineering Group	中国	China
313	237	韩国现代重工集团	Hyundai Heavy Industries	韩国	South Korea
314	286	瑞士ABB集团	Abb	瑞士	Switzerland
315	302	美国运通公司	American Express	美国	U.S.
316	296	力拓集团	Rio Tinto Group	英国	Britain
317	319	SNCF Mobilités公司	Sncf Mobilités	法国	France
318	266	中国中车股份有限公司	Crrc	中国	China
319	473	长江和记实业有限公司	Ck Hutchison Holdings	中国	China
320	267	冀中能源集团	Jizhong Energy Group	中国	China
321	338	TJX公司	Tjx	美国	U.S.
322	318	新兴际华集团	Xinxing Cathay International Group	中国	China
323	310	现代摩比斯公司	Hyundai Mobis	韩国	South Korea
324	393	爱信精机	Aisin Seiki	日本	Japan
325	340	来德爱	Rite Aid	美国	U.S.
326	325	陕西延长石油集团	Shananxi Yanchang Petroleum Group	中国	China
327	334	德国中央合作银行	Dz Bank	德国	Germany
328	300	联合信贷集团	Unicredit Group	意大利	Italy
329	313	中国光大集团	China Everbright Group	中国	China
330	402	大和房建	Daiwa House Industry	日本	Japan
331	343	耐克公司	Nike	美国	U.S.
332	295	Iberdrola公司	Iberdrola	西班牙	Spain
333	269	澳洲联邦银行	Commonwealth Bank Of Australia	澳大利亚	Australia
334	293	中国机械工业集团有限公司	Sinomach	中国	China
335	341	费森尤斯集团	Fresenius	德国	Germany
336	344	中国航天科技集团公司	China Aerospace Science & Technology	中国	China
337	347	陕西煤业化工集团	Shaanxi Coal & Chemical Industry	中国	China
338	496	中国恒大集团	China Evergrande Group	中国	China
339	328	江西铜业集团公司	Jiangxi Copper	中国	China
340	388	损保控股有限公司	Sompo Holdings	日本	Japan
341	401	中国保利集团	China Poly Group	中国	China
342	—	安达保险公司	Chubb	瑞士	Switzerland
343	410	浙江吉利控股集团	Zhejiang Geely Holding Group	中国	China
344	355	Exelon公司	Exelon	美国	U.S.
345	330	通用动力	General Dynamics	美国	U.S.
346	369	英国电信集团	Bt Group	英国	Britain
347	332	佳能	Canon	日本	Japan
348	359	物产中大集团	Wuchan Zhongda Group	中国	China
349	324	三菱化学控股	Mitsubishi Chemical Holdings	日本	Japan
350	168	必和必拓	Bhp Billiton	澳大利亚	Australia

continued

营业额 Revenues		利润额 Profits		资产额 (百万美元) Assets (mil.USD)	雇员人数 (人) Employees (person)
百万美元 (mil.USD)	比上年增长% % Change from 2015	百万美元 (mil.USD)	比上年增长% % Change from 2015		
35268.6	-4.8	1535.8	-14.0	43924.3	89477
35100.6	-0.8	1003.0	23.2	165124.4	20039
35011.1	-1.5	1964.0	4.3	36592.5	107276
34903.9	0.3	7839.6	-1.8	880723.8	75510
34797.7	5.7	4111.9	34.7	20609.0	384000
34484.7	-12.5	1919.7	-	68391.7	24396
34458.0	17.5	3164.5	9.8	119555.3	58280
34274.1	5.1	2025.7	3.1	17464.0	191000
34193.0	6.8	356.0	28.3	6920.9	351500
34148.8	-3.5	490.9	-30.8	24674.3	118700
34144.6	-1.1	1193.5	27.9	12303.9	105000
33929.8	2.1	421.0	-22.0	44180.7	169173
33881.4	-17.1	469.8	-	40782.7	30767
33828.0	-4.7	1899.0	-1.8	39499.0	132300
33823.0	-1.8	5408.0	4.7	158893.0	56400
33781.0	-3.0	4617.0	-	89263.0	51029
33747.1	3.8	565.1	-	39992.6	193718
33738.7	-10.8	1700.3	-9.6	48681.3	183061
33475.0	47.4	4252.4	-72.2	130720.8	290000
33365.5	-11.8	-153.9	-	30818.6	127298
33183.7	7.2	2298.2	0.9	12883.8	235000
33173.8	1.9	448.2	-1.6	18705.0	59429
32971.8	-0.7	2617.8	-3.1	34540.9	29499
32879.4	21.6	1168.9	39.9	29964.4	99389
32845.1	6.9	4.1	-97.6	11593.8	70430
32652.3	2.8	-22.6	-	45551.6	134134
32635.7	4.6	1623.4	3.4	537278.0	28264
32538.9	-5.9	-13038.0	-793.7	906488.9	117659
32460.5	-1.3	1877.8	-11.2	627701.4	61400
32420.6	21.9	1861.5	115.8	31917.1	60539
32376.0	5.8	3760.0	14.9	21396.0	70700
32307.7	-7.3	2991.3	11.4	112535.6	28389
32286.9	-14.3	6712.9	-10.9	694564.5	45129
32237.0	-8.2	502.0	-34.5	39141.8	115390
32161.3	4.9	1761.6	16.9	48984.4	232873
32093.8	5.0	1996.2	7.7	55720.8	170357
31926.0	5.3	-254.4	-	64151.4	123559
31828.0	50.2	2368.8	-4.3	194383.5	89250
31679.8	0.4	20.4	-	16108.3	25460
31558.8	16.4	1535.7	15.5	107092.1	47430
31508.3	18.1	744.1	-11.4	95657.4	76425
31469.0	65.7	4135.0	45.9	159786.0	31000
31429.8	19.5	1265.7	341.6	29749.0	60712
31360.0	6.5	1134.0	-50.0	114904.0	34396
31353.0	-0.4	2955.0	-0.3	32872.0	98800
31333.4	9.3	2484.6	-36.2	52971.6	106400
31271.0	-0.4	1385.0	-23.9	44062.2	197673
31185.0	7.3	324.3	47.2	11018.2	18150
31157.6	5.6	1442.1	237.1	40064.2	69291
30912.0	-40.9	-6385.0	-434.3	118953.0	26827

17-7 续表 7

排名 Rank		企业名称	Company Name	国家	Country
2016	2015				
351	350	多伦多道明银行	Toronto-Dominion Bank	加拿大	Canada
352	395	斯巴鲁公司	Subaru	日本	Japan
353	333	普利司通	Bridgestone	日本	Japan
354	292	瑞士信贷	Credit Suisse Group	瑞士	Switzerland
355	381	中国航天科工集团公司	China Aerospace Science & Industry	中国	China
356	371	日本钢铁工程控股公司	Jfe Holdings	日本	Japan
357	399	日本瑞穗金融集团	Mizuho Financial Group	日本	Japan
358	316	Gilead Sciences公司	Gilead Sciences	美国	U.S.
359	299	CHS公司	Chs	美国	U.S.
360	358	巴拉特石油公司	Bharat Petroleum	印度	India
361	348	3M公司	3M	美国	U.S.
362	329	中国电子信息产业集团有限公司	China Electronics	中国	China
363	411	CRH公司	Crh	爱尔兰	Ireland
364	349	中国船舶工业集团公司	China State Shipbuilding	中国	China
365	314	江苏沙钢集团	Jiangsu Shagang Group	中国	China
366	465	中国远洋海运集团有限公司	China Cosco Shipping	中国	China
367	373	马自达汽车株式会社	Mazda Motor	日本	Japan
368	342	国家电力投资集团公司	State Power Investment	中国	China
369	403	台积电	Taiwan Semiconductor Manufacturing	中国	China
370	417	巴西淡水河谷公司	Vale	巴西	Brazil
371	376	时代华纳	Time Warner	美国	U.S.
372	426	山东能源集团有限公司	Shandong Energy Group	中国	China
373	405	铃木汽车	Suzuki Motor	日本	Japan
374	315	利安德巴塞尔工业公司	Lyondellbasell Industries	荷兰	Netherlands
375	368	荷兰皇家飞利浦公司	Royal Philips	荷兰	Netherlands
376	—	特许通讯公司	Charter Communication	美国	U.S.
377	—	美敦力公司	Medtronic	爱尔兰	Ireland
378	377	西北互助人寿保险公司	Northwestern Mutual	美国	U.S.
379	378	欧莱雅	L'Oréal	法国	France
380	385	大连万达集团	Dalian Wanda Group	中国	China
381	424	Medipal控股公司	Medipal Holdings	日本	Japan
382	331	中国华电集团公司	China Huadian	中国	China
383	456	友邦保险	Aia Group	中国	China
384	367	印度斯坦石油公司	Hindustan Petroleum	印度	India
385	372	Migros集团	Migros Group	瑞士	Switzerland
386	363	法国航空－荷兰皇家航空集团	Air France-Klm Group	法国	France
387	387	金巴斯集团	Compass Group	英国	Britain
388	287	斯伦贝谢公司	Schlumberger	美国	U.S.
389	391	关西电力	Kansai Electric Power	日本	Japan
390	326	广达电脑	Quanta Computer	中国	China
391	336	西太平洋银行	Westpac Banking	澳大利亚	Australia
392	396	Coop集团	Coop Group	瑞士	Switzerland
393	—	Facebook公司	Facebook	美国	U.S.
394	397	Travelers Cos.公司	Travelers Cos.	美国	U.S.
395	430	第一资本金融公司	Capital One Financial	美国	U.S.
396	360	二十一世纪福克斯	Twenty-First Century Fox	美国	U.S.
397	345	中国国电集团公司	China Guodian	中国	China
398	438	LafargeHolcim公司	Lafargeholcim	瑞士	Switzerland
399	354	施耐德电气	Schneider Electric	法国	France
400	408	中国电子科技集团	China Electronics Technology Group	中国	China

continued

营业额 Revenues		利润额 Profits		资产额（百万美元）Assets (mil.USD)	雇员人数（人）Employees (person)
百万美元 (mil.USD)	比上年增长% % Change from 2015	百万美元 (mil.USD)	比上年增长% % Change from 2015		
30854.9	2.3	6646.1	4.5	878268.0	81233
30695.5	14.0	2605.8	-28.4	24794.2	36668
30678.3	-2.0	2441.3	3.9	31900.5	143616
30588.0	-13.0	-2750.7	-	806949.8	47170
30581.9	9.7	1443.7	-1.8	36998.8	148682
30538.6	6.8	627.0	123.6	38919.9	60439
30390.1	13.5	5570.1	-0.3	1799736.2	59179
30390.0	-6.9	13501.0	-25.4	56977.0	9000
30347.2	-12.2	424.2	-45.7	17317.7	12157
30316.0	4.2	1300.5	6.7	16800.6	13395
30109.0	-0.5	5050.0	4.5	32906.0	91584
30009.7	-4.8	321.9	82.6	36574.9	144659
29972.8	14.3	1374.6	71.2	33320.0	86778
29876.8	-1.0	367.6	-16.1	40773.3	68025
29862.2	-8.8	352.1	148.5	23719.7	35133
29743.1	29.5	1489.0	30.1	94792.0	106478
29665.3	4.5	865.5	-22.7	22660.0	48849
29493.4	-3.7	436.6	50.9	126067.6	127343
29387.9	10.6	10283.7	7.8	58535.2	46968
29363.0	14.7	3982.0	-	99014.0	73062
29318.0	4.3	3926.0	2.4	65966.0	25000
29298.6	16.6	39.2	-	39886.5	179689
29251.6	10.4	1476.2	51.9	27968.6	62992
29183.0	-10.9	3836.0	-14.3	23442.0	13000
29003.0	1.1	1601.3	123.8	34067.7	114731
29003.0	197.3	3522.0	-	149067.0	91500
28833.0	42.3	3538.0	32.3	99782.0	98017
28799.0	2.4	818.0	0.4	250441.0	5646
28571.8	2.0	3434.5	-6.1	37576.7	89331
28482.8	4.0	110.3	-95.5	152700.7	155905
28276.7	12.1	267.7	4.5	13696.4	15745
28204.3	-10.3	360.6	-70.3	112115.3	107000
28196.0	21.1	4164.0	54.7	185074.0	20000
28165.5	-2.3	1228.1	63.4	12370.1	10422
28154.9	-1.2	693.3	-16.7	62536.4	77704
27920.4	-3.4	875.8	569.1	24184.8	82175
27837.3	2.5	1408.5	5.0	13692.7	527180
27810.0	-21.6	-1687.0	-181.4	77956.0	100000
27791.6	2.8	1299.3	10.8	61513.2	32666
27715.1	-12.7	469.3	-16.4	18229.0	92698
27704.4	-10.8	5477.0	-12.7	642082.6	35280
27668.7	2.8	482.1	11.5	18369.1	73451
27638.0	54.2	10217.0	177.0	64961.0	17048
27625.0	3.1	3014.0	-12.4	100245.0	30900
27519.0	9.6	3751.0	-7.4	357033.0	47300
27326.0	-5.7	2755.0	-66.8	48365.0	21500
27315.1	-10.5	268.7	-67.2	114610.8	124056
27308.4	11.4	1817.9	-	68520.7	90903
27306.6	-7.6	1935.2	24.0	44137.3	143901
27291.7	3.3	1611.6	-1.5	35897.5	158064

17-7 续表 8

排名 Rank		企业名称	Company Name	国家	Country
2016	2015				
401	444	联合服务汽车协会	United Services Automobile Assn.	美国	U.S.
402	346	全球燃料服务公司	World Fuel Services	美国	U.S.
403	416	PHOENIX PHARMAHANDEL公司	Phoenix Pharmahandel	德国	Germany
404	382	法国威立雅环境集团	Veolia Environnement	法国	France
405	304	澳大利亚国民银行	National Australia Bank	澳大利亚	Australia
406	398	菲利普－莫里斯国际公司	Philip Morris International	美国	U.S.
407	364	迪尔公司	Deere	美国	U.S.
408	447	东日本旅客铁道株式会社	East Japan Railway	日本	Japan
409	413	Achmea公司	Achmea	荷兰	Netherlands
410	—	卡夫亨氏公司	Kraft Heinz	美国	U.S.
411	468	国泰人寿保险股份有限公司	Cathay Life Insurance	中国	China
412	409	Tech Data公司	Tech Data	美国	U.S.
413	439	三星人寿保险	Samsung Life Insurance	韩国	South Korea
414	380	安富利公司	Avnet	美国	U.S.
415	—	诺基亚	Nokia	芬兰	Finland
416	407	Enbridge公司	Enbridge	加拿大	Canada
417	365	西班牙天然气公司	Gas Natural Fenosa	西班牙	Spain
418	362	澳新银行集团	Australia & New Zealand Banking Group	澳大利亚	Australia
419	357	爱立信公司	Lm Ericsson	瑞典	Sweden
420	440	住友电工	Sumitomo Electric Industries	日本	Japan
421	352	亿滋国际	Mondelez International	美国	U.S.
422	500	英国耆卫保险公司	Old Mutual	英国	Britain
423	412	日本出光兴产株式会社	Idemitsu Kosan	日本	Japan
424	428	加拿大丰业银行	Bank Of Nova Scotia	加拿大	Canada
425	389	梅西百货	Macy'S	美国	U.S.
426	434	曼福集团	Mapfre Group	西班牙	Spain
427	418	法国邮政	La Poste	法国	France
428	463	Inditex公司	Inditex	西班牙	Spain
429	469	艾伯维	Abbvie	美国	U.S.
430	322	大同煤矿集团有限责任公司	Datong Coal Mine Group	中国	China
431	414	乐天百货	Lotte Shopping	韩国	South Korea
432	—	英国标准人寿保险公司	Standard Life	英国	Britain
433	337	山西焦煤集团有限责任公司	Shanxi Coking Coal Group	中国	China
434	442	德科集团	Adecco Group	瑞士	Switzerland
435	421	国际航空集团	International Airlines Group	英国	Britain
436	420	麦当劳	Mcdonald'S	美国	U.S.
437	452	日本电气公司	Nec	日本	Japan
438	379	杜邦公司	Dupont	美国	U.S.
439	484	中国航空油料集团公司	China National Aviation Fuel Group	中国	China
440	450	美国诺斯洛普格拉曼公司	Northrop Grumman	美国	U.S.
441	—	布鲁克菲尔德资产管理公司	Brookfield Asset Management	加拿大	Canada
442	—	委内瑞拉商业金融服务公司	Mercantil Servicios Financieros	委内瑞拉	Venezuela
443	462	SAP公司	Sap	德国	Germany
444	339	康菲石油公司	Conocophillips	美国	U.S.
445	374	山西阳泉煤业(集团 有限责任公司	Yangquan Coal Industry Group	中国	China
446	433	达能	Danone	法国	France
447	—	三星C&T公司	Samsung c&t	韩国	South Korea
448	370	潞安集团	Shanxi Luan Mining Group	中国	China
449	457	雷神公司	Raytheon	美国	U.S.
450	481	美的集团股份有限公司	Midea Group	中国	China

continued

营业额 Revenues		利润额 Profits		资产额（百万美元）Assets (mil.USD)	雇员人数（人）Employees (person)
百万美元 (mil.USD)	比上年增长% % Change from 2015	百万美元 (mil.USD)	比上年增长% % Change from 2015		
27131.1	11.4	1779.1	-21.7	147289.7	29943
27015.8	-11.1	126.5	-27.5	5412.6	5000
26976.1	5.2	135.4	-39.5	9291.5	26611
26971.8	-2.6	423.6	-15.2	40022.4	156225
26957.7	-21.1	259.0	-94.8	594967.1	34263
26685.0	-0.4	6967.0	1.4	36851.0	79500
26644.0	-7.7	1523.9	-21.4	57981.4	56767
26586.9	11.3	2565.0	25.5	71009.0	85834
26493.8	2.8	-423.5	-199.7	98096.4	14921
26487.0	44.4	3632.0	472.9	120480.0	41000
26291.7	14.9	934.0	-22.5	172442.2	36578
26234.9	-0.5	195.1	-26.6	7931.9	9500
26221.7	7.0	1770.3	65.3	219156.8	5284
26219.3	-6.1	506.5	-11.4	11239.8	17700
26113.4	73.4	-847.1	-131.0	47353.9	102687
26072.5	-1.4	1560.9	695.0	64010.7	7733
26070.3	-11.5	1489.6	-10.6	49687.8	17229
26031.5	-10.1	4199.9	-28.4	699976.3	46554
26004.4	-11.2	200.5	-87.5	31199.1	111464
25974.8	6.3	992.7	31.0	26062.1	248330
25923.0	-12.5	1659.0	-77.2	61538.0	90000
25912.9	23.8	769.3	-18.0	211943.2	68527
25887.6	-1.0	813.7	-	23710.9	9139
25817.4	2.8	5362.2	-4.9	668805.3	88901
25778.0	-4.8	619.0	-42.3	19851.0	148300
25774.5	3.9	857.5	9.1	71590.1	37020
25759.6	0.8	938.9	33.3	257525.8	240407
25732.9	11.6	3485.0	9.9	21203.2	162450
25638.0	12.2	5953.0	15.7	66099.0	30000
25630.0	-19.8	-214.8	-	40012.1	162542
25444.2	-1.2	144.9	-	34710.1	26357
25278.5	46.9	496.7	-77.2	235324.3	6302
25122.5	-19.1	-10.0	-113.1	39206.1	209817
25111.5	2.9	799.5	8909.5	10650.7	33000
24955.6	-1.6	2135.4	28.8	28868.4	63387
24621.9	-3.1	4686.5	3.5	31023.9	375000
24595.6	4.5	252.0	-60.1	24091.2	107729
24594.0	-12.0	2513.0	28.7	39964.0	46000
24588.1	11.3	320.0	-4.3	6092.7	11739
24508.0	4.2	2200.0	10.6	25614.0	67000
24411.0	22.6	1651.0	-29.5	159826.0	55700
24402.6	50.3	2004.2	-10.5	148659.0	8370
24397.2	5.8	4031.9	18.6	46695.8	84183
24360.0	-21.3	-3615.0	-	89772.0	13300
24284.1	-14.2	11.1	-	30793.2	146236
24266.7	-2.4	1902.1	33.8	46349.9	99187
24217.3	105.2	92.5	-96.2	36815.6	13898
24087.3	-15.9	-106.9	-	29026.0	95666
24069.0	3.5	2211.0	6.6	30052.0	63000
24060.4	8.5	2210.4	9.3	24548.6	126418

17−7 续表 9

排名 Rank		企业名称	Company Name	国家	Country
2016	2015				
451	448	日本中部电力	Chubu Electric Power	日本	Japan
452	415	BAE系统公司	Bae Systems	英国	Britain
453	375	Tesoro公司	Tesoro	美国	U.S.
454	406	中国大唐集团公司	China Datang	中国	China
455	441	伟创力	Flextronics International	新加坡	Singapore
456	455	艾睿电子	Arrow Electronics	美国	U.S.
457	---	贺利氏控股集团	Heraeus Holding	德国	Germany
458	400	仁宝电脑	Compal Electronics	中国	China
459	---	阳光金控投资集团有限公司	Yango Financial Holding	中国	China
460	422	高通	Qualcomm	美国	U.S.
461	492	阿弗瑞萨控股公司	Alfresa Holdings	日本	Japan
462	---	阿里巴巴集团	Alibaba Group Holdings	中国	China
463	419	KOC集团	Koç Holding	土耳其	Turkey
464	---	前进保险公司	Progressive	美国	U.S.
465		杜克能源	Duke Energy	美国	U.S.
466	451	米其林公司	Michelin	法国	France
467	---	碧桂园控股有限公司	Country Garden Holdings	中国	China
468	459	喜力控股公司	Heineken Holding	荷兰	Netherlands
469	392	ENTERPRISE PRODUCTS PARTNERS公司	Enterprise Products Partners	美国	U.S.
470	435	阿斯利康	Astrazeneca	英国	Britain
471	487	安进	Amgen	美国	U.S.
472	445	荷兰合作银行	Rabobank Group	荷兰	Netherlands
473	---	Altice公司	Altice	荷兰	Netherlands
474	483	Onex公司	Onex	加拿大	Canada
475	461	US Foods Holding公司	Us Foods Holding	美国	U.S.
476	384	山西晋城无烟煤矿业集团有限责任公司	Shanxi Jincheng Anthracite Coal Mining Group	中国	China
477	494	任仕达控股公司	Randstad Holding	荷兰	Netherlands
478	---	腾讯控股有限公司	Tencent Holdings	中国	China
479	429	LG DISPLAY公司	Lg Display	韩国	South Korea
480	472	Emirates Group公司	Emirates Group	阿联酋	U.A.E
481	490	美国合众银行	U.S. Bancorp	美国	U.S.
482	488	H&M 公司	H&M Hennes & Mauritz	瑞典	Sweden
483	---	美国家庭人寿保险公司	Aflac	美国	U.S.
484	466	索迪斯	Sodexo	法国	France
485	---	苏宁云商集团	Suning Commerce Group	中国	China
486	431	GS加德士	Gs Caltex	韩国	South Korea
487	474	Ultrapar控股公司	Ultrapar Holdings	巴西	Brazil
488	---	厦门建发集团有限公司	Xiamen c&d	中国	China
489	425	西尔斯控股	Sears Holdings	美国	U.S.
490	383	中国通用技术(集团 控股有限责任公司	China General Technology	中国	China
491	471	英国国家电网	National Grid	英国	Britain
492	---	Dollar General公司	Dollar General	美国	U.S.
493	404	意大利电信	Telecom Italia	意大利	Italy
494	---	厦门国贸控股集团有限公司	Xiamen Itg Holding Group	中国	China
495	---	新疆广汇实业投资（集团）有限责任公司	Xinjiang Guanghui Industry Investment	中国	China
496	---	梯瓦制药工业公司	Teva Pharmaceutical Industries	以色列	Israel
497	427	新华人寿保险股份有限公司	New China Life Insurance	中国	China
498	437	威廉莫里森超市连锁公司	Wm. Morrison Supermarkets	英国	Britain
499	467	途易	Tui	德国	Germany
500	---	AutoNation公司	Autonation	美国	U.S.

continued

营业额 Revenues		利润额 Profits		资产额 (百万美元) Assets (mil.USD)	雇员人数 (人) Employees (person)
百万美元 (mil.USD)	比上年增长% % Change from 2015	百万美元 (mil.USD)	比上年增长% % Change from 2015		
24028.0	1.1	1058.2	-25.2	48580.1	30635
24011.2	-6.4	1232.3	-12.1	28383.0	76000
24005.0	-14.7	734.0	-52.3	20398.0	6308
23871.0	-9.7	243.9	32.9	101631.3	97091
23862.9	-2.3	319.6	-28.0	12593.4	200000
23825.3	2.3	522.8	5.0	14206.4	18700
23793.4	65.9	-	-	4982.1	12369
23772.5	-10.9	252.1	-7.9	10768.5	64728
23657.0	11.5	159.2	-59.0	24231.2	10234
23554.0	-6.8	5705.0	8.2	52359.0	30500
23550.5	9.7	285.1	-2.1	11273.0	13217
23517.3	47.9	6489.5	-42.2	73538.4	50097
23456.2	-8.1	1144.2	-12.7	25046.5	95456
23441.4	12.4	1031.0	-18.7	33427.5	31721
23369.0	-1.0	2152.0	-23.6	132761.0	28798
23119.9	-1.7	1853.4	43.0	26705.3	105654
23043.7	27.9	1733.6	17.4	85124.3	94450
23043.6	-0.7	861.5	-18.9	41469.1	73525
23022.3	-14.8	2513.1	-0.3	52194.0	6800
23002.0	-6.9	3499.0	23.9	62526.0	59700
22991.0	6.1	7722.0	11.3	77626.0	19200
22956.2	-4.4	828.3	-15.1	698790.3	40029
22952.6	42.2	-1722.5	-	84805.2	49732
22943.0	3.8	-130.0	-	42913.0	161000
22918.8	-0.9	209.8	25.2	8944.5	25000
22874.6	-17.0	3.0	-	32953.7	135691
22873.4	7.3	650.2	13.0	9624.4	32280
22870.7	39.7	6185.9	35.0	56968.0	38775
22839.7	-9.0	781.4	-8.6	20606.4	49094
22798.9	0.3	340.3	-82.5	33095.9	64768
22744.0	5.8	5888.0	0.2	445964.0	71191
22617.8	4.6	2192.3	-12.3	10680.6	114586
22559.0	8.1	2659.0	5.0	129819.0	10212
22476.6	-2.0	707.2	-12.7	15766.1	425594
22366.1	3.7	106.0	-23.6	19737.7	60354
22207.3	-11.4	1221.1	42.1	15968.8	2949
22166.8	-2.3	447.5	-0.8	7426.4	15173
22145.0	6.6	280.2	15.6	21728.8	18381
22138.0	-12.0	-2221.0	-	9362.0	140000
22113.1	-20.1	413.6	-20.8	20860.3	38589
22035.8	-3.2	10150.6	160.2	82310.3	22132
21986.6	7.9	1251.1	7.4	11672.3	121000
21941.1	-17.4	1999.4	-	74294.5	61227
21929.6	34.3	35.6	-25.1	12161.3	18454
21919.3	31.1	251.8	49.9	31956.8	65616
21903.0	11.5	329.0	-79.3	92890.0	56960
21795.7	-13.3	743.9	-45.6	100608.8	54378
21741.4	-11.3	406.4	20.4	11630.2	77210
21655.4	-5.5	1151.7	195.5	16246.7	66779
21609.0	3.6	430.5	-2.7	10060.0	26000

主要统计指标解释

人文发展指数 是人类发展的一项综合指标，它测量了人类发展的三个方面的平均成就：寿命，教育程度以及体面的生活。人文发展指数是对这三个方面的指标标准化后的几何平均值。

期望受教育年限 是指在现有入学率保持不变的情况下适龄儿童预期获得的受教育年限。

平均受教育年限 是指25岁及以上人口已经获得的文化程度转换成理论教育年限的平均值。

KOF 全球化指数 包括经济,社会和政治三个方面的全球化，是 23 个具体指标标准化后的加权平均值。全球化被定义为突破国家的界限，融合国家的经济、文化、技术和管理，并产生相互依存的复杂关系的过程。经济全球化是指商品、资本和服务以及伴随着市场交流的信息与观念的长途流动；政治全球化是指政府政策的扩散；社会全球化是指思想、信息、图像和人的传播。

全球竞争力指数（GCI），通过测算一个国家的经济、社会、政治、文化教育等各方面情况来评价国家竞争力。全球竞争力的指标体系由三个层次构成：第一层次包括基本条件、效率增强及创新与成熟度三大板块；第二层次是 12 个竞争力“支柱”，包括制度、基础设施、宏观经济环境、健康与初等教育、高等教育与培训、商品市场效率、劳动力市场效率、金融市场发展、技术就绪度、市场规模、商业成熟度和创新等；第三层次是具体指标

ICT 发展指数（IDI） 是衡量和跟踪各国在迈向信息社会的过程中所取得总体进展的有用工具，是一项由涵盖 ICT 获取、使用和技能三个方面的 11 个指标组成的综合指数，旨在根据发达国家和发展中国家的情况来衡量长期以来 ICT 发展的水平和变化。ICT 发展指数包括的具体指标有：每百人固定电话用户数、每百人移动电话用户数、互联网用户的平均带宽、拥有计算机家庭所占百分比、接入互联网家庭所占百分比、使用互联网个人所占百分比、每百人固定宽带用户数、每百人移动宽带用户、成人识字率、中等教育和高等教育综合入学率。

幸福指数 是衡量一国幸福感的综合指标，由联合国可持续发展解决方案网络（SDSN）与哥伦比亚大学地球研究所自 2012 起开始计算和发布。幸福感调查以盖洛普全球民意调查为基础，通过人均 GDP、健康期望寿命、社会支持度、慷慨指数、自由度和贪污腐败程度六个方面作为评判基础和标准。幸福指数是对这六个方面的加权平均值，幸福指数在 0 和 10 之间，指数越大表明幸福程度越高，指数越小表明幸福程度越低。

全球创新指数（GII） 是通过对创新的制度与政策、人力资本与研究、基础设施、市场成熟度、企业成熟度、知识与技术产出以及创新产出等方面的综合评价来衡量一个国家的经济创新能力。

Explanatory Notes on Main Statistical Indicators

The Human Development Index (HDI) is a summary measure of human development. It measures the average achievements in a country in three basic dimensions of human development: a long and healthy life, access to knowledge and a decent standard of living. The HDI is the geometric mean of normalized indices measuring achievements in each dimension.

Expected years of schooling Number of years of schooling that a child of school entrance age can expect to receive if prevailing patterns of age-specific enrolment rates were to stay the same throughout the child's life.

Mean years of schooling Average number of years of education received by people ages 25 and older in their lifetime based on education attainment levels of the population converted into years of schooling based on theoretical durations of each level of education attended.

The KOF Index of Globalization covers the economic, social and political dimensions of globalization and is the weighted average value of standardized twenty-three indicators. Globalization is conceptualized as a process that erodes national boundaries, integrates national economies, cultures, technologies and governance and produces complex relations of mutual interdependence. economic globalization, characterized as long distance flows of goods, capital and services as well as information and perceptions that accompany market exchanges; political globalization, characterized by a diffusion of government policies; and social globalization, expressed as the spread of ideas, information, images and people

Global Competitiveness Index (GCI) assess national competitiveness by measuring a country's economic, social, political, cultural, educational and other aspects. GCI system consists of three layers: The first level includes three plates of Basic requirements, Efficiency enhancers and Innovation and sophistication factors; The second level is the competitiveness of 12 major "pillars", including Institutions, Infrastructure, Macroeconomic environment, Health and primary education, Higher education and training, Goods market efficiency, Labor market efficiency, Financial market development, Technological readiness, Market size, Business sophistication, and Innovation; The third level is the specific indicators.

The ICT Development Index (IDI) is a useful tool to benchmark and track the overall progress countries are making towards becoming information societies. The IDI is a composite index made up of 11 indicators covering ICT access, use and skills. It has been constructed to measure the level and evolution over time of ICT developments, taking into consideration the situations of both developed and developing countries. IDI includes the following indicators: Fixed-telephone subscriptions per 100 inhabitants, Mobile-cellular telephone subscriptions per 100 inhabitants, International Internet bandwidth (bit/s) per Internet user, Percentage of households with a computer, Percentage of households with Internet access at home, Percentage of individuals using the Internet, Fixed (wired)-broadband Internet subscriptions per 100 inhabitants, Active mobile-broadband subscriptions per 100 inhabitants, Adult literacy rate, Gross enrolment ratio of secondary and tertiary level.

Happiness Index is a summary measure the degree of happiness of a country. It is designed and published by UN Sustainable Development Solutions Network (SDSN) and the Earth Institute at Columbia University from 2012. The Happiness survey is based on the Gallup World Pull through six factors as the foundation and standard. The six factors are GDP per capita, healthy years of life expectancy, social support, generosity, perceived freedom to make life decisions, corruption in government and business. The Happiness Index is the weighted average of the above six factors, it is between 0-10. The bigger data shows the higher level happiness, the smaller shows the lower level happiness.

Global Innovation Index(GII) evaluates a country's economic innovation ability based on measuring innovation institutions, human capital and research, infrastructure, market sophistication, business sophistication, knowledge and technology outputs, and creative outputs.

附　录

Appendix

附录 1 主要国际组织及缩写

一、主要国际组织及其组成成员

经济合作与发展组织（经合组织，OECD）， 成员国有 35 个：澳大利亚、奥地利、比利时、加拿大、智利、捷克、丹麦、爱沙尼亚、芬兰、法国、德国、希腊、匈牙利、冰岛、爱尔兰、以色列、意大利、日本、韩国、拉脱维亚、卢森堡、墨西哥、荷兰、新西兰、挪威、波兰、葡萄牙、斯洛伐克、斯洛文尼亚、西班牙、瑞典、瑞士、土耳其、英国、美国。

欧洲联盟（欧盟，EU）， 成员国有 28 个：法国、德国、意大利、荷兰、比利时、卢森堡、丹麦、爱尔兰、英国、希腊、西班牙、葡萄牙、奥地利、芬兰、瑞典、塞浦路斯、捷克、爱沙尼亚、匈牙利、拉脱维亚、立陶宛、马耳他、波兰、斯洛伐克、斯洛文尼亚、保加利亚、罗马尼亚和克罗地亚。

欧洲货币联盟（欧元区，Euro Area）， 成员国有 19 个：德国、比利时、奥地利、荷兰、法国、意大利、西班牙、葡萄牙、卢森堡、爱尔兰、芬兰、希腊、斯洛文尼亚、塞浦路斯、马耳他、斯洛伐克、爱沙尼亚、拉脱维亚和立陶宛。

东南亚国家联盟（东盟，ASEAN）， 成员国有 10 个：菲律宾、马来西亚、泰国、新加坡、印度尼西亚、文莱（1984 年）、越南（1995 年）、缅甸（1997 年）、老挝（1997 年）和柬埔寨（1999 年）。

北美自由贸易区（NAFTA）： 成立于 1994 年 1 月 1 日，成员国有 3 个，加拿大、墨西哥和美国。

西方七国（G7）： 包括美国、日本、英国、德国、法国、意大利和加拿大。

二、主要国家(地区)分类

按收入分组国家： 按照世界银行 2016 年分组标准，高收入国家指按图表集法计算的人均国民总收入 12236 美元及以上的国家，中等偏上收入国家指人均国民总收入 3956 美元至 12235 美元的国家，中等偏下收入国家指人均国民总收入 1006 美元至 3955 美元的国家，低收入国家指人均国民总收入 1005 美元及以下的国家。

发达国家与发展中国家：联合国统计司对“发达国家”及“发展中国家”没有一个明确的划分标准。通常是把亚洲的日本、北美的加拿大和美国、大洋洲的澳大利亚和新西兰、欧洲（除前南斯拉夫、东欧、独联体外）都列入发达国家。在国际贸易统计中，南部非洲关税联盟和以色列被认为是发达地区和国家；前南斯拉夫为发展中国家，东欧国家和在欧洲的独联体国家既不是发达国家，也不是发展中国家。

国际货币基金组织指出“发达经济体”包括 39 个国家或地区，他们是：澳大利亚、奥地利、比利时、加拿大、塞浦路斯、捷克、丹麦、爱沙尼亚、芬兰、法国、德国、希腊、中国香港、冰岛、爱尔兰、以色列、意大利、日本、韩国、拉脱维亚、立陶宛、卢森堡、中国澳门、马耳他、荷兰、新西兰、挪威、葡萄牙、波多黎各、圣马力诺、新加坡、斯洛伐克、斯洛文尼亚、西班牙、瑞典、瑞士、中国台湾、英国及美国。其他为新兴市场及发展中经济体。

三、本年鉴中使用的缩写及含义如下：

sq.km（square kilometer）＝平方公里
ha（hectare）＝公顷
kwh（kilowatt-hour）＝千瓦时
g（gram）＝克
kg（kilogram）＝千克
TJ （terojoule）＝1012 焦耳
TCE（ ton of standard coal equivalent）＝吨标准煤当量
TOE（ton of standard oil equivalent）＝吨标准油当量
UNSD（Statistics Division of the United Nations）＝联合国统计司
IMF（International Monetary Fund）＝国际货币基金组织
FAO（Food and Agriculture Organization of the United Nations）＝联合国粮食及农业组织
UNCTAD（United Nations Conference on Trade and Development）＝联合国贸易和发展会议
UNDP（United Nations Development Program）＝联合国开发计划署
ILO （International Labor Organization）＝国际劳工组织
WHO（World Health Organization）＝世界卫生组织

Appendix1　International Organizations and Abbreviations

I.Some international organizations and the members included are as following,

Organization for Economic Co-operation and Development (OECD), has 35 members, i.e., Australia, Austria, Belgium, Canada, Chile, Czech, Denmark, Estonia, Finland, France, Germany, Greece, Hungary, Iceland, Ireland, Israel, Italy, Japan, Korea, Latvia, Luxembourg, Mexico, Netherlands, New Zealand, Norway, Poland, Portugal, Slovak, Slovenia, Spain, Sweden, Switzerland, Turkey, United Kingdom, United States.

European Union (EU), it expanded to 28 members, i.e., France, Germany, Italy, Netherlands, Belgium, Luxembourg, Denmark, Ireland, United Kingdom, Greece, Spain, Portugal, Austria, Finland, Sweden, Cyprus, the Czech Republic, Estonia, Hungary, Latvia, Lithuania, Malta, Poland, Slovakia and Slovenia, Bulgaria, Romania and Croatia.

European Monetary Union (Euro Area), it has 19 members and member countries are Germany, Belgium, Austria, Netherlands, France, Italy, Spain, Portugal, Luxembourg, Ireland, Finland, Greece, Slovenia, Cyprus, Malta, Slovak, Estonia, Latvia and Lithuania.

Association of South East Asian Countries (ASEAN), it has 10 members, i.e., the Philippines, Malaysia, Thailand, Singapore, Indonesia, Brunei Darussalam (1984), Viet Nam (1995), Myanmar (1997), Lao People's Democratic Republic (1997) and Cambodia (1999).

North American Free Trade Area(NAFTA), was founded on January 1, 1994, with members unchanged hitherto, i.e., Canada, Mexico and the United States.

Group 7, includes the United States, Japan, the United Kingdom, Germany, France, Italy and Canada.

II. Countries (territory) groups and their meanings are as following,

Countries by Income Group According to the criteria by the World Bank, countries and territories (referred to as economies) are classified into high income (higher than $12236), higher middle income (between $3956 and $12235), lower middle income (between $1006 and $3955) and low income ($1005 and below) groups by their per capita GNI (calculated by Atlas method)in the year 2016.

Developed and Developing Countries There is no established convention for the designation of "developed" and "developing" countries or areas in the United Nations system. In common practice, Japan in Asia, Canada and the United States in northern America, Australia and New Zealand in Oceania, and Europe are considered "developed" regions or areas. In international trade statistics, the Southern African Customs Union is also treated as a developed region and Israel as a developed country; countries emerging from the former Yugoslavia are treated as developing countries; and countries of eastern Europe and of the Commonwealth of Independent States in Europe are not included under either developed or developing regions.

Advanced economies in International Monetary Fund (IMF) are composed of 39 countries: Australia, Austria, Belgium, Canada, Cyprus, Czech Republic, Denmark, Estonia, Finland, France, Germany, Greece, Hong Kong SAR, Iceland, Ireland, Israel, Italy, Japan, Korea, Latvia, Lithuania,Luxembourg, Macao, China, Malta, Netherlands, New Zealand, Norway, Portugal,Puerto Rico, San Marino, Singapore, Slovak Republic, Slovenia, Spain, Sweden, Switzerland, Taiwan Province of China, United Kingdom, and United States. Others are emerging market and developing economies.

III. The abbreviations used in this book and their meanings are as following,

Sq.km=square kilometer
ha = hectare
kwh = kilowatt-hour
g = gram
kg = kilogram
TJ = terojoule (10^{12} joule)
TCE = ton of standard coal equivalent
TOE = ton of standard oil equivalent
UNSD = Statistics Division of the United Nations
IMF = International Monetary Funds
FAO = Food and Agriculture Organization of the United Nations
UNCTAD = United Nations Conference on Trade and Development
UNDP = United Nations Development Program
ILO = International Labor Organization
WHO = World Health Organization

中国统计出版社最新资料书简目

（仅供参考，以最后出书为准）

统计资料

中国统计年鉴－2017
中国统计摘要－2017
中国经济普查年鉴 2013
国际统计年鉴－2017
金砖国家联合统计手册－2017
中国－东盟国家统计年鉴－2017
中国县域统计年鉴－2017
中国城市统计年鉴－2017
中国农村统计年鉴－2017
中国地区经济监测报告－2017
中国贸易外经统计年鉴－2017
2016 中国对外直接投资统计公报
中国商品交易市场统计年鉴－2017
大中型批发零售和住宿餐饮企业统计年鉴－2017
中国零售和餐饮连锁企业统计年鉴－2017
中国住户调查年鉴－2017
中国价格统计年鉴－2017
中国农产品价格调查年鉴－2017
全国农产品成本收益资料汇编－2017
中国环境统计年鉴－2017
中国能源统计年鉴－2017
国外资源、能源和环境统计资料汇编－2014
中国工业经济统计年鉴－2017
中国建筑业统计年鉴－2017
中国房地产统计年鉴－2017
中国城市建设统计年鉴－2016
中国县城建设统计年鉴－2016
中国城乡建设统计年鉴－2016
中国第三产业统计年鉴－2017
中国科技统计年鉴－2017
中国高技术产业统计年鉴－2017
工业企业科技活动资料－2017
中国劳动统计年鉴－2017
中国人口和就业统计年鉴－2017
中国人才资源统计报告－2015
中国社会统计年鉴－2017
文化及相关产业统计概览－2015
中国教育统计年鉴－2016
中国教育经费统计年鉴－2017
中国民政统计年鉴－2017
中国民族统计年鉴－2016
中国工会统计年鉴－2015
中国残疾人事业统计年鉴－2017
2016 中国妇女儿童状况统计资料（英）
中国乡镇街道行政区域简册－2017

2017 年省级综合统计年鉴系列

北京 天津 河北 山西 内蒙古 辽宁 吉林
黑龙江 上海 江苏 浙江 安徽 福建 江西
山东 河南 湖北 湖南 广东 广西 海南 重庆
四川 贵州 云南 西藏 陕西 甘肃 青海 宁夏
新疆 新疆生产建设兵团

2017 年市（县）级综合统计年鉴系列

天津滨海新区 石家庄 唐山 邯郸 太原 大同
长治 阳泉 晋城 朔州 晋中 运城 忻州 临汾
呼和浩特 通辽 包头 沈阳 大连 长春 吉林市
四平 哈尔滨 黑龙江垦区 上海浦东新区 南京
苏州 无锡 常州 徐州 南通 泰州 宿迁
连云港 盐城 镇江 淮安 江阴 丹阳 杭州
宁波 绍兴 台州 温州 金华 嘉兴 衢州
舟山 福州 福州经济技术开发区 宁德
厦门经济特区 南昌 上饶 济南 青岛 潍坊
枣庄 郑州 洛阳 三门峡 南阳 商丘 武汉
宜昌 十堰 荆州 咸宁 长沙 广州 东莞 惠州
深圳 桂林 南宁 柳州 来宾 河池 海口
三亚 成都 绵阳 贵阳 昆明 庆阳 西安 兰州
银川 乌鲁木齐

2010 年人口普查资料系列

中国 2010 年人口普查资料 北京 天津 河北
山西 内蒙古 辽宁 吉林 黑龙江 上海 江苏
浙江 安徽 福建 江西 山东 河南 湖北 湖南
广东 广西 海南 重庆 四川 贵州 云南 西藏
陕西 甘肃 青海 宁夏 新疆 新疆生产建设兵团
宁波 昆明
中国分县 2010 年人口普查资料
中国分乡镇、街道 2010 年人口普查资料
广东省各市 2010 年人口普查资料丛书
山西省各市 2010 年人口普查资料丛书
河南省各市 2010 年人口普查资料丛书

New Statistical Yearbooks Published by China Statistics Press

National Statistical Yearbook

China Statistical Yearbook-2017
China Statistical Abstract-2017
China Economic Census Yearbook-2013
International Statistical Yearbook-2017
BRICS Joint Statistical Publication-2017
Statistical Manual of China-ASEAN Countries-2017
China County Statistical Yearbook-2017
China City Statistical Yearbook-2017
China Rural Statistical Yearbook-2017
China Regional Economic Monitoring Report-2017
China Trade and External Economics Statistical Yearbook-2017
2015 Statistical Bulletin of China's Outward Foreign Direct Investment
Statistical Yearbook of China Commodity Exchange Market-2017
Statistical Yearbook of Large and Medium-sized Enterprises of Wholesale & Retail Trades and Hotels & Catering Services-2017
Statistical Yearbook of China Chain Stores of Retail Trades and Catering Services-2017
China Yearbook of Household Survey-2017
China Price Yearbook-2017
China Yearbook of Agricultural Price Survey-2017
China Agricultural Production Cost and Yield Data-2017
China Environment Statistical Yearbook-2017
China Energy Statistical Yearbook-2017
Statistical Compilation of Foreign Resources,Energy and Environment-2014
China Industry Economy Statistical Yearbook-2017
China Statistical Yearbook on Construction-2017
China Real Estate Statistics Yearbook-2017
China Urban Construction Statistical Yearbook-2016
China County Construction Statistical Yearbook-2016
China Urban-Rural Construction Statistical Yearbook-2016
China Statistical Yearbook of the Tertiary Industry-2017
China Science and Technology Statistical Yearbook-2017
China Statistics Yearbook on High Technology Industry-2017
Statistics on Science and Technology Activity of Industry Enterprises-2017
China Labour Statistical Yearbook-2017
China Population and Employment Statistics Yearbook-2017
China Human Resources Report-2015
China Social Statistical Yearbook-2017
China Statistical Yearbook on Culture and Related Industries-2015
Educational Statistics Yearbook of China-2016
China Educational Finance Statistical Yearbook-2017
China Civil Affairs' Statistical Yearbook-2017
China's Ethnic Statistical Yearbook-2015
Chinese Trade Unions Statistics Yearbook-2014
China Statistical Yearbook on the Work for Persons with Disabilities-2017
2015 Statistics on Women and Children in China
The Brochure of Administrative Divisions of Township in P.R.China-2017

Provincial Statistical Yearbook in 2017

Beijing Tianjin Hebei Shanxi Inner Mongolia Liaoning Jilin Heilongjiang Shanghai Jiangsu Zhejiang Anhui Fujian Jiangxi Shandong Henan Hubei Hunan Guangdong Guangxi Hainan Chongqing Sichuan Guizhou Yunnan Tibet Shaanxi Gansu Qinghai Ningxia Xinjiang Xinjiang PC Corps

City (or County) Statistical Yearbook in 2017

Tianjin Binhai New Area Shijiazhuang Tangshan Handan Taiyuan Datong Changzhi Yangquan Jincheng Shuozhou Jinzhong Yuncheng Xinzhou Linfen Hohhot Tongliao Baotou Shenyang Dalian Changchun Jilin Siping Harbin Heilongjiang Shanghai Pudong Nanjing Suzhou Wuxi Changzhou Xuzhou Nantong Taizhou Suqian LianyunGang Yancheng Zhenjiang Jiangyin Danyang Hangzhou Ningbo Shaoxing Taizhou Wenzhou Jinhua Jiaxing Quzhou Zhoushan Fuzhou Fuzhou Ningde Xiamen Nanchang Shangrao Jinan Qingdao Weifang Zaozhuang Zhengzhou Luoyang Sanmenxia Nanyang Shangqiu Wuhan Yichang Shiyan Jingzhou Xianning Changsha Guangzhou Dongguan Huizhou Shenzhen Guilin Nanning Liuzhou Laibin Hechi Haikou Sanya Chengdu Mianyang Guiyang Kunming Qingyang Xi'an Lanzhou Yinchuan Urumqi

Data on Population Census in 2010

Tabulation on the 2010 Population Census of China
Beijing Tianjin Hebei Shanxi Inner Mongolia Liaoning Jilin Heilongjiang Shanghai Jiangsu Zhejiang Anhui Fujian Jiangxi Shandong Henan Hubei Hunan Guangdong Guangxi Hainan Chongqing Sichuan Guizhou Yunnan Tibet Shaanxi Gansu Qinghai Ningxia Xinjiang Xinjiang PC Corps Ningbo Kunming
Tabulation on the 2010 Population Census by County
Tabulation on the 2010 Population Census by Township
Guangdong Cities Series
Shanxi Cities Series
Henan Cities Series

Address: Jia 6, Xisanhuan Nanlu, Fengtai District, Beijing 100073, P. R. China
China Statistics Press, National Bureau of Statistics of China
Editorial Department: Tel: 008610-63376877, 63376861
E-mail: yearbook@gj.stats.cn
Distribution Department: Tel: 008610-63376907, 68783171
Website http://www.zgtjcbs.com